改革开放以来的
当代中国哲学史

（1978—2009）

孙正聿　杨晓　丁宁　著

人民出版社

序 言 | 探索当代中国哲学史的心路历程和研究心得

本书为国家社科基金重点项目《改革开放以来的当代中国哲学史》（1978—2009）的最终成果。在完成书稿之际，我想以"序言"的形式，谈谈自己探索当代中国哲学史的心路历程和研究心得，以及撰写此书的基本理念。

我是在当代中国改革开放的历史进程中学习、研究和讲授哲学的，经历和参与了从"真理标准"大讨论到"哲学教科书"改革、从提出"实践唯物主义"到反省"现代性"、从"中、西、马"对话到探索"人类文明新形态"的当代中国哲学进程。在这30多年期间，我撰写并发表了《从两极到中介》《从体系到问题》《从层级到顺序》等文章，集中地阐发了我对"现代哲学的革命""当代中国哲学的主流"和"当代哲学的发展趋向"的理解。与此同时，我还撰写并发表了《当代中国的哲学历程》《解放思想的哲学与哲学的思想解放》《改革开放以来中国哲学发展的历史与逻辑》《当代中国马克思主义哲学研究的范式转换》《当代中国的哲学观念变革》等系列论文，力图对当代中国哲学的历史与逻辑作出比较深入的总结和阐释。2009年，受教育部社科司委托，我主编了《中国高校哲学社会科学发展报告（1978—2009）哲学卷》，较为系统地搜集、整理和阐述了改革开放以来的当代中国哲学史。

由于亲历了改革开放以来的当代中国哲学的发展历程，并比较系统地思考了这一历程的演进逻辑，因而一直有志于撰写一部改革开放以来的当代中国哲学史。自 2012 年承担国家社科基金重点项目《改革开放以来的当代中国哲学史》，我在已有研究的基础上，认真地思考了如何撰写一部富有新意的当代中国哲学史。在我看来，写史，并不止于"记录历史"，更在于"以史为鉴"；尤其是作为"历史性的思想"的哲学史，更要凸显"思想性的历史"。由此，我形成了撰写此书的三个基本理念：一是"问题导向"，不是简单地以时间为序来叙述当代中国哲学的历程，而是将每一时期的重大的哲学问题作为研究和叙述的聚焦点；二是"史论结合"，不是单纯地叙述当代中国哲学的历史进程，而是展现关于每一时期的重大的哲学问题的理论探讨；三是"重在反思"，不是一般性地介绍和评论每一时期的哲学讨论，而是力求深入地反思这些哲学讨论中所蕴含的重大的理论问题，从而揭示当代中国哲学演进的深层逻辑。

正是基于这三个基本理念，我把《改革开放以来的当代中国哲学史》设计为上、中、下三篇：上篇，"伟大的开端：解放思想的哲学与哲学的思想解放"；中篇，"范式的转换：返本开新的哲学与哲学的返本开新"；下篇，"共同的关切：创建中华民族的思想自我与塑造引导新的时代精神"。这样的撰写理念和叙述逻辑，既有其独到之处，也有其偏颇之处。独到之处在于其可能引发的对当代中国哲学史的深入的理论思考，偏颇之处则在于其可能弱化了"史"的完整性和具体性。作为一种尝试，我们把这样一部作为"思想性的历史"的当代中国哲学史呈现给读者，诚恳地期待学界同人和广大读者的批评。

孙正聿

2017 年 6 月 25 日

目　录

上　篇　伟大的开端
解放思想的哲学与哲学的思想解放

中 篇 范式的转换
返本开新的哲学与哲学的返本开新

下　篇　共同的关切
创建中华民族的思想自我与塑造引导新的时代精神

导　言 ｜ 关于撰写当代中国哲学史的思考

　　1949 年中华人民共和国成立以来的历史，是中国共产党以马克思主义为指导思想领导中国人民建设社会主义的历史。哲学作为思想中的现实，当代中国哲学史理论地表征了当代中国的历史。

　　改革开放以来的我国哲学，对当代中国的重大现实问题和重大理论问题进行了哲学的总结、概括和反思，并以"面向世界，面向现代化，面向未来"的开阔视野探索我们时代的重大现实问题和重大理论问题，展开了一系列具有时代内涵的哲学论争，取得了推进马克思主义哲学中国化、时代化、大众化的重要研究成果，形成了包括马克思主义哲学、中国哲学、外国哲学、科技哲学、伦理学、美学、逻辑学和宗教学在内的哲学学科建设的重要成果和哲学教育的重要成果，为创建中华民族的当代哲学和塑造引导新的时代精神奠定了坚实基础。

　　系统地研究当代中国哲学史，为中国和世界提供中国学者自己撰写的《改革开放以来的当代中国哲学史》，既是推进马克思主义哲学中国化和繁荣我国哲学社会科学的迫切要求，也是当代中国哲学学者应当承担的社会责任。

一、研究和撰写当代中国哲学史的意义和价值

为中国和世界提供中国学者自己撰写的当代中国哲学史。

中华民族是富有哲学智慧的民族，形成了集中体现中华文明的中国哲

学精神。20世纪以来，中国学者撰写了一系列关于中国传统哲学的中国哲学史，产生了历史性和世界性影响。近60年来，特别是近30年来，中国学者又陆续地撰写了多部近代中国哲学史、现代中国哲学史和当代中国哲学史。但是，较之关于中国传统哲学的中国哲学史和近现代中国哲学史，1949年至2009年的当代中国哲学史尚缺乏全面、系统、深入研究。以马克思主义哲学中国化为灵魂、主线和基本内容，并以历史与逻辑相统一的叙述方式撰写当代中国哲学史，是当代中国哲学学者的重大的历史任务。

为马克思主义哲学中国化、时代化、大众化提供经验总结。

当代中国哲学史从根本上说，是马克思主义哲学中国化的历史。在当代中国60余年的哲学历程中，毛泽东哲学思想和中国特色社会主义理论的哲学思想，极大地丰富和发展了马克思主义哲学。与此同时，当代中国哲学学者在探索和回答时代性问题的过程中，不断深入地研究了马克思主义哲学经典著作、马克思主义哲学基本原理和马克思主义哲学史，在中国哲学、西方哲学与马克思主义哲学的对话中，在以马克思主义为指导研究伦理学、美学、逻辑学、宗教学、科技哲学以及文化哲学、政治哲学、经济哲学、价值哲学等部门哲学的过程中，形成了马克思主义哲学中国化、时代化和大众化的研究成果。以撰写"当代中国哲学史"的方式总结这一历程和经验，特别是以撰写《改革开放以来的当代中国哲学史》的方式总结最近30多年的哲学发展，具有重大的学术价值和现实意义。

为我国哲学学科建设和教学改革提供当代中国哲学史教材。

新中国成立60多年来，特别是改革开放30多年来，我国的哲学学科建设和哲学教育改革取得了重大进步。系统地梳理和总结哲学八个二级学科的建设状况及其研究成果，具体地研究当代中国哲学家及其哲学思想，是撰写当代中国哲学史的一项繁重而复杂的重要内容。在哲学学科建设中，特别是在哲学史学科建设中，撰写改革开放以来的当代中国哲学史，为哲学学科课程建设提供具有系统性、权威性的当代中国哲学史教材，是我国哲学教育和教学改革的当务之急。

为当代中国哲学走向世界提供重要的研究成果。

与当代中国哲学学者对外国哲学、特别是对西方哲学的了解和研究相比，国外学者对中国哲学，特别是对当代中国哲学的了解和研究是比较薄弱的。在这种背景下，撰写系统化的当代中国哲学史，特别是撰写《改革开放以来的当代中国哲学史》，梳理当代中国哲学的发展历程，阐述当代中国哲学发展的历史与逻辑，介绍和论述当代中国哲学家及其研究成果，特别是深入地阐发中国哲学学者对当代重大的现实问题和理论问题的哲学思考，对于世界各国了解当代中国和当代中国哲学，具有重大的现实意义。

二、当代中国哲学史研究现状评述

国内关于当代中国哲学史研究，主要包括五种情况：一是关于当代中国哲学史的总体性研究；二是分别以哲学的八个二级学科为论域所进行的当代中国哲学史研究；三是以当代中国哲学史上的重要哲学论争为对象而进行的专题研究；四是以毛泽东哲学思想和中国特色社会主义理论的哲学思想为对象而进行的专门研究；五是以当代中国重要的哲学家及其哲学思想为对象而进行的专题研究。

当代中国哲学史的总体性研究。

关于当代中国哲学史的总体性研究，比较系统化的成果主要有邢贲思主编的《中国哲学五十年》、杨春贵主编的《中国哲学四十年》和任俊明、安起民主编的《当代中国哲学史》，以及张永谦的《当代中国哲学记事》，刘梦义、陶德荣的《当代中国哲学史稿（1949—1966）》，艾众、李唤编的《建国以来哲学问题讨论综述》等。李维武的《中国哲学的现代转型》、尹健佐、高瑞泉主编的《二十世纪中国社会科学·哲学卷》、丁祖豪等的《20世纪中国哲学的历程》等也从特定角度阐述了当代中国哲学史。这些研究成果为撰写当代中国哲学史提供了重要的研究基础，但存在下述几个需要强化的问题：一是从时间段上看，上述成果主要是关于1949—1989年或1949—1999年的中国哲学史，尚未延伸至2009年；二是从叙述方式上看，主要是对各个时期的历史背景、历史事件、研究概况、重要文献、哲学活动的梳理和概括，尚未着力阐发当代中国哲学的历史与逻辑的统一；三是从研究内容上看，主要是侧重于对历史事件及其哲学论争的叙述与评论，尚缺乏对具体的哲学思想的深入研究，难以体现当代中国哲学丰富的思想内涵。

以哲学的八个二级学科为论域的当代中国哲学史研究。

新中国成立60年来，特别是改革开放30年来，我国哲学学者比较系统和深入地总结了哲学八个二级学科的历史与逻辑。在马克思主义哲学方面，任俊明等的《新中国马克思主义哲学50年》、舒远招的《马克思主义哲学在当代中国的新发展》、郭建宁的《20世纪中国马克思主义哲学》等提供了较为系统的研究成果。在中国哲学史方面，陈来的《中国哲学研究三十年回顾》、张立文等的《中国哲学三十年的回顾与展望》、周桂钿的《80年来中国哲学研究的嬗变》、张世英的《二十世纪中国哲学的回顾与展望》、李宗桂的《二十世纪中国哲学研究的审视和新世纪的展望》等关于当代中国哲学史的总结，是具有代表性的。在外国哲学方面，汤一介主编的《20世纪西方哲学东渐史》、涂纪亮的《近三十年的西方哲学研究》、刘放桐的《现代西方哲学研究三十年的反思与展望》等；在科技哲学方面，李醒民的《一九七八年以来的大陆科学哲学》、吴国盛的《中国科学技术哲学三十年》、郭贵春等的《中国科学技术哲学的演进与定位》等；在美学方面，王德胜的《近十几年来中国美学发展基本态势概略》、章启群的《百年中国美学史略》、戴阿宝等的《问题与立场：20世纪中国美学论争辨》等；在伦理学方面，温克勤的《中国伦理学研究二十年》、王小锡等的《中国伦理学60年》等；在宗教学方面，何光沪的《中国宗教学百年》、吕大吉的《中国现代宗教学术研究一百年的回顾与展望》、宴可佳的《中国宗教和宗教学》等；在逻辑学方面，张晴的《20世纪的中国逻辑史研究》、赵总宽的《逻辑学百年》等是具有代表性的。这些著述为撰写《改革开放以来的当代中国哲学史》提供了可资借鉴的研究成果。

以重要的哲学论争为对象的当代中国哲学史专题研究。

哲学的派别冲突和哲学论争是哲学发展的基本形式。当代中国哲学史也是在哲学论争中展开的。以重要的哲学论争为对象而进行的专题研究，是当代中国哲学史的重要内容。这方面的专题研究，主要有"关于中国过渡时期的经济基础与上层建筑问题"的研究，"关于批判资产阶级唯心主义思想"的研究，"关于一分为二与合二而一"的研究，"关于思维和存在的同一性"的研究，"关于'文革'期间的哲学"的研究，"关于实践是检验真理的唯一标准"的研究，"关于人道主义与异化问题"的研究，"关于实践唯物主义"的研究，"关于现代性的反省"的研究，"关于中、西、马对话"的研究，"关于后形而上学"的研究，"关于马克思主义哲学的当代课题"的研究，等等。这些研究凸显了当代中国哲学史所讨论的一系列重大问题，构成当代中国哲学史的重要内容。在这方面的专题研究中，一是需要从历史与逻辑的统一中深化对哲学论争的阐述，二是需要充实相关哲学论争的理论内容，三是需要概括和总结相关哲学论争的研究成果及其历史经验。

以毛泽东思想和中国特色社会主义理论为对象的当代中国哲学史专题研究。

毛泽东哲学思想是贯穿当代中国哲学史的极为重要的研究对象，特别是《人民日报》于1950年、1952年先后发表《实践论》和《矛盾论》，1951—1960年先后出版《毛泽东选集》1—4卷，极大地推动了毛泽东哲学思想研究。1978年改革开放以来，以邓小平理论、"三个代表"重要思想和科学发展观为标志的中国特色社会主义理论及其哲学思想，马克思主义哲学中国化问题，成为哲学界最为重要的研究对象。石仲泉的《中国共产党与马克思主义中国化》、陶德麟等的《马克思主义哲学中国化的理论与历史研究》等著作，系统地阐述了马克思主义中国化的历史与逻辑。深入地研究毛泽东哲学思想和中国特色社会主义理论的哲学思想，并在当代中国哲学史的视野和论域中予以论述和阐发，是撰写《改革开放以来的当代中国哲学史》的重大内容。

以当代中国重要的哲学家及其哲学思想为对象的专题研究。

在研究马克思主义哲学中国化的进程中，当代中国马克思主义哲学家及其哲学思想的研究得到越来越广泛的关注。李达、艾思奇、杨献珍的哲学论著及其哲学思想研究，有一批成果问世；张岱年、冯契的"综合创新"和"智慧说"的研究得到深化；肖前、黄枬森、高清海、陈先达、陶德麟等的文集或自选集先后出版。与此同时，"熊（熊十力）、冯（冯友兰）、金（金岳霖）、贺（贺麟）"的哲学思想，以及港台和海外的著名学者（如牟宗三、唐君毅、余英时、傅伟勋、杜维明、刘述先、成中英等）的哲学思想，均有重要的研究成果。改革开放以来的新一代哲学家的重要著述，正在成为哲学界关注和评述的研究对象，并有多种研究成果问世。这为撰写当代中国哲学史提供了重要的文献资料。

三、改革开放以来的当代中国哲学史的研究思路与目标

当代中国哲学史的总体框架和基本内容。

哲学是思想中的现实。中华人民共和国成立以来的当代中国史，是中国共产党以马克思主义为指导思想领导中国人民建设社会主义的历史，因此，1949年以来的当代中国哲学史，从根本上说，是马克思主义哲学在当代中国的历史，并构成《当代中国哲学史》的灵魂、主线和总体框架。以1978年党的十一届三中全会所形成的解放思想、改革开放、建设中国特色社会主义为标志，当代中国哲学史相应地分为两个大的历史阶段，即：1949—1977年的改革开放之前的哲学；1978—2009年的改革开放以来的哲学。因此，可以从总体上把《当代中国哲学史》分为1949—1977年的上篇和1978—2009年的下篇。本书集中阐述1979—2009年改革开放以来的当代中国哲学史。

以马克思主义哲学在当代中国为实质内容的当代中国哲学史,主要包括四个方面:一是中国共产党以马克思主义为指导建设社会主义所形成的哲学思想,其中主要是毛泽东哲学思想、邓小平哲学思想、"三个代表"的哲学思想和科学发展观的哲学思想;二是当代中国哲学学者在建设社会主义过程中关于马克思主义哲学的研究成果,其中主要是关于马克思主义哲学基本原理、马克思主义哲学经典著作、马克思主义哲学史、马克思主义哲学中国化、对重大现实问题和重大理论问题的哲学探索以及关于西方马克思主义的研究成果;三是当代中国哲学学者研究中国哲学、外国哲学、科技哲学、伦理学、美学、逻辑学和宗教学所取得的研究成果,其中主要是各哲学二级学科所讨论的重大问题、所出版的重要著作、所实现的学科发展;四是新中国成立 60 多年来所展开的重要的哲学论争,以及在哲学论争中所形成的推进哲学发展的重要历史经验。

当代中国哲学史的研究方法和叙述方法。

当代中国哲学史研究应当依据马克思关于"研究方法"与"叙述方法"的相互关系的思想,把内容研究与体系叙述相对地区别开来,首先是切实地开展内容研究,然后再集中力量进行体系研究,以系统的、深入的研究成果构成当代中国哲学史的完整体系。

在总体设计上,关于当代中国哲学史的研究工作,可分为"问题研究""论域研究""历史研究"和"体系研究"。首先是具体地、深入地进行当代中国史与当代中国哲学史、当代中国的马克思主义哲学研究、当代中国的哲学学科建设、当代中国重要的哲学论争、当代中国的重要哲学家及其哲学思想的历史研究、问题研究和论域研究,然后再进行撰写当代中国哲学史的体系研究。以历史研究为基础、以问题研究为统率、以论域研究为重点,在充分研究的基础上,对体系结构进行统筹安排。"问题研究"主要是提炼、概括、梳理和回答当代中国哲学史的重大问题;"领域研究"主要是概括、探讨和评价哲学八个二级学科的各个时期的研究状况和研究成果;"历史研究"主要是分析当代中国哲学史与当代中国史的具体的内在关系，揭示当代中国哲学史的历史与逻辑的统一。体系研究是在内容研究的基础上，对问题研究、领域研究、历史研究的成果进行总体性和整体性的研讨，对叙述体系作出总体安排，实现内容与形式的统一。

撰写当代中国哲学史的主要目标。

以历史研究、论域研究、问题研究和体系研究为基础，以完整的体系构架、翔实的文献资料、深入的问题分析和具体的理论论证撰写历史与逻辑相统一的《改革开放以来的当代中国哲学史》，是这一重大课题的基本目标。

从这个基本目标出发，具体目标有四。其一，"问题是时代的格言"，以概括性地提出问题统领历史叙述，以具体性地分析问题阐述理论论争，以建设性地深化问题探索哲学发展规律，而不是表层地描述当代中国的哲学史，不是把当代中国哲学史写成事件、人物、著述、观点的"实例的总和"，是撰写当代中国哲学史的目标之一。其二，当代中国哲学史从根本上说是马克思主义哲学在中国的历史，是在哲学论争和学科建设中坚持和发展马克思主义哲学的历史，是马克思主义哲学中国化、时代化、大众化的历史。系统地阐述这一历史，深刻地总结马克思主义哲学中国化、时代化、大众化的历史经验，是撰写当代中国哲学史的又一目标。其三，任何一种哲学理论都是一种作为意识形态的"学说"，又是一种作为文明积淀的"学术"，还是一种作为理论思维和人文精神的"学养"。当代中国哲学史，既是作为"学说"的马克思主义哲学对当代的各种哲学运动、哲学思潮、哲学理论批判的"学说史"，也是作为"学术"的马克思主义哲学与当代的各种哲学对话的"学术史"，还是作为"学养"的马克思主义哲学转化为"人民的自觉追求"的"学养史"。从"学说""学术"和"学养"的互动中阐述以马克思主义哲学为主体的当代中国哲学史，是撰写当代中国哲学史的又一目标。其四，当代中国哲学走向世界的重要途径之一，是通过撰写完整的《当代中国哲学史》，系统地介绍和阐述当代中国哲学的历史与逻辑，全面地介绍和论述当代中国哲学家的著述及其哲学思想，推进当代中国哲学走向世界，是撰写当代中国哲学史的又一目标。

四、研究和撰写当代中国哲学史的重点、难点问题

对当代中国哲学史的总体把握和评价。

如何从总体上把握和评价当代中国哲学史，是研究和撰写当代中国哲学史的首要的重点难点问题。1949 年以来的当代中国哲学史，既不同于 1840 年以前的中国传统哲学的形成和演进的哲学史，又不同于 1840—1919 年的西学东渐和救亡图存的近代中国哲学史，也不同于 1919—1949 年的救亡图存和传播与实践马克思主义的现代中国哲学史。1949—2009 年的当代中国哲学史，是以理论的方式表征中国共产党以马克思主义为指导思想领导中国人民建设社会主义的历史，是马克思主义哲学中国化、时代化、大众化的历史。改革开放以来的当代中国哲学史，是推进社会的解放思想与实现哲学的思想解放的历史，是推进社会的整体进步与促进人的全面发展的历史。确认改革开放以来的当代中国哲学史的这一灵魂、主线和根本内容，是研究和撰写改革开放以来的当代中国哲学史的具有根本性的重点问题；而如何在研究和撰写过程中切实地体现这一灵魂、主线和根本内容，则是撰写《改革开放以来的当代中国哲学史》需要解决的根本性的重点和难点问题。

当代中国哲学史的改革开放前后两个时期的关系。

以 1978 年党的十一届三中全会为标志，当代中国史从总体上可分为新中国成立以来的"前 30 年"和"后 30 年"。与此相对应，当代中国哲学史也可分为改革开放前 30 年的哲学和改革开放后 30 年的哲学。对这"前 30 年"和"后 30 年"及其相互关系的总体把握和评价，是撰写当代中国哲学史的又一个重点难点问题。2011 年 7 月 1 日，胡锦涛总书记在庆祝中国共产党成立 90 周年大会上的讲话，把中国共产党 90 年的光辉历程概括为"紧紧依靠人民完成了新民主主义革命，实现了民族独立、人民解放"，"紧紧依靠人民完成了社会主义革命，确立了社会主义基本制度"和

"紧紧依靠人民进行了改革开放新的伟大革命，开创、坚持、发展了中国特色社会主义"这"三件大事"。这为理解和评价"前30年"与"后30年"及其关系提供了最为重要的指导思想。依据胡锦涛总书记讲话和《中国共产党中央委员会关于建国以来党的若干历史问题的决议》等重要文献撰写当代中国哲学史，是撰写《改革开放以来的当代中国哲学史》的基础性的重点问题。

党的领导集体的哲学思想与学者的哲学研究的关系。

1949年以来的当代中国哲学史，从根本上说是马克思主义哲学在中国的历史，是马克思主义哲学中国化、时代化、大众化的历史。党的几代领导集体的哲学思想。极大地发展和丰富了马克思主义哲学。与此同时，当代中国的马克思主义哲学工作者不断深入地研究了马克思主义哲学经典著作、马克思主义哲学基本原理和马克思主义哲学史，对重大的现实问题和理论问题进行了长期的、深入的哲学探索，形成了内涵丰厚和形式多样的马克思主义哲学研究成果，艾思奇、李达、杨献珍、冯契、肖前、黄枬森、高清海、陈先达、陶德麟、孙伯鍨等马克思主义哲学家及一批中青年马克思主义哲学学者为坚持和发展马克思主义哲学提供了各具特色的哲学思想。如何从总体上把握和评价这些研究成果及学者们的哲学思想，如何在统一的叙述体系中阐述党的领导集体的哲学思想和学者们的哲学思想，并使其重点突出、相得益彰，是撰写《改革开放以来的当代中国哲学史》的一个重点、难点问题。

马克思主义哲学与哲学其他二级学科的关系。

按照现行的学科分类，作为一级学科的哲学，主要包括马克思主义哲学、中国哲学、外国哲学、科技哲学、伦理学、美学、逻辑学和宗教学八个二级学科。新中国成立60多年来，特别是改革开放30多年来，哲学的八个二级学科既有共同关切的重大问题、共同参与的重大哲学论争和相互渗透的研究成果，又有相互独立的研究领域、研究课题和研究成果。因此，对于当代中国哲学史的总体线索、基本内容、叙述方式及文献选择等诸方面，各二级学科的理解是各有侧重的。在当代中国哲学史的叙述体系中，既不能将其写成当代中国的马克思主义哲学史，也不能将其写成哲学各二级学科的演进史。如何在当代中国哲学史中处理哲学二级学科之间的关系，特别是马克思主义哲学与其他二级学科之间的关系，是撰写《改革开放以来的当代中国哲学史》的又一个重点、难点问题。

重要的哲学论争的理解与评价。

哲学史的重要内容是各种哲学派别、哲学思潮、哲学理论、哲学观点之间的论争。这些哲学论争既同复杂的现实问题息息相关，又同复杂的理论问题密不可分。新中国成立以来的当代中国哲学史上的哲学论争，首先是同建设社会主义的复杂的现实问题息息相关的。与此同时，这些哲学论争又表现为对复杂的哲学问题的不同学术思想、学术观点之间的论争。在当代中国哲学史上，哪些哲学论争是重要的，哪些哲学论争是次要的，如何看待这些哲学论争的性质，如何评价这些哲学论争的成果，从这些哲学论争中总结出怎样的经验教训，从这些哲学论争中概括出怎样的哲学发展规律，这是撰写《改革开放以来的当代中国哲学史》的又一重点难点问题。

重要的哲学理论和哲学家的选择与评价。

哲学是历史性的思想，哲学史则是思想性的历史。撰写当代中国哲学史，既不能离开当代中国哲学所论争的重要哲学问题，也不能离开当代中国哲学家及其哲学思想。在当代中国哲学史上，究竟有哪些哲学家是非写不可的，哪些哲学理论或哲学思想是需要着重阐述的，对这些哲学家及其哲学思想应当怎样评价？如何在当代中国哲学史的意义上阐述重要的哲学家及其哲学思想，这是在材料选择和评价上的一个难点问题。这个难点问题，直接关系到能否凸显当代中国哲学的思想内涵和学术价值，能否达到张岱年先生所说的"审其基本倾向""析其辞命意谓""察其条理系统""辨其发展源流"的治史目标。

当代中国哲学史与当代外国哲学的关系。

在历史已经成为世界历史的我们的时代，特别是在改革开放以来的

"面向现代化、面向世界、面向未来"的当代中国，关切和研究世界各国的哲学，是当代中国哲学的重要内容。新中国成立以来外国哲学名著汉译工作所取得的成果，推进了我国学者对外国哲学的了解和研究。改革开放以来，现代西方哲学的各种运动、思潮、流派，特别是分析哲学、现象学、存在主义、后形而上学和西方马克思主义，在当代中国的哲学研究中产生了持久的广泛影响。20世纪80年代的"尼采热""萨特热""弗洛伊德热"以及"波普热""皮亚杰热"，90年以来的"维特根斯坦热""胡塞尔热""海德格尔热"以及"福柯热""德里达热""罗蒂热"和"西方马克思主义热"，是当代中国哲学史上的重要哲学现象。这些哲学现象包含哪些重大的现实问题和理论问题，如何把握、阐释和评价这些哲学现象，当代中国哲学怎样在世界哲学的舞台上发出自己的独特声音，是撰写改革开放以来的当代中国哲学史的又一个需要严肃对待和认真研究的重要问题。

五、改革开放以来的当代中国哲学史的总体框架和叙述方式

社会存在决定社会意识。改革开放是20世纪80年代以来当代中国的"现实的历史"。改革开放的"现实的历史"规范了当代中国哲学发展的历史与逻辑。

哲学史是思想性的历史，而不是事件、人物、观点及其评点的陈列史；当代中国哲学史是马克思主义哲学中国化、时代化、大众化的历史，而不是哲学各二级学科建设的演进史。在以当代中国哲学史的主要历史时期为基本线索的基础上，如何体现马克思主义哲学中国化的灵魂、主线，如何以重要的哲学论争为背景提炼和概括当代中国哲学史中的重大问题，如何叙述马克思主义哲学与其他二级学科的相互关系，如何选择和阐述各个时期的重要哲学家及其哲学思想，如何论述各个时期的哲学状况及其发展趋向，这些都是以历史与逻辑相统一的哲学理念撰写《改革开放以来的当代中国哲学史》必须认真对待的重要问题。

　　改革开放以来的当代中国哲学史，既是推进当代中国解放思想的哲学历程，又是实现哲学自身的思想解放的哲学历程，因此，可以把当代中国哲学史概括为"解放思想的哲学与哲学的思想解放"。当代中国哲学的解放思想和思想解放，从其研究内容和具体特征上看，一方面是诉诸对马克思主义哲学、中国哲学、外国哲学的"文本"研究，另一方面则是着力于在对现实问题的哲学反思中实现理论创新，因此，又可以把当代中国哲学史概括为"返本开新的哲学与哲学的返本开新"。当代中国哲学的思想解放和返本开新，其宏伟的目标是在当代中国创建属于中华民族自己的哲学，并在世界文明的交流与互鉴中为人类文明的新形态提供新的理念和新的理想，因此，又可以把当代中国哲学史概括为"创建中华民族的思想自我与塑造引导新的时代精神"。

　　基于上述思考，我们把这部《改革开放以来的当代中国哲学史》概括和分述为上、中、下三篇，即："伟大的开端：解放思想的哲学与哲学的思想解放"；"范式的转换：返本开新的哲学与哲学的返本开新"；"共同的关切：创造中华民族的思想自我与塑造引导新的时代精神"。这个总体框架和这种叙述方式，既展现了改革开放以来当代中国哲学的历史进程，又凸显了改革开放以来的当代中国哲学的逻辑进程，努力以历史与逻辑相统一的总体框架和叙述方式构建《改革开放以来的当代中国哲学史》。

绪　论 | 改革开放以来中国哲学发展的历史与逻辑

改革开放以来的我国哲学，是同改革开放的历史进程息息相关、密不可分的。从总体和主流上看，30多年来的我国哲学，是以理论的方式表征和推进中国特色社会主义伟大实践的哲学，是"面向现代化，面向世界，面向未来"的哲学，是正在建设的具有中国特色、气派和风格的马克思主义哲学。

一、伟大的实践与实践的哲学

改革开放是中国特色社会主义的伟大实践。自1978年改革开放以来，我国的经济生活、政治生活和整个社会生活，发生了举世瞩目的重大变革。作为这种重大变革的理论表达，哲学已经和正在经历着自身的变革。从哲学的最基本的理论框架去分析新中国成立以来的哲学状况，大体可以划分为20世纪80年代以前的教科书哲学、80年代的以反思教科书为主要内容的哲学改革和90年代以来的以现代性的反省为主要内容的后教科书哲学。进入新的世纪，建设具有中国特色、气派和风格的马克思主义哲学，成为中国哲学界共同的努力方向，并取得了一系列重要的研究成果。

把20世纪80年代以前的哲学从总体上界说为"教科书哲学"，其主要依据在于：一是把全国通行的哲学原理教科书作为标准的马克思主义哲学概念框架，以这个教科书模式去宣传、讲授、解释和研究马克思主义哲学，并以这个教科书模式为标准去区分马克思主义哲学与非马克思主义哲学；二是以这个教科书模式作为最基本的哲学理论框架和解释原则，去建构包括中外哲学史、伦理学、宗教学、逻辑学、美学和科技哲学等在内的全部哲学学科，并用它去研究、评述和批判古今中外的各种哲学理论、哲学派别和哲学思潮；三是以这个教科书模式作为最高层次的真理体系，去规范自然科学和社会科学研究以及文学艺术创作，并用它去论证包括政治生活在内的全部社会生活中的各种重大举措，从而规范人们的精神生活和实践活动。

这种教科书哲学及其在全部社会生活中的重要地位和重大作用，从根本上说，是把社会主义归结为计划经济的产物。在这个意义上，80 年代以前的教科书哲学既有其历史的合理性，也蕴含着内在的否定性。随着80 年代以来的改革开放，由计划经济转向市场经济，我国的哲学研究便合乎逻辑地由教科书哲学转向反思教科书的哲学改革。

在解放思想、改革开放的过程中，哲学原理界内部形成了以变革教科书体系为基本指向和主要任务的哲学改革的潮流。这场哲学改革的出发点和归宿，是重新理解和重新建构马克思主义哲学体系。其突出特点，是以实践为核心范畴，重新理解人与世界、思维与存在、主体与客体、主观性与客观性、历史规律与人的历史活动、自由与必然等哲学所探索的重大关系问题，并以这些重新理解的研究成果去重构马克思主义哲学体系。其重大意义，在于从当代人类社会实践、特别是当代中国改革开放的社会实践出发，变革人们的思维方式、价值观念、审美意识和行为方式，以适应和促进中国的改革开放和现代化进程。

在哲学原理界内部改革的同时，包括中外哲学史在内的各个哲学学科也出现了自身的改革，并从而深化了哲学原理界的教科书改革。西方哲学领域在翻译和评述西方传统哲学和现代西方哲学论著的基础上，逐步地从研究对象自身出发，把一系列新的哲学范畴、新的哲学问题和哲学提问方式渗透到哲学理论探索之中，并展开了马克思主义哲学与包括现代西方哲学在内的整个西方哲学的对话。中国哲学领域在反省其研究方法、研究态度的基础上，在学术交流中扩展了学术资源并拓宽了理论视野，对中国传统哲学乃至整个传统文化的利弊得失进行反思，探索"返本开新""融汇中西"的途径与意义。哲学界长期以来所进行的自然辩证法研究，在现代科学和现代西方科学主义思潮的背景下，展开了对现代科学技术以及现代西方科学哲学的研究，形成了我国科学技术哲学的雏形；伦理学、逻辑学、美学和宗教学提出并研究了一系列对学科建设具有重大意义的新问题和新课题。在整个80年代持续高涨的文化热，不仅构成了哲学原理与哲学各个分支学科的交接点，并把哲学改革的侧重点聚焦在中国现代化建设的文化模式和协调发展的问题上。

在我国的经济生活、政治生活、精神生活和整个日常生活发生重大变革的过程中，经济学、政治学、法学、社会学等社会科学，文学、史学、语言学、艺术学等人文学科，都在力图建构适应和推进社会主义市场经济的概念框架和解释原则，迫切要求哲学作出深层的理论解释和予以深层的理论支持。这就不仅推动了80年代以来的反思教科书的哲学改革，赋予哲学改革以新的理论课题和理论内容，并极大地拓宽了哲学的研究领域和学术视野。80年代以来的"哲学论坛"比较集中地探讨了认识论的反映论与选择论的关系、辩证法的本体论与认识论的关系、价值论的理想主义与功利主义的关系、历史观的决定论与非决定论的关系、真理观的事实判断与价值判断的关系、唯物论的物质论与实践论的关系等一系列重大的理论问题。这些讨论，深刻地变革了以素朴实在论为代表的直观反映论的思维方式，变革了以机械决定论为代表的线性因果论的思维方式，变革了以抽象实体论为代表的本质还原论的思维方式，形成了具有丰富理论内容的世界观、历史观、人生观和价值观。

回顾和总结80年代的哲学改革，可以比较清楚地看到，这场哲学改革是在面向改革开放的现实和重新理解马克思的两个维度的交接点上，聚焦于对教科书哲学的反思。进入90年代，中国哲学界开始超越对教科书哲学的反思，从"体系意识"转向"问题意识"，以"问题"作为哲学研究的根本出发点，比较集中地探索了"哲学观"问题、"人的存在方式"问题、"发展"问题、"两大哲学思潮"问题和"中西文化比较"问题，从而展现出更为广阔和更为深化的研究前景。

进入 21 世纪，以科学发展观为指导的构建社会主义和谐社会的问题成为哲学研究的新的聚焦点。"以人为本"的哲学理念，"全面、协调、可持续发展"的战略思想，"统筹兼顾"的方法论，构建和谐社会的公平、正义问题，社会主义核心价值观和人的精神家园建设等问题，特别是建设具有中国特色、气派和风格的马克思主义哲学问题，成为 21 世纪初我国哲学研究中的主要问题，并已经和正在取得重要的研究成果。

二、解放思想的哲学与哲学的思想解放

改革开放的历史性起点，是 1978 年党的十一届三中全会确立的解放思想、实事求是的思想路线。这一思想路线的哲学基础，是把实践确立为检验认识的真理性的唯一标准；这一思想路线的现实意义，是把人们的思想从"两个凡是"的禁锢中解放出来，为建设中国特色社会主义开辟道路。因此，解放思想首先是一场深刻的思想革命，一场深刻的哲学革命。在这场深刻的思想革命和哲学革命的过程中，我国哲学承担起相辅相成的双重使命：推进社会的解放思想和实现哲学自身的思想解放。

"两个凡是"的实质是把思想作为实践的根据和标准，即：凡是符合某种思想的行为就是不容置疑和不可变易的；凡是不符合某种思想的行为就是离经叛道和必须否定的。这就完全颠倒了理论与实践的真实关系，彻底背离了实事求是的唯物主义基础，根本阉割了马克思主义哲学的世界观。冲破"两个凡是"的思想禁锢，重新确立检验真理的实践标准，这是以解放思想为旗帜的中国特色社会主义伟大实践的历史任务，也是推进整个社会解放思想的当代中国马克思主义哲学的历史任务。

以检验真理的实践标准为突破口的思想解放，蕴含着一系列深层的哲

学问题。这首先是针对"两个凡是"所造成的哲学思想的混乱，重新理解马克思主义哲学的问题。翻阅 20 世纪 80 年代以来的中国马克思主义哲学论著，可以发现一个耐人寻味和发人深省的现象：不计其数的哲学论著，均以马克思的《关于费尔巴哈的提纲》、马克思恩格斯的《德意志意识形态》等经典论著关于"实践"的论述为立足点和出发点，重新理解和阐释马克思主义哲学，并形成了关于"实践的唯物主义"的基本理念。

以"实践"的观点重新理解和阐释马克思主义哲学，以"实践的唯物主义"概括和表达马克思主义哲学的特征和本质，这不仅仅是关系到马克思主义哲学的"解释路径"问题，也不仅仅是关系到马克思主义哲学"如何称谓"问题，而是集中地表现了对马克思主义哲学的根本性理解，深刻地昭示了如何在中国特色社会主义伟大实践中坚持和发展马克思主义的哲学道路问题。

"实践的唯物主义"的哲学理念，在 20 世纪 80 年代以来的马克思主义哲学研究中，获得了越来越丰富、越来越深刻的思想内涵，从而也在越来越广阔、越来越深刻的思想解放中发挥了哲学的作用。从改革开放以来中国马克思主义哲学研究的历史与逻辑的统一上看，在关于"实践的唯物主义"的哲学研究中，主要是形成了下述重要理论成果：一是在关于真理的检验标准的讨论中，从理论上确立了检验真理的实践标准，为解放思想、实事求是的思想路线奠定哲学基础，并为重新理解和阐释马克思主义哲学奠定了重要的思想前提；二是在从理论上确立检验真理的实践标准的基础上，以实践观点重新理解马克思主义的能动的反映论，从主体对客体的能动反映出发，探索人的认识活动中的反映与创造、选择与建构、思想与反思的关系，凸显了哲学理论研究中的主体与客体关系问题；三是在对主客体关系的研究中，揭示出以实践为基础的主体对客体的认知关系、价值关系、审美关系以及作为特殊的主客体关系的"主体间关系"，以人的主动性、创造性和丰富性为基本内涵的"主体性"问题成为哲学思考的聚焦点；四是以人的主体性为基础，反思人的历史活动与历史的发展规律的关系，在回应"非历史决定论"对历史唯物论的挑战中，深化对历史及其发展规律的理解；五是以"历史"为核心范畴重新理解人与世界的关系，即从"现实的人及其历史发展"出发重新理解人与世界的关系，变革对"世界观"及其理论形态的非历史的或超历史的理解；六是在"世界观革命"的意义上重新理解马克思主义哲学，反对把马克思主义哲学当作某种僵化模式和"终极真理"，真正确立在实践中坚持和发展马克思主义哲学的基本理念。

提出和探索"实践的唯物主义"，并进而形成"实践的唯物主义"的基本理念，这既是一个艰难的理论进程，也是一个以理论的方式表征和推进中国特色社会主义伟大实践的历史进程。因此，在"历史"的意义上理解"实践的唯物主义"及其对马克思主义哲学的"定位"，就必须诉诸于中国改革开放的历史进程。

改革开放30年的理论与实践表明，"实践的唯物主义"的理论成果，是来源于并服务于中国特色社会主义伟大实践的理论成果：其一，提出和探索"实践的唯物主义"的现实基础和理论前提是关于"实践是检验真理的唯一标准"的大讨论，而研究和论证"实践的唯物主义"则在理论层面上深化了这个大讨论，从而推进了全社会的解放思想；其二，以"实践的唯物主义"的基本理念重新理解和阐释马克思主义哲学的能动的反映论，以实践观点的思维方式理解和阐释人与世界、主体与客体的关系，这既是源于改革开放所要求的批判精神和探索精神，又是为这种批判精神和探索精神提供重要的理论支撑；其三，"实践的唯物主义"所凸显的"主体性"问题和"主体间性"问题，以及由此而凸显的"交往实践"问题，不仅从理论上论证和阐扬了改革开放所要求的人的积极性、主动性和创造性，而且从理论上探索和回答了"经济全球化"过程中的人的实践问题；其四，"实践的唯物主义"所提出的人的历史活动与历史的发展规律的关系问题，是从理论上回答历史发展的必然性与偶然性、现实性与可能性、趋向性与选择性等一系列重大问题，从而为从历史发展规律上探索中国特色社会主义道路提供深层次的哲学思想；其五，"实践的唯物主义"是从"现实的人及其历史发展"出发去理解人与世界的关系，"历史"地理解人与自然、人与社会以及人与自我的关系，因而既是以"发展"的观点和"变革"的理念去回应社会生活提出的全部问题，又是对"发展"本身的哲学反思，从而为科学发展观提供了重要的理论资源；其六，"实践的唯物主义"深入地探索和回答了马克思主义哲学是"改变世界"的"世界观"这个最为根本的理论问题，从而在哲学世界观上为坚定不移地继续解放思想、坚定不移地继续改革开放提供了最为根本的理论支撑。

从"现实的人及其历史发展"出发的"实践的唯物主义"的核心理念是：人的存在方式是历史性变革的，人对世界的现实关系是历史性变革的，人的世界图景是历史性变革的，人对自己与世界的关系的自我意识是历史性变革的，因此，马克思主义哲学必须提出和回答自己时代的世界观问题：以人的当代的实践活动为基础的人对世界的当代关系是怎样的？以当代科学为中介的人的当代世界图景是怎样的？以人的当代社会生活为基础的当代人的思维方式、价值观念、审美意识和终极关怀是怎样的？如何以科学的发展观实现当代社会的进步和推进人的全面发展？这表明，"实践的唯物主义"既赋予哲学以时代的目光和世界的视野，又把当代中国的马克思主义哲学研究聚焦于建设中国特色社会主义的最为重大的理论问题和现实问题。"问题"是"实践的唯物主义"的"最实际的呼声"。

马克思说："任何真正的哲学都是自己时代的精神上的精华"，它"不仅在内部通过自己的内容，而且在外部通过自己的表现，同自己时代的现实世界接触并相互作用"①。"实践的唯物主义"正是"不仅在内部通过自己的内容，而且在外部通过自己的表现"，与中国特色社会主义的伟大实践、与当代中国的改革开放息息相关。

---

① 《马克思恩格斯全集》（第1卷），人民出版社1995年版，第220页。

三、哲学中的问题与问题中的哲学

20 世纪 80 年代的哲学改革，从其根本的指向性上看，是以新的教科书体系取代旧的教科书体系，也就是重构教科书体系。进入 90 年代的中国哲学界，则在理论探索中出现了较为明显的转向，这就是从"体系意识"转向"问题意识"，形成了"哲学中的问题"与"问题中的哲学"的互动，并出现了"开拓性哲学""准原理哲学"和"专门化哲学"的萌芽。

整个 80 年代的哲学任务，是以变革通行的哲学原理教科书为出发点，在重新理解马克思主义哲学的进程中重建它的理论体系。"体系意识"是整个 80 年代中国哲学界的"主流意识""主导意识"。所谓的"热点"问题或"焦点"问题，无不与重构体系的"体系意识"密切相关。最为显著的标志是，80 年代作为"热点"或"焦点"问题的"物质本体论"与"实践本体论"问题、"反映论"与"选择论"问题、"辩证法"与"系统论"问题、"历史决定论"与"非历史决定论"问题，恰恰是作为"体系"的"四大部分"即"世界观""认识论""辩证法"和"历史观"中的核心问题而展开激烈论争的。具有"称谓"和"定位"马克思主义哲学意义的"实践唯物主义"，更恰恰是作为重建马克思主义哲学体系的"解释原则"而提出的。然而，这种重建马克思主义哲学体系的急迫的"体系意识"，在改革开放初期并不具备现实的可能性。重建马克思主义哲学体系，除去应有的历史前提，还必须至少具备三个重要的理论前提，即：占有充分的"理论资源"，发现真正的"理论困境"，形成创新的"理论思路"。

从"理论资源"上说，由于哲学总是以时代性的内容、民族性的特色和个体性的风格去求索人类性问题，因此就不仅需要重新理解马克思主义哲学，而且需要重新研究西方哲学(特别是现代西方哲学) 和中国哲学(包括现代新儒家哲学) 及其与马克思主义哲学的关系。在 80 年代，中国哲学界虽然比较集中地讨论了马克思的"手稿"和"提纲"以及列宁的"笔记"，并围绕"马克思主义与人道主义""辩证法就是认识论""实践唯物主义与辩证唯物主义和历史唯物主义"等问题展开过较为深入的讨论，但无论是对马克思主义"文本"还是对当今的时代都缺乏系统的理论研究。在80年代，汹涌而入的现代西方哲学的各种思潮，曾经从多方面引发中国哲学界的思考，但是，无论是对"分析"哲学还是"解释"哲学，无论是对"结构主义"还是"存在主义"，都还处于"引进""评述"而非"反思""消化"的阶段。对于中国传统哲学，80年代的哲学界基本上是局限于对中国哲学史自身的研究，而极少触及它与马克思主义哲学的关系。至于力图"返本开新"的现代新儒家哲学，虽然引发了哲学界的某种"激情"或"热情"，但主要是作为一种特定的对象而被学界的一些人予以研究。缺少对"文本"的系统研究，缺少马、中、西的沟通与交流，这就是80年代的中国哲学界在重建马克思主义哲学体系时的"理论资源"不足。

从发现"理论困境"和创新"理论思路"上说，主要是存在理论深度不够和难以取得共识这两个方面。通行的哲学教科书的根本性的理论问题究竟是什么？重建马克思主义哲学体系的真正的理论困难究竟是什么？在80年代的较长时间里，人们还主要是盯住"体系"本身做文章，提出或形成了一些互有差别的新体系，诸如"一总三分"或"一总四分"的方案。当超越对"体系"的构造而触及"内容"的时候，难以弥合的分歧造成了难以深入的争论，其中最为关键的问题是：究竟怎样理解"实践"在马克思主义哲学体系中的地位和作用？把"实践观"作为"解释原则"将构成怎样的马克思主义哲学"范式"？离开对这个根本性问题的讨论，既不能找到真正的"理论困境"，也不可能形成真正的"理论思路"。

80年代的中国哲学界在"体系"上陷入的困境，只能是从"体系意识"的自我超越中获得新的出路。这就是90年代的从"体系意识"到"问题意识"的历史性转换。由于重构马克思主义哲学体系所面对的最重要的"问题"是"理论资源"储备不足、"理论困境"捕捉不准、"理论思路"深度不够的问题，因此，90年代的中国哲学的"问题意识"主要是表现在对这三大根本性"问题"的探索之中。所谓"理论资源"不足，既是由于人们缺乏对马克思主义哲学"文本"的系统研究，又是因为人们把研究的视野仅仅局限在马克思主义哲学"文本"之中。如何理解马克思主义哲学，它的重要前提是如何理解哲学；正是因为人们对"哲学"有着相距甚远乃至截然不同的理解，才无法形成对马克思主义哲学的统一性理解。因此，重构马克思主义哲学的首要任务，应当是在当代的背景下进行哲学的自我理解。这表明，进入90年代的中国哲学界逐渐地"聚焦"于哲学的自我理解，即"元哲学"问题，并非偶然。

哲学的自我理解，既不是自我封闭的苦思冥想，也不是固执己见的自我认同，而是以广阔的哲学视野为背景，以开放的哲学意识为基点，在各种各样的哲学观、特别是当代的各异其是的哲学观的比较鉴别中，深化对"哲学"的理解。正是由于90年代的中国哲学界以"哲学观"为"聚焦点"，才逐步"激活"了包括各种各样的哲学思潮、哲学流派、哲学观点在内的各种哲学问题。其中，首先是"激活"了对马克思主义哲学、中国哲学和西方哲学的比较研究，试图从这种比较研究中，深化对"哲学"的理解。其次是"激活"了对"两大思潮"即科学主义思潮与人本主义思潮的比较研究，试图从这种比较研究中寻找到"超越"这两大思潮的"思路"。最后是"激活"了对"两种文化"即中国文化与西方文化的比较研究，试图从这种比较研究中为"哲学"奠定深厚的文化底蕴，特别是从中国传统文化中获得具有现代意义的"东方智慧"。

以"哲学观"问题为"聚焦点"而"激活"对马克思主义哲学、中国传统哲学和西方哲学的研究，这就是"一个问题"与"所有问题"的"共振"。这种"共振"，以"开拓性哲学""准原理哲学""分支哲学"和"部门哲学"兴起的方式实现了90年代的哲学繁荣。20世纪最后10年的当代中国哲学的繁荣，为跨世纪的中国马克思主义哲学的大发展奠定了坚实的理论基础。

从"体系意识"转向"问题意识"，这突出地表现在，不是以争论教科书的利弊得失和如何重构教科书体系为研究的出发点，而是把教科书作为某种退入背景的理论框架，从现实生活或现代哲学中提出问题，并且注重提问方式的转换，从而形成了所谓"开拓性哲学"。仅就哲学原理界来看，90年代以来比较集中地提出和探讨了理想主义与功利主义的关系问题、效率与公平的关系问题、真理与价值的关系问题、实践理解论问题、交往实践和语言的实践基础问题、现代化与现代性的反思问题、社会认识论问题和人类活动论问题，等等。这些源于现代社会生活的哲学问题，不断地开拓了哲学研究的新领域，从而为马克思主义哲学的当代研究注入了生机和活力。

90年代哲学研究的"问题意识"，明显地表现为"准原理哲学"的兴起。这里所说的"准原理哲学"，指的是哲学原理与哲学各分支学科的双向融合。80年代以前，哲学的各个学科处于界限分明、壁垒森严、互不介入的状态。在80年代反思教科书的哲学改革过程中，这种状况虽有所改变，但仍然是以各自的"研究领域"为对象。进入90年代，某些共同的"问题"开始成为哲学研究的出发点，从而形成了一种双向融合的趋向：一是哲学原理界在探索现代社会生活和现代哲学提出的重大理论问题的过程中，显著地拓宽了自己的研究视野和背景知识，不仅注重于哲学理论与哲学史的史论结合，以及哲学原理与具体科学的结合，而且注重于从文化哲学、科学哲学、语言哲学、逻辑哲学以及伦理学、心理学、宗教学、逻辑学和美学等多重视角去讨论问题，并且融注了这些学科的研究成果，从而改变了哲学原理的研究方式和自身形象；二是哲学史和哲学的各个分支学科强化了自身的"原理意识"，在探索某些共同问题的过程中，力求在"原理"的意义上形成某种哲学思想。这在中国哲学和西方哲学的研究领域中，以中西哲学比较研究的方式，表现得尤为突出。这种"准原理哲学"的兴起，更加明显地凸显了90年代哲学研究的"问题意识"。

"体系意识"的弱化与"问题意识"的强化，还表现在"专门化哲学"的兴起。这里所说的"专门化研究"，主要是指这样两种趋向：一是注重研究人类文化的某个成分或某个侧面，并从这种研究中寻求当代哲学的生长点。这种研究趋向的突出特征，是在汲取现代西方哲学积极成果的基础上，通过对语言、逻辑、观念、科学、技术、艺术、宗教、伦理、政治、法律、经济等的哲学探索，形成马克思主义的语言哲学、逻辑哲学、科学哲学、艺术哲学、政治哲学、经济哲学和法哲学，等等。二是注重研究现代哲学的各种流派及其所提供的方法论，其中主要是深化了对胡塞尔的现象学、索绪尔的结构主义、海德格尔的存在主义、维特根斯坦的日常语言分析、伽达默尔的解释学、罗蒂的新实用主义、德里达的解构主义以及包括卢卡奇、葛兰西、马尔库塞、哈贝马斯、阿多诺等在内的国外马克思主义的研究。哲学研究的"专门化"，强化了哲学研究的职业化和学术化，从而突出了各种"具体问题"在哲学研究中的地位。这种"专门化哲学"的兴起，为中国哲学界走出简单、抽象、空洞的哲学论争，在坚实的哲学研究的基础上形成更富于创造性和启发性的世界观理论，提供了必要的理论准备。

90 年代中国的哲学研究从"体系意识"转向"问题意识"，在总体趋向上，主要是集中研究五个大问题，即"元哲学问题""人的存在方式问题""发展问题""两大思潮问题"和"中西文化问题"。

"元哲学问题"，即哲学在各个历史时代的自我反思和自我理解问题，在 80 年代中期就已经成为国内哲学界讨论的热点问题之一。但是，从《哲学研究》1987 年第 8 期所组织的"哲学的特点和功能"讨论专辑来看，国内哲学界还主要是从特殊与普遍、思想与反思等角度去辨析科学与哲学的关系，从而界说哲学的特点与功能。1989 年《中国哲学年鉴》所整理的"关于元哲学的讨论"，则主要是集中于探讨"究竟什么是元哲学"，以及"元哲学与哲学"的关系问题。这些讨论推进了国内哲学界对哲学的反思和理解，但还没有从"现代化"这个时代课题出发去探索当代哲学的特点、功能和使命。进入 90 年代，国内哲学界关于元哲学的讨论，则明显地突出了对哲学的当代反思，特别是突出了对哲学与当代人类存在方式的反思。有的论者从哲学表达的实质是人从自己的观点出发，把传统哲学向现代哲学的根本性转变归结为从抽象的人转向现实的人，从远离生活的彼岸世界回到现实的人间世界，因而把当代哲学的使命确认为对当代人类存在方式及其内在矛盾的哲学思考。有的论者提出，哲学就是每个时代的人们对自己生存状况的根本性、整体性问题的思考，是关于人的生命活动在某一时代的总体特征、全面情势和基本发展趋向的问题。显而易见，这些元哲学思考都把当代哲学聚焦于当代人类的存在方式上。

"人的存在方式问题"，对于国内哲学界来说，首先是人的实践活动问题。80年代反思教科书的哲学改革，其实质内容就是用实践观点重新理解马克思主义哲学和重新建构马克思主义哲学体系。进入90年代，则是把实践作为人的存在方式，具体地探索实践与人的主体性、实践与交往、实践与语言、实践与理解、实践与日常生活、实践与真理和价值等问题。在现代化的反思中，哲学界开始注重从当代实践的特点出发去研究当代人类的存在方式，特别是在社会主义市场经济条件下的人的存在方式问题。建立社会主义市场经济，这并不仅仅是资源配置方式的选择，而是深层地表现为以经济关系为基础的人的存在方式的变革。市场经济的建立，弱化了计划经济模式下个体对"单位"这个"小社会"的依赖，既强化了个体的独立性，又强化了个体的社会性，从而使个体的思维方式、价值观念、消费方式、享受方式、交往方式和整个生活方式都发生了深刻变化。哲学界正在透过市场经济条件下人的存在方式的变革，重新理解人与社会、人与文化、人与人以及人与自我之间的关系，探寻人的全面发展的现实之路。

"发展问题"是现代化思潮与反现代化思潮争论的焦点。进入90年代，国内哲学界比较集中地讨论了发展的价值基础、合理性目标以及发展的代价等问题。有的论者提出，发展从来就不是客观的中性的纯粹的经济增长过程，也不仅仅是人们的物质生活状况的逐步改善过程，更重要的是各种文化价值在经济增长中起着根本性的作用，它决定增长作为一种目标的合理性。"代价"是发展过程中的一种被否定和牺牲的替代性价值，即主导价值趋向对其他价值形态的抑制、否定和牺牲。还有的论者提出，价值观的主导范式具有强烈的时间效应，价值观自身不能先验地确定自身的合理性，对于当代中国而言，首要的是立足现代化对前现代化价值观的反思，而不是立足后现代化对现代化价值观予以反思。关于"发展问题"的这种哲学思考，从理论上支持了当代中国对现代化目标和社会主义市场经济的选择。进入 21 世纪，关于科学发展观的研究，大大地推进了关于发展本身的研究。

"两大哲学思潮"是指盛行于现代西方哲学之中的科学主义思潮和人本主义思潮，它们的形成、演化及其相互关系的变化，理论地表达了现代发达国家的人与自然、人与社会、人与他人、人与自我的深层矛盾。所谓"两大思潮问题"，就是国内哲学界对这两大思潮及其相互关系的哲学反思，其深层的理论内涵，则是对"现代化"的哲学反思。80 年代，国内哲学界主要是注重对这两大思潮的各种流派及其理论观点的介绍与评述。进入 90 年代，则使深层的"现代化"问题上升为探索两大思潮及其相互关系的主导思想。许多论者提出，学术研究在任何时候都标志了一定人生选择的内涵。两大思潮的对立与融合，表现了现代社会的个人自由与社会模式化的紧张关系以及要求在二者之间保持必要的张力的时代潮流。

"现代化"既不是抽象的普遍性，也不是与历史传统的断裂，它的实现和表现形式，必然具有民族的特色和保持与传统文化的联系。所谓"中西文化问题"，即是探讨一种以中西文化对话为方向的现代民族文化的可能。这种讨论的热点之一，是儒家文化与现代化的关系问题。进入 90 年代以后，许多学者深刻地反省了探讨"中西融合问题"的出发点和立足点。有的论者提出：在讨论这个问题时，我们是否在感情上依恋于作为母体的儒家文化，而在理性上又以欧洲模式为基准？现代化应当具有多元模式，我们是否应当和能够超越这种"依恋"和"基准"去思考中国的现代化问题？文化的世界性与民族性、文化的时代性与多样性，构成在新的世纪建设具有中国特色、气派和风格的马克思主义的重要学术问题。

20世纪90年代我国哲学界所探讨的五大问题，显然不能全面地反映当代中国的哲学思考。但是，以探讨这些重大问题为主要内容的现代化反思，却标志着90年代中国的哲学研究已形成了从"体系意识"到"问题意识"的转化，形成了"哲学中的问题"与"问题中的哲学"的互动，标志着当代中国的哲学研究在现代化的反思中展现了广阔的前景。

四、科学发展与关于发展的哲学

"发展才是硬道理"。这是当代中国改革开放和建设中国特色社会主义的基本理念。这个基本理念改变了中国，使中国实现了举世瞩目的发展。正是在发展的过程中，面对各种新的机遇和挑战，不断地深化了对发展的认识，形成了指导全部工作的科学发展观。"科学发展观"的第一要义是发展，核心是以人为本，基本要求是全面协调可持续，根本方法是统筹兼顾。这是建设中国特色社会主义的伟大的战略思想。以"实践的唯物主义"为基本理念的当代中国哲学，在新的世纪所展开的关于"发展"的哲学研究中，为深入理解和贯彻落实科学发展观，提供了重要的理论支持。

在哲学的层面上研究"发展"，"实践的唯物主义"首先关切的是"发展观"。"发展"，这并不只是对人与社会的存在状态和存在过程的描述，而且是对人与社会的存在状态和存在过程的评价。"发展"与"发展观"是密不可分的。"发展观"，是基于对"发展"的评价标准而构成的在实践中作出顺序性选择与安排的关于发展的思想理论。因此，"发展观"总是与"发展"的状况和水平密不可分的。

在集中地阐述人类社会发展规律的时候，马克思明确地提出，"人类始终只提出自己能够解决的任务，因为只要仔细考察就可以发现，任务本身，只有在解决它的物质条件已经存在或者至少是在生成过程中的时候，才会产生"①。建设中国特色社会主义的伟大实践是前无古人的，我们

---

① 《马克思恩格斯选集》（第2卷），人民出版社1995年版，第33页。

是"摸着石头过河"的。在改革开放之初，我们对"发展"的要求，首先必须是"加速发展"。正是在"加速发展"的过程中，不仅为"又好又快"的发展奠定了坚实的物质基础，也为形成"又好又快"的发展理念奠定了坚实的思想基础。我们今天所形成的科学发展观，我们所提出的以人为本，全面、协调、可持续发展的历史任务，是以当代中国的现实为依据的。改革开放以来的中国取得了前所未有的巨大的历史进步。正因为中国的经济发展到了现在的规模、程度和水平，才能凝练出以人为本的科学发展观，提出全面、协调、可持续发展的历史任务。

　　进入 21 世纪，中国站在新的历史起点上，这不仅标志着中国社会的巨大进步，也意味着跨入新世纪的中国面对新的问题。20 世纪 80 年代，中国经济社会的基本特点是，经济的发展比较自然地带来了社会的进步，经济与社会的发展大体上是同步的。20 世纪 90 年代以来，中国开始面对经济与社会发展的不平衡，东西的差距拉大了，城乡的差距拉大了，贫富的差距拉大了，这意味着经济的发展并不必然地、并不自然地带来社会的全面进步和人的全面发展。经济与社会的全面协调可持续发展成为最严峻的迫切问题。

　　以理论的方式面对现实，中国哲学界以"实践的唯物主义"的基本理念思考社会发展中的深层次矛盾，更为深入地探索了历史的发展规律。人类历史的一个突出特征在于，"片面性"是它的"发展形式"，即历史总是以某种"退步"的形式而实现自身的"进步"。历史过程中的任何进步都要付出相应的"代价"，任何"正面效应"都会伴生相应的"负面效应"，任何"整体利益"的实现都意味着某些"局部利益"的牺牲，任何"长远利益"的追求都意味着某些"暂时利益"的舍弃，由此便造成了反观历史的"大尺度"与"小尺度"的矛盾。历史的"大尺度"，就是以人的"根本利益""长远利益""整体利益"为出发点反观历史的尺度；与此相对应，历史的"小尺度"，则是以人的"非根本利益""暂时利益""局部利益"为出发点规范人的历史活动的尺度。因此，在推进当代中国历史发展的过程中，需要深刻地理解以人为本的科学发展观所蕴含的历史尺度，在历史的"大尺度"与"小尺度"之间保持必要的张力并实现微妙的平衡，从而自觉地促进当代中国的全面、协调和可持续发展，并为实现人的全面发展创造新的历史条件。

科学发展观不仅是从中国与世界的现实出发的，而且是以对人与世界关系的哲学反思为基础的。从人与自然的关系来说，恩格斯早就警告我们，"不要过分陶醉于我们人类对自然界的胜利。对于每一次这样的胜利，自然界都对我们进行报复。每一次胜利，起初确实取得了我们预期的结果，但是往后和再往后却发生完全不同的、出乎预料的影响，常常把最初的结果又消除了"[1]。破坏人类赖以生存的家园，就必然威胁人类自身的生存与发展。如何协调人与自然的关系，实现可持续发展，已经成为"发展"的最为严峻的迫切问题。从人与社会的关系来说，马克思曾把市场经济概括为"以物的依赖性为基础的人的独立性"。在体制的意义上，经济全球化首先是市场经济及其原则的全球化。市场经济按照自己的要求去塑造全部的社会生活，也就把市场经济的等价交换、优胜劣汰的原则融入整个社会生活，这不仅塑造了人的"独立性"，而且构成了人对"物"的依赖关系。利益最大化的逻辑，构成了现代社会的生存逻辑。世界各国在现代化的过程中，都出现了严峻的问题，突出地表现为经济的增长并不必然地带来社会的全面的进步，而且还表现为以巨大的社会代价和生态的破坏来换取经济的增长，因此自20世纪中叶以来，随着发展问题日益成为人类社会面临的重大而迫切的问题，形成了各种形态的社会发展理论，对发展的哲学反思和科学研究，已经成为哲学和科学的"显学"。

"发展"问题蕴含着一对根本性的矛盾，这就是发展的"标准"与"选择"问题。"以人为本"和"又好又快"的发展理念的理论意义和实践意义，在于它为发展确立了明确的标准，为发展中的思想和行为的选择提供了最

---

① 《马克思恩格斯选集》（第4卷），人民出版社1995年版，第383页。

根本的依据，即：我们的"发展"必须是以人为本的"又好又快"的发展，必须是"全面、协调、可持续"的发展。这个发展理念的实践意义是巨大的。人的实践活动，是把人的目的性要求变为现实的活动；目的性，是实践活动的灵魂。对人来说，发展并不是一个单纯的事实判断，而是某种目的、理想、价值的实现。发展是实现了的目的、理想和价值。正因为如此，确立发展的标准，并依据发展的标准而确认实践中的价值排序和行为选择，就具有不容回避和不可忽视的巨大的实践意义。

理论不仅是"指导"实践的，也是"反驳"实践的，即：理论不仅规范和引导人们"做什么"，而且规范和引导人们"不做什么"。现代科学和现代哲学有一个认识论上的共识，就是"观察渗透理论"。这个共识告诉我们，人们总是以某种理论、观念去观察现实，并用以这种理论、观念规范自己所要解决的问题，以及解决问题的途径与方式。因此，建设中国特色社会主义，既要求我们面向现实，深入实际，切实解决问题，又要求我们树立科学的发展观，用科学发展观去观察现实和解决现实问题。这就需要全面地理解理论与实践的关系。科学发展观的重大意义，就在于它为错综复杂的社会实践活动作出顺序性的选择和制度性的安排，并为这种选择和安排提供赢得人民支持的理论支撑。以人为本的科学发展观，就是要"反驳"违背人民利益的实践，"反驳"阻碍社会全面进步的实践，"反驳"各种"形象工程"的实践，"反驳"威胁可持续发展的实践。因此，在全面建设小康社会的过程中，必须用科学的发展观推进符合最广大人民群众的根本利益的实践，推进实现人的全面发展和社会的全面进步的实践。

五、建设具有中国特色、气派和风格的马克思主义哲学

在领导中国革命和建设的伟大实践中，毛泽东曾一再强调，"马克思列宁主义的伟大力量，就在于它和各个国家具体的革命实践相联系的"，"离开中国特点来谈马克思主义，只是抽象的空洞的马克思主义。因此，使马克思主义在中国具体化，使之在其每一表现中带着必须有的中国的特

性，即是说，按照中国的特点去应用它，成为全党亟待了解并亟须解决的问题。"①建设具有中国特色、气派和风格的马克思主义哲学，是马克思主义中国化的重要内容，也是我国哲学界的共同使命。

改革开放以来，我国的哲学学科建设取得了丰硕成果，这为建设具有中国特色、气派和风格的马克思主义哲学奠定了坚实基础。进入21世纪，我国的哲学学科建设和哲学教育改革获得了新的体制性支持。一批高校的哲学学科被确定为国家重点学科，一批高校的哲学研究机构被确定为教育部人文社会科学重点研究基地，一批高校的哲学研究基地被确定为"985工程"国家哲学社会科学创新基地，一批高校哲学院系的申报研究课题被确定为国家社科基金和教育部社科基金的重大或重点项目。教育部先后聘任专家组成学科教学指导委员会、社会科学委员会及学风建设委员会，有力地推进了我国高校哲学社会科学的教学与研究。尤为重要的是，中央实施马克思主义理论研究和建设工程，把编写马克思主义哲学教材列为首批重点建设项目，并先后把马克思主义哲学史、中国哲学史、西方哲学史、伦理学、宗教学等教材列为重点建设项目。改革开放30多年来，哲学各个学科专业召开了数以千计的各类学术研讨会，在学术争鸣中推进了哲学的学术研究。其中，2001—2007年，连续七届的"马克思哲学论坛"，深入地探索了马克思主义哲学的当代价值、马克思主义哲学的本体论、当代西方马克思主义哲学研究、马克思主义哲学与现代化的反思、构建当代形态的马克思主义哲学体系、马克思主义政治哲学、马克思主义哲学研究范式等重大问题。关于马克思主义哲学的学术研讨，进而延伸为中国哲学、西方哲学与马克思主义哲学的"对话"研究，特别把建构具有中国特色、气派和风格的马克思主义哲学作为中国哲学界的共同使命。探索马克思主义哲学中国化，取得了越来越广泛的共识，取得了越来越丰富的研究成果。

---

① 《毛泽东选集》（第2卷），人民出版社1991年版，第534页。

　　总结和继承中国传统文化，是建设具有中国特色、气派和风格的马克思主义哲学的重要内容。毛泽东说："我们这个民族有数千年的历史，有它的特点，有它的许多珍贵品。……今天的中国是历史的中国的一个发展；我们是马克思主义的历史主义者，我们不应当割断历史。从孔夫子到孙中山，我们应当给以总结，承继这一份珍贵的遗产。"① 中华民族是富有哲学智慧的民族。中国哲学在长期的发展过程中，形成了自己的独特风格和特有的概念体系与表达方式，并形成了集中地体现中华文明的中国哲学精神。我国当代学者在总结和概括中国哲学的基础上提出，中国哲学精神，这主要是天人合一的宇宙观、革故鼎新的发展观、自强不息的人生观、知行合一的实践观、社会和谐的理想观。中国哲学凝聚了中华民族对世界和生命的认知和感受，积淀了中华民族的精神追求和行为准则，形成了中国哲学的恢宏气派和独特风格。中华民族在漫长历史发展中形成的独具特色的文化传统，深深影响了古代中国，也深深影响着当代中国。现时代中国强调的以人为本、与时俱进、社会和谐、和平发展等，既有着中华文明的深厚根基，又体现了时代发展的进步精神。中国传统哲学的肥壤沃土，为中国化的马克思主义哲学提供了丰富的思想资源。

　　面向中国特色社会主义的伟大实践，总结和升华这一伟大实践的基本经验，是建设具有中国特色、气派和风格的马克思主义哲学的更为重要的内容。自 1978 年以来，中国进入了全方位改革开放的新时期。"新时期最鲜明的特点是改革开放"，"事实雄辩地证明，改革开放是决定当代中国命运的关键抉择，是发展中国特色社会主义、实现中华民族伟大复兴的必由之路；只有社会主义才能救中国，只有改革开放才能发展中国、发展社会主义、发展马克思主义。"② 中国哲学界已经自觉认识到，改革开放是当代中国实践最鲜明的主题和当代中国最大的具体实际。坚持把马克思主义哲

---

① 《毛泽东选集》（第 2 卷），人民出版社 1991 年版，第 533—534 页。
② 《胡锦涛文选》（第 2 卷），人民出版社 2016 年版，第 619 页。

学与当代中国的具体实际、特别是与当代中国的改革开放实践相结合，当代中国的马克思主义哲学研究才能成为名副其实的"当代中国的"马克思主义哲学研究。建设社会主义核心价值体系，增强社会主义意识形态的吸引力和凝聚力；建设和谐文化，培育文明风尚；弘扬中华文化，建设中华民族共有精神家园；推进文化创新，增强文化发展活动；这既是我国社会主义文化大发展大繁荣的历史任务，也是我国哲学大发展大繁荣的根本内容。

建设具有中国特色、气派和风格的马克思主义哲学，一个重要内容是哲学的教育和普及工作。在推进学科建设的同时，教育部采取各种重大举措以推进高等教育的改革与发展。进入新的世纪以来，一批"面向21世纪的课程和教材"在哲学教育改革中发挥了重要作用。一批高校哲学教师获得了国家级教学名师奖，一批哲学课程被评审为国家级精品课程，一批哲学教学成果获得国家级教学成果奖，一些哲学学科教学团队被评审为国家级教学团队。这些成果切实地推进了我国的哲学教育改革，强化了我国的哲学学科建设。在高等教育大众化的进程中，培养"人"的哲学教育不仅直接提升大学生的人文教养，而且间接地提升了全体公民的人文教养和整个中华民族的人文教养。进入21世纪以来，我国哲学工作者以撰写和出版哲学普及读物等方式，直接地向社会公众宣讲哲学。例如，2004年北京大学出版社出版的"名家通识讲座"丛书，先后出版了《西方哲学十五讲》《现代西方哲学十五讲》《哲学修养十五讲》《文化哲学十五讲》《美学十五讲》《宗教学基础十五讲》等著作，并成为2004年度畅销书，对普及哲学知识和推进人文素质教育发挥了重要作用。

建设具有中国特色、气派和风格的马克思主义哲学，为构建社会主义核心价值体系奠定坚实的理论基础，已成为我国社会发展，尤其是文化发展的一项重大任务。"当今时代，文化越来越成为民族凝聚力和创造力的重要源泉、越来越成为综合国力竞争的重要因素，丰富精神文化生活越来越成为我国人民的热切愿望。要坚持社会主义先进文化前进方向，兴起社会主义文化建设新高潮，激发全民族文化创造活力，提高国家文化软实力，使人民基本文化权益得到更好保障，使社会文化生活更加丰富多彩，使人民精神风貌更加昂扬向上。"①哲学作为文化的核心部分，对于提高和扩大我国文化的"思想力""软实力"在国际社会中的地位和影响，具有不可或缺的重大作用。哲学界清醒地意识到了这一问题的重要性和迫切性。改革开放 30 年来，特别是进入新世纪以来，无论是关于中国哲学、马克思主义哲学和西方哲学的会通和融合的讨论，还是中国哲学合法性的反思和重建；无论是建构中国化的马克思主义哲学形态的呼声，还是让西方哲学"说汉语"的努力，都体现了学者们对此的自觉意识。实现这一历史任务，需要我国哲学界真正地面向世界与未来，立足于我们已有的文化传统，创造出有个性的、原创性的、具有典范性的伟大哲学作品，从而在世界哲学领域发挥其影响力，赢得世界哲学界的关注和承认。

恩格斯说："我们的理论是发展着的理论，而不是必须背得烂熟并机械地加以重复的教条。"②以理论的方式表征和推进中国特色社会主义伟大实践的哲学，是解放思想、实事求是、与时俱进的哲学，是反思传统、面向现实、开拓未来的哲学。坚定不移地继续解放思想，坚定不移地继续改革开放，这是中华民族的伟大复兴之路，也是当代中国哲学的无限光明的发展之路。

---

① 《胡锦涛文选》(第 2 卷)，人民出版社 2016 年版，第 639 页。
② 《马克思恩格斯选集》(第 4 卷)，人民出版社 1995 年版，第 681 页。

上　篇　　伟大的开端

解放思想的哲学与哲学的思想解放

引 言 | **20 世纪 80 年代的中国哲学**

　　哲学是思想中的现实。改革开放以来的当代中国哲学，是同当代中国的改革开放息息相关、密不可分的。在当代中国改革开放的进程中，当代中国哲学既承担着双重的使命，也表现为双重的进程，这就是推进社会的解放思想和实现自身的思想解放。而在这个双重化的进程中，正是通过哲学自身的思想解放，才实现了它的解放思想的社会功能。

一

　　从总体上看，当代中国的改革开放经历了两个大阶段，与此相对应，中国人的思想也经历了两次大转变，即实现了两次思想的大解放。第一次是"转"脑筋，也就是从"以阶级斗争为纲"转向"以经济建设为中心"。第二次则是"换"脑筋，也就是从"计划经济"转向"市场经济"。正是在这个"转"脑筋和"换"脑筋的过程中，当代中国哲学发挥了前所未有的解放思想的社会功能。

　　从"以阶级斗争为纲"转向"以经济建设为中心"，首要的任务是冲破"两个凡是"的禁锢，以实践作为检验认识的真理性的标准，实事求是地对待中国与世界的现实，实事求是地寻求当代中国的发展道路。正是在这个冲破"两个凡是"的解放思想的过程中，当代中国哲学以讨论"实践标准"的方式而推进了当代中国的解放思想的进程，使人们普遍地接受了

"贫穷不是社会主义"，"发展才是硬道理"的思想，从而有力地推进了当代中国的改革开放。

从"计划经济"转向"市场经济"，这首先是一次更为深刻的解放思想的过程。这个解放思想的过程，是一个从两极对立的思维方式中解放出来的过程，是一个从教条主义的思想框框中解放出来的过程。在这个解放思想的过程中，当代中国哲学以变革哲学观念和变革思维方式的理论活动推动人们挣脱两极对立的思维方式和教条主义的思想框框，以实践观点的思维方式去看待社会的变革和推进社会的变革。

从"计划经济"转向"市场经济"，并不仅仅是资源配置方式的转变，从根本上说，是人的存在方式的转变。按照马克思的观点，超越"自然经济"的"市场经济"，实现了人的存在方式由"人对人的依附性"到"以物的依赖性为基础的人的独立性"的历史性转变。马克思认为，正是在这种"以物的依赖性为基础的人的独立性"的存在方式中，"才形成普遍的社会物质交换，全面的关系，多方面的需求以及全面的能力的体系"。在这个人的存在方式的变革的过程中，当代中国哲学又以讨论"实践唯物主义"和"主体性"以及"主体际关系"等理论活动，强化人的主体自我意识，增强人的主动性、积极性和创造性，促进人们对社会变革和新的存在方式的适应，塑造和引导新的时代精神。

从"计划经济"转向"市场经济"，这是一次空前深刻的社会转型的过程，它必然伴生着价值范式的重建，并由此引起普遍性的价值观念的震荡与困惑。社会的价值导向与个人的价值取向的问题，制约着当代中国改革开放的深化和社会主义市场经济的建立。在这个重建价值范式的过程中，当代中国哲学又以其讨论"价值""正义""崇高""人文精神"等的理论活动，逐步深入地探索了市场经济的正、负两方面效应，为建设现代、健康、文明的社会主义市场经济，开拓了广阔的思想空间。

在当代中国改革开放的过程中，中国的经济生活、政治生活、文化生活、精神生活和全部社会生活，都发生了举世瞩目和空前深刻的变革。在这个社会变革的过程中，当代中国哲学既发挥了解放思想的作用，又经历了自身的思想解放。从总体上看，哲学自身的思想解放主要表现在以下五个方面：一是变革通行的哲学原理教科书的哲学范式，从两极对立的思维方式当中解放出来；二是强化哲学研究中的问题意识和创造精神，从教条主义的研究方式当中解放出来；三是超越对哲学的经验化、常识化理解，从简单化和庸俗化的哲学倾向中解放出来；四是突破哲学与科学二元关系的解释模式，从哲学的知识论立场中解放出来；五是激励哲学家的主体自我意识，从哲学研究的"无我"状态中解放出来。

二

变革通行的哲学原理教科书的哲学范式，这是当代中国哲学自身的思想解放的最直接的出发点，也是当代中国哲学发挥其推进社会解放思想的社会功能的首要前提。而这二者的共同之处，都是从两极对立的思维方式当中解放出来。

在相当长的时期内，人们总是把"哲学"等同于通行的哲学原理"教科书"所表述的"原理"，因此，我们把改革开放以前的哲学从总体上界说为"教科书哲学"。这种界说的主要依据在于：一是把全国通行的哲学原理教科书作为标准的马克思主义哲学概念框架，以这个教科书模式去宣传、讲授、解释和研究马克思主义哲学，并以这个教科书模式为标准去区分马克思主义哲学与非马克思主义哲学；二是以这个教科书模式作为最基本的哲学理论框架和解释原则，去建构包括中外哲学史、伦理学、宗教学、逻辑学和美学等在内的全部哲学学科，并用它去研究、评述和批判古今中外的各种哲学理论、哲学派别和哲学思潮；三是以这个教科书模式作为最高层次的真理体系，去规范自然科学和社会科学的研究以及文学艺术的创作，并用它去论证包括政治生活在内的全部社会生活中的各种重大举措，从而规范人们的精神生活和实践活动。

这种教科书哲学及其在全部社会生活中的重要地位和重大作用，从根本上说，是把社会主义归结为计划经济的产物。在这个意义上，改革开放以前的教科书哲学既有其历史的合理性，也蕴含着内在的否定性。随着80年代以来的改革开放，由计划经济转向市场经济，中国的哲学研究便合乎逻辑地由教科书哲学转向反思教科书的哲学改革。

80年代以来，在解放思想、改革开放的过程中，首先是在哲学原理界内部形成了以变革教科书体系为基本指向和主要任务的哲学改革的潮流。这场哲学改革的出发点和归宿，是重新理解和重新建构马克思主义哲学体系。其突出特点是，以实践为核心范畴，重新理解人与世界、思维与存在、主体与客体、主观性与客观性、历史规律与人的历史活动、自由与必然等哲学所探索的重大关系问题，并以这些重新理解的研究成果去重构马克思主义哲学体系。在哲学原理界内部改革的同时，包括中外哲学史在内的各个哲学分支学科也出现了自身的改革，并从而深化了哲学原理界的教科书改革。西方哲学领域在翻译和评述现代西方哲学论著的基础上，逐步地从研究对象自身出发，把一系列新的哲学范畴、新的哲学问题和新的哲学提问方式渗透到哲学理论探索之中，展开了马克思主义哲学与现代西方哲学的对话。中国哲学领域以介绍和评论现代新儒学为突破口，对中国传统哲学乃至整个传统文化的利弊得失进行反思，探索"返本开新""融汇中西"的途径与意义。持续高涨的文化热，不仅构成了哲学原理与哲学各个分支学科的交接点，并把哲学改革的侧重点聚焦在中国现代化建设的文化模式和协调发展的问题上。其重大意义在于，从当代人类社会实践、特别是当代中国改革开放的社会实践出发，变革人们的思维方式、价值观念、审美意识和行为方式，以适应和促进中国的现代化进程。

回顾和总结80年代的哲学改革，我们可以比较清楚地看到，这场哲学改革主要是在面向改革开放的现实和重新理解马克思的两个维度的交接点上，聚焦于对教科书哲学的反思。而这场哲学改革的基本成果，则在于突破了传统的两极对立的思维方式，实事求是地研究哲学本身，并以这种实事求是的哲学去推进社会的解放思想和改革开放。这些源于现代社会生活的哲学问题，不断地开拓了哲学基本理论研究的新领域，从而为马克思主义哲学的当代研究注入了生机和活力。

改革传统的教科书哲学，并非只是重新探索教科书所表述的各种理论内容，更为重要的是改变传统的哲学研究方式，也就是改变"原理加实例"的注释方式，从教条主义的研究方式当中解放出来。这种改变，集中地表现为哲学研究中的从"体系意识"到"问题意识"的转变，也就是把"教科书哲学"作为退入背景的知识，从现实生活和现代哲学中提出问题，并且注重提问方式本身的转换。仅就哲学原理内部说，就特别突出地探索了"哲学观"问题，对哲学的理论性质、研究对象、体系内容、社会功能以及现代理解等问题进行了较为深入的探索，从而拓宽了哲学的研究视野。与此同时，哲学原理界还比较集中地提出和探讨了认识论的反映论与选择论的关系、辩证法的本体论与认识论的关系、价值论的理想主义与功利主义的关系、真理观的事实判断与价值判断的关系、历史观的决定论与非决定论的关系、唯物论的物质论和实践论的关系等一系列重大问题。

改变教条主义的研究方式，还明显地表现为"准原理哲学"的兴起。这里所说的"准原理哲学"，指的是哲学原理与哲学各分支学科的双向融合。在80年代以前，哲学的各个学科处于界限分明、壁垒森严、互不介入的状态。在80年代反思教科书的哲学改革过程中，这种状况虽有所改变，但仍然是以各自的"研究领域"为对象。进入90年代，某些共同的"问题"开始成为哲学研究的出发点，从而形成了一种双向融合的趋向：一是哲学原理在探索现代社会生活和现代哲学提出的重大理论问题的过程中，显著地拓宽了自己的研究视野和背景知识，不仅注重于史论结合，以及哲学原理与具体科学的结合，而且注重于从文化哲学、科学哲学、语言哲学、逻辑哲学以及伦理学、心理学、宗教学、逻辑学和美学等多重视角去讨论问题，并且融注了这些学科的研究成果，从而改变了哲学原理的研究方式和自身形象；二是哲学史和哲学的各个分支学科强化了自身的"原理意识"，在探索某些共同问题的过程中，力求在"原理"的意义上形成某种哲学思想。这在中国哲学和西方哲学的研究领域中，以中西哲学比较研究的方式，表现得尤为突出。这种"准原理哲学"的兴起，更加明显地凸现了90年代哲学研究的"问题意识"。

改变教条主义的研究方式，还表现在"专门化哲学"的兴起。这里所说的"专门化研究"，主要是指这样两种趋向。一是注重研究人类文化的某个成分或某个侧面，并从这种研究中寻求当代哲学的生长点。这种研究趋向的突出特征，是在汲取现代西方哲学积极成果的基础上，通过对语言、逻辑、观念、科学、技术、艺术、宗教、伦理、政治、法律、经济等的哲学探索，形成马克思主义的语言哲学、逻辑哲学、科学哲学、艺术哲学、政治哲学、经济哲学和法哲学，等等。二是注重研究现代哲学的各种流派及其所提供的方法论，其中主要是深化了对现象学、结构主义、存在主义、解释学、新实用主义和解构主义的研究。哲学研究的"专门化"，强化了哲学研究的职业化和技术化，从而突出了各种"具体问题"在哲学研究中的地位。这种"专门化哲学"的兴起，为中国哲学界走出简单、抽象、空洞的哲学论争，在坚实的哲学研究的基础上形成更富有创造性和启发性的世界观理论，提供了必要的理论准备。

三

哲学自身的思想解放，最重要的是实现对哲学本身的重新理解。在相当长的时期内，人们总是以经验的、常识的思维方式去理解和解释哲学，从而造成了一种普遍性的简单化和庸俗化的哲学倾向。从这种倾向中解放出来，构成了当代中国哲学的一项重要使命。

哲学是常识的延伸和变形，还是对常识的超越？这关系到哲学的理论性质和社会功能。哲学是理论化的世界观，是一种理论思维方式，也是以理论的方式而构成的价值规范。以哲学的方式所构成的世界图景、思维方式和价值规范，是对常识的世界图景、思维方式和价值规范的超越。然而，由于人们总是在经验常识中生活，常识来源于经验、适用于经验，所以人们总是以经验常识的方式去理解和解释哲学，以至于把哲学变成某种冠以"哲学"名词的常识。

我们应当看到，当代中国的现代化过程，是人的存在方式的变革和整体素质提高的过程，而这个过程的最具基础性和普遍性的内容与方式，则是一个"非日常生活"的"日常化"过程。这主要包括日常经验科学化、日常消遣文化化、日常交往社交化、日常行为法治化以及农村生活城市化等社会生活的各个方面。而这种变化所蕴含的深层内容，则是人的世界图景、思维方式和价值规范的变革与重建。

哲学把自身定位为对常识的超越，而不是常识的延伸和变形，就能够发挥哲学变革人们的世界图景、思维方式和价值规范的解放思想、更新观念的作用。哲学的"世界观理论"，并不是为人们提供某种区别于常识的凝固的"世界图景"，而是把常识的世界图景作为批判反思的对象，揭示构成这些世界图景的诸种前提，启发人们以历史的和辩证的态度去看待和理解这些世界图景，为人们寻求和形成新的可能的世界图景敞开自我批判和自我超越的空间。因此，在变革常识世界图景的过程中，哲学的常识化，就是反思态度、批判精神和创新意识的自觉化和普遍化，即人们普遍地、自觉地以历史的和辩证的态度去看待常识和科学所提供的世界图景，从而使人们的世界图景处于生生不已的历史转换之中。以现代科学为基础的现代哲学，深刻地变革了以素朴实在论为代表的直观反映论的思维方式，变革了以机械决定论为代表的线性因果论的思维方式，变革了以抽象实体论为代表的本质还原论的思维方式，形成了富有理论内容的辩证的思维方式。哲学层面的价值观是历史的和辩证的价值观，致力于寻求科学精神与人文精神、科学理性与价值理性、功利主义与理想主义的辩证统一。它引导人们自觉地超越绝对主义或相对主义的价值态度，不断地提升自己的人生境界。哲学价值规范的常识化，就是辩证的价值态度和人生境界的普遍自觉化。我们应当以这样的理解去推进哲学从简单化、庸俗化的倾向中解放出来。

在相当长的时期内，人们总是习惯性地从哲学与科学的二元关系中去理解和解释哲学，从而造成了普遍性的"哲学知识论立场"。

所谓"哲学知识论立场"，就是从哲学与科学的二元关系出发去界说哲学，认为科学是研究世界的"各个领域"并提供关于世界的各种"特殊规律"，而哲学则是以"整个世界"为对象并提供关于世界的"普遍规律"，因而把哲学归结为具有最高的概括性(最大的普遍性)和最高的解释性(最大的普适性)的"知识"。这种"哲学知识论立场"，仅就对"哲学"自身的理解说，存在着两个重大问题，一是如何理解"哲学"与它的"基本问题"的关系，二是如何理解"哲学"与人类把握世界的"基本方式"的关系。当代中国哲学正是在对这两个重大问题的深入探索中，从深层的理论问题上推进了哲学自身的思想解放。

哲学的基本问题是"思维和存在的关系问题"，而不是"思维和存在"的问题；这就是说，哲学是把"思维和存在的关系"当作"问题"而予以"反思"，并不是把"思维"和"存在"作为对象而形成关于"整个世界"的"知识"。这种区别是具有根本性的。它从理论性质上确定了哲学对科学的"反思"关系。

从人类把握世界的基本方式的角度看，哲学和科学是人类把握世界的两种基本方式，把哲学归结为科学，就是对具有独立存在意义的哲学的否定。当然，我们可以用"科学的"或"不科学的"概念来区分不同的哲学，这正像我们可以用"善的"或"恶的""美的"或"丑的"概念来区分不同的哲学一样。哲学寻求真善美的统一，因此，广义的"科学"概念（"正确的""真理性的"）可以用来区分不同性质的哲学，但却不能把"科学"当作"哲学"的标准。

哲学和科学作为人类把握世界的两种不同基本方式，还在于哲学不仅与科学具有"双向"关系，而且与人类把握世界的各种基本方式具有"多向"关系。哲学的反思对象包括科学、艺术、宗教、伦理、语言、历史等在内的全部文化现象。哲学从人类把握世界各种方式的相互关系中去理解科学，又从人类文化的整体关系中去审度科学，因此哲学才能批判性地反思科学，并推进科学的发展。

哲学与科学作为人类把握世界的两种不同的基本方式，最深层的区别在于：科学是把"思维和存在"的统一当作理论思维的"不自觉的和无条件的前提"，从而现实地实现"思维和存在"的统一，为人类提供认识和改造世界的科学成果；与此相反，哲学是把理论思维的这个"不自觉的和无条件的前提"作为自己的根本的反思对象，也就是把"思维和存在的关系"作为"问题"而进行反思，并通过这种反思而推进科学和整个人类文明的发展。这样，我们就可以从上述两个问题——哲学与它的"基本问题"的关系问题和哲学与人类把握世界的其他方式的关系问题——的统一中深化对哲学自身的理解。这种理解，开辟了哲学研究的广阔道路。

哲学是以时代性的内容、民族性的特色和个体性的风格去求索人类性的问题，个体性的风格是繁荣和发展哲学的必要前提。就此而言，哲学只能是"有我"的哲学，而不能是"无我"的哲学。当代中国哲学的思想解放，是同哲学家的强烈的主体自我意识的形成密不可分的。

哲学是人类自我意识的时代水平的理论表达，即以理论形态表达的人类对自身的生存状况、焦虑和理想的自我意识。哲学创造，就是哲学家在通晓人类自我的历史的基础上，以其独特的心灵体验、独立的反思意识和独到的理论解释去表达自己时代的人类的自我意识，去建构"思想中所把握到的时代"，为人类揭示新的理想境界和展现新的可能世界，也就是塑造和引导新的时代精神。因此，哲学创造与哲学家的自我实现是融为一体的，创造哲学的哲学家必须有炽烈而执着的主体自我意识。然而，长期以来，当代的中国哲学家并不是以展示新的世界和提示新的理想的哲学创造者的自我意识进行哲学创造，而是以某种既定理论的解释者和客观真理的占有者的自我意识进行哲学活动，不是把哲学活动理解为以自我实现的形式去表达当代人类的自我意识，而是把哲学活动理解为丢弃自我和宣示与我无关的客观真理的过程。哲学家丢弃了自我的独特的心灵体验、独立的反思意识和独到的理论解释，就丢弃了哲学的炽烈的"爱智"精神，当然也就无法形成创造性的哲学。

发展哲学必须面向"现实""本文"和"问题"，这是毫无疑义的。但同样明显的是，观察渗透理论，本文需要解释，问题在于提出。每个时代的人类自我意识都处于纷繁复杂的矛盾状态，哲学家必须具有高举远慕的心态、慎思明辨的理性、体会真切的情感、执著专注的意志、洒脱通达的境界，才能真切地思考现实，真切地理解本文，真切地提出问题。哲学是"时代精神的精华"，这并不仅仅是说哲学是对时代精神的"概括和总结"，而且是说哲学是对时代精神的"塑造和引导"。哲学在人类社会生活中，特别是在社会转型的变革过程中，具有巨大的积极的能动作用。改革开放以来的当代中国哲学正是发挥了这种积极的能动作用。它在把人们从两极对立的思维方式、教条主义的思想框框和僵死枯燥的话语方式中解放出来的过程中，又以哲学的方式为当代中国提供反思的智慧、批判的智慧和变革的智慧，为当代中国人提供辩证的世界图景、思维方式和价值规范，重塑人们的理想与信念，并引导人们对"崇高"的憧憬与追求。而这个"塑造和引导"新的时代精神的过程，正是当代中国哲学实现自身的思想解放的过程。推进社会的解放思想和实现自身的思想解放，构成了改革开放以来的当代中国哲学的双重化进程。

第一章 ｜ 实践是检验真理的唯一标准

一、关于实践是检验真理的唯一标准的大讨论

改革开放是中国特色社会主义的伟大实践。这一伟大实践的历史性起点，是 1978 年党的十一届三中全会确立的解放思想、实事求是的思想路线。这一思想路线的哲学基础，是把实践确立为检验认识的真理性的唯一标准；这一思想路线的现实意义，是把人们的思想从"两个凡是"的禁锢中解放出来，为建设中国特色社会主义开辟道路。因此，解放思想首先是一场深刻的思想革命，一场深刻的哲学革命。在这场深刻的思想革命和哲学革命的过程中，我国哲学承担起相辅相成的双重使命：推进社会的解放思想和实现哲学自身的思想解放。

"文化大革命"结束以后，思想领域里的僵化现象依然严重。正是在这种背景下，1978 年 5 月 10 日，《理论动态》发表了题为《实践是检验真理的唯一标准》的文章。该文由南京大学教师胡福明所写，由胡耀邦审阅定稿发表。次日，该文以"光明日报特约评论员"的名义在《光明日报》公开发表，当天新华社予以转发。12 日，《人民日报》和《解放军报》同时转载。这篇文章阐述了以实践作为检验真理的唯一标准的观点，批评了把马克思主义理论教条化的倾向，指出要坚决打碎"四人帮"强加在人民身上的精神枷锁。该文的主要观点是：检验真理的标准只能是社会实践；

在实践基础上确立理论与实践统一的原则；马克思主义要不断接受实践的检验。对于这样一篇不仅涉及马克思主义哲学的一个重大理论问题，而且更重要的是涉及党的思想路线的论文，在当时"两个凡是"的思想背景下，必然会遇到反对者，也拥有支持者。

在"两个凡是"和"实践是检验真理的唯一标准"两条对立的思想路线斗争的关键时刻，邓小平于 6 月 2 日在全军政治工作会议上发表重要讲话，指出："我们开会、作报告、作决议，以及做任何工作，都为的是解决问题，问题解决得是不是正确，关键在于我们是否能够理论联系实际，是否善于总结经验，针对客观现实，采取实事求是的态度，一切从实际出发。"邓小平的这个讲话，在这场大讨论中起了极为重要的指导作用。随后，《解放军报》于 6 月 24 日以"解放军报特约评论员"的名义发表了《马克思主义的一个最基本的原则》一文。第二天由《人民日报》和《光明日报》转载，并由新华社全文转发。该文由吴江撰写，经过时任军委秘书长罗瑞卿的修改后发表。该文进一步系统阐明了"实践是检验真理的唯一标准"的观点，回答了"两个凡是"论者的种种指责，强调"理论指导实践的过程，同时也就是实践检验理论，而使理论得到补充、纠正、丰富和发展的过程"，"在马列主义、毛泽东思想的基础上，按照实际情况，对那些已经过时的个别原理加以修改，是必要的，正常的，也是不可避免的"。这篇文章的发表，给了真理标准问题的讨论以有力的推动。此后，中央党政军各部门、各省市的负责人，都纷纷发表文章和谈话，一致认为，坚持"实践是检验真理的唯一标准"这一马克思主义的基本原理，具有重大的实践意义。

通过这次大讨论，邓小平在党的十一届五中全会第三次会议上的讲话中提出："实事求是，一切从实际出发，理论联系实际，坚持实践是检验真理的标准，这就是我们党的思想路线。"① 与此同时，学术界的理论工作

---

① 《邓小平文选》（第二卷），人民出版社 1994 年版，第 278 页。

者就这一问题进行了广泛的探讨。《哲学研究》编辑部于 6 月 20—21 日，在北京举行真理标准讨论会。与会者对真理标准有关的学术理论问题进行了交流讨论，并一致认为，现在提出真理标准问题，具有重要的现实意义。此后不久，中国社会科学院哲学研究所、《哲学研究》编辑部又发起召开更大规模的学术研讨会，进一步推动了真理标准问题的研究和宣传。

二、真理标准讨论中的主要哲学理论问题

"两个凡是"的实质是把思想作为实践的根据和标准，即：凡是符合某种思想的行为就是不容置疑和不可变易的；凡是不符合某种思想的行为就是离经叛道和必须否定的。这就完全颠倒了理论与实践的真实关系，彻底背离了实事求是的唯物主义基础，根本阉割了马克思主义哲学的世界观。冲破"两个凡是"的思想禁锢，重新确立检验真理的实践标准，这是以解放思想为旗帜的中国特色社会主义伟大实践的历史任务，也是推进整个社会解放思想的当代中国马克思主义哲学的历史任务。

以检验真理的实践标准为突破口的思想解放，蕴含着一系列深层的哲学问题。这首先是针对"两个凡是"所造成的哲学思想的混乱，重新理解马克思主义哲学的问题。翻阅 20 世纪 80 年代以来的中国马克思主义哲学论著，可以发现一个耐人寻味和发人深省的现象：不计其数的哲学论著，均以马克思的《关于费尔巴哈的提纲》、马克思恩格斯的《德意志意识形态》等经典论著关于"实践"的论述为立足点和出发点，重新理解和阐释马克思主义哲学，并形成了关于"实践的唯物主义"的基本理念。

真理标准的大讨论，实质上破除了教条主义的理论神话，克服了抽象理论的僭越，把理论与实践引向了一种良性互动的合理关系中。确立实践作为检验真理的唯一标准，不是不承认理论的巨大作用，而是为了消解真理的绝对性与先验性的固定位置，把理论的超越性保持在切实有效的范围之内，从而确立真理的开放性、未完成性与具体性品格。这次大讨论包括哲学与生活、实践、政治的关系问题，实际触动的是真理的存在方式问

题，即理论与实践的关系问题。这次大讨论及其触发的学术争论从现实生活中提出并探索了关乎中国的命运的重大的哲学问题，留下了有待深化的基本范畴。对"真理"范畴与"实践"范畴的深刻把握，不仅有助于厘清这一重大的哲学问题，也能进一步澄明真理标准大讨论的深远意义。

关于实践是检验真理标准的大讨论，从根本上破除了原理在先的绝对主义与先验主义，确立了真理作为"相对的绝对"，凸显了真理的实际性与具体性品格。实践作为检验真理的标准，不仅是检验主观认识与客观规律是否符合的问题，而且更是人的理想价值的实现问题，因而实践标准内含着合规律性与合目的性的统一问题。不但人类社会的客观发展同时是人类理想与追求的实现问题，而且人对自然规律的认识水平也是与人的自身本质的实现程度相关联的，因为人与自然之间、人与人之间、人与人的自身本质之间有着内在统一的一体性关系。既然真理关涉人的价值理想的实现，那么真理就超越了单纯作为概念、范畴、理论存在的观念性形态，作为本质与存在的统一实现于理论与实践交互作用、循环往复的螺旋式上升的过程之中，从而构成了真理从抽象到具体的辩证发展。共产主义对我们来说不是应当确立的状况，我们也无法教条式地预料未来，而只能在批判旧世界中发现新世界。"对实践的唯物主义者即共产主义者来说，全部问题都在于使现存世界革命化，实际地反对并改变现存的事物。"① 人类解放或人的自身本质的实现，具体地表现为人对现存世界的批判与改造，也就是人与世界的否定性统一的实践关系中。而先行于并内在于改造现实的实践活动的，则是人对现实进行观念否定的理论活动。理论正是凭借思想观念的主观特性，突破了现存世界与现实活动的时空局限性，构造人自己关于客观世界的图景。

理论是以现实实践为基础并反驳现实实践的，从而构成了规律性认识与目的性要求的概念式统一。正是理论对现存实践的内在超越，构成了理

---

① 《马克思恩格斯选集》（第1卷），人民出版社2012年版，第155页。

论先行、指导实践的根据。但理论超越现存实践的能动性，只是一种"抽象的能动性"，进而要求新的实践超越理论的抽象的普遍性，达到"具体的普遍性"。因而"理论指导实践的过程，同时也就是实践检验理论，而使理论得到补充、纠正、丰富和发展的过程"。实践作为检验理论的真理性的标准，并不是说真理已经存在于既成的理论之中，相反，真理作为"具体的普遍性"要求，"超越理论，上升为实践"，真理只能存在于理论与实践交互作用的一体性关系中，理论、实践、再理论、再实践的循环往复的螺旋式上升的发展过程之中。因此，实践作为对理论之真理性的检验，从根本上说，是对理论的超越与发展，是对一定阶段上的真理的完成、落实与证成。真理标准的大讨论与实践观点的引入，破除了虚假理论禁锢下的抽象生活，把理论与生活带入了真实的存在与关系中，营造了理论与实践良性互动的健康生态。真理标准的大讨论照亮了理论与实践的真实关系：真正的理论与真正的实践只能存在于理论与实践内在统一的一体性关系中，从实践到理论，再从理论到实践的螺旋式上升的超越性发展之中。

真理标准的大讨论还提出并探索了逻辑与实践的关系问题。在当时的学术讨论中，关于检验真理的标准问题，有学者提出除实践的最终标准外，还有逻辑的标准。另有学者把逻辑限定为形式逻辑，并正确地指出了，逻辑证明只是揭示观念之间的逻辑关系，即用逻辑确定观念的同一性以及观念与观念之间的对应性与连续性等形式关系。而观念与对象是否符合问题，既属于思想内容自身的逻辑即作为辩证法的内涵逻辑，又属于可依实践检验或证成的问题。这暗示了作为内容自身自己运动的逻辑的辩证法与实践之间的内在一致性。这种一致性可以从直观与概念、理论(意识)与实践的交互作用的发展关系中得到理解。实践基础上的感性直观提供了客观实在性，感性直观是客观的呈现，是内容与对象的统一，从感性直观上升到概念范畴，进而"以得自所与者还治所与"，从而"化所与为事实"，构成经验知识，这一步已经由列宁所提出的范畴作为行动的式重新奠基于实践的基础上。而从理论到实践的发展，则是消解规律性认识与目的性要求的概念性统一，达到超概念的具体普遍性的统一过程。从实践到感性经验，从感性经验到理论，再从理论到实践的进展，构成了人与世界、人与人、人与自身本质的由自在到自为的否定之否定的辩证统一过程，这既是内容自身运动的辩证逻辑，又是人的存在与发展的实践逻辑。由真理标准的大讨论所提出的实践与逻辑的关系问题，牵引出了形式逻辑、辩证逻辑与实践逻辑的关系，这是由实践基础上的直观与概念、理论与实践的交互作用与往返运动的发展所构成。限于当时思想的发展水平，主要提出了形式逻辑作为观念自身同一的确定性，构成了实践检验的根本标准之外的一种辅助标准。

关于实践是检验真理标准的大讨论，是由政治领域开启与触发的哲学问题的讨论。实践之于真理的关系问题是当时中国的现实与理论的聚焦点，实践观点的提出既是从现实中提出的重大的理论问题，又是理论所照亮的重大的现实问题。"问题是时代的呼声"，社会的解放思想常常是以哲学的思想解放为发端的。"实践"范畴之内涵的深入理解，澄明了实践观点所具有的重大的世界观意义。因而，由真理标准问题引入的实践观点的讨论，扩而充之，发扬光大为关于实践唯物主义的探讨，这是一场重新理解马克思主义哲学之本性的思想变革，是一场针对中国现实政治经济实践活动所进行的理论层面的反思和哲学的探索。这一时期的关于实践唯物主义的探讨中所涉及的理论问题，主要是围绕马克思主义哲学是物质本体论还是实践本体论，以及实践是本体论还是一种思维方式的问题展开的。

有的学者指出，马克思主义哲学就是辩证唯物主义的基本原理，是一种物质本体论，是关于整个物质世界（包括自然界、人类社会及作为其属性的精神思维）的发展规律的学说。这种属于苏联模式教科书的传统观点，并未超出法国唯物主义水平，唯物主义加上辩证法的传统模式未能理解马克思的哲学革命的精神实质。另一种观点认为，马克思主义哲学从实践角度来理解人，人的实践活动创造了人类全部的生活世界，人也正是在实践中并通过实践来把握和理解世界的。因此，马克思主义哲学是一种实践本体论。把马克思主义哲学理解为实践本体论仍未超出旧形而上学的基础主义、还原主义、先验主义的传统思维方式，实践的具体内容与物质、意识、上帝是不同的，但这种实践本体论的解释模式在哲学的整体结构、存在方式及反思形式上与以往的理论哲学并无二致，不足以显示马克思的哲学革命的伟大意义。况且，所谓实践本体还要以自然本原存在为基础，这就会出现两个本体的悖论。对"实践"之具体内涵的深入理解，必能超越本体论的思维方式，导向一种"改变世界"的新哲学。本体论的思维方式实质上是一种先验主义的、预成论的、思辨演绎的理论哲学的思维方式。而实践则是在理论之后、之上，包含理论并超越了理论的一种开放的、创造生成性的活动，是对自然的本原存在与观念的自为本性的双重超越，从而构成了人对世界的否定性统一关系。基于此，有一些学者指出，马克思主义哲学之所以有其生命力就在于它表达的不是一种本体论意义上的哲学，而是一种实践观点的思维方式。实践观点的思维方式立足于理论与实践的交互作用的一体性关系，具有了以往的本体论思维方式所无法达到的创造性、具体性、生动性与实际性，因而超越了满足于构造理论体系的哲学，成就了改造世界的世界观与思维方式。

实践观点作为观察世界、理解世界的一种思维方式，凝聚了改造世界的实践活动存在的整体性与超越性视角，是以有限理性的主观性视域接受基于人的自身本质的无限性、永恒性的整体存在之反冲，这正是"当作实践去理解""实践地去看"的真实意义。实践观点的思维方式，正因为超越了本体论的思维方式，才真正有了本体性的意义。"马克思哲学革命的实质是提出了完全不同于以往旧哲学的新的思维方式，即实践观点的思维方式，它从根本上超越了西方哲学还原论的、本体论的思维方式。"①从关于"真理标准"的讨论而探索"马克思的哲学革命"，开启了20世纪80

---

① 高清海：《哲学与主体自我意识》，吉林大学出版社1988年版。

年代的中国哲学改革。

三、关于异化和人道主义问题

如同关于真理标准的大讨论，关于人道主义和异化问题既是从社会政治与现实生活中提出的重大的理论问题，也是以理论反思的方式所照亮的亟待解决的现实问题。马克思主义与人道主义的关系问题的大讨论处于思想解放与现实改革的聚焦点上。这一问题是以从"哲学旨趣"和"理论使命"上重新理解马克思主义哲学的方式所实现的对改革开放之前30年的社会主义建设的反思。

1982年2月26—27日，关于人性、人道主义问题讨论会在北京召开。会议讨论的主要问题是：人性，人道主义的意义、内容，人的本质，"人"是不是历史唯物主义的出发点，衡量历史的尺度是什么以及马克思主义和人道主义的关系。1983年3月7—13日，中共中央宣传部、中共中央党校、中国社会科学院和教育部联合召开"全国纪念马克思逝世100周年学术报告会"。周扬在会上作了《关于马克思主义的几个理论问题的探讨》的报告。3月16日的《人民日报》全文发表了周扬的报告。报告中重申了马克思主义的人类解放的理论旨趣，指出人道主义并不是与马克思主义不相容的修正主义概念，马克思超越了资产阶级思想家、空想社会主义者的抽象的人道主义，批判了把人性、人道主义作为历史发展的抽象原则，建立了以历史唯物主义为基础的现实的人道主义，即无产阶级的人道主义。马克思主义的人道主义不再是抽象人性论的唯心主义意识形态，而是内在于社会实践的现实的人的解放运动之中，成为了实现"每一个人的自由个性的全面发展"的现实道路。与此相关，马克思对黑格尔与费尔巴哈的异化概念的唯物主义改造是极为关键的，异化不再是理性的异化、抽象人性的异化，而是现实的人的异化，即"劳动的异化"，并在其后的政治经济学批判中，发展为"剩余价值"的概念，社会主义虽然消灭了剥削，但仍存在政治、经济与思想上的异化。当然，以"每一个人的自由个性的全面发展"为旨趣的社会主义与共产主义是必然会消灭一切异化的。①

　　1984 年 2 月，胡乔木在《理论月刊》第 2 期发表《关于人道主义和异化》一文，该文指出人道主义有两个方面的含义：一个是世界观和历史观；一个是作为伦理原则和道德规范。作为世界观和历史观的人道主义，是同马克思主义对立的资产阶级唯心主义思想体系，它在今天已经没有任何积极意义可言。而作为伦理原则和道德原则的人道主义，则应该冠以"社会主义人道主义"的名称提倡实行。胡乔木认为，历史唯物主义不是以抽象的人、人性、人的本质等的概念为出发点，而是以具体的社会物质生活条件为出发点来解释历史，从而形成了关于人类社会的生产力和生产关系、经济基础和上层建筑、社会存在和社会意识、阶级和阶级斗争、国家和革命、无产阶级解放和全人类解放的完整学说。历史唯物主义揭示了资产阶级经济学的物与物的关系下所隐藏的人与人的关系，同样它观察和解决人的问题的基本方法论原则，也不是从抽象的人、人性、人的本质等出发来说明社会，而是从一定的社会关系出发来说明人、人性、人的本质，等等。社会主义的人道主义，是作为伦理原则和道德规范的人道主义，它立足在社会主义的经济基础之上，同社会主义的政治制度相适应，属于社会主义的伦理道德这种意识形态；作为一项伦理原则，它是以马克思主义世界观和历史观为基础的。②

　　关于"马克思主义与人道主义"这个问题的讨论，不仅受到整个理论界的普遍关注，而且引起社会各界的普遍关注。这个首先从我国的社会主义建设实践提出的问题，是以重新理解马克思主义哲学、特别是反思苏联模式的教科书体系为形式的，因而同时具有明显的理论背景和重要的理论资源。从最重要的文献来说，就是马克思的《1844 年经济学哲学手稿》。这部"手稿"式的著作之所以在 80 年代初的中国理论界引起普遍关注，

---

①　参见周扬：《关于马克思主义的几个理论问题的探讨》，《人民日报》1983 年 3 月 16 日。

②　参见胡乔木：《关于人道主义和异化问题》，《理论月刊》1984 年第 2 期。

其基本思想之所以成为当时理论研究的某种出发点，不仅在于这是理论界在"文化大革命"后所面对的"重新理解马克思"的根本性问题，而且是因为改革开放之初的一个重要理论资源直接影响到"重新理解马克思"的中国理论界，这就是以卢卡奇、葛兰西以及马尔库塞等为代表的"西方马克思主义"。"西方马克思主义"在对马克思的"手稿"的研究中，形成的一个认识是，马克思本人是一个人道主义者，马克思的哲学是一种人道主义哲学。因此，马克思的哲学与后来以"科学主义"方式构成并以马克思的名字命名的哲学，特别是与斯大林版本的"辩证唯物主义和历史唯物主义"哲学具有显著的区别甚至是根本的不同。应当说，这些观点对于改革开放之初从理论上批判"文化大革命"并寻求哲学体系改革的中国哲学界是具有震撼力、吸引力和启发性的。但是，由于当时尚缺乏对马克思的"手稿"和"西方马克思主义"的较为全面和深入的研究，也缺乏对作为改革对象——通行的哲学教科书的理论困境的系统研究，因此，这个表面上轰轰烈烈的关于"马克思主义与人道主义"的讨论似乎并未取得人们想象的那些结果。它的真实意义，也许主要在于它理论地表征了人们对解放思想、实事求是的渴求，对改变教条主义地对待马克思主义的渴求。

关于"马克思主义和人道主义"的问题的提出，并非仅仅来自西方马克思主义的影响，甚至也不只是源于对《1844年经济学哲学手稿》的深入研究，更为重要的是对我国改革开放之前30年来的社会主义实践的深刻反思。80年代初的关于"马克思主义与人道主义"的争论，从事物自身的发展逻辑上说，是重演了国际共产主义运动的历史与马克思主义哲学的发展史，是西方马克思主义的人道主义与科学主义的两军对阵在中国的继续。这说明了这一问题的提出与争论，深刻地扎根于人类自身存在的现实性与超越性的矛盾，关涉着马克思主义学说的整体性。马克思主义的思想学说，并非宗派性的、平面的、单一维度的观点，而是一个基于世界历史与人类文明的立体的、能动的、多层次的整体性开放结构。马克思主义的理论体系内含着丰富的张力与生机、辩证的否定与对立面的超越性统一，因而是一个不断发展的体系。哲学实际上是关于人的自身本质的学说，可是这种本质又不是既定的、封闭的概念规定，而是在人的创造活动中生成的，就其现实性而言，是"一切社会关系的总和"。因而关于人性的探讨必须是对作为其表现的活动的探讨，即政治的、经济的、文化的、社会的历史性考察。所以，人性本质既不限于社会关系的现实规定，也不单纯是一种抽象的应然性思辨，而是现实性与可能性的统一。马克思主义是一种人类解放的学说与运动，其根本旨趣在于，实现"每一个人的自由个性的全面发展"，或者说，人的自身本质的实现。马克思的"类本质"思想及人道主义维度，关乎人类解放的根本旨趣，属于人类历史的大尺度和远距离的哲学目光。"'解放'是一种历史活动，不是思想活动，'解放'是由历史的关系，是由工业状况、商业状况、农业状况、交往状况促成的"[1]，因而人道主义的遥远目光只能落实于或具体化为"使现存的世界革命化，实际地反对并改变现存的事物"的现实批判活动。大尺度的整体性的永恒目光与现实的有限理性的视角是不一不异的，只有在其内在结合中，才有彼此的现实生命。历史唯物主义绝不只是作为对现实的真实反映的科学，而且作为人类解放的学说构成了"批判的实证主义"，因而可以说，历史唯物主义或实践的唯物主义是一种现实的人道主义。马克思主义揭示了人的双重真实，一是历史科学可以把握的现实的规定的部分，一是基于人的自身本质的能动的超越性与创造性，而向着人的自我超越的是由社会现实规定所敞开或者暗示的可能性空间。

关于"马克思主义与人道主义"的争论，反驳了对马克思主义的教条主义理解，特别是苏联模式的具有科学主义性质的哲学原理教科书体系。科学主义范式把马克思的类本质思想和人道主义维度，指认为思辨唯心主义与资产阶级的抽象人性论，将其归属于尚未成熟的青年时期思想，仍处

---

[1] 《马克思恩格斯选集》（第 1 卷），人民出版社 2012 年版，第 154 页。

于旧哲学的总问题之下，并不知道除了历史科学所能精确把握的现实规定性之外，还有一种属于人的自身本质的真实性。马克思的伟大之处，并不是把以往的哲学指认为完全错误的东西加以抛弃，而是把传统哲学扬弃为我们时代的人类解放的学说。"认识论断裂"的说法并不是深刻的与公正的。马克思主义作为人类解放的学说，是哲学批判、政治经济学批判与空想社会主义批判的三位一体。仅仅抓住马克思主义的某一部分环节，便会丧失"一整块钢铁"的真实意义。科学主义的马克思主义以历史科学的精确性取消了类本质的真实性，不仅使科学丧失了严格性基础，而且使社会主义失去了本质与旨趣，从而完全失落了科学社会主义。关于"马克思主义与人道主义"问题的争论，其根本指向为马克思主义的整体性。这一问题的争论在当时是不可能直接得出丰富的理论成果的，因为它的实际作用与影响是深远的，甚至可以说对于中国马克思主义的发展是支配性的，其后的许多富有成效的理论问题的提出与探索，无不是在这一指向整体性的总问题的规划之下的：在马克思主义哲学界的关于客观性与能动性之关系的持久争论（包括人类创造历史与历史的客观必然性、历史活动与历史规律等）、历史唯物主义的规范性问题、社会主义的本质问题、科学与哲学的关系问题、马克思的类哲学问题、"以人为本"的科学发展观问题、历史唯物主义的理论定位与学科性质问题、《资本论》的哲学思想阐释问题等。

人道主义讨论的一个直接的针对性是，阶级性与人性的关系问题。唯物史观从现实性的立场上，把人的本质看作"一切社会关系的总和"，在具体的社会历史条件下，人性的分裂的、有限的表现形式为阶级性。阶级性的观点被视为历史唯物主义的具体的、现实的分析方法，而人的自身本质的思索则被指认为非历史的抽象人性论。但真正的马克思主义者并不把社会关系对人的现实规定性作一种物化的理解，人的现实是一种创造发展的存在，而非僵化封闭的东西，因为"辩证法对每一种既成的形式都是从不断的运动中，因而也是从它的暂时性方面去理解；辩证法不崇拜任何东西，按其本质来说，它是批判的和革命的"①。实际上，"对实践的唯物主义者即共产主义者来说，全部问题都在于使现存世界革命化，实际地反对并改变现存的事物"②。历史的现实是内蕴着可能性的活生生的现实，现实存在的根本旨趣仍然是自由个性的全面发展与人自身本质的实现。从马克思主义的解放旨趣来说，批判的斗争性的终极指向是每一个人的自由解放，政治解放从属于人类解放。阶级性是人性的有限表现形式，在人类社会克服阶级对抗的异化形式之后，阶级性被扬弃为自由的类本性。阶级分析法不应当排斥人的自身本质的存在，人性本质的探索也不应脱离现实的基础，只有在阶级性与类本性的内在统一中，才有着各自的真实意义。阶级的观点是一种现实的观点，尽管这一观点表明人的现实正在受抽象的物化统治，但人的现实仍是一种能动的客观性，因而现实性内蕴着理想性，阶级性与自由的类本性虽不一而不异。阶级的观点是一种具体的历史的开放的人性观，是一种现实的人道主义，因而不能以知性的态度，使其封闭地僵化为一种抽象的普遍性。改革开放之前的中国马克思主义哲学过分突出了科学主义的一面，凸显了"社会存在决定社会意识""经济基础决定上层建筑"的基本原理，强调了与历史客观规律相应的社会阶级性的一面，远离了自主能动的鲜活个人，当时的意识形态批判与阶级斗争陷于僵化；改革开放之后，以真理标准的讨论、实践观点的引入以及关于人道主义的讨论为发端，开始凸显人道主义的一面，"实践观点"揭示了人与世界的否定性统一关系，唯物史观强调了人的历史创造性与主体能动性，但是淡化了意识形态理论与阶级分析法，弱化了哲学的政治维度，从而使能动性未能深入到社会性与客观性的一度，难以避免抽象化的发展。

---

① 《马克思恩格斯选集》（第 2 卷），人民出版社 1995 年版，第 112 页。
② 《马克思恩格斯选集》（第 1 卷），人民出版社 1995 年版，第 75 页。

四、推进社会的解放思想与实现哲学的思想解放

改革开放之前的高度集中的计划经济体制、以阶级斗争为纲的基本路线和简单齐一的日常生活，造成了一种抽象规范的指令式语言和高度抽象的教条主义语言系统，哲学的研究也大致如此。由于我们的社会主义建设处于初创与探索阶段，尚无成熟的成功经验可循，为了避免偏离马克思主义的修正主义的危险，我们按照马列著作中具有可操作性与实行性的具体结论采取相对保守稳固的方式，具有历史的必然性与合理性。无论是苏联，还是中国，从封建主义的落后的农业国经过较为短暂的资产阶级民主革命迅速转向社会主义的革命与建设，无不是通过无产阶级专政（人民民主专政）与高度集中的计划经济体制。从人的自身本质来看，社会主义虽然具有决定性与必然性，但社会主义的具体建立与初创却是人类历史上从未有过的事情。在这一意义上，社会主义的初创又如同第一次掷出的骰子，虽然是无需犹豫的决断，但具体的现实道路却是试探性的。因此，社会主义的第一个具体形式从马列主义的理论或本本上来，是稳妥的选择。社会主义的初创从马列主义的理论或本本上投出，是理论对现实的第一次塑造，以此会得到现实生活对理论的回答，这便构成了以马克思主义的方式对现实探索、认识与改造的开端。从较为远大的目光看，从理论或本本上来的社会主义之初创仍然归属于"摸着石头过河"的社会主义建设道路的探索，这个初创行动虽然具有试探与假设的性质，但却从根本上奠立了社会主义道路的方向，尽管这还只是一个较为模糊的、大致的方向。习近平总书记说，不能以改革开放后的历史时期否定改革开放前的历史时期。这是一个眼光远大的洞见，改革开放之前的历史时期与改革开放都是社会主义建设的探索性道路。第一步迈出之后，经过了理论对现实的作用，我们就可以从现实实践对理论的回答中得到对于现实生活的切实、深刻的认知，从思想与存在的对立统一、矛盾运动的逻辑上说，我们就开始了一个理论与实践交互作用的螺旋式上升的创造性发展的过程。这是把改革开放

之前三十年与改革开放放在一个历史的较大尺度上、以远距离的整体性的目光所观照到的图景。

我们再从近距离的目光巡视一下改革开放的伟大转折所具有的解放与革新的意义。改革开放之前，我国的社会主义建设道路所采取的"苏联模式"的社会主义，是按马列著作中一些可操作性的具体结论去进行的探索活动。前已述及，社会主义的初创采取从马克思主义理论中来的模式具有历史的必然性与合理性。但是，19世纪与20世纪、21世纪是不同的，西欧、苏联与中国也是不同的，马克思、恩格斯、列宁设想社会主义、共产主义的具体结论是历史的具体的产物。马克思列宁主义的普遍原理并不是一种可以到处套用的公式，而是一种具体的、活生生的普遍性。每一时代的共产主义运动（社会主义的革命与建设），都应当是马克思列宁主义的普遍原理与运动的具体实际相结合的产物。我们说，从马克思主义理论中来的模式是社会主义初创阶段的合理选择，一旦把"显性理论"当成了不可更改的先验真理，便丧失了马克思主义的内在的活的精神，也失去了社会主义建设道路的探索性、创造性与开放性，无法实现马克思主义的人类解放的根本旨趣。从原理在先的本本上来的社会主义模式，如果长期无视现实实践对理论的回应，不管现实生活的呼声，把抽象原则置于具体事实之上，我们的社会主义建设就陷于保守、僵化的教条主义，社会主义道路就会越走越窄，丧失了生机与活力。被捧上绝对真理地位的马克思主义学说，反倒沦为了到处套用的公式、空洞的口号、抽象的概念，失去了反思批判、创新发展的自我超越能力，自然也就没有了指导无产阶级认识世界、改造世界的伟大的世界观与方法论功能。从原理在先的本本上来的社会主义模式，是一种高度观念化生活方式，整个生活世界都是观念、原则、理论的运用、贯彻与执行，本该丰富多彩、具体生动的生活被严格、抽象的观念系统所座架与剪裁，人只剩下一个单向度——观念化的政治人，完全阉割了马克思主义认识论的一个基本维度，即我们不能只是把抽象的原则加诸自然和历史，而是应该从现实生活中创造性地发现观念。原则在先的高度观念化的抽象生活，可以由"政治是统帅，理论是灵魂"这句话来概括，思想政治贯穿了整个生活世界，人的经济活动是由高度集中的计划经济体制所支配，人的文化活动则充满了意识形态批判与清一色的阶级分析，人在现实性上"作为一切社会关系的总和"则归属于阶级的成员。观念大一统的社会存在所造就的人的存在方式是集群主体，个人没有自主的、独立的人格，只是社会集体的一个无名分子，人的本质被他的社会位置即阶级性所决定。自上而下的观念统一性消解了个人的主体能动性，社会关系的固定规定吞噬了自主能动的鲜活个人。离开了理论与实践、观念与生活的良性互动，理论观念被捧上至高无上的地位，异化为抽象的观念与虚假的理论，断绝了生活实践的源头活水，丧失了真实意义，而理论统治下的观念化生活也沦为准宗教的抽象生活。理论、观念一旦被过分抬高，超出其真实起作用的范围与程度，就会变成观念意识形态的虚假存在，为了回归其真实性，就必须接受与回应社会实践与现实生活所提出的挑战与反驳，构成理论与实践螺旋式上升的发展过程。

改革开放是建设中国特色社会主义的伟大实践。这一伟大实践的历史性起点是 1978 年党的十一届三中全会确立的解放思想、实事求是的思想路线。这一思想路线的哲学基础，是把实践确立为检验真理的标准；这一思想路线的现实意义是把人们从"两个凡是"的思想禁锢中解放出来，为建设有中国特色的社会主义开辟道路。真理标准问题的大讨论与关于人道主义问题的讨论，都是首先由社会政治领域提出的哲学问题，具有强烈的现实针对性，都是对原理在先的本本主义的社会主义模式的质疑与反驳。因而，什么是社会主义，如何建设与发展社会主义，都不能直接从马列主义本本上的具体词句得出，而只能"摸着石头过河"，从中国社会主义建设实际的切实探索中创造性地发现。正是因为人的头脑从先验主义、本本主义的思维方式中解放出来，才能让思想回到社会主义实践的现实中去提出问题和解决问题，才会有了"社会主义初级阶段"的概念，明确了中国当时的真实处境，从而才有了从"以阶级斗争为纲"转移到"以经济建设为中心",进而才有了"中国特色的社会主义""社会主义的本质"的基本理念,等等。邓小平同志的"不争论"的伟大发明,就是对原则在先的教条主义的破除,让事实做出回答,切实回到"实事求是"的道路上来。以"解放思想、实事求是"的思想路线所开启的改革开放的伟大实践,已经用行动做出了"什么是真正的马克思主义""如何坚持与发展马克思主义"的回答。邓小平结合中国具体生活实践丰富、发展了马列主义、毛泽东思想,构成了马克思列宁主义的普遍原理与中国社会主义建设的具体实际相结合的邓小平理论。改革开放就是实践形态的马克思主义哲学。

马克思、恩格斯、列宁当时基于批判资本主义、捍卫国际共产主义运动的革命策略需要,顺应西欧或俄国的实际情况,对社会主义、共产主义做出过一些制度性的具体论断。但真正体现马克思主义活的精神的却是,我们不能教条式地预料未来,只能"在批判旧世界中发现新世界","共产主义对我们来说不是应当确立的状况,不是现实应当与之相适应的理想。我们所称为共产主义的是那种消灭现存状况的现实的运动。这个运动的条件是由现有的前提产生的"①,"实际上,而且对实践的唯物主义者即共产主义者来说,全部问题都在于使现存世界革命化,实际地反对并改变现存的事物"②。马克思主义哲学本质上是一种实践观点的思维方式与人类解放的根本旨趣。邓小平的"不争论""摸着石头过河"正是实践观点的体现,"社会主义初级阶段""建设有中国特色的社会主义""社会主义的本质""社会主义的市场经济"则是在"解放思想、实事求是"的思想路线上所创造出的符合中国社会主义建设实际的指导思想,是马克思主义中国化在社会主义建设阶段的伟大成果,和马克思列宁主义的普遍原理与中国革命的具体实际相结合的毛泽东思想是一脉相承的。这些在改革开放的伟大实践中提出的指导思想,是邓小平对马克思思想的创造性发展,是活在中国现代

---

① 马克思、恩格斯:《德意志意识形态(节选本)》,人民出版社 2003 年版,第 31 页。

② 马克思、恩格斯:《德意志意识形态(节选本)》,人民出版社 2003 年版,第 19 页。

化建设地基上的马克思主义，是活生生的、具体的历史唯物主义。改革开放实践中创造出的邓小平理论，又能指引改革开放的实践更为自觉地沿着社会主义的道路健康发展。真理标准的大讨论与实践观点的引入，不仅确立了实践的基础性意义，解放了实践，更为根本地说，是解放了理论与实践的僵化关系，建立了理论与实践交互作用、内在统一的一体性关系，把理论、观念从高高在上的神位上拉回生活世界之中，把虚假的理论转化为在与实践的良性互动中切实生成的理论，使抽象的观念回到事情本身成为了具有创造性的活的思想。这种切实生成的理论与具有创造性的活的思想，都是内在于实践中的"改变世界"的理论与思想，正是在这个意义上，马克思说，"哲学家们只是用不同的方式解释世界，问题在于改变世界"①。"解释世界"的观念是从本本上来的应用于世界的观念，而"改变世界"则破除了先验理性主义，一切从实际出发，解放思想，实事求是，在实践中创造性地生成思想。

理论与实践、思想与现实的交互作用、良性互动，构成了螺旋式上升的创造性发展过程，从整体上说，理论与实践、思想与现实具有内在统一的一体性关系。维特根斯坦说过，"时代的病要用改变人类的生存方式来治愈，哲学问题的病要以改变人类的思维方式和生存方式来治愈。"②改革开放变革了原则在先的从本本上来的社会主义模式，推进社会从教条主义的禁锢中解放思想，转变了人们的现实存在方式。而"一种生存方式也是一种思维方式"，哲学作为"思想中所把握的他的时代"，必然相应发生思想解放，获得对自身的重新理解，哲学与现实内在统一的一体性关系是从整体上说的，就具体的历史进程而言，哲学与现实的交互作用是非常复杂的，并没有一一对应的同时性和一致性，哲学既可以领先于现实实践，也可能落后于现实实践。哲学既可以是一种"隐形的精神实质"，也可以是

---

① 《马克思恩格斯选集》（第1卷），人民出版社1995年版，第57页。

② 转引自恩斯特·卡西尔：《语言与神话》，生活·读书·新生三联书店1988年版，第24页。

一种"显性的理论体系"。改革开放的伟大实践的起点是"解放思想、实事求是"的思想路线的确立，改革的实践也必须有内在于实践的思想先行，否则无力从教条主义的禁锢中解放出来。所以说，打破教条主义的"解放思想"不只是一种工作态度与思维方法，从根本上是一种世界观的变革。正是在此意义上，我们说改革开放的引领者和总设计师邓小平是哲学家、辩证法大师，邓小平理论是活的马克思主义哲学。具有开创未来的力量的革命性思想，变革了世界观，这就是从先验理性主义的绝对真理、永恒正义的传统形而上学的类神学思维，转变为历史唯物主义的一切从实际出发、实事求是的"在批判旧世界中发现新世界"的"实践观点的思维方式"，也就是如马克思所说的从"解释世界"到"改变世界"。这是存在于改革开放的伟大实践中的世界观变革，作为一种隐性的思想可以称之为"内蕴的"哲学，有着马克思主义的活的精神的哲学，但这不同于在中国思想界、哲学界发挥着巨大的规范作用的作为"显性的理论体系"的原理教科书哲学。

改革开放使我们超越了苏联模式的社会主义，开创了社会主义健康发展的勃勃生机，中国特色社会主义更加契合马克思主义的精神实质。但是我们的哲学理论仍然沿用苏联模式的哲学原理教科书，其世界观是一种绝对真理和永恒正义的神目观，其思维方式则是传统形而上学的、先验理性主义的本体论思维方式。这种对马克思主义哲学所作的"传统形而上学—本体论—神学"三位一体的阐释模式，使得我们在改革开放之前一段时间形而上学横行、唯心主义猖獗。如果说，改革开放实践中的"解放思想"是一种与存在方式的转变相应的"世界观变革"，那么必然要求在哲学理论上完成一种对马克思主义哲学整体理解的革命性变革。然而，传统模式的哲学原理教科书仍然作为一种"无害的神像"支配着哲学界，这也意味着改革开放实践中的解放思想作为"变革世界观"的意义尚未得到深刻理解，"隐形的精神实质""内蕴的哲学"尚未自觉地化作"显性的哲学理论"。但是，"无害的神像"并非真正无害的，因为苏联模式的哲学原理教科书是教条主义的集中体现，进而又滋生着原则在先的生存方式与思维方式，构成了改革开放进程中的重重阻力的理论基础。改革开放的深化必然要求进一步的解放思想，从而指向了哲学观念的变革与哲学原理教科书的改革。

改革开放之初的重大的理论问题，都是直接从现实的社会政治领域提出的，具有强烈的现实针对性，这说明任何重大的现实问题中都包含着、可以提炼出重大的理论问题。哲学是"思想所把握的他的时代"，理论也应当表征改革开放的伟大实践，从而构成"实践的哲学"。解放思想的深化，必然会延伸到显性的哲学理论，要求哲学的思想解放。"变革世界观"要从隐形的精神实质，具体地显现为概念化、理论化的"世界观变革"，必然导致重新理解马克思的哲学革命。马克思超越了旧唯物主义"只是从客体的或者直观的形式去理解""对象、现实、感性"，与唯心主义"抽象地发展了"的主观能动性，把"对象、现实、感性"，简言之，"世界"，"当作感性的人的活动，当作实践去理解"。用高清海的话说，马克思超越了"存在观点的思维方式"与"意识观点的思维方式"，提出了一种"实践观点的思维方式"。"实践观点的思维方式"其实是把人与世界、思维与存在的关系当作一种否定性的统一关系。用"实践观点"去观照世界，就不会再从世界中寻求一种非人的、超历史的绝对真理、永恒正义的先验原则，作为人的思想和行为的规范，而是在生活世界的现实实践中创造性地生成思想观念与行为原则，通过"在批判旧世界中发现新世界"的方式建立"人与世界的否定性统一关系"。"实践观点"的价值指向，消解了"人在神圣形象中的自我异化"，扬弃为"时代水平的真善美"，在现实生活世界中致力于人的历史性发展。"实践观点"的世界图景，不再是去追求关于整个世界的普遍规律，而是去反思与调整人与世界的关系问题。

哲学的思想解放表现在哲学的工作方式上就是，哲学研究与哲学创作不再是致力于发现超历史的真理性知识，或者对绝对真理体系进行修补与推广，以其去完成对整个世界的解释，而是回归生活世界本身，从现实的发展中去创造"概念",揭示现实问题中隐含的重大的理论问题,把它的时代的人的存在方式、社会思潮与文化形式聚焦、提炼为"时代精神的精华"——"理论形态的人的自我意识"与"时代性的问题的理论自觉"。从哲学的工作方式的变革可以看出,哲学研究与创作已经摆脱了教条主义框框的羁绊,不再从原则在先的理论观念去解释世界,而是在"改变世界"中创造思想,哲学从抽象思辨的理论哲学转变为具体实际的实践哲学。实践的哲学并未贬低理论,而是在"世界观变革"中完成了对理论、观念的存在论奠基,使其进入理论与实践、观念与现实的交互作用与矛盾运动之中,从而构成一种螺旋式上升的创造性生成过程。即使在哲学史的研究中,也体现了一种"实践的观点"。人们不再受制于一种原则在先的教条主义的研究框架来削足适履式地肢解自身学科的理论研究,抽象地做出空泛的论断与评价,而是努力从哲学家的文本进入哲学家自身的思想体系,发现其总问题和逻辑进展,把握其思想脉络,实现对哲学家及其文本的客观研究与"同情的了解",再生出一个个整全性的个性生命。哲学史的传统作为"活着的过去",也能参与到现实的生活世界中,烛照我们的时代,构成反思现实的思想力量,真正达到"论从史出""史论结合""历史与逻辑的统一""哲学与哲学史的统一"。

第二章 | **20世纪80年代的马克思主义哲学研究**

一、哲学的思想解放与哲学原理教科书改革

新中国成立以来前30年的哲学的一个突出特征是，人们把通行的哲学原理教科书当作模式化的马克思主义哲学理论体系，以它为标准来区分马克思主义哲学与非马克思主义哲学，并以它为指导来构建哲学的各二级学科（如中外哲学史、伦理学、美学、逻辑学、宗教学、科技哲学等），还以它为根据来规范人们的政治生活、经济生活、文化生活、精神生活和全部社会生活。这种教科书哲学及其在全部社会生活中的重要地位和重大作用，从根本上说，是把社会主义归结为计划经济的产物。在这个意义上，改革开放以前的教科书哲学既有其历史的合理性，也蕴含着内在的否定性。随着80年代以来的改革开放，由计划经济转向市场经济，中国的哲学研究便合乎逻辑地由教科书哲学转向反思教科书哲学的哲学改革。

以80年代以前的"教科书哲学"为背景，当代中国的哲学历程便以历史与逻辑相统一的总体面貌显现出来。当代中国的改革开放，从总体上经历了从"以阶级斗争为纲"到"以经济建设为中心"和从"计划经济"到"社会主义市场经济"这样两个阶段，与此相对应，中国人的思想也经历了两次大转变，即实现了两次思想的大解放。当代中国哲学在推进社会的解放思想和自身的思想解放的过程中，既实现了哲学理论自身的发展，

又理论地表征了当代中国的历史进程和当代中国人的心灵历程。

在冲破"两个凡是"、从"以阶级斗争为纲"转到"以经济建设为中心"的过程中，80 年代的中国哲学界不仅以讨论"真理标准"的方式而推进了当代中国的解放思想的进程，并且以改革哲学教科书为出发点，在关于"辩证法就是认识论""实践观点"的讨论中推进了哲学自身的思想解放，出现了当代中国哲学史上重新理解马克思主义哲学的理论热潮，形成了关于世界观、认识论、历史观和价值论的一个又一个的"热点"问题和"焦点"问题，理论地表征了当代中国实行改革开放的历史进程和当代中国人解放思想、更新观念的心灵历程。

改革开放以来，哲学界面向现实重新理解马克思主义哲学，直接指向的当然是长期以来通行的哲学原理教科书的体系框架和理论内容。就体系而言，人们从列宁所说的马克思主义是"一整块钢铁"提出问题，即：把马克思主义哲学分述为"两大块"（辩证唯物主义和历史唯物主义）、"四大部分"（唯物论、辩证法、认识论、历史观），是否能体现马克思主义哲学的本质及其在哲学史上的变革？其中，辩证唯物主义作为唯物论与辩证法的统一，构成了整个世界（包括自然界、人类社会与思维认识）的普遍规律与一般原理，而历史唯物主义则是辩证唯物主义的基本原理在人类社会历史领域中的推广。马克思主义哲学作为辩证唯物主义与历史唯物主义的"一整块钢铁"，是无产阶级认识世界与改造世界、实现自身解放与人类解放的科学的世界观、认识论和方法论。传统哲学原理教科书模式仍属于独断的本体论模式，承诺了绝对真理与先验理性，在思维方式上必然导向原则在先的教条主义模式。唯物论加辩证法是否能体现马克思哲学革命的精神实质？苏联模式的哲学原理教科书体系按照两大块与四大部分来组织马克思主义哲学的内容，把本体论、方法论、认识论与历史观当作几个有所联系但基本上相互独立与并列的组成部分。这样的体系框架并不能很好地实现马克思主义哲学作为世界观、认识论与方法论（如列宁所说，唯物主义的认识论、辩证法与逻辑学）三者是同一个东西的内在统一原则，存在如下缺陷：

1.传统哲学原理教科书体系无法充分体现马克思主义哲学在研究对象、理论内容与思维方式上的根本变革，仍然沿袭了传统形而上学作为真理的知识的先验原则与绝对品格。"普遍规律说"的马克思主义哲学范式在科学分化的时代，不得不作为"知识总汇"和"科学之科学"的终极理论，这并不能与旧哲学明确区分开来。而且，普遍规律说的哲学不过是一种具有最大普遍性的科学而已，并非与科学不同的一种人类把握世界的基本方式。更为重要的是，这种普遍规律说的哲学原理在本质层面上，只是一种既定的抽象观念，而不是"活的思想"，不具有批判性、开放性与创造性，不可能随着人类历史与科学、认识与实践的发展而自我超越。相反，按照旧体系的原则，科学发展的意义不过只在于为证实原则在先的普遍观念提供新的例证，无论科学与实践提出什么样的新问题，其答案早已蕴含在马克思和恩格斯所论述过的原理与范畴之中。传统哲学原理教科书体系与辩证法的革命的、批判的本性是不相容的。

2.传统哲学原理教科书体系只是一种散漫的整体性，而不是一以贯之的思想系统。在哲学原理教科书体系中，在内容的结构上既把唯物主义同辩证法拆开了，无法呈现辩证法与唯物主义内在地、有机地统一起来的辩证唯物主义，又把辩证唯物主义与历史唯物主义分裂了，无法达到作为"一整块钢铁"的马克思主义哲学。把从黑格尔逻辑学引进的辩证法的范畴与原理简单加到旧唯物主义的物质本体上，所成就的还是素朴的唯物论与素朴的辩证法，无法显示马克思的新唯物主义的革命的、批判的辩证法。传统教科书上的基本原理与范畴，与18世纪法国唯物主义并无二致。尤其是把历史唯物主义当成了作为普遍原理的唯物辩证法在社会历史领域中的推广运用，打破了马克思主义哲学的"一整块钢铁"。在旧体系的内容区分中，唯物论、辩证法、认识论与历史观成了各自独立的问题，无法表明马克思主义哲学的世界观、方法论与认识论的内在统一。

体系不是内容的外在编排与组织，而是内容的深层逻辑，是内容自身自己运动的形式的自觉。"在体系构成中体现着对马克思主义哲学内容实质如何理解的原则问题。改变旧的体系，这就意味着要立足现代水平去重新理解哲学的实质，意味着适应认识的发展重新调整观察哲学问题的视角。"①既然体系反映了一种理论的内在实质与基本精神，那么如何提出问题，提出什么样的问题，以什么为基点去展开与回答问题，都关系到对内容实质的理解。"变革哲学教科书原有的理论体系，这个问题实际上不仅是对马克思的哲学思想精神的重新认识和理解的问题，而且对全部哲学和哲学史都要进行重新认识、做出新的理解。只有这样才能把握住马克思所实现的哲学变革的真正精髓。"②苏联模式的教科书的体系和内容无法反映马克思的哲学精神，是因为它仍按传统哲学观念去理解马克思的哲学思想，从而把马克思的哲学革命又拉回了旧哲学的轨道，丧失了现时代的精神与内涵，因而哲学原理教科书改革，绝不是对原有的范畴、规律、原理进行重新调整、增删、排列的工作，而是对一切范畴的内在联系与根本内涵的变革，是解释原则与思维方式的转变，是根本观点与理论体系的整体性转换与提升。哲学体系改革就是重新理解马克思主义哲学，使世界观、认识论、方法论三者一致于马克思主义哲学的本性。

1980 年冬，肖前教授主编的哲学专业教材《马克思主义哲学原理》辩证唯物主义部分的书稿中，就已经很重视并提到"实践的唯物主义"的问题。但在这一教材中，实践观点尚未重要到作为根本观点引起整个体系的共振与转换。哲学体系改革首先是从对辩证法的重新理解突破的。旧体系中的辩证法不但是与本体论相外在的形式辩证法，而且它作为普遍规律与一般原理无法使我们理解与辩证法相对的形而上学何以可能。传统哲学原理教科书把辩证法独断地认作客观世界的本性，而理论形态的辩证法即主观辩证法又是对客观世界辩证法的反映。以此方式对黑格尔唯心辩证法

---

① 《高清海哲学文存》（第 5 卷），吉林人民出版社 1998 年版，第 11 页。
② 《高清海哲学文存》（第 5 卷），吉林人民出版社 1998 年版，第 5 页。

的唯物主义改造，忽略了认识的矛盾运动这一关键。辩证法是思维和存在及其认识关系与实践关系所固有的，在自在性上并不存在与辩证法相对的形而上学，为什么在人们反映世界的理论思维方式中，始终存在辩证法与形而上学的对立和斗争呢？

1983年，高清海发表了《论辩证法就是认识论》一文，构成了教科书改革的纲领。《马克思主义哲学基础》这部新的哲学原理教科书就是按照认识论范式写作的，以此引领了中国马克思主义哲学界的"认识论转向"，使传统哲学原理教科书的独断的本体论范式转换提升为教科书改革的认识论范式。在《论辩证法就是认识论》的第一部分"辩证法就是认识论的内涵"中，深刻阐释了列宁《哲学笔记》中的著名论断，"辩证法也就是（黑格尔和）马克思的认识论"，"这不是问题的一个'方面'，而是问题的实质"。辩证法就是认识论，不是把作为普遍规律的辩证法应用于一些具体的认识规律原则，而是说并不存在先在于、外在于认识论的辩证法，在认识论反思中真正的辩证法才第一次开显出来。如列宁所说，辩证法和认识论、逻辑学是三者一致的同一个东西。只有超越素朴实在论的感性流变层面，进入本质性思考的时候，思维与存在才会出现矛盾，才会有辩证法与形而上学的对立。作为哲学世界观与理论思维方式的辩证法只有经过认识论反思的层面才是可能的，真正的辩证法首先是思维与存在矛盾运动的概念辩证法。这样，传统哲学原理教科书中的独断的本体论模式的辩证法，就在认识论反思的层面上第一次获得了自觉。教科书改革使认识论从旧体系中的"问题的一个方面"成为了"问题的实质"，可以说，认识论既是世界观也是方法论，既是辩证法也是逻辑学，真正实现了列宁所说的三者一致的同一个东西。当然，在这个层次上，世界观也是认识论和方法论，方法论也是世界观与认识论。

教科书体系改革使传统哲学原理教科书中的一切范畴上升到概念反思的层面，成为思维与存在矛盾运动的中介与结晶，重演了西方近代哲学的"认识论转向"。认识论转向虽然并不能完全显示马克思现代哲学革命的精神实质，但是不经过认识论反思的阶段，我们对马克思主义哲学的阐释，就不能真正超越前反思的物质本体论阶段。无论是"人道主义问题"的讨论，还是"辩证法就是认识论"的探索，都凸显了主体能动性与创造性的维度，彻底改变了传统教科书"见物不见人"的问题。

哲学体系改革要去重新理解全部哲学问题，首先引发的是关于"反映论"的讨论。显然，以实践观点为基础的"能动的反映论"，理所当然地凸显了认识的"能动性"，由此便构成了关于认识论的"反映论"与"选择论""重构论"的讨论。这场讨论以皮亚杰的发生认识论为主要的理论背景，强调从 S → R（刺激→反应）二项式图式转变为 S → O → R 的三项式结构，从而突出了主体及其思维结构在自在客体转化为观念客体中的作用，直接地深化了哲学界对主—客体关系和思存关系的认识。实践基础上的"能动的反映论"不但超越了旧唯物主义的"直观反映论"，而且超越了唯心主义的"先验的能动性"。以实践为基础，思维对感性的"先验"综合统一性被置换为历史的前提与结果的辩证运动。因而，"能动的反映论"中的主体思维结构是一个主体客体化与客体主体化双向运动的动态结构，主体的思维模式并不是一个抽象规定性框架，而是以往的一切历史经验的聚集而成的内部运动与自身统一，从而认识活动就是历史与现实的斗争着的生成。概念和直观都是认识内容与认识形式的统一，历史视域与现实视域的融合。教科书改革本来要直接经受的近代意识哲学的抽象的普遍人性，被马克思的实践观点带入了历史的本质性一度。

由于认识论研究中凸显了主体的能动性，因而在历史观研究中也相应地凸显了关于主体的创造性活动与历史发展规律之间关系的讨论。这场讨论以 80 年代在中国学界影响颇大的卡尔·波普的"非历史决定论"为背景，形成了关于"历史决定论"与"非历史决定论"的讨论，出现了"辩证决定论"等一系列关于历史观的新认识。认识论和历史观的讨论引发的一个重要问题是如何看待"真理"的问题，具体地说，是"真理"与"价值"的关系问题，即人的全部历史活动（包括人的认识活动）是否都是实现人的"价值"的活动？而无论是从人的能动性去理解"认识论"，从人的创造活动去理解"历史观"，还是从人的价值追求去理解"真理观"，都理论地凸现了一个共同的问题——"主体性"问题。而这个"主体性"问题又是形成于以"实践"的观点去重新理解马克思主义哲学的哲学历程中，因此，在80年代中后期便合乎逻辑地在中国哲学界凸现了两个密切相关的哲学概念——"主体性"和"实践唯物主义"。

教科书改革从80年代初期的以"辩证法就是认识论"为纲领，通过实践作为认识论的首要的、基本的观点，合乎逻辑地过渡到"实践唯物主义"的阶段。实践观点已经不仅是马克思主义哲学的一个重要观点，而且开始作为根本观点引起了整个哲学体系的共振与转换。我国的马克思主义哲学的阐释范式，从独断的本体论模式，经过认识论反思的阶段，达到了实践论范式。实践观点作为人与世界的否定性统一关系，是一种现实的具体的普遍性，较于自然观点、存在观点、意识观点，是人与世界、思维与存在相统一的更为切实、深刻的层次。更为重要的是，它超越了传统形而上学的观念论形态，改变了传统形而上学对本体的纯粹理论态度，使哲学超过概念范畴，在改变世界的历史创造活动中开显出实质性的形上维度（获得实际性存在）。实践观点从哲学教科书的内容对象，升华为解释原则与思维方式。所谓实践观点就是对"对象、现实、感性""当作实践去理解"，"实践地去看"，内在于实践活动去观察和理解人与世界及其全部关系，以此实践观点构成了世界观、认识论与方法论的统一。20世纪80年代中后期的教科书改革，是以"实践"为核心范畴，以"重构"体系为实质内容的哲学，其基本范畴是实践、主体、价值、历史和选择。这组基本范畴构成了被称为"实践唯物主义"的马克思主义哲学体系。

这种实践唯物主义，从其体系构成上看，与教科书哲学的一个显著区别是其多样性，即以多样性的体系构成其基本理论。然而，透过这种体系结构的多样性，其基本理论内容却显示出"广泛而深刻的一致性"：一是以"实践"作为核心范畴和逻辑起点，以人与世界的实践关系为基础展开其全部的理论内容；二是由人的"实践"的存在方式而过渡为主体与客体的关系，并把"主体"即人的存在作为出发点而展开主体与客体之间的丰富关系，其中包括在"主体际"或"主体间"的意义上展开人作为主体和客体的矛盾关系，从而使"主体"成为实践唯物主义的基本范畴；三是在主体与客体的实践关系、认知关系的基础上展开主体与客体之间的价值关系和审美关系，并把价值关系和审美关系融注到整个主客体关系之中，其中最重要的是凸显了主客体之间的价值关系，从而使"价值"成为实践唯物主义的基本范畴；四是以实践为基础的主客体关系，是以目的性要求和对象性活动为实质内容的人与世界的关系，因而是以"现实的人及其历史发展"为实质内容的人与世界的关系，从而使"历史"范畴成为实践唯物主义的基本范畴；五是对人与世界关系的历史性理解凸显了一系列此前被忽视的哲学范畴，其中主要是历史活动与历史规律、历史的前提与结果、历史的必然性与偶然性、历史的规律与趋势、历史的决定论与非决定论、历史活动的标准与选择、评价历史的大尺度与小尺度等等，其中最主要的是凸显了体现主体能动性的人在历史活动中的选择性，从而使"选择"成为实践唯物主义的又一个基本范畴。由实践、主体、价值、历史和选择等基本范畴构成的"实践唯物主义"，其核心范畴是"实践"，而"实践"范畴在"实践观点的思维方式"中所达到的深刻内涵则是"人对世界的否定性的统一关系"，也就是人在自己的目的性和对象性的实践活动中把现实变成理想的现实。这是实践唯物主义以"实践"为核心范畴所达到的对人与世界关系的深刻理解。

二、哲学的思想解放与哲学的观念变革

在对教科书的体系和内容的沉思中，理论界对马克思主义哲学的重新理解，不能不逐步地集中在密切相关的两个问题上：一是怎样从"研究对象"和"理论性质"上实现对马克思主义哲学的重新理解？二是怎样从"哲

学旨趣"和"理论使命"上实现对马克思主义哲学的重新理解？在 80 年代初，前一个问题是以讨论"辩证法也就是认识论"这个命题集中体现的，后一个问题则是以讨论"马克思主义与人道主义"这个问题集中体现的。

20 多年来，这两个问题所受到的关注程度形成强烈反差。关于"马克思主义与人道主义"这个问题的讨论，不仅受到整个理论界（而不仅仅是哲学界）的普遍关注，而且还得到了社会各界的广泛关注，并构成延续至今的主要哲学问题。与此不同，关于"辩证法也就是认识论"的讨论则仅限于哲学界内部，而且这个问题又被分别讨论"辩证法""认识论"和"历史观"以及"实践唯物主义"等问题所"遮蔽"，以致这个问题的"真实意义"并没有得到哲学界本身的认同。其实，无论是"人道主义"问题，还是"实践唯物主义"问题，在理论上的深化，都有待于深入挖掘"辩证法也就是认识论"的"真实意义"。

80 年代初所展开的关于"马克思主义与人道主义"和"辩证法也就是认识论"的讨论，具有显著的理论背景。从最重要的基本文献上说，是两部"手稿"式的著作——马克思的《1844 年经济学哲学手稿》和列宁的《哲学笔记》。这两部"手稿"式的著作之所以在 80 年代初的中国理论界（后者主要是在哲学界）引起普遍的关注，这两部著作的基本思想或重要命题之所以成为当时的理论研究的某种出发点，不仅在于这是理论界在"文革"后所面对的"重新理解马克思"的根本性问题，而且是因为改革开放之初有两个重要的"理论资源"直接地影响到"重新理解马克思"的中国理论界，这就是以卢卡奇、葛兰西以及马尔库塞等为代表的"西方马克思主义"和以凯德洛夫、柯普宁和伊里因科夫为代表的苏联哲学界的"认识论学派"。

"西方马克思主义"在对马克思的"手稿"的研究中，形成的一个认识是，马克思本人是一个人道主义者，马克思的哲学是一种人道主义哲学，因此，马克思的哲学与后来以"科学主义"的方式构成并以马克思的名字命名的哲学、特别是与斯大林版本的"辩证唯物主义和历史唯物主义"

哲学具有显著的区别甚至是根本的不同。应当说，这些观点对于改革开放之初从理论上批判"文革"并寻求哲学体系改革的中国哲学界是具有震撼力、吸引力和启发性的。但是，由于当时尚缺乏对马克思的"手稿"和"西方马克思主义"的较为全面和深入的研究，也缺乏对作为改革对象的通行的哲学教科书的理论困境的系统研究，特别是缺乏对马克思主义与"人道主义"和"科学主义"及其相互关系的深入研究，因此，这个表面上轰轰烈烈的关于"马克思主义与人道主义"的讨论似乎并未取得人们想象的那些结果。它的真实意义，也许主要是在于它理论地表征了人们对解放思想、实事求是的渴求，对改变教条主义地对待马克思主义的渴求。

"人道主义问题"的大讨论，尽管在当时没有结成丰富的理论成果，但它首先是以实践形态深刻地存在着。《1844年经济学哲学手稿》的研究与"西方马克思主义"理论资源的引入，只是"人道主义问题"讨论的缘起，这一讨论根本指向的是对改革开放前的社会主义建设实践的反思，追问的是社会主义的本质。人道主义讨论所产生的巨大的社会影响，显示了存在的急迫与问题的深刻。这一讨论在哲学上的根本意义，不是直接产生丰富的理论成果，而是开出了提契、贯通着改革开放后马克思主义哲学、乃至全部哲学与思想文化发展的大问题。可以说，改革开放后，哲学作为"爱智慧"活动的兴起，是由"人道主义问题"奠定了思想视轨。人道主义讨论涉及人性与阶级性、时代与永恒、真理与历史、唯物史观与社会主义、社会与个人、客观性与能动性的关系等重大哲学问题。其后，国内马克思主义哲学界所争论的历史活动与历史规律的关系、科学与哲学的关系、社会主义的本质、科学主义与人道主义的关系、历史唯物主义的规范性、历史唯物主义的世界观、资本论的存在论、马克思主义的整体性等问题，无不是这一讨论的继续。

人道主义问题的讨论，在哲学上直接指向的是，传统哲学原理教科书"见物不见人"的弊病，凸显了主体的能动性与创造性的维度。这一维度在"辩证法就是认识论"的探讨中，落实到哲学的理论性质与思维方式的基础理论问题中。"人道主义问题"在经过了马克思主义哲学的认识论阐释与实践论阐释之后，达到了对马克思主义哲学的人类学阐释，进而实现了对整个哲学的本质与旨趣的理解。马克思主义哲学作为"现实的人及其历史发展的科学"，是一种关于人类解放的学说，其根本旨趣是确立此岸世界的真理，实现每一个人的自由个性的全面发展。哲学不再只是关于世界的根本观点，而且首先是一种主体自我意识。哲学作为理论形态的人类自我意识，是关于人自身的观点，哲学的奥妙在于人自身。人学阐释把价值论的维度置于了哲学的核心地带，哲学不仅是辩证法、认识论与逻辑学的三者一致，而且是存在论、真理论与价值论的三者一致，哲学总是把价值的追求诉诸对存在的追问和对真理的解释。现代哲学正是要通过在人的层面重新确立绝对性，以克服现代性的存在与价值之分裂的虚无主义危机。

人道主义问题的提出与讨论，可以说，构成了中国马克思主义哲学发展的分界线。改革开放之前的中国马克思主义哲学过分突出了科学主义的一面，凸显了"社会存在决定社会意识""经济基础决定上层建筑"的基本原理，强调了与历史客观规律相应的社会阶级性的一面，远离了自主能动的鲜活个人，当时的意识形态批判与阶级斗争陷于僵化；改革开放之后，以真理标准的讨论、实践观点的引入以及关于人道主义的讨论为发端，开始凸显人道主义的一面，"实践观点"揭示了人与世界的否定性统一关系，唯物史观强调了人的历史创造性与主体能动性，但是淡化意识形态理论与阶级分析法，弱化了哲学的政治维度，从而使能动性未能深入社会性与客观性的一度，难以避免抽象化的发展。

与此形成对照的是，表面上似乎并不热烈的关于"辩证法也就是认识论"的讨论，却触及了哲学理论的性质、对象和功能等问题，因而也触及到了通行教科书的真正的理论困境。就此而言，这个讨论的理论意义是重大的，因而也是应当深入展开的。

列宁在 1914 年至 1916 年写下的关于哲学的"笔记"，主要是针对普列汉诺夫把马克思的认识论解释成费尔巴哈式的认识论、把马克思的辩证法解释成"实例的总和"等问题，以摘录和评论黑格尔《逻辑学》等著作的方式所构成的极其宝贵的哲学思想。这些思想的构成，主要是一个"唯物主义者"（列宁）通过研究一个"唯心主义者"（黑格尔）而实现的对另一个"唯物主义者"（普列汉诺夫）的批判。通过这个哲学历程，列宁曾尖锐地提出："聪明的唯心主义比愚蠢的唯物主义更加接近于聪明的唯物主义"；列宁所得出的最为重要的哲学结论则是："辩证法也就是（黑格尔和）马克思主义的认识论"；对于这个论断，列宁特别强调地指出，"正是问题的这一'方面'（这不是问题的一个'方面'，而是问题的实质）普列汉诺夫没有注意到，至于其他的马克思主义者就更不用说了"①。

列宁关于"辩证法就是认识论"的著名论断，所指向的是对辩证法的素朴实在论的理解，即把辩证法的对立面的同一仅仅"当做实例的总和……而不是被当做认识的规律（以及客观世界的规律）"。我国哲学界对辩证法的独断的本体论理解，同样不符合辩证法的理论本性。所谓辩证法是认识论，不仅应从辩证法去理解认识论的内容，而且必须从认识论去理解辩证法的性质。辩证法要揭示出自然和历史运动的客观规律，是以解决客观世界的运动在概念的运动中的反映的问题为逻辑前提的。以解决思维反映存在的问题为内容的贯彻到底的辩证法，当然同时也就是认识论。如果不懂得思维在怎样的形式中才能反映出客观世界的运动，即不掌握思维运动与存在运动的统一的规律，是不可能把思维与存在彻底地统一起来。辩证法与认识论一样，也应当以解决思维与存在的统一问题为自己的宗旨。

所谓辩证的与不辩证的问题，主要是同思维的反映运动联系在一起的。因为客观世界自在地合乎辩证法，并且在常识层面，作为思维的表象与作为存在的现象在感性流变中一一对应，没有矛盾，也无所谓辩证法。

———————

① 参见《列宁全集》（第55卷），人民出版社1990年版，第308页。

经验常识只是一般地同意了运动的事实，但无法呈现运动的本质。"造成困难的从来都是思维，因为思维把一个对象的实际上联结在一起的各个环节彼此分隔开来考察"。当思考本质时，思维与存在才会出现矛盾，才会出现辩证法与形而上学的区别。当人们以概念的形式把握运动的本质时，"如果不把不间断的东西割断，不使活生生的东西简单化，粗糙化，不加以割碎，不使之僵化，那么我们就不能想象、表达、测量、描述运动。思维对运动的描述，总是粗糙化、僵化。"抽象概念是全面反映事物运动的认识发展中的一个必经阶段，如果认识停留于固定的抽象规定性阶段，把概念具有的隔离性与僵化性绝对化起来，认识就会通过僵化概念使事物失去运动性质而脱离现实事物。这就是形而上学。思维以其能动性使抽象的固定规定性与客观现实相对立，同样也能以其能动性超越概念的固定性、抽象性、隔离性，自觉地以概念的辩证运动反映存在运动的本质。要达到概念辩证法，就必须在对立的概念之间建立联系，从联系引申出转化，通过转化使对立的概念达到同一。概念由于自身的矛盾本性而与对立概念发生的联系、转化与同一，最终达到以概念的辩证运动把握事物运动的本质，这就是思维与存在在规律层面的统一。辩证思维不能依靠自发性去达到，辩证法是一种建立在思维的历史与成就的基础上的理论思维，因而必须从总结人类思想史的成果中去分析概念的矛盾本性，探索辩证思维的规律。按列宁关于辩证法就是认识论的观点，辩证法也就是思维反映对象的运动的理论。[1]

关于辩证法的"认识论"和"普遍规律的科学"这两个提法，应该看作是相互补充的关系，后者指明了前者的内容和对象，前者揭示了后者的性质和作用。所谓贯穿一切领域的"普遍规律"，指的就是把思维的运动与外部世界的运动统一起来、使二者达到一致的规律。这种规律也就是思维正确反应存在的规律即认识的规律。只有贯穿于思维和存在两个运动

---

[1] 参见《高清海哲学文存》（第6卷），吉林人民出版社1998年版，第116—134页。

系列的那种普遍规律，才能够成为认识的规律；同样地，也只有认识的规律才能够是真正的普遍规律。马克思主义辩证法学说是一个开放的体系，"是活生生的、多方面的（方面的数目永远增加着的）认识，其中包含着无数的各式各样观察现实、接近现实的成分……"①。从科学成果中概括出的普遍规律，并不是为了给人们提供什么新知识，而是为人们进一步去认识各种具体规律提供一种指导，使原来自发的认识提高为自觉的认识，即尽其认识规律的作用。只有从"认识论"与"普遍规律的科学"的统一中，才能把握马克思主义辩证法作为科学的世界观、认识论和方法论的实质。在哲学基础理论中，逻辑学、辩证法与唯物主义的认识论就是同一个东西。这一个东西同时具有三个方面的性质和内容：就理论内容说，是辩证法；就理论形式说，是逻辑；而就其理论性质说，又是认识论。②

列宁《哲学笔记》的基本思想，特别是他关于"辩证法也就是认识论"的基本命题，对于寻求哲学体系改革的中国哲学界具有最为直接的理论意义。教科书哲学的根本的理论问题到底是什么？《哲学笔记》的基本思想告诉人们，哲学的基本问题即"思维和存在的关系问题"并不是"一个问题"或"问题的一个方面"，而是"问题的实质"，不能离开这个问题去设想"辩证法"和所有哲学问题。这就是要从"思存"关系、"主客"关系即"认识论"去理解哲学的理论性质。然而，正是由于教科书哲学没有从理论性质上规定各种哲学问题，也就是没有从"思维和存在的关系"出发去阐述全部哲学问题，它才无法解决"两大块""四大部分"的统一问题。针对教科书哲学的这个根本性的理论缺陷，并以西方近代哲学已经实现的"认识论转向"和苏联"认识论学派"对马克思主义哲学的研究成果为主要的理论背景，在80年代中期的中国哲学界便合乎逻辑地形成了以"认识论"模式构成的新的马克思主义哲学体系。

---

① 《列宁全集》（第38卷），人民出版社1959年版，第411页。
② 参见《高清海哲学文存》（第6卷），吉林人民出版社1998年版，第126—134页。

马克思的"手稿"和列宁的"笔记"，以及"西方马克思主义"和苏联"认识论学派"对这两部著作的研究，都凸现了一个重大的理论问题，即"实践"在马克思的哲学变革以及马克思主义哲学体系中的意义。在教科书哲学中，是狭义地把"实践"当作"认识论"的首要的观点，只是在"认识论"部分中予以论述，而不是把"实践"当作马克思的哲学变革的理论实质和马克思主义哲学体系的解释原则。因此，80年代初的中国哲学界在以"手稿"和"笔记"为理论背景而展开的关于改革教科书哲学的过程中，越来越注重对"实践"的研究，并从而凸现了对恩格斯称之为包含天才世界观萌芽的第一个宝贵文件即马克思的《关于费尔巴哈的提纲》的研究。翻阅80年代中期以来的当代中国的马克思主义哲学论著，人们便会发现一个十分醒目的现象：不计其数的哲学论著都是以《关于费尔巴哈的提纲》关于"实践"的论述作为研究的出发点。这表明，以"实践"的观点来重新理解马克思主义哲学，已经成为80年代以来的中国马克思主义哲学的主流。

对马克思主义哲学的认识论阐释，引领了中国哲学界的认识论转向，对国内哲学达到了反思本性的理论自觉具有重大意义。但认识论范式并未显示马克思主义哲学革命的精神实质。辩证法即认识论，在反思思维与存在在矛盾运动中的统一时，尚缺乏这一统一得以可能的存在论基础，因而在概念辩证法中所实现的人与世界、思维与存在的否定性统一，还只是一种抽象的统一性。真理的最切近的基础，不是自然界，也不是人类思维，而是人类改造世界的实践活动。实践是人与世界、思维与存在双向运动、对立统一的切实中介与深刻基础，它所构成的人与世界、思维与存在的否定性统一，是一种实际的具体统一性。学界在讨论"辩证法就是认识论"，进而实现对马克思主义哲学的认识论阐释之前，就已经高度重视马克思的实践观点，把它当作"认识论"的首要的观点。经过了认识论阐释，达到了哲学反思本性的理论自觉，实现了马克思主义哲学作为世界观、认识论与方法论的统一，以及辩证法、认识论与逻辑学的三者一致之后，合乎逻辑地把反思推进到更深刻、更切实的基础上，把"实践"作为解释原则与思维方式，提升为马克思主义哲学的根本观点，构成了马克思主义哲学的世界观、认识论与方法论的"同一个东西"，从而实现了对马克思主义哲学的实践论阐释。

马克思主义哲学革命的最根本的标志，在于它从人的实践活动出发提出和回答"思维和存在的关系问题"，把"实践"作为回答全部哲学问题的逻辑起点和核心范畴。教科书哲学离开人的实践活动而把"物质"范畴作为其逻辑起点和核心范畴，最根本的问题就在于，它不是在作为哲学基本问题的"思维和存在的关系问题"的意义上提出问题，更不是在马克思主义哲学所实现的"实践论转向"的基础上提出问题，而是以"客体的或者直观的"思维方式，在素朴实在论的意义上提出问题。因此，以"物质"范畴为逻辑起点和核心范畴的教科书哲学并没有形成恩格斯所说的"建立在通晓思维的历史和成就的基础上的理论思维"，因而也就无法体现马克思主义哲学在哲学史上已经实现的哲学革命，更难以为新世纪的马克思主义哲学提供合理的研究范式和叙述体系。20世纪80年代以来的以"实践"为核心范畴的"实践唯物主义"的研究范式，其根本的解释原则是把哲学视为"关于人与世界之间关系"的理论，并由此重新建构马克思主义哲学的世界观理论，逐步地形成了被称为"实践唯物主义"的研究范式。

三、哲学的思想解放与"实践的唯物主义"

以"实践"的观点重新理解和阐释马克思主义哲学，以"实践的唯物主义"概括和表达马克思主义哲学的特征和本质，这绝不仅仅是关系到马克思主义哲学的"解释路径"问题，也绝不仅仅是关系到马克思主义哲学"如何称谓"问题，而是集中地表现了对马克思主义哲学的根本性理解，深刻地昭示了如何在中国特色社会主义伟大实践中坚持和发展马克思主义的哲学道路问题。

1.“实践唯物主义”作为一个广谱的理论范式

在中国哲学界，虽然“实践唯物主义”（亦称“实践的唯物主义”）概念早在 20 世纪 60 年代就已出现，但那只是在行文中作为辩证唯物主义与历史唯物主义之一别名，偶然提及，并无特别的意指。随着 70 年代末期真理标准的大讨论的展开，这一概念却成了一个具有引导理论发展的范式功能的名称，一时间发表了数量可观的直接以“实践唯物主义”为标题的文章。与此同时，在报纸杂志上也涌现出了不少类似的概念，诸如“实践本体论”“物质—实践本体论”“实践观点的思维方式”“物质—实践一元论”等。这些概念或名称虽含义颇杂，但就其基本理论意图来说，都是指向对于传统教科书体系忽视人的能动性的理论缺陷的批评，以“实践”重新阐释马克思主义哲学。这种思想倾向或可借用阿尔都塞的说法，称之为一类或一种“问题式”或“总问题”。既然这类概念都有大致相近的理论意图或“问题式”，那么将其视为一个广谱的理论范式，作为此种“问题式”理论的总括名称，就是一个合理的选择，至少是一个能够将我们所欲考察的问题简明化的名称。90 年代之后出现的一些关于马克思主义哲学之名称的主张，诸如历史唯物主义、实践哲学、生存论、生存哲学、实践生存论等，都与实践唯物主义的基本理论主张有着谱系上的密切关联，属于同一“问题式”。因此，将这类关于马克思主义哲学的理论主张都归类在“实践唯物主义”这一广谱的名称之下，既是有理据的，亦是有利于从理论范式发展演进的角度对之进行整体的考察的。①

更为重要的是，如果我们通观 30 多年来的中国马克思主义哲学之主导性理论主张，不难发现，这些理论努力中都贯穿着一个核心主题，那就是在将实践概念视为马克思主义哲学之基本的和核心观点的同时，又主张马克思主义哲学的唯物主义性质。强调前者，是要为在传统教科书体系中

---

① 参见王南湜：《实践唯物主义：一个开放的理论范式》，《中国社会科学报》2014 年 9 月 24 日。

被忽视了的人的能动性提供哲学依据，而主张后者，则是试图将这种能动性保持在客观制约的范围之内。就此而言，"实践唯物主义"这一名称，最好地表达了这种双重诉求。可以说，"实践唯物主义"就是"实践"+"唯物主义"，或"能动性"+"受动性"。

"实践唯物主义"的理论内涵是值得深入研究的。从表层上看，它是对马克思主义哲学的"称谓"问题；但从实质上看，则是对马克思主义哲学的"定位"问题，即究竟如何理解马克思主义哲学的问题。

"实践唯物主义"的这个提法，它之所以具有为重新理解的马克思主义哲学"定位"的意义，主要是因为它的理论内涵结晶了80年代中国哲学界经过近10年的哲学论争所形成的最为重要的理论成果。如果借用哲学原理教科书的"四大部分"的划分方式，我们就会看到：在世界观的意义上，"实践唯物主义"强调从人的"实践"出发去理解人与世界、思维与存在的关系，从而变革了教科书的那种人站在"世界"之外"观"世界的"世界观理论"；在认识论的意义上，"实践唯物主义"强调从"主体"出发去理解主体对客体的实践关系和认识关系，突出了主体在认识运动中的"选择""反思""建构"的作用，使"能动的反映论"获得了真实的"能动性"；在辩证法的意义上，"实践唯物主义"强调从人的存在方式和发展方式——实践——出发去揭示人与世界、思维与存在、主体与客体、主观与客观的矛盾，不仅突出了辩证法的反思的思维方式和批判性的本质，而且在"辩证法也就是认识论"的意义上丰富了辩证法的理论内容，实现了辩证法问题与哲学基本问题的统一；在历史观的意义上，"实践唯物主义"强调从人的历史活动出发去理解历史的发展规律，改变那种把"历史规律"视为超然于人的历史活动之外的东西的看法，并力图以人的存在的历史性去解释全部哲学问题，实现以实践观为基础的世界观、认识论、价值论和历史观的统一。

正因为"实践唯物主义"具有为重新理解的马克思主义哲学"定位"的意义，因此"实践唯物主义"这个"称谓"不仅受到学界反对这种提法的人的责难，而且在认同这个"称谓"的学者中也存在多方面的甚至是原则性的分歧。研究这些分歧，我们就会发现，对于具有"定位"意义的"实践唯物主义"究竟予以怎样的理解和解释，主要是取决于对"理论"和"历史"这两方面的不同理解。

在"历史"的意义上，如何理解"实践唯物主义"及其对马克思主义哲学的"定位"，与人们如何理解当代中国的改革开放，特别是如何理解当代中国从计划经济向社会主义市场经济的转化密切相关。简洁地说，"解放思想，实事求是"的思想路线不是首先要由"实践标准"打破原则在先的教条主义吗？当代中国的改革开放最为需要的是不是"大胆地闯"的实践精神？"什么是社会主义""如何建设社会主义"不是需要在社会主义现代化建设实践中去创造与发现吗？社会主义市场经济最为重要的是不是弘扬人的主体性和创造性？以计划经济模式为历史根据的教科书哲学体系是否必须改革？马克思主义哲学在新的时代是否需要获得大发展？这些隐含在理论论争背后的"历史意识"，从深层制约着人们对理论的理解。

在"理论"的意义上，如何理解"实践唯物主义"及其对马克思主义哲学的"定位"，则是同人们对80年代近10年的哲学论争及其成果的熟悉程度、理解程度、接受程度密不可分的，其中，特别是与对"辩证法也就是认识论"这个命题的理解密切相关。这个命题的真实意义在于：哲学究竟是关于"思维和存在的关系"的理论，即理解与协调人与世界之间"矛盾"的理论，还是关于"整个世界"的理论？因此，这个命题关系到如何理解哲学的"性质"和"对象"问题，关系到能否从哲学的基本问题——思维和存在的关系问题——去理解马克思主义哲学的问题，关系到教科书哲学的理论困境究竟在哪里的问题，并因而对于理解"实践唯物主义"及其对马克思主义哲学的"定位"具有根本性的理论意义。

对马克思主义哲学的实践论阐释，触及了马克思哲学革命的精神实质。"实践唯物主义"的定位就在于要把实践这一奠定马克思新世界观基础的观点作为最高原则突出出来，并贯彻到哲学全部内容中去。传统教科书遵照列宁的提法，把实践观点提到了马克思主义"认识论""首要的基本观点"的地位，但没有把这一提法进一步扩展到历史观和世界观领域。"实践唯物主义"要进一步贯彻实践观点，提高实践地位，必须使它由认识论领域进到历史观、世界观的领域。但问题是，怎样才能把实践观点也变成历史观和世界观的"首要的基本观点"呢？学界大体可分为两种进路：一是，把"实践"作为能派生其他一切问题的基础内容，"赋予实践以本体论意义"，"把实践引进本体论，并把它提升到世界本原的行列中去"；二是，把"实践观点"作为观察和理解一切哲学问题的解释原则与思维方式，引起全部理论观点的深刻变革乃至整个体系的共振与转化，使"实践"成为世界观、认识论、方法论"三者一致的同一个东西"。

到底哪一种提升进路更能体现马克思哲学革命的精神实质呢？"实践本体论"所理解的"实践"和所强调的"实践"，是人的实践活动本身，也就是从人的实践活动的特性——诸如实践的客观性、历史性、能动性、目的性等——出发去解释人的实践活动。在基础本体论阐释中，"实践"是一个被描述的对象，是一个实体性的哲学范畴，尚未构成一种哲学意义的解释原则。正因如此，"实践本体论"既试图把实践作为核心范畴而贯穿于各种哲学问题之中，又无法把实践作为解释原则而重新解释全部哲学问题。与基础本体论的阐释不同，"实践观点的思维方式"所理解的"实践"和所强调的"实践"，并不仅仅是人的"实践"活动，而主要是马克思所说的"对这个实践的理解"，也是把"实践观点"作为一种"思维方式"来理解人、理解人与世界的关系，从而构成一种可以称之为实践论的世界观。正因为是把实践的哲学意义理解为"实践观点的思维方式"，所以这里的"实践"既不是一种经验对象的"实体"范畴，也不是客体意义上的"关系"范畴，而是一种哲学意义上的解释原则。这种解释原则，就是从人的内在矛盾以及由此构成的人与世界之间的内在矛盾出发，去理解和解释全部哲学问题。

基础本体论的阐释表明，"实践本体"作为一种解释原则，尚未跳出传统哲学寻求世界本原的形而上学窠臼，只不过是把作为世界本原的"物质"或"精神"替换为"实践"。正是这种本质上属于传统哲学的解释原则，使得"实践本体论"陷入了难以自拔的窘境之中。这就是：如果把作为人的存在方式的"实践"视为"世界的本原"，如何解释人类产生之前的世界的存在？"实践唯物主义"迫不得已地作出这样的解释："马克思并没有用实践把物质从本体论中排除出去，并没有用实践本体论去取代物质本体论"。这种解释，显露了"实践本体论"内在的理论的不彻底性。这就是，在马克思主义的哲学革命中，实践范畴的哲学意义到底是什么？如果可以用"实践"和"物质"这两种本体论解释马克思主义哲学，又如何解释马克思实现了哲学史上的革命性变革？与此不同，"实践观点的思维方式"不是把"实践"当成作为"世界本原"的"本体"，而是从"实践观点"作为"思维方式"的哲学革命来阐释马克思主义哲学。这是两种解释模式的原则区别。在"实践观点的思维方式"看来，寻求"世界本原"的"本体论"，其哲学意义并不在于把某种存在视为"本体"，而在于它以寻求"本原"或"本体"的方式而构成一种哲学意义上的思维方式，即传统哲学的形而上学的思维方式。与这种思维方式相反，马克思的哲学革命是从"现实的人及其历史发展"出发去理解人与世界的关系，彻底变革了这种把本质与现象分离开来、把主观与客观割裂开来、把相对与绝对对立起来的思维方式，从而构成了重新理解人及其与世界关系的"实践观点的思维方式"。如果我们仍然以寻求"本原"的思维方式去解释马克思的实践范畴，并把"实践"解释成作为"世界本原"的"本体"，就难以避免地从马克思这里倒退到传统哲学意义上的形而上学。

　　学界通常是以"实践转向"来标志马克思的哲学革命。"实践转向"不是指马克思把哲学的对象"转向"人类的"实践"活动，而是指理解人与世界关系的思维方式的转变。以"实践观点"的思维方式去理解人与世界的关系，从而形成具有革命意义的马克思主义哲学的"世界观"。"实践观点的思维方式"即"实践论的世界观",是一种新的哲学解释原则：它以实践自身的矛盾性为基础,深刻地揭示了人对世界的否定性统一关系。在人对世界的否定性统一关系中,既显现了现实世界的自然性与属人性的二重化,又揭示了人类自身的自然性与社会性的二重性,还凸显了社会历史的创造性与规律性的二象性。由"实践观点的思维方式"或"实践论的世界观"所构成的马克思主义哲学,正是恩格斯所说的"关于现实的人及其历史发展"的哲学理论。由此,我们可以更深层地发现,"实践观点的思维方式",就是马克思用以揭示人类历史发展、探索人类解放的世界观和方法论。

2. 人对世界的否定性统一的实践观

通常认为,"在马克思主义哲学中,实践是指人能动地改造物质世界的对象化活动"。对"实践"的这种理解和解释,凸显了实践的能动性、对象性和物质性,既揭示了实践活动与消极地适应自然的动物的本能活动的区别,又揭示了实践活动与以观念的方式把握世界的精神活动的区别,因而合理地表达了"实践"的本质。但是,在对"实践"的这种理解和阐释中,却隐含着两个未予揭示的根本性问题：其一,实践作为人能动地改造世界的对象化活动,如何从实践的观点去揭示人与世界关系的本质？其二,从实践的观点看待人与世界的关系,是否构成具有世界观意义的新的思维方式？

"实践观点的思维方式",从根本上说,就是以实践的观点去看待人与世界的关系,并由此构成理解和阐释人与世界关系的思维方式。这种实践观点的思维方式,就是马克思主义哲学的世界观和方法论。这个根本性观点,直接地源于马克思在《关于费尔巴哈的提纲》中所阐述的基本思想："从前的一切唯物主义"之所以"只是从客体的或者直观的形式去理解""对象、现实、感性",唯心主义之所以"只是抽象地发展了""能动的方面",就在于他们不了解"革命的""实践批判的"活动的意义；而"社会生活在本质上是实践的","凡是把理论引向神秘主义的神秘东西,都能在人的实践中以及对这个实践的理解中得到合理的解决"①。对"实践"的"合理的解决"，就是"实践观点的思维方式"。

把"实践"当作一种根本性观点，首先不是对"实践"给出定义式的回答，而是从人与世界的关系出发，对"实践"进行"合理的解决"。"人所面对的现实世界，是由于人的活动已经两重化了的世界"。"现实世界的两重化就是指：一方面具有自然的本质，同时又有属人的本质。"对于两重化的现实世界，以往的哲学家们"或者把属人世界简单归结于自然本质，或者把自然世界简单归结于属人本质"，"都不能从否定性统一的关系中去把握现实世界的两重化本质"。正是从现实世界的两重化的根源和基础出发，学界才实现了对"实践"的根本性理解：实践，内蕴着马克思所说的"物的尺度"和"人的尺度"这两种"尺度"，既是依据"物的尺度"的"合规律性"活动，又是依据"人的尺度"的"合目的性"活动，因此"实践"构成人对世界的否定性统一；在这种否定性统一的活动中，实践"既是造成世界两重化矛盾性质的根源，又是解决这一矛盾实现它们统一性的基础"；因此，对实践的"合理的解决"，"也就是理解自然世界与属人世界否定性统一关系的基础"②。

"实践观点"所概括的人对世界的否定性统一关系，其重大的哲学意义首先在于深刻地揭示了"实践就是主观见之于客观的活动"的思想内涵："实践既是消除主观性与客观性各自的片面性、使主体与客体达到统一的活动，又是发展主观性与客观性的对立、造成主体与客体新的矛盾的活动"。因此，"在实践活动中不仅蕴藏着人类社会生活的一切秘密，也蕴藏着人的对象世界的一切秘密。它是人类面对的一切现实矛盾的总根源，同时又是人类能够获得解决这一切矛盾的力量和方法的源泉和宝库"。因此，只有以"实践观点"去理解和阐释人对世界的关系，才能构成马克思所说

---

① 《马克思恩格斯选集》（第1卷），人民出版社1995年版，第54、56、58页。
② 《高清海哲学文存》（第1卷），吉林人民出版社1997年版，第133、134页。

的"合理形态"的世界观。

正是从对实践的"合理的解决"出发，学界突破了理解"实践"的狭隘视域，明确地提出"实践观点的思维方式"问题。"马克思主义哲学立足于实践基础，自觉地以实践作为观察和处理一切问题的出发点，自然就会引起思维方式的根本变革"，并"必然会引起全部理论观点的深刻变革"。"对于马克思主义的实践观点，我们决不能把它看作仅仅是用来回答认识的基础、来源和真理的标准等认识论问题的一个原理，而必须把它看作马克思主义用以理解和说明全部世界观问题、区别于以往一切哲学观点的新的思维方式。只有认识到这一点，才能把握马克思主义哲学全部内容的实质"①。

"实践观点的思维方式"就不是只把实践作为内容对象去研究实践的本质、结构、特征，而是把实践作为根本观点去理解人与世界的否定性统一关系，自觉地以实践作为观察和处理一切问题的出发点，从而引起思维方式的根本变革。这样，"实践"除了是认识论的首要的基本观点外，还成了世界观与方法论。"实践的世界观"作为人与世界的否定性统一关系，是一种观察世界的整全的内在方式，"当作实践去理解"，"实践地看"，是内在于实践去观察、理解人与世界及其关系的方式。"实践观点"这一马克思主义哲学的新世界观，较于传统哲学的"存在观点"与"意识观点"，实现了人与世界、思维与存在更为具体、实际的否定性统一，可以说，把"存在观点"的客观性与"意识观点"的能动性内在地结合起来，构成了对旧唯物主义与唯心主义的双重超越。无论是"存在观点"，还是"意识观点"，都执着于把对立的一极归属于另一极，从一极抽象地解释说明另一极，从而造成了自然与观念的抽象对立，单纯自在的客体性观点与单纯自为的主体性观点的互不相容。较于抽象对立的两极，"实践观点"是一种整体的内在的方式。我们常把实践当作人与世界、思维与存在相统一的

① 《高清海哲学文存》（第1卷），吉林人民出版社1997年版，第114、125、126页。

现实中介，把实践作为解决对立面的同一问题的钥匙与答案。中介既然能使抽象对立的两极实现超越性的统一，意味着中介不是对立两极之附庸，而是一种比观念与自然、主观与客观、存在与价值之对立更高的存在层次。因此，"实践观点"作为传统哲学内在困难的解决与终结，构成了不再是哲学的新世界观的开端。这个新世界观是无产阶级认识自我与改造世界，实现自身解放与人类解放的方法论。"实践观点"的"否定性统一"应当被视为一个整体、一个更高的存在层次的基点，而不能退回到主客观的对峙中去保持。马克思的"实践观点"揭示了人的普遍性存在的本质，超越了人与自然的外部对立的存在层次，呈现了更为本质性的类存在与类关系。

3.实践论的真理观

人对世界的关系，之所以不是动物式的肯定性的统一关系，而是人所特有的否定性的统一关系，就在于人的实践活动既是依据"物的尺度"的"合规律性"的活动，又是依据"人的尺度"的"合目的性"的活动，"合规律性"与"合目的性"在人的实践活动中是相互规定、对立统一的。从实践的观点看，人所追求的真理，就不仅仅是"对客观事物及其发展规律的正确反映"，而且必然包含着人的"合目的性"的追求。因此，学界不仅以人对世界的否定性统一去解释"实践"，而且以人对世界的否定性统一去揭示"真理"，从而突破了"真理论的传统狭隘视界"。

人们为何要追求真理？"人们通常所说求真、讲真、叫真，以及'要为真理而奋斗终生'这些话，决不仅仅是要使自己去适应或符合于外在的客观、客体和对象的意思，它们具有的内涵明显都超出了科学认知真理的那种意义。一种需要并值得人们为之奋斗终生、甚至不惜贡献生命而去争取的真理，是一个神圣而伟大的目标，其中必然体现着人们的某种理想和追求，寄托着人们对于未来莫大的美好期望。这样的真理，只能属于人自身创造本性的实现，不可能仅仅是回到事物已有的预先规定"。由此，学界认为要从哲学的理论特性去重新理解哲学意义的真理："哲学本是来自于生活的，理应去表现生活、理解生活、说明生活、批判生活、引导生活。哲学的真理论是教人分辨真假、追求真理的专门性理论，它应当具有宽广的视野和高超的意境，全面去表现生活中的求真活动，不仅要说明实然性的、手段性的、理论性的真理活动，也应说明应然性的、目的性的、实践性的真理追求以及它们之间的相互关系，决不能够也不应该把自己的视野仅仅局限于某一种真理的问题上面"①。

在哲学的意义上理解真理，从根本上说，就是从人的存在方式去理解真理，也就是从人对世界的否定性统一关系去理解真理。在《哲学笔记》中，列宁深刻地指出，"人给自己构成世界的客观图画"，"世界不会满足人，人决心以自己的行动来改变世界"②。基于列宁的上述思想，可以进一步得出，"实践本性意味着，人是一种自我创造性的存在"，"人在自身的创造性活动中，通过本性外投的方式，在把自身本质对象化于外部存在的同时，也就使对象人化，把自然事物变成了'为我的存在'"。"按照这样的理解，人的求真就不简单是一种认知活动，而且是一种实际的创造活动；人所追求的真理也不单纯是为了适应自然、认同客观，而是贯注着人的理想、追求的一个创造性目标。为此，我们就不能不去调整、改变过去从单纯认知真理所形成的那种真理观念和理论框架。"③从人对世界的否定性统一的实践观点去看"真理"，"人所追求的真理，在它身上所体现的统一性就决不只是单纯趋向客观性的那种客体本有的统一性，而应是以人的方式所建立的人与客观、人与对象、人与世界的新的更高的统一性，这样的真理必然是体现着人的理想和追求的真善美的统一性"④。

实践论的真理观是存在与价值相统一的真理观。近代哲学的"上帝人本化"导致了绝对性的崩溃，进而造成了主观与客观、存在与价值的分裂。

---

① 《高清海哲学文存》（第 2 卷），吉林人民出版社 1997 年版，第 100、101 页。

② 列宁：《哲学笔记》，人民出版社 1974 年版，第 229 页。

③ 《高清海哲学文存》（第 2 卷），吉林人民出版社 1997 年版，第 104 页。

④ 《高清海哲学文存》（第 2 卷），吉林人民出版社 1997 年版，第 101、101—102、104、108 页。

非价值的存在主要归结为脱离了人的抽象自然，而这个自然又被抽象为无价值维度的客观物质。非存在的价值则主要归于人为的主观性、主体性一极，人把自身本质抽象为形式化的观念性自由。物化统治与价值的主观化、非存在化，必然导向虚无主义的现代性困境。在近代哲学所开启的现代化进程中，真理被分裂为"头顶的星空"与"心中的道德律"，即抽象的客观自然规律与抽象的主观道德法则。实践既克服了主观的片面性，又克服了客观的片面性，同样，实践论的真理观既超越了原则在先的超人的客观真理，又超越了虚骄的人为的主观理念，达到了即创造即本有的自主存在。"实践观点"不但把真理理解为创造性生成，而且这一创造与生成又是本有的显现。如果没有人的创造与觉解，人的自身本质不过是"存在着的无"。人只有通过自我创造与自身觉解才能实现其自身本质。所谓"实践论的真理观"，就是人与自然在实践中完成的本质性统一，人与人在实践中完成的本质性统一，人与自身本质在实践中完成的本质性统一。

4.实践论的哲学观

按照通常的解释，"哲学"是"理论化、系统化的世界观"，而"世界观"是"关于整个世界的根本观点"，因此，"哲学"就是"理论化、系统化的关于整个世界的根本性观点"。一旦把"实践"当作根本观点，从人对世界的否定性统一关系出发，就会发现"哲学的奥秘"在于"人自身"，哲学不过是人关于自身的观点，"哲学"就成了"理论形态的人类自我意识"。

"人是出于关心人才去关心外部世界"，"为了理解人而研究世界，这应当是'哲学'研究世界与'科学'研究世界在任务、视角和方法上的根本分野"；因此，"把'世界观'说成应当提供有关世界整体知识图景的看法，并不符合哲学理论的本性"；如果"要求哲学去提供关于世界的客观知识"，不仅有"越俎代庖"之弊，而且也是"无能为力"的。实践论的哲学观，不仅把哲学的"世界观"与凌驾于科学之上的作为"科学的科学"的哲学区分开来，而且为重新理解和阐释哲学的"世界观理论"奠定了基础。

哲学的"世界观理论"离不开人的"视角"和"方法"，因而就可以进一步地追问：为什么"世界是同样的那个世界，哲学家们从它却创造出了不仅彼此不同甚至完全相反的无数种世界观理论"？有学者回答的是："哲学家们不仅总是从对人的关系中去认识世界，他们在其世界观理论中所贯彻和表现的也只是人的观点"，"他们是怎样的人，是怎样理解人的，是怎样期望于人的，他们所创立的世界观也就属于怎样的理论"。"这样的世界观理论，作用并不在于给人们提供知识，提供知识乃是科学理论的任务；哲学的任务是要为人们提供升华自我精神世界的意境，向人们提供能够以人的方式对待世界事物的人的观点和方法。""哲学理论根本地说来，只是一种'价值理想'和'思维方式'，它的作用也只在于推动人的自我超越、自我提升和自我解放"①。正是基于对"哲学"、特别是直接地基于对"哲学"与"科学"关系的上述理解，学界明确地把作为"世界观理论"的"哲学"定义为"理论形态的人类自我意识"。

哲学作为"理论形态的人类自我意识"，它的"理论形态"是千差万别的，其根源就在于以怎样的"原则"和"方法"去看待人及其与世界的关系。马克思的"实践观点的首要的和根本的意义就在于"，"它为人们理解人自己的本性，提供了一种崭新的原则和方法"②。这个"原则"和"方法"，就是要以"实践"的观点"确立起把人理解为自身创造者的思维方式"③，从"否定性统一"的观点去理解人与世界的关系。因此，只有以"实践观点的思维方式"所构成"理论形态的人类自我意识"，才是在对实践的"合理的解决"中所构成的"合理形态"的哲学观。

"哲学家们只是用不同的方式解释世界，问题在于改变世界。"④"实践地看"，哲学不但是认识世界和认识自己的统一，而且是改造世界和实现自我的统一，从而是理论与实践相统一的整体。哲学作为"价值理想"与

---

①　《高清海哲学文存》（第1卷），吉林人民出版社1997年版，第2—3页。
②　《高清海哲学文存》（第2卷），吉林人民出版社1997年版，第7页。
③　《高清海哲学文存》（第2卷），吉林人民出版社1997年版，第7页。
④　《马克思恩格斯选集》（第1卷），人民出版社1995年版，第57页。

"思维方式"的统一，是人关于其自身的观点或理论形态的自我意识，也应当伸延到实现人的自身本质、确立人的自主存在的解放活动。因而，人对世界否定性统一的哲学观就是实践哲学与哲学实践的统一。"每一个人的自由个性的全面发展"的解放旨趣无法直接诉诸实践，而只能以这一根本旨趣观照入现实生活实践得到"最近的将来"的行动指南。"共产主义对我们来说不是应当确立的状况，不是现实应当与之相适应的理想。我们所称为共产主义的是那种消灭现存状况的现实的运动。"①我们无法教条式地预料未来，只能"在批判旧世界中发现新世界"。实践的唯物主义哲学并不以构造完备的理论体系为目标，"对实践的唯物主义者即共产主义者来说，全部问题都在于使现存世界革命化，实际地反对并改变现存的事物。"②"改变世界"的实践哲学破除了传统形而上学的绝对真理与先验理性的教条主义原则，不是以原则在先的抽象观念去裁剪生活，而是在现实的生活实践中去创造与发现"观念"。

5.实践唯物主义的内部张力

实践唯物主义讨论中的客观性与能动性的关系问题，一直在深层规制着马克思主义哲学的各种思想争论，居于哲学基础理论研究的核心地带。客观性与能动性的关系问题，具有极大的吸引力，并产生了丰富的理论成果，深入思考二者关系对于推进马克思主义哲学研究具有重大意义。但关键在于如何说明对立双方的统一。

从逻辑上来看，学界存在着将两个方面归结为其中之一、让两者并存与对二者统一这样三种可能的解决方式。

第一种方式是或者将客观的物质条件限制原则贯彻到底，将历史过程自然化，从而将人的能动性消解于其中，或者以人的能动的实践活动为原则，并将自然社会历史化，进行了一种彻底的社会历史化的阐释。在马克

---

① 马克思、恩格斯:《德意志意识形态》（节选本），人民出版社2003年版，第31页。
② 马克思、恩格斯:《德意志意识形态》（节选本），人民出版社2003年版，第19页。

思主义哲学阐释史上，第二国际以及苏联教科书体系便是采取了把历史自然化的阐释进路。这一进路的优点是能够将马克思主义哲学描述为一个决定论的科学的体系，排除了任何导向唯心主义的可能性；而其缺陷则是在这一体系中人的能动性再也不存在任何位置，从而在理论上导致改变世界不再是可能之事。卢卡奇等人最早针对第二国际对马克思的自然化阐释而采取了把自然社会历史化的阐释进路。这一阐释进路的优点在于重视主体的能动性，为之提供了本体论基础，但随之而来的问题却是难以合理地说明历史进程的客观性。①

第二种可能的方式便是承认能动与受动是人类这种有限的理性生命的不可避免的生存处境，从而只寻求一种有限的解决方式，而不再站在绝对者的立场上试图从根本上将之解决。这一解决进路的要旨在于，从行动者和旁观者双重视角去说明人的存在，从前者说明其能动性，从后者说明其受动性。在哲学史上，康德开了这种解决方式的先河，以理论理性与实践理性分别说明自然世界与道德世界，并以一种拟目的论而将两个方面以一种调节性的方式勾连起来。王南湜认为，马克思在对黑格尔绝对唯心主义的批判中，也在某种意义上接近了这种解决方式。在《1844年经济学哲学手稿》中，尚存在着科学逻辑与人本逻辑之双重逻辑。而在其后，一方面从《德意志意识形态》到《资本论》发展出了一种愈益严密的"历史科学"，以决定论的方式说明人类历史，特别是资本主义的发生、发展和灭亡；另一方面，则在《路易·波拿巴的雾月十八日》《法兰西内战》等著作中发展了行动者的能动的逻辑，对现实个人在历史中能动地行动的可能性给予了精彩的说明，亦在《资本论》和《哥达纲领批判》等著作中为政治哲学、道德哲学的规范性理论奠定了基础。在我们以往的理论研究中，这样一种可能的解决方式是未受到关注的，同时，这一进路之中无疑存在着诸多疑

---

① 参见王南湜：《实践唯物主义：一个开放的理论范式》，《中国社会科学报》2014年9月24日。

难问题，因此，对这一进路进行深入的探究，或许便是发展马克思主义哲学的一个有益方向。①

第三种可能的方式便是把实践作为感性的能动性，实现客观性与能动性的内在统一。唯心主义所发展的"抽象的能动性"，是由观念论所构筑的具有超越性结构的能动性。观念有着能超越现实时空限制的形式自由，因而，观念的运作可以是间断的、跳跃的、意向性的，并以间断、跳跃的意向性构筑起对象的形式框架，但无法达到对象的实质与内核。观念所把握的本质与实践所创造出的本质，有着抽象性与具体性的层次深浅的差别，因而以理论观念为先导的实践，绝非对理论观念的模仿，而是如毛泽东所说，超越理论上升为实践。"人的思维是否具有客观的真理性，这不是一个理论的问题，而是一个实践的问题。人应该在实践中证明自己思维的真理性，即自己思维的现实性和力量，自己思维的此岸性。"②实践能够超越理论的抽象的普遍性，达到具体的普遍性，实现与证成理论所意向的真理性。实践不仅具有普遍性的品格，而且具有现实性的品格。实践作为现实的能动性，必顺乎存在的开显与天道的运行，因而实践的自由性是自然的自由。实践把能动性从观念的、抽象的超越性结构转换为现实的、具体的连续性结构，也就从观念论所构筑的自由的形式框架抵达了实质性自由的自然内核。实践所实现的客观性与能动性的统一，也就体现自由与自然的内在一致性，从而超越了人对自然的抽象与人对自身本质的抽象。马克思的"实践观点"超越了传统的观念论形而上学，把传统形而上学对本体的理论态度转变为现代哲学对本体的实践态度，使自由从形式性、观念性、抽象性实现为实质性、自然性与具体性。因此，马克思主义哲学的真理就不能像以往"解释世界"的哲学家们在观念意识形态中寻求，而只能在"改造世界"的创造活动中确立。

---

① 参见王南湜：《实践唯物主义：一个开放的理论范式》，《中国社会科学报》2014年9月24日。

② 《马克思恩格斯选集》（第1卷），人民出版社1995年版，第55页。

"实践唯物主义"的哲学任务，主要是以变革通行的哲学原理教科书为出发点，在重新理解马克思主义哲学的进程中重建它的理论体系。"体系意识"是整个80年代中国哲学界的主流意识和主导意识。这种"体系意识"的最为显著的标志是，80年代集中讨论的"物质本体论"与"实践本体论"问题、"反映论"与"选择论"问题、"辩证法"与"系统论"问题、"历史决定论"与"非历史决定论"问题，恰恰是作为教科书哲学"体系"的"四大部分"即"世界观""认识论""辩证法"和"历史观"中的核心问题而展开的，具有称谓和定位马克思主义哲学意义的"实践唯物主义"更恰恰是作为重建马克思主义哲学体系的解释原则而提出的。然而，这种重建马克思主义哲学体系的急迫的体系意识，在改革开放初期并不具备现实的可能性。缺少对马克思主义哲学文本的系统研究，缺少马克思主义哲学与中国哲学和西方哲学的沟通与交流，这造成了80年代中国哲学界重建马克思主义哲学体系的理论资源不足。但重建哲学原理教科书的真实意义，并不在于构造出严谨完整的马克思主义哲学体系，而是以重新理解马克思哲学革命的精神实质的方式实现社会的解放思想与哲学的思想解放，通过"人对世界的否定性统一"的"实践观点"去看传统哲学原理教科书与全部哲学史，从而使传统形而上学的系列观点发生革命性的转变。

四、哲学的思想解放与重建哲学原理教科书

如果可以用"从逻辑的观点看"来标志现代西方哲学的分析运动，我们则不仅可以用"从实践的观点看"来标志马克思的哲学革命，而且可以用"从实践的观点看"来标志当代中国马克思主义哲学研究的范式转换。

"从实践的观点看"，就是以实践观点的思维方式去看待全部哲学史，以实践观点的思维方式去看待全部哲学问题。改革开放以来，我国哲学界愈来愈认同以"实践的唯物主义"来概括和表述马克思主义哲学。这并不仅仅是依据马克思、恩格斯在《德意志意识形态》中的简短论断，而且主要是源于对马克思的哲学革命的理解和阐释。这种理解和阐释的进程，直

接地是以反省通行的哲学原理教科书的方式展开的；这种理解和阐释的实质，则集中地体现了当代中国马克思主义哲学研究的范式转换——"从实践的观点看"马克思主义哲学。

1.从实践的观点看"唯物论"

通行的哲学原理教科书从整体上把马克思主义哲学分述为唯物论、辩证法、认识论和历史观四大部分，因此，"从实践的观点看"哲学原理教科书，首先是反省教科书所阐述的"唯物论"。马克思主义哲学并不是它之前的"旧唯物主义"，而是它所创建的"新唯物主义"。因此，是以"旧唯物主义"还是以"新唯物主义"来阐释和论证马克思主义的唯物主义，是反省教科书的唯物论的实质问题，也是重新阐述马克思主义的唯物论的实质问题。

在《关于费尔巴哈的提纲》中，马克思明确地指出："从前的一切唯物主义（包括费尔巴哈的唯物主义）的主要缺点是：对对象、现实、感性，只是从客体的或者直观的形式去理解，而不是把它们当作感性的人的活动，当作实践去理解，不是从主体方面去理解。"[①]在这里，马克思既尖锐地揭示了旧唯物主义的"主要缺点"——"对对象、现实、感性，只是从客体的或者直观的形式去理解"，又深刻地阐明了新唯物主义的"根本变革"——从"感性的人的活动"、从"实践"和"主体方面"去理解"对象、现实、感性"。因此，对教科书的唯物论的反省，就是反省它所体现的是旧唯物主义的还是新唯物主义的"解释原则"，也就是反省它是否"从实践的观点看"唯物论。

作为世界观理论的哲学唯物主义，从根本上说，就是要求人们按照世界的本来面目去认识世界。然而，对世界本来面目的认识，却恰恰是不能"从客体的或者直观的形式"去理解人对世界的认识。恩格斯明确地指出，"推动哲学家前进的，决不像他们所想象的那样，只是纯粹思想的力量。

---

① 《马克思恩格斯选集》（第 1 卷），人民出版社 1995 年版，第 54 页。

恰恰相反，真正推动他们前进的，主要是自然科学和工业的强大而日益迅猛的进步"①。因此，恩格斯进一步深刻地指出，"随着自然科学领域中每一个划时代的发现，唯物主义也必然要改变自己的形式；而自从历史也得到唯物主义的解释以后，一条新的发展道路也在这里开辟出来了"②。这就是超越旧唯物主义的马克思主义的新唯物主义。

对于唯物论的"基石"即"物质"，列宁明确地提出："对象、物、物体是在我们之外、不依赖于我们而存在着的，我们的感觉是外部世界的映象。这个结论是由一切人在生动的人类实践中作出来的"③。正是"从实践的观点看"物质，列宁提出了马克思主义唯物论的物质概念："物质是标志客观实在的哲学范畴，这种客观实在是人通过感觉感知的，它不依赖于我们的感觉而存在，为我们的感觉所复写、摄影、反映"④。对于意识与物质的关系，列宁还明确地指出，"世界不会满足人，人决心以自己的行动来改变世界"；"人的意识不仅反映客观世界，并且创造客观世界"；"为自己绘制客观世界图景的人的活动改变外部现实，消灭它的规定性（＝变更它的这些或那些方面、质），这样，也就去掉了它的外观、外在性和虚无性的特点，使它成为自在自为地存在着的（＝客观真实的）"⑤。人的"客观世界图景"，并不是"从客体的或者直观的形式"构成的，而是以"感性的人的活动"即"实践"为基础所构成的。这是马克思主义的"新唯物主义"对"旧唯物主义"的世界观的根本性变革。

哲学对人与世界关系的理解，对人的"世界图景"的理解，直接地取决于对"人"的理解。是从"抽象的人"还是从"现实的人"出发去理解人与世界的关系，这是旧唯物主义与马克思的新唯物主义的分水岭。关于

① 《马克思恩格斯选集》（第4卷），人民出版社1995年版，第226页。
② 《马克思恩格斯选集》（第4卷），人民出版社1995年版，第228页。
③ 《列宁选集》（第2卷），人民出版社1995年版，第78页。
④ 《列宁选集》（第2卷），人民出版社1995年版，第89页。
⑤ 《列宁全集》（第55卷），人民出版社1990年版，第183、182、187页。

旧唯物主义，恩格斯指出，费尔巴哈的唯物主义只是形成了"物质不是精神的产物，而精神本身只是物质的最高产物"这个"自然是纯粹的唯物主义"的观点，然而"到这里就突然停止不前了"①。"费尔巴哈在这里把唯物主义这种建立在对物质和精神关系的特定理解上的一般世界观同这一世界观在特定的历史阶段即18世纪所表现的特殊形式混为一谈了。"② 恩格斯由此提出，"像唯心主义一样，唯物主义也经历了一系列的发展阶段"。正是在关于唯物主义的"发展阶段"的论述中，恩格斯向我们展现了以发现历史的运动规律为任务的"现代唯物主义"。这正如恩格斯所提出的："费尔巴哈不能找到从他自己所极端憎恶的抽象王国通向活生生的现实世界的道路。他紧紧地抓住自然界和人；但是，在他那里，自然界和人都只是空话。无论关于现实的自然界或关于现实的人，他都不能对我们说出任何确定的东西"。③ 恩格斯由此得出的根本性结论是："要从费尔巴哈的抽象的人转到现实的、活生生的人，就必须把这些人作为在历史中行动的人去考察"。"费尔巴哈没有走的一步，必定会有人走的。这个超出费尔巴哈而进一步发展费尔巴哈观点的工作，是由马克思于1845年在《神圣家族》中开始的。"④ 马克思、恩格斯所创建的"超出费尔巴哈"的"新唯物主义"，就是恩格斯所指认的"关于现实的人及其历史发展"的马克思主义哲学。

马克思、恩格斯和列宁的论述表明，他们是"从实践的观点看"世界和物质，是"从实践的观点看"人与世界、精神与物质、主体与客体的关系，是"从实践的观点看"新唯物主义对旧唯物主义的变革，一句话，马克思主义的唯物论是建立在实践观点的基础上的。与此形成鲜明对照的是，教科书的唯物论则是"从客体的或者客观的形式去理解"世界、物质，而不是从"感性的人的活动""实践"和"主体方面"去理解，从而

---

① 《马克思恩格斯选集》（第4卷），人民出版社1995年版，第227页。
② 《马克思恩格斯选集》（第4卷），人民出版社1995年版，第227—228页。
③ 《马克思恩格斯选集》（第4卷），人民出版社1995年版，第240页。
④ 《马克思恩格斯选集》（第4卷），人民出版社1995年版，第240—241、241页。

把马克思主义的唯物论混同为马克思已经超越了的旧唯物主义。这深刻地表明，只有"从实践的观点看"人与世界的关系，才能真正地理解马克思主义的新唯物主义，才能合理地阐释马克思主义的新唯物主义。

2. 从实践的观点看"辩证法"

能否"从实践的观点看"唯物论，直接地决定能否"从实践的观点看"辩证法。由于旧唯物主义"只是从客体的或者直观的形式去理解""对象、现实、感性"，因此，旧唯物主义不仅离开人的实践活动而构成其唯物论，而且离开人的实践活动而构成其辩证法，从而把辩证法描述为事物的"自在"的运动。与此相反，马克思则是从人对世界的"理解"去阐述辩证法，明确提出辩证法就是"在对现存事物的肯定的理解中同时包含对现存事物的否定的理解，即对现存事物的必然灭亡的理解"①。在马克思这里，辩证法首先是人如何"理解"事物的世界观和方法论问题，是人能否以辩证法的世界观和方法论去认识和改变世界的问题，因此，马克思进一步指出："辩证法对每一种既成的形式都是从不断的运动中，因而也是从它的暂时性方面去理解；辩证法不崇拜任何东西，按其本质来说，它是批判的和革命的"②。正是"从实践的观点看"辩证法，辩证法在"本质"上才是"批判的和革命的"。

恩格斯在论述"我们的主观的思维和客观的世界遵循同一些规律"这个"我们的理论思维的不自觉的和无条件的前提"时，对旧唯物主义与"辩证的哲学"作出这样的对比："18世纪的唯物主义，由于其本质上的形而上学的性质，只是从内容方面研究这个前提。它只限于证明一切思维和知识的内容都应当来源于感性的经验，并且重新提出下面这个命题：感觉中未曾有过的东西，理智中也不存在。只有现代的唯心主义的，同时也是辩证的哲学，特别是黑格尔，才又从形式方面研究了这个前提"③。这同样表

---

① 《马克思恩格斯选集》（第2卷），人民出版社1995年版，第112页。
② 《马克思恩格斯选集》（第2卷），人民出版社1995年版，第112页。
③ 《马克思恩格斯选集》（第4卷），人民出版社1995年版，第364页。

明，"只是从客体的或者直观的形式"去看世界的旧唯物主义，无法构成超越经验水平的辩证法；只有"从主体方面去理解"人与世界的关系，才能从世界观和方法论上构成自觉形态的辩证法。

在辩证法发展史上，特别是在马克思主义辩证法发展史上，列宁对辩证法作出一系列具有重大意义的论断，其中，最为重要的是关于"辩证法也就是（黑格尔和）马克思主义的认识论"的著名论断。这个论断直接针对的就是把辩证法"当做实例的总和"，"而不是被当做认识的规律（以及客观世界的规律）"①；这个论断所强调的是，"辩证法也就是认识论"，"这不是问题的一个'方面'，而是问题的本质"②。对于这个"问题的本质"，列宁明确地提出，"人的和人类的实践是认识的客观性的验证、准绳"③。这就要求我们"从实践的观点看"辩证法，从而深刻地理解"辩证法也就是认识论"。

在《矛盾论》中，毛泽东引申和发挥了"辩证法也就是认识论"的基本思想，明确地指出："这个辩证法的宇宙观，主要地就是教导人们要善于去观察和分析各种事物的矛盾的运动，并根据这种分析，指出解决矛盾的方法"④。如何"分析"矛盾，怎样"研究"问题，这才是《矛盾论》的辩证法。《矛盾论》对矛盾的同一性与斗争性、矛盾的普遍性与特殊性、矛盾的主次方面的分析，都是"从实践的观点看"辩证法，都是以实践为基础和以实践为内容的辩证法。在实践的意义上总结和升华以矛盾分析方法为核心的辩证法，构成了以《矛盾论》为主要标志的毛泽东的实践智慧的辩证法。

马克思主义的辩证法，内容丰富，内涵深刻，它的基本范畴既是思维的"联结点"，又是认识的"阶梯"和"支撑点"，既包括分析事物矛盾的

---

① 列宁：《哲学笔记》，人民出版社 1974 年版，第 410 页。
② 列宁：《哲学笔记》，人民出版社 1974 年版，第 410 页。
③ 列宁：《哲学笔记》，人民出版社 1974 年版，第 227 页。
④ 《毛泽东选集》（第 1 卷），人民出版社 1991 年版，第 304 页。

现象与本质、内容与形式、可能与现实、必然与偶然、共性与个性、内因与外因、相对与绝对等基本范畴，又包括理解人与世界关系的主观与客观、主体与客体、真理与价值、实然与应然、理论与实践、历史与逻辑、理想与现实、自由与必然等基本范畴。尤为重要的是，马克思主义的实践观点的思维方式，深刻地改变了以素朴实在论为代表的直观反映论的思维方式，改变了以机械决定论为代表的线性因果论的思维方式，改变了以抽象实体论为代表的本质还原论的思维方式，为人们观察、分析、解决现实问题提供了列宁所说的"伟大的认识工具"。

上述分析表明，马克思、恩格斯、列宁和毛泽东的辩证法，是以实践为基础的世界观、认识论和方法论相统一的辩证法，是分析矛盾和解决矛盾的辩证法，是认识世界和改造世界的辩证法。它的根本要求是"在对现存事物的肯定的理解中同时包含对现存事物的否定的理解"，它的实质内容是以"对立统一"的辩证思维去把握、研究和解决全部问题，它的社会功能则是以"批判的和革命的"辩证法去能动地改变世界。教科书的"辩证法"的"主要缺点"就在于，它"只是从客体的或者直观的形式"去描述辩证法的基本规律和主要范畴，而没有"从实践的观点"去理解和阐述马克思主义的辩证法，没有真正体现"具体问题具体分析"的辩证法的"活的灵魂"，以至于把辩证法变成了列宁所批判的"原理＋实例"的"总和"，变成了某些脱离实践的"语录词汇"和"刻板公式"。只有"从实践的观点看"辩证法，才能真正理解"革命的和批判的"辩证法，才能以"实践智慧"的辩证法去认识和改造世界。

3. 从实践的观点看"认识论"

为什么旧唯物主义的认识论是"直观的反映论"，而马克思主义的新唯物主义的认识论是"能动的反映论"？这同样取决于是"从客体的或者直观的形式去理解"人与世界的关系，还是"从主体方面去理解""当作实践去理解"人与世界的关系。

在《德意志意识形态》中，马克思、恩格斯深刻地指出："凡是有某

种关系存在的地方，这种关系都是为我而存在的；动物不对什么东西发生
'关系'，而且根本没有'关系'；对于动物来说，它对他物的关系不是作
为关系存在的。因而，意识一开始就是社会的产物，而且只要人们存在
着，它就仍然是这种产物"①。人与世界所构成的认识关系，是以人作为主
体（"我"）而构成的关系；人之所以能够"能动"地反映世界，是以人及
其"意识"是社会的产物为前提的；只有从人作为主体的社会性、历史性
出发，才能"合理"地阐释马克思主义的"能动"的反映论。把作为认识
主体的人视为"自然"的存在，还是视为"实践"的、"社会"的、"历史"
的、"文化"的存在，把人的认识当作"从客体的或者直观的形式"去"反
映"世界，还是从"感性的人的活动"和"主体方面"去理解人的认识活
动，这是能否从旧唯物主义的"直观反映论"跃迁到新唯物主义的"能动
反映论"的根本问题。对教科书的认识论的反省，就是反省其对人的认识
的"能动性"的理解和阐释。

以实践为基础的人的认识活动，是在观念上把握客体和创造客体的活
动，也就是在观念中实现主观与客观相统一的活动。马克思说："观念的
东西不外是移入人的头脑并在人的头脑中改造过的物质的东西而已"②。观
念的东西并不是简单地、直观地移入人脑的物质的东西，而是"在人的头
脑中改造过的"物质的东西。人的认识之所以能在观念中实现主观与客观
的统一，不仅需要认识的物质基础（人脑的认识机能），而且需要认识的
实践基础（构成现实的和历史发展着的主客体关系），以及认识的中介系
统（物质的和文化的中介）。揭示认识活动中的主观与客观的矛盾（感性
与理性、直觉与逻辑、真理与价值等），这是认识论的真实内容；揭示人
的实践活动中所构成的主客体关系的历史发展，特别是揭示人的实践活动
所构成的认识中介系统的历史发展，这是阐释"能动的反映论"的真实内

① 《马克思恩格斯选集》（第1卷），人民出版社1995年版，第81页。
② 《马克思恩格斯选集》（第2卷），人民出版社1995年版，第112页。

容。教科书的认识论不是以人的实践活动所造成的主客观矛盾为出发点，特别是不是以认识的主客体关系及其中介系统的历史发展为出发点，而是"忽视"了认识活动的主客观矛盾，特别是"忽视"了认识的主客体关系及其中介系统的历史发展，因而难以"从实践的观点"揭示认识的"能动性"。

随着社会实践和现代科学的发展，认识论问题在当代得到了多侧面、多层次的展开：一是从主体与客体的交互作用中去研究认识论。这种研究首先是深化了对主体和客体及其中介系统的具体认识，同时又显露出了主体与客体之间各种关系的相互制约和相互转化。实践关系、认知关系、价值关系和审美关系交织在一起，从而促使人们从知、情、意和真、善、美的统一中去考察思维和存在的关系问题。二是从认识的结构、机制和功能上去研究认识论。随着生理学、心理学、语言学、逻辑学、脑科学、信息论等科学的发展，认识的生理基础和心理过程，认识的语言中介和逻辑规则，思维的结构、机制和功能，等等，都在实证科学的层次得到了不同程度的科学解释。这就促使哲学在概括实证科学成果的基础上去展开思维和存在的关系问题。三是从社会—文化的角度考察认识论。随着人类学、文化学、科学学、传播学、民族学等人文科学的发展，认识的人类性、民族性、时代性等社会—文化方面的测度性已日趋明显和精确，这就为研究思维和存在的关系问题提供了新的视角。主体的能动性与受动性问题、认识的反映性与选择性问题以及微观客体与认识中介问题、客观实在与理论解释问题、人类智能与人工智能问题、语言与意义问题、价值观与真理观问题，都为深化认识论研究提出了新的理论问题和新的理论内容。

"从实践的观点看"认识论，就是从人的社会性、历史性、文化性看认识论，就是从"现实的人及其历史发展"看认识论，就是从实践活动的"合目的性"与"合规律性"的矛盾看认识论，就是从人的实践活动所要求的"真""善""美"的统一看认识论。这样的认识论，不仅是辩证法、认识论和逻辑学相统一的认识论，而且是存在论、真理论和价值论相统一的认识论。"从实践的观点看"认识论，认识论就要在"有没有""对不对""好不好"的矛盾中揭示人类认识的运动规律。超越教科书认识论的"狭隘视界"，才能从"直观的反映论"跃迁为"能动的反映论"。

4. 从实践的观点看"历史观"

是"社会存在"决定"社会意识"，还是"社会意识"决定"社会存在"，这是历史观的基本问题。然而，回答这个问题，并不在于断言二者谁"决定"谁，而在于解决人的实践活动所构成的矛盾：如果只是"人们自己创造自己的历史"，那么就是"社会意识"决定"社会存在"，就要从根本上否定历史发展的规律性；如果历史只是"按照自己的规律"运行，那么就是"社会存在"决定"社会意识"，这又从根本上否定了"人们自己创造自己的历史"。这是历史观的"二律背反"。如何理解和对待这个"二律背反"，就构成迥然不同的历史观；"合理"地理解和对待这个"二律背反"，就是马克思主义的历史唯物主义。我们应当从这样的视野去检视和反省教科书的历史观。

正是在社会历史的二象性问题上，也就是在"人的历史活动"与"历史的客观规律"的"二律背反"的问题上，旧唯物主义陷入了不可解脱的"二律背反"，并作出了唯心主义历史观的回答。18世纪的法国唯物主义者曾以"人与环境"关系问题的形式探讨这个问题：一方面，他们认为人及其观念都是环境的产物，提出要改变人及其观念应该首先改变环境；另一方面，他们又认为环境的改变只能依靠天才人物的智慧的创造，提出要改变环境必须首先创造天才的人物和天才的思想。其结果，他们便把社会的人分为两部分，一部分人是伟大的天才，他们以其天才的思想来改变环境，而其他人则通过环境的改变而改变自己和自己的观念。这样，他们就从唯物主义的自然观而走向了唯心主义的历史观。这正如马克思和恩格斯在《德意志意识形态》一书中批评费尔巴哈时所说的："当费尔巴哈是一个唯物主义者的时候，历史在他的视野之外；当他去探讨历史的时候，他决不是一个唯物主义者。在他那里，唯物主义和历史是彼此完全脱离的。"①

　　在旧唯物主义陷入"二律背反"并由此而导向历史唯心主义的地方，马克思以辩证的思维方式作出了历史唯物主义的回答。对于人类社会历史的二象性，马克思从人类的现实存在及其历史发展出发，提出"人的存在是有机生命所经历的前一个过程的结果。只是在这个过程的一定阶段上，人才成为人。但是一旦人已经存在，人，作为人类历史的经常前提，也是人类历史的经常的产物和结果，而人只有作为自己本身的产物和结果才成为前提"②。在这里，马克思正是针对困扰着哲学家们的历史观的"二律背反"，深刻地阐发了人作为历史的前提和结果的辩证关系。

　　人作为"历史的经常前提"，总是"前一个过程的结果"，他们的历史活动总是决定于在他们以前已经存在、不是由他们创立而是由前一代人创立的历史条件。因此，人们的历史活动并不是"随心所欲"的，人们的历史活动的结果表现为不以人们的意志为转移的历史发展规律。人作为"人类历史的经常的产物和结果"，获得了创造历史的现实条件和现实力量，并凭借这种现实条件和现实力量去改变自己和自己的生存环境，实现社会历史的进步，为自己的下一代创造新的历史条件。因此，人们又是自己创造自己的历史，历史就是追求自己的目的的人的活动过程。现实的人既是历史的前提又是历史的结果。他作为历史的结果构成新的历史前提，他作为历史的前提又构成新的历史结果。人作为历史的前提与结果的辩证运动，就是人及其历史的辩证法，就是由人的"历史活动"所构成的"历史规律"。

　　对此，马克思作出的精辟概括是："人们自己创造自己的历史，但是他们并不是随心所欲地创造，并不是在他们自己选定的条件下创造，而是在直接碰到的、既定的、从过去承继下来的条件下创造"③。这表明，"历

① 《马克思恩格斯选集》（第 1 卷），人民出版社 1995 年版，第 78 页。
② 《马克思恩格斯全集》（第 26 卷Ⅲ），人民出版社 1974 年版，第 545 页。
③ 《马克思恩格斯选集》（第 1 卷），人民出版社 1995 年版，第 585 页。

史"既是"追求着自己目的的人的活动"，又是在人的活动中所形成的不以人的意志为转移的客观进程。离开这种辩证思维，既不可能形成历史的唯物主义，也无法"合理"地理解和阐释历史的唯物主义。教科书的历史观的"主要缺点"，就在于它只是"从客体的或者直观的形式"去看待人与世界的关系，而没有"以实践的观点"揭示历史观的"二律背反"，没有达到"从实践的观点"阐发历史唯物主义的辩证思维。

马克思主义的历史观，是以"感性的人的活动"或"历史中行动的人"为出发点看待历史，从而形成了以"历史"为解释原则、以"生活决定意识"为核心理念、以"历史的内涵逻辑"为基本内容、以"人类解放"为价值诉求、以"改变世界"为理论指向的历史唯物主义。历史唯物主义的"历史"概念，远不只是"活动"或"过程"的概念，更是"文明"和"发展"的概念。在黑格尔的历史与逻辑相一致的"思想的内涵逻辑"中，把"规律"变成某种"逻辑先在"的神秘力量，因而把"历史"演绎为逻辑的自我实现。与此相反，马克思的"历史的内涵逻辑"则是把"历史"视为"追求自己的目的的人的活动"，因此，历史规律的客观性就在于人的历史活动的客观性，历史规律就表现为人的活动本身所实现的人类文明的进步。究竟是"现实的人及其历史发展"构成历史规律，还是某种"先在的""神秘的"逻辑支配历史，这是马克思的辩证法与黑格尔的辩证法的根本分歧，也是马克思的历史观与黑格尔的历史观的根本分歧。只有"从实践的观点看"马克思的唯物论和辩证法，才能深刻地理解马克思的"历史观"。

5. 从实践的观点看"哲学基本问题"

通行的哲学原理教科书对唯物论、辩证法、认识论和历史观的阐述，深层地取决于它对作为哲学的"重大的基本问题"的"思维和存在的关系问题"的理解。因此，反省教科书和实现马克思主义哲学研究的范式转换，关键在于重新理解和阐释哲学的基本问题。这是马克思主义哲学研究中的具有实质意义的根本问题，也是当代中国马克思主义哲学研究"范式转换"的根本问题。

　　通行的哲学原理教科书在引证恩格斯关于"全部哲学，特别是近代哲学的重大的基本问题，是思维和存在的关系问题"的论述之后，都是不予讨论地把"思维和存在的关系问题"认定为哲学的"基本问题"，并把这个"基本问题"概括为思维和存在、精神和物质"谁为第一性"的"本体论"问题，以及思维和存在、精神和物质"有无同一性"的"认识论"问题。在这种叙述中，"思维和存在的关系问题"作为哲学的"基本问题"，以及对这个"基本问题"的解释，就是一个毋庸置疑的"定论"。其结果，就引发了哲学界关于"到底有无哲学基本问题""思维和存在的关系问题是不是马克思主义哲学的基本问题"以及"现代哲学是否研究思维和存在的关系问题"等具有实质意义的争论。回应这些争论，从"解释原则"上推进了当代中国马克思主义哲学研究的"范式转换"。

　　哲学到底有无自己的"基本问题"？"思维和存在的关系问题"能否成为哲学的"基本问题"？从总体上看，否定"思维和存在的关系问题"是"哲学的重大的基本问题"，主要有两条路径：一条路径是由否定哲学具有"基本问题"而否定"思维和存在的关系问题"是哲学的基本问题；另一条路径则是由否定"思维和存在的关系问题"是哲学的基本问题而否定哲学具有"基本问题"。从学理上看，这里的根本问题是在于："思维和存在的关系问题"在全部哲学问题中所具有的特殊意义究竟是什么？它是哲学中的最主要的问题，还是规定哲学的理论性质的问题？教科书的根本问题，就在于它并没有从哲学的理论性质去看待和阐发哲学的"基本问题"。

　　在教科书的阐释中，关于"思维和存在的关系问题"是哲学的"重大的基本问题"，主要是从两个方面予以论证：一是把"思维和存在的关系问题"归结为精神和物质的关系问题，认为世界上的全部现象可以分为精神现象和物质现象，因此，作为世界观理论的哲学就以它们之间的关系作为自己的基本问题；二是提出"思维和存在的关系问题"是人类全部活动中的根本问题，人类的认识活动是在观念中实现思维和存在的统一，人类的实践活动是在行动中实现思维与存在的统一，因此，思维和存在的关系问题就成为哲学的"重大的基本问题"。但是，这两种论证都是不充分的，都没有从哲学的理论性质上论证"思维和存在的关系问题"何以是哲学的"基本问题"。

把"思维和存在的关系问题"归结为精神和物质"两大类现象"的关系问题，就把"思维和存在的关系问题"简单化、经验化了。恩格斯强调指出，作为哲学基本问题的"思维和存在的关系问题"，"特别是近代哲学的重大的基本问题"，这个问题"只是"在近代哲学才被"十分清楚"地提了出来并获得了"完全的意义"①。诉诸近代哲学，它是从"内容"和"形式"两大方面探索了"思维和存在的关系问题"，不仅提出和研究了"客观世界与意识内容"的关系，而且深入地反省了"意识内容与意识形式""对象意识与自我意识""外延逻辑与内涵逻辑""知性思维与辩证思维""分析判断与综合判断"的关系问题，特别是从"规律"层面反省了"思维规律与存在规律"的关系问题，从而使"思维和存在的关系问题"获得了"完全的意义"。把哲学的基本问题经验化地归结为精神和物质的关系问题，就不仅难以表达"思维和存在的关系问题"的"完全的意义"，而且难以解释这个问题何以是哲学的"基本问题"。

以"思维和存在的关系问题"是人类全部活动中的根本问题来论证哲学的"基本问题"，同样是缺乏说服力的。蕴含于人类全部活动之中的"思维和存在的关系问题"，并不是作为"问题"而存在的，而是作为理论思维的"不自觉的和无条件的前提"而存在的。这就是说，虽然人的认识活动是在观念中实现思维和存在的统一，人的实践活动是在行动中实现思维和存在的统一，但在非哲学的人类活动中，人们并不是把"思维和存在的关系"当作"问题"，而是作为认识活动和实践活动的"不自觉的和无条件的前提"。只有在哲学的反思活动中，才把理论思维的这个"不自觉的和无条件的前提"作为研究的对象，从而把人类全部活动中

① 《马克思恩格斯选集》（第4卷），人民出版社1995年版，第224页。

所蕴含的"思维和存在的关系问题"作为自己的"重大的基本问题"。通行的教科书不是以哲学的反思的思维方式阐释哲学基本问题，就无法从哲学的理论性质上论证"思维和存在的关系问题"何以是"哲学的重大的基本问题"。

在对哲学基本问题的质疑中，一个重要的问题是：马克思是否把"思维和存在的关系问题"作为自己的哲学的"基本问题"？这突出地表现在，马克思在《关于费尔巴哈的提纲》中所提出的"哲学家们只是用不同的方式解释世界，而问题在于改变世界"的著名论断，往往被人们解释为："思维和存在的关系问题"只是"解释世界"的"哲学家们"的"基本问题"，而不是"改变世界"的马克思主义哲学的"基本问题"。这表明，如何理解马克思与恩格斯关于哲学基本问题的基本观点，是能否真正地理解哲学的理论性质，并从而理解哲学的"基本问题"的根本问题，也是能否真正地理解马克思主义哲学的根本问题。

"思维和存在的关系问题"是不是马克思认同的哲学的"基本问题"？或者说，马克思是否同恩格斯一样肯定哲学的"基本问题"？诉诸恩格斯所说的"包含天才世界观萌芽的第一个宝贵文件"即《关于费尔巴哈的提纲》，我们就会准确无误地发现，马克思和恩格斯一样，正是从"思维和存在的关系问题"出发，明确地批判了旧唯物主义和唯心主义这两种哲学：其一，马克思认为旧唯物主义只是从"客体的或者直观的形式"去看待思维和存在的关系问题，从而把思维对存在的关系看成是直观的反映关系，而这正是恩格斯所指认的旧唯物主义只是从"内容"方面去看待思维对存在的关系；其二，马克思认为唯心主义只是"抽象地发展了""能动的方面"，把思维对存在的关系归结为思维的能动作用，而这又正是恩格斯所指认的唯心主义只是从"形式"方面去看待思维对存在的关系；其三，马克思明确地指出，旧唯物主义之所以只是"从客体的或者直观的形式"去理解思维与存在的关系，唯心主义之所以只能是"抽象地发展了能动的方面"，根源就在于离开"感性的人的活动"去看待思维与存在的关系，而这又正是恩格斯所指认的离开"历史中行动的人"去解决思维和存在的关系问题。

由此可见，马克思并不是否定了恩格斯所概括的哲学的重大的基本问题，而恰恰是从其所说的"感性的人的活动"或恩格斯所说的"历史中行动的人"出发，"从实践的观点"去回答"思维和存在的关系问题"。这表明：作为哲学基本问题的"思维和存在的关系问题"，正是在马克思的《关于费尔巴哈的提纲》中被"保存"下来的"世界观"的根本问题；对"思维和存在的关系问题"的"现代唯物主义"回答，则构成马克思主义的世界观。诉诸《关于费尔巴哈的提纲》全文，我们可以看到，正是以实践的观点阐述"思维和存在的关系问题"为"灵魂"，马克思才在《关于费尔巴哈的提纲》中深入地阐述了"现代唯物主义"的世界观。

把马克思的哲学革命概括为"实践转向"，首先是因为马克思以实践的唯物主义回答了哲学的基本问题——思维和存在的关系问题。在其直接性上，就是回答和解决了德国古典哲学所遗留的问题。在黑格尔看来，思维和存在的关系问题，就是以概念自身为中介的"无人身的理性"与其"逻辑规定"的关系。费尔巴哈则认为，"要理解思维和存在、精神和物质、人和自然的统一，不应该从观念出发，而应该从有感觉的人和自然界出发；精神应能在物质中找到自己的位置，而物质在精神中却找不到自己的位置；人及其思维、感觉和需要应是这种统一的有机反映"①。这样，费尔巴哈就把思维和存在的关系当作"抽象的个人"与其"感性的直观"的关系。而在马克思所实现的"实践转向"中，思维和存在的关系问题，则是"现实的人"以"感性的活动"为基础的与"现实的世界"的关系问题。

"现实的人"，就是从事实践活动并在实践活动中发展自身的人；"感

---

① ［法］奥古斯特·科尔纽著：《马克思的思想起源》，王瑾译，中国人民大学出版社1987年版，第57页。

性的活动"，就是这种"现实的人"所进行的社会实践活动；"现实的世界"，则是"现实的人"的"感性活动"的对象。这样，贯穿于全部哲学史的哲学的基本问题，就在马克思的"实践转向"中获得了现实性：思维和存在的关系问题，就是以实践为基础的人与世界之间的、历史地发展着的关系问题。思维和存在的关系问题的最切近最本质的基础是人类自己的实践活动。人类自己的实践活动是一个辩证的、历史的发展过程，思维和存在的关系问题所蕴含的全部矛盾关系，都植根于人类的存在方式——实践活动——的辩证本性，都展开在人的实践活动的历史发展过程中。因此，只有从现实的人及其历史发展出发，达到对哲学基本问题的实践性理解，才能合理地提出和回答"思维和存在的关系问题"。

马克思主义的"现代唯物主义"与"哲学家们"的根本区别就在于，"哲学家们"不是"在人的实践中以及对这个实践的理解中"去解决"思维和存在的关系问题"，而是以"直观"的方式或抽象的"能动"原则去回答这个"重大的基本问题"，因而他们的"哲学"只能是"解释世界"的哲学，并且只能是"把理论引向神秘主义的神秘东西"。与此相反，马克思、恩格斯的现代唯物主义则是从"全部社会生活在本质上是实践的"这一根本理念出发，"在实践中证明自己思维的真理性"。这深切地表明，"改变世界"的马克思主义并不是"改变"了哲学自身的"基本问题"，而是从根本上"改变"了"哲学家们"把理论"引向神秘主义的神秘东西"，以实践的、历史的观点去回答"思维和存在的关系问题"，从而创立了马克思主义的"现代唯物主义"。

马克思主义哲学并不是离开人类文明发展大道的宗派主义的东西，并不是超然于自己的时代和哲学自身发展的逻辑之外的东西，因此它与自己同时代的哲学不能不具有艾耶尔所说的"广泛而深刻的一致性"。20世纪以来的现代西方哲学各主要流派，尽管其宗旨不同，观点各异，但在面对现代科学日益严重的挑战（已经和正在把哲学从传统的世袭领地驱逐出去），以及现代社会生活对哲学的新的渴求（寻找人类现代社会生活的新的支撑点），它们都试图找到某种扬弃思维与存在、客观与主观抽象对立的中介环节，并以这些中介环节作为现代的哲学理念而提供人类文明的新的支撑点。现代西方哲学高度重视从哲学上研究语言。它们认为：虽然世界在人的意识之外（不依赖于人的意识而存在），但世界却在人的语言之中（人只能在语言中表述世界）；语言既是人类存在的消极界限（语言之外的世界是存在着的无），又是人类存在的积极界限（世界在语言中对人生成为有）；正是在语言中才凝聚着自然与精神、客观与主观、真与善的深刻矛盾，才积淀着人类思维和全部人类文明的历史成果。因此，无论是英美的"分析哲学"，还是欧陆的"解释哲学"，并不是真实地"拒斥"了作为哲学基本问题的思维和存在的关系问题，而是通过对"语言"的"分析"或"解释"而实现了对哲学基本问题的现代反省。这表明，不管现代西方哲学的各种流派是否承认思维和存在的关系问题是哲学的"重大的基本问题"，但总是自觉地或不自觉地以其作为哲学研究的"基本问题"。

现代西方哲学的"语言转向"，它所批判的是离开对人类"语言"的考察而直接断言"思维和存在的关系"，它所要求的是哲学家在建立关于人类意识和世界及其相互关系的理论之前必须先有关于"语言"的理论，这种要求的实质是哲学家必须把作为"文化的水库"的"语言"作为研究"思维和存在的关系问题"的出发点。由此我们可以发现，在现代西方哲学的"语言转向"中，显示出对"思维和存在""人和世界"的"中介环节"的寻求，显示出现代西方哲学对"思维""语言"和"存在"三者关系的总体理解。这种总体理解就是：人类必须而且只能用"语言"去理解"世界"和自己的"意识"，并用"语言"去表述对"世界"和自己的"意识"的理解。"语言"中凝聚着"思维和存在""主观和客观""主体与客体"的对立统一，因而也是消解主—客二元对立的文化结晶。在寻求思维与存在、人与世界的"中介环节"的意义上，在实现思维与存在、人与世界的文化层面上的统一的意义上，现代哲学的"语言转向"具有不容忽视的积极意义。我们应当以马克思主义哲学的实践观点，批判地汲取"语言转向"

的积极成果，在当代的水平上深化对思维与存在关系问题的理解，并丰富哲学基本问题的理论内容。

在现代西方哲学中，科学哲学把自然与精神的抽象对立摒弃为"科学世界"中的思想与实在的统一；文化哲学则把科学世界中的人性实现扩展成人性活动的圆周，构成扬弃人与自然抽象对立的"文化世界"；哲学解释学进而从历史文化对个人的占有出发，以理解作为人的存在方式而提出"意义世界"。这表明，以人的历史活动为中介而探索思维与存在、人与世界的关系问题，这是整个现代哲学的共同特征。然而，正是由于现代西方哲学的各流派分别抓住某一环节并加以片面地夸大，才使之成为现代的唯心主义哲学。"实践转向"的马克思主义哲学，则不仅在于它把人与世界对立统一的诸种关系扬弃为人类实践活动的内在环节，而且在于它揭示了人类最基本的实践活动——物质生产活动——在人与世界的关系中的基础地位，从而为作为哲学基本问题的"思维和存在的关系问题"奠定了真实的、坚实的实践基础，并在对哲学基本问题的"实践唯物主义"的理解和阐释中变革了全部的旧哲学，创建了马克思主义的"现代唯物主义"。因此，只有"从实践的观点看"马克思主义哲学，才能深刻地理解马克思主义的哲学革命，从而真正地实现马克思主义哲学研究的范式转换。

第三章 | 20 世纪 80 年代的外国哲学研究

一、哲学史研究的观念变革和总体进展

"文革"以前，我国西方哲学的研究已经取得了较大的进展，也有相应的成果问世，比如洪谦、葛力、韦卓民、杨一之等人所取得的成果。到了"文革"时期，由于我国特殊的环境和背景，加以各种复杂的思潮影响，使得原先的研究思路多少受到了阻碍，偏离了方向。"文革"之后，这种情况有所改观，在各种人文精神要求的促使下，再加上学术研究的自身反思，使学术发展的路线恢复到了一个新的境界和层次。

第一，自新中国成立以来至"文革"这段时期，我国思想的总体态势有"左"的倾向。这一倾向的确对我国社会发展的文化建设产生了较大的影响，它会使人在从事政治与文化的活动中表现出较强的任意性。这就会脱离现实，容易在思想层面凝结为一些僵化的形式。以这种形式来指导学术研究，一方面会使学术失去了现实的根基，另一方面也使它脱离了自身的义理旨趣。所以，从 1979 年到 80 年代末的这段时间里，由于整个社会走向了一种积极开放的形态，当时的政治运动也转向了经济建设，广大学人热烈、激情地参与到反思过去、寻求思想解放的活动中来。我们的文化建设在一个自由开放的氛围中取得了新的突破。这是社会文化的大转型，它左右着学术研究范式的转换。

　　第二，长期以来我国哲学史研究范式受制于苏联专家日丹诺夫对哲学史的定义。这一界定把整个哲学史区分为唯物主义和唯心主义两个阵营，而且这种区分还具有价值上的评判意义。这种区分有其时代意义，使我们对哲学史的把握有了一个清晰的判别标准，而且它也影响了几代学人对哲学史的理解和把握。但哲学乃是义理繁杂、门派众多的理论思维系统，何况中国、印度的哲学与西方哲学有本质上的区别，如果用这一套标准去把握所有的哲学形态，显然是不充分的。所以，真理标准的大讨论以来，学者在实际可行的研究领域中就斩断了这种对哲学史的独断观点，哲学史界对这一重大问题进行了更正。1978年，在芜湖召开的西方哲学讨论会，是一次重新确立学术研究路向的规模空前的大会。这次大会对于当代中国的哲学史研究具有划时代的意义。

　　这次会议由中国社会科学院、安徽劳动大学和北京大学哲学系主持。中国大陆几代学者都参加了这次会议，即便是年事已高的老一辈学者如冯定、贺麟、严群等都莅临会场。广大的中青年学者，更从四面八方会聚而来，参加这次盛会。会议揭发了"四人帮"对西方哲学教学研究的破坏，主题就是如何把西方哲学的教学研究从"四人帮"的干预和破坏下摆脱出来，走向自己独立发展的道路。与会的几代学者都投入"左"倾思想的批判之中。其中最具有代表性的就是对日丹诺夫的关于哲学史的独断界定的批评，认为这种立足于教科书体系的唯物和唯心的观点乃是意识形态的残余，它不仅在某种程度上曲解了西方哲学的发展理路，还会造成一种较为恶劣的后果，即把整个西方哲学最精华、对人类精神的教养和教化最有价值的东西遮蔽掉，以"削足适履"的方式让人认识到西方哲学几千年的发展只不过在唯物和唯心的阵线上抗争。正如有些学者所认为，"通过对这些问题的深入讨论，不但对日丹诺夫的哲学史定义有了全新的认识，对唯心主义的态度由偏颇转为科学，对人道主义学说的评价得到了实事求是的肯定，说明西方哲学东渐从'左'倾政治束缚下解放出来取得了决定性胜利，而且也为新时期的西方哲学东渐发挥了思想解放的作用，为新时期西方哲学东渐逐步取得繁荣奠定了坚实的思想基础。"①总体来说，这次会议的重大意义就在于它清除了这种对待哲学的形而上学的独断论思路，使西方哲学的研究迈入了新的发展阶段。

这次会议的另一个积极的结果是：在这种新时期哲学变革的信念的影响下，几代西方哲学研究的学者以前所未有的风貌凝聚成了一股西方哲学研究的大军。这支队伍是几十年沉淀的结果，在新思潮的影响下迸发出突破性的力量。老中青三辈，共聚一堂，积极探讨西方哲学的新的走向和研究方法。这是令人激动的景象。其中老一辈的大致有：贺麟、洪谦、杨一之、严群、张申府、熊伟、周辅成、庞景仁、徐怀启、全增嘏、王坎兴、陈修斋、苗力田、姜丕之、陈元晖、汪子嵩、张世英、王太庆、涂纪亮、江天骥、夏基松、葛力、钟宇人、邹化政、齐良骥、温锡增等，他们大多是三四十年代踏入西方哲学的领地。中青年一代则有：叶秀山、王树人、邢贲思、汝信、梁志学、薛华、杨祖陶、朱德生、陈启伟、车铭洲、冒从虎、王荫庭、杨适、范明生、钱广华、徐崇温、刘放桐、洪汉鼎、姚介厚、陈村富、贾泽林、舒炜光、邹铁军、杨寿堪、侯鸿勋、王守昌、朱亮等，他们都是五六十年代成长起来的学人，大多是老一代的弟子，虽然受到"左"倾思想的影响，但却是西方哲学研究的中坚力量。除此之外，还有在"文化大革命"之后培养起来的年青一代的学者，他们大都是"文革"后受的大学教育，从事西方哲学的研究，但他们受传统束缚较少，思维活跃，接受新思想的能力较强。这一代学者大致包括：邓晓芒、张祥龙、宋祖良、周国平、赵敦华、倪梁康、段德智、张汝伦、靳希平、张庆熊、张志扬、陈家琪、冯俊、李秋零、韩水法、傅有德、徐友渔、万俊人、孙周兴、周晓亮、谢地坤、王晓朝、童世骏、江怡、王路、陈嘉映、陈嘉明、黄克剑、韩林合、邓安庆、彭富春、陈亚军等。在这三代学人的结构层次下，我国西方哲学的研究才有了坚实的人才基础，才能提供西方哲学研究

---

① 黄见德：《西方哲学东渐史（下卷）》，人民出版社 2006 年版，第 992 页。

源源不断的动力支持。

在这种观念变革的基础上，再加上数量众多的人才储备，我国西方哲学的研究和教学才在硬件和软件两方面都如火如荼地开展起来。其中，首要的任务就是恢复和整顿西方哲学的科研机构，创办学术刊物。1977 年，中国社会科学院成立，哲学所恢复西方哲学教研室和现代西方哲学教研室，北京大学、复旦大学等高校也相继创设西方哲学教研室；《哲学研究》《哲学译丛》复刊，商务印书馆和人民出版社也相继出版了《外国哲学》《现代外国哲学》等文丛。另外，自 1977 年恢复高考以来，各高校也陆续招收了西方哲学专业的硕士生和博士生。与此同时，由于改革开放的缘故，国内学者与国外学术界的学术交往也逐步展开。1978 年和 1979 年分别成立了中华外国哲学史学会和全国现代外国哲学学会以及各种专业研究和各地区的分会。全国性的或地区举办的西方哲学学术会议每年达 10 次之多。另外，在 80 年代初，我国派出大量中青年学者去国外进修，而后又有本科生到国外去攻读硕士和博士，这都为我国的西方哲学研究和教学打下了基础。学界还开展了不同形式的学术活动，学者们广泛地进行学术交流、探讨，激发了广大学人的学术热情，使学界从"文革"时期的死气沉沉的氛围中超脱出来，呈现出一片繁荣的景象。

除了这些硬件的建设，学者们也都从各自的角度出发积极地从事学术研究。一方面，经过改革开放，人们获得思想自由和学术独立，学术研究的个性也凸显了出来；另一方面，毕竟新的研究形式刚开始确立，对西方哲学的研究还是停留在翻译、引进和介绍方面，所以这一时期出版的大量学术著作仍以哲学史为主，旨在普及人们对西方哲学的基础知识。比如北京大学编写的《欧洲哲学史》、编译的《西方哲学原著选读》，朱德生的《简明欧洲哲学史》，吉林大学高清海主编的《欧洲哲学史纲》，李志逵的《欧洲哲学史》，武汉大学陈修斋、杨祖陶的《欧洲哲学史稿》，复旦大学全增嘏等编写的《西方哲学史》等。在现代西方哲学方面则有刘放桐等人编写的《现代西方哲学》，夏基松的《当代西方哲学教程》，车铭洲、王守昌的

《现代西方哲学概论》，郑杭生的《现代西方哲学纲要》，以及洪谦、任华主编的《西方现代资产阶级哲学论著选辑》《西方古典名著选辑》等。这些教材成为了广大学子学习西方哲学的必备参考书，也成为了各大高校的通用教材。除此之外，还编写了大量的西方哲学家评传，比如汝信、王树人以及余丽嫦主编的《西方著名哲学家评传》，侯鸿勋、姚介厚主编的《西方著名哲学家评传续编》，杜任之主编的《现代西方著名哲学家述评》，袁淑娟主编的《现代西方著名哲学家评传》等。但总体来说，我国的外国哲学研究处于起步阶段，正突破常识走向真正的哲学思考。这些哲学史教材的大量编著就是其体现，其意图主要在于普及人们对西方哲学的了解。

即便如此，在专门的领域也存在着较为学术的研究。这些研究有的是研究主体个体性选择的体现，有的则是受主流哲学的影响衍生出来的形态。总体来说，有两个方面比较突出：其一，受马克思哲学的影响，德国古典哲学受到了前所未有的重视，尤其是作为马克思直接理论来源的黑格尔哲学。在 80 年代，广大从事西方哲学研究的学者几乎都受到过德国古典哲学尤其是黑格尔哲学的影响。以贺麟为主的学术团体引领着国内的黑格尔哲学研究，翻译出版了相当一部分黑格尔的原著，最重要的是培养了一批从事黑格尔和德国古典哲学研究的专家，比如张世英、叶秀山、梁志学、薛华等。这些学者一直到现在仍然活跃在这一领域。其二，受 80 年代中国启蒙思潮的影响，国人从长期压抑的氛围中解脱出来，高扬人的个体意志和价值，呼喊人的自由解放，于是国内兴起了"尼采热""弗洛伊德热"和"萨特热"。这些思潮都主张人文主义和人道主义，以人的内在价值和自由意志为基本鹄的，试图挖掘人的自由个性和精神生活。诚然，这也包含有时代的一种焦虑，人们从一种受束缚的精神状态下解脱出来，思想上的困惑和抉择也成为人们的精神样态。在这种时候，尼采、萨特和弗洛伊德正好应合了国人的精神现状，使人们单纯对内在精神的关注有一个集中的突破口。这是时代精神在学术研究上的直接体现，也是本时期学术研究比较突出的特点。

除了这些最集中的体现，也有其他方面的关注点。主要有古希腊哲学、经验论和唯理论哲学的研究，这些研究只具有个体化的意义，属于个人的主观意向。但是它们却也开启了国内这方面研究的先河，填补了理论上的空白。学术注重传承，一般而言都是一两代先辈传承下来的结果。在第一代的研究者中，关于主题的选取事属偶然，然而传承下来之后就会对这一领域保持一种连贯性，会在后来的很多年里都有大批人才从事相关的研究。这就形成了相关的学术团体，比如以苗力田为首的古希腊哲学研究，一方面，他们为学界翻译了很多经典著作，另一方面也使古希腊哲学的研究一直延续了下来。以陈修斋为主的"经验论""唯理论"哲学研究，包括莱布尼茨的翻译，这一时期哲学脉络的梳理等，同时培养了一大批学生、弟子集中从事这一领域的研究。这些都是学术研究的正常生态分布，符合事情本身的内在特性。

二、西方传统哲学研究

从内容上来说，西方传统哲学大体分为四个发展阶段。国内学者在这四个大的发展阶段都有开创性的研究。这些研究者大多属于西方哲学研究活动的第二代。第一代学者的活动时期在"文革"以前，甚至在解放前就有较多的学术活动，他们有的在改革开放后已经终止了自己的学术生涯，有的则仍然活跃在学术界。就西方哲学的研究活动而言，其所表现出来的学术精神和基本特征主要有两点：一、由于我国的学术指导思想是马克思主义哲学，而马克思的学术思想来源之一便是德国古典哲学，受马克思的连带影响，国内对德国古典哲学，尤其是黑格尔哲学的研究投入了极大的热情。这是比较突出的一点。二、除了对德国古典哲学的热心研究外，对于西方传统哲学的各个阶段就没有什么规律可循了，它遵从学者们学术研究的自由选择和学术兴趣的直接性要求。所以，这种研究属于事物的初级阶段，它以"质料"的自由开展表现出来，没有任何规律和必然性，但却有学术精神的内在要求。遵从着这种要求，我国的西方哲学的研究破茧重生了。

依学科发展的来源和时间顺序来说，古希腊哲学是我们首先要谈及的一个阶段。对这一阶段的研究有两个非常突出的部分需要提及：一、陈康所做的开创性工作以及在其影响下后辈学子们对古希腊哲学的继承性研究；二、苗力田主持的对《亚里士多德全集》的翻译。

陈康于1924年考入东南大学预科。两年之后，考入该校哲学系，师从汤用彤、方东美等名师。1929年毕业后，陈康赴英国伦敦大学学习哲学。一年之后，又转入德国柏林大学学习，师从著名希腊哲学专家耶格、德国著名哲学家尼古拉·哈特曼、斯登泽尔等，学习哲学、古希腊文、拉丁文，1940年获得哲学博士学位。陈康对柏拉图与亚里士多德哲学都颇有研究。早在30年代就曾发表《柏拉图〈诺曼篇〉中的认识论》和《柏拉图认识论中的主体与对象》等论文。1940年他以《亚里士多德的分离问题》获柏林大学博士学位。40年代他在西南联大开设了"希腊哲学史""知识论""柏拉图、亚里士多德哲学"等课程。其主要著作有：《智慧——亚里士多德寻求的学问》《论希腊哲学》等，另著有德文、英文及中文的有关希腊哲学论文几十篇。1985年《陈康哲学论文集》在台湾出版。其译作有柏拉图对话《巴门尼德斯篇》译注，颇受西方同行学者的重视，这本译注也成为国内学子钻研柏拉图后期著作的必备书目。从现在的视角来看，陈康的学术研究是在古希腊哲学领域唯一能与西方哲学学者进行对话的人物，他的很多研究都处于世界前列，是我们现在从事学术研究学习的榜样，而且我们也受惠于陈康先生的古希腊研究成果。正是在陈康的引领下，国内古希腊哲学的研究才成规模，代代相传地延续下来。

这种延续的直接体现就是由汪子嵩、范明生、陈村富、姚介厚合著的4卷本《希腊哲学史》。这部断代史于70年代末开始起草撰写，并在1988年出版了第1卷。《希腊哲学史》属于哲学断代史里的精品，内容翔实、博大精深。其指导思想就是在综合国外相关参考文献的基础上扎实、全面地研究古希腊哲学。所以，它有相应的文献基础，紧跟国外的重大研究形势，但也有自己的独到见解，是一部大部头的学术精品。虽然是哲学史，但已经远远超出了对某一哲学家的单独研究，似乎是把古希腊哲学的所有人物的单独研究汇聚而成的作品。在该书的扉页上有题献老师陈康的字样，可见他们是遵从陈康先生的学术风骨并把这种学术传承延续下来的。这部多卷本希腊哲学史是可以与格思里的8卷本《希腊哲学史》相媲美的，是国内学子们的重要参考资料，是研究古希腊哲学的典范。

就古希腊哲学来说，另外一个重大的成就体现在苗力田主持翻译的《亚里士多德全集》着手准备，计划10年之内出版。[1]70年代末，在西方哲学研究恢复后，为了国内学人更好地了解古希腊的哲学材料，苗力田就有翻译《亚里士多德全集》的计划。为了组织学术团队，他招收研究生，讲授古希腊语，历经十多载，《全集》终于在1997年全部付梓出版。这是我国在研究西方哲学的过程中出版的首部西方哲学家的全集。"由于亚里士多德在西方哲学史上的重要地位，仅就他的著作全集译成中文出版这份贡献来说，苗力田在我国研究西方哲学的发展上应该是永垂史册的。"[2]所以，这部译著出版后立即受到国内学者的高度关注，广大学子学习了解亚里士多德的思想有了一个可靠的凭借。

除上述两点之外，这一时期的著作还有杨寿堪的《亚里士多德范畴说简论》，杨适的《哲学的童年》，叶秀山的《前苏格拉底哲学研究》和《苏格拉底及其哲学思想》，汪子嵩的《亚里士多德关于本体论的学说》《希腊的民主和科学精神》，范明生的《柏拉图哲学述评》，张传开的《古希腊哲学范畴的逻辑发展》等。这些也都是这一时期的重要研究成果。总体来说，古希腊哲学的研究在这一时期是较为突出的。

相比于古希腊哲学，中世纪哲学的研究稍显薄弱，有杨真的《基督教史纲》、徐怀启的《古代基督教史》。也有北京大学毕业、而后到南开大学

---

[1] 黄见德：《西方哲学东渐史（下卷）》，人民出版社2006年版，第998页。

[2] 黄见德：《西方哲学东渐史（下卷）》，人民出版社2006年版，第1000页。

任教的车铭洲，他把中世纪分为封建制度的确立到解体，从有机的角度来区分这一阶段，掌握其中的发展规律，写成了《西欧中世纪哲学概论》。另外，还有张尚仁的《西欧封建社会哲学史》等。总体来说，中世纪哲学的研究仍然处于传统的视野下，尚属于初创的阶段。对于16—18世纪的经验论和唯理论哲学研究来说，则呈现出百花齐放的态势。应该说，这一时期的几位重要哲学家都被进行了专门的探讨。其中包括陈修斋编著的《欧洲哲学史的经验主义和理性主义》，集合了武汉大学的一些中青年学者对经验主义和理性主义的逻辑进展进行了细致的探讨，对于整体上概观地了解这一时期的哲学进路较有意义。而邹化政的《〈人类理解论〉研究》则是一本颇具创造性的研究型著作，它不仅系统地介绍了洛克的哲学思想，而且从作者自己的视角出发对西方两千年来的哲学思想发展提出了独到的见解，是一本有理论深度的创造性的研究著作。另外还有余丽嫦的《培根及其哲学》，吕大吉的《洛克物性理论研究》，闫吉达的《贝克莱思想新探》，它们也填补了各自领域的空白。关于法国唯物主义，学界也有相应的研究著作问世，比如葛力的《18世纪法国唯物主义》，李凤鸣、姚介厚的《18世纪法国启蒙运动》以及于凤梧的《卢梭思想概论》。这些都是法国唯物主义和启蒙运动的开创性研究著作。

正如上文所言，德国古典哲学是这一时期着力关注的焦点。受国内马克思哲学的影响，对黑格尔的研究属于黄金时期。这一时期有两个比较突出的特点：第一，李泽厚在1979年出版了《批判哲学的批判——康德述评》，成为了国内康德研究的先锋之作。他借助于康德哲学对中国思想史进行了批判，推动了当时的思潮发展，与80年代的所谓"启蒙运动"产生了呼应。经过李泽厚的开创性研究而后，康德在国内逐步地成为了显学。在此之后，相继出现了几部力作，包括陈元晖的《康德的时空观》，李质明的《康德〈导论〉述评》以及张世英的《康德的〈纯粹理性批判〉》。这些著作大多是对康德著作的讲解和解读，属于初始的阶段。

第二，黑格尔的研究不仅数量巨大，而且质量也高，视野也很广阔。

提到国内黑格尔的研究就不能不提及贺麟。贺麟是集中西为一体的当代哲学家，他创造性地把西方哲学，尤其是黑格尔哲学与中国古代心学相结合，试图构造出一种"新心学"。贺麟从小就受到儒学熏陶，尤其对宋明理学产生浓厚的兴趣。1919年考入清华学堂。1926年赴美国留学，入哈佛大学获硕士学位。1930年转赴德国柏林大学专攻德国古典哲学。回国后长期任教于北京大学哲学系，并在清华大学兼课。贺麟对西方哲学有很深的造诣，对黑格尔、斯宾诺莎、怀特海等西方近现代哲学家都有深入的研究。就中国哲学和儒家思想而言，他早年主张"心"是"最根本最重要"的，认为"不可离心而言物"，在30年代曾创立了与冯友兰"新理学"相对的"新心学"体系，成为现代新儒家的倡导者之一。1949年以后，在马克思主义的影响下，贺麟放弃了自己的唯心论哲学，思考逐步转向辩证唯物论和历史唯物论，并且集中精力研究西方哲学和翻译西方哲学名著，如黑格尔的《小逻辑》《精神现象学》《哲学史讲演录》，斯宾诺莎的《伦理学》等译本，都出自其手。贺麟哲学研究所发生的转向固然可惜，但对我国西方哲学研究来说未尝不是一件幸事。他对于黑格尔哲学的译介是独一无二的，《小逻辑》译本滋养了一代又一代的后世学子，已堪称经典。以其为中心的师门弟子团体则构成了后来国内德国古典哲学学界的主要学术骨干力量。

在"文革"之前，贺麟、杨一之等人已经翻译了黑格尔的一部分著作，而且也有黑格尔的研究著作问世。在老一辈的引领下，80年代分别出版了薛华的《青年黑格尔对基督教的批判》《自我意识的发展》和《黑格尔对历史终点的理解》，侯鸿勋的《论黑格尔的历史哲学》，姜丕之的《马克思与黑格尔》《黑格尔〈大逻辑〉选释》，王树人的《思辨哲学新探》《历史的哲学反思：关于〈精神现象学〉的研究》，张世英的《论黑格尔的精神哲学》等。这些著作有的是对黑格尔的文本解读，有的则是对黑格尔著作的阐述，有的则是对黑格尔某一问题的研究，有的则注重黑格尔与别的哲学家的对比。总之，这一时期的学者对黑格尔的研究是相当全面的，几乎涉及了黑格尔的"精神现象学""逻辑学""精神哲学"和"历史哲学"等各个领域。在传统哲学中，对某一个哲学家的研究还从来没有达到过这种高度。即便现在来看，这些成果也有较多的可取之处。从此以后，对黑格尔的关注就逐渐衰落了。另外，对费希特的研究也在这一时期开始了，梁志学组织翻译了《费希特著作选集》。这套书共分五卷，几乎囊括了德文版费希特全集中所有的重要著作，是研究费希特的必备参考书。这套丛书是梁志学主编，由他与学生共同翻译的，在 1990 年由商务印书馆出版了第一卷。但梁志学先生也对费希特哲学进行了最先的研究，这些著作都在 90 年代及其以后相继出版。而梁志学的一些学生至今仍然坚持在费希特的研究领域（比如李文堂、谢地坤等）。关于谢林的研究，则基本还没有展开。

综上不难看出，80 年代西方传统哲学的研究以古希腊哲学和德国古典哲学两大块较为突出，其根本原因就是"文革"前的学术前辈所沉淀下来的学术传承。后辈学子沿着前辈们筚路蓝缕所开创的学术之路前进，一方面推进了学术的发展，另一方面也形成了学术研究的规模。

古希腊哲学和德国古典哲学两部分的突出研究就是其体现，这也构成了我国西方传统哲学研究的具体特色。

三、现代西方哲学研究

现代西方哲学并非像传统哲学那样是以时间上的顺序表现出来的，它在较为短暂的时间内发展出很多流派，这些流派像闪现的精灵一样突然出现在人们面前，而且它们往往以较为激进的方式刺激着寻求自我、追寻自由的人的神经。所以，人们对这些学派的接受就比较直接。大致说来，国内学者在 80 年代对现代西方哲学的研究主要有三个大的方面：一、受时代转向的思潮影响对"尼采热""弗洛伊德热""萨特热"的追逐；二、在熊伟的带领下对现象学和存在主义哲学的翻译和研究；三、洪谦所引领的对语言分析哲学的研究。

我国对西方哲学的接受受制于国内的政治环境，这是一个直接的制约性因素。在国内环境的影响下，国内学者对现代西方哲学的接受经历了一个情绪高涨，而后逐步降温，最后各项研究趋于稳定和深入的发展过程。这是一个自然的发展过程。经过拨乱反正、正本清源，国内学人经过了一个人文主义的解放和思想上的启蒙，于是萨特和弗洛伊德这种对人的内在深层意识和本能意志进行探讨的哲学家迅速应合了广大学人的思想解放、注重个体选择的要求。"尼采热"是"萨特热"的一种延续，这些都集中体现了国内学人对时代精神的反思。"尼采对西方传统文化的批判态度和锐意创新精神，显然对中国青年知识分子的批判革新意识有着特殊的强化作用。"① 与此相一致，学者们翻译了大量的萨特、弗洛伊德和尼采的相关著作，召开了多次学术会议，引起了全国的大讨论，同时也有大量的文章和研究著作问世。

在这些著作中代表性的有杜小真的《一个绝望者的希望——萨特引论》对萨特的研究。这部著作力求客观地介绍萨特的基本思想，努力揭示萨特存在主义哲学的基本精神。正如作者指出的，她写这部书的目的就在于"力图客观地介绍萨特的基本思想，以期在了解他的思想及其本人各方面的情况的基础上，能对他做出实事求是的评价"。② 鉴于此，作者从各个角度对此进行了揭示，所达到的结果就是，萨特哲学是在两次世界大战的科学危机和信仰危机基础上产生起来的，他所追求的乃是人的根本自由，因为"人一生下来就是自由的，他无法摆脱自由选择的命运"。通过对萨特的解读，正好与当时我国的时代精神产生了对接，彰显了时代精神的内在要求。在这股思潮中，以车文博为代表的学者对弗洛伊德做出了较为突出的研究。车文博在 80 年代中期组建了"弗洛伊德主义研究小组"，着手翻译和研究弗洛伊德的著作，并在 1992 年出版了《弗洛伊德主义论

① 万俊人：《试析现代西方伦理思潮对我国青年道德观念的冲击》，《中国社会科学》1989 年第 2 期。

② 黄见德：《西方哲学东渐史（下卷）》，人民出版社 2006 年版，第 1111 页。

评》一书。对弗洛伊德的传播和研究做出了重大的贡献。这一时期对尼采的研究影响较大的当属周国平在 1984 年出版的《尼采：在世纪的转折点上》一书。这本书认为，尼采是在传统价值崩溃的情况下重新寻找人的价值，所以，尼采哲学的主题是生命的意义。它的探讨分为三部分：首先，尼采哲学发生的条件，即西方的价值观念发生转折；其次，在这种条件下尼采给我们提供了什么样的哲学；最后，则指出尼采的哲学对当下中国的现实意义。这本书文笔流畅，思路清晰，受到青年知识分子的喜爱，也应合了当下的时代精神。以上这些成果都是受时代精神的促使所直接导致的结果，它是时代精神的直接体现。但是这股热潮逐步地被人的理智精神所取代，它就变得消退和沉寂了。

与此同时，现象学的研究却有了长足的进展。人们认识到，"萨特热""尼采热""弗洛伊德热"这股热潮虽然闪光、明亮，但是清醒的理智分析才是我们面对事物的真实态度。人们把视野转向了具有理性精神的胡塞尔的现象学和清晰透彻的海德格尔的存在论哲学。但在现象学的研究领域，后辈学者都受惠于熊伟的影响。熊伟 30 年代初就读于北京大学哲学系，毕业后赴德国弗莱堡大学学习，师从存在哲学大师海德格尔，1936年获哲学博士学位。作为我国老一辈的海德格尔专家，熊伟是国内最早从事海德格尔研究的人，最先组织翻译海德格尔的作品。国内的年轻学者大都是熊伟的弟子，或是受其影响。熊伟先生毕生致力于西方哲学的研究与教学工作，尤其是中西哲学思想的比较、交流与对话。他的海德格尔思想的中文译介在我国哲学研究中产生了广泛的影响。他写有中外文论文多篇，译有海德格尔的《形而上学导论》《形而上学是什么》等书及文章多篇。80 年代以来，他主持编译《存在主义哲学论著选辑》（上下卷），主持完成了"七五"国家社科重点课题《现象学思潮研究》，并多次出访欧美讲学参加国际学术会议，为中国哲学界参与国际学术文化交流做出了贡献。

熊伟引领了国内的现象学研究热潮，但他还是以海德格尔哲学为主，而且即便人们要理解存在主义和海德格尔哲学，对胡塞尔的现象学没有一个基本的把握和了解也是不可能的。人们开始扩大视域，进一步关注胡塞尔哲学，甚至对现象学的整个思潮都有了系统的关注。青年学人中，倪梁康率先做出了这方面的研究。1986 年，他翻译出版了胡塞尔的《现象学的观念》一书。这是国内首部现象学的中文译著。1987 年由老一辈海德格尔专家的弟子陈嘉映和王庆节合译的《存在与时间》出版。这本书是 20 世纪最伟大的著作之一，在国内一版再版，成为中国绝大多数学子叩问学习海德格尔的最初门径。这部书在国内的影响是无与伦比的，可与贺麟先生所译的《小逻辑》相媲美。而在 1988 年，国内第一部现象学存在主义研究著作，叶秀山的《思·史·诗——现象学与存在主义研究》出版。叶秀山师从贺麟，对整个西方哲学都有独到的见解，其学术风格空灵、幽深、善思索，喜欢融会贯通。他对现象学和存在主义的研究也有这方面的特点。这本著作从传统哲学到现代西方哲学的一贯发展思路出发，把现象学、存在主义等流派与西方传统哲学结合起来进行考察，凸显出了胡塞尔、海德格尔、雅斯贝尔斯等哲学家在整个哲学发展史上的位置。不像国内大多数研究现代西方哲学的学者，只是一味地强调现代西方哲学对传统哲学的反叛、颠覆和消解，单纯地把现代哲学与传统哲学理解为两个根本上断裂的形式，叶秀山的研究一开始就是整体性的，而且一直持续到他学术生涯的晚期。这种研究能够做到一以贯之，真正地把西方哲学的整体脉络呈现出来。所以，这部著作在现在看来仍然具有较高的价值。不过 80 年代对现象学和存在主义的研究只是初步的，只有到了 90 年代，专业而深入的研究才得以展开。而这一阶段，关于法国的新潮哲学家，包括以现象学的基本精神延续下来的所谓"后现代"哲学只有一本詹姆逊的《后现代主义文化理论》被译介过来，其他的研究尚属空白。

但国内对英美哲学的研究则处于较好的状态，这很大程度上取决于洪谦在国际分析哲学学界的活动。洪谦是直接参与到分析哲学活动之中的人，他与石里克、卡尔纳普这些分析哲学家都有直接的接触，是国际学术圈的人物。他对国内分析哲学的建设起到了重要的作用。除了组织翻译一些相关的文本之外，他参与哲学本身的身份就是一种重要的体现。20 世纪 40 年代是洪谦先生学术上最活跃的时期，他系统全面地介绍维也纳学派的思想。20 世纪 50 年代洪谦先生在他的《哲学史简编》中，系统地介绍了西方哲学史、马克思列宁主义哲学史和中国的哲学史。同时期他还写了介绍康德星云假说、马赫归纳科学的哲学的文章。在洪先生学术生涯的后二十年，他通过翻译工作为青年学子提供了第一手的资料。洪先生是中国逻辑经验论的先驱，他在《逻辑经验主义》（主编）一书中特别介绍了20 世纪 60 年代以来的问题：语义分析、因果问题、概率性、心身问题、伦理学问题。20 世纪 50 年代以后，逻辑经验主义受到了各方面的批判，洪谦先生对此也做了回应。洪先生指出，虽然逻辑经验主义运动中心已不复存在，但它的科学观依然活跃在许多哲学派别中，同时洪谦先生也看到了维也纳学派和分析哲学的一大弱点，指出一个完整的哲学体系既应有完整的理论哲学部分也应有完整的实践哲学部分。

就洪谦本人而言，在 40 年代他已经出版了《维也纳学派》一书，到了 80 年代又编译了两卷本的《逻辑经验主义》。在这套文集中，洪谦主要编译了维也纳学派一些成员的代表作品，其问题主要包括以下几个方面：一、逻辑与语言；二、心物问题；三、哲学的语义问题；四、因果问题和概率论；五、伦理学问题。通过这些编译的作品，使我们对维也纳学派的基本思想有了大致的了解。而涂纪亮则在这一时期出版了两卷本《分析哲学及其在美国的发展》，该书是我国第一本把分析哲学作为一个流派进行研究的，是一部介绍和阐释分析哲学的诞生、成长及其在美国发展的综合性专著，对分析哲学的主要人物和流派都有专门的翔实论述。1988 年涂纪亮又相继出版了《英美语言哲学概论》和《语言哲学名著选辑》，继续他以语言的平台对英美哲学的研究。与此同时，舒炜光开启了维特根斯坦研究的先河，于 1982 年出版了《维特根斯坦哲学述评》，而后又相继出版了《科学哲学简论》和《当代西方科学哲学述评》。在《维特根斯坦哲学述评》一书中，作者把维特根斯坦的思想分为前后期，前期依照《逻辑哲学论》，后期则依照《哲学研究》，并参阅大量的研究材料，对维特根斯坦哲学思想的各种论题进行了深入的剖析和研究。

除此之外，江天骥的《当代西方科学哲学》和夏基松的《西方数学哲学》也是这一时期的重要成果。分析哲学、语言哲学以及现代科学哲学都得到了较深入的探讨。另外，美国的实用主义也得到了较为充分的研究。可能受早期国内学者对美国文化的学习与引荐，实用主义的研究取得了意想不到的成果。1979 年实用主义的奠基性著作——詹姆斯的《实用主义》翻译出版。1983 年刘放桐出版了《实用主义述评》标志着实用主义的研究走向了学术化的道路。他于 1987 年发表在《现代外国哲学》上的文章《重新评价实用主义》则主张以"实事求是的原则全面、客观地评价实用主义"，纠正以往对实用主义一些偏颇的和不正当的看法，使实用主义奠基于现实可靠的理解之基础上。这篇文章推动了对实用主义的进一步研究。1987年，新实用主义的代表人物蒯因的《从逻辑的观点看》翻译出版。这一译本推进了对实用主义研究的进一步深化。

总体来说，现代西方哲学的研究直接受制于政治思潮的影响，而后归于正常的学术研究。这种研究就存在着一个学术的传承，虽然以前存在着断裂，但还是延续了下来。当然，现代西方哲学的研究仍然处于起步阶段，没有传统哲学的研究深入广泛，但也有了初创的根基。这都为后来的进一步研究打下了坚实的基础。

四、西方马克思主义研究

顾名思义，"西方马克思主义"是马克思主义哲学的一个分支。它依赖于马克思主义哲学，是在西方哲学的视域下审视、考察马克思哲学的一种形态。这种形态，国内学者是陌生的。因为，我们对马克思主义的理解和把握一直处于苏联教科书的视域下。严格说来，人们是在对马克思哲学的研究过程中才不断地触碰到"西方马克思主义"的，那么在接受的过程中就必然要以马克思主义哲学这个"本体"为基础来审视和考察这一流派对我国当下的实践所具有的实际意义。由于我国在 80 年代的具体现状，我们对带有标号"西方"的马克思主义的接受必然是审慎的态度，甚至有一定程度的拒绝。

大体来说，改革开放 30 年来，我国学者对西方马克思主义的认识存在着一个曲折的发展过程：从一开始的反对、否定，到一定程度上的肯定，再到把其当作马克思主义的一部分，以学术化、理论化的态度去研究它，从而走上正轨。这一发展过程是与我们对马克思哲学的研究相关的，也是一个自然的认识过程。

改革开放以前，国内对西方马克思主义知之甚少，只是在 60 年代国家为了防止和反对修正主义才在一些内部的刊物上引进介绍和发表一些相关的材料。由于其目的主要用于批判，就没有一种系统化的引进，只是有选择性地翻译了一些支离的译文，比如 60 年代出版的《卢卡奇修正主义文艺论文选译》，所以对"西方马克思主义"的研究也没有形成总体的、客观的形式。国内只有少数接触这些内部材料的人才较为了解这种与正统马克思主义不同的"异类"。只有到 70 年代末 80 年代初，关于"实践是检验真理的唯一标准"的大讨论之后，我国才将西方马克思主义作为一个知识研究的对象引进过来。

西方马克思主义最初是以批判者的身份出现的。当时，以卢卡奇、葛兰西为代表的"马克思主义者"公开批判以考茨基为代表的"第二国际马克思主义"，认为他们把马克思哲学带向了庸俗唯物主义的倾向，主张弘扬主体性，诉诸理论与实践的统一，提倡一种革命的马克思主义。这就是"西方马克思主义"的由来。但由于这些批判者对自然、物质的片面性理解，再加上他们对自然辩证法、唯物主义以及经济决定论的否定使他们在一定程度上动摇了马克思哲学的本体论基础。所以，他们在一开始也受到共产国际的批判。由于受改革开放以来持续存在的"左倾"思想残余的影响，再加上西方马克思主义的卢卡奇、柯尔施、葛兰西等人对当时"第二国际马克思主义"的公开批判，使人们认为这些所谓的西方马克思主义是对马克思哲学的一种摧毁，需要进行强烈的批判。所以，西方马克思主义一开始是作为正统的马克思主义的异端而存在的。我国学界对"西方马克思主义"的最初认识也就是这种态度。确切来说，"西方马克思主义"确实有其"西方哲学"的一面，它并非完全忠实于体系化了的马克思主义这一套理论系统。他们是立足于马克思哲学对西方文化危机进行反思的思想流派。

国内最早对西方马克思主义进行研究的是徐崇温。1978 年，他已经在《国外社会科学》上发表了一篇评述"西方马克思主义"的文章。这篇文章叫《关于"西方的马克思主义"研究——流派和观点综述》。这是国内最早研究"西方马克思主义"的文章，它把"西方马克思主义"界定为关于资产阶级的修正主义，而非正统的马克思主义。1982 年徐先生接着出版了系统研究"西方马克思主义"的专著——《西方马克思主义》。这部著作也是国内第一部研究西方马克思主义的著作。延续上面那篇文章的思路，该著作系统地界定了西方马克思主义，具体体现在两个方面：一、认可西方马克思主义的积极作用，认为它是产生于西方资本主义国家的一股思潮。这股思潮延续了马克思的思路，批判西方文化和资本社会，揭露了西方人在当前的社会处境下的异化景象，这对于我们理解和思考马克思哲学有积极的借鉴作用，是马克思的重新发现。二、即便如此，这部著作仍然把西方马克思主义理解为一股极左的资本主义思潮。"'西方马克思主义'是一股左的激进主义思潮，它所反映的并不是无产阶级的马克思主义世界观，而是小资产阶级激进派的世界观，而且其中还包含有相当的无政府主义成分。"①这是徐崇温先生对西方马克思主义的定位，既有肯定，也有否定，但总体的格调还是把它理解为非正统的马克思主义，是带着资产阶级色彩的意识形态概念。

当时的国内学者大都持有与徐崇温相同的见解。他们总体上也认为，

————————

① 徐崇温：《西方马克思主义》，天津人民出版社 1982 年版，第 51—52 页。

"西方马克思主义"根本上背离了马克思主义的原意，是资产阶级唯心主义的哲学。有些学者甚至认为，这是打着马克思主义的旗号，宣扬的仍然是资产阶级的腐朽观点，是从根本上否认马克思主义，所以必须坚决加以抵制。① 国内学者认为，他们"在对马克思主义研究中，制造了许多混乱，把马克思主义变成莫衷一是的东西，其结果是从根本上否定马克思主义"。② 这种看待西方马克思主义的视角，仍然没有立足于纯粹学术的立场。虽然改革开放了，但人的思想还没有彻底转变过来，还达不到把"西方马克思主义"置于单纯学术研究的地位上。这是以并不纯粹的思想视角对"西方马克思主义"的审视，是初步接触西方马克思主义时人们的大休共识。

但是到了 80 年代后期，学者们的思想发了较大的变化。有些人不认可徐崇温的观点，认为"西方马克思主义"也可作为马克思主义的一个流派来看待。这种看法是对原先认识态度的一种否定，随着这种认识观点的出现，就形成了国内关于"西方马克思主义"的大讨论。一方是以杜章智、张本为代表的新的发展趋向，他们更倾向于从肯定性角度看待"西方马克思主义"；另一方则是以徐崇温为代表的旧式观点。在这场讨论中，杜章智首先对徐崇温的观点产生了质疑，认为我们要抱着温和的态度去看待这些有着马克思主义渊源的哲学流派，不要先入为主地就给他们扣上资产阶级腐朽思想的帽子，而应该更积极地把他们看作对马克思思想的积极的探索和有益的发展。我们要鼓励和认真对待这些不同的学派，而不是一棍子打死。因为"西方马克思主义"本身就是一个含糊、可疑的概念，我们不能以既有的框框去规范它，否则就不能如实地反映马克思主义在当代西方发展的现实，主张"除了一些明显反对马克思主义的理论以外，我们不要轻易给它们扣上非马克思主义的或反马克思主义的帽子，或其他各种

---

① 参见梁树发、黄刚：《改革开放 30 年来我国学者关于马克思主义认识的发展》，《学术研究》2009 年第 4 期。

② 刘兴：《"西方马克思主义"研究三题》，《学术界》1991 年第 6 期。

各样的标签，不妨把它们统统作为对马克思主义的探索看待。"①徐崇温反对这种看法，他认为，我们判断一种学说是不是马克思主义，主要还是要看他们是不是以马克思的观点看问题、考察事物，显然西方马克思主义不是用马克思的观点和世界观来看待和处理事情的，所以他们不是马克思主义。②另一位研究者——张本则认为，马克思主义特别强调理论联系实际，西方马克思主义也是从自己的国家体制与国情特色出发的马克思主义，是马克思主义与具体实践的结合，并没有另一种不同的马克思主义，所以他们并不是与马克思主义不同的东西，是马克思的发展。③

另外，还有一部分学者也与徐崇温持不同的意见。其中，宫敬才认为，判断一种理论在性质上是否为马克思主义是有其标准的，也就是说它是否遵从马克思恩格斯等经典著作，在此基础上做出一些新的探索，并能够经受住实践的检验。因此，"徐崇温同志把葛兰西、卢卡奇的西方马克思主义判定为'在性质上不是马克思主义'的结论是错误的。"④张翼星则把"西方马克思主义"与列宁主义进行对比分析，指出既然列宁主义是马克思主义发展中的主流，"西方马克思主义"是马克思主义发展中的支流，我们就不应当把它排除在马克思主义之外，还是应该把它当作马克思主义的不可或缺的构成部分。他反对把"西方马克思主义"简单地看作一种非马克思主义思潮，认为"马克思主义基本原理在东、西方的应用和发展，必然带有自己民族的特点。由此而出现的各种政治、哲学观点，也会形成不同的发展线索和派别。这应当看作马克思主义发展中合乎规律的历史现

---

① 见杜章智：《西方马克思主义是一个含糊的、可疑的概念》，《马克思主义研究》1988年第1期。

② 参见徐崇温：《就"西方马克思主义"问题答杜章智同志》，《马克思主义研究》1988年第3期。

③ 参见张本：《关于当代西方马克思主义的研究对象——兼与徐崇温同志商榷》，《现代哲学》1988年第2期。

④ 宫敬才：《我对徐崇温同志西方马克思主义观的几点看法》，《马克思主义研究》1989年第2期。

象。"因此，"对于'西方马克思主义'，不妨把它看作主要在西方出现的、以反传统观念为特点的探索马克思主义的各种派别，至于在不同时期、不同方面各个派别和代表人物的性质、归属和功过、是非问题，应当分别进行具体的分析和评价。"①

以上这些不同意见说明我们对"西方马克思主义"的看法变化了，这种变化使我们对"西方马克思主义"的态度更宽容了。也就是说，原先的带有意识形态的评判事物的方式逐步转入一种温和的学术态度上来了。在这个阶段，我国学者逐渐将"西方马克思主义"看作马克思主义"一源"发展中形成的"多流"中一个具体流派，尽管它可能不是主流，但也不能简单地把它看作逆流。"一源多流"说，是国内研究者在关于"西方马克思主义"性质问题的争论中形成的一种代表性看法，是关于"西方马克思主义"与马克思主义的关系的认识的一个比较大的变化。② 所以，这是一个逐步把"西方马克思主义"作为一个真正学术的对象和团体去考察的发展过程，在这一过程中指出他们对马克思的思想有哪些继承和发展，又有哪些不足的学术态度。这些都是我们理解和学习马克思的思想所必不可少的。

五、东方哲学研究

东方哲学主要包括印度哲学、日韩哲学以及伊斯兰阿拉伯哲学。它们都有着自己悠久的历史传统。这些传统有的有其自立性，有的则依赖于中国文化。但就哲学的内在精神及其表现形式来说，东方哲学（假如可以称之为哲学的话）是与西方哲学，甚至与马克思主义哲学有着根本不同的文化和思想形式（伊斯兰阿拉伯哲学除外）。印度哲学与中国哲学同源，日韩哲学则根本上来源于中国和印度哲学，尤其来源于中国哲学，它们是同一个文化共同圈。只有伊斯兰阿拉伯哲学属于西方的传统，只是由于地缘

---

① 张翼星：《怎样分析"西方马克思主义"的性质》，《中州学刊》1989 年第 2 期。
② 参见梁树发、黄刚：《改革开放 30 年来我国学者关于马克思主义认识的发展——从"西方马克思主义"与马克思主义关系的认识谈起》，《学术研究》2009 年第 4 期。

关系，我们才把它与印度哲学、日韩哲学放在一起进行讨论。

由于文化内涵上的共通性，再加上中国文化与印度文化源远流长，我们对"东方哲学"就不陌生，一直保持着联系。其实，对"东方哲学"的翻译和研究在公元前后已经开始。后来，佛学甚至成为了中国民族文化的一部分。所以，在后来中国哲学和文化的发展过程中，也吸收了大量的"东方哲学"尤其是印度佛学的因素，从而使佛学成为了对中国社会有广泛影响的一门宗教派别和学术研究的对象。应该说，对东方哲学的研究已经保持了几千年，只是到了近代，由于我国特殊的政治原因使这种研究中断。即便如此，在新中国成立前，我国已经有大批的熟稔东方哲学的大家，比如梁漱溟、汤用彤、吕澂等。新中国成立后，对东方哲学的研究发生了变化，人们自觉地在马克思哲学的指导下从事这种研究。所以，关于东方哲学研究的基本特征反而是平静的、自然的，它虽然受制于时代的影响，但重新捡起这项任务却非常的自然，并没有什么违和感。所以，对东方哲学的研究并没有激起什么波澜，仅靠一种文化传统的维系以及对周围文化的关注便使它走向了正统的学术之路。

"文革"前，北京大学哲学系于1958年创办了东方哲学教研室，开设日本、印度、阿拉伯哲学史等课程。1964年东方哲学教研室并入中国社会科学院宗教所。全国有一两所大学开设东方哲学专业。"文革"十年动乱中，东方哲学与其他学科一样，教学、科研工作均陷于中断，只有到了十一届三中全会之后才恢复起来。1983年中国社会科学院创建了"东方哲学教研室"，1986年北京大学重建了东方哲学教研室，此外还有一些教学和科研单位，比如四川大学哲学系、山东大学哲学研究中心以及延边大学朝鲜问题研究所等，按照各自的情况把东方哲学的一到两个分支和专业列为自己的研究对象。1985年，中国社会科学院哲学研究所和延边大学朝鲜问题研究所合办了《东方哲学研究》刊物，专供研究东方哲学的学者发表研究成果。这些基础性的硬件设施为进一步的学术研究提供了保障。

就学术研究来说，由于80年代的东方哲学研究步入了正轨，各研究领域的学术成果也相继出现。又由于从古至今的一贯的传统，我国学者对印度哲学的关注一直很有热情。从宏观的角度来说，黄心川于 1989 年出版的《印度哲学史》是新中国成立后我国的第一部专门论述印度哲学的通史。该书从印度的古代、中世纪到近代一气贯通，使人们对印度哲学有一个全貌，对各个学派和哲学思想也作了较为详尽的评述。就哲学断代史的研究来说，金克木的《印度文化论集》和《比较文化论集》，徐梵澄所译《五十奥义书》，都是对印度中古时期研究的文献。金克木的两部文集中对《梨俱吠陀》中一些具有哲理意义的诗歌进行了译解，对其中的神秘主义思想的分析尤为精辟。徐梵澄的《五十奥义书》，用语典雅，内涵丰富，功底深厚，几得其中韵味。

关于印度佛学的较深入的研究，首推沈剑英的《因明学研究》。该书 1985 年由东方出版中心出版，是一部关于印度古典逻辑的研究专著。它以佛教逻辑为主体，详细介绍了陈那所开创的新因明，兼及印度正理论等哲学派别的逻辑体系。本书还详细阐述了唐玄奘及其弟子窥基、文轨、神泰等大师传述和发展因明学的杰出贡献，认为正是由于玄奘及其弟子的贡献，使我国在因明学的研究上曾一度领先，从而成为因明学的第二故乡。其论述深入，旁征博引。著者不泥古说，在许多重要问题上提出了自己的见解，既充分吸收前人的研究成果，又敢于指出前人的不足之处，在学术上采取了实事求是的态度，为哲学史、逻辑史、佛学等研究工作者提供了重要的参考资料。法尊编译的《集量论略解》也是其体现。《集量论》是古代印度的因名家、佛教大师陈那的代表作，是唯识学的重要著作之一。法尊研究藏文佛典 50 多年，是声名卓著的佛教专家，本书依据德格版的持财护与雅玛参贾译本，并参照北京版的金凯与信慧译本，对两种藏译文进行了考证、辨析。在书中，法尊对陈那的释文详加解释，并参照《因明正理门论》等汉文佛典，随处附注，对于国人学习研究《集量论》这部艰深晦涩的著作起到了重要的作用。

关于印度现代哲学的研究，黄心川的《印度近代哲学家辨喜研究》和

《印度近现代哲学》则是对印度近代哲学史的集中概括。前者论述印度哲学家辨喜的生活与思想，后者对印度近现代哲学进行了综述。徐梵澄则翻译了奥罗宾多的《神圣人生论》和《瑜伽论》等，这些都是这一时期对印度哲学的研究和翻译的重要成果。

日韩哲学虽然源于中国，但随着历史的进展以及本民族的发展，这些本属中国的哲学形式都会本土化，会与当地的精神形式结合起来，并孕育出新的理论系统。所以，我们要研究日韩哲学，尤其是近代以来，日本经济、文化高速发展，吸收了大量的西方文化，而我国对西方文化的引进就是以日本为中介的。同时，对日韩哲学的研究也能反观中国传统文化的发展限度和力度，有助于相互借鉴，更有利于研究中国哲学。

改革开放以后，国内一些学者研究了日本和韩国哲学。王守华、卞崇道的《日本哲学史教程》是一部集中研究日本哲学的通史，填补了国内相关研究领域的空白。金熙德的《日本近代哲学史纲》也是一本研究日本哲学史的著作。这些著作有了新的视角，它们充分运用了马克思主义的观点，坚持历史唯物主义的原则，论述日本哲学的发展线索和具体特点，史料翔实、材料丰富，而且每部著作都有自己的独到之处，如《日本哲学史教程》所指出的，日本哲学表现出的移植的特点、融合创造的特点、中间类型的特点等，是日本哲学既不同于西方哲学、又不同于东方其他哲学的独自特征。总之，这些研究反映了国内外日本哲学研究的现状。在日本哲学界，西田几多郎具有举足轻重的地位，他开创了日本的京都学派。国内学者对西田的思想也有研究，且也有阐述京都学派哲学的著作问世。刘及辰先生继《西田哲学》之后，从70年代开始又对以西田为代表的京都学派哲学展开研究，著成其第二部专论《京都学派哲学》。作者对京都学派哲学的形成、演变、基本性质及其社会功能，进行了客观历史的分析和科学的评价。

国内对于韩国哲学研究是在80年代末起步的，在90年代才形成高潮，但大体的研究方向已经确定了。主要体现在两个方面：一是对韩国性理学的关注，主要包括李退溪的理学思想、心性思想等，李栗谷、齐高升、南冥等人的性理学思想也有较为深入的研究。韩国哲学受宋明理学影响较重，这些哲学家都是中国哲学，尤其是宋明理学在韩国、朝鲜的继续发展、延伸，他们成为了中国哲学的分支。还有韩国的阳明学，也是我们关注的重点。二是对中韩哲学的比较研究。因为韩国哲学根本上来源于中国传统哲学，同时又有自己的独特文化成分。那么它在吸收借鉴中国古代哲学的基础上，在韩国本土发展出来的哲学文化又与中国的传统文化有什么实质性的区别呢？所以，这种比较研究盛行起来。以前，学术界将韩国哲学单纯地视为中国哲学的移植、延伸，现在通过对中韩哲学的比较、分析，这种偏见得到了纠正。另外，通过中韩朱子学、中韩气学、中韩阳明学的比较研究，中国学者认识到中韩哲学有着各自不同的内涵和基本特点，它们具有不同的理论价值。但正如上文所言，80年代对韩国哲学研究并没有出现实质性的学术成果，只是从大体上制定学术方向，但这已经迈出了学术上重要一步了。

国内学界对阿拉伯哲学的研究是在90年代以后才起步的，只有在解放前的较早时期翻译过几本相关的哲学史，比如马坚先生译的荷兰学者第·博尔的《伊斯兰哲学史》和埃及学者穆罕默德·阿布笃的《回教哲学史》。在解放后一直到90年代初，我国关于阿拉伯哲学的研究尚属空白。

从上述不难看出，我国关于东方哲学的研究呈现出不同的层次：由于日韩受中国传统文化影响较大，关于它们的哲学研究较早、较为深入，而且有大量的比较研究，阿拉伯世界与我们的文化传承根本上有较大的距离，研究起步也较晚，还没有成形的系统研究。但总体来说，它们也与西方哲学的研究同步，进一步展开了。这为后来的繁荣和发展奠定了基础。

第四章 | 20世纪80年代的中国哲学研究

一、中国哲学研究的方法论问题

中国哲学是本民族自己的哲学，有其自己的学术理路和研究方法。中国古代早已有对哲学史的研究，古人称之为"学案"，比如黄宗羲所开创的《宋元学案》《明儒学案》等。这都是古人写的哲学史。因为中国哲学不像西方哲学那样是以体系化的、概念化的方式展开的，它以质料为载体，以境域化和时机化的方式扩展开来，也就是说，每一个思想形式都以哲学家的个体经历、日常体验为载体表现出来。"学案"的方式以哲学家"行状"的考古学和思想的形式之学的有机结合，恰当地把中国哲学史的内在机理呈现出来了。可见，古人写的哲学史是很自然地就符合中国哲学发展的内在实情的。可惜，时代的转换使我们远离了这种写作方式，我们已经不能真正地像古人那么思考了，也无法那样从事写作了。

随着时代的变化，西方文化涌入了中国，西方哲学特别注重方法论问题。这些方法必然会被运用于中国哲学的分析和研究。在新中国成立前，一些老一辈的专家学者就开始用西方的方法来研究中国哲学。他们都有过留学经历，受西方哲学影响甚重，就积极地运用西方的哲学的方法来研究中国哲学，写"中国哲学史"。比如胡适的《中国哲学史大纲》，冯友兰的《中国哲学史》等。胡适的《中国哲学史大纲》，蔡元培在为它写的"序"

中作了比较公允的评价，肯定它四点意义：一、证明的方法；二、扼要的手段；三、平等的眼光；四、系统的研究。其中第三点"平等的眼光"最重要，肯定它突破了中国封建时代定儒学为一尊的传统观念，对孔、老、墨平等看待，把他们都看作是古代哲学家，都肯定其长处，批评其缺失。这是封建时代的学术史著作做不到的。① 在胡适之后，第二个用现代西方的观念写"中国哲学史"的是冯友兰。冯友兰先在北京大学学中国哲学，后留学美国，接受了西方的新实在论哲学。其《中国哲学史》就是运用了新实在论的观点写的一部中国哲学通史。这部著作在西方影响比较大。除此上述二者之外，还有钟泰的《中国哲学史》、范寿康的《中国哲学史通论》等。这些著作都不如胡适、冯友兰的哲学史影响大。我们不评论这些研究方法是否适合中国哲学，但按照时代的要求来说，它们是有其积极意义的。

新中国成立后到改革开放之前这段时期，我国哲学的研究，包括其他一些哲学的二级学科基本上都是建立在日丹诺夫的对哲学史的定义基础上的。这套模式的特征就是以唯物和唯心、辩证法与形而上学为二元区分去界定一切哲学的研究。它受苏联模式的影响，主张一切服务于政治、等同于政治、消融于政治，导致中国哲学的研究也走上了政治化、简单化、庸俗化的道路。正如有些学者所言，这种做法"将其提高到政治斗争的层面分析，认为'唯物主义必然进步，唯心主义必然反动'，'要以阶级斗争为纲研究和学习中国哲学史'，从而使中国哲学的研究单调沉闷、枯燥无味，甚至出现了不少令人扼腕长叹的悲剧、啼笑皆非的闹剧，就中国哲学史来说，这种研究方式已经完全脱离了古代的传统，以一种具有意识形态定位的方式去裁割一切哲学研究，把所有哲学都归拢在一套模式中了。"② 这套

---

① 参见方克立：《二十世纪中国哲学研究的回顾和展望》，《中国社会科学院研究生院学报》1996年第5期。

② 参见李宗桂：《二十世纪中国哲学研究的审视和新世纪的展望（上）》，《学术界》2002年第1期。

模式对五六十年代的中国哲学产生了较大的消极影响。这不利于中国哲学史研究的深入和学科的健康发展。

进入 80 年代以后，中国哲学的研究出现了新局面。其前奏是 1979 年在山西太原举行的"中国哲学史学会"的重要会议。这次会议于 10 月 10 日至 17 日举行。出席这次讨论会的有来自全国 28 个省、市、自治区单位的 171 名代表。这是新中国成立 30 年来，中国哲学史界的空前盛会。这次大会对中国哲学史中的方法论展开了大讨论。具体讨论了中国哲学史的对象、特点和范围问题；哲学遗产的批判继承问题；哲学史研究与政治的关系问题等。就第一个问题来说，有人认为，把哲学史概括为唯物主义及其世界观的发展和演化，并在唯物主义和唯心主义的对立中来考察哲学发展的历史，有其片面性。它忽视了唯心主义与唯物主义之间具有的同一性，忽视了辩证法与形而上学的矛盾发展史，否定了唯心主义在历史上的作用、地位等。如果把这种观点拿来套用中国哲学，很容易绝对化，以削足适履的方式把中国哲学史裁割成僵化固执的二元对立。这些同志认为，哲学史的定义应是：哲学史是人类对自然界、社会和人类思维的运动的一般规律的认识史，是关于这种认识发展规律的科学。① 有人则认为，把哲学理解为人对自然界、社会和人类思维运动的一般规律的认识，有如下缺陷：一、这种理解方式无法表露出哲学史研究对象的矛盾特性；二、它不符合哲学的党性原则。总之，上述理解会丧失马克思主义哲学的战斗性，与资产阶级哲学的界限区分不清了。不难看出，即便在这次会议上，人们的观念并没有完全转变过来，仍然受苏联教科书关于"唯物"与"唯心"的影响。但不论如何，这次会议已使人们的思维发生了转变，意识到了这种教科书模式给中国哲学研究带来的弊端。

除此之外，与会学者还讨论了对传统哲学遗产的继承问题。有人认为，哲学概念包含有阶级意义与理论意义两个方面。光以阶级分析法去处

---

① 参见张智彦的报道：《中国哲学史讨论会在太原举行》。

理问题还不够，还要进行理论上的分析，从纯学理上探讨对传统的继承问题。有些学者认为唯心主义也能起到一定的历史作用，不能简单武断地把其一概否定掉。在哲学与政治的关系问题上，有人认为，哲学必须独立于政治，要保持自身的独立；有人则认为，中国哲学向来都没有与政治分离开来，它主张"内圣外王""学而优则仕"，根本无法把哲学与政治彻底分开。这些问题基本上都是围绕着方法论展开的。这需要人们先对流行将近三十年的"对子论（唯物对唯心、辩证法对形而上学）"进行反思。通过这种反思，人们达成共识：中国哲学并非那种"对子论"式的两军对垒，需要以方法论变更的方式重新确立中国哲学的研究模式。

针对这种方法进行反思和批判，首先做出方法论变革的就是武汉大学的萧萐父和李锦全的《中国哲学史》所坚持的"圆圈论"的观点。"圆圈论"者认为，哲学史就是人类认识的发展史，其中掺杂着矛盾和曲折的发展，但最终以圆圈的形式表现出来。中国哲学史应该去认识"中国哲学的历史发展中的圆圈"，而不是总把它们固定在唯物、唯心这些思维的固有模式上。"圆圈论"的思路和德国古典哲学家黑格尔的哲学史观点很相像，但是它却没有像黑格尔那样把历史理解为"绝对精神"实现自身的历史，而是在历史的自在发展基础上考察中国哲学史所呈现出的发展态势。"圆圈论"虽然未必为所有人认同，固然也有其缺陷，但在当时对于"对子论"和"阶级斗争说"的匡正起到了重要的作用。这对于中国哲学史的进一步研究是不可或缺的。

随着这股方法论转变的思潮，也有相应的成果问世。首先是太原会议所集结的论文集《中国哲学史方法论讨论集》的出版；其次是萧萐父和陈修斋合编的《哲学史方法论研究》，这是一本中西方法论合集。改革开放以来，武汉大学哲学系由陈修斋、杨祖陶为首的外国哲学史教研室和萧萐父、李德永、唐明邦主持的中国哲学史教研室一起开了一门课，一起来切磋、讨论，这门课就是哲学史方法论。这部合编的著作就是这种共同合作的结果。以中西对比的方式探讨哲学的方法更有助于揭示"对子论"的缺陷，也能为中国哲学自己的方法思考提供有益的借鉴。除此之外，尤其需要提到的是北京大学哲学系教授张岱年的方法论研究专著《中国哲学史方法论发凡》。这本书是继中国哲学史方法论大讨论之后有针对性地思考的成果，书中对阶级分析法、唯物主义和唯心主义对立的路线以及辩证法和形而上学对立思路都进行了批判性的检讨。在此基础上，作者提出了理论分析法、历史与逻辑相统一的方法以及如何继承传统文化的遗产问题。这些问题都具有明显的针对性，但尤为可贵的是作者特别把史料整理作为中国哲学研究的一个重要的方法，从调查与鉴别、校勘、训诂、考证及诠次等几个方面进行了系统的论述。这是对传统文化之研究方法的一种回应。因为中国哲学有其独特的性质，它与西方哲学那种注重逻辑分析，主张方法先行的"形式之学"有区别，所以方法问题并不是中国哲学的首要问题。那么，我们就应该更重视质料或材料层面的考证、研究，或许这种注重质料的鉴别、校勘、训诂、考证的方式正是中国哲学研究的最重要的方法。对材料的重视并不是忽略思想，是从质料里开启出思想，而不是先行地把某某方法强加于中国哲学上面。所以，张岱年这一著作对当时中国哲学研究之方法论的变革起到了奠基性的作用。

另外，随着80年代中期大量的西方学术思潮被介绍到国内来，再加上国内学术领域对中国哲学研究方法论更新的呼声日益高涨，有些学者试图用西方哲学的先进方法从事中国哲学的相关研究。这些方法不同于"对子说"，也不同于理论分析或者那些历史与逻辑的统一，而是现代科学领域的一些前卫的新型方法。这是一种有益的尝试。任何有创新意识的学术工作者也能意识到，这些方法虽然不一定就是研究中国哲学最适当的方法，但是能够使中国哲学的研究出现一种闪光，有一种新气象。其中，比较有代表性的有李泽厚发表在《中国社会科学》上的论文《秦汉思想简议》。这篇文章是作者运用系统论的方法对中国古代思想进行的创造性研究，在当时是发人深省的。年轻学者李宗桂的《相似理论、协同学与董仲舒的哲学方法》一文就是以相似理论、协同学方法与董仲舒的哲学方法进行对比，对问题进行的新探讨。这些新兴的思想方法就像雨后春笋一样，既给人以新鲜的感觉，又以花样繁多的方式被引进国内关于中国哲学的研究。文化人类学的方法、耗散结构理论、信息论、语言学的方法、系统论等都被一同受到了关注，呈现出一派欣欣向荣的景象。

纵观中国哲学方法论的发展史，我们能够看到：任何哲学和文化形式都有自己产生的内在基础，这决定了这一民族的文化形式所具有的独特性。中国哲学乃"质料之学"，最好的处理方法仍然是古人（如黄宗羲）的处理方式。它结合哲人的生平、行状，考察其谱系、追求其渊源，在日用常行间把思想凸显出来。但现如今时代已经变了，西方哲学涌入了中国。我们不可能不面对这种文化上的冲突。最直接的体现就是用西方哲学的方法来理解和把握中国哲学。可以说，自黄宗羲之后，中国人在现代性的发展过程中一直都是以西方的思维方式来审视中国哲学的。这种审视经历了胡适、冯友兰以前教科书的西方哲学的方法，到苏联教科书横扫一切的时代，最后到反思这种教科书的二元模式，积极地以其他的方法来考察中国哲学，有借助于黑格尔哲学的"圆圈式"方法，有用西方最新的科学发展成果比如结构主义、相似理论等方法。这个发展是一个逐步趋向于合理的路子。但总归来说，这些方法仍然是西方的，它到底能不能真正切实地适用于中国哲学，还存在着疑问。但我们也必须充分地意识到，我们不可能再回到古人所处的时代了。必须结合西方的文化形式，以创造性的方式形成一种综合的文化结构，才能把中国哲学的研究以更切实的方式发展下去。我们既不能完全去坚守中国古代的方法，也不能照搬西方的方法，而是中西结合，创造性地发展出自己的思路来。

二、中国哲学的范畴研究与史料整理

方法论的转变要求人们以新的视角重新审视哲学的发展过程。既然要突破"对子论"、阶级分析法这些颇具意识形态性质的看待哲学史的方法，那么从哲学史的事实本身出发去理解和把握哲学史就是一个自然而然的结果。我们在把握世界时需要用逻辑的形式去掌握、覆盖所要把握的内容，范畴就是这种逻辑的"网上纽结"。所以，通过对哲学史中的范畴和概念的考察来掌握哲学史是符合事情本身的一种做法。这种做法既非用某种相应的方法去统摄哲学史，也不是使哲学史的研究保持在完全的"质料"之中，而是出于哲学本身的一种考察。这是中国哲学的"形式之学"，是哲学研究的自然结果。鉴于此，有学者已经倡导要开展关于中国哲学史的范畴和概念的研究了。

1981年，北京大学哲学系教授汤一介在《中国社会科学》发表论文《论中国传统哲学范畴体系的诸问题》。这篇论文开启了关于中国哲学范畴研究的先河。这篇文章指出，探索中国传统哲学的范畴体系是研究中国哲学史的重要任务，它是揭示中国传统哲学发展的规律及其特点和发展水平的根本途径。所以，要构建中国哲学研究的范畴体系。这些范畴体系又必须对概念、范畴的涵义作科学的分析，要看到概念、范畴涵义的发展和其间的相互联系，此外，还要对范畴是否构成范畴体系的标准以及是否反映中国传统哲学的特点和水平等问题进行探讨。这篇文章引起了学界的广泛关注。

1983年11月，我国学者在西安举行了全国性的"中国哲学范畴讨论会"。这次讨论会是对这一问题的进一步深化。张岱年、王明、冯契、汤一介、方立天、方克立、杜维明教授等七十余人参加了会议。会议着重讨论了三个问题：一、研究中国哲学范畴的意义；二、分析了中国哲学范畴的特点；三、以什么样的方法去研究中国哲学的范畴。与会者也对一些基本范畴的涵义及其历史演变，对中国哲学的范畴研究进行了回顾和展望，指出了进一步研究的方向。就范畴研究的意义来说，与会者一致认为，范畴乃是人类认识世界的"网上纽结"，研究中国哲学的范畴，把握中国哲学范畴发生、发展及演变规律，不仅有助于把握中国哲学的发展规律，而且有助于总结理论思维发展的经验教训，锻炼思维能力，有助于丰富和发展马克思主义哲学，充实辩证唯物主义、历史唯物主义的范畴体系。① 那么，中国哲学范畴的特点是什么呢？中国古代哲学范畴至少有三个显著的特点：（一）历史性。每个基本范畴都有一个在历史上发生、发展和演变的过程，它的意义不是固定不变的。它有较强的时间性维度。（二）双重性或学派性。同一个哲学范畴，在其历史发展过程中，不同的学派对它有不同的解释。比如天道，道家对它的解释和儒家对它的解释便存在巨大的差别。（三）综合性或融贯性。中国古代哲学的特点是宇宙哲学和道德哲学、认识方法和修养方法紧密结合，这个特点也表现在哲学范畴上，使之具有了多义性和融贯性。针对范畴的这些特点，与会者也一致认可用逻辑与历史相统一的原则来研究中国哲学的范畴。也就是说，范畴本属逻辑层面的东西，它必须与历史和现实相一致，而不能脱离历史和现实成为虚构和抽象的东西。总体来说，这次会议有非常重大的意义。它使中国哲学的研究更注重事情本身了，但明显也能看出，人们的视野仍然没有脱离马克思哲学的二元对立模式。这只能依赖于以后的时代发展了。会后出版了论文集《中国哲学范畴集》。

这次会议之后，张立文出版了研究中国哲学范畴的专著：《中国哲学范畴发展史（天道篇）》。这部专著，是中国哲学范畴研究的力作，也是对中国哲学范畴发展史的系统总结。该书有两个显著的特点：一、全面地分析了中国哲学范畴系统及其发展特点。作者指出，中国哲学从先秦到五四时期，确已构筑了一个相互联系的整体哲学范畴系统。这个范畴系统，分为天道与人道两大支系。中国哲学的范畴系统，是中华民族在认识客观世界的过程中形成的纽结通过一定方式组合而成的范畴体系，是中华民族理论思维能力不断提高、成熟的标志。二、这部著作深刻揭示了中国哲学范畴的内涵及其发展规律。对于每一个重要哲学范畴，作者首先从文字学、语义学的角度，追源溯流，揭示其从形成雏形，到变化发展的历史过程，进而揭示其在各个阶段的主要涵义，从中归纳出其基本的内涵，最后揭示

---

① 参见韩强、周可真：《中国哲学范畴讨论会在西安举行》的报道。

出它如何向其他范畴转化的规律。①

与此相应，葛荣晋出版了《中国哲学范畴史》一书。该书严格以马克思主义思想为指导，系统地研究、阐述中国哲学的范畴。众所周知，宋代陈淳的《北溪字义》，清代戴震的《孟子字义疏证》也做出过这方面的工作，但葛荣晋的这本著作却是在马克思主义思想的指导下进行的范畴考证。这是符合时代精神的。除此之外，张岱年也出版了《中国古典哲学概念范畴要论》，蒙培元出版了《理学范畴系统》，张立文还出版了《中国哲学逻辑结构论》，使关于范畴的探讨蔚然成风，一时之间成了规模。

这场关于中国哲学史范畴系统的讨论开阔了学术视野，拓宽了研究的范围，加深了我们对中国传统哲学的理解。也使 80 年代对日丹诺夫提出的"苏联模式"的突破有更深层次的巩固。尤为可贵的是，关于中国哲学范畴问题的研究，也进一步清理了 50 年代以来学术政治化、以政治代替学术的思路，使中国哲学的研究能够有自己的独立性，使学术研究遵从自己的内在要求，发现自己的逻辑和学术系统，而不是沦为一种外在的工具。所以，这场探讨是学术人格的独立，也是知识分子主体意识的觉醒。同时，这种探讨也是中国哲学史研究方法论的深化，是方法论讨论的逻辑成果。但是，值得注意的一点是，有些研究者对范畴的理解还存在着缺陷，他们没有把范畴把握为一个有机发展的整体，在较大程度上从孤立、僵化的角度来看待范畴，从而窒息了范畴发展的生机。不少论者随意地抓取一些任意的范畴就简单地加以极端化，单独强调某一范畴的完善性，就像海边捡贝壳的孩子一样，没有一个整体上的鉴别和谋划。这个弱点，张岱年先生在 1983 年于西安举行的中国哲学范畴讨论会上已经当场指出。所以，中国哲学的"形式之学"必须要以马克思主义思想为指导，以理论符合实际、逻辑与历史相统一的原则展开，而不能独断任意、脱离历史发

---

① 孙铭：《中国哲学范畴发展的系统总结——评〈中国哲学范畴发展史（天道篇）〉》，《学术论坛》1990 年第 2 期。

展的实际，仅靠个人主观的臆测去构造范畴。如此一来，我们才能掌握中国哲学发展的精神实质，才能窥见其内在的基本特征。

与范畴论携手并进的就是史料的整理研究。一般来说，范畴事关事物发展的形式层面，而史料整理则是事物的质料层面。这两方面是一体的，是事物发展展现出来的两个不同层面，只有形式与质料的统一才是一个完整的事物。所以，在我们对中国哲学史进行形式探讨的过程中，也要求做质料的探讨。那么，史料的整理就是情理之中的了。我们上文也说过，中国哲学史的研究方法应该是"学案"的方式。这种方式把哲学家的思想（形式之学）与其"行状"、谱系的考察结合在一起，以形式与质料相结合的方式呈现出了哲学家的全貌。现如今，中国哲学史的范畴探讨就在于通过思想系统的考察呈现出其中的形式之学，但这种形式的考察绝不能脱离质料。而以理论和文本的方式表现出来的质料就是史料，所以，史料的整理在中国哲学的研究中就尤为重要。西方哲学重逻辑、思想，质料之学就不是那么重要，然而中国哲学却是在质料和肉体之中生长出来的学问。所以，它必须把史料层面作为基础清理出来。作为中国文化源头的经典文本《周易》，就包含着形式之学与质料之学两个层面：义理乃是它的形式运演，占卜乃是它的质料层面。由于形式和逻辑较突出的发展，使人们对质料尤为重视，西方历史学中的"年鉴学派"等都是质料抬头的一种体现。在中国哲学的研究中，就更不能缺少这一层面了。

中国哲学的史料之学在古代也有几次大的发展，比如汉代是一个大的时期，清代又是一个大的时期。所以，我们一直有这方面的传统。只是近代以来受西方哲学影响太重，忽略了这方面的研究。在史料整理方面，较之"文革"以前，这一时期有了长足的进步。北京大学哲学系中国哲学教研室整理出《中国哲学史教学参考资料（上、下）》一书，它有以下几个特点：一、选文以历史上有代表性和影响大的哲学家或流派的著作为主，突出哲学思想资料，其他方面则从略。二、选文一方面注意各哲学家或流派的主要观点，同时也照顾到能反映出其体系的全貌。三、选文尽量保持其完整性，篇幅不长而重要者，选录全文，篇幅过长者则适当节选。四、选文全部都作了简明的注释。这部参考资料影响了一代又一代学人，成为了人们学习中国哲学的必备书目。另外，方克立等人整理出《中国哲学史论文索引》。中国社会科学院哲学研究所编辑出版了《中国哲学年鉴》，从1982 年开始，每年出版一本，直到如今。这些材料的整理都有着非常重要的作用。与此相一致的，辞书编纂工作也取得了较大的成就。比如张岱年主编的《中国大百科全书·中国哲学史》，冯契主编的《哲学大辞典·中国哲学史卷》，赵吉惠主编的《中国儒学辞典》等。这些辞书作为资料的大汇总也已经成为了广大学人学习研读中国哲学的必备参考资料。

除了这些方面，关于史料的研究也开展出来。不少学者出版了史料研究的相关著作。继冯友兰的《中国哲学史史料学初稿》之后，张岱年出版了《中国哲学史史料学》。张岱年先生的这部著作，以人物为经，以著作为纬，全面、透彻地做出了中国哲学史的资料爬梳剔抉工作。但"史料学"既然是一门学问，它就与单纯的资料整理有所不同，它必须有相应的方法，过去有目录、辨伪、校勘、训诂等学问，人们往往统称之为考据之学，"史料学"当然要吸收考据学的成果和某些方法，但不能把"史料学"的任务就归结为史料的考订和鉴别。它带有自己的方法论。总之，史料学已经超出了单纯的资料汇编，试图在质料的基础上开启出一些哲学的形式。除了张岱年的《史料学》，还有刘建国的《中国哲学史史料学概论》。与此同时，国内几乎所有招收中国哲学硕士生、博士生的大学，都给硕士生、博士生开设了史料学和方法论两门课程，使学生在文献上打好基础，以便为中国哲学的研究提供更好的支撑。这些资料、史料的研究和整理就和范畴的研究合而为一了，成为了中国哲学研究的必要形式。

三、中国哲学的通史研究与断代史研究

在这一时期，对哲学史的研究除了上述的总体方法，还有对哲学史本身的研究。在一本哲学史的写作中，首先会有指导方法的问题，但同样也

有哲学史本身衍生出来的问题。这一问题就是：如何才能合理地在文化和思想的范围内保持住哲学史自己的领地，以便在从事哲学史工作的同时不与文化史和思想史相混淆？这就涉及对哲学史之领地的界定问题，也是从事哲学工作的学者们需要面对的问题。西方的大哲——康德在从事理性的批判工作时要求哲学的每一个部分都应该有其自己的领地，它们不应该僭越自己的领地，以免产生理性的幻相。所以，哲学应该划清界限，保持在自己的界限之内。哲学史的专题研究面临的几乎也是同样的问题：它要在与其他理论、文化或精神表现形式的对照中保持着自己的界限。这是哲学史研究的分内之事。所以，随着中国哲学研究范围的进一步扩大和深入，关于中国哲学史和思想史之关系的辨析也就成为了顺理成章的事。

1983 年 11 月，在西安举行了首届全国中国思想史学术讨论会。会议的一个重要议题，便是哲学史和思想史的关系问题。配合这次讨论，《哲学研究》1983 年第 10 期发表了一组文章。它们分别是汤一介的《中国哲学史与中国思想史》、张岂之的《试论思想史与哲学史的相互关系》和周继旨的《关于中国哲学史研究对象、范围的"纯化"与"泛化"问题》。这三篇文章旨在探讨哲学史与思想史的关系：哲学史研究的基本内容是什么？思想史是不是一门独立的学科？哲学史与思想史有什么联系与区别？如何正确解决这些问题，关系到哲学史与思想史研究的深入和发展。为了开创中国哲学史与思想史研究的新局面，哲学史与思想史研究工作者迫切要求对这些问题进行深入的研究。

在这次会议闭幕式上，李锦全作了《试论思想史与哲学史的联系和区别》的专题报告。这篇报告在《哲学研究》1984 年第 4 期全文发表。这篇文章的重点就是要把哲学史的研究对象和思想史的研究对象区分开来，认为思想史是历史进程中思想流变的发展规律，而哲学史则是理论思维发展的内在逻辑。总体来说，这次会议大致形成了一个基本的认识：哲学史、思想史和文化史是三个相互联系的概念和领域，就范围而言，文化史最大，思想史次之，哲学史最小。这次会议的讨论，对于中国哲学研究的"纯化"具有积极的意义。"此后，涌现了一批关于中国哲学理论思维特点、中国哲学发展路径、中国哲学的哲理化进程、中国哲学的体系等内容的论著，丰富了中国哲学研究的百花园，进一步突破了哲学史研究的'苏联模式'，进一步在学理上清理了'极左'思潮对中国哲学研究的危害。"① 这其中就有任继愈主编的多卷本《中国哲学发展史》和冯契的《中国古代哲学的逻辑进程》。这都属于哲学史研究的"纯化"工作，而冯友兰的《中国哲学史新编》则是哲学史研究比较"泛化"的一种体现。与此相关，也有一些哲学史范围内的"思潮研究"。这些研究也在触碰着"纯化"和"泛化"的问题。比如北京大学的汤一介教授，他的《郭象与魏晋玄学》就是紧扣哲学家与社会思潮、学术思潮的关系，对哲学家与学术思潮的互动作了详细的阐释。而杨国荣的《王学通论》，萧萐父、许苏民的《明清启蒙学术流变》，则从不同的角度和历史时期，对学术思潮、社会思潮与哲学思想发展的内在关系，作了进一步的探讨。这种情况，应该说是哲学史研究"泛化"的表现。

　　哲学史的"纯化"和"泛化"是在对比中对哲学史研究领域的界定，是一种在外在的各个学科之间的衡量、对比把握中进行的区分和界定。这属于哲学与其之外的学科之间的关联问题。与此相一致的还有对哲学史本身的内在区分和界定，这就是哲学史研究中的通史和断代史。在中国哲学的通史研究方面，代表性的著作有冯友兰的《中国哲学史新编》。这套大部头的哲学史出版后引起了国内外学界的广泛关注。因为这套《新编》是冯先生在原先所写的《中国哲学史》（上下）基础上进行的修订、改编。原先所写的《中国哲学史》是按照理性主义、理学视角，受西方新实在论哲学影响较重，后来新出的这套《中国哲学史新编》则是按照马克思主义

---

① 　李宗桂：《二十世纪中国哲学研究的审视和新世纪的展望（上）》，《学术界》2002 年第
　　1 期。

的视角重新进行的创作。这部书出版之后，评价颇为不同。但不可否认，就冯友兰20世纪后20年的研究成就而言，他对于中国哲学的民族化和现代化做出了积极的贡献。

另有任继愈主编的《中国哲学发展史》，这套书把中国哲学史看作中华民族的认识史，注重中国哲学发展的轮廓和轨迹的描述和阐析，阐发了一系列独到的见解，对于中国哲学的研究，具有重要的价值。还有冯契的《中国古代哲学的逻辑发展》，这部书是一部富有独创精神的学术专著。该书关于哲学史的研究方法和中国古代哲学思维历史发展的逻辑演变的论证，令人耳目一新。该书的重要特点是对中国传统哲学特有智慧的深层发掘。最后还有萧萐父、李锦全主编的《中国哲学史》。这部哲学史力图摆脱哲学作为"一堆知识的聚集"，而是呈现为"发展中的系统"，准确地把握哲学史的研究对象，遵照逻辑与历史相统一的原则把哲学史作为认识发展的逻辑进行系统的阐述。这些著作，都是学界著名学者潜心研究的作品，他们都有较深厚的中国哲学素养，其凝结成的学术成果无论是对于学界的学术研究，还是对于广大的后辈学子从事哲学史的研习都有较为重要的作用。

在断代哲学史的研究方面，也有诸多代表性的著作，我们简单评述这些作品，对于我们理解这一时期断代史的研究是不无裨益的。这一时期有金春峰的《汉代思想史》，作者运用马克思主义的观点和方法，用翔实的史料，严谨的态度，从理论思维的高度，反思汉代思想，对汉代思想作了一番理性的审视。该书新论迭出，重新肯定了汉代思想在民族文化中的地位和价值。[①] 有侯外庐等人主编的《宋明理学史》，这部著作阐明了理学的产生和演变及其在中国思想史上的地位，使它成为一部与思想史有联系又有区别的专门著作。在这部著作中，作者不是孤立地叙述某个理学家的思想，而是试图阐明理学产生和演变的历史过程，以及理学家们在这个历

---

① 参见李宗桂：《汉代思想的理性审视——读〈汉代思想史〉》，《哲学研究》1988年第4期。

史过程中所占的地位，是一部注重系统性和整体性的著作。有张立文的《宋明理学研究》，该书作者认为宋明理学作为一定时期内的时代精神的精华，标志着理论思维的时间维度，它不能完全跨越时代的有限性，因而今人在诠释、评价宋明理学家时，应把他们放在当时的社会政治、经济、思维结构的环境中，来审视他们的理论思维的价值和意义。作者不能依据现代的理论思维所达到的水平去要求古人，指斥古人，而只能根据他们比之前人的理论思维水平超越与否、有哪些创新等来理解、分析古人及其文本，体贴、领会那个时代的社会环境、人文氛围，使作者对宋明理学有深切的体认，准确的评价。有蒙培元的《理学的演变》《理学范畴体系》，前书一反理学研究的传统观点，视北宋周（敦颐）、张（载）、二程（程颢、程颐兄弟）的理学为形成期，视南宋朱熹为理学体系的完成者，从朱熹开始了真正意义上的理学演变。全书着眼于朱熹理学体系的理论成就及其内在张力，分析其理论发展的走向，用事实论证理学的分化与演变无不与朱熹理学有内在联系。后书所要阐明的主要问题是宋明理学的范畴，并不看重每一范畴的独立意义及其分析，而是重视各个范畴之间的相互联系，并由此形成一个有机系统。还有冯契的《中国近代哲学的革命进程》，这本书是《中国古代哲学的逻辑发展》的续篇，论述了中国近代哲学（1840—1949 年）的发展历程，重点介绍了近现代著名哲学家的哲学与主要社会思潮的历史演化历程。而吕希晨的《中国现代哲学史》是我国哲学史界一项可喜的成果，是新中国成立以来第一部研究中国现代哲学史的专著，它填补了中国哲学史教学与科学研究的一段空白，具有重要的开拓意义。这些著作都是对哲学发展史的阶段性研究，是哲学史工作的重要组成部分。但仍然可以看出，对宋明理学的关注较多一些，对近现代中国哲学史的研究也更为充分了。当然，这些著作的出版，对于中国哲学史通史的研究也具有深化的作用，是中国哲学史必不可少的部分。

　　在哲学史的研究过程中，我们除了关注哲学史与文化史、思想史之间的区分和关联，哲学史中的通史和断代史，还要关注对哲学几千年的发展过程中每一个问题的研究，对人物思想的阐释、专著的注解诠释等。这也是哲学研究很重要的一个组成部分。就这方面来说，国内学者做了大量的研究工作。中国哲学不像外国哲学一样有一个接受和引进的过程，它的问题是我们在不同的历史阶段采取何种方法和态度来研究中国哲学。

在专题研究方面，需要突出强调是这一时期对《周易》的探讨和研究。这构成了这一时期的学术特色之一。《周易》作为"十三经"之一，在80年代就受到极大的重视，在90年代达到高潮。1984年，由武汉大学、湖北省社会科学院等单位发起，在武汉大学召开了"中国周易学术讨论会"。后来，关于周易的国际学术会议、全国性学术会议、省级学术会议以至地区一级的会议，接连不断。可以说，《周易》研究所受到的重视程度，社会影响之大，中国哲学史领域没有一个专题可以与其媲美。以此相应，也有大量的学术著作问世，代表性的有：著名《周易》研究专家、山东大学教授高亨的《周易大传今注》《周易古经今注》，吉林大学教授金景芳、吕绍纲的《周易全解》，中国人民大学教授张立文的《周易思想研究》等。这些关于《周易》的研究都采用了近现代的思想方法，比如马克思哲学的方法等，这些研究与古人的汗牛充栋的《周易》注解相比有自己的特色，比较偏向于从传统哲学向现代哲学过渡的拓展性研究，比较具有现代的特色，但也有其缺陷之处，其《周易》研究的方法和学术功底都较古人有所欠缺。因为，古人对《周易》的研究运用的是那种与中国传统文化相一致的一以贯之的学术思路和研究方法，我们却失去了这种方法。但不管怎么说，这都体现了《周易》研究的兴盛、《周易》热的出现。

除了关于《周易》的较有影响力的研究之外，专题研究的范围也很广，比如方克立的《中国哲学史上的知行观》就是对传统哲学中知行问题的专门探讨，它着重从认识论的角度，清理中国古代和近代的哲学家们在知识的来源、求知的方法和途径、真理的标准等问题上的各种观点和理论。除此之外，对儒家的心性学说、本体论、人性论和修养论等也都有专著进行探讨。除了专门问题的探讨，还有大量的人物传记、专人学术研究。具有代表性的有：辛冠洁、蒙登进等主编的《中国古代著名哲学家评传》《中国古代著名哲学家评传（续编）》《中国近代著名哲学家评传》，匡亚明的《孔子评传》，蔡尚思的《孔子思想体系》，刘笑敢的《庄子哲学及其演变》，陈来的《朱熹哲学研究》，等等。我们应该能够意识到，"评传"类型的作品或许是最能适合于中国哲学研究的。这些著作虽然有些 80 年代的老旧痕迹，但都有其独特的见解和鲜明的个性，都是专题研究的优秀作品。也有一些关于经典书籍的专著探讨，比如邱汉生的《四书集注简论》，牟钟鉴的《〈吕氏春秋〉与〈淮南子〉思想研究》等。当然也有一些综论性著作，其中最具代表性和最有争议性的当属李泽厚的思想史"三论"，即《中国古代思想史论》《中国近代思想史论》《中国现代思想史论》。在李泽厚三部思想史中，作者介绍了各个时期的思想特征，并以一种反思的姿态审视了中国传统文化。通过纵向对比，我们可以看出，在这几千年的文化中，讲求实用性成为不同时期主流甚至非主流思想体系的重要特征。李泽厚将这种追求实用和现实意义的倾向命名为"实用理性"。而这种一脉相承的"实用理性"最早最突出地可以追溯到先秦时期。因先秦时期独特的时代背景和潮流塑造了中国传统文化中"实用性"的倾向。所以，中国思想的内在特质就是始终以"实用理性"所贯穿着的文化形式。李泽厚属于较有创造性的学术思想家，人们对他的研究褒贬不一。但无论如何，他的研究对于 20 世纪后 20 年的学术发展起到了重要的推动作用，在海外产生了较大的影响。

四、中国传统文化研究

80 年代，中国哲学史的研究虽然有与文化史、思想史相区分的界定，但这种区分并没有阻止住哲学史的泛化，反而使泛化有愈演愈烈的态势。这就是 80 年代关于传统文化的关注。这股关注传统文化的热潮起于 80 年代，在 90 年代达到高潮。在这一阶段，文化探讨的主要表现形式就是传统文化和现代化之间的关系问题，焦点是中国传统文化能否适应现代化的建设，传统文化在今天是否还有价值。这是在文化传承中人们需要面对的问题。因为时代转变了，传统如何焕发出新的生命确实是广大学人需要关注的一个大问题。

北京大学教授汤一介率先走出了第一步，他积极创办文化书院，举办各种讲习班，来传播传统文化。这股文化思潮"以对中国现代化进程的反思为核心，关于中国传统文化的精神特质、价值观念、思维方式、理想人格、审美情趣、国民品性、伦理观念，特别是中西文化的优劣长短的探讨，成为各界人士关注的重心"。① 虽然说在这股热潮中，有各种各样的商业文化、旅游文化、饮食文化、体育文化、政治文化、法律文化、神秘文化、性文化等，但能为这些进行奠基的深层文化仍然是核心。当然，这种深层的文化就是哲学。哲学这门最古老的学科一直到今天仍在发挥着它作为学科之王的作用。所以，从事哲学研究的学者就在文化讨论中引领风骚。人们公认，哲学是文化的核心，价值观问题是文化的根本问题。

由于中国现代化涉及的问题极为宽泛，我们就不能在单纯狭隘的哲学思想范围内思考这一问题，因而文化讨论中的中国哲学研究不仅没有"纯化"，反而大大"泛化"了。这种"泛化"，不仅没有使中国哲学的研究偏离正常的轨道，相反，正是这种"泛化"，给中国哲学的研究拓展了新的领域，开辟了新的方向，从而使中国哲学的研究成果蔚为大观。这就使哲学与宽泛的文化研究相得益彰、相辅相成地发展。于是，哲学与文化的思辨关系便是：在区分二者之界限的条件下保持着二者的统一关系，使二者在这种关系中协调发展。在这场文化思潮中，学者们比较关注的就是中国文化的出路问题。其代表性观点有"彻底重建""全盘西化""西体中用""复

---

① 参见李宗桂：《二十世纪中国哲学研究的审视和新世纪的展望（上）》，《学术界》2002 年第 1 期。

兴儒学""中魂西体""综合创新"等。① 这些不同观点之间的争论，无论是对于传统文化的传播，还是对于文化新出路的探讨都具有极为重要的作用，它是国人对文化生命精神和血脉传承的一种思考。

中国传统文化研究的一个重要体现就是大型学术丛书的编写出版。这些书籍已经超出了单纯的哲学研究，而具有文化教养和学术普及的意味。它涉及面广，几乎所有人物都有研究、介绍，这对于文化的普及有非常重要的作用。比如匡亚明主编的，由南京大学出版社出版的大型丛书《中国思想家评传丛书》就有 200 部，范围包括从孔子到孙中山 2500 多年间的 269 位"思想家"，内容涉及哲学、政治、经济、伦理、文学、宗教、军事、科技等方面。这套丛书已经出版的部分，产生了巨大的社会反响，对于中国传统文化的阐释和传播，具有重大的贡献。除此之外，还有李宗桂主编的《"大思想家与中国文化"丛书》。该套丛书由贵州人民出版社出版。丛书一共选取中国历史上 19 位对于民族文化发展产生重要影响的大思想家，撰写 17 本专著。这些"大思想家"是：孔子、老子、孟子、庄子、墨子、荀子、韩非、董仲舒、王充、王弼、慧能、程颢程颐（合为一册）、朱熹、陆九渊王阳明（合为一册）、王夫之、戴震、黄宗羲。每本书都以"某某与中国文化"为题，着重分析他们的思想与中国传统文化发展的关系，揭示中国传统文化的特质和发展规律，说明这些大思想家在中国传统文化发展中的地位和作用，力图为学术界以后撰写更为科学的中国文化史提供条件，为中国传统文化的现代转化提供合理的评价依据。

这次文化思潮虽然具有极为重大的意义，但也有学者指出它的不足之处。认为它存在着政治化、玄虚化和情绪化的现象，影响了文化研究的客观性和科学性。最为恶劣的是，有一些功利主义的倾向借助于这股文化思潮来获取自己的名声好处，而不是推动民族文化现代化。即便如此，"这

---

① 参见李宗桂：《二十世纪中国哲学研究的审视和新世纪的展望（上）》，《学术界》2002年第 1 期。

实际上是一次民族文化变革的思想启蒙运动，是从文化现代化的时代高度去提高民族文化素质"。实际上，在这次文化讨论中，理性的声音、合理性的维度才是它的核心所在。继承传统，超越传统，是绝大多数论者的共识。庞朴提出"继承五四，超越五四"，汤一介提出"让中国文化走向世界，也让世界文化走向中国"，张岱年提出"综合创新"。这些反映出文化讨论中的理性精神。可惜的是，由于种种原因，比如文化理论准备的不足，以及其他非学术因素的影响，这场讨论至今没有取得人们预期的成果。

总体来说，中国传统文化的研究包含两个阶段：一、80 年代的阶段。这个阶段，主要是围绕中国传统文化与现代化的关系展开的，其问题是中国传统文化是否适合现代化建设的需要，传统文化在今天还有没有存在的价值。受"新文化运动"的影响，对传统文化持批评性、否定性意见的居多。特别是在西方学术思潮被大量介绍进来，一些人在急于为中国社会和中国文化的现代化寻找出路的焦急心情下，以为现代化就是西方化，因而"西化"的调子比较高。讨论中，政治化、情绪化的色彩比较浓厚。但在 80 年代后期，已经开始有以北大教授罗荣渠为代表的"从西化到现代化"的比较冷静的探索。① 二、90 年代的阶段。这一阶段，主要是发掘传统文化的优秀成分，阐释传统文化的经典，"国学"成为关注的重点。因为，经过 80 年代对传统文化能否运用于现代进行一番反思之后，才会有 90 年代的具体步骤，才会有对国学的大量的研究。尤其现代社会市场经济原则所表现出的功利化、世俗化色彩太重，使大部分学者都认可对传统文化的研究，试图从传统哲学中寻找解救之道。那么，儒道两家就成为了众人积极研究的对象。尽管在传统思想文化资源的现代价值方面，论者见仁见智，但都承认传统资源中有合理的成分，有适合现代化建设的积极因素，已经是不争的事实。这较之以往那种全盘否定民族传

---

① 参见李宗桂：《二十世纪中国哲学研究的审视和新世纪的展望（上）》，《学术界》2002
年第 1 期。

统文化的虚无主义态度，不啻天壤之别。多数论者是把传统文化看作民族文化建设的资源，用现代意识进行审视，加以发掘，力图进行"创造性转化"。但也有论者将传统文化看作一成不变的、尽善尽美的，宣扬回归传统。更有甚者，竟然提出"复兴儒学"的口号，认为传统文化就是当代中国新型文化价值体系的直接来源，半部论语仍然可以治天下。① 所以，大量的国学研究都发生在 90 年代，80 年代只是思想上的反思和批判，研究尚在其次。

随着对中国传统文化进行反思的文化探讨的思潮，逐步涌现出对"文化哲学"本身的探讨。在 80 年代后期有一些以文化本身为反思对象的学术著作相应出版。这些著作，由于是从思想的层面进行的文化探讨，而且以中国哲学为重心，因而被学术界看作文化哲学研究的范畴。这种对文化本身的反思和批判是以文化思潮为对象进行的研究，可以把它们称之为文化哲学。所以，文化哲学是与文化思潮相同步的一种文化形式。其中，最具代表性的就是李宗桂于 80 年代末出版的《中国文化概论》。该书是中国大陆自 1949 年以后出版的第一部从宏观上、总体上对中国文化进行系统探讨的论著，也是第一部高校中国文化概论教材。该书对于中国文化的流变和分期，中国文明发展的特殊道路，中国封建社会经济结构和政治结构的基本特征，中国传统文化的主体内容、核心、类型、特点、理想人格、价值取向、社会心理、思维方式和基本精神，都作了较为系统的描述和解析。它是自 1949 年以来首部对中国文化进行系统反思的重要性作品。当然，文化哲学的兴盛时期还是在 90 年代，因为文化思潮的兴起毕竟是在 80 年代后期。但这一阶段的文化反思引起了人们对文化本身进行研究的兴趣，这种兴趣在 90 年代得到了落实，所以，在 90 年代才会出版大量的各种所谓"文化的"哲学。

---

① 参见李宗桂：《二十世纪中国哲学研究的审视和新世纪的展望（下）》，《学术界》2002 年第 2 期。

五、宗教与科学研究

宗教与科学，这两门看似完全不相干，甚至是相互对立的学问却是西方文化的两块基石。我们知道，西方文化几千年来一直受基督教文化影响，这一点已经深入民间生活的骨髓。但科学精神同样也是西方文明发展出来的，它来源于古希腊哲学，尤其是柏拉图哲学的"理念论"系统。宗教要求有超越性维度和理想性情怀，科学则只认当下的理智确立的东西，二者就其一般追求上来说是背反的。现如今，科学的发展已经迫使人们反思科学的作用和界限，试图在科学高速发展的同时保持住自己的信仰。在西方文化的内在深处，科学总是以信仰为其更高的理论支撑。那是科学无用之大用的最确切的体现。这种体现在中国哲学对科学的思考中尤其明显。

就宗教来说，中国的宗教信仰并不像西方那样有一个客观的、实体性的东西作支撑，它是从老百姓的日常生活中涌现出的宗教情怀。比如说，中国人信"天"，他总是在遇到困境，走投无路时才会"哭天喊地"，而不是在内心始终保持着"天"这样一个客观的实在精神。这种信仰是功利的，不纯粹。有些人甚至认为，中国文明中没有严格意义上的信仰。这种说法在某种层面上是有其道理的。因为，中国哲学中一开始就没确立起柏拉图那种客观的、实在的真理世界，中国哲学中所讲的"天""天道""天理"这些超越性的东西都和西方的"彼岸世界"不同。西方的"彼岸世界"是实实在在的客观世界，而中国的超越世界则是从世俗领域或现实世界谋划出来的，很大程度上是一种主观的东西。所以，在中国古代文化中，佛教、道教等只是附属于佛学和道家的理论系统之中而存在的。一般来说，我们不会单独地探讨宗教问题，而是在佛学和道家的基础上附带地探讨这些东西。它们总体上依附于中国哲学。这种做法很类似于康德所说的"道德神学"，中国则是作为哲学的宗教。

但现行的学科分类体系采取西方的分类方式，把本来附属于"中国哲学"的学术门类变成了与哲学并列的学科了。那么，宗教的研究就是与哲学并行不悖的了。所以，它也是需要我们关注的。就80年代来说，我国的宗教研究主要体现在佛教领域。其中代表性的有：任继愈主编的《佛教词典》《中国佛教史》，其中《中国佛教史》本打算出版8卷，后来只出版了3卷，这部著作对佛教的源流、传入以及佛教的派系有较多的论述，可供参考；方立天的《佛教哲学》《中国佛教与传统文化》，前书从三个层面介绍佛教哲学：第一部分综论佛教的构成、流派、历史和著作，第二部分则阐述早期佛教的基本理论，侧重于介绍早期佛教的人生观，也兼论部派佛教和大乘佛教对这些理论的发展，第三部分着重阐述佛教的世界观，其中包括宇宙要素论、宇宙结构论、宇宙生成论和本体论；后书先是从佛教的历史、典籍、教义、仪轨制度和寺院殿堂多个侧面，阐明佛教构成诸要素，以揭示佛教作为文化实体的基本内涵，然后着重从政治意识、伦理道德、哲学思想、文学、艺术和民俗六个方面，探索佛教与传统文化的关联，以阐述中国古代文化的发展规律。这两本著作对佛学以及中国文化的研究起到了促进作用。吕大吉主编的《宗教学通论》，作者提出的"宗教四要素说"以及宗教是一种"社会文化形式"，而不仅仅是一种政治性的"社会意识形态"等学术观点，成一家之说并产生了广泛的影响。赖永海的《中国佛性论》，这本著作从中国哲学发展史的全局着眼，把佛性论这个题目放在广阔的历史范围内去考察，系统地、全面地给以阐述。郭朋的《汉魏两晋南北朝佛教》《隋唐佛教》《明清佛教》，这三部著作以比较系统的方式展示了中国佛教的发展史。另外，还有石峻、楼宇烈、方立天等汇编的《中国佛教思想资料选编》等，这对于佛教资料的汇编起到了较大的作用。总之，这些著作的出版丰富了我国的佛学研究，对于新学科分类体系下的宗教学也有突出的贡献。可以说，在较大程度上推动了佛教事业的进步。

在自然科学方面，由于这门学科并不是中国文化的特长，是西方的产物。所以，中国文化独特的性格，造就了科学极为贫乏的形态。我们知道，西方的自然科学极为发达，是因为它们哲学中的知性精神一直占据着主导地位，而中国文化中一直缺乏的就是知性的精神。这种精神就是古希腊哲学家柏拉图确立"理念"的方式，这种方式被后来的德国哲学家康德充分揭示出来了。它就是成就知识的一种能力，但是中国哲学中从来都没有西方意义上的"知识"，他们所讲的"格物致知"的知乃是德性之知，是"良知"，并不是西方哲学中的理论性的知识，而科学就奠基于对知识的追求。所以，自然科学在西方向来比较发达，而在中国文化中却没有科学的精神。

但随着西方哲学的发展，科学的精神也在发生变化。原先立足于知性精神基础上的自然科学逐渐松动了自己的内组织，走向了一种新型的表现形式。比如现代的相对论、测不准原理，再如现代认识神经科学领域里的那些注重境域、时机化的探讨方式，都使原先的科学研究不自觉地发生了变化。这种变化使科学的内在精神与中国传统文化有了契合之处，使人们对中国哲学的内在精神实质与自然科学的关联有了新的展望，比如中医、针灸、气功等，这些本属远古的中国科学却与现代西方高度发达的自然科学有了不谋而合之处。这是令人始料未及的。但是，我国在80年代对自然科学的理解却远没有达到这一层次，他们还只是把眼睛盯住西方，认为那才是科学的标准，传统留下的都不是严格意义的科学。

严格说来，我们也不能说中国传统文化中就没有科学，它和西方的传统科学有根本性的区别，但却和现代西方的科学精神有异曲同工之处。西方科学史家李约瑟在50年代就出版了研究中国科学史的巨著《中国科学技术史》。这是作者花费近50年心血撰写的著作，通过丰富的史料、深入的分析和大量的东西方比较研究，全面、系统地论述了中国古代科学技术的辉煌成就及其对世界文明的伟大贡献，内容涉及哲学、历史、科学思想、数、理、化、天、地、生、农、医及工程技术等诸多领域。这部著作在1990年翻译到中国，是最早对中国科学史进行研究的作品。在80年代，关于"中国科学"的研究出现了大量的著作。这些研究仍然保持着有中国特色的研究方式，都是一些中医、气功的研究。这些"科学"是中国独有的，是对中国传统文化的独特建构。这方面的研究成果有：萧汉明的《医易会通精义》，这是一部探索《周易》与中医学之间奥秘的专著；刘长林的《〈内经〉的哲学和中医学的方法》，这本书以《内经》为主体，对整个中医学的哲学基础和方法论作了比较系统的探讨；李申的《中国古代哲学和自然科学》，这本书以系统的考察表明，自然科学也是中国哲学的基础；张荣明的《中国古代气功与先秦哲学》，这本书通过原始部落图腾、远古神话以及地理、气候、精神、生理等各种原因，多角度、多层次地探索中华气理的起源，并通过老庄哲学、孔孟等思想中习静养气的实践，将古代气功与古典哲学贯通起来；王庆宪的《中医思维学》，这本书阐述了中医思维学研究的对象、概念、内容、意义和方法，中医思维与中国传统文化的关系以及中医在传统文化中的地位等。这些著作的出版对于中国古代"自然科学"的研究起到了推波助澜的作用。尤其在西方自然科学已经发展到最新型的形式的时候，保持着中国传统文化的自然科学特色就尤为重要了。

我国的宗教与科学都缘生于相同的根基，那就是日常化了的实际性生活。由于这个生活总是现实的，那么中国哲学的根基就始终不是"彼岸世界"的，而是彻底"此岸世界"的。立足于此，宗教树立不起来，严格意义上的科学也发展不起来。如果以西方传统哲学来看，这是一个缺点。但是，从现代西方哲学来看，这反而又是一个优点，走在了世界之思想的前列，以一种对西方思想进行克服的方式实现着自己的民族和文化的特色。这是我们对本民族宗教和科学唏嘘短叹的地方，同样也是令我们骄傲自豪的地方。

第五章 | 20世纪80年代的美学、伦理学、逻辑学、宗教学和科技哲学研究

一、"美学热"与美学研究

党的十一届三中全会给美学这门古老又年轻的学科带来了自新中国成立以来的第二度繁荣。与20世纪50年代末、60年代初的美学热潮相比，这一次从总体上看，有以下进展和特征：一方面，这一时期的美学研究规模可观，表现为研究课题、范围的扩大，发表的论文论著译著数量也大；另一方面，这一时期的美学研究在广度和深度上都有所突破，中国美学研究取得了突出的成绩。1978年以后，相继出现了《美学》《美学论丛》《美学述林》《美学评林》《美学文摘》《美学译文》《世界艺术与美学》《外国美学》等十几种美学期刊和丛刊，改变了以前没有一本专门美学刊物的情况。许多高校陆续成立了美学教研室，开设了各种美学课程。自1980年成立中华全国美学学会以来，全国各地接踵成立了省、地级美学学会或研究会，各类专门美学全国高校美学研究会，也先后组成且多次举行各种规模、层次和议题的学术研讨会，推动了美学研究的全方位发展。应该说，这种量上的增长和积累，体现了当时中国美学研究力量的壮大。新时期美学研究在质上也有较大发展。70年代末，面对一片死寂的美学荒原，恢复美学尊严和地位是复苏当时中国美学研究的首要任务。那时的著述大多针对十年"文化大革命"中的"左"的思想路线和文艺政策及其所造成的实际状

况，进行理论上的批判、肃清。而进入 80 年代以后，在改革开放实践的推动下，以及在西方现代美学理论的传入下，80 年代初全国范围内出现了"美学热"，使得美学从高雅的殿堂迈入了普通民众之中，史无前例的美学普及运动在全国范围内展开。短时间内，大专院校都开设了美学课程。这以后就是一个接一个的热点："手稿热""新三论美学热""现代派美学热""接受美学热""弗洛伊德的精神分析美学热"等。在这样一波又一波的美学热潮中，美学的研究也在不断取得新的进展和成就。这次美学热不同于第一次美学热的一个特点，是它不仅仅集中讨论美的本质这一问题。因为开放了，眼界打开了，讨论的问题就比较分散了，研究的队伍也开始分散了。有一些学者转过去系统地整理研究中国传统美学、有一些学者转过去翻译、介绍、研究西方现当代美学，有一些学者转过去研究审美心理学、审美社会学等各个美学分支学科，还有的学者则转过去研究各个艺术部门的美学问题（诗歌美学、小说美学、电影美学、音乐美学等）。①并且，在不断增进对全球学术发展和美学研究成果的认识基础上，美学研究开始了理论上的中兴与全面发展，美的本质这一传统话题在更为广泛、深入的基础上得到探讨；审美心理研究异军突起、方兴未艾；部门美学研究蓬勃开展，使美学研究更趋横向扩张；审美教育研究受到重视，美学史的研究有了长足的进步。从 80 年代开始，学术界出版了一大批反映美学研究新成果的著作，其中有一些是带有原创性、开拓性的著作。

1. 关于美的本质与人的本质问题的探讨

在新中国成立以来的两次美学大讨论中，"美的本质"问题一直是研究者探讨的焦点。20 世纪 50 年代初在美的本质问题上，旧有的几种观点很快形成对峙。当美学研究在"文化大革命"后重新展开之初，这个问题再次成为整个研究的中心。但相比之下，这一次讨论具有一些新的特点，那就是把探讨美的本质问题与探讨人的本质问题联系起来，"什么是美的

---

① 参见叶朗：《美学原理》，北京大学出版社 2009 年版，第 11 页。

本质"现在变成了"美的本质是不是人的本质对象化"问题。美的本质与人的本质问题被联系起来，源于《1844年经济学哲学手稿》的出现及其被关注和研究。1983年以前，美学界比较集中讨论的就是《手稿》中的美学问题，即"人的本质力量对象化"或"自然的人化"或"美的规律"问题。与第一次美学讨论相比较，人们似乎在这个问题上表现出一种趋同的姿态。不过，他们之间的理解还是有极大的差别。

"美的规律"作为"人的尺度"与"物的尺度"的和解，"合规律性"与"合目的性"的统一，超越了单纯的自在的客观性原则与单纯的自为的主观性原则，美既不在物，又不在心。这与朱光潜把美理解为主客观的统一是相接近的。朱光潜是较早运用《手稿》中的思想去解决美的本质问题的美学家之一。他认为人的"本质力量"是指人的意志、情感、思想，而不仅仅是人的物质性力量，并且认为只要人们赋予对象以人的这种"本质力量"，就是"人的本质对象化"，就是美了。高尔泰虽然在50年代的美学大讨论中，提出了美的主观说，但他对于审美感性的切实把握是深刻的。他认为，美感产生于物象的人化，这个"人化"，根源在于主体的心理感受，在于主体的情趣，"美底本质，就是自然之人化"，"在感觉过程中人化的对象是美的对象"。① 高尔泰在论述其观点时强调美与美感的同一性，"美与美感虽然体现在人物双方，但是不可能把它们割裂开来"，"美和美感，实际上是一个东西"，"超美感的美是不存在的"，"美产生于美感，产生以后，就立刻溶解在美感之中，扩大和丰富了美感"。② 美的主观说，在80年代发展为美是主体自由的象征实现，美感的绝对性发展为"感性动力"对"理性结构"的不断超越，美的追求与人的解放根本上一致。他认为，一切不适合于自由个性的，一切反对生动性、具体性与实际性的，都是美的对立面。高尔泰通过对活生生的现实的审美活动的深刻反思，得

---

① 高尔泰：《论美》，甘肃人民出版社1982年版，第8页。
② 高尔泰：《论美》，甘肃人民出版社1982年版，第4、3、4、3页。

到了与朱光潜基本一致的美的本质论断，共同印证了马克思在《1844年经济学哲学手稿》中关于美的哲学洞见。有的学者认为，"人的本质对象化"就是指物质性的现实实践活动，人之所以产生审美感受，其最重要的中介是以人类生产劳动为基础的社会实践活动。但是，实践活动只是奠定了美的人类学基础，能够说明美的社会历史文化性，却未能呈现美的本质。不过，后来随着哲学主体性问题的探讨的出现，人们逐渐淡出了关于美的本质的探讨，而注重探讨人及其主体性，探讨作为"主体性"或"人类文化—心理结构"之重要组成部分的美感问题。

2. 美感及其审美心理学方面的研究

人和人的主体性的提出，首先肇始于人们对"文化大革命""左"倾路线所造成的后果——对人及人性的摧残的痛苦反思，其次得力于新时期十年改革和开放的浪潮。正如历史上任何一次伟大的变革都必然要突出人的问题一样，确认和高扬人的主体性，成为我们这个时代真正的哲学主题。

李泽厚是较早致力于"主体性哲学"的哲学家，也是致力于运用"主体性"或"文化—心理结构"阐释美感的产生、功能、结构及其机制的美学家。在这里，"美感"探讨的并不是审美心理学意义上的审美意识，而是探讨在哲学层次上审美如何可能的问题，依李泽厚的理解，人类对外部世界的认识和审美之所以可能，是由于人在实践中所形成的一种外在世界与内在世界之间的对应、同构关系。

学界对美的本质的探索达成一个共识，不能离开活生生的审美活动去寻求"美本身"，超美感的美并不存在。美是一种活的形式，具有非对象性，审美者在审美对象中活动，审美对象在审美者中活动，情景交融契合无间，美作为显现者与显现活动是同一个东西。因此只能在审美活动中呈现美的本质，而不能以抽象的概念范畴去把握美的本质。学界对美的哲学反思超越了追问"美是什么"的认识论模式，转换为"美在意象"的存在论模式。情景相生的审美意象只能在审美知觉活动中存在。叶朗在《现代美学体系》中明确把审美活动作为美学研究的对象。

伴随着哲学与整个人文科学界重视主体、主体意识、主体结构的趋向，审美心理学研究开始成为热点。相关的研究著作有：金开诚的《文化心理学论稿》，该书是新中国成立以来第一部文艺心理学专著，此书从文艺创作和欣赏的角度，概括出创作者和欣赏者的心理活动过程；滕守尧的《审美心理描述》运用现代西方心理学的理论和研究成果，较详细地分析了构成美感的诸心理要素，描述了审美心理过程，揭示了审美快乐的本质。另外，还有彭立勋的《美感心理研究》、林同华的《美学心理学》，等等。

3. 部类美学的研究状况

这一时期，部类美学的研究显得比较实际而富有生气，美学知识的普及工作也蓬勃发展。关于这方面的研究状况主要有以下几点：

第一，艺术美学的研究得到加强。从美学史上看，艺术一直被视为美学的对象。在我国美学界，专家学者们尽管对美学的研究对象与范围持有不同的意见，对艺术属于美学研究的主要对象这一点是毫不怀疑的。但是，以往的研究多纠缠在美的哲学问题上，真正从美学角度深入研究艺术这一重要领域的工作却很少有人去做。这一时期，这一领域则热闹起来，首先是原来有所研究的文学、绘画等部类有了进一步深入，如伍蠡甫的《中国画论研究》、叶朗的《中国小说美学》等都有较高的学术价值。其次是研究范围更为扩大，填补了一些空白，如音乐美学、书法美学、戏曲美学、摄影美学、建筑美学等如雨后春笋般涌现。

第二，科学美学和技术美学得以研究。科学美学的思想核心是真与美必然统一，即美的理论必然是正确的。如果一种理论不美，例如，如果一个物理学方程式在数学上不美，那么其方程式的正确性是可疑的。技术美学的提出也同样建立在真善美必然统一的信念上。

第三，审美教育活动的广泛开展。与五六十年代相比，这一时期的美学热潮有着更为广泛的群众性，这与美学工作者开展美育活动、普及美学知识、宣传健康向上的审美理想密切相关。众多美学工作者都坚持认为，美育在社会主义精神文明建设中有着不可替代的重要作用，它是一个把人类长期积累起来的成果借助教育而移入心里的过程，它通过艺术和生活中的实物造型（诸如自然景观以及社会生活中美的现象），在人的内心世界建立起审美心理的结构秩序。

4.美学史方面的研究与成果

这一时期美学界取得的最令人鼓舞的成绩之一，就是美学史方面的研究。"文化大革命"前这方面的研究就开始着手进行了，但大都处于收集、整理原始资料阶段。而到了80年代，具有相当高水准的学术专著一本本问世，填补了长期以来我国美学界的一大空白。

第一，在中国美学史研究领域，第一部问世的著作是李泽厚的《美的历程》，本书不仅力图历史地具体地研究探寻中国历史上文艺存在及其发展的内在逻辑，更注重探索中华民族内在的审美心理结构的形成、演变和积淀。其次，李泽厚、刘纲纪主编的《中国美学史》（5卷本），该书系统而又周详地论述了中国美学的基本特征和发展线索。作为中国美学史的系统论著，它具有开创性意义。叶朗所著的《中国美学史大纲》是又一本高质量的学术论著。本书着重于中国美学范畴与美学命题的历史演变，"略小而存大，举重以明轻"，在一定意义上，可以说是一部"美学范畴史"。而非"人物史"。除了在通史方面取得丰硕的研究成果外，一些断代史、专题史也相继面世，其中包括于民的《春秋前审美观念的发展》、葛路的《中国古代绘画理论发展史》等。

第二，西方美学史领域的研究也取得了突破性进展。首先，西方美学史上的重要名著几乎全部系统地翻译和出版了。在这方面做了大量工作的是朱光潜先生，以及一批我国翻译界著名的专家学者。其次，第一部西方美学通史也问世了，这就是朱光潜的《西方美学史》，该书以教科书的形式，系统地论述了从古希腊至19世纪末20世纪初的整个西方美学发展历程。汝信的《西方美学史论丛续编》也是一本重要的美学史著作。该书是作者60年代出版的《西方美学史论丛》的续编，它以文集的方式，有选择地重点论述了西方美学史上深具影响的美学家及其美学思想。再次是当代西方美学主要探讨的第二次世界大战以来西方美学思潮的介绍和研究。李泽厚主编的《美学译文丛书》翻译和出版了大量当代西方美学家具有代表性和较大影响的美学专著。朱狄的《当代西方美学》则是国内第一本介绍当代西方十大美学思潮、流派的学术著作。①

5. 现代美学体系的探索

"教科书改革时期"的"哲学观念变革"，打破了教条主义的学风，美学界逐渐摆脱了传统美学教科书体系，开始探索合乎美的本性的现代美学体系。80年代的现代美学体系探索，以北京大学叶朗教授主编的《现代美学体系》为代表。改革开放初期，我国学界对美学思想的积累尚不足以构建一个科学的或成熟的现代形态的美学体系。这一探索出于以下考虑：美学学科的发展目前正处于一个新旧体系转换的重大关节点，体系探索的总体性思考不仅有助于发现古今中外的各种美学思想对接与融合的道路，加深对美学思想核心与研究方法的本质性洞察，而且能廓清对美学理论架构的整体性概观，因而构建一个现代形态的美学体系，已经成为美学学科发展的关键，现阶段美学观念变革的一切努力与成果都应当引向这一目标。

叶朗认为，一个现代形态的、科学的美学体系，应该体现以下四项原则：（一）传统美学和当代美学的贯通；（二）东方美学（对我们来说，着重于中国美学）和西方美学的融合；（三）美学和诸多相邻学科的渗透；（四）理论美学和应用美学的并进。突破旧有体系，提出一个包容性比较大的新的理论构架，是现代美学体系建设的长期过程的第一步。美学是一门发展中的学科，现代美学体系不可能在一切问题上给读者提供一成不变的结论，只能对目前我们所了解和掌握的国内外美学研究的成果作一个初步的综合。只要这种综合是科学的、恰当的，那么这种综合本身就是一种理论的建设和理论的创造。②

---

① 参见王德胜：《近十几年来中国美学发展的基本态势概略》，《辽宁大学学报》1993年第3期；杨春贵：《中国哲学四十年》，中共中央党校出版社1989年版。

② 参见叶朗：《现代美学体系》，北京大学出版社1999年版。

　　当代美学在不断地趋向分化的同时，又存在一种内在的综合趋向。这当然是在分化基础上的更高的综合。这种新的综合为美学体系提供了一个理论构架，由相互渗透的八大分支学科构成的富有弹性的开放体系。这八大分支学科为：审美形态学，着眼于审美活动起源后的发展演变，考察不同时期不同地域的审美形态，以及作为审美形态结晶的审美范畴；以审美意象作为核心范畴，把艺术作为一种最典型的审美活动来进行研究的审美艺术学；描述、解释审美活动中主体心理过程的特点和机制，系统揭示审美感兴的性质、类型和动态构成的审美心理学；研究审美活动与社会的相互关系的审美社会学；探索如何通过审美活动来塑造人，着力揭示个体审美发展的途径、方向和规律，促成审美个体向自由人格理想全面发展的审美教育学；以功能美为核心范畴，把理论美学的原则应用于生产生活领域，追求其审美化的审美设计学；吸收现代人类学、神话学、民俗学等学科的研究成果探讨审美活动起源的审美发生学；以马克思主义哲学为基础，吸收东西哲学智慧，以审美体验为核心范畴，对于审美活动的本质等问题进行形上思考的审美哲学。从各分支学科的基本范畴和主要命题分别探讨审美活动的各个层面，以求从不同角度和途径完整地把握审美活动的规律，其中最核心的范畴乃是审美感兴、审美意象和审美体验。现代美学体系可以称为审美感兴、审美意象和审美体验三位一体的体系。①

　　总之，80年代的美学研究，冲破了"文化大革命"前期僵化的思维模式，开始了广泛的研究，并且在中国传统美学、马克思主义美学以及西方美学资源的基础上开展着自己的研究，取得了一定的成果，为今后的进一步研究打下了一定的基础。②

---

①　参见叶朗：《现代美学体系》，北京大学出版社1999年版，第10—32页。

②　此节的部分内容引自王德胜：《近十几年来中国美学发展的基本态势概略》，《辽宁大学学报》1993年第3期；杨春贵：《中国哲学四十年》，中共中央党校出版社1989年版；转引自孙正聿：《中国高校哲学社会科学发展报告（1978—2008）哲学卷》，广西师范大学出版社2008年版，第60—65页。

二、社会转型中的伦理学研究

1978年12月召开的党的十一届三中全会，实现了伟大的历史性转折，开创了我国社会主义事业发展的新时期。进入新时期以来，伦理学界和全国各界一样，解放思想，冲破"左"的思想束缚，密切结合改革开放和社会主义现代化建设实际，研究道德生活领域的新情况、新问题，并对社会转型实践中出现的新问题、新课题进行了新探索，总结新经验，取得了一定的成绩。

1.拨乱反正、正本清源，恢复马克思主义伦理学研究并取得进展

此前20年，我国道德生活领域中"左"的思想影响严重存在。"文化大革命"结束后，伦理学界拨乱反正、正本清源，恢复了马克思主义伦理学研究并取得一定的研究成果。周原冰撰写了《共产主义道德通论》(1986)，罗国杰主编了《马克思主义伦理学》(1982)，他们不约而同地构建了一个伦理学体系，这就是立足于"人的社会或社会的人"这个理论基点，认为各种道德观念，归根结底是由人们的社会经济关系，特别是物质利益关系决定的。罗国杰主编的《马克思主义伦理学》是中国第一部马克思主义伦理学的教科书，该书构建了一个以道德与利益的关系问题为基本问题，以道德基本理论、道德原则规范和道德实践为组成部分的伦理学结构体系。这个伦理学体系以及社会道德规范体系得到全国多数伦理学工作者的认同，以此为框架编写的许多教科书和伦理道德读物在学校里和社会上广泛传播。此外，就研究成果来看，这一时期在伦理学基础理论研究方面的主要著作有：李奇的《道德科学初学集》(1979)和《道德与生活》(1984)，罗国杰的《伦理学教程》(1985)，唐能斌、唐凯麟主编的《马克思主义伦理学原理》(1982)，唐凯麟主编或编著的《简明马克思主义伦理学》(1983)、《伦理学纲要》(1985)和《从旧道德到新道德》(1987)，魏英敏、金可溪的《伦理学简明教程》(1984)，许启贤的《伦理的思考》(1987)，曾钊新的《人性论》(1988)，陈根法、吴仁杰的《幸福论》，等等。

2.伦理学研究不断向新的深度和广度进展

无论拨乱反正、纠正"左"的思想影响，还是为改革开放、社会主义现代化建设提供精神动力和思想保证，都需要伦理学向纵深发展，不断拓展研究领域。适应这一需要，伦理学界从建设有中国特色的社会主义实践出发，广泛而深入地开展了伦理学基本理论、伦理思想史、应用伦理学和现实道德问题的研究。如对马克思主义伦理思想、毛泽东伦理思想、邓小平伦理思想的研究，对道德的本质、特征、结构、基本问题、基本范畴、原则规范体系、评价标准、理想性和现实性、层次性和导向性、社会主义道德与共产主义道德的关系等的研究；对中外伦理思想史、现代国外伦理学及现代新儒家伦理思想等的研究；对公共生活伦理、职业伦理、婚姻家庭伦理等的研究；对道德在精神文明建设中的地位与作用、社会主义初级阶段的道德建设、社会主义市场经济条件下的道德建设，以及伦理学研究如何面向现代化，等等。这种全方位、多维度、多层次的研究与探讨，对于推动马克思主义伦理学学科建设、社会主义精神文明建设和道德建设，具有不可忽视的积极作用。

此外，80年代中外伦理学史的研究成绩卓著。在中国伦理学史领域，每年都有几十篇文章发表，从先秦的周公孔子，直到近现代的学者名流，从汉族的典册，到回满藏家经典，都有人著文研究。关于某些范畴规范、专题讨论的文章亦复不少。仅通史性的著作就出了三部，包括陈瑛等人的《中国伦理思想史》(1985)，沈善洪和王凤贤的《中国伦理学说史》(上下卷，1985、1988)，而从20世纪初直到70年代，中国人写的中国伦理学通史，似乎只有蔡元培的《中国伦理学史》一本。另外，在西方伦理学思想史领域，有章海山的《西方伦理思想史》(1984)，罗国杰、宋希仁的《西方伦理思想史》(上下卷，1985、1988)，石毓彬和杨远的《二十世纪西方伦理学》(1986)，周辅成主编的《西方著名伦理学家评传》(1987)，李莉的《当代西方伦理学流派》(1988)等著作。

3. 伦理学领域中讨论的主要理论问题

第一，关于人性论与人道主义的论争。有的人在总结"文化大革命"的经验教训时，企图从人道主义等方向中找出答案。他们认为，"人是马克思主义的出发点"，高举费尔巴哈的旗帜"人是人的最高本质"，强调"人的价值""人的尊严""人的自由""人的自然欲望"等，主张有一般的、抽象的"人性"。有学者认为，人道主义仍然是资产阶级的抽象人性论与唯心主义意识形态，人的类本质只是一种抽象的普遍性，其具体的现实表现是阶级性。人的本质作为"一切社会关系的总和"，是从现实性上说的。在阶级社会中，一切社会关系的总和即阶级性，这是人的既定的现实存在。但此现实的社会空间中，还有人的另一种真实性，即否定性、能动的超越性和创造的可能性。所以说，阶级性只是阶级社会中人的异化状况的现实，并非人性的全部。在真正的"人类社会"或"社会的人"那里，克服了由阶级对抗所造成的个人与社会的对立，"自由人的联合体"作为人的自由联合，并不是在个人之上、之外的异己存在，社会在个人之中，因而以往作为既定的外部规定的阶级性，则被扬弃为向着无限性敞开的自由个性。人的类本质的抽象性是由社会关系的现存异化状况造成的。胡乔木曾在《关于人道主义和异化》一文中指出人道主义的两方面含义：一个是世界观和历史观；一个是作为伦理原则和道德规范。作为世界观和历史观的人道主义，是同马克思主义对立的资产阶级唯心主义思想体系，它在今天已经没有任何积极意义可言。而作为伦理原则和道德原则的人道主义，则应该冠以"社会主义人道主义"的名称提倡实行。人的类本质既是与哲学，又是与伦理学密切相关的问题，关系到伦理学的根本出发点。

第二，关于"道德主体性"的争论。80年代中期关于道德主体性问题的讨论，也是伦理学基础理论研究深化的一个鲜明的例证。长期以来，理论界对道德的解释，主要是从意识形态的、对人的规范和约束的角度来讲的。这种道德观强调道德对经济的依赖以及道德对利益关系的调节功能，但却忽略了道德价值形成及道德活动中人的主体性，以及道德对于提升人的生命意义和人的自我发展的意义。1986年2月8日，肖雪慧在《光明日报》上发表了《人的主体性是一切道德活动的原动力》，该文引起伦理学界普遍的重视。作者文中指出，在现行的伦理学教科书中，道德往往只是被理解为原则规范的集合体，理解为社会驯服人的手段，理解为经济力量借以自我表现的工具。但是，实际情况恰恰相反，道德是人探索、认识、肯定和发展自己的一种重要方式。也就是说，道德从本质上说是人的需要和人的生命活动的一种特殊表现形式，人则是作为道德的创造者和体现者的积极主体。有的学者认为，上述伦理观点仍然是从抽象的人出发研究道德，即以"人的需要"而言。事实上不同时代、不同社会地位的人，有着不同的需要，脱离人们的社会经济关系就难以了解和把握"人的需要"。

"道德主体性"的争论涉及需要全面地、整体地理解马克思主义哲学的问题。马克思的意识形态批判破除了道德、宗教、形而上学、艺术等意识形态的独立性、必然性与决定性的外观，指认了其在阶级社会中的虚假的自主性和抽象的普遍性，特别是资本现代性的抽象建制下自由、平等、独立的形式性和观念性。历史唯物主义作为人类解放的学说，也是"现实的人及其历史发展的科学"，它所揭露的意识形态的抽象的普遍性以及人的不自主性、个人与社会的对立，不过是对阶级社会的异化状况的真实把握，它所追求的自由个性的全面发展的根本旨趣，意味着唯物史观并非要破除人的自由性与自主性、独立性，只是揭示了独立自由平等的抽象的形式性与观念性，以及人的不自主的消极状况，进而确立实现真正的实质性自由。道德如果完全由经济关系所决定，就失去了自由、自主的本性，也就无所谓"道德"了。因而，自由自觉自主的主体性是道德的内在规定。但是道德主体性决不是与感性、情感欲望等内在自然生命相对立的抽象的应然性观念与形式自由，而是理性观念教化内部感性自然所成就的本然的德性与自然的自由。道德的主体性扎根于类生命的能动的超越性与创造性，朝向生命的整全性与人格的完满性的境界，追求自我实现和自身本质的完成，是一种知情意相统一的葆有精神向上的实质性力量的自主生命。

第三，关于社会主义道德原则的讨论。改革开放带来的社会利益分化以及人们道德观念变化的事实，社会主义市场经济的社会转型形态中所出现的道德说教的失效，促使伦理学者对社会主义道德的基本原则进行了思考。有的研究者指出，集体主义虽然是社会主义的基本道德原则，但不是唯一的基本原则，因为它只适用于调节个体与集体利益之间的关系，而不能调节个体与个体、集体与集体的关系，因此应有另外的原则给予补充。有的学者指出，社会主义道德的基本原则有五条：热爱社会主义、集体主义、人道主义、公正和诚实守信；还有学者指出应当是三条：热爱社会主义、集体主义、人道主义。此外，关于道德原则的讨论还涉及对个人主义的探讨。有的学者认为应为个人主义"正名"，指出"主观为自己，客观为别人"的个人主义体系，在一系列的争论和挑战中，经受住了考验，同时也吸收了对手们的一些合理成分，不断地补充和完善自己。例如社会主义人道主义的提出，重视了对道德主体性和个体道德的研究，摆脱了以往"左"的影响，重视了个人利益的地位，肯定了社会主义社会中道德的层次性，如此等等。

关于对社会主义道德原则中集体主义与个人主义的关系的理解，已经超越了个人与集体相对立的非此即彼的形而上学的抽象争论。社会主义是超越了人与人的对抗的真正的"人类社会"或"社会的人"，其集体主义的社会原则绝不是排斥个人主义的，相反，社会主义正是要追求每一个人的自由个性的全面发展。社会主义的集体不是前现代的"人的依赖性"的"虚假共同体"，社会主义消灭阶级对立，进而超越了由阶级对抗所导致的个人与社会的对立，每一个人在一切人之中，一切人在每一个人之中，实现了个人与社会的同一性。社会主义的个人是真正意义上的"社会的人"，不是占有式的利己主义的异化的个人（私有制是最没有个性的），而是追求自由个性、实现自身本质的自主存在。社会主义的集体作为个人的自由自愿的联合，并不是在个人之上、之外压抑个人的异己力量，社会就包含在个人之中。尽管在社会主义的初级阶段，要以无产阶级专政作为过渡，但这是向社会主义的根本旨趣与宗旨的过渡，因而现阶段解决人民内部矛盾的社会主义道德实践必须以人类解放的理想作为调节性原则。

第四，对经济发展与道德建设关系的讨论。社会主义的改革，若从经济角度来看，最重要的突破，就是重新认识和评估商品经济在社会主义经济活动中的地位问题。十年改革所取得的成就中，最引人注目的，就是充分发挥商品经济的"魔力"，在短短的时间内，我们的社会创造出了前所未有的巨大的物质财富。从产品经济向商品经济转变的社会转型，就伦理学领域而言，最根本的是涉及商品经济与社会主义道德的相互关系问题。也就是说，改革的实践不断地向伦理学提出新课题，其中一个突出课题，就是在发展社会主义商品经济的过程中如何进行道德建设，而这个时代问题体现的正是社会转型期间伦理学研究的相应进展问题。这方面的讨论最初主要是围绕体制改革和商品经济的发展所引起的道德后果来展开的。一些学者明确指出，改革和商品经济的发展带来了道德的进步，这首先表现在体制改革冲破了平均主义的痼疾，使争取个人利益的正当性得到了承认，调动了劳动者的积极性；其次，改革带来了贫富观、财富观、金钱观等的变化，有助于培养人们勤俭节约和创造财富的进取精神；再次，改革增强了人们的时间观念、效益观念和知识、信息观念，有助于全社会形成尊重知识、尊重人才的良好风尚。有的学者则认为，改革在促使个体意识觉醒的同时，也导致了私有意识的膨胀和对个人利益的追逐，并可能导致整个社会风气的败坏和道德水平的下降。还有一些学者认为，社会主义商品经济对道德会产生双重影响。

市场经济把人从人的依赖性的"虚假共同体"中解放出来，实现了人的存在方式从集群主体向个体主体的转变，塑造了人的独立、平等、自由性，尽管这种独立平等自由只是抽象的、形式的存在，因为市场经济所造就的人的独立性是以"物的依赖性"为基础的。市场经济塑造的个体主体克服了人对人的依附性，打破了冠以集体主义之名的"排他性的利己主义"（"平均主义"），发展了人的独立精神、进取精神，激发了人的创造力与能动性。市场经济以等价交换的同一性原则实现人的全部社会关系，因而个体主义及其独立、平等、自由是受抽象统治的，个人并非真正的自主存在。社会主义就是对市场经济的抽象原则的超越，社会主义精神文明建设就是要克服物的依赖性，实现真正的独立性，发展人的本质力量，追求人的生命的全部丰富性与自由个性。

总之，20 世纪 80 年代的伦理学研究是在中国社会主义现代化建设转型中所出现的一系列道德伦理问题的现实背景下所进行的研究，不仅自身的学术研究取得了一定的理论成果，也为社会主义现代化建设提供了相应的理论支持。①

三、信息时代的逻辑学研究

"文化大革命"期间，逻辑学研究处于严重萎缩的状态。随着"四人帮"的垮台，特别是党的十一届三中全会的召开，逻辑学日益受到人们的普遍重视。1979 年中国逻辑学会成立以后，各种带有学科特点、地区特点、系统特点的逻辑学分会相继成立，学术气氛异常活跃。逻辑学的探讨从普通的形式逻辑开始，很快扩展到数理逻辑、辩证逻辑、归纳逻辑、中外逻辑史等各个领域，其中就一些新的学术观点展开了热烈的争论，有力地促进了这门学科的发展。与此同时，随着信息时代的到来，逻辑学作为一门有力的科学的工具，适应了这一趋势的发展，并很好地促进了信息的发展和传播，对于社会主义信息现代化建设起到了很好的支持作用。

1. 传统逻辑在中国的历史命运和现代化

1978 年，改革开放的春风扑面而来，逻辑学迎来了新的发展机遇，

---

① 此节部分内容引自温克勤：《中国伦理学研究二十年》，《天津社会科学》1999 年第 2 期；杨春贵：《中国哲学四十年》，中共中央党校出版社 1989 年版；尹继佐、高瑞泉：《二十世纪中国社会科学》，上海人民出版社 2005 年版；丁祖豪、郭庆堂、唐明贵：《20 世纪中国哲学的历程》，中国社会科学出版社 2006 年版；转引自孙正聿：《中国高校哲学社会科学发展报告（1978—2008）哲学卷》，广西师范大学出版社 2008 年版，第 65—69 页。

普通形式逻辑的教学与研究进入改革与现代化的崭新时期。这一年的 5 月，第一次全国逻辑讨论会在北京召开，张家龙在提交给大会的论文中首次发出了"形式逻辑要现代化"的呼声。他指出形式逻辑是一门古老的科学，发展到今天已有两千多年的历史，它的内容很不完备，其中还有一些不精确之处，为了适应新形势的要求，迫切需要促进形式逻辑的现代化。这个意见提出后引起了逻辑工作者的重视，但在会上并未展开讨论。在 1979 年召开的第二次全国逻辑讨论会上，王宪钧作了题为《逻辑课程的现代化》的书面发言，对"形式逻辑现代化"作出了进一步的解释。他指出现在普通逻辑课的内容基本上还是 19 世纪末叶以前的材料，应该吸收 19 世纪末叶以来，形式逻辑所取得的研究成果。与会者围绕着这个问题展开了热烈的讨论，大家一致认为我国高等学校里普通逻辑课程的内容同国外相比落后，同当代人们丰富的思维实际相比差距也很大，确实需要加以改革，以便更好地推进普通逻辑研究。

"形式逻辑现代化"问题热烈讨论的时候，几本逻辑教材先后出版。1979 年上半年，金岳霖主编的《形式逻辑》出版，下半年，北京师范大学等多所院校编写的《普通逻辑》出版。这两本书有一个共同之处，就是在全面系统地介绍传统逻辑基本理论和知识的同时，开始吸收数理逻辑的一些成果，如命题逻辑的真值表等。1981 年，我国翻译出版了从国外引进的逻辑教材，一本是苏联楚巴辛和布洛德斯基主编的《形式逻辑》，另一本是民主德国格·克劳斯著的《形式逻辑导论》。1982 年，诸葛殷同、张家龙等著的《形式逻辑原理》一书出版，该书在介绍传统逻辑基本内容的同时，首次把数理逻辑中的命题演算和谓词演算吸收到普通逻辑教材中来，成为我国逻辑工作者力图推进普通逻辑现代化的第一次尝试。虽然，"形式逻辑现代化"已经开始受到我国逻辑工作者的关注，普通逻辑课程改革与现代化的空气已开始吹进我国高校的逻辑课堂，然而这还只是前奏，尚未成为广大逻辑工作者的实际行动，究竟如何实现普通逻辑的现代化，大多数人仍在思考之中。因此，这一阶段可以叫作"普通逻辑改革与现代化的舆论准备阶段"。1983 年，中国逻辑学会主办的第三次全国逻辑讨论会在长沙召开，以此为标志，我国普通逻辑改革与现代化迈入有广大逻辑工作者参与的"改革探索阶段"，在大约 10 年里，走出了三步：第一，提改革方案；第二，订改革大纲；第三，展改革成果出版教材。在第三次全国逻辑讨论会上讨论的中心题目是，如何改革我国普通逻辑课程的内容和体系并使之逐步现代化，讨论的热点是如何处理传统逻辑与数理逻辑的关系。围绕着这个中心和热点，许多人发表了意见并提出了不同的改革方案，主要有"取代论"——认为传统逻辑已经过时了，应当用数理逻辑取而代之；"统一论"——在保留传统逻辑一切合理、有用的内容和充分吸收数理逻辑成果的基础上，以辩证逻辑为统帅建立 门统一的逻辑学；"融合论"——以传统逻辑的精华为基本，适当吸收数理逻辑的成果，并使两者相衔接，丰富普通逻辑的内容，使之精确化，为以后学习逻辑学的各分支提供基础；"并存论"——传统逻辑具有永恒性，其发展具有定向性，改革以后的形式逻辑也仍然是传统形式逻辑，传统形式逻辑与数理逻辑应当并存，不应一个取代另一个，也不必一个吸收另一个。

此后，在短短的几年内，几十种体现改革精神、以现代化为目标的普通逻辑教材纷纷问世，其中比较有代表性的教材有《普通逻辑》（修订本）、《逻辑学原理》（马佩主编）、《逻辑学引论》（何应灿、彭漪涟主编），等等。这些改革成果有几个鲜明的特色：第一，它们都以演绎逻辑为主，同时给归纳逻辑以适当的地位；第二，它们都保留了传统逻辑的精华部分，同时或多或少地吸收了数理逻辑和现代归纳逻辑的成果；第三，它们都不同程度地改变了旧的逻辑体系，力图建立一个新的以推理为主题的逻辑体系。

传统的形式逻辑正是在跟随着教科书的改革的呼声中一步一步超前迈进，使得形式逻辑的研究进一步深化，其研究内容更加合理化。

2. 数理逻辑起步研究

由于"文化大革命"前人们把数理逻辑当作逻辑实证主义加以批判，以至于在 70 年代后半期，国内除少数几个学者外，学术界的大多数人，包括许多逻辑专业工作者都对数理逻辑一无所知，为此，尽快普及数理逻辑的知识，显得尤为重要。于是，在1980年，莫绍揆的《数理逻辑初步》问世了。该书从传统逻辑的不足出发，结合数学发展史，探讨了数理逻辑产生的必然性。此外，王宪钧所著的《数理逻辑引论》的出版，使我国空白已久的数理逻辑教学有了第一本切实可行的教科书。许多人尤其是青年逻辑专业工作者，正是通过这本书逐步掌握了数理逻辑的基本知识。

随着数理逻辑渐渐被人们所知晓和学习研究，一些专业性更强的数理逻辑论著先后出版。胡世华、陆钟万著的《数理逻辑基础》（上、下）的一个显著特点是按照直接而自然地反映演绎推理的要求来构造逻辑演算。莫绍揆的《数理逻辑教程》一书的出版标志着我国的数理逻辑研究已经达到了一个相当高的水平。周礼全所著的《模态逻辑引论》一书表明当时对数理逻辑的研究已深入到非经典数理逻辑的范围。总的看来，这段时期的数理逻辑研究水平还处于起步的最初阶段，如何跟上国外的研究水平，将是一个很重要的任务。

3. 归纳逻辑研究

归纳逻辑的研究就其内容来看，主要是对亚里士多德和培根等人的归纳思想进行的研究，既涉及基本理论，也涉及归纳逻辑的历史。在深入研究归纳逻辑的同时，现代归纳逻辑随着西方科学哲学开始传入中国。1983年英国著名科学家科恩来华进行学术访问，1984年在大连召开第一次全国归纳逻辑讨论会。80年代中期以后，现代归纳逻辑在中国迅速传播，楮平、陈向、王雨田、陈晓平、江天骥等人都曾发表介绍现代归纳逻辑的文章。陈克艰的《上帝怎样掷骰子》（1987）的出版，对现代归纳逻辑的普及起了巨大作用。该书讨论了传统的因果概念和与此相关的概率观点，讲述了休谟问题，介绍了凯恩斯、卡尔纳普、科恩等人的归纳逻辑系统。江天骥的《归纳逻辑导论》（1987）由湖南人民出版社出版。该书以主观贝叶斯主义的观点来介绍现代归纳逻辑，设计现代归纳逻辑的各个方面。

4. 辩证逻辑研究

1978 年以后，辩证逻辑研究迎来了一个成果丰硕的时期。这一时期的引进工作不再是大规模、有组织的，而是以简介、评价为主，引进渠道也多元化。虽然引进的数量少了，但质量提高了，视野拓宽了。西方逻辑学家对辩证思维的研究成果也受到了人们的注意。在这一时期，中国学者的研究成果开始以专著的形式出现，不同的辩证逻辑体系得以成立。其中较有影响的是彭漪涟的《辩证逻辑述要》（1986），张巨青主编的《辩证逻辑导论》（1989），辩证逻辑发展史的研究也在 80 年代开始，较有影响的著作是陶文楼的《辩证逻辑思想简史》（1984）。

5. 中外逻辑史研究

20 世纪 80 年代主要是对以前中国逻辑史研究的某一方面进行了系统总结，即：以西方逻辑理论为指导阐释中国古代名辩思想资料中的逻辑理论。

首先，沈有鼎、陈孟麟、汪奠基、周文英于 20 世纪 50—70 年代完成的《墨经逻辑学》《墨辩逻辑学》《中国逻辑思想史》和《中国逻辑史稿》很快问世了。其次，中国逻辑学研究会组织全国的中国逻辑史工作者，承担了国家"六五"计划重点课题"中国逻辑史"，经过五六年的努力，完成了《中国逻辑史》和《中国逻辑史资料选》两套书。再次，温公颐的《先秦逻辑史》《中古逻辑史》和《近古逻辑史》，周云之、刘培育的《先秦逻辑史》，孙中原的《中国逻辑史（先秦）》，周山的《中国逻辑史论》等个人著作相继出版。上述著作都是在吸收前人成果的基础上产生的，是对近百年来中国逻辑史研究成果的全面清理和系统总结。1980 年在广州举行的中国逻辑史第一次学术会议，对中国逻辑史的研究对象和方法问题进行了一次集中的讨论。与 20 世纪五六十年代的研究相比，中国逻辑史的研究对象有所纯化，研究范围有所缩小，基本上是挖掘、整理和阐述中国历史上有关传统逻辑的理论和学说，肯定中国古代有逻辑，肯定中国古代逻辑是世界三大逻辑传统之一。中国逻辑史作为一个新的学科，不仅得到学术界的认可，也得到教育界的认可。

此外，对于西方逻辑史的研究有杨百顺的《西方逻辑史》，该书既对亚里士多德之前的逻辑思想给予关注，同时也给中世纪和文艺复兴时期的逻辑发展给以足够的篇幅。同年，江天骥的《西方逻辑史研究》由人民出版社出版。该书论述了从亚里士多德到罗素西方主要逻辑学家或逻辑学派的思想和理论，勾画出了西方逻辑学发展的概貌。

总之，20世纪80年代的逻辑学研究，不仅自身获得了很大发展，开拓了多个领域的研究，而且这些领域的研究得到了一定的深化，并且促进了社会主义现代化信息社会的建设和发展。①

四、新时期的宗教学研究

在人的精神性的终极追求中，宗教是一种长期存在的文化现象，对宗教的研究也是一个长期的任务。从20世纪80年代开始，宗教生活的复苏，必然对宗教学的研究提出紧迫的要求。

1982年，中共中央发表了《关于我国社会主义时期的宗教问题的基本观点和基本政策》这一重要文件。该文件作为中央处理社会主义时期宗教问题的纲领性文件，把马克思主义宗教观和中国宗教问题相结合，将宗教界定为一种社会历史现象，改变了以往仅仅把宗教视为一种意识形态的观点，指出宗教信仰自由政策的出发点和落脚点是使全体信教和不信教的群众联合起来，服务于社会主义现代化建设的共同目标。这个文件大大推动了全国各地对宗教信仰自由政策的落实，使得长期被迫处于地下状态的宗教活动走上台面，从而使信教群众的宗教生活逐步正常化，构成了新时期多姿多彩的社会生活的一个引人注目的侧面。与此同时，知识界和学术界对宗教的关注很自然地重新兴起，并直接推动了宗教学的迅速复兴和发

---

① 参见杨春贵：《中国哲学四十年》，中共中央党校出版社1989年版；尹继佐、高瑞泉：《二十世纪中国社会科学》，上海人民出版社2005年版；转引自孙正聿：《中国高校哲学社会科学发展报告（1978—2008）哲学卷》，广西师范大学出版社2008年版，第70—75页。

展，由此在中国社会的急剧变革中兴起了所谓的"宗教热"。学术界在社会氛围逐步开放和宽松的条件下，开始日益自觉地面对真实的事物并运用自己的头脑来进行思考、得出结论，这种实事求是的倾向造成了思想的逐步解放。就宗教学研究者而言，这意味着正视从古至今各种宗教的客观事实，并且不再对马克思主义宗教观作片面的和教条式的理解。与宗教复兴相伴随的是学术机构的重建、研究人员的培养、学术团体的组建和学术刊物的创办。1978 年，重新恢复了世界宗教研究所，归属新成立的中国社会科学院。此后，在一些省市社会科学院和高等院校，相继建立起宗教研究所或宗教研究中心。1980 年，基督教金陵神学院与南京大学合作成立南京大学宗教研究所。1987 年，中国佛教协会成立中国佛教义化研究所。1979 年，中国宗教学学会在昆明成立，这是宗教研究领域的第一个学术团体，1988 年更名为中国宗教学会。1981 年，上海市宗教学会成立。此后，各地相继成立宗教学会及专业性学会。1979 年，世界宗教研究所创办学术季刊《世界宗教研究》，并于次年创办资料性的《世界宗教资料》（后更名为《世界宗教文化》）。南京大学宗教研究所于 1980 年创办《宗教》内刊，上海宗教学会于 1983 年创办《宗教问题探索》年刊。这些宗教学刊物在80 年代成为宗教研究领域思想解放的重要阵地，发表了大量宗教理论探索和争鸣文章。四川大学宗教研究所于 1982 年创办《宗教学研究》（1982年至 1984 年为内部刊物），1985 年起公开发行。

1. 宗教学领域中讨论的主要理论问题

20 世纪 80 年代的宗教理论的研究，从改革开放前的对宗教进行政治性的"批判"转变为对宗教进行客观理性的研究。在这一渐渐走上正轨的研究过程中，宗教理论界出现了一些理论热点，具体代表性的是从宗教"鸦片论"到"宗教适应论""宗教文化论""宗教兼容论"和"制衡论"等观点，理论界围绕着这些问题展开了热烈的探讨，促进了宗教学的发展。

（1）从"鸦片论"到"宗教与社会主义相适应"理论的提出。宗教学研究的复苏和发展，从社会政治环境来说，是改革开放的结果，而从思想意识条件来说，则是思想解放的结果。在这种思想解放的背景下，学者可以凭自己的理性去理解马克思主义宗教观的这个或那个论断，也可以就不同的理解进行平等的、说理的论证，从而摆脱文化专制主义。当时在这方面的一个重要例证，是宗教学术界围绕马克思关于"宗教是人民的鸦片"这一论断发生的学术论战。绝大多数学者都认为不能简单直接地理解马克思的这句话，并且应该认识到宗教对人民的积极正面的作用。在社会本身有缺陷，不能解决社会苦难的情况下，宗教给苦难的人民以精神上的镇痛或安慰，是社会的需要，不能完全否定。论争双方都反对过去那种教条主义的理解，从而有助于宗教信仰自由政策的落实，有助于更加全面地理解宗教的社会功能。① 宗教作为前现代文化的重要支柱，其中的"神圣形象"与"绝对真理"，虽并不如其所称的那样是一种真正的绝对性，而只是相应于等级存在与等级压迫的抽象的普遍性，但它作为人的有限存在与绝对性、无限性之间的重要关联与纽带，又有着永恒的人类性意义。这种观念意识形态虽然使现存事物显得光彩，使人更能忍受现存的苦难，弱化对现存事物的否定的理解，延缓对现实世界的改造，但绝对性诉求仍能在人的心灵层面保持住超越性维度，维系存在与价值的统一性。宗教作为精神上层建筑是社会有机体的重要组成部分，不仅具有社会整合功能和文化规范功能，有效地保持住分裂的阶级社会的整全性，而且具有自性化功能，引导人成就其道德生命。因而，我们不能抽象地以宗教的阶级性与时代性，否定其永恒的人类性意义。

到 80 年代中期，理论界受胡乔木的提示，讨论宗教能否与社会主义相协调的课题，代表作是罗竹风主编的《社会主义时期的宗教问题》，一方面是社会主义社会仍有着宗教存在和发展的根源，另一方面，宗教与社会主义社会也是相协调的。在现代个体的独立化与民主化进程中，随着集

---

① 参见何光沪：《宗教学理论研究之我见》，http://www.guoxue.com/?p=1730。

群主体的等级存在方式的崩溃与作为其思想对应物的神圣形象的式微，其中的绝对性诉求也瓦解了，导致了存在与价值的分裂，人又陷入在非神圣形象中的自我异化。社会主义要超越资本现代性的抽象建制，克服形式自由下的物化统治与虚无主义，就必须在人的层面重建绝对性，确立"此岸世界的真理"和人的自主存在，追求人的自身本质的实现与自由个性的全面发展，成就整全的个性生命与人格的统一性。这正是在更高的层次上，把宗教未竟的事业更为具体深刻地实际成办，把"被异化的崇高"转变为"真正的崇高"，把"彼岸世界的真理"实际化为"此岸世界的真理"。

这些论争也反映出，在 80 年代早期和中期，宗教学理论方面的探讨主要还是在马克思主义宗教观的范围内进行。但它已显示出宗教学术界的思想解放的成果，显示出宗教研究者对马克思主义宗教观更开放的认识程度。

（2）"宗教文化"问题的探讨。80 年代后期，宗教学界在"研究新的问题，吸收新的营养，使自身得到发展"方面有了长足的进步。这种开展受到了学术界"文化研究"热潮的影响，又在思想上集中表现为"宗教文化"思潮。这种思潮以"宗教是文化""一个民族的宗教是构成其民族文化的重要内容"等说法为代表。这些说法本身不是什么新的创见，但是在中国特有的社会环境下，这种观点突破了以往只把宗教与反动政治相联系，从而只作片面评价的观点，有助于使人从更广阔的角度去看待和评价宗教，因此对于进一步解放思想、推动宗教学研究的繁荣，发挥了非常巨大的作用。方立天在《中国佛教与传统文化》的"前言"中写道："宗教现象是和人类的文化现象紧密联系着的。"吕大吉在《宗教学通论》的"导言"中也说："宗教是人类历史上一种古老而又普遍的社会文化现象。"何光沪在"宗教与世界"丛书的"总序"中则说："在构成世界上各种文明的物质生产、组织制度和思想观念三个层面中，宗教同第一个层面相互影响，同第二个层面相互影响又相互重迭，同第三个层面既相互重迭，而且在其中还往往居于深层和核心的地位。"这些说法以及这一领域众多著名学者的类似说法，都强调要认识人类的文化现象，就必须研究宗教，这就大大提高了宗教学研究的重要性，使之受到了社会各界尤其是学术界和文化界更多的重视。①

"宗教文化"问题的探讨，把宗教作为一种基本的文化形式或人类把握世界的基本方式，不仅深化了对宗教的文化形式特点与人性本质维度的理解，而且推动了宗教与人类把握世界的其他不同方式的比较研究，深化了对人类拓展理想空间的不同道路的理解，丰富了文化哲学研究。宗教作为人类把握世界的一种基本方式，其独特性在于，它是人类文化中最接近绝对性的文化形式，构成了人的有限存在与无限性相关联的最坚固的纽带，以实践的方式呈现绝对、回忆无限，从而使人的生活保持住真理性的一度。宗教以其强大的精神实践能力，摄受三根，融涵群学，不仅是人类社会从消极的规训与惩罚的禁忌文化转向积极创造、能动超越的人本文化的枢纽与关键，构成了古典神圣文化的基本形式，而且又是现代思想文化学术体系创生的开端处，从而构成了现代文化要避免彻底世俗化，超越物化与虚无主义，必须要时常回忆的精神源头。如果人类文明丧失了宗教励励精求的绝对性一度，也就失去了来自开端处的精神生命，从而陷入没有了超越性与创造性的没落之中。

"宗教文化"问题的研究，从学科研究的层面说，淡化了宗教只是意识形态的片面看法，拓宽研究者的眼界，解放了学者的思想，使学者能更为自由全面地去进行研究与定位；从实践工作的层面说，这种认识有利于正确地落实我国现有的宗教政策，防止把宗教看成敌对一方，肯定其作为文化之载体或遗产的积极因素，有利于团结宗教团体，引导宗教与社会主义相协调。随着"宗教文化"问题研究的深入，有些学者也看到，笼统地把宗教说成文化，会混淆宗教与文化二者的关系，因而提出了如下观点：

① 参见何光沪：《宗教学理论研究之我见》，http://www.guoxue.com/?p=1730。

宗教是文化之价值核心和内在精神，所有民族文化的各个门类都体现了该民族文化的宗教精神；另一方面，宗教的具体表现形式又与文化的各种表现形式并列，而成为文化的一个部分。①

（3）"兼容论"和"制衡论"。"兼容论"是宗教界内一部分人提出的理论，认为宗教与社会主义有相通之处，甚至认为宗教是科学社会主义理论的来源之一。宗教与社会主义都有着资本现代性的抽象建制未能保持住的本质性一度。如果说，宗教作为古代社会的神圣形象与绝对真理，受到等级存在的抽象限制，未能尽其真，成为了"异化的崇高"，那么，资本现代性因消解等级存在，并使宗教式微，绝对性遗忘，导致了存在与价值的分裂，使个体主体的独立平等自由在"物的依赖性"下抽象为观念化的形式存在，造成了物化统治与虚无主义。而社会主义则是要把近代哲学未竟的"上帝人本化"进行到底，把异化给资本的独立性与个性归还给人，追求每一个人的自由个性的全面发展与自身本质的彻底实现，在人的现实生活重建绝对性，实现"人向自身、向社会的即合乎人性的人的复归"，"通过人并且为了人而对人的本质的真正占有"。② 社会主义就是要把宗教的"异化的崇高"转换为每一个人成就其生命整全性与人格完满性的"真正的崇高"，把"彼岸世界的真理"转变成"此岸世界的真理"，从而在更高的层次上实现宗教未完成的真理。

而"制衡论"则在肯定宗教与人类共存亡的前提下，提出世俗世界与神圣世界互相区别、互相制衡的观点。神圣世界与世俗世界的区分，不仅指古代世界的自我分裂，更重要的是指古典性与现代性的本质对立。在宗教世俗化与上帝人本化的过程中，绝对性与无限性的一度渐被遗忘，导致人的物化与虚无主义。但是人类文明不能完全失落宗教性，基于宗教对绝对性的实践态度，它就不仅是人类社会某一时代的某一文化形式，而且有

---

① 参见高师宁：《宗教学基础理论研究历程》，http://www.guoxue.com/?p=1729。

② 马克思：《1844年经济学哲学手稿》，人民出版社2000年版，第81页。

着贯穿人类文明的原始反终的特点。宗教与社会中的各种政治力量、经济力量以及各种思想体系之间，处于一种互相制约、监控、促进的关系，双方都有不可取代性。制衡论正面提出宗教在社会主义社会存在的价值，尤其强调宗教批判现实、化世导俗的功能。宗教不但是现代人超越物的依赖性，重建价值的绝对性不可或缺的思想资源与精神力量，而且是其他文化形式能葆有能动的超越性与创造性的勃勃生机必须据有的本质性一度。宗教的现代转化对于遏制彻底的世俗化与野蛮化，反抗工具理性的社会系统对生活世界的殖民化，创造人类文明的新形态，重建人类命运共同体，具有重大意义。

2. 宗教学原理研究

80年代以后，一些地方的社会科学院和大学先后开始招收宗教研究专业的研究生和本科生，这就对这一学科的综合理论性教材产生了需求。同时，随着宗教学研究的发展，一些学者也有意识地把基础性的理论建设列为自己的工作项目。1989年出版的陈麟书的《宗教学原理》，1989年出版的吕大吉主编的《宗教学通论》，以及1992年出版的罗竹风、陈泽民主编的《宗教学概论》，可以说是这方面的代表性成果。《宗教学原理》大体上是马克思主义的无神论的体系，对宗教有神论进行了相当严厉的理论上和政治上的批判，对宗教现象的具体分析则相对薄弱。《宗教学概论》与之完全不同，它主张采用客观的研究方法建立"科学的宗教学"，因此宗教信仰和无神论都不应进入宗教学理论。用西方宗教学术语来说，《宗教学原理》采用的是所谓"规范性方法"或"主观性态度"，《宗教学概论》采用的是所谓"描述性方法"或"客观性态度"。至于《宗教学通论》，则一方面主张对宗教本质作出分析判断，不排斥宗教哲学即规范性宗教学的地位，另一方面又主张对宗教现象作客观研究，吸收宗教心理学、宗教社会学、宗教现象学等描述性宗教学的长处。该书以全面理解的历史唯物主义为指导，吸收西方宗教学的一些成果，提出了"宗教四要素"之说，体系宏大，内容丰富，引起了宗教学术界的广泛重视，多次再版被作为研究生教材或重要参考书。①

因而 80 年代末 90 年代初，学界对宗教学原理研究基本达成共识：所谓宗教学理论研究，是指以理性的、客观的方法对宗教进行的学术研究，它不同于站在某一宗教立场上的以信仰的、传教的态度对该教的教义或内容所作的阐述和传扬，也不同于站在反对某一或所有宗教的立场上，以自己意识形态的先入的反教态度对宗教进行的抨击和压制。在这一时期，宗教学界提出了自己关于宗教的定义："宗教是把支配人们日常生活的外部力量幻想地反映为超人间、超自然的力量的一种社会意识，以及因此而对之表示信仰和崇拜的行为，是综合这种意识和行为并使之规范化的社会文化体系。"这个定义不仅说明了作为一种意识，宗教的构成包含有内在要素，也指出了作为一种行为表现，宗教的构成还包含外在要素。《宗教学通论》进一步说明了宗教的内在要素是宗教观念与宗教体验，外在要素是宗教行为与宗教组织和宗教制度，而且还说明了宗教之内在要素与外在要素的联系：从逻辑秩序上看，宗教观念是宗教的核心，只有在有了宗教神道观念的前提之下，才可能产生对神的心理体验与感受，而宗教的行为和组织制度是宗教的外在表现。这个定义全面深刻地把握了各种宗教的本质与特征，是我国宗教学研究领域的一个重要成果。②随着宗教社会学、宗教人类学、宗教心理学、宗教哲学以及宗教史等的分支学科研究的开始，宗教学原理研究呈现出多元化与深化倾向。

在宗教社会学方面，社会学的视角与方法给宗教学原理研究开辟出新的天地。从社会学视角把宗教理解为："是社会尚处于自然压迫与社会压迫的条件下所产生和存在的一种具有极大普遍性的信仰体系与实践体系。"同样地从社会学方面对宗教的理解还有："宗教是一种以对超自然或神灵之信仰与崇拜为核心的社会意识，是通过特定的组织制度和行为活动来体

①　何光沪：《宗教学理论研究之我见》，http://www.guoxue.com/?p=1730。
②　高师宁：《宗教学基础理论研究历程》，http://www.guoxue.com/?p=1729。

现这种意识的社会体系，是信仰者的一种生活方式。"① 另外对西方宗教社会学的研究取得重要成果。80 年代早期有郑也夫对杜尔凯姆（E.Durkheim）和韦伯（Max Weber）的比较研究，中期有苏国勋对韦伯的专题研究，后期有高师宁对贝格尔（Peter Berger）的研究与介绍。这些都是中国在宗教社会学方面具有开拓性的引进工作。研究的著作有苏国勋的《理性化及其限制——韦伯思想引论》（1988），该书是作者对韦伯宗教社会学思想较全面的探讨和心得，本身亦具有开拓性意义，在学术界有重要影响。

在宗教人类学方面，宗教学创始人缪勒的《宗教的起源与发展》(1989) 和《宗教学导论》（1989）已由金泽和陈观胜等译出。此外，一些经典著作如《野性的思维》（李幼蒸译，1987）、《原始思维》（丁由译，1987）、《金枝》（徐新育译，1987）也有了很好的中译本。在这方面，文化人类学和民族学方面的学者对我国宗教人类学的发展作出了很大贡献。这一时期与宗教人类学相关的研究专著有茅盾的《神话研究》（1981）、袁珂的《中国神话史》（1988）、张光直的《美术、神话与祭祀》（1988）、卓新平的《宗教起源纵横谈》（1988）、常霞青的《麝香之路上的西藏宗教文化》（1988）、宋兆麟的《巫与巫术》（1989）等。

宗教心理学是中国宗教学研究中最薄弱的分支学科，也是最能接近宗教的核心地带，揭示宗教的永恒本质的一个学科。这一阶段翻译了弗洛伊德的《摩西与一神教》（李展开译，1988）、荣格的《寻求灵魂的现代人》（苏克译，1987）和弗洛姆的《禅宗与精神分析》（王雷泉、冯川译，1989）等著作。学界认为，宗教除了在阶级社会的社会整合功能与文化规范功能外，还具有自性化功能，也就是成就人的生命的整全性与人格的完满性的永恒使命。宗教心理学既以心理学的视角与方法探索了宗教的本质性一度，又以宗教的文化形式提供了心理学超越意识部分达到个体无意识和集体无意识的深度心理学的现实通道。宗教心理学探索了比意识更为深

---

① 　陈麟书、袁亚愚：《宗教社会学通论》，四川大学出版社 1992 年版。

刻的心灵部分，发现了宗教成就人的整全的个性生命与自身本质的自性化过程，就是通过对原型的信仰、理解与实践所进行的意识与无意识的对话式统一。

宗教哲学在这一时期的研究包括佛教哲学、道教哲学、基督教哲学以及印度哲学等。在佛教哲学方面的研究著作有郑金德的《现代佛学原理》（1982）、严北溟的《中国佛教哲学简史》（1985）、方立天的《佛教哲学》（1986）等。佛教思想的论文结集出版的有方立天的《魏晋南北朝佛教论丛》（1982）、张曼涛的《佛教思想文集》（1980）等。道教哲学的研究以卿希泰的《中国道教思想史纲》第一卷（1980）为标志，开始了对道教思想的系统研究。此后的著作有葛兆光的《道教与中国文化》（1987）、汤一介的《汉魏两晋南北朝时期的道教》（1988）等。基督教哲学的研究有尹大贻的《基督教哲学》（1988）、阎国忠的《基督教与美学》（1988）等。印度哲学的研究有徐梵澄译的《五十奥义书》（1984）、汤用彤的《印度哲学史略》（1988）等。

宗教史学可以说是中国宗教学研究成果最丰的领域，其数量也许超过其他分支学科的总和许多倍。但是由于沿袭下来的人员分布和知识结构等原因，中国的宗教史学实质上只是各种不同宗教各自的历史研究之总汇。事实上，各种不同宗教的研究也大多集中于历史的研究。仅就综合性的或不分教别的宗教史研究而言，这一阶段的前期主要翻译了苏联的《宗教史》（1984）和《世界各民族历史上的宗教》（1985）等书，撰写了《世界三大宗教》（黄心川等编著，1979）等小册子，后来则有黄心川主编的《世界十大宗教》（1988）。后期的宗教史写法比前期有了极大的进步，观点平稳而材料翔实，然而，由于历史的局限，大多只是把不同宗教的简史集中在一册书中而已，还谈不上把宗教作为一个整体来探讨其历史发展，并作出理论总结或提出某种历史理论模式。①

---

① 参见何光沪：《中国宗教学百年》，《学术界》2003 年第 3 期。

3. 宗教各分支研究

这一时期的宗教中的各个分支，像佛教、道教、基督教、伊斯兰教、犹太教等都随着改革开放的到来，获得了自身的发展契机，取得了一定的研究成果。

（1）佛教研究

此阶段，中国的佛教研究取得了不少成果，任继愈以马克思主义的唯物史观来研究佛教思想史，对佛学研究起到重大的影响。他撰写的《汉唐佛教思想论集》（1962）是这一方法运用的开山之作和代表作。由任继愈主编，杜继文、杨曾文等人参加撰写的《中国佛教史》（全书拟出八卷。1981 年出第一卷［东汉三国］，1985 年出第二卷［两晋］，1988 年出第三卷［南北朝］）充分利用国内外研究成果和考古新发现，内容相当丰富。此外郭朋的《隋唐佛教》（1980）、《宋元佛教》（1981）、《明清佛教》（1982）和《汉魏两晋南北朝佛教》（1986），方立天的《魏晋南北朝佛教论丛》（1983），也都成为中国的佛学代表作品。值得一提的还有吕澂的《中国佛学源流略讲》（1979）和《印度佛学源流略讲》（1979）二书，这是吕先生中年佛学研究的精华，代表了他的学术高峰期的成熟之作，也是传世的佛学名著。这一时期的藏传佛教的研究也开始了新的局面，代表性的著作有王辅仁的《西藏佛教史略》（1982）、彭英全编著的《西藏宗教概述》（1983）和李冀诚、许得存编著的《西藏佛教诸要宗义》（1985）等。

（2）道教研究

这一时期的道教研究开始有了国家计划保证，在若干大学和社会科学院系统的宗教及哲学的研究所里，出现了专攻道教的教师、科研人员。一些老专家的著作开始出版或重印。较早的有 1979 年王明的《太平经合校》，其后，1985 年陈国符出版名著《道藏源流考》。1984 年，王明的《道家和道教思想研究》出版，其中有一部分论文是 1949 年以前的作品。1980 年，卿希泰的《中国道教思想史纲》第一卷出版，立即引起了一定反响。这是第一部系统阐发道教思想的著作，也是改革开放后的第一部有关道教的学

术新著。1983 年，《中国道教史》列入国家"六五"社科课题，四川大学
宗教学研究所一批在读的硕士生、博士生，参加了多种大型项目的研究。
这一时期的道教研究，文化学的维度曾有重要影响，由此时期的出现的文
化热所致。一是谈道教在中国文化中的地位，二是讲道教的文化内涵，出
现大批讲"道教文化"的作品。此外，道教养生学和内丹、气功学也有研
究，其著作有马济仁的《中国气功学》(1988)，李远国的《气功精华集》
(1987)、《道教气功养生学》(1988)，吕光荣主编的《中国道教气功养生
大全》(1988) 等，内丹类论著有周士一、潘启明合著的《周易参同契新探》
(1981)，该书较早从理论上探讨了《周易参同契》中的内丹术，并与现代
科学相结合。

(3) 伊斯兰教研究

"文化大革命"后，伊斯兰教研究也开始了。1979 年 8 月，新疆乌鲁
木齐举行带有全国规模性质的伊斯兰教研究工作座谈会，虽然名义上冠以
西北五省区，但却面向全国各地从事伊斯兰教研究的学者。这种专门讨论
伊斯兰教研究的大型学术交流会议在中国尚属首次，它所起到的学术推动
作用也是关键性的，可以视为中国伊斯兰教研究的新起点。80 年代，在
宁夏银川(1980)、甘肃兰州(1981)、青海西宁(1982)、陕西西安(1983)、
新疆乌鲁木齐 (1986) 等地，相继召开了五次伊斯兰教学术研讨会。这
五次会议被视为中国开展伊斯兰教研究的"里程碑"。从这些会议的议题
来看，伊斯兰教研究的范围也明显拓宽了许多。如清代以来的伊斯兰教问
题，伊斯兰教传入中国的分期问题和它与中国传统文化体系的相互融合、
拒斥以及相互影响的问题，中国西北地区的伊斯兰教教派门宦及其渊源问
题，关于伊斯兰教在中国各地区的传播及其特点问题，国外对伊斯兰教的
研究历史与现状的问题，等等，都成为人们探讨的内容。由此形成的一批
学术著作有勉维霖的《宁夏伊斯兰教教派概要》(1981)、马通的《中国伊
斯兰教派与门宦制度史略》(1983) 和《中国伊斯兰教派门宦溯源》(1986)
等，均由宁夏人民出版社出版，反映的主要是中国伊斯兰教主要教派和门

宦及其支派等问题。另有中国社会科学出版社出版的《什叶派》（1983）一书，它是国内比较集中系统的介绍伊斯兰教研究室集体编译而成。此外，学术著作还有白寿彝的《中国伊斯兰史存稿》和《回族人物志》（元代），由宁夏人民出版社分别于1983年和1985年出版。李兴华、冯今源编著的《中国伊斯兰教史参考资料选编（1911—1949）》（上下册，1985），是新中国成立后第一部有关中国伊斯兰教历史的论文、资料汇集著作。

（4）基督教研究

由于"文化大革命"前我国基督教研究同行和欧美学术界同行联系中断，学术研究受到了一定影响。"文化大革命"后，基督教研究进入了恢复与发展阶段。这一时期的学者开始大量翻译西方原著。法国汉学家谢和奈的名著《中国与基督教的冲撞》同时出现了上海古籍出版社和辽宁人民出版社的两个译本。在资料翻译方面，有何高济等译的《利玛窦中国札记》（1983）、杜文凯编的《清代西人闻见录》（1985）等。著述方面也出现了不少思想解放、观点深入、学术扎实的论著。朱维铮的《走出中世纪》（1986）在结合明清史论述在华耶稣会士的历史方面开风气之先。1982年车铭洲的《西欧中世纪哲学概论》出版，在我国的基督宗教研究领域具有开创性的意义。该书的出版结束了以往苏联的翻译著作在国内一统天下的局面。1988年尹大贻的《基督教哲学》出版，该书是新中国成立以来首部系统介绍基督教哲学的著作，全书覆盖面很大，包括了从基督教产生到20世纪中期的基督教神学与哲学的发展过程。

（5）犹太教研究

这一时期以潘光旦于1980年5月在《中国社会科学》双月刊上发表的《关于中国境内犹太人的若干历史问题》论文为新的开端，此文再次引起世界学术界对于中国犹太教特别是开封犹太人的关注。与此同时，中国对犹太教的整体研究也开始步入正轨。这一时期的代表作有潘光旦的专著《中国境内犹太人的若干问题——开封的犹太人》（1983）。该书参考了以往中外学者的研究成果，在资料的搜集上力求完备，具有很高的学术价值。江文汉的《中国古代基督教及开封犹太人》（1982）一书中有关近世上海犹太人情况的介绍是以往著作中很少见的。高望之的《中国历史上的犹太教和犹太人》（1985）被收入中华书局出版的《第十六届国际历史科学大会中国学者论文集》，是借鉴以往中外学者的研究成果撰写出来的力作。在这篇论文中，作者介绍了中外学者对中国历史上犹太教与犹太人的研究状况及各自的独到之处，探讨了关于犹太人来华路线、时间的诸家说法。这篇论文见解新颖、精当、独特，发表后立即受到国际学术界的重视。这一时期的研究较第一时期有了长足的进步，其特点是对中国犹太教的专题研究更为深入，引用资料更为广博、翔实，观点更为独特、精当。研究犹太教的学者队伍扩大，赵复三、潘光旦、高望之、江文汉、龚方震等资深学者介入，使犹太教研究有了质的飞跃。①

五、现代科技革命与中国的科学技术哲学研究

五四运动之后的 20 多年，科学哲学在中国曾有过一段相对繁荣的发展时期。当时，仅在上海一地就出版了几十种科学哲学的译著和著作。其后 30 多年，由于种种原因，科学哲学没能得到长足的发展。"文化大革命"结束后的 1976 年，正当波普尔和库恩名满天下之时，在中国哲学界，并没有几个人真正了解他们的学说，甚或相当多的人还不知道他们的名字。1976 年"四人帮"垮台后，国家经过两年的恢复，学术界经过两年的准备，科学哲学也悄然而生。随着中国的改革开放，科技领域日新月异，社会经济大潮中的科技发展迅猛，必然要求相应的科学技术哲学给出理论的支持并就一些相关问题做出理论上的探讨，促进了中国科学技术哲学的研究。

1977 年 12 月，全国自然辩证法规划会议在北京举行，其任务是制

---

① 此节部分内容引自何光沪：《中国宗教学百年》，《学术界》2003 年第 3 期；王雷泉、刘仲宇、葛壮：《二十世纪中国社会科学·宗教学》，上海人民出版社 2005 年版；转引自孙正聿：《中国高校哲学社会科学发展报告（1978—2008）哲学卷》，广西师范大学出版社 2008 年版，第 75—83 页。

定自然辩证法学科发展规划，筹建中国自然辩证法研究会，筹办学术刊物《自然辩证法通讯》。1978年1月6日，《一九七八年——一九八五年自然辩证法规划纲要（草案）》正式成文下发，它强调要加强自然科学方法论、各门自然科学哲学问题和外国科学哲学的研究。同年7月，中国自然辩证法研究会筹委会在北京举办"全国自然辩证法夏季讲习会"，来自全国28个省、自治区、直辖市的科技工作者、哲学和自然辩证法工作者共1500余人参加了会议，听取3位科学家和学者的专题报告。这次讲习会产生了巨大的轰动效应，其影响经年不衰。1978年1月，《中国自然辩证法研究会通信》创刊，这份四开四版半月刊的学术新闻性报纸是中国自然辩证法研究会的会刊，其目的在于促进自然辩证法的学习、研究和普及（于1990年底停刊）；10月，《自然辩证法通讯》出版试刊。我国学者关于科学技术哲学的讨论，主要从两个方面进行的：一是对国外科学技术哲学思想的翻译介绍研究，二是学者自身所做的理论创新。

1. 国外科学技术哲学思想的翻译介绍研究

在20世纪70年代末和80年代初，学术界对科学技术哲学的研究基本上还处在翻译和评价阶段。当时，《自然科学哲学问题》和《科学与哲学》译载了波普尔、库恩、拉卡托斯、费耶阿本德、劳丹、图尔敏、普特南、汉森、夏佩尔等西方科学哲学家的论著，以及国外的有关评论文章。同时，一批科学哲学译著也相继问世，诸如库恩的《科学革命的结构》（李宝恒、纪树立译，1980）和《必要的张力》（纪树立、范岱年、罗慧生等译，1981）、约翰·洛西的《科学哲学历史导论》（邱仁宗等译，1982）、M.W.瓦托夫斯基的《科学思想的概念基础》（范岱年等译，1982）、A.F.查尔默斯的《科学究竟是什么?》（查汝强译，1982）、赖欣巴哈的《科学哲学的兴起》（伯尼译，1983）等。特别值得一提的是，商务印书馆在1978年前后出版了3卷本的《爱因斯坦文集》（第1卷由许良英、李宝恒、赵中立、范岱年编译，1977年出版；第2卷由范岱年、许良英、赵中立编译，1977年出版；第3卷由许良英、赵中立、张宣三编译，1979年出版），该文集是一项巨大而严谨的学术工程，搜集资料详尽，翻译质量上乘，在学术刊物上引用率很高。

在此基础上，学者对爱因斯坦的科学思想和哲学思想，对波普尔的批判理性论、证伪主义和划界问题、科学发现的逻辑、进化认识论，对库恩的范式、科学共同体、科学发展模式、科学革命的实质性进行探讨和研究，对拉卡托斯的研究纲领进行了有深度的分析和评论。

80 年代中后期，当代西方著名科学哲学家的代表作陆续出版，如波普尔的《猜想与反驳》《客观知识》，拉卡托斯的《科学研究纲领方法论》《证明与反驳》，费耶阿本德的《反对方法》《自由社会中的科学》，劳丹的《科学与价值》《进步及其问题》，夏佩尔的《理由与求知》等，上海译文出版社在这方面功绩卓著。此外，还出版和发表了苏联一些科学哲学译著或译文，如凯德洛夫的《列宁与科学革命》（李醒民、何永晋译，1987）等。

在翻译和评价的同时，科学技术哲学研究者开始对科学哲学本身的对象、内容、含义等进行探讨。有学者认为，科学技术哲学的研究对象是科学理论、科学语言和科学活动。另有学者指出，广义的科学技术哲学是指以科学为对象，研究科学有关方面的一个分支；狭义的科学技术哲学的基本内容有七个方面：科学的性质和科学与非科学的分界，科学和科学认识过程的形式与要素，科学认识的程序，科学理论的结构和科学解释的逻辑，科学的检验逻辑和发现逻辑，科学理论的发展和变革即对科学进步和科学革命结构的研究，社会因素对科学发展的影响。

随着西方科学技术哲学思潮和流派的传入和引进，随着研究资料的积累和新的一代研究生与中青年学者的崛起，我国科学技术哲学工作者在消化和吸收外来成果的同时，也陆续拿出了自己的研究成果。这方面出版的著作主要有：李醒民的《激动人心的时代——世纪之交物理学革命的历史考察和哲学探讨》（1983）；江天骥的《当代西方科学哲学》（1984），该书是我国综合地评介西方科学哲学的第一本专著；舒炜光与邱仁宗主编的《当代西方科学哲学述评》和邱仁宗的《科学方法和科学动力学》（1984）等。

2. 科学技术哲学中讨论的主要理论问题

（1）科学发现的问题。邱仁宗的《论科学发展的模式》一文，论证了发现和发明，科学发现的层次，假说在科学发现中的作用，科学发现的理性，科学发现作为一个过程，以及发现和证明的统一性之后，提出了一种科学发现的模式。它的主要内容是：科学发现始于问题，问题是科学家心中对新的观察与旧理论之间矛盾的察觉。并且，1984年7月召开了"科学发现的模式"专题讨论会。在会议的基础上，邱仁宗主编了《成功之路——科学发现的模式》一书，对科学史上若干改变人们世界观或自然图景的科学发现范例，进行了案例分析。科学发现的哲学探索，引起了中国科学家的重视。中国科学院科技政策和管理科学研究所1986年在桂林召开了全国首次自然科学发现经验学术研讨会，会后编成《自然科学发现经验的探索》一书。李醒民的《科学创造的心理机制》《科学探索的动机》《现代科学的精神气质》等文，论述了科学精神和科学文化对科学的创造性思维的基础性作用。《科学发展和科学革命的内在动力》论述了实验（含观察）与理论之间的矛盾、各理论体系之间的矛盾促成了科学的"自己运动"，并讨论了内部运动作用的机制和科学家的探索动机。《科学革命的实质和科学进步的图像》指出，科学革命是科学观念——科学理论的基础或框架——急剧而根本的改造，其改造形式有彻底取代、旧名新意、合理推广、辩证综合、包容蕴含、标新立异，并描绘了科学发展的"进化革命"图像。《关于科学发现的几个问题》讨论了科学发现的起点、逻辑、心理机制，科学美、科学启迪与科学发现，科学革命家的精神气质等问题。

（2）科学理论的评价问题。当时的科学哲学研究者们对此进行了广泛的探讨。有的学者认为，评价可分为不同的类型：一类是按评价的不同结果分为真还是假的评价、程度或水平的评价；另一类是按评价的不同时期分为先验评价和后验评价。还有学者根据科学理论的相容情况进行相容评价。与这类评价密切相关的是分界评价，如区别科学与非科学的评价。学者们认为，科学工作者和哲学工作者的评价是两种不同的评价框架，前者是一级评价，后者是对前者所作评价的评价，所以是二级评价。此外，科学理论还可按其解释功能和预见能力进行评价，也即功能评价。有的学者根据科学理论的风格与品味去进行一种审美评价，以此可以判断一种科学工作是否处于科学思想的核心地带，并作出了本质性的洞见，一种理论是否足够重要，并具有强大的容涵性、可塑性、切实性，以保持长远的价值。在科学探索中，美常常成为真的先导，在理论假设或猜测（基本概念与基本原理）与实验有着较大距离时，以本质直观为基础的审美评价可以大体判断这种理论假设是否具有对实验现象的意向性，这种创造性的构想能否切中自然的本质结构。关于科学的解释，有学者比较了古代的拟人说、近代的机械学、现代的嵌入说解释，指出人本来是自然的一部分，人与自然本来具有天然的同盟关系：拟人说解释中，人与自然的同盟是以扭曲的形态出现的，实际上是用神性排斥人性，造成科学与人性的分离；机械说解释虽然削弱或驱除了科学中的神性，但同样也破坏了人与自然的同盟，进而形成了两个世界、两类科学、两种文化；现代科学和嵌入说解释正在把二者统一起来，建立人和自然的新同盟，沟通人与自然通信的渠道，从而使科学具有人性，人性具有科学性。①

（3）科学合理性的问题。科学知识发展的合理性问题是当时科学技术哲学的中心问题。它由历史主义学派首先提出来，关注的是科学研究的思想程序是否具有确定而客观的特征，借以说明科学是一项理性的事业。江天骥的《科学合理性，形式的还是非形式的》一文，全面概述了当时西方科学技术哲学中关于科学合理性的争论及各自的观点和立论的根据。文章指出，科学合理性是整个科学哲学领域的中心问题。金吾伦的《科学进步和科学的合理性》也介绍了科学合理性问题提出的背景、意义和当时西方科学哲学家的看法。作者认为，科学合理性问题的争论，提出了对马克思主义真理观做深入探讨的要求。李醒民在《科学革命的语言根源》中，从

---

① 参见李醒民：《科学解释的历史变迁》，《自然辩证法研究》1987 年第 5 期。

语言哲学这一独特视角考察了科学革命的深层结构和科学发展的内隐真相，严密论证了下述观点：科学革命是科学"词典"的重新编纂，导致科学革命的科学发明实质上是"语言游戏"，科学革命促使科学共同体的"生活形式"发生了根本性的变化。

（4）科学创造的心理意象问题。李醒民在《创造性科学思维中的意象》中引用美国科学史家与科学哲学家阿瑟·米勒的研究，以彭加勒、爱因斯坦、玻尔和海森堡的科学创造活动为例，比较深入地探讨了心理意象在科学发明过程中的作用，勾勒出创造性科学思维的动力学。彭加勒的感觉意象是"迅速地领悟论据整体的能力"，"也可以说是这种秩序的感觉或直觉"，它发生于有意识的工作—无意识的工作—有意识的工作的循环过程中，在有意识工作之间潜在的自我机智、敏锐，能够辨认，知道如何选择、如何凭直觉推测，通过直觉与审美感在无数组合中辨认、选择，和谐的、同时也是有用的、美的组合激起数学家的精神共鸣，使其毫不费力地包容整体，洞察到了一个秩序井然的整体，从而从无意识领域闯入意识领域，这便是顿悟或灵感的降临。爱因斯坦的视觉意象是从我们在感觉世界中实际目睹的对象或现象中抽象出来的或建构起来的一种形象思维，本质上是非词语的、非线性的过程，是一种从显然不同的领域的元素中引出的网状过程。以视觉意象展开的思想实验是科学家用来把大自然放在精神之眼下进行试验的工具，通过创造有假想主体干预的假想客体的表象的运动来揭示事物的规律。玻尔的互补原理是对知觉世界的限制隐喻，普朗克常数的微小量把波和粒子模式关联而成的波粒整体，由于我们感官知觉的限制而对我们隐藏起来，我们又只能用感官知觉调和的语言表述物理定律、原子物理学定律要求摆脱视觉的形象化，原子整体的知觉模式依赖于所用的实验安排，波和粒子模式不能在单一实验中显示出来，但对于描述原子整体的特征两种模式是互补的。海森堡的心理意象模式是用数学而不是由知觉获得的，原子领域的某种视觉意象能够通过新原子物理学的数学而得到，新原子物理学的数学符号决定了理论的物理意义和它的视觉意象。创造性思维是在资料的多维场上自由运动的高度直觉性思维，而不是演绎的或语词的只能直线地或分段地进行的思维。心理意象作为创造性科学思维的关键成分，既可以从实验观察到的对象来构造，也可以从物理理论的数学形式中抽象，一种理论从深层看来就是一种特殊的想象模式。格式塔心理学和发生认识论等认知心理学，对于研究心理意象乃至创造性科学思维的动力学来说是极为有用的，但这必须在科学史这一认知研究的实验室中来进行。[1] 李醒民在《爱因斯坦》中指出，宇宙宗教思维"能透过现象与实在神交，直接导致灵感和顿悟，从而触动直觉和理性，综合而成为科学的卓越和敏锐的洞察力。与此同时，这种思维方式所运用的心理意象和隐喻、象征、类比、模型，径直导致新的科学观念的诞生。"[2]

（5）科学精神和科学文化问题。科学精神和科学文化问题是对科学的存在论反思所提出的问题，必然涉及对科学的人文主义理解。科学精神和科学文化问题的思考与探讨，呈现了科学的价值，发现了科学所扎根的深厚的人性基础，确立了科学探讨与创造的崇高旨趣，为科学的健康发展敞开了广阔的空间。科学的价值就是人通过科学追求所实现的自身价值，科学并非一种工具性知识，而是人成就人格与智慧的理想空间，可以说，科学就是一种精神与智慧。科学的价值揭示了更高级的理性，既批判了实证主义对科学的肤浅理解，又回击了人文主义反科学、反理性的狭隘、短视的做法。李醒民批判了科学价值中性的神话，指出科学之所以渗透价值，在于科学是人的科学、历史中的科学，而不是超人的、超历史的，它必然要受到人的认识能力的局限和历史的局限，作为科学认识主体的科学家是有血有肉的、富有想象力和创造力的人，他们必然有选择、有偏爱。科学思想的价值相关性正是科学的深远意义所在，它把科学与整个人类文化统一起来。[3] 当然，科学思想的价值维度与客观性的隐秘关联尚未被探讨，

---

① 参见李醒民：《创造性科学思维中的意象》，《哲学动态》1988 年第 2 期。

② 李醒民：《爱因斯坦》，商务印书馆 2005 年版，第 375 页。

③ 参见李醒民：《科学价值中性的神话》，《兰州大学学报》1991 年第 1 期。

这指向了存在—真理—价值的统一性这一更为深远的问题。有学者揭示了科学的四条精神气质：普遍性、公有性、无私利性和有条件的怀疑论。科学具有真善美的构架：科学之真表现为它的客观性、自主性、继承性、怀疑性；科学之善表现为它的公有性、人道性、公正性、宽容性；科学之美表现为它的独创性、统一性、和谐性、简单性。① 科学的首要精神正是理性精神与实证精神，二者结合构成科学的怀疑、平权、多元特征，并以此为根据打破了一贯正确、唯我独尊、一元化的旧思维规定，建立了怀疑批判、科学平权、多元化的新思维方式。李醒民在《应该大力弘扬科学精神》中指出，科学是一种知识体系、研究活动和社会建制。科学精神恰恰也与之对应地体现在科学思想、科学方法和科学精神气质这样三个方面：科学思想是科学知识体系的精华所在，具有革命性，能扩大视野，开阔胸怀，启迪心智，消除愚昧，反对教条，破除迷信，同时也为人们观察和分析问题提供了"科学的透视"，即科学思想革命性的两个相辅相成的方面——革故和鼎新，自我批判是科学的生命。科学的统一不在于它的材料，而在于它的方法，科学的经验方法、理性方法、臻美方法，显示了科学的实证精神、理性精神、审美精神，它能潜移默化地使人们树立求实、尚理、爱美的思想情操。至于作为科学共同体的行为规范和道德理想的科学精神气质，它不仅是维护科学共同体稳定秩序的基石和科学发展的保证，而且也与社会文明的进步和人的自我完善的大目标是相通的。当时的反科学思潮没有看到科学的深层涵义即科学精神，是真善美三位一体的和谐统一体，科学的精神价值是无法用数量衡量的最高意义上的价值。只有科学精神变为国民的自觉意识，我们所追求的现代化才不会仅仅是物的现代化，而且也是人的现代化。② 在《关于科学和价值的几个问题》中指出，科学价值是人的价值，科学共同体探索真理的直接共同目标，使单个科学家是独立

---

① 参见李醒民：《论科学家的科学良心》，《科学文化评论》2005年第2期。

② 参见李醒民：《大力弘扬科学精神》，《科学导报》1993年第4期。

的，也使科学家群体是宽容的，进而塑造了异议、思想和言论自由、公正、人的尊严和自重等人的价值，而且有这种价值的人又大大推动了科学的发展和社会的进步，从而使人与科学在这种张力和互动中丰富起来、完善起来的。①李醒民在翻译《科学的智慧》时指出，大多数社会成员只注意到科学对社会的"形而下"（或曰"器物层次"）的作用，而低估乃至忽视它的"形而上"（或曰"观念层次"）的作用，长期以来把科学简单等同于技术，至多视为一种客观的、严密的静态知识体系，而很少看到科学的智慧对于思想启蒙与解放、对于提高社会主义精神文明和社会成员文化素质的作用。科学是智慧而不是知识，这种智慧构成了人们安身立命之本与人类文明永存的基础。②"科学即智慧"的思想深入人心，必会对社会的精神生活、人的现代化、人才教育和培养等产生不可估量的影响。

3. 科学技术哲学研究的特色

这一时期的科学技术哲学研究，并没有局限于狭义的科学技术哲学，它具有以下几个特色：

（1）科学技术哲学研究尚处于自然辩证法框架的整体性之中：一方面通过对西方科学技术哲学的翻译与研究以及对各门自然科学问题的切实的哲学反思，使自然辩证法研究超越了原则在先的教条主义学风，不再以苏联模式的教科书原理对科学研究进行抽象定性与武断的评价，而是深入科学思想的运动本身，从对科学问题与科学理论的近距离巡视中揭示出所蕴含的哲学认识论与价值论问题，从而使科学技术哲学研究成为自然辩证法领域改革开放的窗口，这可以说体现了"实践观点的思维方式"；另一方面自然辩证法使对科学思想的具体反思保持住了一种远距离的、永恒的、整体性目光，使这个具体反思是哲学层次的，从而超越了西方科学主义思潮对科学的狭隘而肤浅的理解，使科学扎根于深厚的存在论基础，守护住

---

① 参见李醒民：《关于科学与价值的几个问题》，《中国社会科学》1990 年第 5 期。

② 李醒民：《什么是科学——为〈科学的智慧：它与文化和宗教的关联〉序》，《民主与科学》1998 年第 4 期。

了哲学智慧的本质性一度。

（2）对各门自然科学哲学问题的研究一直持续地进行着，每年都有为数不少的研究成果发表。尤其对物理学哲学和数学哲学的研究比较深入，比如对互补原理和物理学理论结构的研究就颇有新意。

（3）对信息论、控制论、系统论、耗散结构、突变理论、混沌、生态学等综合学科的哲学研究也逐渐深化，取得了引人注目的成果。

（4）对作为科学家的哲学家或哲人科学家的思想研究始终是研究的重点之一，十余年来取得了丰硕的成果。《自然辩证法通讯》和《自然辩证法研究》每年都刊有这方面的研究论文，前者还有"人物评传"栏目，全面评介有关科学家的科学贡献、科学思想、哲学思想乃至精神风貌。尤其是对马赫的哲学特征、精神气质和方法论的研究，对彭加勒的经验约定论思想的研究，对爱因斯坦唯理论思想、经验约定论思想以及他的认识论和方法论的两极张力特征的研究都具有独创性。在爱因斯坦诞辰100周年（1979年）、逝世30周年和狭义相对论创立80周年（1985年）时，还分别举行了爱因斯坦研究学术研讨会。

（5）在对科学哲学史的哲学分析和科学思想史的研究也有不同凡响的成果，对一些传统的哲学问题，如时空、物质、实在、感觉、知觉、记忆等，也从科学和科学哲学的角度进行了新的深入研究，展示了别具一格的视野。

自1978年改革开放十多年来，科学技术哲学取得了令人瞩目的进展。不仅国外学界成果被大量地引进国内，并且，国内学界在此基础上进行了深入而广泛的理论研究。这种研究同时伴随着社会科技领域的发展变化，在两者的互动中，相互促进了彼此的发展。①

---

① 此节部分内容引自李醒民：《一九七八年以来的大陆科学哲学》，《中国论坛》1992年第23期；杨春贵：《中国哲学四十年》，中共中央党校出版社1989年版；尹继佐、高瑞泉：《二十世纪中国社会科学》，上海人民出版社2005年版；丁祖豪、郭庆堂、唐明贵：《20世纪中国哲学的历程》，中国社会科学出版社2006年版；转引自孙正聿：《中国高校哲学社会科学发展报告（1978—2008）哲学卷》，广西师范大学出版社2008年版，第55—60页。

第六章 ｜ 面向世界、面向现代化、面向未来的当代中国哲学

一、改革开放与邓小平理论的哲学思想

改革开放是中国特色的社会主义的伟大实践，邓小平是中国社会改革开放的总设计师。邓小平理论，是以邓小平为主要创立者、在改革开放的伟大实践中探索与总结出的建设有中国特色的社会主义的理论体系。

1.活在现代中国的马克思主义

邓小平理论是马克思列宁主义的普遍原理与中国社会主义现代化建设的具体实际相结合的产物，是马克思主义中国化的一大理论成果，是中国共产党获得的与苏联模式不同的社会主义建设经验的理论总结，是毛泽东思想的继承与发展。毛泽东和其他老一辈的革命家，早就发现苏联模式的某些弊端，他们在寻找一条适合我国国情的社会主义建设道路的过程中，曾作出许多努力，提出社会主义建设的许多宝贵思想，邓小平理论继承了这些思想观点。党的十四大报告指出：邓小平理论"是在和平与发展成为时代主题的历史条件下，在我国改革开放和社会主义现代化建设的实践过程中，在总结我国社会主义胜利和挫折的历史经验并借鉴其他国家社会主义兴衰成败历史经验的基础上，逐步形成和发展起来的。它是马克思列宁主义基本原理与当代中国实际和时代特征相结合的产物，是毛泽东思想的继承和发展，是全党全国人民集体智慧的结晶，是中国共产党和中国人民

最可珍贵的精神财富。邓小平同志是我国社会主义改革开放和现代化建设的总设计师。他尊重实践，尊重群众，时刻关注最广大人民的利益和愿望，善于概括群众的经验和创造，敏锐地把握时代发展的脉搏和契机，既继承前人又突破陈规，表现出了开辟社会主义建设新道路的巨大政治勇气和开拓马克思主义新境界的巨大理论勇气，对建设有中国特色社会主义理论的创立做出了历史性的重大贡献"。[①] 这一理论主要体现在 1978 年中共十一届三中全会之后邓小平的各种讲话、报告与会议决议之中，是我们党在继承马列主义、毛泽东思想的基础上结合中国实践的时代特征提出来的观点。1997 年 9 月党的十五大把"邓小平建设有中国特色的社会主义理论"直接称为"邓小平理论"，并写入党章成为其指导思想之一。

党的十四大报告指出，这一理论的思想基础和精髓是，"在社会主义的发展道路问题上，强调走自己的路，不把书本当教条，不照搬外国模式，以马克思主义为指导，以实践作为检验真理的唯一标准，解放思想，实事求是，尊重群众的首创精神，建设有中国特色的社会主义"。[②] 因而有学者认为，邓小平理论是一场以"实事求是"为精神实质的思想解放运动过程中产生或引用的旨在打破精神桎梏，促进社会主义经济和社会发展的一系列指导思想的总汇。在这一精神下，做出了关于基本国情的判断，即我国还处在"社会主义的初级阶段"，这构成了制定一切方针政策的依据与邓小平理论的立论基点。立足"社会主义的初级阶段"这一最大的实际，根据马克思主义的人类解放的根本旨趣，邓小平明确了社会主义的根本任务问题与现阶段我国社会的主要矛盾，完整地阐述了社会主义的本质，确立了经济建设这一中心，并以"三个有利于"的判断根据充实了"实践标准"，实现了实践基础上的真理论与价值论的统一。为了解放社会主义的发展活力，强调作为社会主义的自我完善的改革必须是社会主义体制

---

① 《改革开放三十年重要文献选编》上，人民出版社 2008 年版，第 656 页。
② 《改革开放三十年重要文献选编》上，人民出版社 2008 年版，第 654 页。

的根本性变革，包括以坚持公有制与按劳分配为主体，其他经济成分和分配方式为补充的基础上建立和完善社会主义市场经济体制为目标的经济体制改革，以完善人民代表大会制度、共产党领导的多党合作和政治协商制度为主要内容，发展社会主义民主政治为目标的政治体制改革，以"有理想、有道德、有文化、有纪律"为目标的社会主义精神文明建设。社会主义内部改革的外部条件则是，在和平与发展的当代世界大势下，必须坚持独立自主的和平外交政策，实行对外开放，吸收和利用世界各国包括资本主义发达国家所创造的一切先进文明成果来发展社会主义。为了保证改革开放与现代化建设的健康发展，提出了四项基本原则的立国之本。在社会主义建设战略问题上，提出了"三步走"的战略，允许和鼓励一部分地区一部分人先富起来，以先富带动后富，逐步实现共同富裕。确立了社会主义的领导力量与依靠力量，加强党的建设，改善领导工作，建立依靠全体社会主义劳动者、拥护社会主义与祖国统一的爱国者的最广泛的统一战线。为了祖国统一，创造性地提出了"一国两制"的创造性构想。

2. 作为实践哲学的邓小平理论

邓小平提出，要准确完整地理解毛泽东思想的体系，批判了对毛泽东思想的庸俗化，强调了"实事求是"作为毛泽东思想的精神实质。这同样也是邓小平理论的精神实质，我们必须完整准确地理解邓小平理论的体系。邓小平理论构成了较为完整的建设有中国特色的社会主义理论体系，这不是一个既成的、封闭的体系，而是一个以"解放思想、实事求是，团结一致向前看"为思想路线，不断研究新情况、解决新问题、提出新思想、开显新境界的开放发展、自我超越的创造性体系。

正因为邓小平理论构成了完整的建设有中国特色的社会主义理论体系，有学者抽取了邓小平理论中许多对对立统一的范畴，构成邓小平理论的范畴体系，并以此作为邓小平的哲学。确实在邓小平理论中，有许多富有张力、对立统一的思想范畴，体现了深刻的辩证智慧。邓小平理论"把坚持马克思主义基本原理同推进马克思主义中国化结合起来，把坚持四项基本原则同坚持改革开放结合起来，把尊重人民首创精神同加强和改善党的领导结合起来，把坚持社会主义基本制度同发展市场经济结合起来，把推动经济基础变革同推动上层建筑改革结合起来，把发展社会生产力同提高全民族文明素质结合起来，把提高效率同促进社会公平结合起来，把坚持独立自主同对外开放结合起来，把促进改革发展同保持社会稳定结合起来，把推进中国特色社会主义伟大事业同推进党的建设的新的伟大工程结合起来"①，这些对立统一是在解放思想、实事求是的伟大实践中完成的。但是，这些对立统一的思想范畴并不能直接提升转化为哲学的概念范畴。严格说来，邓小平并未提出任何可以充实到哲学史的哲学范畴与原理，邓小平理论的哲学思想超越了有形的、直接的哲学理论层面，达到了无形的、内在的哲学智慧层次。

有学者指出，存在两种哲学："一种是以各种特定的哲学范畴、命题，按照一定的规则建构、表达出来的哲学，这主要是以哲学研究为专业的哲学家、哲学工作者的哲学；另一种是把哲学的立场、观点、方法娴熟地运用于现实问题的分析、解决之中，没有完整的哲学体系，没有多少专门的哲学术语，但却包含深邃的哲学思维，这主要是革命家、政治家、实际工作者的哲学。……邓小平的哲学思想无疑属于后者。它是从马克思主义哲学体系中生长出来，并融化于当代中国实践活动中，通过谈话或对话形式，以普通语言表达的哲学思维。邓小平的著作虽没有一篇专门讲哲学问题，但没有一篇不是从哲学的角度提出问题和从哲学的高度来说明问题的。"②邓小平的哲学是一种与外部有形的理论哲学传统不同的"改变世界"的实践哲学，这是一种能够脚踏实地、高瞻远瞩、洞察本质、超越两极、开拓创新的战略性的实践智慧。

---

① 郭建宁：《试论中国特色社会主义体系的哲学基础》，《中国特色社会主义研究》2009 年第 1 期。

② 田启波：《论邓小平哲学思想及其特色》，《现代哲学》2001 年第 1 期。

按照传统的理论哲学模式或哲学原理教科书模式，邓小平理论并没有自己的哲学，但邓小平理论是一种与传统理论哲学不同的新哲学，而且深得马克思哲学革命的精神实质。传统理论哲学确立了观念性活动的优先地位，追求超历史的绝对观念作为规范人的思想与行为的根据与标准，这是一种抽象理性主义的先验思维方式，正是针对它，歌德说，"理论是灰色的，生活之树常青"。邓小平理论是一种不同于理论哲学的实践哲学，她不是以原则在先的抽象理论观念去"解释世界"或规定生活，而是在"改造世界"的实践活动中去创造性地发现生活的观念与世界的原则，这正是历史唯物主义的方法论与"实践观点的思维方式"。马克思曾经说过，我们无法教条式地预料未来，只能在"批判旧世界中发现新世界"，"共产主义对我们来说不是应当确立的状况，不是现实应当与之相适应的理想，我们所称为共产主义的是那种消灭现存状况的现实的运动。这个运动的条件是由现有的前提产生的。"[1]

苏联模式的社会主义就是把社会主义当成了"应当确立的状况""现实应当与之相适应的理想"，不能从本国的实际情况即"现有的前提"出发，只是满足于"教条式地预料未来"并抽象地规定现实生活，结果使社会主义事业偏离了正确的方向。邓小平理论正是一种"在批判旧世界中发现新世界"的马克思主义的实践哲学。所谓"解放思想"，就是把思想从原则在先的教条主义框架与抽象理念的僵化规定中解放出来，让思想的自由沉入到现实的社会实践中去，一切从实际出发，开拓创新，锐意进取。所谓"实事求是"，就是不以马列主义本本上的非关社会主义本质的具体结论作为我们的社会主义模式，而是从社会主义现代化建设的实践中去探索社会主义的发展道路与规律。所谓"团结一致向前看"，就是搁置争论、包容矛盾、承受异化、抓住根本、眼光远大、致力发展，在向前发展的实践中超越对立、扬弃异化、解决问题。

---

① 马克思、恩格斯：《德意志意识形态（节选本）》，人民出版社2003年版，第31页。

3.邓小平理论的"事后的反思"品格

社会主义虽有着理想追求与根本旨趣，但社会主义建设却无一定之规可循，在这个意义上社会主义没有具体的模板与蓝图。改革开放之前的30年，我国的社会主义建设虽然强调要从本国的实际出发，但并未能开创出一条自己的切实道路，还是较多地参照了苏联模式的社会主义，并且过多地照搬了马列主义本本上的非关社会主义本质的具体结论。可以说，那时的社会主义建设是原则在先的、有既定的模式与蓝图必须要遵循的，而人的存在方式是大一统的、由上而下的、原则观念在先的封闭式的集群主体的存在，个人活动基本上是落实既定观念的等、靠、要的状态，没有进行探索、发挥独创性的必要性与可能性。这样的社会主义只能是在本本上早已建成的僵化封闭的社会主义。社会主义的价值追求是她的理想、方向，却不是具体的实现方式，价值理想与实现它的方式是不同的，原则在先的从本本上来的社会主义并非真正的社会主义。为了破除教条主义的束缚，邓小平首先面对"什么是社会主义"的问题，其后邓小平确实也阐述了社会主义的本质，但这一本质洞察与其说是建构性的规定性的定义，不如说是反思性的、范导性的、解放性的（批判性的）。邓小平对"什么是社会主义"的本质性追问并没有再给出一套在先的既定原则，而是扫除了一切关于社会主义的非本质的固定规定，在"怎样建设社会主义"中创造（发现）社会主义的具体本质。而"如何建设社会主义"则是一个在实践中探索与发现的"摸着石头过河"的问题，邓小平的社会主义不是原则在先的，而是实践创造的，邓小平关于社会主义的本质性追问与洞察，正是我党"解放思想、实事求是"的思想路线的集中体现。

在中国社会主义建设实践的"实事"中求得的社会主义的本质与规律之"是"，不是可以抽象套用的公式，而是一种"具体的普遍性"，是"建设有中国特色的社会主义"的理论体系。社会主义的本质与规律作为一种"具体的普遍性"，不是在事先就能被逻辑先在的理论观念所抽象规定的，国际共产主义运动的经验教训与其他社会主义国家的建设经验也不是可以直接照搬运用的，而只能作为一种踪迹或路标进行反思，在根本上只有从我们本国的实际出发，社会主义的本质与规律不能离开我们自己的社会主义建设的实践活动而抽象地存在着，实践智慧的伟大之处正是与社会主义的本质与规律的存在方式即"具体的普遍性"内在相关的。"一切从实际出发"的那个"实际"，并非一个中性的静态的现存状况（平面性事实），而是内蕴着价值理想的范导性于其中，从而使之成为生机勃勃、前景远大的开端。"一切从实际出发"就是从这种反思性的价值导向对我们的现实生活进行重新整合、从头创造。

邓小平的"猫论""摸论""不争论"，就是不去"教条式地预料未来"和划定道路，事先并没有一个关于社会主义的本质与规律的建构性的规定性的蓝图与模式，关于"什么是社会主义"与"如何建设社会主义"的问题，只能在实践中去探索、发现与创造。没有预先存在的规定性的条文框架，在实践的探索与创造之后却能够判断是非好坏，"摸着石头过河"不但能到彼岸而且能发现以更好的方式到彼岸。这是因为我们的"实践标准"不仅内蕴着人类解放的根本旨趣，还在后来被邓小平充实了"三个有利于"作为社会主义建设的价值导向。邓小平在实践基础上实现了真理观与价值观的统一，这说明"实践是检验真理的唯一标准"所关涉的不是一个事实判断的问题，而是一个价值创造的问题。因此，我们就能在实践活动中创造性地发现可以被引向社会主义的价值理想，更好地呈现社会主义的本质的方式与道路，进而对于实践创造的成功典型加以提升与推广，作为理论去指导进一步的行动。这样，我们就能在"建设有中国特色的社会主义"的伟大实践中，具体地呈现社会主义的本质，创造性地发现社会主义的发展规律。更为深刻的是，我们的实践作为社会主义现代化建设活动本身就是被社会主义的本质具体无形地范导着、反思性地引领着。邓小平的实践智慧的"具体的普遍性"在于，社会主义的本质与规律不能离开"建设有中国特色的社会主义"的伟大实践而抽象地存在，只能在改革开放的社会实践中去构成，"社会主义的本质"不是在抽象的理论观念中存在的规定性的判断，而是在具体的实践活动中呈现的反思性的价值创造。

邓小平的实践哲学具有"理在事中"的"反思性"的品格，但这种实践哲学的深刻性与整体性在于，它不仅把实践从原则在先的教条主义框架中解放出来，而且否定了理论超过其起作用的方式、范围与程度的虚假存在，使理论处于与实践的良性互动的螺旋式上升的辩证发展过程之中，从而在面向实事本身中解放了理论的生命力。邓小平发明了"不争论""摸着石头过河"，对于新生事物不下断语，而是在其实践创造进程中不断反馈调整，等具有了更深刻的体验与思索之后才提升出理论判断，这无疑凸显了实践的基础性地位，但并没有否定理论的超越性作用。能够指导进一步的实践并使之更为自觉的理论，是内在于实践并实事求是的活的理论，不是教条主义的抽象规定。"实事求是"的精髓在于理论与实践的统一，从实践中来到实践中去，最终形成一个实践、理论、再实践、再理论的螺旋式上升的创造性发展过程。邓小平理论不是单纯由邓小平的头脑构想思辨出的，而是尊重实践，注重反思与总结群众的经验与创造的结果。邓小平的"解放思想""实事求是"，破除了由上而下、观念落实的大一统、从本本上来的社会主义模式，冲破教条主义的桎梏，放手发动群众的历史首创精神，让群众勇于在实践中开创与探索、闯出一条道路，然后对群众的创造与经验进行反思与总结、转化与提升，做出符合"三个有利于"的政治决策，再因地制宜地实行下去，逐渐构成了"建设有中国特色的社会主义"的理论体系。实践的观点其实就是一种群众的观点，"实事求是"首先就是要解放群众的积极性与能动的创造性，因为"实事"不过是人民群众改造世界的创造性实践，深刻体现了"人民创造历史"的唯物史观。从群众中来的、由下而上的经验与创造，经过反思、总结、转化与提升之后形成理论，再到群众中去，由上而下地实现党对改革开放的坚强领导。改革开放作为社会发展的内在动力，就是解放生产力，也就是通过发挥群众的主动创造精神，解放人的本质力量。改革开放的启动及其政策的推行、落实都是由上而下的，但改革开放的目的却是造就人民群众的自主权利，大力发展经济建设这个中心，为了确保人民的自主性更为稳定地向上发展，即确保改革开放的健康发展，必须坚持四项基本原则、加强精神文明建设。

邓小平的"猫论""摸论""不争论"，意味着不能"教条式地预料未来"，不能以教条观念抽象地规定生活，只能在大胆的开创性实践中打开社会主义发展的一切源流。邓小平开辟社会主义建设新道路的巨大的政治勇气和开拓马克思主义新境界的巨大的理论勇气，正是根源于一种人类解放的胸怀与信念，马克思主义不是脱离人类文明发展大道的宗派主义的东西，社会主义也只有吸收一切人类文明创造的优秀成果才能建成。社会主义的优越性正在于人类解放的根本旨趣，因而社会主义道路能包容并吸收各种办法与成果作为"环节的必然性"，进而转化、提升它们，最终超越性地汇入以"每一个人的自由个性的全面发展"为条件的"一切人的自由个性的全面发展"的"全体的自由性"。邓小平敢于破除教条、搁置争议、解放思想、勇于实践创新，正是体现了人类解放的根本旨趣的深刻的超越性。

二、"文化热"的哲学探索

党的十一届三中全会以后，我国出现了改革开放的大好形势。伴随着经济、政治改革，从 80 年代中期开始，在思想文化领域出现了一个持续近十年的文化讨论的热潮，"中西比较""传统与现代化"等所谓"文化"问题一跃而成为当时中国的"显学"。对这一现象，人们一般称之为 80 年代的"文化热"。80 年代的"文化热"是继清末的"中体西用"的争论，五四"新文化运动"之后的第三次"中国文化的大讨论"。这三次"中国文化的大讨论"所指向的是中国现代化的百年历程中的思想、文化的变革与转型问题，其共同内容是"古今中西之争"。80 年代的"文化热"是"建设有中国特色的社会主义"的题中应有之义，是改革开放的伟大实践在精神上层建筑领域的有机组成部分，其根本目标是完成中国文化从传统形态向现代形态的历史性转化，实现中国文化的现代化。

1.“中国文化大讨论”的历史任务与本质特征

从较大的历史背景看，到80年代中期，我国的社会主义建设已经进行了近40年，在经济基础领域与政治上层建筑领域已经基本建立了社会主义形态，但在作为精神上层建筑的思想文化领域，由于意识形态的相对独立性与滞后性，仍存在较多封建主义意识形态的残余，严重阻碍了社会主义现代化建设，影响了我们的社会生活，特别是政治生活。因而社会主义现代化在文化领域具有双重任务，第一是传统文化的现代化，即以民主主义反对封建主义，第二是对现代性的反思与超越，即创建社会主义的人类文明新形态。这也决定了80年代的中国文化大讨论中的双线作战。马克思在《〈政治经济学批判〉序言》中说、“人类始终只提出自己能够解决的任务，因为只要仔细考察就可以发现，任务本身，只有在解决它的物质条件已经存在或者至少是在生成过程中的时候，才会产生。”[①]从直接的现实缘起看，改革开放首先实行对外开放，引进发达国家的先进技术，其后则加强民主法治建设并开始经济体制改革，最后文化问题被提到整个社会面前，因为经济体制改革、政治制度的完善必然会触及整个社会的文化传统、文化心理与文化机制。80年代中期开始的“中国文化大讨论”是改革开放后继“真理标准问题的大讨论”“关于人道主义问题的大讨论”之后的第三次社会争论，前两次是由社会政治领域首先发起然后扩展到哲学文化领域的，其主要作用是破除了教条主义的禁锢，首先在政治领域解放思想，确立了对马克思主义的较为完整、准确的理解，“中国文化大讨论”则是在思想文化领域自发兴起的文化反思活动，是继政治批判之后的文化批判，在客观上承担了“清除封建流毒”与“清理精神污染”的作用，并在坚持正确的政治方向的前提下进一步地推动了社会的解放思想，促进了两个文明建设，为改革开放带来了强大的思想动力与精神支持。

然而，“文化讨论”是思想文化领域自发兴起的文化反思与创造活动，

---

① 《马克思恩格斯选集》（第2卷），人民出版社1995年版，第33页。

参与者在主观上并非直接为了产生社会效能、发挥政治作用，"文化热"是独立自为的，并不是为经济、政治服务的。改革开放打破了高度集中的计划经济体制下的大一统的政治社会模式，使得经济、政治、文化等各种社会生活呈现出相互关联并独立发展的领域分离的状态。"文化热"意味着"文化"跃入社会舞台的中心，承担了主要的角色，文化凭其根本旨趣超越了现实的政治诉求，致力于更为深远的人文关怀，即人的自身本质的追求，以此文化确立了相对于政治经济的独立性与自主性。"中国文化大讨论"不仅在思想文化层面建立独立的个人主体的消极自由，而且指向了积极的精神自由，即每个人的自由个性的全面发展。"文化热"是一场在中国大地上的人文主义思潮，塑造了一个"文化人的时代"，可以说"文化大讨论"是80年代初的"关于人道主义问题的大讨论"延伸与发展，深化了对人与自身本质、人与人、人与自然的内在关系的思考。

这场"文化讨论"作为中国社会主义现代化事业本身所提出的一个巨大课题，包括对中国传统文化的评论、对中国当代文化的分析以及对中国未来文化的构想。"文化大讨论"的热潮是由西方现当代学术思想的涌入激发起来的，对中国文化的反思是以中西比较的方式进行的。改革开放就是要引进、吸收人类文明创造的一切优秀成果，包括技术制度、文化等各个层面，来实现我国社会主义的自我更新与自我完善。随着两极对立模式的消解，中国与西方从两大阵营的对立、对抗向对话、理解、合作转化，"和平与发展"成为当今时代的主题，西方现当代思潮涌入中国，经过长期的封闭与隔绝之后，国人开始如饥似渴地学习、研究西方的学术文化思想，并以对西方文化的认识与反思作为参照，指向了对中国传统文化与当代社会思潮的反思与认识，以期实现对中国文化的更新与创造。"文化热"不仅是对中国文化的反省和讨论，而且同时是对"西方文化"的反省与思考。可以说，三次"中国文化大讨论"都是以西学东渐为缘，以中国文化精神的内在困境为因，以中国文化思想的自我创造为目的的。但80年代的"中国文化大讨论"作为"文化热"，意味着"文化"是积极的、独立的、富有创造性与能动的超越性的，同时也是具有包容性的，而不是在困境危局之中担负着迫切的救亡任务的，因而不仅在根本旨趣上更多地关注文化自身与人本身，而且远远超越了中体西用的格局与视野。"建设有中国特色的社会主义"的精神文明，就是要创造面向世界、面向未来的中国现代文化。在"历史成为世界历史"的我们的时代，我们透过中国、西方各个民族、国家，看到的是人类命运的共同体，因而中国问题不再是中国自己的狭隘的地域性问题，而是中国所面临与承担的世界性问题，我们通过中国文化、西方文化、印度文化的各种不同形式所看到的是人类本性的圆周上的不同扇面，因而中国的社会主义现代文化所指向的不仅是重建本民族的文化形态，而且是创造人类文明的新形态。从"文化热"讨论的内容上看，仍然是借助古今中西之争，反思中国文化与西方文化，力图实现中国文化的社会主义现代化，但就其真实意义而言，则超越了民族的、政治的意识形态，追求人类文明共同体的精神创造。"文化热"所寻求的"不是结果的统一性而是活动的统一性；不是产品的统一性而是创造过程的统一性"。"人"这个词意味着，尽管古今中西的"各种形式中存在着一切的差别和对立，然而这些形式都是在向着一个共同的目标而努力"。"文化热"讨论不再把文化当作一种"实体的统一性"，而是一种"功能的统一性"，因而也就不会执著于古今中西各种形式的对立与差别不能自拔，非此即彼，而是把各种不同形式化为人的类本质的不同的实现方式，当作人类拓展其理想空间的不同道路。"天下一致而百虑，殊途而同归"，从类本质的观点看，所有不同的形式的对立都能在超越性的创造中全都相互一致而和谐起来。由于"文化热"追求着文化的根本旨趣，因而它对文化的反思是一种自由的目光，即在对文化的近距离的、小尺度的有限理性的巡视、分析与检讨中，包含着一种远距离的、永恒的、人类整体性的无限视角的反冲。

2."反传统派"的传统创造观

以甘阳为代表的青年学者构成了"文化热"中的"反传统派"，他们认为发扬传统的最有力的方式就是"反传统"。无论是中国文化传统，还是西方文化，都不是一种过去完全存在过的既定的规定，并非缠绕着活人头脑的梦魇，不是一种巨大的保守力量，而是作为人类精神生命的可能性构成了创造进化的源泉。在此意义上，传统是"活着的过去"，是"作为生成的存在"，占据着过去现在未来的全部时间，构成了创造进化之流。传统的真正立足点是未来，而非过去，对于创造者而言，时间是从未来流向过去的，因而传统是未完成的存在，永远处于创造进化之中，向未来敞开了"无穷的可能性"。在此意义上，传统绝非过去已完全存在过的固定的规定性，而是"未来可能出现的东西"——"未来的人、未来的事、未来的思想、未来的精神、未来的心理、未来的意识、未来的文化、未来的一切"。

所谓"反思传统"，就不仅是考量其得失优劣，而且是使其立足未来，以爱与希望使其活起来，化实存为可能；所谓"批判的继承"就不是在过去已存在过的东西中挑挑拣拣，而是重新整合、从头开始、彻底创造，也就是彻底打破中国文化几千年来的"文化心理结构"并予以重建；所谓"发扬传统"就不是坚守过去，而是发前人之所未发，想前人之所未想，创造出"过去从未有过的东西"，也就是创造出全新的现代"民族文化心理结构"。① 因而"现代化"无非是社会结构的彻底变迁、文化形态的根本变迁、心理结构的全面变迁。无论这种变迁多么彻底、根本与全面，都是中国人的自身发展与成长，中国文化的自我创造与自我更新，从而内在地构成了中国文化传统的一部分。先辈们所发现的真理，绝非我们可以直接接受的现成之物，而是必须经过我们的奋争与创造才能重新赢得它。如伽达默尔所说，传统是"我们自己把它产生出来的，因为我们理解着传统的进展并且参与在传统的进展之中，从而也就靠我们自己进一步地规定了传统。"②

---

① 甘阳：《古今中西之争》，生活·读书·新知三联书店 2006 年版，第 53 页。
② 甘阳：《古今中西之争》，生活·读书·新知三联书店 2006 年版，第 55 页。

因而，继承传统最好的方式便是"反传统"，即是要不断地与"过去"相抗争，尽力张大"现在"与"过去"之间的差异、区别、对立，甚至不惜与"过去"背道而驰，以使"现在"不致被"过去"吞没，从而才能向"未来"敞开无限广阔的"可能性"。真正的传统就是在"过去"与"现在"的不断遭遇、撞击、融合中所发生的种种"可能世界"，这些"可能性"就是"未来"。

"传统"作为一种在过去与现在不断对立融合中走向未来的过程，不断超出自身，成为了不可穷尽的可能性的巨大源泉。我们之所以回归传统，是因为传统是"潜能"，各种"可能性"蕴藏着"过去"本身之内，但它们在过去是被遗忘的、被遮蔽的，"尚未出场"的，"现在"之所以必须与过去"已经存在的东西"全力抗争，正是为了使这些在过去"被遗忘"的东西回忆起来，使"被遮蔽者"得以"去蔽"，使"不在场者""现身出场"。① 在生命精神的直觉创造活动中，"过去""现在"与"未来"是同一个不断"超出自身""化既存为可能"的生成着的存在。"传统""文化"这些历史存在，同时又是存在于"未来"之中的"永远有待完成的无穷大有机整体或有机系统"，而"过去已存之物"不过是这个有机整体中的一个部分或要素而已。因此，儒释道并无自身不变的本来面貌，它们在历史时间中不断地创造进化着，每代人都以自己的需要重新塑造不断更新传统的面目。中国文化的"传统"在今后远大于儒释道之总和，有着更为阔大宏伟的气象，中国文化的社会主义现代化绝非"儒家文化的复兴"，相反，在中国文化新精神的重塑之中，在中国文化现代系统的创建之中，儒家文化只能下降为这个更大系统的一个次要的、从属的成分。文化是一个有机的生命整体，我们不能把它分为好的方面与坏的方面、积极因素与消极因素，有什么样的"内圣之学"，就有何等的"外王之道"。传统文化的现代转化，决不能由"内圣开出新外王"，而是如鲁迅先生所说的"改造国民

---

① 甘阳：《古今中西之争》，生活·读书·新知三联书店 2006 年版，第 59 页。

性"，也就是对中国文化整体系统的重新创造。

中国文化有一种不同于西方文化的独特之处。我们可以说，几千年来中国有一个中华民族，有一种中国传统文化，尽管不断变迁，但又是"化而不变""根本牢固""万变不离其宗"，中国的民族与传统文化具有无比强大的同化能力，从而保持了非常稳定的连续性与统一性；而并没有一个叫作"西方文化"的东西，我们所谓"西方文化""西方精神"不过是它们的一个片段而已，西方的民族与文化是多元的、分裂的、异质的，不断革新地、断裂式地进展着。我们不能幻想就像儒家文化同化佛学一样，再来一次对西方文化的同化，在"历史成为世界历史"的今天，在民族的围墙被资本的重炮轰塌的现代，变化应该是根本的，革命性的断裂与大变局已经出现。中国文化的现代化虽然是对儒家文化的根本性革命，但不能认为这是在切断传统，相反这是对中国传统的真正的发扬光大，因此现代化不能狭隘地等同于西方化。"反传统"是传统自身生命力的显现，通过对"传统"的富有创造性的深厚理解，"反传统派"认为传统的生命是断而不断的，其逻辑中包含着巨大的辩证张力。

3."西体中用派"对唯物史观的抽象运用

"文化热"中的另一派是以李泽厚为代表的"西体中用派"，这一派主张现代化从根本上说就是西方化。李泽厚认为，一百年来，"西学东渐"经历了洋务运动—戊戌变法、辛亥革命—五四运动三个时期，由学习西方科学到接受西方进步观念，都是"中体西用"的发展，至"五四"提出"全盘西化"口号，进行新文化启蒙。然而，"中体西用"的演化，并不能改变"中学"的核心。"中学"即是生长在传统社会小生产经济基础上的各种封建主义的观念、思想、情感、习惯，如等级制，不患贫而患不均的平均主义，分配、消费上的共产主义乌托邦，道德主义……由于有一个长久的传统小生产的社会经济基础和其上的意识形态，由于实用理性的系统论结构又善于化外物为自己，"中体西用"便有了极为强大的现实保守力量，甚至可以把"西学"之"体"化掉，在"向西方学习"中搬来的观念、思想、学说、教义，在"中国化"进程中，被本土的系统所改造和同化，而完全失去原意。太平天国是以下层人民的革命实践活动方式，把西方观念、教义"中国化"，使"西学"终于成为"中学"；从张之洞到现代新儒家，则是以上层社会的思想学术的理论方式，进行着同一种"中国化"。

李泽厚新释"体"，社会存在即社会生产方式和日常生活，包括物质生产与精神生产，才是社会本体，这就不只是意识形态，不只是"学"。现代化就是这个"体"的变化，在变化中科学技术作为第一生产力，也属于"体"。张之洞"中体西用"的"体"只是三纲五常的政治制度及封建意识形态，他不知其下还有根本所在。仅把技术视为"用"，不知它是社会生产力、社会生产方式的指示器和关键要素。根据唯物史观，生产力和生产方式的变化必定带来生活方式和意识形态、政治制度的改变。张之洞以观念形态、政治体制、三纲五伦为"体"，李泽厚以社会生产力和社会生产方式为"体"。无论"中学""西学"，作为"学"都非最后之"体"，只是作为理论形态与思想体系的"心理本体"或"本体意识"，"体"只能是社会存在方式与现实的日常生活，若不改变社会存在的本体，无论何等先进的"西学"都可能被中国原有的社会存在本体——即封建小生产经济基础及其文化心理结构即"中学"所吞食。

"现代化"就是要改变这个社会存在本体，首先发展大工业生产，变革生产方式。经济基础决定上层建筑，但政治上层建筑与意识形态可以适应、加速或阻碍、延缓经济基础的变革与发展，例如学习西方技术生产的洋务运动便为封建上层建筑所桎梏而失败。社会存在作为一个"体用合一"的有机系统，其经济改革必须辅以政治体制和观念意识形态的变革，才能实现现代化。现代社会化大生产作为现代社会存在的本体，生长在这个"体"上的自我意识的理论形态只能是近代的"西学"，所以必须大力发展西方数百年历史所经历的启蒙运动，输入西方政制与文化思想使之在中国生根。因此，李泽厚的"西体中用"就是全盘西化，所谓"中用"即是把"西体""用"在中国的艰难的创造性的历史进程，这是一个在判断、选择、修正和改造中使之适应和运用于中国的各种实际情况和实践活动的过程。①

　　"西体中用派"在对社会本体的新阐释及经济基础、政治上层建筑与意识形态相适应的社会有机整体的理解，是符合唯物史观的，但对当代中国的现代化道路的分析与判断并没有坚持历史的、具体的观点。近现代西方社会存在作为有机整体是历史的产物，西方社会文化经历了从前现代的传统社会向现代社会的革命性转变，自由社会、民主政治与理性文化是西方社会自身发展的产物。能否把工具理性的思维方式、功利主义的价值态度、民主法治的政治体制的三位一体作为现代真理，全盘搬到中国大地使之生根？中国文化的现代化是中国文化自身的发展，应当走自己的道路。现代化是当今世界的必由之路，随着改革开放的伟大实践，现代化观念深入人心，但现代化充满着矛盾与张力，绝非是全盘的正面价值。除了封建主义与资本主义之外，还有社会主义。中国文化的社会主义现代化承担着双重任务，以现代化民主超越前现代的封建专制，又以社会主义超越现代虚无主义。社会主义道路据有着历史的大尺度与整体性，是对前现代与现代性的双重超越，是一条仍然有待于在改革开放的伟大实践中不断探索的新道路。"西体中用说"虽然抽象地运用了马克思唯物史观的一般原理，但未能追求马克思主义的根本旨趣，因而无法全面准确地理解整体的马克思主义，同时也不能把握马克思主义中国化与"建设有中国特色的社会主义"的精神实质。

　　从历史的大尺度与整体性目光来看，现代化是一种"文化的冲突"。从前现代到现代的社会变迁中，社会结构、人际关系、价值标准、文化系统都将发生重大变化。前现代社会是以自然人格为基础的社会，人与人的关系是直接的血缘关系与地缘关系，社会是个家国天下的结构，现代社会是以劳动和交往为基础的社会，家庭与人的各种社会活动（经济的、政治

① 参见李泽厚：《漫说"西体中用"》，《孔子研究》1987年第1期。

的，等等）日益分离开来，市场经济把个人从自然共同体解放出来，以等价交换的原则建立了人与人的普遍联系。因而，现代化的过程就是使人际关系从以血缘关系与地缘关系为基础转向以职缘关系为基础，使社会结构从以伦理关系（在中国就是"五伦"）为根基转向以职业分工关系为根基，使价值标准从伦理本位的德性标准转向功利主义的理性标准，使文化系统从修齐治平的内圣外王之学转向科学民主的工具理性知识，使政治实践从德性的统治（人治、圣人治国）转向了技术的统治（法治、专家治国），在理性表现上则从人生哲学转向知识分析。近代西方哲学的"上帝人本化"以"认识论转向"为标准，正是这种"文化转向"的深刻反映，康德在"认识论转向"后又"扬弃知识为信仰保留地盘"，则是这种文化冲突的最高哲学表述。① 以马克思的话概言之，现代化使人的存在方式从自然经济条件下的"人的依附性"的存在转向市场经济条件下的"以物的依赖性为基础的人的独立性"的存在，使文明特征从"人在神圣形象中的自我异化"转向了"人在非神圣形象中的自我异化"。"上帝人本化"的过程中，消解了等级权力，但也同时解构了价值的绝对性，导致了"人的物化"。"'文化冲突'的深刻性与复杂性就在于，它并不同于'文明与愚昧的冲突'，而恰恰是'文明与文明的冲突'，因而更多地是黑格尔所说的那种悲剧性的不可解决的历史二律背反冲突。建立现代文化系统的全部困难正在于此。"②

4."文化保守主义"的价值理想

在现代化观念深入人心，中国急需现代化的时候，"文化热"中的"文化保守主义"表现出对现代性的忧虑和困惑，开始了对现代性的诗意的批判。如果说，在现代化之初的对现代性的忧虑与反思尚属于诗意的批判的话，那么在当今世界，由于资本的逻辑与工具理性的目光短浅所导致的

① 参见甘阳：《古今中西之争》，生活·读书·新知三联书店2006年版，第27页。
② 甘阳：《古今中西之争》，生活·读书·新知三联书店2006年版，第26页。

严重的"全球性问题"已经把我们拖入了"风险社会"，对治现代性的困境是急迫的。"文化热"时期，有三种对现代性的批判力量：一是社会主义现代化坚持的四项基本原则，反对剥削与两极分化，以社会主义市场经济克服"人的依赖性"与"物的依赖性"，大力发展精神文明，塑造自由个性全面发展的社会主义新人；二是海外新儒家坚守传统文化的道德理想主义，批判以工具理性与功利主义为基础的大众文化对精神价值的蚕食；三是西方的浪漫主义、文化保守主义与后现代主义对现代性的批判。

社会主义是中国官方的道路与思想，社会主义对现代性的反思与内在超越当然不属于文化保守主义，但在其精神价值的追求和根本旨趣上则是与传统文化的道德理想主义有内在的相通之处。可以说，超越现代性的社会主义可能在更高层次上重现传统社会的价值理性，即在每一个人的自由个性与自主存在中建立价值的绝对性。经历了"真理标准问题的大讨论""关于人道主义问题的大讨论"之后，从政治领域到整个社会都确立了"解放思想，实事求是"的思想路线，马克思主义的指导思想构成了"文化热"的社会思想背景。在现代化背景下，新儒家力图坚守儒家文化的本体性地位，因而只能从儒家传统中开出科学、民主、自由、平等、独立、法治等现代化的正面价值，同时以儒家伦理与德性人格克服"全球性问题"（两极分化、环境污染、风险社会等）与"人的物化"问题（工具理性与功利主义的大众文化、精神生活的沉沦、价值基础的崩溃）。从熊十力在《原儒》中由孔子开出革命、民主与社会主义，到牟宗三力图从道德主体转出认知主体，并由此奠立科学基础与民主政治的道路，再到当代新儒家的"追求传统的创造性转化"，都体现了新儒家过分追求入世的"新外王"要求，即对现代社会的经济、政治具有实际作用的功利主义要求。这仍然属于在传统文化的神圣形象下的本体性思维方式。

儒家传统无论从思想观念上还是从工夫上都未能证得本体，实际确立价值的绝对性，因而其道德理想主义仍然作为观念意识形态，应该接受唯物史观的分析。但由于人格生命的整全性理想具有永恒的、普遍的人类性意义，儒家文化精神的超越性维度又不能完全还原为时代的政治经济状况。因而，李泽厚建立在对唯物史观一般原理抽象运用基础上的"西体中用说"，由经济、政治、文化之间的决定性与对应性关系得出的"全盘西化"的结论，与新儒家力图从德性中开出科学民主的做法，都属于一体化的本体论思维模式（一个是由下而上，一个是由上而下），并不切合实际。从传统社会到现代社会实现了从"领域合一"到"领域分离"的变化。康德的批判哲学对理性能力的划分及在各种活动领域的独特规律，表征了现代社会领域分离的存在方式。文化的独立性在于它不是完全由经济、政治决定与派生的，而是具有超越经济、政治的制约平衡作用。如果文化一味顺从经济政治的现实要求，那就意味着它放弃了其独立自主的地位和超越的理想本性，丧失了通过对现实的文化批评制约与平衡、转化与提升市场经济和民主政治的能力，无法成就人的整全的个性生命，使人沦为单向度的经济人或政治人。当今儒学必须克服自身传统中的痼疾，即："过分的'入世'，过分的向社会现实自觉认同，或如韦伯所言，一味'理性地顺应现世'，正是由于这种品格，儒学在历史上曾长期地将'文化系统'与'社会系统'难分难解地扭在一起，从而在中国知识分子的'人格系统'中造成'文化关怀'与'社会关怀'混杂难分的心态。"① 无论中西，前现代的传统社会文化以"文化系统"过分压抑与支配了"社会系统"的独立发展，导致了政治经济活动中的道德化与宗教化。现代性的困境在于，资本的同质化统治完全压抑、吞没了文化系统的独立性，从而导致文化的大众化、商品化，精神的庸俗化，这就是哈贝马斯所说的，生活世界被工具理性殖民化了。

政治、经济、文化是相互独立又各自发展的系统，各有其不同的任务、不同的原则、不同的运作方式，尤其在现代为反抗资本逻辑的扩张，应该继续发展这种独立性，以保证整个社会生活健康而和谐地发展。"现

---

① 甘阳：《古今中西之争》，生活·读书·新知三联书店 2006 年版，第 115 页。

代的理解世界的方式"意味着，不是在所有领域中都坚持一种大一统的"一以贯之"的立场，而是在不同的价值领域中根据其要求和内在规律选择不同的方式行动。现代社会本身充满着工具理性与价值理性的矛盾，因而现代态度是矛盾的、包容的、互补的、调停的、均衡的态度。如丹尼尔·贝尔所说："我在经济领域中是社会主义者，在政治上是自由主义者，而在文化上则是保守主义者。"①因此，现代儒学应当放弃在政治经济领域建功立业的实用心态，儒学的现代价值不在于促进工业文明、商业精神、科技进步、民主政治，而是首重"为己之学"的基本立场，在功利主义、工具理性占主导地位的市场经济与民主政治的时代，毫不动摇地坚持价值理性的关怀、发展人文主义传统和活力，完全向着精神科学、人文教育的方向开展自己的新形态、新境界。这种立场是"一种具有批判精神的文化保守主义。"在市场经济与民主政治的现代社会，儒学成就人格与智慧的人生方向，不仅有利于保持住社会生活的理想维度，而且有利于克服人的物化，成就个人生命的整全性与完满性，这与社会主义超越"人对物的依赖性"、追求自由个性全面发展的精神文明建设方向是一致的。儒学的"内圣成德之教"被现代启蒙的民主、平等消解了等级主义与精英主义的因素，以朴素真诚的方式追求"向自身、向合乎人性的人的复归"的成德、为己、立人，超越了现代社会的好公民标准，在消极的政治自由的公共性领域之外，又向内开辟了积极的精神自由与诗意的个性创造的王国。

三、"信息时代"与哲学思维方式变革

在论述"各种经济时代的区别"时，马克思提出，这种区别"不在于生产什么，而在于怎样生产，用什么劳动资料生产。劳动资料不仅是人类劳动力发展的测量器，而且是劳动借以进行的社会关系的指示器。"②正是

---

① [美]丹尼尔·贝尔：《资本主义文化矛盾》，生活·读书·新知三联书店1992年版，第21页。

② 参见《马克思恩格斯全集》（第23卷），人民出版社1972年版，第204页。

以劳动工具为核心的劳动资料的历史性变革为"测量器"和"指示器"，我们通常把人类的文明形态区分为农业文明、工业文明和后工业文明。这里的"后工业文明"，主要是指 20 世纪中叶以来以信息革命为基础而实现的人类文明形态的变革，因而又常常被表述为产生轰动效应的"信息时代""网络时代""知识经济时代"等等。以计算机为依托的信息技术革命将会从根本意义上彻底地改变人类的存在方式、思维方式和价值观念。哲学作为理论形态的人类自我意识，必然在"信息时代"发生根本的思维方式变革。计算机的数字化技术与网络平台，在变革人的生活方式的同时，也动摇了人与世界的关系的传统观点，为哲学的本体论、认识论、方法论提供了新的视角。

1. 虚拟实在

计算机产业中研究与开发的最热门领域之一，是令人震撼的"虚拟实在技术"。"虚拟（virtual）"是指"虽然没有实际的事实、形式或名义，但是在事实上或效果上存在的"；"实在（reality）"是指"真实的事件、实体或事态，或者说，是指客观存在的事物"。"virtual reality"这一术语在哲学领域内被翻译为"虚拟实在"，它是指"在功效方面是真实的，但是事实上却并非如此的事件或实体"。在技术实践的意义上，"虚拟实在"是合成"实在"的一种手段，其根本前提是为人与计算机的共同工作创造更直觉的交互方式，使参与者在虚拟世界中可以做类似于真实世界中可能实现与不可能实现的事情。电脑专家专门为用户创造的"电脑网络空间"，或者说，计算机网络系统的在线世界，以及在这一空间中的网络交往行为和所有形式的人机交互作用，统称为"虚拟实在"。

从虚拟实在技术发展的历史过程中可以看出，虚拟实在系统的基本特征为：浸蕴性、交互作用、想象力、人工性、仿真性、遥距在场。虚拟实在蕴含着远远超越单纯的技术集合之含义的更加深奥的内在本质，导致了对实在论问题的再思考。正如迈克尔·海姆（Michael Heim）所认为的那样，在根本意义上，虚拟实在的本质不是存在于技术当中，而是存在于最高秩序的艺术当中。虚拟实在所允诺的不是探索更好的真空吸尘器，或更吸引人的通信工具，或更友好的计算机界面，而是从根本意义上探索改变与拯救我们研究实在的某种意识。①

虚拟实在是由当代计算机信息技术所营造的实在，它所展现的主要是以人的感性知觉为基础的经验世界。在形式上，虚拟实在虽然具有可感知性，但是，却不具有物质性，它是三维影像和人的各种感知之间的有机结合，是信息的接受、加工、反馈和传递的过程。虚拟实在只不过是功能意义上的一种技术实在。所以，在内容上，虚拟世界所营造的环境具有确定性，并以决定论的方式存在着。主体在拟真的感知系统中，获得相当于真实世界中能够得到的感觉与体验。②

虚拟存在给物质观提出了新挑战。一些论者认为，虚拟存在作为一种特殊的存在，传统物质范畴不能完全涵盖它。传统物质范畴是指一种客观实在，时间和空间是其存在方式。而虚拟存在既不是有形的物理现实，也不是根本不存在的虚无，是超越时空的存在，是非物质非意识的存在。③虚拟存在"把真实的世界与虚拟的世界之间的界限变得异常模糊，以至于从根本上改变了我们的认识方式，因此哲学物质观就不能再以物质和精神的关系来硬套虚拟现实，而应该考虑用新的范畴去反映它的本质"④。有论者认为"它不是物质原子，没有体积、重量、密度、温度、压强等自然物理属性，但它同样具有物质实体的客观性和普遍性"⑤。另有论者认为虚拟现实的本质是兼有物质和意识的中性物，"虚拟现实既有物质成分又有意

---

① 参见成素梅、漆捷：《"虚拟实在"的哲学解读》，《科学技术与辩证法》2003 年第 5 期。
② 参见郭贵春、成素梅：《虚拟实在真的会导致实在论的崩溃吗?》，《哲学动态》2005 年第 4 期。
③ 参见刘同舫：《虚拟实在——网络社会新范畴对传统哲学的挑战》，《天府新论》2002 年第 1 期。
④ 王路军：《网络影响的哲学问题研究追踪》，《人民日报》2001 年 8 月 11 日。
⑤ 刘友红：《人在电脑网络社会里的"虚拟"生存——实践范畴的再思考》，《哲学动态》2000 年第 1 期。

识成分，它是由物质向意识的过渡，是物质向意识转化的中间环节"①。再有论者认为虚拟实在是指这些设施的耦合所突现出来的一种整体功能，即对客观实在的"数字化模拟"，或者说是客观实在的"数字化模型"②。

虚拟现实是否具有本体论的意义？有论者主张，对于信息网络所带来的"虚拟现实"，哲学应该给予本体论的确认。③ 还有论者提出：虚拟现实使得本体论的问题比任何时代都要突出，哲学家们必须回答从虚拟世界向真实世界的影射究竟能够达到何种程度的真实；虚拟世界能否代替物理世界或者创造一个物理世界的替代品；如果通过虚拟技术创建世界，即实现人类当前所说的可能性的情景，是否能够揭开我们这个世界所难攻克的奥秘，还是仅能揭示对另一个世界的实在规律；虚拟现实这一从物质向精神的转变的成功是否意味着传统"物质"观念的倾覆，原来意义上的本体论是否发生了转移，技术与符号融合的虚拟现实的本体论又该怎样理解等问题。④ 有学者借助于虚拟实在技术构思了这样一个虚拟世界，并借助于极具想象力的"交叉通灵境况"的思想实验，论证自然物理空间与人造的赛博空间之间相对等的本体论地位，因此而推出，虚拟实在与自然实在具有本体论的对等性的结论；然后，借助于虚拟实在与自然实在的本体对等性，来反驳哲学本体论意义上的实在论。⑤ 另有学者反驳说，由虚拟实在技术创造的虚拟世界与物理世界之间的经验等价性，不可能等同于本体论意义上的等价性。在虚拟世界中，感知经验的获取完全是由技术营造和安排的，是功能意义上的动态体验，这种体验源于已知世界，是对已知世界习得经验的再现。虚拟实在作为一种人造的感官知觉综合系统，其本体性在于感知的实在性和技术的创造性，而自然实在的本体性则在于存在的自

① 胡心智：《信息网络的虚拟技术对物质观及中介的影响》，《科学技术与辩证法》1999 年第 6 期。
② 参见杨富斌：《虚拟实在与客观实在》，《社会科学论坛》2001 年第 6 期。
③ 参见王路军：《网络影响的哲学问题研究追踪》，《人民日报》2001 年 8 月 11 日。
④ 参见桑明等：《数字化时代哲学的发展前景》，《探索》2001 年第 6 期。
⑤ 参见翟振明：《实在论的最后崩溃——从虚拟实在谈起》，《求实学刊》2005 年第 1 期。

在性，既与感知无关，也与技术无关。①

虚拟存在同现实存在的关系问题。一种观点认为，虚拟本质上是对现实性的超越，是与现实相对立的。因为虚拟原本就是要构建现实中不存在的，构建对于现实性来说是不可能的可能性，否则虚拟的存在就没有独立性，也就不能成为新哲学和新思维方式的出发点。② 有论者还提出了"虚拟实在与物理实在的差异与不可通约性"，"从组成要素构成的关系和表现形式来看，物理实在是我们可以看得见、摸得着的可感知的实体，而虚拟实在则是我们无法从经验上加以触摸的东西。正是在这一点上，物理实在与虚拟实在构成了两个截然不同的领域"。③ 另一种观点认为，"虚拟并非是与现实对立的。作为思维形式的虚拟首先是对现实的反映，然后才能在这个基础上超越现实。""虚拟虽然可以超越现实，但并不是使现实性的范畴变小了，而是人类通过虚拟不断拓展着现实性的空间"，"从现实到虚拟，实际上反映了人们对某些概念认识的抽象化程度不断提高并加以应用的结果"。④ 虚拟与现实互相渗透、相互作用，构成了实践的整体，推动着实践的历史发展。网络社会只是对现实社会的延伸、补充与折射，并不是在"真实的时间与空间"之外还存在一个"虚拟的时间与空间"，也不能取代人类的现实生存。⑤

2. 虚拟实践

马克思哲学认为，交往活动与生产活动互为前提与媒介，共同构成完整的社会实践活动。我们只有遵循马克思的这种完整的实践观，破除对实践仅作观念活动或物质生产活动的理解，才能够全面地理解虚拟实践及其

---

① 参见郭贵春、成素梅：《虚拟实在真的会导致实在论的崩溃吗?》，《哲学动态》2005 年第 4 期。

② 参见陈志良：《从现实性哲学到虚拟性哲学——哲学思维方式的时代转换》，《中国人民大学学报》2000 年第 2 期。

③ 朱庆：《"虚拟社会"与"现实社会"》，光明网，2001 年 8 月 18 日。

④ 殷正坤：《虚拟与现实——兼与陈志良先生商榷》，《光明日报》2000 年 3 月 28 日。

⑤ 参见李超元：《"虚拟哲学"研究述评》，《天津社会科学》2002 年第 5 期。

意义。虚拟实践主要是人类交往实践的重要变革，但它与哈贝马斯所强调的仅限于语言交往、精神交流的"交往"概念根本不同。① 在对电脑和网络的研究中引入"虚拟实践"概念，对探讨虚拟世界的关系至关重要。其重要意义在于突破了仅把虚拟过程当作中介范畴的直观映象，实事求是地阐明了虚拟现实中的实践本质。

虚拟实在系统的浸蕴性和交互作用特征体现出，它是一个动态的系统，主体能够积极地操纵数字世界，极大地调动人性所潜藏的各种能动本性，主体通过积极参与所得到的浸蕴体验，类似于真实世界中曾有过的感觉。虚拟实在系统的仿真性、想象力和人工性特征使这种系统创造了不同于自然实在的一个新层面，技术与实在、环境与人的感觉能够有机地融为一体，使主体本能的非理性因素有机会在理性化的系统中得到充分的张扬。因为在虚拟世界里，能够根据自己的想象力创造出在现实世界中暂时没有或无法达到的形态，实现各类艺术创造与思维再现的理想，在人—机交互或人—机—人交互的虚拟世界里，完成感知、交往、创造与学习的过程。虚拟实在系统的遥距在场特征对传统的西方"在场"哲学提出了挑战，从毕达哥拉斯到亚里士多德，从巴克莱到罗素，"在场"的哲学意义只依赖于主体的视觉。因此，这些哲学总是把主体置于观众的地位。而虚拟实在系统中所包含的反馈机制，使"在场"蕴含了主体的整个身体活动和感受。②

这些人机互动、虚实相生的特殊物质形态，已经可以把我们带入可以真实体验如同身临其境的感知世界。人类已经可以在许多领域通过虚拟空间的虚拟实践，去操纵现实世界原先的可能或不可能，进而预演可能、证实可能、变现可能和虚拟不可能的可能。当代独立形态的虚拟实践，是前数字化时代人类虚拟活动和实践活动的进一步发展。虚拟实践使人的实

---

① 参见张明仓：《走向虚拟实践：人类存在方式的重要变革》，《哲学研究》2003 年第 1 期。
② 参见郭贵春、成素梅：《虚拟实在真的会导致实在论的崩溃吗?》，《哲学动态》2005 年第 4 期。

践对象第一次突破了纯粹形式的外部物质世界的界限，它将数字化符号上升为实践中介手段，把人类社会活动的信息经由计算机系统进行数字化处理和合成转换，使主体置身于一个新的关系实在的虚拟实境中。使用数字化符号在虚拟空间建构对象性存在的虚拟实践，超越了用"实物符号"表征现实对象的局限。虚拟实践与现实实践，彼此相互联结、相互作用，二者将共同塑造人类的未来。①

　　虚拟实践具有以下特点：（1）实践对象的客观实在性。虚拟实践第一次使人的实践对象不再是纯粹形式的外部物质世界，而是以信息符号处理转换作为实践手段，将在人工智能和感官体验基础上扩展的语言符号系统"再造"成虚拟的语言符号系统，来构建人的创设对象。"虚拟实践的对象仍然应被看成是基于实存的存在，是宇宙复杂系统中某一子系统的关系实在"②。（2）实践形态的超现实性。虚拟实践是在虚拟空间用数字化方式，链接各计算机节点，综合计算机模拟技术、传感技术、人机界面技术等一系列技术来生成的一个逼真的三维的感觉世界。展示在电脑视屏上的实践结果是不可触摸的、非实体性的信息虚拟影像。"由于虚拟的介入，首先打破了在物质实体条件下只能依赖单一途径选择发展可能的旧模式，使实践的内容发生了质和量的双重变革，从而在可以产生新的关系实在的虚拟实践中，使现实性的发展兼容了多种可能性，最终导致主体获得更大的选择空间。"③（3）实践主体的自我超越性。有论者指出，虚拟实践不仅具有超自然性，而且具有主体的自我超越性。在虚拟实践过程中，主体所获得客体的信息与实际情况下发出同样信息的客体相分离，"凸显了实践活动的内在性因素，使内在性因素所占的重要地位第一次显著地超过了外在性

---

① 参见张明仓：《走向虚拟实践：人类存在方式的重要变革》，《哲学研究》2003 年第 1 期。
② 章铸、吴志坚：《论虚拟实践——对赛博空间主客体关系的哲学探析》，《南京大学学报》2001 年第 1 期。
③ 吴志坚、章铸：《虚拟现实必须面对实践的追问——兼与陈志良先生商榷》，《江汉论坛》2001 年第 1 期。

因素”，实践主体的自我超越是“在更深的层次上发掘了实践的内涵”。另有论者将其概括为“感知超验性”，认为在虚拟实践中会使实践主体产生感知的超验性，“已经能够把人的感知和反映能力提高到在真实物理世界达不到的‘亦真亦幻’、‘虚无飘渺’的程度，可以说这是导致虚拟实践主体产生感知超验性的直接技术原因”①。(4) 实践内容的“创造开放性”。有论者认为，既然符号宇宙是人自己的创造过程，虚拟实践活动就不能不是开放的，因为只有开放性才能带来多样性的选择。由于虚拟实践具有开放性与无限拓展性，从而显示出巨大的兼容性。“在网络化空间中，历史与当下、理想与现实交结在一起，昨天与今天、遥在与此在混合在一块”②。(5) 实践工具的智能性。工业时代的现实性实践所使用的是“机械工具”，工具是人的肢体的延伸，从而极大地减轻了人的体力劳动。当今时代电脑网络中的虚拟实践所使用的是“智力工具”，这是对人脑的延伸，把人从繁重的脑力劳动中解放出来。这是人类劳动方式的一个飞跃。③

有论者认为，虚拟实践是人类早就具有的一种超越现实性的创造性活动，它同现实性实践共同构成了人类实践的整体。虚拟实践方式本身也有一个从低级到高级的发展过程，电脑数字化虚拟是人类整个虚拟性实践发展进程中所达到的一种高级形态。④ 有学者认为，在线生存实践作为人的存在形式虽然是虚拟的，但其价值功能却是真实的。互联网发展到今天，已经不是价值中立的信息平台，而是承载着人的价值诉求和精神文明的时空架构，它包涵着丰富的人类理性和人文精神。互联网真正的价值不在于技术而在于社会，它除了承担技术的基本工具化作用之外，更为人类社会

---

① 章铸、吴志坚：《论虚拟实践——对赛博空间主客体关系的哲学探析》，《南京大学学报》2001年第1期。

② 默然：《网络时代的哲学问题评述》，《学海》2000年第6期。

③ 参见李超元：《"虚拟哲学"研究述评》，《天津社会科学》2002年第5期。

④ 参见李超元：《论虚拟性实践》，《光明日报》2001年9月25日。

建构一种全新的逻辑形式提供了可能。①

3. 网络思维

虚拟实践的崛起，使人们通过网络化的、即时交互的、活生生的活动，根本否定了传统的实体型思维。虚拟实践的"虚拟实在性"使主体摆脱了以往受制于某种实体并事必躬亲地从事实践活动的地位，第一次可以通过数字化中介在虚拟实在系统中进行实践活动。在与虚拟实践相应的思维活动中，思维主体不仅通过自己的人脑进行思维，而且通过人脑的延伸——电脑进行思维，思维客体也不再是以往的那种现实世界，而是虚拟空间中形成的"关系实在"，思维中介系统也由以前的各种物化的思维工具构成转变为各种数字化中介系统。虚拟实践启示着人们"像虚拟实践那样思考"，这种新型实践方式蕴含和展现着这样的思维方式：它不是单向的、线性的，而是交互式的、非线性的；不是孤立的、静止的，而是联系的、动态的；不是还原性或复制性的，而是探索性、创造性的。这种思维方式，显然与单纯实体型思维方式格格不入，它是一种动态的、关系的、创造性的思维方式。②

有学者提出，虚拟现实不可避免地关涉到认识论问题。首先应该指出的是，虚拟现实本身就是"思想的客观内容"的世界，虚拟现实通过相关程序和计算机有关文本为人类提供关于认识世界的来源，形成人工效应，以部分地取代人通过现实世界而获得的主动感知和经验。虚拟现实可以创造出现实世界所没有的虚拟世界，构造对现实性来说是不可能的可能性。通过技术，甚至还能认识原先从未认识到的新现象。③ 人的思维运动借助于虚拟和数字化来表达事物，并在虚拟空间中构造出了新的事物，制造出了在自然空间中不可能存在的事物，由此形成了虚拟现实和虚拟世界，这

---

① 参见白淑英：《从技术思辨到社会哲学——关于虚拟世界研究的方法论转向问题》，《自然辩证法研究》2007年第1期。

② 参见张明仓：《走向虚拟实践：人类存在方式的重要变革》，《哲学研究》2003年第1期。

③ 参见桑明等：《数字化时代哲学的发展前景》，《探索》2001年第6期。

就引发了人类思维和行为框架的转换。虚拟正在改变我们的时代和人与世界的中介方式，人类正在从现实性的生存方式和思维方式进入虚拟性的生存方式和思维方式，人类思维正面临着一种新的挑战和机遇。①

信息时代的思维方式变革包括：(1) 超越了真和假的传统对立。有学者指出，虚拟是以数字化的构成方式，使"真"与"假"成为一个不可分割的统一体。一方面，虚拟的东西只是一种数字化的存在，与现实对象有着本质上的不同；另一方面，虚拟的东西又是真实存在的，它具有真的存在形式和功能，是人们能够感性地感受到的。(2) 超越了可能和不可能的传统对立。传统思维是植根于现实性的思维，而现实仅仅只是诸多可能性中实现了的那种可能性，虚拟使人类有可能再现那些被遮蔽或阻断的可能性。虚拟作为"真的假"和"假的真"的统一，指向现实性中的不可能性，或者说指向不可能的可能性。(3) 思维的可感性问题。传统哲学中，思维与感性是对立的。虚拟技术用数字化形式构成现实中无法存在的新事物，使得思维行为化、感性化，成为如同行为过程一样的实实在在的系统，成为看得见摸得着的感性存在。思维过程具有了可感性，思维的结果也具有了实在性，即虚拟的事物具有了如同现实生活世界中那样的可感知的客观实在性。②

4. 虚拟哲学

哲学是人的存在的自我意识理论，人的存在方式的变革必将引起哲学范式的变化。有学者认为："从现实性哲学转换到虚拟性哲学，这将是我们时代哲学研究发生的最为巨大的历史性转换。"③虚拟哲学成为哲学的一个新的生长点不是偶然的，而是当代电脑和网络技术发展的必然结果。"因为网络将彻底地改变人们生活和生产的方式，更因为网络将深刻地影响人们的思维、观念、道德、文化等等各种形而上的，并且会永久积淀在人类

---

① 参见李志红：《关于网络的哲学研究概况》，《哲学动态》2002 年第 4 期。

② 参见李志红：《关于网络的哲学研究概况》，《哲学动态》2002 年第 4 期。

③ 陈志良：《虚拟：哲学必须面对的课题》，《光明日报》2000 年 1 月 18 日。

文明传统之中的事物。"①

有学者具体分析了网络给人的存在方式所带来的巨大变化："从世界图景上看，由'给定性'变为了'创意性'，从认识方式上看，由主客对立式变为了主体际式，从实践方式上看，认识由与实践相对立的独立存在变成了实践自身的内在环节。"②一些学者提出，在电脑和互联网中，信息符号及其相关的知识系统构筑了一个虚拟性的抽象王国，作为一种特殊的虚拟现实或行动空间，已经成为人们可以与之发生互动的对象性客体。如果单从技术层面来分析，它只是一种数字化方式的构成。但从文化哲学的层面看，它是人作为符号性动物充分发挥其"符号化的想象力和智慧"的自然延伸。从哲学认识论的角度看，它表征着人类继运用语言文字符号之后的又一次中介革命，是人类超越现实的一种创造性的思维活动。作为人类认识的产物，它是对可能性空间的拓展与革命。作为一种新文明系统，它是人类自身解放的新标志。"数字化时代的到来对主客二元式的本体框架和认知结构的消解，预示着现实性哲学需要向虚拟哲学转化"③。"由于电脑网络这种新的生产操作方式比以往任何生产操作方式对人类思维方式变革的影响都更为深刻和广泛，因此一场新的哲学革命是可以期待的"④。

有学者认为，网络时代的哲学是后现代思想。网络技术和虚拟世界就是"不像"对于"像"的挑战。所谓"不像"就是发明了一个世界上原来没有的东西。"发明"与"发现"的区别在于"发明"可以无中生有，并不反映、代替、代表、模拟、表达在它自身之外的一个东西，与现存的东西保持距离，它自己就是一个新东西。这意味着，虚拟并不是对现实的模拟，而是与现实不同的另一种真实性。"像"的哲学使人相信，当我们说出一个语词时，这个语词与它所代表的对象之间有指向关系、因果关系、

---

①　转引自李超元：《"虚拟哲学"研究述评》，《天津社会科学》2002年第5期。

②　崔唯航：《社会科学：面向网络时代》，《哲学动态》2001年第1期。

③　桑明等：《数字化时代哲学的发展前景》，《探索》2001年第6期。

④　殷正坤：《虚拟与现实——兼与陈志良先生商榷》，《光明日报》2000年3月28日。

通达关系，这种关系是所谓"真理语言"的理论基础。我们曾经把这形象地表达为"竖"的哲学传统。互联网上的信息特征是"横"的而不是"竖"的。"横"的哲学把本来并没有关系的因素并列在一起，忽视主体或身份的作用、强调同时性和多角度并且变化的速度极快、忽视学科之间的界限、忽视中心与目的，特别是，忽视"相像性"即"真的"与"假的"之间的区别。"横"的哲学认为，指向、因果、通达关系实际上并不存在，能指与所指之间的关系完全是人为的、任意的，可以表述的与可以看见的东西之间永远有一条鸿沟，但"说话"原本就是词语自我衍生和复制，与语言自认为所表达了的外部对象无关。①

　　互联网就是一门与说话有关的空间技术，互联网上的精神状态就是"横"的精神状态。我们并不在乎与我们聊天者的语言是否真实，我们的快乐体验与消息的来源者、与真实性、与事物本身无关。"竖"的哲学立场所坚持的原则在这里失去了意义。这种状态叫作"网上冲浪"，是一种隔离目标且增补意义的艺术状态。用爱尔维修的话说，"欲望状态乃是一种幸福状态"，这种幸福状态不但与得到欲望的对象无关，而且可能以得不到欲望对象为前提。这叫作"预料的快乐"，与预料的实现没有关系的快乐。比如在网络中寻找，点击鼠标本身构成一个事件，无数的点击组成无数事件之间横向的联系，这些联系形成的图像是任意的，在找到目标之前，我们早就移情别处，一路上总是遭遇意外，就像爱尔维修说的，人们并没有得到所欲望的对象，但人们已经享受过了。和享受相比，最初愿望的实现已经变得不重要了。网络几乎取消了时间性问题，因为在网络中的一切因素都是同时发生的并列关系，一种空间关系，立体网状结构构成了人的想象力和创造力。网络给人的快乐甚至不是爱尔维修说的"预料的快乐"，而是预料之外的快乐，总是遭遇陌生，总是在慌乱中做随意的选择。无数的选择组成了无数条路，这些路形成了复杂的网络，四通八达，永远不会出现无路

---

① 　参见尚杰：《网络技术与后现代哲学》，《哲学动态》2005 年第 5 期。

可走的情形。对网络中的精神状态而言，虚拟的空间就是当下的感受本身，就是幸福本身。一种愿望状态是设计出来的，是人生活的真实状态，我们把它叫作艺术的生存，想象的东西和现实的东西是一回事。互联网把不可能的精神状态变成可能的，从而极大地扩张了人类"想到的能力"，在这一点上，互联网导致一种由技术引发的精神启蒙，一种新的启蒙。①

---

① 参见尚杰：《网络技术与后现代哲学》，《哲学动态》2005 年第 5 期。

中 篇　范式的转换

返本开新的哲学与哲学的返本开新

引 言 | **20 世纪 90 年代的中国哲学**

与 80 年代的颇为热烈的"哲学景观"相比,进入 90 年代的中国哲学
的显著特点,似乎是失去了某些共同关注的"热点"和"焦点",因此有
人感叹,90 年代的中国哲学由"中心"到了"边缘",并认为这种"缺热
点""少焦点"的哲学陷入了扑朔迷离、难以预料的窘境。哲学研究的这
种状况既不是孤立的,也不是偶然的。在总结 80 年代以来的文学批评时,
有的学者就提出,"80 年代的文学批评与文学创作基本上是团块状态的结
构,大家做什么,一窝蜂地去做,什么伤痕文学、寻根文学、改革文学、
实验文学等等,这表明了文学创作、文学研究与批评的一种状态,大家思
考的问题、出发点、使用的批评方法,主要的思想资源大体相似。不过,
80 年代的文学批评虽然热闹,却始终是比较单纯的,比较简单的。90 年
代要比 80 年代有进步,已经蜕掉了表层的喧嚣与浮华。它虽然不如 80 年
代来得灿烂,令人炫目,但从批评知识学的意义上讲,建设性的成就要远
远大于 80 年代"①。同样,如果我们以"哲学历程"的视野去观察、思考
和总结刚刚过去的 10 年,我们就会发现,90 年代的中国哲学既是当代中
国的哲学历程中的合乎逻辑的重要环节,也是当代中国的历史进程的至关

---

① 王光明:《批评:自我反思与学理寻求——关于 90 年代文学批评的对话》,《新华文摘》
2001 年第 1 期。

重要的理论表征。

从"哲学历程"看 90 年代的中国哲学，可以作出两个重要的哲学概括：其一，90 年代的中国哲学实现了从"体系意识"到"问题意识"的重大转换；其二，90 年代的中国哲学实现了从 80 年代的"热点"和"焦点"问题到"一个问题"与"所有问题"的"共振"的重大转换。前一个转换是后一个转换的根据和实质，后一个转换则是前一个转换的内容和表现。

经过 80 年代的改革开放，90 年代的中国大踏步地走上了建设社会主义市场经济的道路。从"计划经济"转向"市场经济"，这并不仅仅是经济学意义上的资源配置方式的变革，而且是以经济生活为基础的全部社会生活的重大变革，即人的存在方式的变革。经济形式的多样化，经济利益的多样化，生活方式的多样化，社会组织形式的多样化，就业岗位和就业形式的多样化，以及日常经验的科学化、日常消遣的文化化、日常交往的社交化和日常行为的法治化，日益显著地改变着人们的存在方式。许多曾经备受人们关注的"热点"和"焦点"被色彩缤纷、急剧变化的生活本身"冲淡"了，而生活本身的多样化则向理论提出了各式各样的、层出不穷的、甚至是"花样翻新"的各种问题。"问题"，日益成为哲学研究的出发点。

90 年代的中国哲学在突出地、集中地反思"哲学"本身的过程中，把对哲学的反思"发散"于空前增多的各式各样的"哲学问题"之中，特别是突出地"展现"在关于"真理与价值""公平与效率""发展与代价""理性与非理性""科学精神与人文精神"的论争之中，正是理论地表征了当代中国在建设社会主义市场经济的过程中所呈现的人的存在方式多样化的历史进程，以及当代中国人在深刻的"社会转型"过程中转换和重建自己的思维方式和价值观念的心灵历程。这就是 90 年代的中国哲学所出现的从"体系意识"到"问题意识"的重大转换的"历史"根据。

从"理论"的角度看，90 年代的中国哲学所出现的这种具有标志性的重大转换，则是当代中国哲学发展的合乎逻辑的结果。整个 80 年代的哲学任务，是以变革通行的哲学原理教科书为出发点，在重新理解马克思主义哲学的进程中重建它的理论体系。"体系意识"是整个80年代中国哲学界的"主流意识""主导意识"。所谓的"热点"问题或"焦点"问题，无不与重构体系的"体系意识"密切相关。最为显著的标志是，80年代作为"热点"或"焦点"问题的"物质本体论"与"实践本体论"问题、"反映论"与"选择论"问题、"辩证法"与"系统论"问题、"历史决定论"与"非历史决定论"问题，恰恰是作为"体系"的"四大部分"即"世界观""认识论""辩证法"和"历史观"中的核心问题而展开激烈论争的。具有"称谓"和"定位"马克思主义哲学意义的"实践唯物主义"，更恰恰是作为重建马克思主义哲学体系的"解释原则"而提出的。然而，这种重建马克思主义哲学体系的急迫的"体系意识"，在改革开放初期并不具备现实的可能性。重建马克思主义哲学体系，除去应有的历史前提，还必须至少具备三个重要的理论前提，即：占有充分的"理论资源"，发现真正的"理论困境"，形成创新的"理论思路"。

首先，从"理论资源"上说，由于哲学总是以时代性的内容、民族性的特色和个体性的风格去求索人类性问题，因此就不仅需要重新理解马克思主义哲学，而且需要重新研究西方哲学（特别是现代西方哲学）和中国哲学（包括现代新儒家哲学）及其与马克思主义哲学的关系。在80年代，中国哲学界虽然比较集中地讨论了马克思的"手稿"和"提纲"以及列宁的"笔记"，并围绕"马克思主义与人道主义""实践唯物主义与辩证唯物主义和历史唯物主义"等问题展开过较为深入的讨论，但无论是对马克思主义"文本"还是对当今的时代都缺乏系统的理论研究。在80年代，汹涌而入的现代西方哲学的各种思潮，曾经从多方面引发中国哲学界的思考，但是，无论是对"分析"哲学还是对"解释"哲学，无论是对"结构主义"还是对"存在主义"，无论是对维特根斯坦还是对海德格尔，都还处于"引进""评述"而非"反思""消化"的阶段。对于中国传统哲学，80年代的哲学界基本上是局限于对中国哲学史自身的研究，而极少触及它与马克思主义哲学的关系。至于力图"返本开新"的现代新儒家哲学，虽然引发了哲学界的某种"激情"或"热情"，但主要是作为一种特定的对象而被学界的一些人予以研究。缺少对"文本"的系统研究，缺少马、中、西的沟通与交流，这就是80年代的中国哲学界在重建马克思主义哲学体系时的"理论资源"不足。

其次，从发现"理论困境"和创新"理论思路"上说，主要是存在理论深度不够和难以取得共识这两个方面。科学家爱因斯坦认为，"提出一个问题比解决一个问题更重要"。通行的哲学教科书的根本性的理论问题究竟是什么？重建马克思主义哲学体系的真正的理论困难究竟是什么？在80年代的较长时间里，人们还主要是盯住"体系"本身做文章，提出或形成了一些互有差别的新体系，诸如"一总三分"或"一总四分"的方案。当着超越对"体系"的构造而触及"内容"的时候，难以弥合的分歧造成了难以深入的争论，其中最为关键的问题是：究竟怎样理解"实践"在马克思主义哲学体系中的地位和作用？把"实践观"作为"解释原则"将构成怎样的马克思主义哲学"范式"？离开对这个根本性问题的讨论，既不能找到真正的"理论困境"，也不可能形成真正的"理论思路"。

80年代的中国哲学界在"体系"上陷入的困境，只能是从"体系意识"的自我超越中获得新的出路。这就是90年代的从"体系意识"到"问题意识"的历史性转换。由于重构马克思主义哲学体系所面对的最重要的"问题"是"理论资源"储备不足、"理论困境"捕捉不准、"理论思路"深度不够的问题，因此，90年代的中国哲学的"问题意识"主要是表现在对这三大根本性"问题"的探索之中。所谓"理论资源"不足，既是由于人们缺乏对马克思主义哲学"文本"的系统研究，又是因为人们把研究的视野仅仅局限在马克思主义哲学"文本"之中。如何理解马克思主义哲学，它的重要前提是如何理解哲学；正是因为人们对"哲学"有着相距甚远乃至截然不同的理解，才无法形成对马克思主义哲学的统一性理解；因此，重构马克思主义哲学的首要任务，应当是在当代的背景下进行哲学的自我理解。这表明，进入90年代的中国哲学界逐渐地"聚焦"于哲学的自我理解，即"元哲学"问题，并非偶然。

90年代的中国哲学所出现的从"体系意识"到"问题意识"的转化，以及由此而形成的"一个问题"（哲学的自我理解问题）和"所有问题"（开放性的各种哲学问题）的"共振"，为跨入新世纪的中国哲学奠定了两个坚实的基础：一是使中国哲学界走出了"理论资源"匮乏的简单、抽象、空洞的哲学论争，为新世纪的哲学发展提供了重要的理论准备；二是规范着新世纪的中国哲学沿着当代中国的"哲学历程"所展现的"哲学逻辑"而实现自己的发展，这就是以反思90年代的哲学自我理解为基础，面向世界与未来，创造性地重构新世纪的马克思主义哲学。

20世纪80年代的哲学改革，从其根本的指向性上看，是以新的教科书体系取代旧的教科书体系，也就是重构教科书体系。进入90年代的中国哲学界，则在理论探索中出现了较为明显的转向，这就是从"体系意识"转向"问题意识"，出现了"开拓性哲学""准原理哲学"和"专门化哲学"的萌芽。在这个意义上，我们可以把90年代中国的哲学主流称之为"后教科书哲学"。

从"体系意识"转向"问题意识"，这突出地表现在，不是以争论教科书的利弊得失和如何重构教科书体系为研究的出发点，而是把教科书作为某种退入背景的理论框架，从现实生活或现代哲学中提出问题，并且注重提问方式的转换。仅就哲学原理界来看，近年来比较集中地提出和探讨了哲学的人文学基础问题，理想主义与功利主义的关系问题，效率与公平的关系问题，真理与价值的关系问题，实践理解论问题，交往实践和语言的实践基础问题，现代化与反现代化问题，社会认识论问题和人类活动论问题等等。这些源于现代社会生活的哲学问题，不断地开拓了哲学基本理论研究的新领域，从而为马克思主义哲学的当代研究注入了生机和活力。

90年代哲学研究的"问题意识"，还明显地表现为"准原理哲学"的兴起。这里所说的"准原理哲学"，指的是哲学原理与哲学各分支学科的双向融合。在80年代以前，哲学的各个学科处于界限分明、壁垒森严、互不介入的状态。在 80 年代反思教科书的哲学改革过程中，这种状况虽有所改变，但仍然是以各自的"研究领域"为对象。进入 90 年代，某些共同的"问题"开始成为哲学研究的出发点，从而形成了一种双向融合的趋向：一是哲学原理在探索现代社会生活和现代哲学提出的重大理论问题的过程中，显著地拓宽了自己的研究视野和背景知识，不仅注重于史论结合，以及哲学原理与具体科学的结合，而且注重于从文化哲学、科学哲学、语言哲学、逻辑哲学以及伦理学、心理学、宗教学、逻辑学和美学等多重视角去讨论问题，并且融注了这些学科的研究成果，从而改变了哲学原理的研究方式和自身形象；二是哲学史和哲学的各个分支学科强化了自身的"原理意识"，在探索某些共同问题的过程中，力求在"原理"的意义上形成某种哲学思想。这在中国哲学和西方哲学的研究领域中，以中西哲学比较研究的方式，表现得尤为突出。这种"准原理哲学"的兴起，更加明显地凸现了 90 年代哲学研究的"问题意识"。

　　"体系意识"的弱化与"问题意识"的强化，还表现在"专门化哲学"的兴起。这里所说的"专门化研究"，主要是指这样两种趋向：一是注重研究人类文化的某个成分或某个侧面，并从这种研究中寻求当代哲学的生长点。这种研究趋向的突出特征，是在汲取现代西方哲学积极成果的基础上，通过对语言、逻辑、观念、科学、技术、艺术、宗教、伦理、政治、法律、经济等的哲学探索，形成马克思主义的语言哲学、逻辑哲学、科学哲学、艺术哲学、政治哲学、经济哲学和法哲学等等。二是注重研究现代哲学的各种流派及其所提供的方法论，其中主要是深化了对胡塞尔的现象学、索绪尔的结构主义、海德格尔的存在主义、维特根斯坦的日常语言分析、伽达默尔的解释学、罗蒂的新实用主义和德里达的解构主义的研究。哲学研究的"专门化"，强化了哲学研究的职业化和技术化，从而突出了各种"具体问题"在哲学研究中的地位。这种"专门化哲学"的兴起，为中国哲学界走出简单、抽象、空洞的哲学论争，在坚实的哲学研究的基础上形成更富于创造性和启发性的世界观理论，提供了必要的理论准备。

90年代中国的哲学研究从"体系意识"转向"问题意识"。在总体趋向上，主要是集中研究五个大问题，即"元哲学问题""人的存在方式问题""发展问题""两大思潮问题"和"中西融合问题"。而蕴含在这些问题之中的根本问题，则是现代化的反思。

中国70年代末、80年代初的改革开放，从其根本的目标和目的上看，就是使中国从前现代化的发展中国家变为现代化的发达国家。而实现这一目标和目的的基本途径和手段，则是建立社会主义市场经济。这种目标和目的、途径和手段，既蕴含着世界性的共同问题——现代化和市场经济问题，又表现为当代中国所要解决的特殊问题——从发展中国家变为发达国家和建立社会主义市场经济的问题。由此便决定了中国哲学界所面对的两大课题：一是世界性的现代化问题，二是中国实现现代化的问题。正是这种重大的时代性课题和民族性课题，要求中国哲学界从理想化的"体系意识"转向现实性的"问题意识"，从传统的教科书哲学转向90年代的后教科书哲学。

世界性的现代化问题，构成了当代哲学的宏观时代背景和社会生活基础。以建立发达的市场经济为标志的现代化过程，既是一个空前的自然人化过程——用现代的科学技术征服自然的过程，又是一个空前的个体社会化过程——以等价交换的原则实现人的全部社会关系的过程。由此便构成了"现代化"的双重性矛盾，以及理论地反思这种双重性矛盾的当代哲学课题。

现代化所实现的空前的自然人化过程，为人类的生存和发展创造了前所未有的物质财富，也造成了包括人口膨胀、环境污染、生态失衡、能源紧张等在内的"全球问题"。而市场经济所实现的"以物的依赖性为基础的人的独立性"，既挺立了个人的主体性和独立性，又造成了人的物化状态。这就是人与自然、人与社会的双重性矛盾所构成的"现代化问题"。

面对现代化的双重性矛盾，形成了世界性的哲学层面的现代化思潮与反现代化思潮的尖锐矛盾。作为反现代化思潮，一是表现为发展中国家的以道德理想主义批判发达国家中的"物欲横流"，一是表现为发达国家的以文化保守主义所进行的现代化反省。风靡全球的丹尼尔·贝尔的《资本主义文化矛盾》、马尔库塞的《单向度的人》和艾恺的《世界范围内的反现代化思潮》，即是反映这种尖锐矛盾的代表作。

作为现代西方哲学的现代化思潮，则把现代化所实现的自然的人化即自然的隐退，视为哲学一向所寻求的绝对性、确定性和终极性的消解。真理观的多元论，价值观的相对论，历史观的非决定论，构成了现代西方哲学的主导性解释原则。由此便形成了当代哲学的形上与形下、科学主义与人本主义、理想主义与实用主义、道德主义与功利主义、终极关怀与"消解哲学"的尖锐冲突。

这种世界性的"现代化问题"及其在哲学层面上的尖锐冲突，不能不引起现代化进程中的中国哲学界的强烈反应，并把这种强烈反应聚焦在中国如何实现现代化的问题上，以及如何建立社会主义市场经济的问题上。

以现代化的反思为核心问题，90年代中国的哲学主流，理所当然地把哲学研究的视野集中在如下的问题上：当代哲学的功能和使命是什么？这就是"元哲学问题"；当代哲学怎样理解人的存在？这就是"人的存在方式问题"；当代哲学怎样评价现代化的利弊得失？这就是"发展问题"；怎样看待现代化进程中的科学主义思潮和人本主义思潮及其相互关系？这就是"两大思潮问题"；如何在现代化进程中实现中国传统文化与现代西方文明的沟通？这就是"中西融合问题"。

"元哲学问题"，即哲学在各个历史时代的自我反思和自我理解问题，在80年代中期就已经成为国内哲学界讨论的热点问题之一。但是，从《哲学研究》1987年第8期所组织的"哲学的特点和功能"讨论专辑来看，国内哲学界还主要是从特殊与普遍、思想与反思等角度去辨析科学与哲学的关系，从而界说哲学的特点与功能。1989年《中国哲学年鉴》所整理的"关于元哲学的讨论"，则主要是集中于探讨"究竟什么是元哲学"，以及"元哲学与哲学"的关系问题。这些讨论推进了国内哲学界对哲学的反思和理解,但还没有从"现代化"这个时代课题出发去探索当代哲学的特点、功能和使命。

进入90年代,国内哲学界关于元哲学的讨论,则明显地突出了对哲学的当代反思,特别是突出了对哲学与当代人类存在方式的反思。有的论者从哲学表达的实质是人从自己的观点出发,把传统哲学向现代哲学的根本性转变归结为从抽象的人转向现实的人,从远离生活的彼岸世界回到现实的人间世界,因而把当代哲学的使命确认为对当代人类存在方式及其内在矛盾的哲学思考。有的论者提出,哲学就是每个时代的人们对自己生存状况的根本性、整体性问题的思考,是关于人的生命活动在某一时代的总体特征、全面情势和基本发展趋向的问题。显而易见,这些元哲学思考都把当代哲学聚焦于当代人类的存在方式上。

"人的存在方式问题",对于国内哲学界来说,首先是人的实践活动问题。80年代反思教科书的哲学改革,其实质内容就是用实践观点重新理解马克思主义哲学和重新建构马克思主义哲学体系。进入90年代,则是把实践作为人的存在方式,具体地探索实践与人的主体性、实践与交往、实践与语言、实践与理解、实践与日常生活、实践与真理和价值等问题。在现代化的反思中,哲学界开始注重从当代实践的特点出发去研究当代人类的存在方式,特别是在社会主义市场经济条件下的人的存在方式问题。

建立社会主义市场经济,这并不仅仅是资源配置方式的选择,而且是深层地表现为以经济关系为基础的人的存在方式的变革。市场经济的建立,弱化了计划经济模式下个体对"单位"这个"小社会"的依赖,既强化了个体的独立性,又强化了个体的社会性,从而使个体的思维方式、价值观念、消费方式、享受方式、交往方式和整个生活方式都发生了深刻变化。哲学界正在透过市场经济条件下人的存在方式的变革,重新理解人与社会、人与文化、人与人以及人与自我之间的关系,探寻人的全面发展的现实之路。

"发展问题"是现代化思潮与反现代化思潮争论的焦点。进入90年代,国内哲学界比较集中地讨论了发展的价值基础、合理性目标以及发展的代价等问题。有的论者提出，发展从来就不是客观的中性的纯粹的经济增长过程，也不仅仅是人们的物质生活状况的逐步改善过程，更重要的是各种文化价值在经济增长中起着根本性的作用，它决定增长作为一种目标的合理性。"代价"是发展过程中的一种被否定和牺牲的替代性价值，即主导价值趋向对其他价值形态的抑制、否定和牺牲。还有的论者提出，价值观的主导范式具有强烈的时间效应，价值观自身不能先验地确定自身的合理性，对于当代中国而言，首要的是立足现代化对前现代化价值观的反思，而不是立足后现代化对现代化价值观予以反思。关于"发展问题"的这种哲学思考，从理论上支持了当代中国对现代化目标和社会主义市场经济的选择。

科学主义思潮和人本主义思潮是现代西方哲学的两大哲学思潮，它们的形成、演化及其相互关系的变化，理论地表达了现代发达国家的人与自然、人与社会、人与他人、人与自我的深层矛盾。所谓"两大思潮问题"，就是国内哲学界对这两大思潮及其相互关系的哲学反思，其深层的理论内涵，则是对"现代化"的哲学反思。80年代，国内哲学界主要是注重对这两大思潮的各种流派及其理论观点的介绍与评述。进入90年代，则使深层的"现代化"问题上升为探索两大思潮及其相互关系的主导思想。许多论者提出，学术研究在任何时候都标志了一定人生选择的内涵。两大思潮的对立与融合，表现了现代社会的个人自由与社会模式化的紧张关系以及要求在二者之间保持必要的张力的时代潮流。

"现代化"既不是抽象的普遍性，也不是与历史传统的断裂，它的实现和表现形式，必然具有民族的特色和保持与传统文化的联系。所谓"中西融合问题"，即是探讨一种以中西文化融合为方向的现代民族文化的可能。这种讨论的热点之一，是儒家文化与现代化的关系问题。进入90年代以后，许多学者深刻地反省了探讨"中西融合问题"的出发点和立足点。有的论者提出：在讨论这个问题时，我们是否在感情上依恋于作为母体的儒家文化，而在理性上又以欧洲模式为基准？现代化应当具有多元模式，我们是否应当和能够超越这种"依恋"和"基准"去思考中国的现代化问题？

以上所述 90 年代中国哲学界所探讨的五大问题，显然不能全面地概括当代中国的哲学思考。但是，以探讨这些重大问题为主要内容的现代化反思，却标志着 90 年代中国的哲学研究已形成了从"体系意识"到"问题意识"的转化，标志着当代中国的马克思主义哲学研究在现代化的反思中展现了广阔的前景。

第七章 ｜ **从体系到问题的哲学自觉**

回顾和总结 80 年代的哲学改革，我们可以比较清楚地看到，这场哲学改革是在面向改革开放的现实和重新理解马克思的两个维度的交接点上，聚焦于对教科书哲学的反思，从其根本的指向性上看，是以新的教科书体系取代旧的教科书体系，也就是重构教科书体系。进入 90 年代，中国哲学界开始超越对教科书哲学的反思，展现出更为广阔和更为深化的研究前景，在理论探索中出现了较为明显的转向，这就是从"体系意识"转向"问题意识"，出现了"开拓性哲学""准原理哲学"和"专门化哲学"的萌芽。可以说，从"体系意识"到"问题意识"的转向是 80 年代教科书体系改革的结果，哲学观念变革打破了原则在先的教条主义模式，不再追求以超历史的先验观念裁剪生活的"解释世界"的理论哲学范式，"实践观点的思维方式"不再教条式地预料未来，而是"在批判旧世界中发现新世界"，从"改造世界"的生活实践中创造与发现自然和历史的观念。"当作实践去理解""内在于实践地看"，消解了理论哲学的体系意识，代之以从对重大的现实问题的探索中创造性地升华出重大的理论问题，以及从重大的理论问题中揭示出它所蕴含的重大的现实问题。在这个意义上，我们可以把 90 年代中国的哲学主流称之为"后教科书哲学"。

从"体系意识"转向"问题意识"，这突出地表现在，不是以争论教科书的利弊得失和如何重构教科书体系为研究的出发点，而是把教科书作为某种退入背景的理论框架，从现实生活或现代哲学中提出问题，并且注重提问方式的转换；哲学原理与哲学各分支学科双向融合，注重从新的视角去讨论问题；注重研究现代哲学的各个流派及其所提供的方法论，突出了各种"具体问题"在哲学研究中的地位。仅就哲学原理界来看，近年来比较集中地提出和探讨了哲学观问题、市场经济问题、人的存在方式问题、现代性问题、哲学的人文学基础问题、理想主义与功利主义的关系问题、真理与价值的关系问题、实践理解论问题、交往实践和语言的实践基础问题、社会认识论问题和人类活动论问题等等。这些源于现代社会生活的哲学问题，不断地开拓了哲学基本理论研究的新领域，从而为马克思主义哲学的当代研究注入了生机和活力。

一、哲学观研究与哲学思维的理论自觉

"哲学观问题"是把哲学观作为问题而进行的反思。20 世纪 90 年代，伴随着对哲学教科书体系的反思，哲学界不再固守于教科书对哲学的理解，在考察中西马的哲学观的同时，深化对"哲学"的理解。大体上来看，主要表现为如下几种方式：一是在所有哲学问题的共振与转换中呈现"哲学观问题"；二是在"元哲学"的层次上考察哲学观；三是在"史""论"结合的层面上展开对哲学观问题的考察；四是在人学与哲学的关系的理解中展开对哲学观的研究。

1. 哲学观问题与"所有问题"

哲学观是关于哲学的根本观点，也就是哲学家关于"哲学是什么"的基本理念。每个哲学家的哲学思考与创作活动都显示了他关于哲学的根本观点，这一蕴含于其哲学全部问题的根本观点体现了他哲学创造的生命个性。哲学观问题是对哲学之为哲学的本性的追问，力图澄明哲学活动之方式、特质与旨趣。哲学家的哲学观是其思想体系的拱顶石，不仅使其丰富具体的哲学活动统摄为整全的个性生命，而且内在地制约着哲学的存在方式、思维方式、致思取向、理论境界，深刻地规定着哲学想什么、做什么

与怎么想、怎么做。哲学观问题能够成为 90 年代中国哲学界哲学基础理论研究的"聚焦点"，也正是 80 年代教科书改革与哲学观念变革的理论结果。哲学观问题的出现有其时机。一般而言，虽然每个哲学家都有其关于哲学的根本观点，但当哲学家投入其"爱智慧"的哲学活动时，不会自觉追问其哲学观，更不会对之严格界定。哲学观问题出现在哲学的冲突、哲学活动的残断与困境之时，"哲学是什么"的追问不仅是要对哲学本性的理论自觉的问题，更重要的是省察哲学在干什么，哲学应该怎么去干。因而哲学观问题发生于哲学范式转换的变革时期。

哲学的自我理解，既不是自我封闭的苦思冥想，也不是固执己见的自我认同，而是以广阔的哲学视野为背景，以开放的哲学意识为基点，在各种各样的哲学观、特别是当代的各异其是的哲学观的比较鉴别中，深化对"哲学"的理解。正是由于 90 年代的中国哲学界以"哲学观"为"聚焦点"，才逐步"激活"了包括各种各样的哲学思潮、哲学流派、哲学观点在内的各种哲学问题。其中，首先是"激活"了对马克思主义哲学、中国哲学和西方哲学的比较研究，试图从这种比较研究中，深化对"哲学"的理解。其次是"激活"了对"两大思潮"即科学主义思潮与人本主义思潮的比较研究，试图从这种比较研究中寻找到"超越"这两大思潮的"思路"。再次是"激活"了对"两种文化"即中国文化与西方文化的比较研究，试图从这种比较研究中为"哲学"奠定深厚的文化底蕴，特别是从中国传统文化中获得具有现代意义的"东方智慧"。

以"哲学观"问题为"聚焦点"而"激活"对马克思主义哲学、中国传统哲学和西方哲学的研究，这就是"一个问题"与"所有问题"的"共振"。这种"共振"，以"开拓性哲学""准原理哲学""分支哲学"和"部门哲学"兴起的方式实现了 90 年代的哲学繁荣。20 世纪最后 10 年的当代中国哲学的繁荣，为跨世纪的中国马克思主义哲学的大发展奠定了坚实的理论基础。

由于"哲学"的自我追问，引发了对哲学的众多的基础理论问题的反思。这主要包括两个方面，一是哲学的"理论性质""研究对象""思维方式""生活基础""派别冲突"及"社会功能"等"哲学观"问题，二是哲学的"本体论""认识论""真理观""价值观""历史观""发展观"等"基本理论"问题。正是对这些重大的基础理论问题的探索，90年代的中国哲学界出现了具有"开拓性"的理论进展。例如，围绕本体论问题展开的关于"在"与"在者""实体主义"与"非实体主义"的讨论，从真理观、价值观和历史观的统一中讨论认识论问题，以及从经济社会协调发展和可持续性发展对发展观的反思，都拓宽了哲学基础理论研究。这就是在基础理论上所出现的"一个问题"和"所有问题"的"共振"。

哲学观作为哲学的根本观点，在哲学变革之际成为了哲学的所有问题。哲学观问题不仅激活了哲学思潮、流派、观点的各种问题，中西马的内在比较研究以及两大思潮与中西文化的比较研究与活跃反思，而且也正是以这些重大的哲学问题的深入研究与活跃反思，深化了对"哲学本身"的自我理解。这说明，哲学观问题不是一个抽象单一的问题，而是在哲学变革之际渗透于各种重大哲学问题的活跃反思中的问题群。哲学的自我追问，也决不仅是对以往的既有哲学及其问题的概括与把握，而是让所有哲学及其问题"活在当下"，在各种哲学观念、哲学问题的碰撞中实现融合、再造与创化，从而为哲学"开路而行"。毕竟，哲学观问题不是局限于认识与理解的静观活动，而是追究"哲学为何"与"哲学何为"的变革与创造活动。

2. 哲学观与"元哲学问题"

虽然"哲学观问题"是通过"所有问题"的共振而追求实现哲学活动范式的创造进化，但"所有问题"又"聚集"为这一个问题，即追问"哲学是什么"的"元哲学问题"。当然，这里的"聚集"不能在抽象概括的意义上理解，只能在具体创造的维度上存在。从直接的存在形式看来，哲学观问题总是实际表现为哲学研究中的一个问题，最终是并且只是把哲学观作为反思和研究的对象，而不是关于哲学的方方面面和各种问题的研究；对于"哲学观问题"来说，本质上总是提出一个问题，即"哲学究竟是什么"的问题，这就是哲学的"元问题"。

这种对于"元哲学问题"的研究，首先表现为对"哲学概念"的反思。在继续 20 世纪 80 年代末关于哲学的"无定说""人生教养说""世界观说"的基础上，学者把对哲学本身的研究放入历史的大视野之中来界定哲学。有学者对中国哲学界长期通行的哲学定义进行分析批判。他们认为，当前关于哲学的定义包括三种：哲学是理论化、系统化的世界观（定义一）；哲学是自然知识、社会知识和思维知识的概括和总结（定义二）；哲学是以最一般的概念、逻辑的形式反映并反作用于社会存在的特殊意识形式（定义三）。对哲学的这几种定义予以反思，是重新理解哲学的重要出发点。①这三个定义不过是对在我国哲学界通行的"普遍规律说"的哲学观的三个说法而已。哲学作为"理论化、系统化的世界观"的具体内容正是通过"对自然知识、社会知识和思维知识"的概括和总结，构成了"关于世界的根本观点"。定义三是从马克思主义哲学得出的，即哲学作为精神上层建筑中的观念意识形态，是时代水平的真善美，为规范人的思想与行为提供根据、标准与尺度，具有塑造并引领时代精神的价值论意义。但定义三与前两个定义的内在贯通和真正统一，有待经过一个哲学自我理解的深化过程。

"普遍规律说"的哲学观虽然不错，但与我们的哲学实际不相符合。哲学作为"对自然知识、社会知识和思维知识的概括和总结"，不是对各种知识的进一步的抽象化，而是对各种知识的反思性超越。可实际上，我们的哲学可能尚未达到各种具体知识，所谓"普遍规律"，并非我们的哲学活动实际达到的概念原理的思想层次，而是对我们的思想未及的"外部"规律的抽象意指而已。因而，在我们的哲学谈及"普遍规律"时，实际所指的却是"实例的总和"。在相当长的时期内，人们总是以经验的、常识

---

① 参见杨学功：《哲学观的批判与重建》，《绵阳高等专科学校学报》1999 年第 4 期。

的思维方式去理解和解释哲学，从而造成了一种普遍性的简单化和庸俗化的哲学倾向。从这种倾向中解放出来，构成了当代中国哲学的一项重要使命。对哲学本身的重新理解是实现哲学自身的思想解放的关键一招。

哲学是常识的延伸和变形，还是对常识的超越？这关系到哲学的理论性质和社会功能。哲学是理论化的世界观，是一种理论思维方式，也是以理论的方式而构成的价值规范。以哲学的方式所构成的世界图景、思维方式和价值规范，是对常识的世界图景、思维方式和价值规范的超越。然而，由于人们总是在经验常识中生活，常识来源于经验、适用于经验，所以人们总是以经验常识的方式去理解和解释哲学，以至于把哲学变成某种冠以"哲学"名词的常识。

我们应当看到，当代中国的现代化过程，是人的存在方式的变革和整体素质提高的过程，而这个过程的最具基础性和普遍性的内容与方式，则是一个"非日常生活"的"日常化"过程。这主要包括日常经验科学化、日常消遣文化化、日常交往社交化、日常行为法治化以及农村生活城市化等社会生活的各个方面。而这种变化所蕴含的深层内容，则是人的世界图景、思维方式和价值规范的变革与重建。

哲学把自身定位为对常识的超越，而不是常识的延伸和变形，就能够发挥哲学变革人们的世界图景、思维方式和价值规范的解放思想、更新观念的作用。哲学的"世界观理论"，并不是为人们提供某种区别于常识的凝固的"世界图景"，而是把常识的世界图景作为批判反思的对象，揭示构成这些世界图景的诸种前提，启发人们以历史的和辩证的态度去看待和理解这些世界图景，为人们寻求和形成新的可能的世界图景敞开自我批判和自我超越的空间。因此，在变革常识世界图景的过程中，哲学的常识化，就是反思态度、批判精神和创新意识的自觉化和普遍化，即人们普遍地、自觉地以历史的和辩证的态度去看待常识和科学所提供的世界图景，从而使人们的世界图景处于生生不已的历史转换之中。以现代科学为基础的现代哲学，深刻地变革了以素朴实在论为代表的直观反映论的思维方式，变革了以机械决定论为代表的线性因果论的思维方式，变革了以抽象实体论为代表的本质还原论的思维方式，形成了富有理论内容的辩证的思维方式。哲学层面的价值观是历史的和辩证的价值观，致力于寻求科学精神与人文精神、科学理性与价值理性、功利主义与理想主义的辩证统一。它引导人们自觉地超越绝对主义或相对主义的价值态度，不断地提升人们的人生境界。哲学价值规范的常识化，就是辩证的价值态度和人生境界的普遍自觉化。我们应当以这样的理解去推进哲学从简单化、庸俗化的倾向中解放出来。

有些学者致力于通过对哲学与科学的关系的反思来研究哲学的思维方式。[①] 在相当长的时期内，人们总是习惯性地从哲学与科学的二元关系中去理解和解释哲学，从而造成了普遍性的"哲学知识论立场"。所谓"哲学知识论立场"，就是从哲学与科学的二元关系出发去界说哲学，认为科学是研究世界的"各个领域"并提供关于世界的各种"特殊规律"，而哲学则是以"整个世界"为对象并提供关于世界的"普遍规律"，因而把哲学归结为具有最高的概括性（最大的普遍性）和最高的解释性（最大的普适性）的"知识"。这种"哲学知识论立场"，仅就对"哲学"自身的理解说，存在着两个重大问题，一是如何理解"哲学"与它的"基本问题"的关系，二是如何理解"哲学"与人类把握世界的"基本方式"的关系。当代中国哲学正是在对这两个重大问题的深入探索中，从深层的理论问题上推进了哲学自身的思想解放。

哲学的基本问题是"思维和存在的关系问题"，而不是"思维和存在"的问题；这就是说，哲学是把"思维和存在的关系"当作"问题"而予以"反思"，并不是把"思维"和"存在"作为对象而形成关于"整个世界"的"知识"。这种区别是具有根本性的。它从理论性质上确定了哲学对科学的"反思"关系。哲学和科学作为人类把握世界的两种不同基本方式，还在于哲

---

① 参见孙正聿：《论哲学对科学的反思关系》，《哲学研究》1998 年第 5 期。

学不仅与科学具有"双向"关系，而且与人类把握世界的各种基本方式具有"多向"关系。哲学的反思对象包括科学、艺术、宗教、伦理、语言、历史等在内的全部文化现象。哲学从人类把握世界各种方式的相互关系中去理解科学，又从人类文化的整体关系中去审度科学，因此哲学才能批判性地反思科学，并推进科学的发展。

哲学与科学作为人类把握世界的两种不同的基本方式，最深层的区别在于：科学是把"思维和存在"的统一当作理论思维的"不自觉的和无条件的前提"，从而现实地实现"思维和存在"的统一，为人类提供认识和改造世界的科学成果；与此相反，哲学是把理论思维的这个"不自觉的和无条件的前提"作为自己的根本的反思对象，也就是把"思维和存在的关系"作为"问题"而进行反思，并通过这种反思而推进科学和整个人类文明的发展。这样，我们就可以从上述两个问题——哲学与它的"基本问题"的关系问题和哲学与人类把握世界的其他方式的关系问题——的统一中深化对哲学自身的理解。这种理解，开辟了哲学研究的广阔道路。

有的学者认为，可以把全部哲学的思维方式概括为三种：世界论或本体论的范式、意识论或认识论的范式、人类学或人类活动论的范式。人类学范式为马克思所开创，逐渐成为 20 世纪的主导范式。① 从历史的大尺度看，这三种范式大致分别对应与古代哲学、近代哲学与现代哲学。因为哲学既具有时代性，又具有永恒的人类性维度，这三种范式既具有历时性，又能在现在共时地存在着。前两种范式是人类学范式的抽象，而人类学范式是前两种范式的真理，也可以分别把三种范式称之为自发的、自觉的与合理的人类学范式。古代的本体论范式可以说哲学以本性外投的超人方式自发地表征了人类自身的现实状况及其理想追求，近代的认识论范式可以说对人本身的自觉反思，但却把人之为人的人性抽象地把握为超历史的意识原理，现代的人类学范式（或实践论范式）可以说以现实的人的历

---

① 参见王南湜：《论哲学思维的三种范式》，《江海学刊》1999 年第 5 期。

史性活动及成果为中介所进行的对人的合理认识，因而合乎逻辑地把超验本体与先验理性实际化为历史的本质性一度。这三种范式分别以对哲学基本问题的不同的反思层次，表征了人类存在方式的历史演变及人类文明的不同内涵。这三种范式的发展虽然代表了哲学思维方式的不断跃迁，但每种思维范式又都有着永恒性维度，在跃迁到更深的反思层次时，被以更实际、更透彻的方式保存了下来，也可以说更深地返回到自身。在此意义上，没有任何哲学是过时的。所谓"范式"只是从时代水平之自觉与共同体的自我认同（共通性）的角度而言的，而非从哲学本身与人类本性的角度说的。较低的哲学范式在更高的哲学范式中澄明了其真实意义，从而更通透地存在着。因而对一范式的彻底追究，必能绽出其他范式，可以说任一范式圆涵一切范式。

有的学者讨论了哲学不是什么，认为哲学的不可定义性体现了哲学的本质——自由创造的生命本性及真理的无限性与绝对性。[1] 对"哲学究竟是什么"的追问，只能做出"哲学不是什么"的回答。"哲学是什么"的哲学观问题与"哲学不是什么"的哲学无定说，并不矛盾。哲学观问题的内在张力出于哲学活动的创造进化及哲学家与学者的视差关系。哲学观问题自觉发生于哲学活动的残断与困顿之际，哲学范式的变革之时。当哲学家专注投入于"爱智慧"的哲学创造活动中时，他并不会自觉追问哲学观问题。他关于哲学的根本观点，不是规定性的，而是范导性的；不是既成的封闭的，而是生成的、开放的。哲学家并非以关于哲学的根本观点规定着他的各种哲学观点与哲学问题，而是以其全部的哲学创造活动构成了他的哲学观。可以说，哲学家的哲学观是由其哲学思想和哲学活动的内聚性和整体性呈现的。并且，哲学家的活的思想"从本有而来"，有无限性与绝对性之品格，以其保持的本质性一度内蕴一切哲学思想。因而回到存在开端处的哲学创化活动，也有着无限性品格，可内在地打破与消融一切界

---

① 参见刘福森：《哲学不是什么？——一种哲学观》，《理论探讨》2009 年第 5 期。

限。就哲学家的哲学本身而言，并无所谓通常的哲学观问题与范式问题，因为他关于哲学的根本观点是在活生生的具体的创化之中的，从而有着无限之蕴藉，这就是"从本有而来"或来自开端处的本质性。如果不把哲学家的活的思想变成既定的观念，就无法对其进行对象化的客观的研究。从既成的、封闭的观念层次，就可以对"哲学是什么"做出某种近乎知识性的概括性回答。因而，关于哲学的根本观点便丧失了无限性蕴藉，并作为已完成的既定观点对各种哲学活动的存在方式、思维方式与理论境界进行限制与规定。以此，哲学在客观化与确定性中，弱化了哲学创新的生命本性与自由品格。

在对哲学的反思中，一些研究"元哲学"的专著相继出版。欧阳康的《哲学研究方法论》（1998）从探讨元哲学问题入手，回溯哲学思维方式的系统发生和形态演进，从方法论上反思马克思主义哲学的当代发展，探析深化分支哲学研究的基本思路，提出并探寻个性化的哲学研究道路。孙正聿的《哲学通论》（1998）是一部研究哲学基础理论的学术专著，也是一部面向21世纪的哲学教材。该书以全部哲学史和当代哲学为宏观背景，以"哲学究竟是什么"为主线，系统地探索了哲学的自我理解、哲学的思维方式、哲学的生活基础、哲学的主要问题、哲学的派别冲突、哲学的历史演进以及哲学的修养与创造等问题。王德峰的《哲学导论》（2000）通过对"哲学的诞生、本体论与形而上学、认识论与先验哲学以及历史哲学"的论述，说明"究竟哲学为何物"。张世英在《哲学导论》（2002）一书中把哲学理解为"关于人对世界的态度或人生境界之学"。与此同时，很多大学的哲学系陆续开设"哲学通论""哲学导论""哲学概论"之类课程。这些论文的发表、著作的出版、课程的开设，大大推进了我国的"元哲学理论"的发展，也实现了对教科书理论的补充和发展，把"论坛哲学"和"讲坛哲学"有机融合在一个理论的框架内，实现了哲学观理论的创新和发展。

3. 哲学观与"史""论"结合的问题

20世纪90年代以来，一批研究中国哲学和西方哲学的学者，愈益明显地提出一个问题：所谓"中国哲学"和"西方哲学"并不只是对中国哲学"史"和西方哲学"史"的理解，而是对"哲学"本身的理解，因此出现了被有些学者称为"准原理哲学"兴起的现象。而这种研究的聚焦点则是"哲学观"问题。

"史""论"结合的问题，首先的是改变以往"史论分离"的状况，把哲学史的研究和哲学理论的研究有机结合起来。高清海认为，哲学与哲学史的关系，在一定意义上说就是哲学的逻辑与历史的关系。逻辑与历史在根本内容上是一致的。没有处在发展过程以外的哲学理论。每一种哲学理论都是历史发展的产物，也都在一定程度上反映着哲学认识发生发展的历史过程。哲学的历史是哲学理论的基础，哲学理论是哲学认识历史发展的总结和概括。逻辑和历史处于相互渗透的统一联系之中。逻辑中包含着历史的内容，历史中贯穿着逻辑的联系。① 朱德生结合自身的哲学研究经历认为，把历史与理论结合起来是哲学发展的必由之路。② 哲学是历史性的思想，哲学史是思想性的历史，哲学就是哲学史，历史性的思想存在于思想性的历史中。哲学是哲学史的总结，哲学史是哲学的展开。史论结合、论从史出，是哲学研究与创作的根本方式。真正的哲学总是处于历史、理论与现实的交汇处。

有些学者试图通过对哲学史本身的研究，揭示"哲学就是思想中的历史""哲学就是哲学史"的问题。他们基于人类实践对哲学和哲学史的根本制约性，从哲学史的基本内容、思维构架，哲学史对人类终极关怀的探求，哲学史所追求的世界的完善化和人的自由的内在统一，以及这种理论探求的统一所深刻反映的对人自身的生成过程和人的主体性的现实历史的把握等四个层面，来说明哲学史与人类史的内在联系，力图探明哲学史的真实本质和深刻底蕴。③ 哲学作为"理论形态的人类自我意识"，其历史

---

① 参见《高清海哲学文存》（第4卷），吉林人民出版社1997年版，第332页。

② 参见朱德生：《史论结合反思前进》，《哲学动态》1996年第5期。

③ 参见白锡能：《哲学史是被把握在思想中的人类史》，《哲学研究》2000年第3期。

发展就是人类认识自己及实现自身本质的历程。哲学作为"思想中的时代",其历史演进表征了人类存在方式的历史演变与人类文明内涵的历史转换。人类文明史的"最精致的精髓",保存在哲学史中,因而哲学"认识你自己"必须立足于哲学史的基础上。

哲学就是哲学史,因而哲学史就是哲学。哲学史研究在客观的学术研究基础上开辟了"哲学创造"的空间。有些学者则把历史上和现实中的哲学史方法"概览"为以下四种:一是传记的方法;二是文化史的方法;三是观念史的方法;四是问题史的方法。由此得出的结论是:立足于现代哲学的思想的高度去把握哲学史;立足于哲学发展的共性来考察历史上的哲学的个性;立足于历史上哲学的本来意蕴来阐发其现代意义。① 哲学的永恒的人类性决定了哲学史的当代性。传统是活着的过去,哲学的时间观常常是从未来流向过去,以哲学史为中介的哲学创作,就是要把哲学史中遗留下的既定的观念,再造为哲学家的"活的思想"。哲学家的"活的思想","从本有而来",有着伟大之开端,作为绝对之思,具有无限性的品格,仍可启发现代人的精神生命与智慧。所谓"论从史出",并不是从哲学史中寻出既定的观念作为论据,而是让既定的观念重获内涵,成为"概念形象",具足哲学家思想创造的整全的生命个性。哲学史研究中的哲学自觉,是符合哲学史的本性的,因为哲学史并非堆满枯骨的"死人的王国",而是一个我们必须不断回忆的永恒青春的精神家园。哲学史研究所达到的不应仅是客观的知识框架,更重要的是重新创造"活的思想"。"活的思想"承当本性自觉,有当下第一哲学之自许,超越了古今中西之别。

从根本上说,哲学与哲学史的统一,不能仅仅理解为历史与逻辑的统一,而是哲学与哲学史不二,哲学就是哲学史,哲学史就是哲学。这是由哲学的本性决定的。哲学从不为了时代,而放弃永恒,因而哲学史总具有当代性。哲学史研究通过重新创造呈现了哲学家的活的思想的当代性意

---

① 参见欧阳康:《哲学史研究的方法论问题》,《哲学研究》1998年第9期。

义。以往从历史与逻辑的差别去区分哲学与哲学史，就没有把哲学当作"具体理性"与"活的思想"。"逻辑以范畴体系的形式来表现人类认识所获得的哲学成果。在这种形式下，历史发展中那些表面的偶然的因素已被舍去，它仅仅从某种观点表现着其中具有必然性的东西。……而哲学的历史则是通过哲学发展的现象形态去表现哲学思想的本质的，通过大量偶然性去表现哲学认识发展中的必然性的。"[1] 与哲学史相对的、以逻辑范畴体系构成的原理性哲学，还只是一种抽象理性。作为"具体的普遍性"与"活的思想"的哲学，恰恰不把所谓"表面的偶然的因素""现象的"、经验的东西视为次要之物舍弃，而是将其视为哲学本身，"活的思想""具体概念"不过是经验的内部运动与自身统一。在此意义上，哲学恰恰是哲学史，只有哲学史才构成了哲学的整全的个性生命。"活的思想"所呈现的哲学时间是把过去、现在、未来融为一体的当下即是（非对象性）的永恒时间，因而哲学性的"史"绝不能被抽象地等同于过去。

"史""论"结合、"论"从"史"出是哲学思考与哲学研究的根本方式。这是由哲学问题的自相缠绕与自我相关造成的。孙正聿认为，哲学史是哲学问题自我扬弃的过程，哲学问题总是表现出自我相关和自我缠绕的特点，即："老"问题总是以胚芽形态蕴涵着"新"问题，研究和回答"新"问题总是要反省"老"问题，以致"老"问题"青春永驻"；"新"问题又是以成熟的形态展开了"老"问题，解决"老"问题总是有赖于探索"新"问题。哲学问题的人类性，决定了哲学的新、老问题的自我相关和自我缠绕；而哲学中的新问题与老问题的自我相关中的"内在差别"，则在于它们是以不同的方式提出哲学问题。[2] 哲学思考无法摆脱哲学史的纠缠，哲学的新问题总是更深地回到了哲学的老问题，揭示了老问题尚未展开的更深层次的矛盾，进而呈现了老问题尚未自觉的真实意义与内涵。哲学家的

---

[1] 《高清海哲学文存》（第4卷），吉林人民出版社1997年版，第332页。

[2] 参见孙正聿：《哲学通论》，复旦大学出版社2005年版，第267、268页。

思想也是提出的一个问题，后来的哲学家的工作常常是解决这一问题，揭示以往思想概念的深刻内涵。哲学史告诉我们，"一个概念的充分规定极少是第一个引进该概念的思想家的工作。因为一个哲学的概念一般说来更多地是一个问题，而不是对一个问题的解决——而这个问题只要还处在它最初的潜在状态时，它的全部意义就不可能为人们所理解。为了使人们理解它的真正的意义，它就必须成为明显的，而这种从潜在状态到明显状态的转变则是未来的工作。"① 哲学的"新"问题是"老"问题的新的提问方式，"新"思想则是在更高的反思层次上对"老"问题的新颖而深刻的某种解决。

"史""论"结合的提出，一方面是对学界"史论分离"的现状的积极应对；另一方面也是对哲学理论创新以适应时代要求的应对。"史""论"结合的提出和研究大大拓展了哲学研究的领域。

4. 哲学观与人学研究

哲学观作为"关于哲学本身的观念"或"对哲学本身的理解"，是任何一种哲学理论、哲学学说、哲学体系、哲学派别、哲学形态本身所具有的。因此，一种哲学之不同于另一种哲学，主要体现为"哲学观"的区别。不管哪一种哲学，作为哲学，都是人关于其本身的一种观点。基于此，很多学者认为，应当破除中西马哲学的"固有疆域"，通过对人的本性的理解来理解哲学：所谓哲学，不过就是人为了获得自我本质、升华自我人性，以理论形式所表达的那种人对自我本性的意识，以及人作为人所应有的看待世界事物、对待自身生活的那种人的态度、人的观点和人的境界。② 为人们提供人性所要求的思维方式、价值观念和精神意境，以便使人的行为能够达到自觉，这就是哲学的基本作用。人在觉醒之后为什么必须创造一种能够映照自我的理论？根本原因就在，人的本性是自由和自觉的本性。哲学对人的自身本性的探究，只能通过人性的不同的外化与表现

---

① ［德］卡西尔：《人论》，上海译文出版社 2002 年版，第 284 页。
② 参见高清海：《找回失去的"哲学自我"》，北京师范大学出版社 2004 年版，第 217 页。

进行，从人的存在活动及其结果、人的社会关系和历史文化去反思人之为人的本质。人的自身本质是各种哲学的出发点与归宿，哲学经受各种外化之后必然回归到人的本性的觉解，同时哲学也承担着克服人的异化（神化与物化）、实现人的自身本质的使命。中西马哲学都是对人的自身本质的不同认识与表现。若从学术、知识、既定的观念层次看，中西马哲学研究会各自执着于人性的不同表现与理解，而耽搁了本质性的一度，从而强化了不同哲学的固有规定，使不同哲学之间的差异僵化为外部对立，无法成就中西马哲学的会通融合与综合创新，陷入了文化的悲剧（物化）。如果让不同哲学保持住"从本有而来"的一度，作为"活的思想"皆是本性所现，以绝对之思成就无限性品格，从而超越了古今中西之别，不同哲学虽有不同风格、内容、形式的差异，但并非外在，而是相互包含、交融互摄。中西马作为哲学，皆为"活的思想"，各自保持住了本质性一度，当下成就"第一哲学"，无所谓各自的"固有疆域"，本自会通，无须融合，贴近自身本性沿着各自道路募直做去即可。哲学可以通过对本有的回忆，保持住来自开端处的精神生命，克服物化悲剧，实现开放性、创造性与整全个性。

高清海提出，哲学作为"世界观"理论，面对的虽是外部世界，表达的却是对人自己的观点。哲学是通过世界以理解、把握人自身的存在及其活动的性质、意义和价值的。哲学是怎样理解人的，它也就怎样去理解世界；哲学关于世界的不同观点的分歧和论争，表现的实质都是对人自身的不同看法。人之所以需要从世界这一对象去理解自己，就因为人是一个以整个世界为对象的存在。而哲学，实际就是人以世界为中介的自我意识、自我理解、自我创造、自我实现的理论活动、理论表达。在哲学中，人的对象不过是对象化了的人，人的世界也就是人的镜子。哲学表达的"人"的观点，实际就是体现于人身、人性、人的活动中的那些自身矛盾的观点，哲学的功用在于从这些矛盾关系中为人们观察、认识世界各种事物提供一种理论的思维方式。人只能在不断对象化自身于外物的活动中获得自身本质，哲学也必须在不断异化自身的活动中去获取哲学的本质。人从非人发展为人，走过的是一条迂回曲折的道路。同样地，哲学也只能逐渐从抽象走向具体、理想回到现实、彼岸到达此岸，通过迂回曲折的途径把握人和人的现实世界。人是世界的奥妙所在，也是哲学的奥妙所在。只有紧紧抓住人，才能回答世界之谜，也才能解开哲学之谜。① 人是哲学的主题和实质，人的未来和发展是哲学未来发展的支点。也有学者试图从人与哲学的内在循环来把握哲学的本质。他们认为，哲学的奥妙在人，人的奥妙在哲学。要把握哲学的本性，必须以对人的自觉把握为前提；而要真正实现对人的辩证觉解，又必须通过哲学的方式、运用哲学的智慧。也就是说，我们通过人去了解哲学，也必须通过哲学去把握人。②

哲学是关于人自身本质的观点，哲学的思考方式与理论品格是和认识人的"人的方式"相适应的。③ 所谓人的方式，就是符合于人的特有本性的那种认识方式，区别于物化方式和神化方式。这就是把人看作是物又超越于物、属于生命又超越生命、存在自然之中又具有超自然性的认识方式，也就是"哲学"的思考方式。哲学是一种理论，它扎根于生活，重视理性，讲求逻辑，立论于知识基础，在这方面很像"科学"的理论；另一方面，它又是一种信念，追求终极价值，关切形上问题，具有超越生活、超越理性、超越知识界限的想象、理想品格，在这一点上又近似于"宗教"意识。科学和宗教都是立足人的单一基点、单一本性和单一需求，只能把人作为外在的对象，或者放在自然之内，或者放在自然之外，或者置于高于人的存在，或者置于低于人的存在，然后去分别表现人的物性和超物性、生命本质和超生命本质、自然秉性和超自然属性的单一性质，只能或者满足人对现实存在的知识需要（科学）、或者满足人对生命的永恒追求（宗教）。然而人之为人的本性，恰恰存在于这种双重本质、两重品格、

---

① 参见高清海：《人是哲学的奥妙》，《哲学研究》1993 年第 6 期。

② 参见贺来：《论人与哲学的内在循环把握》，《学术月刊》1999 年第 7 期。

③ 参见高清海：《找回失去的"哲学自我"》，北京师范大学出版社 2004 年版，第 218、219 页。

多样属性的矛盾融合之中。只有兼具科学和宗教的双重性格，能够运用多维度、多侧面、多重性思考方式的哲学，才能完整理解和把握人和人的本性。在此意义上，我们把哲学看作体现人性自觉、表达人的自我意识的理论。

孙正聿通过探讨哲学家和哲学的关系，揭示了个体性风格是哲学的普遍性理念的存在方式。① 哲学是以时代性的内容、民族性的形式和个体性的风格去求索人类性的问题，因此，它求索的问题是永无止境的，它对问题的回答总是具有时代性的。在追问"哲学究竟是什么"的思想历程中，我们会逐步深切地体会到，无论是对人类性问题的求索，还是对这些问题的时代性回答，哲学都既不是"表述"某种人类的、时代的经验事实，也不是"表达"人类的或某个群体的情感和意愿。哲学作为"时代精神的精华"和"文明的活的灵魂"，总是"表征"着人类对自己时代的生存意义的自我意识。哲学作为人类自我意识的时代水平的理论"表征"，也就是以理论形态"表征"的人类对自身的生存状况、焦虑和理想的自我意识。哲学创造，就是哲学家在通晓人类自我的历史的基础上，以其独特的心灵体验、独立的反思意识和独到的理论解释去表达自己时代的人类的自我意识，去建构"思想中所把握到的时代"，为人类揭示新的理想境界和展现新的可能世界，也就是塑造和引导新的时代精神。因此，哲学创造与哲学家的自我实现是融为一体的，创造哲学的哲学家必须有炽烈而执着的主体自我意识。个体性的风格是繁荣和发展哲学的必要前提。就此而言，哲学只能是"有我"的哲学，而不能是"无我"的哲学。当代中国哲学的思想解放，是同哲学家的强烈的主体自我意识的形成密不可分的。

哲学是"时代精神的精华"，这并不仅仅是说哲学是对时代精神的"概括和总结"，而且是说哲学是对时代精神的"塑造和引导"。哲学在人类社会生活中、特别是在社会转型的变革过程中，具有巨大的积极的能动作

---

① 参见孙正聿：《哲学通论》，复旦大学出版社 2005 年版，第 320 页。

用。改革开放以来的当代中国哲学正是发挥了这种积极的能动作用。它在把人们从两极对立的思维方式、教条主义的思想框框和僵死枯燥的话语方式中解放出来的过程中，又以哲学的方式为当代中国提供反思的智慧、批判的智慧和变革的智慧，为当代中国人提供辩证的世界图景、思维方式和价值规范，重塑人们的理想与信念，并引导人们对"崇高"的憧憬与追求。而这个"塑造和引导"新的时代精神的过程，正是当代中国哲学实现自身的思想解放的过程。推进社会的解放思想和实现自身的思想解放，构成了改革开放以来的当代中国哲学的双重化进程。

二、社会主义市场经济与人的存在方式

20世纪90年代，市场经济在我国快速地发展起来。市场经济的建立，不仅仅是经济学意义上的资源配置方式的改变问题，它深层地表征为以经济生活为基础的全部社会生活的变革，即人的存在方式的变革、人的生存境遇的变革。正如有些学者所指出的，现代性进程中的人的存在方式的变革，从其最具基础性和普遍性的内容和方式上看，可以概括为"非日常生活的日常化"。这主要表现在日常经验科学化、日常消遣文化化、日常交往社交化、日常行为法制化以及农村生活城市化等方面。从深层上看，非日常生活的日常化过程，则是人的生活世界图景、思维方式和价值观念的变革与重建的过程。① 这个问题首先以对"人的主体性"问题的深入研究展开。

1.市场经济与个体主体

市场经济强调个体的主观能动性，主张个人发挥潜能并由此实现自己的价值。因而，把市场经济和人的主体性问题结合起来研究就显得合乎情理。学者们首先从人的主体性的历史演进出发，对这一问题作了反思。

"人是主体"，这是针对人与活动对象的关系说的，既可指个人主体，

---

① 参见孙正聿：《马克思辩证法理论的当代反思》，人民出版社2002年版，第210页。

也可以指集群主体、社会主体、人类主体。主体的活动基础只能是个体的人。因为人类、社会、群体作为主体的活动、需求、性能体现于有生命的个体身上才具有直接性，也只有通过有生命的个人的活动才能获得现实性。如果人的主体性不落实到个体身上，人的主体性就只是一句空话，只是一种潜在能力，而不是现实的主体性。如马克思所说，"任何人类历史的第一个前提无疑是有生命的个人的存在"，"人们的社会历史始终只是他们的个体发展的历史。"个人不是自然给予的现成存在，也非已经存在便不再变化，而是历史中生成、发展的存在。人有双重本质：一是生命本质，由自然赋予；一是超生命本质，只能从社会历史获得。真正的个人只能在"人类历史"的发展中逐渐形成。主体形态是历史地形成和发展起来的，依次为集群主体、个体主体与类主体。①

自然经济时期是个人生成的第一个阶段。那时的人处在必须依赖自然纽带和人群共同体的生存状态，这意味着他们是从自然的共同体获得人的性质和力量的。个人既无独立之人格，又乏自主活动之能力，个体之间尚未形成真正人的差别。人只能通过血缘或地缘的自然纽带结合于某种形式的人群共同体中，以群体形态存在，这就是集群主体。存在的是一个大写的"人"，个人只是"狭隘人群的附属物"，只有在归属于族群的意义上才被称作人。群体形态一方面把个人的力量凝聚起来，另一方面又把人的力量分隔开来封闭起来，极大地限制和束缚了人的本质力量与个人创造性才能的发展与发挥。共同体组织演化成为超个体、人格化的实体后，变成个体本质力量发展的严重桎梏。②自然经济状况中的个人的非独立性，不是因为他们对共同体和他人具有依赖关系，而是由于这种关系的狭隘性、片面性和固定性，限制了对社会总体能力的吸收和利用。③

市场经济的历史成就在于促进独立个人的形成。市场经济一方面促进

---

① 参见《高清海哲学文存》（第 2 卷），吉林人民出版社 1997 年版，第 196、197 页。

② 参见《高清海哲学文存》（第 2 卷），吉林人民出版社 1997 年版，第 128 页。

③ 参见《高清海哲学文存》（第 2 卷），吉林人民出版社 1997 年版，第 198 页。

家长制的古代和封建的等级依附关系走向瓦解，同时又为个人的全面发展并形成具有自由个性的更高阶段的人准备了条件。个人主体形成的关键在于，市场经济把自然性的单方面、固定化的依赖关系发展为社会性的相互和全面的依赖关系，把自然地域性的狭隘的交往联系扩大为世界历史性的、普遍的交往关系。为交换而生产的市场经济以社会分工为前提。社会分工分离了人们的自然联系，打破了束缚人身的自然纽带。通过市场的生产、交换、分配和消费，不仅把个人的私人劳动都纳入社会性劳动，也把人们及其活动联结成统一体系。支配市场活动的规律是价值规律，市场行为遵循利益调节原则、等价交换原则和平等竞争原则。个人或企业作为自身利益主体，其活动由自己的目的意志支配，后果由个人负责。在相互平等竞争的条件下，每个人如果不遵循市场活动的原则，不积极地吸取社会总生产力的成果，不力求创新和改进自己产品和经营方法，就会被价值规律所淘汰。在这种结合方式中，个人形成了自己的独立人格，同时又是社会化的人格。① 市场经济把狭隘地域性的个人变成了"世界历史性的、真正普遍的个人"，塑造了个体主体的独立平等自由的存在方式和自主、自律、自为的品格。

市场经济条件下的人的存在方式是，"以物的依赖性为前提的人的独立性"。只有把人身依赖转变为对"物"的依赖，才能使个人从束缚人的"自然纽带"中彻底解放出来，形成独立的个人主体。从"人的依赖性"转变为"物的依赖性"，就是从凭借前定的自然禀赋与固定的等级转变为依靠自己的劳动及其产品、物化的社会关系，也就是变自然性的依赖为社会依赖关系、全面的和相互的依赖关系。②"以物的依赖性为基础的人的独立性"是以抽象方式实现的人的形式的独立性。独立的个人以个人间的平等关系为前提，这又是以市场经济的价值规律瓦解自然等级、特权为条件

① 参见《高清海哲学文存》（第2卷），吉林人民出版社1997年版，第192、198、199页。
② 参见《高清海哲学文存》（第2卷），吉林人民出版社1997年版，第199、200页。

的，当然这种平等是由等价交换的抽象同一性建构的形式性的平等。市场经济又在独立平等的个人之间建立了形式的自由。由于市场经济改变了只是面向领主而劳动的生产方式，这样便在基础活动领域结束了一部分人是目的、另一部分人充当手段的结构体系，从而在个人身上实现了目的与手段的统一。以交换为目的的生产劳动，体现的是每个人为自己劳动同时也就在为他人服务的关系，而且自己只有作为别人的手段才能达到自己的目的。目的与手段的统一是个人独立人格形成的基本条件，也是个体主体形成的标志。只有在这种统一关系中，个体自我才能成为支配自己生命活动的主人。[1]

个体主体只有在普遍性的关系中才是可能的。市场经济改变了人们之间的关系，同时也改变了整个社会的结构。在自然经济条件下，少数个人的优先发展是以牺牲大多数人的生存与发展为前提的。只有在市场经济活动与平等竞争关系中，才有可能普遍地使每个人都成为自身主体，并成为自己生命活动的意志主体，成为社会活动的行为主体。这就是马克思所说"真正普遍的个人"的含义，如果社会不能形成"真正普遍的个人"，利用某种特权优先发展的那些少数个人也不可能是真正的自身主体。[2] 必须打破人身支配的从属关系，以社会化的联系取代自然性联系，把一切个人置于相互平等关系之中，才会有独立自主的个人主体。[3]

2."以物的依赖性为基础的人的独立性"

市场经济作为人类社会发展不可逾越的历史阶段，对人类具有多重意义和作用。从人的生成和发展这一历史视野来看，市场经济在于促进普遍的独立个人的生成。社会的发展归根结底是人的发展，而人的发展，归根结底就是个人的发展，而只有市场经济的条件下，个人才能获得独立的人格，形成具有自主性的独立个人。

---

[1] 参见《高清海哲学文存》（第2卷），吉林人民出版社1997年版，第200页。
[2] 参见《高清海哲学文存》（第2卷），吉林人民出版社1997年版，第201页。
[3] 参见《高清海哲学文存》（第2卷），吉林人民出版社1997年版，第182页。

从自然经济的"人的依附性"的存在方式，发展到市场经济的"人的独立性"的存在方式，其现实基础在于人得以独立的能力的生成。一个人只有把一切他人包括前人创造的社会总体实践能力变成自己可以运用的能力，把一切他人包括前人创造的社会共同财富变成自己可以享用的财富，也就是说，只有把个人完全融进人类世界的统一活动中去，使自己变成由于分工而形成的社会合成力量的人格化身，才能使个人占有类的本质，获得独立的能力，成为自立性的个人。这就需要打破人类初期自然形成的地域、族群的狭隘界限，把民族地域性的历史转换为世界性的社会历史。只有随着生产力的普遍发展，世界市场的形成，在人们之间建立起广泛的社会交往联系，狭隘地域性的个人才能为普遍性的个人所代替。① 作为"人的独立性"之基础的"普遍的社会物质变换、全面的联系、多方面的需求以及全面的能力体系"，是由自行增殖的货币即资本的逻辑所推动建立的。

"物的依赖性"如何化为"人的独立性"必须通过市场经济的本质特征、结构方式与运行规律来说明。作为市场经济存在方式的社会分工，既造成个人之间的差别与对立，又把人置于彼此全面依存的关系之中，使其处于相互依赖的一体关系中。社会分工使人脱离狭隘共同体的自然限制，进入世界历史活动，建立普遍的社会交往联系。"市场经济正是这样一种活动体系，它是在高度分工基础上形成的独立个人之间一种社会化的交往形式和联系方式。"这种一体化的社会交往联系之所以是普遍的和全面的，是因为这是由物与物的交换关系建立起来的社会关系，交换中以金钱关系代替自然联系，把人身依赖转变为对物的依赖，也就是从依赖自然前定因素转向依赖自己的劳动及产品。② 这个转变突破了血缘与地缘共同体对社会关系的狭隘限制，在人们之间第一次建立了真正普遍性的广泛社会联系。在市场交换中，面向市场就是面向整个社会；参与交换就是加入世界历史

① 参见《高清海哲学文存》（第2卷），吉林人民出版社1997年版，第182页。
② 参见《高清海哲学文存》（第2卷），吉林人民出版社1997年版，第183页。

性的活动；交换物就是交换他人的不同劳动；占有物就是占有共同的社会生产能力。这样，个人就与整个世界融为一体，成为"世界历史性的、真正普遍的个人"。①

"物的依赖性"既打破了建立于人身自然禀赋的社会关系对人的先天束缚，赋予人以更大的主体能动性，把以往无可改变的与生俱来的命运变成一种客观的偶然的东西，又打破了人格从属的等级关系，把人置于对等地位，使其在协约关系中实现交换和竞争。② 目的与手段的统一成就了个人的独立性，人们之间的社会关系也成了以个人为本位的联结关系。市场经济的活动方式还同时为独立个人的成长、发展提供学习与锻炼的场所。价值规律作为"一只看不见的手"属于内在人们活动中的社会性质的规律，对人命运的支配不是先天决定，也非固定不变，而是由个人的才胆识力参与构成。市场经济中个人命运由个人参与决定，是自我选择之结果。个人掌握着自己的命运，只能由自己对个人行为负责。市场经济通过价值规律的"优胜劣汰"机制，建立了一座培育和锻炼个体的大学校，使人们在构成、认识、运用社会规律中，逐渐成为自立、自主、自律和自由的人。③

3.社会主义市场经济的"解放"内涵

市场经济体制在我国建立之初，学界对社会主义与市场经济的关系问题有着激烈的争论和深入的探讨。"建设有中国特色的社会主义"为什么必须引入市场经济体制？市场经济所塑造的个体主体的独立平等自由，是以"物的依赖性"的抽象方式所建立的形式框架，尚未达到其实质与内核。市场经济的抽象建制造成了人的物化存在方式，自然被抽象为单纯的有用物，人与人的关系被抽象为等价交换的统一性，人的自身本质被抽象为占有私有财产的利己主义本性。社会主义正是要超越市场经济塑造的私有制的个体主体，培育真正"社会的个人"。况且市场经济只有法律规定，而

---

① 《高清海哲学文存》（第2卷），吉林人民出版社1997年版，第184页。

② 参见《高清海哲学文存》（第2卷），吉林人民出版社1997年版，第184页。

③ 参见《高清海哲学文存》（第2卷），吉林人民出版社1997年版，第185页。

无道德追求，更无在个人与社会之统一中实现人的自身本质、建立整全的个性生命的理想诉求，这与社会主义的解放旨趣是不相应的。为什么不能直接把前现代的"人的依赖性"的集群主体在社会主义制度下转化为"自由个性的联合体"？

对此，学界已达成共识：这种径直的转换不符合历史发展的客观逻辑。历史总是以"片面性"的形式实现自身的发展。人的解放不是一蹴而就的，必须经历一个从抽象到具体、从简单到复杂、从低级到高级的发展过程。"社会的个人"全面占有的自身本质是以无限丰富的个性为内容的普遍人性，它必须以个人的独立性为前提，只能是独立个人发展的结果。[①] 况且超个体的自然共同体只能在发展个人主体的基础上瓦解。如果不经过民主主义的个人发展阶段，从自然的集群主体到自由个性的联合体的直接过渡，很可能是尚未瓦解的集群主体的变相复活。

改革开放之前实行的高度集中的计划经济体制，是少数人拍板决策多数人服从照办的体制，个人不会普遍获得发挥创造才能的独立个性，只会使部分人养成等、靠、要的唯上依赖习性，另一部分人又惯于充当群体人格化身的"一言堂"的生活方式，容不得有个性的不同思想、意见的碰撞、融合。个人缺乏主体能动性与创造性是传统体制丧失活力的原因。改革开放的伟大实践证明了这点。由于我们贯彻解放思想、实事求是的思想路线，实行下放自主权利、减少行政干预的方针，在调动起基层生产单位和广大个人的积极性和主动性之后，激发了社会主义发展和完善的活力。市场经济是以个人为本位的自主性经济，以前实行的计划经济则是主观决策的命令性经济，只有把立足点从少数人决策转移到依赖一切人的主动性即所谓"群众的首创精神"上来，才能真正实现向市场经济的转轨。个人解放的核心在于确立个人独立的自我人格，进而发挥人作为人的无限潜在创造能力，形成每个人作为独立人格的主动性与创造性。

---

① 参见《高清海哲学文存》（第 2 卷），吉林人民出版社 1997 年版，第 84 页。

市场经济是社会主义制度引进的经济体制，是社会主义自我完善的工具。社会主义与市场经济的内在结合只能是以市场经济方式去推进社会主义的体制改革与自我完善，按社会主义方向发展市场经济，社会主义对市场经济具有范导性与统摄性。"以物的依赖性为基础的人的独立性"是人的发展不可逾越的阶段，社会主义的根本旨趣是实现每一个人的自由个性的全面发展，而实现这点之前首先要把人变成独立的个体主体。市场经济正是培植个人主体的经济活动方式和社会联系方式。但市场经济并不是以成就人为目的的，它所培植的是处于利益分割的竞争状态并具有片面性质的独立个人。市场经济的"物的依赖性"，正是需要发挥社会主义的优越性，通过以党的建设为核心的社会主义精神文明建设进行克服，运用法律制度、价值导向、道德鼓舞、智慧教育、人格化育等方式加以范导与调节。

学者普遍认为，社会主义市场经济的双重"解放"内涵，也就是社会主义现代化的双重任务，一方面以市场经济与民主主义把自然经济的"人的依赖性"的集群主体解放为"以物的依赖性为基础的人的独立性"的个体主体，另一方面又以社会主义超越现代性的抽象建制，克服市场经济的物化统治，把资本的独立性与个性归还给人，追求每一个人的自由个性的全面发展与自身本质的彻底实现。如果说资本主义是市场经济自发活动的制度体系，那么，社会主义就应该充分发挥自觉作用，通过市场经济联系自觉理顺人的社会联系，有意识地去培植具有高尚人格的独立个人，引导市场经济向健康文明的方向发展。

三、社会主义市场经济与人的精神家园

市场经济把狭隘地域性的个人变成了"世界历史性的、真正普遍的个人"，转变了人的存在方式，进而实现了文明内涵的转换与人的精神家园的移居。人的存在方式与精神家园具有对应的相关性，精神家园是内在化了的人的存在方式。市场经济塑造了"以物的依赖性为基础的人的独立性"

的存在方式，现代社会的"实际生活过程"，就表现为人的"独立性"与"对物的依赖性"的矛盾冲突的过程。社会主义正是要克服市场经济的"物的依赖性"，实现人的真正的独立性和个性，以精神文明建设在物化统治的虚无主义中重建实体性的存在。"人的独立性"与"物的依赖性"的矛盾冲突，构成了文化层面的当代社会思潮。对当代中国文化现实的自觉，在其直接的意义上，就是对当代社会思潮的文化自觉。这种文化自觉，既具有关注当代人类社会生活的普遍意义，更具有照看当代中国人的精神家园的特殊意义。

1.市场经济与文明内涵的转变

从人类的现实生活过程看，人的存在方式的最重大的变化莫过于从"自然经济"中的"依附性"存在转变为"市场经济"中的"独立性"的存在。

在"自然经济"形态下，"人的生产能力只是在狭窄的范围内和孤立的地点上发展着"①。由于生产力水平低下或较为低下所造成的"人对人的依附性"，"自然经济"的根本特征是经济生活的禁欲主义、文化生活的蒙昧主义和政治生活的专制主义的"三位一体"。经济生活的禁欲主义既需要文化生活的蒙昧主义，更需要政治生活的专制主义。自然经济的人的存在方式，从本质上看，就是这种禁欲主义、蒙昧主义和专制主义"三位一体"的"人对人的依附性"的存在方式。

在前现代的西方社会生活中，这种"人对人的依附性"，表现为"人对神的依附性"。作为"神圣形象"的"上帝"，它是人的全部思想和行为的根据、标准和尺度，而人则把自己的本质力量异化给了作为"神圣形象"的"上帝"，从而成为依附于"上帝"的存在。在这里，"上帝"就是绝对之真、至上之善和最高之美。因此，人们通常把西方的中世纪称作"神学文化"，并相应地把近代以来的西方文化称作"后神学文化"。同样，在以自然经济为基础的中国封建社会的社会生活中，在"存天理，灭

---

① 《马克思恩格斯全集》（第46卷上），人民出版社1979年版，第104页。

人欲"，"君子喻于义，小人喻于利"，"君为臣纲，父为子纲"以及"法先王之法""以孔子之是非为是非"的告诫与"纲常"中，我们不仅可以看到非此即彼、两极对立的绝对化的思维方式和价值观念，而且可以看到由此所造成的人对"神圣形象"的"依附性"存在：人的存在的价值和依据被异化为代表"国家""社稷"的"君主"，被异化为代表"人性""人格"的"圣贤"，被异化为代表"经典""文本"的"儒学"，被异化为代表"伦理""道德"的"纲常"。总之，人在以自然经济为基础的"文化"中被"异化"为"依附性"的存在。

按照马克思的观点，超越自然经济的市场经济，实现了人的存在方式由"人对人的依附性"到"以物的依赖性为基础的人的独立性"的历史性转变。马克思提出，在这种"以物的依赖性为基础的人的独立性"的存在方式中，"才形成普遍的社会物质变换，全面的关系，多方面的需求以及全面的能力的体系"①。市场经济的"物的依赖性"形成了人的独立、自由、平等的形式框架，消解了等级存在及与之相应的"神圣形象"与绝对真理，但又陷入了"人在非神圣形象中的自我异化"。如果我们把"自然经济"的特征概括为经济生活的禁欲主义、文化生活的蒙昧主义和政治生活的专制主义，那么，在与"自然经济"相比较的意义上，我们可以对"市场经济"的特征作出如下的概括：经济生活的反对禁欲主义而要求现实幸福，文化生活的反对蒙昧主义而要求理性自由，政治生活的反对专制主义而要求天赋人权。"市场经济"的这种要求的理论表达，则构成人们所熟知的著名的哲学命题，这就是："我欲故我在"（要求现实幸福）；"我思故我在"（要求理性自由）；"我生而为人"（要求天赋人权）。这些哲学命题表达了对"后神学文化"的自觉。

如果我们更深入一步地从人的思维方式、价值观念和行为方式等人的存在方式的视角去透视"市场经济"，那么，我们又可以对"市场经济"

---

① 《马克思恩格斯全集》（第46卷上），人民出版社1979年版，第104页。

的特征作出更为实质性的概括。这就是：功利主义的价值态度（以功利原则为价值核心）、工具理性的思维方式（以科学思维为合理性）和民主法制的社会体制（市场经济即法制经济）。市场经济的这三条基本"原则"形成了现代社会的文化现实。当代中国，这里指自1978年以来的当代中国，从原来的计划经济转向市场经济，它所面对的根本问题，就是这种由市场经济所规定的现代社会的文化现实的问题。我们所说的对当代中国的文化现实的自觉，主要地就是以中国人的文化理念去反思这种文化现实。

2. 当代社会的价值冲突

在以自然经济为基础的传统社会中，人们的经济生活、政治生活、文化生活和精神生活都处于两极对立的状态之中，人们总是以两极对立的思维方式去思考一切问题。传统哲学作为传统社会的"思想中的现实"，它集中地体现了这种两极对立的生存方式及其思维方式，即总是试图在真与假、善与恶、美与丑的绝对对立中去寻求某种绝对的确定性。由于传统哲学总是把这种绝对的确定性对象化为某种确定的存在并使之神圣化，从而造成了马克思所说的"人在神圣形象中的自我异化"。现代的市场经济、科技文明和大众文化则日益深刻地消解掉了这些"神圣形象"的灵光，使得人们的生存方式发生了"从两极到中介"的变革：当代世界的政治模式形成了"从对抗到对话"的多元化和多极性，"和平与发展"成为当今时代的主题；当代世界的经济模式发生了"从对立到合作"的变革，出现了"经济全球化"的趋势；当代世界的文化模式发生了"从对峙到融合"的变革，"欧洲中心主义"已被多元文化模式的共存、交流与融合所取代；当今人类的思维模式更是集中地体现了"从两极到中介"的深刻变革，把真善美理解为时代水平的人类自我意识，把人类已经达到的认识成果理解为时代水平的"合法的偏见"，把人类的存在视为"超越其所是"的开放性、未完成的存在，已逐步成为当代人类的共识。这种"两极对立模式的消解"，使人类从两极对立、非此即彼、僵死凝固的生存方式和思维方式中解放出来，无疑是人类历史的巨大进步，它标志着现代社会与传统社会的本质区别。然而，由于"消解"了两极对立模式，"消解"了近代哲学以来的理性主义权威，因此也"消解"掉了传统社会所悬设和承诺的绝对确定的种种思想的根据、价值的尺度和行为的标准，造成了当代社会生活和当代社会思潮中的意义危机。

以市场经济的存在方式为基础的当代社会生活和当代社会思潮，表明当代人类的生活世界处于深刻的"意义危机"之中。当代哲学作为当代"意义"的社会自我意识，它需要对这种时代性的"意义危机"作出全面的反应、批判的反思、规范性的矫正和理想性的引导。

以市场经济取代自然经济的过程，从根本上说，就是现代化的过程，从传统社会转变为现代社会的过程。因此，"现代化"深切地体现了市场经济的内在矛盾。现代化，既是一个前所未有的、迅猛发展的自然人化过程，也就是以现代的科学技术征服自然的过程，又是一个前所未有的、急速实现的个体社会化过程，也就是以等价交换的原则实现人的全部社会关系的过程。由此，在现代化的进程中便愈益明显地凸现了两个方面的尖锐矛盾：一是现代科学技术的迅猛发展与日益严峻的全球问题的矛盾，二是人的生存方式的现代化与人的物化状态的矛盾。现代化所实现的空前的自然人化过程，为人类的生存和发展创造了前所未有的物质财富，但同时又造成了包括人口膨胀、环境污染、生态失衡、粮食紧张、能源危机以及核战争威胁等在内的"全球问题"。而市场经济所实现的"以物的依赖性为基础的人的独立性"，既挺立了个人的主体性和独立性，增强了人的主体自我意识，形成了某种人的自我实现的条件，又造成了"抹去一切职业的灵光"，"把一切都沉浸到金钱的冰水当中去"，也就是使人"物化"的生存状态。这就是当代的人与自然、人与社会的双重性矛盾所构成的"现代化问题"。

面对这种现代化的双重性矛盾，形成了世界性的现代化思潮与反现代化思潮的尖锐矛盾。作为反现代化思潮，一是表现为发展中国家的以道德理想主义批判发达国家中的"物欲横流"，一是表现为发达国家的以文化保守主义所进行的现代化反省。作为现代西方哲学的现代化思潮，则把现代化所实现的自然的人化即自然的隐退，视为哲学一向所寻求的绝对性、确定性和终极性的消解。真理观的多元论，价值观的相对论，历史观的非决定论，构成了现代西方哲学的主导性解释原则。由此便形成了当代哲学的形上与形下、科学主义与人本主义、理想主义与实用主义、道德主义与功利主义、终极关怀与"消解哲学"的尖锐冲突。这可以说是对当代人类社会生活的深切的文化自觉即哲学自觉。

3."非神圣形象"中的"标准"与"选择"

在这种文化自觉中，我们可以发现，对于人类的"文化"来说，最为艰难的是"选择"某种"标准"来确认生活的"意义"。在人类历史的发展进程中，社会所悬设和承诺的"意义"的"标准"，与个人对这个"标准"的选择与认同，总是处于矛盾之中。特别是在人类生活世界发生时代性变革的过程中，由于常识意识、科学精神、审美意识和伦理文化的全面变化而引起的"意义范式"的转换，总是造成时代性的"意义危机"。这种"意义危机"，既会激发"意义"的个体自我意识的新的感受和领悟、新的期待和追求，也会引发"意义"的个体自我意识的新的困惑与迷惘、新的矛盾与冲突。"我到底要什么"的价值取向和价值认同与"我们到底要什么"的价值导向和价值规范，正是深刻地体现了各个时代的"标准"与"选择"的矛盾。

在文化的意义上，现代社会的突出特征，是把自然经济中的"人在神圣形象中的自我异化"，变成了市场经济中的"人在非神圣形象中的自我异化"。这构成了当代文化现实中的"标准"与"选择"的新的冲突。

人在这种"非神圣形象中的自我异化"，深切地感受到一种二重化的矛盾：一方面，"神圣形象"的消解，或者如尼采所说"上帝被杀死了"，人们既感受到没有了"窥视"自己、"惩罚"自己的"上帝"的解放了的愉悦，又感受到了一种没有"规范"自己、"约束"自己的"标准"的空虚；另一方面，在"非神圣形象"即"法""政治"和"理性"等"世俗"化的"规范"中，人们既感受到新的"束缚"和"压抑"，又感到"非神圣形象"作为"标准"的"非神圣性"，因而也感受到一种无所皈依的烦躁。这种烦躁就是一种"没有标准的选择的生命中不能承受之轻的存在主义的焦虑"。

在市场经济中，"现代性的酸"使得传统的天经地义的"标准"失去了神圣的灵光。当着人们进行"选择"的时候，却总是难以确认选择的"标准"。捷克著名小说家米兰·昆德拉把他的一部风靡全球的小说命名为《生命中不能承受之轻》，这种"轻"，就是生命难以承受的"没有标准的选择"之"轻"，也就是生命难以承受的"存在主义的焦虑"之"轻"。在现代哲学中，西方的"存在主义"曾经把它之外的一切哲学都斥之为"本质主义"哲学。然而，由于"存在主义者把整个理念世界作为无用的精神建筑而加以抛弃，结果他们却碰到这样一个令人痛苦的矛盾：他们必须在一无选择的原则，二无任何他们可以用以衡量他们是否选择得好的标准的情况下进行选择"，由此便造成了"存在主义的焦虑"①。

哲学作为"意义"的社会自我意识，它对当代人类的巨大的生活价值，就是实现对当代人类的存在方式的矛盾与困境的文化自觉，也就是对时代性的"意义危机"做出全面的反应、批判的反思、规范性的矫正和理想性的引导。因此，真正的哲学意义上的文化自觉，总是以自己提出的新的问题、新的提问方式以及对新问题的新的求索，批判性地反思人类生活的时代意义，理论性地表征人类生活的矛盾与困惑、理想与选择，为人类的思想与行为提供自己时代的根据、尺度和标准，从而塑造和引导新的时代精神。以当代社会生活的内在矛盾和当代人的种种困惑为对象而进行哲学反思，这就是当代哲学所承担的文化自觉的使命。

4. 社会主义精神文明建设

社会主义市场经济是以市场为资源配置的手段，利用市场化所具有的

---

① ［法］保罗·富尔基埃：《存在主义》，上海译文出版社1988年版，第50页。

自发性的解放力量，同时又以社会主义理想作为市场经济的范导性理念与发展方向，因而社会主义市场经济绝不会放任资本逻辑对整个存在的抽象的同质性统治，社会主义精神文明建设就是把市场经济的自发性引导到社会主义的价值自觉、把资本的逻辑转化为人的发展环节的调节性与范导性力量。

　　学界普遍认为，我国当前实行的市场经济有多方面的作用，而最根本的就是解放个人的作用，因而不能只从经济方面认识市场经济而忽视它的人的内涵。人的解放，不只是政治经济解放，也是社会解放和精神解放。① 学界关于市场经济的观点，从资源配置和经济组织方式的转化深入人的存在方式的演变，进而达到了文明内涵的转变、精神家园的移居、人性自觉的升华。为交换而生产的市场经济，是以获得利润为目的的，用于交换的劳动产品作为商品，就把不断的运动、迁移、结合、再生、扩张置入了自然、封闭、循环的经济形态与存在方式，进而打破了狭隘地域性和自然循环性的隔绝与限制，把民族地域性的历史转变为世界性的社会历史，把狭隘地域性的个人转变为"世界历史性的、真正普遍性的个人"，把人从"人的依赖性"的"集群主体"的存在方式转变为"人的独立性"的"个体主体"的存在方式。自然经济的"人的依附性"的存在方式中，只有作为血缘共同体和地缘共同体的群体才有人格，个人只是"狭隘人群的附属物"，没有人格，只有通过对群体的归属和依附，才有了人性。古代文化把超个人的群体表征为"神圣形象"，而共同体组织的不同的人格化代表则表现为"等级"，古代哲学"确立神圣形象"与绝对真理，是与前现代社会的等级存在相补充的。农奴的逃亡是封建共同体瓦解的开始，逃亡农奴发展为最初的市民阶级、资产阶级的过程，就是反抗等级权力与等级压迫、追求独立自由平等的历程。近代哲学的上帝人本化及基督教式微，也就是等级存在的意识形态堡垒的最后瓦解，但人性的本质性一度，

————————
① 参见《高清海哲学文存》（第 2 卷），吉林人民出版社 1997 年版，第 85 页。

即绝对性与无限性也随之被消解。近代哲学"消解人在神圣形象中的自我异化"，但又陷入了"人在非神圣形象中的自我异化"。

绝对性的崩溃，导致了主观与客观、存在与价值的分裂，价值的主观化、非存在化敞开了虚无主义的深渊。个人主体的独立平等自由只是在物的依赖性中形成了抽象的形式框架，并无具体的实质与内核。近代哲学把普遍人性抽象地把握为意识原理，并在自我意识的功能性过程中完成了思维与存在的抽象统一性：人把自然抽象为有用性和物质，形成了工具理性的思维方式；人与人之间构成了等价交换的抽象同一关系，塑造了民主法治的政治体制；人把自身本质抽象为占有式的利己主义的私有财产的存在，确立了功利主义的价值态度。法律是私有财产的公共形式关系，民主法治与等价交换把分裂、对抗的个人保持在一个社会中，人与人的对抗造成了个人与社会的分裂，社会仅仅只是个人的外部存在和异己力量。物的依赖性中的独立个人只是一个好公民，而不是一个高尚的人。资本现代性的抽象建制是没有道德诉求的，它不关心人的自身本质的实现（生活在真理性的维度上），无法理解整全的个性生命。

社会主义市场经济既要以市场经济超越人的依赖性，打破自然共同体的狭隘限制，塑造独立的个人主体，又要以社会主义精神文明建设克服市场经济的"物的依赖性"，扬弃人的私有财产本性和人与人之间对抗的物化关系，把资本的独立性与个性归还给人，追求人的自由个性的全面发展和自身本质的实现。社会主义要超越资本的逻辑，就必须转变资本的性质。资本原是一种社会力量，不应为私人所占有，如其本然地变为公共的、属于社会全体成员的财产，把资本的异化的阶级性质转化为真正的社会性质。因而，活的劳动就不再是增殖已经积累起来的死劳动的一种手段，相反，社会主义把积累起来的劳动作为扩大、丰富和提高工人生活的一种手段。市场经济的资本逻辑是让过去支配现在，而社会主义则是让现在转化过去。社会主义市场经济从整体上就是要把资本主义的独立性与个性转化为活动着的个人的独立性与个性。以社会主义驾驭资本的力量，让市场经济按社会主义方向发展，正是把劳动从在必要性与强迫性之下进行的异化的谋生手段，转化为以"历史的首创精神"和主人翁的态度所从事的能动的创造活动、本质力量的自由展现与人生的第一需要。

社会主义把私有对抗的、无限扩张的资本转变成自由个人自觉自愿联合的内在力量，也就把抽象的形式性转变为具体的实质性，把恶无限转化为真正的实体性。社会主义就是要消解"人在非神圣形象中的自我异化"，确立此岸世界的真理，也就是在人的现实层面重建绝对性，追求"真正的崇高"。这就要求把"物的依赖性"基础上所建立的人的独立自由平等的形式框架，发展为超越了物化统治的真正具体的实质性的独立自由平等。因而，社会主义就是"私有财产即人的自我异化的积极的扬弃，因而是通过人并且为了人而对人的本质的真正占有；因此，它是人向自身、向社会的即合乎人性的人的复归，这种复归是完全的，自觉的和在以往发展的全部财富的范围内生成的"①。市场经济中人的"以物的依赖性为基础的人的独立性"的存在方式，把私有财产作为人的自由的定在，把人性限定为自然欲望的满足和合理利己主义。资本现代性的抽象建制，所凭借的是人的自然欲望的自发性及在对抗状态中的无限扩大。这种既对抗又相互需要的联结关系是由货币的抽象同一性构成的等价交换关系，等价交换的同一关系塑造了民主法治的政治体制。资本现代性只有法律规定而无道德诉求。现代性自我确证的第一位哲学家康德只能把人之为人的自主道德理性把握为抽象的形式自由，从普遍的实践理性所推论出的对每一个人普遍有效并必须通过善良意志的内在强制诉诸行为的应然性观念法则，其实是一种作为底线伦理的法律。实质性道德不是规定性的观念法则，而是自由的超越性与范导性的、内在自由生成的个性生命。因而，私有制是最没有个性的，私有制的排他性的最彻底的实现就是平均主义，其对抗性只能把人的自身本质以最单薄、肤浅的方式理解，处于虚无主义的近邻，对超越占有

---

① 马克思：《1844 年经济学哲学手稿》，人民出版社 2000 年版，第 81 页。

式利己主义的更高可能性完全缺乏实在的想象力。社会主义作为私有财产即人的自我异化的积极扬弃，是"通过人并且为了人而对人的本质的真正占有"，而人的自身本质即实质性的自由或具体的德性，就是人的生命的整全性与人格的完满性，这就是社会主义的道德诉求。私有财产的积极扬弃，并非社会主义公有制的创建，而是远远超越了经济性质，为了每一个人的自由个性的全面发展，以成就智慧与德性作为人生第一等事。自由人格作为人的整全的自身本质，就不再是分裂的阶级社会中某阶级的成员个人，而是整个社会。原来由社会不同阶级的人分别承担的分裂的活动，都被整合到每一个人的本质力量的自由展现中。自由的创造性活动扬弃了分工所具有的异化性质，从本质上圆满涵摄人的一切自由活动。私有财产的积极扬弃克服了对抗的社会关系，使人与人之间完成了本质性统一，每一个人在一切人之中，一切人在每一个人之中，每一个人都是整个社会，从而实现了个人与社会的统一性，这就是自由个性的联合体。跨越了私有财产的抽象限制，自然就不再仅是私有制个人的有用物和抽象的物质，而人也不再异化为占有、拥有的感觉，人和自然超越了外部对立的抽象意义，实现为普遍的类存在，完成了本质性统一，人作为宇宙生命的人格化身，开显了宇宙生命的理想价值。自由劳动就从私有制条件下的人对自然抽象宰制的异化劳动，转换为实现了人与自然的具体深刻的内在交流的天人合一的类活动。

　　社会主义精神文明建设是从民主主义的政治解放向深刻的人类解放的发展，开启了人性革命的新纪元。马克思主义决不是脱离了人类文明发展大道的宗派主义的东西，相反，要建成社会主义必须努力汲取人类文明创造出的一切优秀成果。我国是从半殖民地半封建社会经过新民主主义革命，转到社会主义革命与建设，当代中国的现实状况是历时态问题的同时性存在，建设有中国特色的社会主义则是对全部复杂问题的通盘考虑和整体性解决。中国传统文化、西方近现代文化与马克思主义的碰撞与融合，是当代中国的文化现实。中国传统文化的成就人格与智慧的道德理想、西方反现代性的文化保守主义、马克思主义人类解放的旨趣与道路，构成了社会主义精神文明建设的重要的思想资源。人的解放与发展是社会主义的根本旨趣，可是向着实质性自由的发展又必须是随分随力、实事求是、自然而然的，不能通过人为规定的粗暴方式拔苗助长。因而，社会主义精神文明建设符合精神的本性与成长规律就尤为重要。道德人格的培育，从超越自然欲望的自发性，达到道德自主性的起点，再通过意志自觉、情感自愿，逐渐成就本然德性。从根本上说，道德的完成是从应然性理性观念到内在的自由生成。道德的形式框架可以是规定性的，但其内核与实质则是范导性的和创造性的。道德教化不同于作为底线伦理的法律强制，是一种超越主客的共同的创造生成。其自由的范导性根本有赖于伟大人格的鼓舞力量。因而党的建设是社会主义精神文明建设的关键，真正的共产党员当位齐圣贤，成为人的自身本质的概念形象。人的精神家园当然需要外部的体制与环境的支撑，但其根本成立于完满的自由人格和关于性与天道的智慧之中。

四、聚焦"现代性"的哲学研究

把现代化、现代性作为"问题"而予以理论研究和哲学反思，这不仅仅是因为"现代化"已经成为关系人类的生存与发展、现实与未来的最为重大的"问题"，而且是因为实现现代化和解决现代化问题的历史任务具备了现实条件。

在学界普遍关注和经常引证的《〈政治经济学批判〉序言》中，马克思以其历史唯物主义的洞察力明确指出，"人类始终只提出自己能够解决的任务，因为只要仔细考察就可以发现，任务本身，只有在解决它的物质条件已经存在或者至少是在生成过程中的时候，才会产生"[1]。马克思的这一论断，适用于对世界性的现代化和现代化问题的理解和阐释，也适用于

---

[1] 《马克思恩格斯选集》（第 2 卷），人民出版社 1995 年版，第 33 页。

对中国的现代化和现代化问题的理解和阐释。这种理解和阐释，就是以历史唯物主义的立场、观点和方法对世界和中国的现实的理论研究和哲学反思。

1. 现代性问题：当代中国所面临的世界性问题

现代化是世界性的历史过程，也就是"历史"成为"世界历史"的过程。"过去那种地方的和民族的自给自足和闭关自守状态，被各民族的各方面的互相往来和各方面的互相依赖所代替了……民族的片面性和局限性日益成为不可能"。① 世界性的现代化过程既通过普遍交往把现代的科技、文化、制度、管理成果变成人类的共同财富，从而使得人类在整体上以加速度的形式实现发展，又通过普遍交往而构成"全球化"的"现代性"问题，为人类提出了走出当代文明困境的时代性课题。因此，我们所面对的"中国问题"并不是地域性的"中国的问题"，而是当代中国所面对的时代性的和世界性的"现代化"问题。这就要求我们以"面向世界，面向现代化，面向未来"的开阔视野去探索当今时代的"现代化问题"。

实现现代化，是100多年来"振兴中华"的实质性的基本诉求。改革开放之初，邓小平就振聋发聩地提出：贫穷不是社会主义，发展才是硬道理，允许一部分人先富起来，走共同富裕的道路。回顾改革开放的历史进程，我们发现，从"效率优先，兼顾公平"的"又快又好"，到"以人为本""全面、协调、可持续发展"的"又好又快"，再到"以科学发展为主题，以转变经济发展方式为主线"的"五位一体"的战略思想，这种根本理念的深化发展是奠基于改革开放以来的"已经存在或者至少是生成过程中"的"物质条件"的基础之上的。改革开放的30多年来，我国经济以同期世界经济年均增长率三倍多的速度持续快速发展，经济总量跃居世界第二，人均国内生产总值超过5000美元，我国已经进入中等收入国家行列，这为我国实现现代化和解决现代化问题奠定了坚实基础。然而，我们

① 《马克思恩格斯选集》（第1卷），人民出版社1995年版，第276页。

必须清醒地看到：在"全球"的意义上，同发达国家相比，我国在生产力水平、科技教育水平、社会管理水平、自主创新能力等许多方面还有很大差距；在国内，发展中不平衡、不协调、不可持续的问题仍然突出。"现代性"问题已经严峻地摆在我们面前。

世界性的现代化问题，构成了当代中国哲学的宏观时代背景和社会生活基础。由自然经济转向市场经济的过程，特别是市场经济自身的发展过程，就其所实现的社会进步过程而言，就是社会和人的现代化过程。现代化与市场经济是密不可分的。因此，对现代化的透视和对市场经济的剖析，可以说是相辅相成的。以建立发达的市场经济为标志的现代化过程，既是一个前所未有的、迅猛发展的自然人化过程——以现代的科学技术征服自然的过程；又是一个前所未有的、急速实现的个体社会化过程——以等价交换的原则实现人的全部社会关系的过程。由此，在现代化的进程中便愈益明显地凸现了两个方面的尖锐矛盾：一是现代科学技术的迅猛发展与日益严峻的"全球问题"的矛盾，二是人的生存方式的现代化与"人的物化"（或者说"异化"）状态的矛盾。

现代化所实现的空前的自然人化过程，为人类的生存和发展创造了前所未有的物质财富，但同时又造成了包括人口膨胀、环境污染、生态失衡、粮食紧张、能源危机以及核战争威胁等在内的"全球问题"。而市场经济所实现的"以物的依赖性为基础的人的独立性"，既挺立了个人的主体性和独立性，增强了人的主体自我意识，形成了某种人的自我实现的条件，又造成了"抹去一切职业的灵光"，"把一切都沉浸到金钱的冰水当中去"，也就是使人"物化"的生存状态。这就是当代的人与自然、人与社会的双重性矛盾所构成的"现代化问题"。

现代化的历史进程全面地改变了人与世界的关系，其中主要包括三方面问题：从人与自然的关系说，现代化所构成的最为严峻和最为紧迫的时代性问题是可持续发展问题；从人与社会的关系说，现代化所构成的最为严峻和最为紧迫的时代性问题是由资本的逻辑所构成的人对物的依赖关系的"异化"问题；从人与自我的关系说，现代性所构成的最为严峻和最为紧迫的时代性问题则是"耻言理想、躲避崇高"的虚无主义的文化危机问题。因此，对"现代化"的反省，应当是对当代人类实践活动所构成的人与世界关系的全面反省；解决"现代化问题"，应当是对人类文明新形态的寻求。

2."物的依赖性"与"人的独立性"的现代性矛盾

文明形态的转换，必然构成人的存在方式的变革。传统社会是以自然经济为基础的社会，现代社会则是以市场经济为基础的社会。在自然经济的条件下，由于生产力水平的低下、科学技术的不发达以及与此相适应的人的社会关系的等级化，"传统主义"在本质上是经济生活的禁欲主义、精神生活的蒙昧主义和政治生活的专制主义的"三位一体"。以市场经济为基础的现代社会，在市场机制的作用下，以传统社会无法想象的广度和深度推进了生产力水平的提高、促进了科学技术的发展并改变了人们的社会关系。"现代主义"作为"传统主义"的历史性超越，它在经济生活中反对禁欲主义而要求现实幸福，它在精神生活中反对蒙昧主义而崇拜理性权威，它在政治生活中反对专制主义而诉诸法治建设。功利主义的价值态度、理性主义的思维方式和法治主义的政治思想，构成了以市场经济为基础的"现代主义"的新的"三位一体"。而从人的历史发展形态上看，以自然经济为基础的"传统主义"是理论地表达了马克思所说的"人的依附性"，以市场经济为基础的"现代主义"则是理论地表达了马克思所说的"以物的依赖性为基础的人的独立性"。

"工业文明"以来的"全球化"过程，某种意义上是全球"市场化"的过程，并构成了"全球化"的市场经济中的人的存在方式。这种存在方式中，由于人的"独立性"以"物的依赖性"为基础，其结果是造成了当代人类的两大生存困境，也就是人对自然与自身本质的双重抽象。在全球"市场化"的过程中，"以物的依赖性为基础的人的独立性"，逐步成为当代人类的基本的存在方式，因而也是当代人类所面对的最具根本性的"现代化"问题。关于"以物的依赖性为基础的人的独立性"的存在方式，马克思深刻地指出："每个个人行使支配别人的活动或支配社会财富的权力，就在于他是交换价值的或货币的所有者。他在衣袋里装着自己的社会权力和自己同社会的联系。"① 在以市场经济为基础的"现代化"的进程中，人们的普遍联系在普遍交换中变成物与物的关系，由此构成了"以物的依赖性为基础的人的独立性"的存在方式。市场经济试图将等价交换、优胜劣汰的原则渗入整个社会生活，这不仅塑造了人的"独立性"，而且构成了人对"物"的依赖关系。世界各国在现代化的过程中，都出现了严峻的问题，突出地表现为经济的增长并不必然带来社会的全面进步，经济的发展并没有真正促进人的全面发展。

　　在"以物的依赖性为基础的人的独立性"的第二大形态中，形成了"普遍的社会物质变换，全面的关系，多方面的需求以及全面的能力的体系"。② 然而市场经济条件下的人的能力发展，并非在人的自觉、自愿状态下的自由发展，而是被外部条件推动和要求的、在必要性与强迫性之下完成的被改造，以适应生存环境的要求，可以说，人的能力的发展是被市场经济生产出来以创造更多价值的新商品。市场经济并不关心人的自身本质的实现，人的发展只是资本增殖的工具，被资本的逻辑所决定。因而，被市场体系座架的人的发展，不可能是向着人自身的，而是离心的、碎片化的；不是具体的、全面的，而是抽象的、片面的、畸形的；不是内涵的、实质性的，而只能是外部的、形式性的、工具性的。资本逻辑所建立的"普遍的社会物质变换"是反自然的、无生命的，"全面的联系"是由等价交换的抽象同一性构成的对抗式结合，"多方面的需求"是虚假的、肤浅的，"全面的能力"则是外化的、离心的、机械的。自发甚至被迫的发展并没有增强人的精神生命的内在力量，而是让人丧失了生命的整全性，乃

---

① 《马克思恩格斯全集》（第30卷），人民出版社1995年版，第106页。
② 《马克思恩格斯全集》（第46卷上），人民出版社1980年版，第104页。

至荒芜。在资本现代性的抽象建制中，"资本具有独立性和个性，而活动着的个人却没有独立性和个性"①。资本逻辑的抽象统治消解了人的自身本质，拉平了人的真实生命需要与成长的层次性，把人的发展限定在利润所需的非常有限的层次上，甚至在这样层次上也只是一种伤害。"物的依赖性"其实为货币的抽象同一性，即货币的观念化力量把一切实质性存在抽象为市场体系中的差异性形式。因而，以"物的依赖性"所形成的人的独立自由平等，只能是抽象的形式框架，并无具体的内涵与实质：独立形式下的实质性物化，平等形式下的实质性剥削，自由形式下的实质的不自主性。

因此，如何把经济发展与社会进步以及人的全面发展连接起来，实现一种正比关系，成为当今社会发展理论的重大课题。而科学发展观正是对这一问题的理论回答。科学发展观不仅是一种促进社会全面、协调、可持续发展的战略思想，而且体现了争取人类解放和实现每个人的全面而自由的发展的根本目标。因此，以强烈的社会责任感和开阔的理论视野研究和阐述它，是当代中国学者的理论使命。

有的学者借鉴丹尼尔·贝尔曾提出的一种关于划分社会发展阶段的理论，即把社会发展划分为前现代化（农业社会）、现代化（工业社会）和后现代化（信息社会）三个阶段，在前现代与后现代的双重视域中反思现代性的双重本性。在所谓前现代化社会中，主要特征是社会生活以家庭为中心，人际关系直接密切，社会组织结构简单，风俗、道德、习惯势力大，人们行为模式固定单一，所要解决的问题是经济上的工业化和思想上的启蒙。现代化社会是伴随工业化和机械化而来的所有社会发展，包括：开放社会阶级之间的界限和增加社会流动，教育的发展，公民权的扩大，社会服务的发展，等等。同时社会分工复杂，社会流动频繁，人际关系肤浅、间接、局限而短暂，家庭不稳定，个人常常感到紧张、压抑、忧虑和

---

① 《马克思恩格斯选集》（第 1 卷），人民出版社 1995 年版，第 287 页。

孤独。后现代化社会中知识工业占统治地位，从事脑力劳动的人是社会基础和领导层，所从事的信息处理已超越了国界，国家乃至家庭的界限进一步模糊，所要解决的主要问题包括人口膨胀、环境污染、生态失衡、能源紧张等在内的"全球问题"①。

面对这种现代化的双重性矛盾，形成了世界性的哲学层面的现代化思潮与反现代化思潮的尖锐矛盾。作为反现代化思潮，一是表现为发展中国家的以道德理想主义批判发达国家中的"物欲横流"，一是表现为发达国家的以文化保守主义所进行的现代化反省。风靡全球的丹尼尔·贝尔的《资本主义文化矛盾》、马尔库塞的《单向度的人》和艾恺的《世界范围内的反现代化思潮》等反映这种尖锐矛盾的代表作，皆已被我国学界翻译与研究。作为现代西方哲学的现代化思潮，则把现代化所实现的自然的人化即自然的隐退，视为哲学一向所寻求的绝对性、确定性和终极性的消解。真理观的多元论，价值观的相对论，历史观的非决定论，构成了现代西方哲学的主导性解释原则。由此也构成了当代中国哲学的形上与形下、科学主义与人本主义、理想主义与实用主义、道德主义与功利主义、终极关怀与"消解哲学"的尖锐冲突②。

3. 对现代性的批判与超越

当代中国现实的最基本特征就是历时性问题的同时态存在，社会主义现代化的双重任务正是要解决这同时存在的历时态问题：一方面，传统社会的现代化就是要以市场经济的"以物的依赖性为基础的人的独立性"超越自然经济的"人的依附性"的存在方式；另一方面，又要以社会主义超越市场经济的"物的依赖性"，克服资本现代性的抽象建制，追求人的自由个性的全面发展。许多学者认为，马克思主义哲学既消解"人在神圣形象中的自我异化"又消解"人在非神圣形象中的自我异化"的整体性、全

---

① 参见丹尼尔·贝尔:《后工业社会的来临》，商务印书馆 1986 年版。

② 参见孙正聿:《崇高的位置》，吉林人民出版社 1996 年版，第 146—151 页。

局性与彻底性，使其成为能够全面地切入现实、应对现代化的双重本性的世界观与方法论，因而也就成了"建设有中国特色的社会主义"的指导思想。

社会主义现代化把市场经济作为资源配置的手段，借助市场经济完成解放个人的现代民主，为社会主义的解放旨趣奠定独立自由平等的形式框架和抽象基础，同时以社会主义把市场经济的自发性扩张转化为"以人为本"的自觉发展，打破了资本把人性视为自然欲望的满足与合理利己主义的抽象界定，使人的实际本质超越了资本增殖所需要并相适应的人性水平，从而转变了资本的性质。有学者提出了社会主义公有资本的概念，并进行了深入探讨。货币的抽象能力只能保持在其真实起作用的范围与程度内，一旦超越了其存在的合理层次，就封闭了更高的可能性，因而资本决不应成为最后的支配性逻辑。社会主义公有资本以更高的实际理想与人的自身本质把资本增殖的恶无限积极地扬弃为"人向自身、向社会的即合乎人性的人的复归"（"通过人并且为了人而对人的本质的真正占有"），把资本的独立性与个性归还给人，让已经积累起来的劳动只是作为扩大、丰富和提高工人的生活的一种手段，把真正的无限性品格建立于人的自由个性的全面发展与自身本质的实现之中，从而构成了对资本的合理的规定与扬弃。

有学者指出，今日发达国家许多有识之士较为关心"后现代文化"的问题，这是因为他们早已完成了现代化，但是中国文化讨论的主题不应是"后现代文化"，而应是紧扣"现代文化"，我们必须大踏步进入现代文化形态，才能真正敞开后现代文化的种种可能，否则，主观上想登高望远，客观上却多半仍只是滑落于"前现代文化"的井底之中。① 不过，基于中国社会主义现代化的双重任务，后现代主义对现代性的批判性超越是我们必须保持的理论眼光与可资借鉴的思想资源。

---

① 参见甘阳：《古今中西之争》，生活·读书·新知三联书店 2006 年版，第 25—26 页。

80 年代有几部风靡中国的外国著作——如托夫勒的《第三次浪潮》、奈比斯特的《大趋势》和丹尼尔·贝尔的《后工业社会》——也的确是为人们描绘了"现代之后"的"后现代"。然而，作为一种理论思潮的"后现代主义"，它并不是产生于"现代之后"，而是形成于"现代之中"。它并不是呼唤或预测"现代之后"的"后现代"，而是反思和批判盛行于"现代之中"的"现代主义"。因此，当代思想家所论述的"后现代"，主要地并不是指历史中的一个时代，而是指对待"现代主义"的一种态度，即反"现代主义"的态度。后现代主义（Postmodernism）中的"后"（Post—）即是越过、超越的意思，主要落实为对现代性的批判。学界聚焦于现代性的反思，很大程度上受到了后现代主义的现代性批判的理论启发。

这种"后现代主义"思潮的出现绝非偶然。从历史的角度看，"现代社会"是相对于"传统社会"而言的。相对于"传统社会"和"传统主义"，"现代社会"及其"现代主义"是一种巨大的历史进步。然而，同样不容否认的是，建立在对"物的依赖性"的基础上的"人的独立性"，并不是真实的、普遍的"人的独立性"，以市场经济为基础的"现代社会"，并不是实现每个人的全面自由发展的"乐土"。马克思的资本主义批判的科学社会主义理论，正是从经济、政治、文化和思想等方面深刻地揭露了资本主义的"现代社会"的种种矛盾及其内在的否定性，并深刻地阐述和论证了以社会主义的"现代社会"去取代资本主义的"现代社会"的历史必然性。在这个意义上，马克思的学说是迄今为止最深刻的"现代主义"批判理论。也正因如此，许多被称之为"后现代主义"的代表人物，如马尔库塞和哈贝马斯，福柯和德里达，各以不同的方式"引伸"和"发挥"马克思的某些思想去批判"现代主义"和构建其"后现代主义"理论。

20 世纪的发达工业社会，既以"现代性的酸"消解掉传统社会中一向被视为神圣事物的灵光，又以市场经济的存在方式和运行规则构建出"非神圣形象"的社会模式化，并使人成为马尔库塞所说的失去了否定性、批判性和超越性向度的"单向度的人"。在《单向度的人》这部风靡全球的著作中，马尔库塞把当代发达工业社会称作"新型的极权主义社会"，并从政治领域、生活领域、文化领域和思想领域进行了全面的论证。马尔库塞提出：当代工业社会在政治领域消除作为对立面的政治派别，并从而使之失去否定自身的阶级基础；在生活领域使人的生活方式同化，并从而使现代社会失去对其提出抗议的生活基础；在文化领域使一向与现实保持"间距"的高层文化与现实相同一，并从而使表达理想的高层文化不再想象另一种生活方式；在思想领域使多向度的语言清洗为单向度的语言，并从而使人们失去否定现实的思想维度。[1] 因此，人们要想有能力去追求一种与现实不同的另一种生活，当然就必须对"现代性"进行批判。

有的国内学者曾撰文介绍和阐发安东尼·吉登斯的《现代性之后果》一书[2]。吉登斯认为，现代性的第一个特征是它使我们中的大多数人都陷入了大量我们没有完全理解的事件，其大部分似乎都在我们的控制之外。他提出，分析"现代性"的一个关键之点在于，"非延续性"或者说"断裂"是现代性的基本特征。现代性带来的生活形态以前所未有的方式，把我们抛离了所有可知的社会秩序的轨道。他具体地提出：第一，现代性所导致的变迁的绝对速度，其激烈程度是以前的变迁无可比拟的；第二，断裂体现在变迁的范围上，在全球的各个角落都开始与其他地区发生相互联系时，社会变迁的浪潮实际上席卷了整个地球；第三，现代制度的固有本性。这意味着，"现代性"的确是标志着历史性的巨大变化。

对于这种历史性的巨大变化，人们越来越深切地感受到、认识到它的"双重性"：它既"为人类创造了数不胜数的享受生活的机会"，又给人类带来了一个"问题与麻烦层出不穷的时代"。面对"现代性"所造成的"全球问题"和"人的物化"的双重性矛盾，形成了世界性的哲学层面的"现代主义批判"。这种批判所要解决的主要问题，是现代社会中的个人自由

---

① 参见马尔库塞：《单向度的人》，上海译文出版社 1989 年版，第 2—4 页。
② 参见黄平：《解读现代性》，《读书》1996 年第 6 期。

与社会的模式化之间的矛盾。就此而言，"后现代主义"的"现代主义批判"，仍然是消解"人在非神圣形象中的自我异化"。

从哲学演进的逻辑上看，近代以前的哲学可以称之为"信仰的时代"即形成和确立"神圣形象"（上帝）的时代；近代哲学本身则可以称为"理性的时代"即消解"神圣形象"（上帝）的时代；近代之后的现代哲学则是一个建构与消解"非神圣形象"的双重性过程，即，它一面是建构诸种的"非神圣形象"去取代原来的"神圣形象"（如以"哲学"取代"神学"），另一面又在消解自己所建构的"非神圣形象"（如对"哲学"和"科学"的批判性反思）；现代哲学中的"后现代主义"思潮，它的突出特征，就在于它把消解"非神圣形象"作为根本的甚至是唯一的哲学使命。聚焦现代性的当代中国哲学的历史任务，就是消解"人在神圣形象中的自我异化"与"人在非神圣形象中的自我异化"，批判"人的依赖性"与"物的依赖性"的存在方式，超越造成现代异化与分裂的资本逻辑的抽象统治，确立此岸世界的真理，追求每一个人的自由个性的全面发展与自身本质的实现。

五、"部门哲学"的兴起与深化

正是由于 20 世纪 90 年代的中国哲学界以"哲学观"为聚焦点，才逐步"激活"了包括各种哲学思潮、哲学流派、哲学观点在内的各种哲学研究。其中，最引人注目的是"激活"了对"哲学能否和如何走向应用""理论与现实的结合"的问题的探讨。这些探讨充分表明，我国哲学研究者的"主体自我意识"在觉醒，并以理论的形式表现为各个部门哲学的蓬勃发展。进一步讲，学者们在探讨原有"准哲学原理"即哲学观问题的同时，把理论的视野投向对各个具体领域的哲学研究，如经济哲学、价值哲学、历史哲学、发展哲学、文化哲学、生存哲学、社会哲学等。

1. 对部门哲学的综合研究

在各部门哲学强化自身"原理意识"、力求在"原理"上形成某种哲学思想的同时，各部门哲学开始展开"具体问题的研究"，即不再纠缠于对这些应用学科的研究对象、研究方法、学科特征、研究意义等"原理性"的研究，而是开始在各部门哲学内部展开"具体"的理论问题的研究。从1985年召开第一次部门哲学大会，到90年代，我国的部门哲学获得了长足的发展。这一时期的部门哲学开始专注"自身的构建"，即开始反思自己的研究对象、研究方法、研究内容等，并在此基础上构建自己学科的框架体系。2001年，韩庆祥主编的"哲学理论创新丛书"由云南人民出版社出版。该套丛书包括张曙光的《生存哲学》，韩庆祥与邹诗鹏合著的《人学》，欧阳康的《社会哲学》，衣俊卿的《文化哲学》，张雄的《经济哲学》，韩正、孟鸣岐合著的《历史哲学》以及郭湛的《主体性哲学》等共计九本。这套丛书展示了我国学者在部分研究领域中的主要研究成果。

2. 经济哲学

客观地讲，我国经济哲学的兴起，源于两个方面的"危机"。首先，经济学研究出现了"危机"。一方面，现代西方主流经济学派的"理性经济人"假设走向偏狭，成为"黑板经济学"；另一方面，中国市场经济初期发育阶段的经济学研究急需实现本土化。其次，哲学陷入"贫困"中。为走出思辨的象牙塔，投入到经济现实生活中去，哲学理论工作者有必要促成理论研究的范式转换，借鉴经济学理论成果及研究方法，加强与现实结合的经济哲学研究。[1]

20世纪90年代，可以视为中国经济哲学研究的第二个阶段。这一阶段，国内经济哲学研究主要围绕三种研究思路展开：作为哲学的经济学；作为经济学的哲学；作为交叉学科的经济哲学。[2] 在这三种思路的主导下，90年代的经济哲学取得了丰硕成果：确立了经济哲学作为一门独立学科的地位；明确了经济哲学研究的对象和基本问题；制定了经济哲学研究的技术分析路线；研究领域不断向专题化发展。1990年夏，由《学术月刊》编

---

[1]　参见史观湄：《迈向二十一世纪的经济哲学》，《哲学动态》1998年第8期。

[2]　参见汪强：《关于中国经济哲学几个重大问题的综述》，《探索》2007年第4期。

辑部主办的以经济哲学为主要内容的"社会发展与当代哲学"学术研讨会在上海成功举行。1994 年 5 月 7—10 日，由南京大学哲学系发起，人民日报社事业发展局等单位联合主办的"经济哲学学术研讨会"在南京举办。与会学者就"哲学与经济学的关系、政治哲学热向经济哲学热的转向、市场经济的哲学反思"等问题展开了深入的交流。在 1996 年 12 月和 1998 年5 月，学者们再次会聚上海，连续召开两届"经济哲学"专题研讨会，积极倡导开展经济哲学研究探索，并从理论和实践上探讨了开展经济哲学研究的必要性和重要性；在 1997 年 5 月和 1999 年 4 月，《学术月刊》和《中国社会科学》分别又邀请部分专家学者以笔谈的方式就"经济哲学"有关问题刊发了组合文章，从学理解构的层面和研究分析技术路线的角度提出了建立、发展和深化经济哲学研究应遵循的基本原则和方法。[①] 这些会议的举办和论著的发表，使 20 世纪 90 年代的经济哲学研究呈现出异彩纷呈的局面。

3. 价值哲学

20 世纪 80 年代以来，我国价值哲学发展经历了三个阶段：第一阶段是从 1980 年到 1986 年，着重研究价值与认识、价值与真理问题；第二阶段是从 1987 年到 1993 年，研究的重点是价值本质及价值哲学研究的方法论问题；第三阶段是从 1994 年到 1999 年，研究的重点是评价论、邓小平的价值观问题。经过我国学者 20 年的努力探索，我国价值哲学已取得多方面的重要成果。其主要是：价值与存在问题；价值界定与价值本质问题；评价理论的研究；价值与真理的统一问题；价值与历史观的研究；价值观、价值观念问题的研究；中国古代哲学价值论和现代西方价值理论的研究；价值观、价值观念问题的研究；中国古代哲学价值论和现代西方价值理论的研究；人的价值问题的研究对价值哲学理论体系的建构。[②] 其中，对主

---

① 参见郑有胜：《发展问题重建：面向 21 世纪的中国经济哲学浅论》，《学术论坛》2000 年第 1 期。

② 参见王玉樑：《20 年来我国价值哲学的研究》，《中国社会科学》1999 年第 4 期。

体与客体的关系问题、个人的价值问题的研究表现更为突出。

1994 年以后，我国价值哲学研究出现了新的特点。首先是评价研究获得丰硕成果，相继出版了四本关于评价论的专著：马俊峰的《评价活动论》（中国人民大学出版社，1994），冯平的《评价论》（东方出版社，1995），陈新汉的《评价论导论》（上海社会科学院出版社，1995）和《社会评价论》（上海社会科学院出版社，1997）。与此同时，李德顺等撰写的《"社会转型时期的价值观念和文化"笔谈》系列文章发表在《中国社会科学》1994 年第 3 期。该笔谈围绕如何判断和评价目前中国社会的价值观念、道德观念变化之现状及意义，对中国特色社会主义价值观念体系结构的整合、价值目标的内容以及确立等问题展开了深入的讨论。[①]1995 年 4 月，李德顺主编的《价值学大辞典》由中国人民大学出版社出版。该辞典既是国内首次编写的价值学大型工具书，又是一部反映新兴学科面貌的研究性著作。该辞典由百余位学者参与编写，总字数 237 万字，共收录条目近 4000 条，收录的对象是哲学、各门具体学科以及社会上业已出现的具有价值学性质和参考意义的概念、词组、代表性短语和人物、著作。该辞典最重要的意义在于，它开始了不同学科围绕一个主题进行合作的进程，进而深化了对人类价值生活的认识，增强了哲学与各门具体学科综合地说明现实和系统地解决问题的能力。1996 年 10 月 6 日，"陕西省价值哲学学会成立大会暨市场经济与价值观学术研讨会"在西安召开。在这次大会上，与会学者围绕"市场经济的价值取向；市场经济中的价值冲突；市场经济价值观念与精神文明建设"等问题展开了讨论。

4. 文化哲学

20 世纪 80 年代中期以来的中国文化哲学讨论，其主流体现了传统与现代、理论与现实、失范与建构之间的张力。面对西方强势文化，中国社会和文化如何走出传统、迈向现代化，并在此基础上构建具有中国特色

---

① 参见李德顺等：《社会转型时期的价值观念和文化》，《中国社会科学》1994 年第 3 期。

的、关注中国社会实践和人的日常生活世界的文化哲学体系，成为 90 年代乃至新世纪我国学者的努力方向。① 在 80 年代发展的基础上，文化哲学的研究以更为系统的方式呈现了出来。

首先是学者们对文化哲学本身的界定。许苏民认为，文化哲学是关于历史的、现实的和未来的人的哲学，是人类对自己的文化发展史和文化传统进行全面反省和反思的理论结晶。② 何中华认为，文化哲学构成了一切文化理论的形而上学基础，是对"文化是什么"这一基本问题的一切可能的回答的哲学预设，简言之，文化哲学就是以哲学观照文化。③ 也有学者认为，文化哲学研究是 20 世纪中国哲学尤其是改革开放以来中西比较哲学的主要问题之一。因此，从中西比较哲学的角度对 20 世纪的文化哲学研究作出了回顾和展望。④ 衣俊卿也认为，文化哲学是一种新的哲学范式。⑤ 学者们还就文化哲学的一些具体的重大的理论问题进行了探讨。倪向东通过对卡西尔、怀特的文化哲学的比较和评析，提出了文化哲学的人学研究应予以重视的几个理论问题。⑥ 何中华专门研究了文化哲学研究中的悖论问题。⑦

其次是对文化哲学的体系的建构问题的研究。有学者认为，文化哲学所要阐明和解释清楚的，主要是下列一些问题：文化的本质、文化与自然、交往与文化、交往和语言符号、社会共同体与文化、文化的共同体形式的个性化以及活动结构与文化变革机制，等等。⑧ 邹广文认为，文化哲

① 参见朱人求：《近期文化哲学研究综述》，《学术界》2001 年第 3 期；李小娟：《近年来文化哲学研究综述》，《教学与研究》2000 年第 6 期。

② 参见许苏民：《文化哲学》，上海人民出版社 1990 年版。

③ 参见何中华：《我看文化哲学》，《社会科学报》1991 年 12 月 19 日。

④ 参见洪晓楠：《文化哲学研究的回顾与展望》，《哲学动态》2000 年第 12 期。

⑤ 参见衣俊卿：《文化哲学：一种新的哲学范式》，《江海学刊》2000 年第 1 期。

⑥ 参见倪向东：《文化哲学人学研究的基本方向》，《浙江社会科学》1997 年第 6 期。

⑦ 参见何中华：《文化哲学中的悖论刍议》，《哲学动态》1998 年第 1 期。

⑧ 参见陈筠泉：《文化与实践》，《社会科学辑刊》1990 年第 1 期。

学体系建构应从三个方面着手：其一，对人类文化创造本质的逻辑考察；其二，透过文化的历史演进阐明人类文明的主体、客体的结构与层次；其三，标示人类文化创造的价值理想指向，即真善美历史统一的形成。①

总的说来，与20世纪文化发展的多元化特征相对应，90年代中国文化哲学在研究上也呈现出了多元化格局，不仅哲学(如解释学、分析哲学、价值哲学、现象学、结构主义、辩证学)为文化哲学建构提供了新的研究资源，而且诸多相邻学科（如社会心理学、民族心理学、文化社会学、哲学人类学、文化学等）和许多新兴学科（如系统论、信息论、传播学、生态人类学）也纷纷介入文化哲学，交叉研究使得中国的文化哲学将在今后的发展中展示出新的魅力和前景。②

5. 发展哲学

社会发展和发展哲学是20世纪90年代尤其是后期讨论最多的话题，也是一些最具现实意义的理论问题。1998年《江海学刊》第一期上组织了"发展哲学"笔谈，其"编者按"中指出：综观20世纪发展哲学嬗变的历史，其间经历了发展客体论、发展主体论、中心—边缘论、全球交往论、可持续发展论诸阶段。可持续发展是全球性交往实践的新成果，是人类跨世纪的新发展观。在这次笔谈中，任平认为，发展哲学研究已成为全球的中心视野。王晓升对社会发展研究方法中的实证主义方法和宏观分析方法进行了批判。严火其主要从中国传统文化与发展哲学的关系方面，论述了自己的社会发展观。③

国内学者们也围绕社会发展和发展哲学召开了一系列的会议。1991年8月下旬，在北戴河，由《哲学动态》编辑部、吉林大学现代哲学研究所、《天津社会科学》编辑部、山东大学哲学系首次联合发起召开了"哲

---

① 邹广文：《文化·历史·人》，华中师范大学出版社1991年版。

② 洪晓楠：《中国当代文化哲学的时空背景和演进规律》，《哲学动态》1995年第11期。

③ 任平：《21世纪发展哲学：主题、模式与趋势》；王晓升：《社会发展研究方法论批判》；严火其：《传统文化与发展哲学》，《江海学刊》1998年第1期。

学与当代社会发展研讨会"。1992 年 8 月中旬,在烟台召开了"改革开放与社会发展理论学术研讨会",与会的各位代表根据邓小平南方谈话精神,认真总结十多年来改革开放的经验,探讨了如何加快我国经济社会发展的道路和建立有中国特色的社会发展理论问题。1993 年 7 月,在长春召开了"海峡两岸学者社会发展理论研讨会"。这次会议的议题是:(1) 中国的发展道路及建立社会主义市场经济体制问题;(2) 中国社会发展理论的文化视角及整体构思;(3) 关于台湾经济社会发展状况及其面临的问题。1994 年 8 月,在黄山召开了"中国的社会发展理论学术研讨会"。会议围绕以下论题展开了讨论:(1) 关于建立中国的社会发展理论的整体框架问题;(2) 中国的社会发展理论与有中国特色的社会主义理论的关系问题;(3) 社会发展理论与建立社会保障机制及制定黄山地区社会发展战略等具体问题的关系。在这些会议上,学者们围绕社会发展理论问题作了深入的研讨,大大推动了我国发展哲学的发展。① 学者们也撰写了诸多相关的研究论文。如,韩庆祥的《发展与代价》,邱耕田的《发展哲学是关于发展观的学问》,卞谦的《当代发展观点演变及其哲学意义》,谢练高的《以人为中心的社会发展观与社会的全面发展》,洪咸友、翟东林的《辩证发展观的历史演进》,鲍宗豪的《全球化趋势与社会发展理论》,陈兴华的《论评价社会发展的价值尺度》等。

除了以上所说的部门哲学外,其他部门哲学也成长起来。历史哲学方面,1998 年 10 月 10—13 日,由中国现代外国哲学学会、四川师范大学等 12 个单位共同主办,四川师范大学管理系承办的"全国历史哲学与社会主义精神文明学术研讨会"在四川师范大学举行,这是新中国成立以来第一次历史哲学学术会议。会议围绕"历史哲学的基本问题"进行了讨论。社会哲学方面,一些文章和著作陆续发表和出版:刘蔚华的《谈社会哲学的对象、体系和人物》、涂可国的《发展社会哲学是当代中国哲学的重要

---

① 参见赵景来:《近年来国内社会发展理论研究综述》,《天津社会科学》1995 年第 2 期。

方向》、王守昌的《社会哲学导论》、陈晏清的《社会哲学：哲学改革的一条新思路》，①1994 年，王锐生、陈荷清等著的《社会哲学导论》一书由人民出版社出版。

总之，20 世纪 90 年代部门哲学的发展，大大拓宽了哲学研究的理论视野，也实现了哲学以自己的方式对现实世界的"理论表达"和"理论支持"。经济哲学、价值哲学、文化哲学、发展哲学、历史哲学、政治哲学等，各部门学科都以自己的方式回应了市场经济对哲学的"责难"和"要求"。部门哲学也通过自身的发展，证明了哲学对"现实世界的观照"，为哲学自身的合法性的确立找到了根据。从这个意义上讲，部门哲学的发展表明：哲学从未远离生活，从未抛弃对人的关注，也不会走向"终结"。

六、重新阐述哲学的理论探索

改革开放以来的当代中国哲学探索是以重新理解马克思主义的哲学革命与精神实质作为起点的，因而 20 世纪 80 年代的哲学理论探索主要集中在批判苏联模式的哲学原理教科书模式，立足于马克思的哲学革命的理解，反思与重构马克思主义哲学原理教科书体系，其他二级学科也摆脱了教条主义学风，以实践观点的思维方式为指导，深入各自领域的哲学史与学术史进行"客观的研究"与"同情的了解"，实事求是地建设各自学科的理论体系，这构成了 20 世纪 80 年代的教科书改革的哲学。此一时期的哲学基础理论研究则主要是马克思主义哲学原理的探索与建构，经过重新反思与构建马克思主义哲学原理体系，不仅在哲学界、人文学界乃至整个社会实现了解放思想与变革世界观的作用，而且改变了我们对哲学原理的一系列基本概念的内涵的理解，并使得哲学原理的结构体系更好地呈现马克思主义哲学的本性。

---

① 参见丰子义：《90 年代社会发展理论研究述评》，《教学与研究》1996 年第 4 期。

1. 重新阐述哲学的理论任务与思想进路

哲学原理教科书改革揭示了哲学探索亟待解决的三大任务：哲学家必须要更为详尽深入地占有马列经典作家的文本，广泛汲取人类文明创造的一切优秀成果，主要是深入研究古今中外伟大哲学家的经典著作；哲学家必须更加深入到改革开放的伟大实践中去，从时代的重大的现实问题中提炼出其所蕴含的重大的哲学理论问题，并在面向现实的哲学思考中凝练出能够表征时代精神的哲学思想；哲学家必须更深入地回到自我，把前两个面向的探索会归到人性本质的思考，创建"有我"的哲学。因而进入20世纪90年代的哲学探索，不再从哲学原理教科书范式提出问题、研究问题、阐发思想，而是从社会现实生活中和哲学家的文本中提出问题与思考问题，虽不直接以构建体系为目标，但问题式的研究无疑更为具体与深入了，这构成了20世纪90年代以后的"后教科书时代的哲学"。此一时期的哲学原理探索，跳出了马克思主义哲学的二级学科，在时代精神的感召下，面向中西马的广阔的哲学理论资源，开始了富有个性的哲学原理写作。这种新哲学原理写作的成果非常丰富，国内学术界已出版了多种一级学科意义上的哲学原理类型的著作，许多大学哲学院系都开设了一级学科意义上的哲学原理类型的课程。

当代重新阐述哲学的理论探索主要有四种基本进路①，分别以孙正聿的《哲学通论》、叶秀山的《哲学要义》、张世英的《哲学导论》、余敦康的《哲学原理》为典型。这四种基本进路不仅反映了不同的理论资源与致思趋向，还显示了各自不同的哲学观与体系结构。孙正聿的《哲学通论》是以马克思主义哲学为主体探索一种哲学原理的方向，叶秀山《哲学要义》是以西方哲学为主体来探索一种哲学原理的方向，张世英的《哲学导论》是以中国古代哲学与西方现代哲学为基础来探索一种哲学原理的方向，余

---

① 参见张法：《从四本哲学原理著作看中国当代哲学原理的演进》，《中国政法大学学报》2010年第5期。

敦康的《哲学原理》则在中西印三种哲学基础上，以一种宇宙人生的胸怀去研究哲学问题。张世英的《哲学导论》以中西哲学的会通融合为基础，余敦康的《哲学原理》则立足于中西印三大哲学体系的比较去探索哲学原理，均为中国自现代以来被公认的哲学创新之路。叶秀山的《哲学要义》只讲西方哲学，而且力图从理路上讲出原意的、实际的西方哲学，孙正聿的《哲学通论》主要以马克思主义哲学与西方哲学（特别是德国古典哲学）为背景直面哲学本身，创立了自己的独具特色的哲学观。

这四种进路所具有的理论背景资源范围不同、侧重不同，但所思考所阐发的都是普遍性的哲学理念和原理，不是哲学史的汇编，而是以论带史，以史显论，分别构建了具有独立性与个性的哲学原理体系。四种哲学原理均以西方哲学为背景，中国哲学、印度哲学只有在西方哲学的理论思维与概念性理路的参照下才能显示为哲学原理。除了叶秀山的《哲学要义》最接近西方哲学的原意外，其他三人的西方哲学为与不同的哲学相结合，均呈现了不同的面貌。"孙正聿书中的西方哲学的主题是思维与存在的关系，它的轨迹是由古希腊本体论到近代认识论到现代的语言论到后现代哲学。在叶秀山的著作中，西方哲学就是存在论和认识论，然后加上现代的价值论。在张世英的著作里，西方哲学在前苏格拉底时代是人与世界的合一，柏拉图到黑格尔是主客二分，到现代哲学的更高层面则为超越主客二分而又包含主客二分于其中的人与世界合一式。在余敦康的讲义中，西方哲学的核心是逻各斯，西方哲学发展的不同时期，逻各斯发展为不同的形式。可以说，四本哲学原理著作，呈现出了四种不同的西方哲学。"①

2. 哲学为何与哲学何为

孙正聿的《哲学通论》是以追问"哲学究竟是什么"为主线的。这种对哲学的追问在当代中国哲学改革的历史背景下，聚焦于"哲学"与"科

---

① 张法：《从四本哲学原理著作看中国当代哲学原理的演进》，《中国政法大学学报》2010年第5期。

学"的关系上。通行的哲学原理教科书告诉人们：科学研究世界的"各个领域"，哲学则以"整个世界"为对象；科学提供各个领域的"特殊规律"，哲学则提供关于整个世界的"普遍规律"；因此，科学为哲学提供知识基础，哲学则为科学提供"世界观"和"方法论"。对这种解释的质疑是：如果哲学与科学是一种"普遍"与"特殊"的关系，"哲学"不就是一种具有最高的概括性与最大的普遍性的"科学"吗？"哲学"还有什么独立的特性与价值呢？这一苦苦求索在恩格斯的一段经典论述中获得了重新理解哲学以及与科学的关系的钥匙："我们的主观的思维和客观的世界服从于同样的规律，因而二者在自己的结果中不能互相矛盾，而必须彼此一致，这个事实绝对地统治着我们的整个理论思维。它是我们的理论思维的不自觉的和无条件的前提。"哲学之外的全部科学，都是把思维和存在服从的"同一规律"作为"不自觉的和无条件的前提"，运用理论思维去研究自然、社会和思维本身的规律；哲学则是把这个"不自觉的和无条件的前提"作为自己的对象。哲学对科学的关系是"反思"关系，从而形成了"理论思维的前提批判"的哲学观，以此为标题的博士学位论文构成了孙正聿的"前提批判理论"的奠基之作。《哲学通论》对"前提批判"的思想作出系统阐述：人类思想活动可以分为两个维度，一个是"构成思想"的维度，一个是"反思思想"的维度。科学是把思维与存在服从统一规律作为"不自觉的和无条件的前提"，去"构成"关于世界的"思想"；哲学则把科学所构成的关于世界的思想作为批判对象，"反思"科学思想中所隐含的各种"前提"，即：科学活动中的本体论、认识论和价值论问题；科学活动所遵循的逻辑规律、思维方式和思维方法问题；科学活动所造成的人类生存与发展问题；科学活动所"悬置"的"不自觉的和无条件的前提"即"思维和存在的关系"问题。

在关于哲学的"反思思想"和"前提批判"的思考中，最重要的是重新阐释了作为"哲学基本问题"的"思维与存在的关系问题"，并确立了哲学的"基本问题"与哲学的"反思特征"的相互规定性：只有哲学的反思活动，才把"思维和存在的关系"作为自己的"基本问题"；"思维和存在的关系问题"决定了哲学的反思特性。作为"理论思维的不自觉的和无条件的前提"的"思维与存在的同一性"，在最深刻的层次上正是哲学所求之"本体"。而哲学本体论作为时代水平的人与世界、思维与存在的最深层的统一性原理，提供了规范人的思想与行为的根据、标准与尺度，构成了时代水平的真善美与安身立命之本，表征了时代精神的精华。因而，对"思维与存在的关系问题"的"反思"，并不是一种超然世外的活动，而是一种"面向事情本身"的现实的思想创造：哲学对"思维与存在的关系问题"的反思，以理论的方式表征了人类存在方式的变革，揭示了人类历史的文化内涵即崇高的寻求与重构。而作为哲学世界观与理论思维方式的辩证法，是与"哲学基本问题"内在相关的，因此辩证法就是思维与存在的矛盾运动的辩证法，即本体论自我批判的辩证法。本体论批判的自发形态、自觉形态与合理形态，构成了西方哲学辩证法的形态史。所谓本体论批判的辩证法，也就是前已述及的"思想的前提批判"，这构成了辩证法的批判本性。以此，《哲学通论》建立了哲学基本问题、本体论与辩证法的"三位一体"，揭示了德国古典哲学所成就的本体论、认识论与逻辑学的"三者一致"。从本体论的内涵看，哲学又是存在论、真理论与价值论的统一。

从内容上看，《哲学通论》以全部哲学史和当代哲学为宏观背景，以"哲学究竟是什么"为主线，以探讨哲学的人类性、时代性、民族性、反思性、批判性、派别性和创造性等特征为主要内容，创造性地提出并系统论述了哲学的自我理解、哲学的思维方式、哲学的生活基础、哲学的主要问题、哲学的派别冲突、哲学的历史演进以及哲学的修养与创造等七个问题。《哲学通论》既是对"哲学"的具体论证，又是"前提批判"的哲学理念的具体体现。其中哲学的主要问题由五个方面构成，"在"的存在论或本体论问题，"真"的认识论和逻辑学问题，"善"的伦理学和价值论问题，"美"的哲学问题，关于"人"的哲学，这也构成了一般哲学体系的基础结构。在哲学的派别冲突中，把哲学的派别性与层次性结合起来，从而克服了对哲学唯心主义与形而上学的漫画式理解，并以独具个性的哲学理念深化与革新了对唯物论与唯心论、辩证法与形而上学、经验论与唯理论、科学主义与人文主义的冲突与融合的理解，实事求是地呈现了各哲学派别的历史合理性与逻辑必然性。哲学的历史演进，首先探讨了哲学发展史与绝对性之关系，进而从思维与存在的关系问题、人类存在的历史形态以及人类历史的文明内涵这三重视角去透视哲学史，接着探讨了哲学问题的自我相关、相互缠绕、相互包含和哲学原则解释循环的超越，最后探讨了"实践转向""语言转向""后现代主义"与当代中国的哲学主流。哲学的修养与创造，从哲学的根本旨趣分析了哲学的品格，探讨了哲学的理论思维与精神境界。

从精神实质看，《哲学通论》以"理论思维的前提批判"的哲学观澄明了哲学的理论性质，探讨了哲学的反思的思维方式、表征的存在方式、批判的工作方式，实现了哲学的理论自觉，有说服力和有启发性地论证一种哲学的可能的活动方式，从而为人类的哲学活动敞开了"令人神往"与"上下求索"的理论空间。《哲学通论》作为新世纪的高校哲学专业教材，以"激发理论兴趣，拓宽理论视野，撞击理论思维和提升理论境界"为出发点，在对哲学的层层深入的追问中，使人们形成强烈的"爱智之忱"和进入真切的哲学思考。"以其强烈的思辨色彩、鲜明的个性化表述风格"在新世纪的哲学教材中独树一帜，对哲学教育乃至大学教育改革发挥了重要的引领作用。《哲学通论》作为提高人的整体素质的人文教材：以"高举远慕的心态、慎思明辨的理性、体会真切的情感、执着专注的意志和洒脱通达的境界"为培养目标，在哲学的思辨与体验的统一中，激发了人的想象力、创造力和批判力，提高了人的理论思维能力，塑造了人的审美情趣，升华了人的精神境界，把哲学的学术变成了人民的学养。

3. 形而上学的纯思理路

叶秀山的《哲学要义》除了"前言"，共13讲，分别为：哲学的危机与哲学的权力、哲学的道路与学习哲学的最佳途径、如何理解"哲学"、形而上学与哲学、何谓"存在"：传统存在论（上）、如何存在：传统存在论（下）、传统存在论向现代存在论的过渡、现代存在论、"语言是存在的家"、知识论、经验科学知识论与存在论、价值论、通向宗教的价值论。其中，前四讲可以说是进入哲学体系的导论，后九讲为叶秀山的以存在论为核心，并让存在论贯穿到知识论和价值论之中的哲学体系。

《哲学要义》可分为四个部分：第一，导论部分。哲学的危机就是哲学的生死存亡问题，这是哲学因其本性永远面临的问题，也是哲学存在与发展的方式。哲学作为具体的理性，最反对抽象空疏，真正的哲学就是在"非哲学"的现实经验中仍能"保持""哲学"，纯粹哲学就是从纯粹角度来理解和体会一切社会和历史时代的经验，因而哲学的学问在细节中，要解决实际问题，也就是用哲学的光把细节都穿透，成就活生生的具体的普遍性。哲学有三大权利：一是哲学给人理解、认知的权利，承担启蒙的任务，教人敢于认知、勇于独立思考与理解；二是哲学给人自由的权利，哲学首先是以自身为目的的自由的学问，超越了自然因果的欲望与匮乏，教人从理性本身开显出能动的创造性、德性的自由、实践的自主性与超越性；三是认知权利与自由权利结合为真理的权利，哲学的真理是认知与创造、理论和实践的统一。一般可以把做哲学的方式分为两条路：一条是上升的路，从一般的经验，包括生活经验、各门学科的经验，上升（飞跃）到哲学的思想、理论、境界，这条超越经验的哲学之路要求极高的悟性；另一条是下降的路，从哲学的理路、哲学的领域走出来看这个大千世界，从哲学思想开显出世界来，从哲学落实到经验、深入实际。哲学的绝对、无限、自由并不是外在于相对、有限、必然的单纯思想体，与现实相对立，而是在相对里面的绝对、在有限里面的无限、在必然之中的自由，是真实的实际的东西。"爱智慧"的 philosophy 在古希腊的存在方式，主要是辩证法 dialectic，即把话分开来说的意思，一个事物从正反两方面来理解。柏拉图对话从感性意见的对立进入到"理路"上的"对立"，亚里士多德把"理路"上的"对立"进行"总结"、提高，"二律背反"被"克服"，"dia"不仅是"分开"的意思，还有"贯穿"起来的意思，把辩证法问题贯通统一起来，系统化理论化为形而上学"meta-physics"。形而上学作为"物理学之后"有超越经验科学的意思，比 physics 更根本、更基础、更原始，研究存在中的存在性，即"存在之为存在"。这个概念（本体）是一种抽象的普遍性，不能开显出现实性。传统形而上学的本体作为"所思"，主要是理解本体与现象的关系问题。本体作为思想体、思想的对象，不是现实体，因而片面、抽象，无法成知。但是，"本体"（noumena）中有"先天"的理路，"从前提推出来"，尽管先天的必然性可运用到感性经验上构成知识，但这种知识仍是形式性的。哲学想要从观念性转为实际性，就要使偶然性进入形而上学，形而上学才不是抽象、片面、僵化的，才有了辩证的精神，才有自身的否定。提出形而上学问题是人类文明的一件大事，因为形而上学的问题是纯粹的、无条件的、没有预设任何答案的问题，是"原始反终"的本原问题、本真问题。①

　　第二，存在论部分。首先探讨了时间进入存在论之前的传统存在论中何谓"存在"与如何"存在"。巴门尼德第一个思考存在问题，发现可以理解的、可以认知的与存在的是一致的，提出思想与存在的同一性，奠定了西方存在论的基础。在存在论的开端处，就有了柏拉图理念论与亚里士多德实体论的对立，真正存在的是普遍的理念还是个别的具体事物？这一对立在中世纪表现为唯实论与唯名论之争。这里的问题是"思想"怎么会存在？于是有从巴门尼德到笛卡尔再到黑格尔的"思维与存在的同一性"的路子与康德的"思维与存在的二元论"的路子。康德把"本体"与"现象"对立起来，"本体"是超时空的思想体，只可思不可直观，不能成知，作为抽象理念成为没有内容的形式主义的东西；"现象"在时空中把存在、时间、空间、具体性统一到一起，有限定和边界是科学的和知识的

---

① 参见叶秀山：《哲学要义》，世界图书出版公司北京公司 2010 年版。

对象，但非关本体，仍不可避免形式性，无法进入实质界。可思的本体与可知的现象的分裂，根本在于时间的形式化，时间只提供一个形式化的直观。作为先天直观形式的时间虽可保证理论理性范围内的必然性，但不能进入实质界。柏格森针对形式化的时间提出了一个实质性的时间，即自由和绵延。为因果必然服务的只能是形式化时间，而时间绵延观念与自由结合起来就成为实质的时间、有内容的时间。自由、存在、时间被结合在一起，这个"being"是自由者，不能用抽象范畴去限定它，也无法被机械化、形式化的东西所限定。实质性时间错综复杂纠葛，不可分割，因而运动不可分割，不可做形式推论，同时存在也是动态的了。海德格尔的根本贡献是把时间带入传统存在论，让一切传统哲学范畴都"动"起来。时间问题进入存在的关键在于"非存在"进入存在论。非存在就是人带来的"无"，给予实质性时间绵延以"度"，"无"给予"有"以"度"。人之"会死"使人成为此在，把存在的问题带出来，通过此在追问存在的意义。非存在显示了存在的实际性，而且是自己的、具体的、个体的存在。生死与时机就是存在论的刻度，"会死"使人生在世有过去与未来的一度，并使已经不在的过去与尚未到来的未来同样是真实的存在。非存在进入存在，使此在超越死亡进入未来，融入比此在更大的存在，实现存在的意义。"非存在"保存的"存在"比"存在者"更持久更有力。实质性的时间无法推算，但可通过语言和艺术带来存在的消息，道出存在的变化。艺术高于作品与说话者，它不是表达主观意愿的工具，而是本源、本质。不是人想说什么就说什么，而是语言让人说，有话要说，说明那个话是实际的、客观的东西。写作也不是想写什么就写什么，作家有其历史使命，历史加给人的使命高于、大于人的生活，人不过是历史运行中的一个契机。思、史、诗是存在的显现方式和寓所。①

第三，知识论部分。知识的态度发生于，事物从日常实用关联中独立

---

① 参见叶秀山：《哲学要义》，世界图书出版公司北京公司 2010 年版。

出来，回到自身，向人显现了它自己，人要就对象自身进行观察、研究、分析、综合。从实用层面看，所有知识都是一种权利。希腊人为我们开显了知识的自由本性，它是摆脱了实用功利以后的一种追求探索，把存在物当做对象来研究，开显对象本身的规律。在自由知识立场上的"技术"不是强加于事物的，而恰恰是让事物自己开显的，不是纯粹工具性的，而是有存在论意义。自由的知识又是理性的知识，由能动的理性开显出一以贯之的理路，使存在者自己构成自己作为一个整体独立存在。真知是经过论证的、理性的知识，知识论奠基于此。而理性又是需要启蒙的。所谓启蒙，就是把人类从和事物的实际关系的遮蔽下解脱出来，让理性自己发光，用自己的理性、理解力去认识事物，不在各种"观念—意见"中寻求力量的平衡与协调，而是让理性知识本身开显出存在性的力量。知识论以存在论为基础，在存在成为问题的基础上，世界才成为我们的研究对象。经验科学知识论的根据不在本体论和存在论，而是主体理性的理论运用。这种运用是形式的，不进入实质界。实质内容即非逻辑的感性质料，经过时空直观形式和因果必然范畴序列后，使客体围绕主体旋转。理性在知识范围里的权利只是为进入时空直观的感觉经验立法，而对超时空的非限定的本体则无能为力。时间的形式性与因果的形式性，使得科学知识不是实际性的，因而没有了存在的知识，只有经验中的存在者的知识，没有了存在论与本体论。但无限就"在"有限之中，无限—本体只有进入"有限—时空"才能"存在"起来，同时时间进入存在论，不仅是存在者的形式，而且是存在的、本质的存在方式。这意味着，一切具体的存在物都将否定自身界限，走向非存在，"现时"包含"过去"，蕴含了"未来"，"存在""在"变动中，同时思辨概念不断自我否定，开显自己，具有了自由性与时间性，以此可以建构哲学的知识体系。过去、现在、未来纠缠在一起，存在与非存在纠缠在一起的现实，正是人的存在。这种存在论构成了人之为人的理念的知识，但存在论知识是显现的，不能理论化形式化，是实际性的哲学知识。在现代存在论基础上理解知识论，知识论才有了完整性、现实性与彻底性。①

第四，价值论部分。价值论与存在论的关系复杂，有的哲学家认为真正的价值超出了存在，"至善"不存在，不为存在论所涵盖，价值论严重地涉及存在论的合理性；有的哲学家则认为存在论不仅讲存在物，而且讲存在，把存在的本原性与超越性同价值论结合起来。价值论要确立价值的绝对性，康德认为现实行为的结果总受存在者干扰，纯粹的、绝对的善只能在动机中。而动机不在现实时空中，不可直观与推论，因而价值论不属于存在论与知识论，而是属于实践理性范围。从善本身出发的纯粹性与绝对性，就是意志自由，这是价值的基础。但这个自由不能在感性中保持自身，失去了任何感性的力量，因而善良意志很软弱，这个自由是抽象的、形式的，并未确立起价值的绝对性。尼采把形式的自由实质化了，自由意志成为本体。自由是一种实质性的开创力量，自由意志就是权力意志。价值是开创出来的，或者说创造是最高价值。创造的自由在于，不取而给、无偿、不要回报、没有交换，超越善恶标准或成败利钝，没有计谋与外部评价。自由创造本身就是绝对标准。创造是从无到有，从非存在到存在，开创了现实世界。创造在时间中，创造的时间不是直观形式，而是掷骰子的孩童。尼采用人的实质性创造代替了上帝创世，把康德限制知识给宗教留的地盘占领了。知识成了实质性的、彻底的，在快乐的科学中，机遇是第一位的，偶然性不可避免，抓住机遇进行创造，永恒轮回就是机遇的轮回。宗教是把握世界的一种文化形式，宗教问题可以直接从价值论开显出来。从知识论基础上开出宗教并不容易。神是无限的概念，不在时空之中，不可能像经验概念形成理论知识，不可形式推论。这个无限、大全在康德的知识论中不可知，作为一个理念没有对应的经验对象，不是理论的问题、证明的问题，而是实践理性的问题，只能通过道德实践、德性修养这条路趋向神。价值论有经验的方面和自由的方面，我们强调的本原性价

---

① 参见叶秀山：《哲学要义》，世界图书出版公司北京公司2010年版。

值是意志的创造与自由，但创造并不保证成功，自由意志与道德责任也不能保证幸福。在神的王国里，动机与效果、德福、情理必然结合起来，应然性的形式观念才能是实际性的存在，可能性才同时又是现实性。在尘世的纯粹思想体在天国则有了现实性，存在论出来了。天国乃人之希望，这个希望也是对于时间的哲学性知识，在存在论立场上可能是一种实际性，希望就是站在未来思念过去。希望也是柏拉图的"回忆"，站在未来的立场就是站在本质的立场、事物自身的立场、神圣的立场。我们只能在未来的立场回忆、思念本体的问题，而不能把本体论实际当成经验事实。价值的绝对性与存在论基础一致起来，人只能在存在论的意义上讲神学。①

叶秀山的哲学原理体系是以存在论为核心的，让存在论贯穿到知识论和价值论中，按照西方哲学的理路着重探讨了哲学是如何超越观念性的形式理性，进入现实生活世界，成就为具体的实质理性的发展过程。

4. 古今之变与中西会通

张世英的《哲学导论》通过现代西方哲学的革命性转变及中西哲学的比较，使现代西方哲学的新趋向与中国传统哲学的理路、风格、境界在西方传统形而上学的参照之下，达于"澄明"，获得了教科书般的严整性与系统性。但《哲学导论》在内容与形式上都迥异于哲学原理教科书，它的内容对象比哲学原理教科书更为契入哲学思想的核心地带，其体系展开也切中哲学关要，直奔主题。《哲学导论》把不同哲学的既定观念的比较转换为人类的活的思想的当下发生与进展，因而在西方传统哲学与现代西方哲学及中西哲学的诸核心、关要的对比之中，使古今之变与中西之别实现了会通，呈现了人类精神现象进展的历程和哲学思想发展的逻辑，以此方式超越了古今中西之争，建立了张世英的"大哲学观"。

从《哲学导论》的体系看来，除了"导言"关于"什么是哲学"的概观，总体上分为5个部分：本体论与认识论、审美观、伦理观、历史观和

---

① 参见叶秀山：《哲学要义》，世界图书出版公司北京公司2010年版。

哲学发展的历程。在此主要通过分析导言和本体论与认识论，把握张世英哲学思想的核心基础。

在导言中，张世英把哲学理解为将世界人生作为一个整体来考察的这样一种最大最高的普遍性问题。① 哲学开端于思考普遍性问题，而思考普遍性问题的本原形态则是对世界整体性把握这样一种最大最高的普遍性的"惊异"。张世英通过辨析"哲学"作为"爱智慧"的辞源流变，引申出哲学史上对哲学的界定。他把古希腊思想家赫拉克利特的"爱智慧"中的"爱"理解为事物之间的和谐一致与相互适应，把"智慧"理解为所有存在者都在存在之中，"都属于存在，都集合于存在之中"，存在（"是""聚集""集合"）把存在者集合为一。"一"（整体）统一着一切的东西，一切存在者都在存在中统一为一个整体。"智慧"颇类似于中国哲学的"万物一体"，而"爱智慧"就是人对万物合而为一的一种和谐一致的意识，类似于中国哲学的"天人合一"。张世英根据希腊哲学史分析了从"爱智慧"向"哲学"的转变："希腊人认为人对万物合一的爱是最值得惊异的东西，也是最值得珍惜的东西，他们为了'反击'智者派'理智的进攻'，以'拯救和保护'这些最值得惊异、值得珍惜的东西（即存在者统一于存在中的思想），于是，存在者统一于存在的思想，即'智慧'，也变成了一种概念式的追求，变成了一种为人们所渴望的东西。由'爱'到'渴望'的转变是一种由人与存在合一、和谐一致到人与存在的相互外在性的转变：'爱智慧'是指人与'智慧'原本内在地、原始地在一起，'渴望'则是把人与'智慧'变成彼此外在的东西，把'智慧'变成一种外在的概念而需要加以追求的东西。通过这种转变，'爱智慧'变成后来的'哲学'。"② 西方传统哲学以把握普遍性概念、理念为己任，西方现当代哲学则反对和批判传统观念论，把哲学从抽象天国拉回现实生活世界，超越主客二分，回归人与世

---

① 参见张世英：《哲学导论》，北京大学出版社 2002 年版，导言第 1—14 页。

② 张世英：《哲学导论》，北京大学出版社 2002 年版，导言第 4 页。

界合一、物我交融的生活世界。张世英根据西方哲学史给出了"哲学是什么"的三种回答：前苏格拉底的哲学是爱智，即一即一切，人与万物融合为一；从柏拉图到黑格尔的西方传统哲学把存在当作独立的概念（抽象的普遍性）加以追求；现当代的"后哲学"追求人与世界交融合一的生活世界的意义。这三种界定都追问包括人在内的世界整体的最大最高的普遍性问题，都是广义的哲学。通过对这些界定的发展过程和趋势的审视，张世英把哲学定位为以进入万物一体的高远境界为目标之学，以此使中国传统的万物一体的思想和西方现当代关于人与世界融合为一的思想与西方近代的主客体关系哲学贯通起来。万物一体的高远境界不是抛弃概念知识与主客关系，而是经受它并超越它，哲学所讲的最高最大的普遍性问题是渗透到各种具体现象和具体知识领域的。

本体论与认识论是《哲学导论》的核心基础部分，包括人生在世的两种结构和三个阶段、两种超越和两种目标、两种超越的途径、两种真理观、自我与本我五个部分。

人生在世的两种结构和三个阶段。① 哲学作为关于人对世界的态度或人生境界之学，揭示了两种人生在世的结构：一是以我为主体，以他人、他物为客体，主体凭着认识客体的本质规律征服客体，实现主客体统一的"主体—客体"结构；二是人融于世界之中、"依寓"于世界之中，世界通过人的"在此"而对人揭示自己、展示自己，人与世界血肉相连、融为一体的"人—世界"结构。张世英吸取了海德格尔的"在之中"的两种结构，并以王阳明作为印证。"此在"是"澄明"，是世界万物的"展示口"，类似于王阳明所说的"天地万物与人原是一体，其发窍之最精处是人心一点灵明"。"生活世界"作为人与万物相融合的现实生活的整体，不同于主客关系中通过认识桥梁建立起的统一整体，借用哈贝马斯的说法，前者叫"具体生活的非对象性的整体"，后者叫"认识或理论的对象化把握的整

① 参见张世英：《哲学导论》，北京大学出版社 2002 年版，第 3—25 页。

体"。世界万物首先不是作为外在于人的现成之物而被人凝视与认识，而是首先作为与之打交道、起作用的东西而展示出来。人认识世界万物之所以可能，在于人一向就融合于世界万物之中，亦即一向生活于、实践在世界万物之中，因而人与世界的融为一体的关系是第一性的，而人成为认识主体，世界成为被认识的客体的"主体—客体"关系则是第二性的，"人—世界"的结构产生"主体—客体"结构，"天人合一"产生"主客二分"，主客统一植根于人与世界的融合、合一。这两种在之中的结构表现为三个发展阶段："前主客关系的天人合一"（原始的天人合一）阶段、"主体—客体"关系阶段、包含主客体关系又扬弃了主客体关系式的"天人合一"（即"后主客关系的天人合一"）阶段。

两种在之中的结构分别对应两种人对世界的态度、两种超越与两种目标。① 两种态度分别是人把世界当作一种外在于人的对象来追问，和人把世界当作一种本来与人自己融合为一的整体来体悟。两种超越方式：西方传统形而上学或观念论哲学都以主客体关系为前提，从感性中个别的东西上升到理性中普遍概念的纵向超越，它把同一性概念（抽象的普遍性）当作脱离具体个别而独立存在的本体；现当代西方哲学思潮不满足概念哲学追求的抽象永恒的形上本体，回到现实生活世界，从当前在场的现实事物超越到其背后的未出场的现实事物中，并把在场与不在场结为一体的"横向超越"。在场既包括变动不居的在场，如特殊事物，也包括恒常在场，如普遍概念。传统的概念哲学被贬称为"在场形而上学"。"横向超越"中的在场和不在场的现实事物都是包含概念、普遍性在内的"理在事中"的具体的普遍性，因而从在场到不在场的"横向超越"并不排斥从感性认识到理性认识的过程，而是把此认识过程纳入"横向超越"之内，通过这一认识过程达到对普遍性和"事理"的认识后，进而超越这在场的"事理"，进入不在场的"事理"。从在场到不在场的超越是由显现处超越到隐蔽处，

---

① 参见张世英：《哲学导论》，北京大学出版社 2002 年版，第 26—40 页。

从明处超越到暗处。事物所隐蔽于其中或植根于其中的未出场的东西，作为无穷尽的宇宙整体，是无根无底的；而旧形而上学以观念性本质为根底的"纵向超越"理论则是"有底论"。两种超越达到两种目标："相同"即"纵向超越"所达到的抽象同一性或普遍性概念；"相通"则是"横向超越"所达到的在场的"理事"和不在场的"理事"相融通的整体。天地万物都处于普遍的内在联系、相互作用、影响、勾连之中，这种联系使得每一人、每一物或每一构成部分都成为千丝万缕的联系、作用的交叉点，成为相互作用的总和，因而每一交叉点都反映全宇宙，都是全宇宙内部相互作用、相互影响的结晶，又以各自表现内在联系、相互作用的不同方式而各有其个性。虽不相同而彼此相通，相通的关键在于不同者所反映的全宇宙的唯一性。每一交叉点都向全宇宙开放而囊括一切，一切又向它集中，交织于它。每一物、一人作为宇宙整体，其活动和开展是不假外求、无须外部作用推动的，因而由过去到未来的开展与发展，都是它的内部自我活动，自满自足又不断酝酿而形成形式上越来越多、越复杂的万事万物，毕竟万事万物不在其外。过去、现在与未来不同而相通，其不同在于宇宙整体开展和发展的过去阶段、面貌、状态与后来阶段、面貌、状态彼此不同；其相通在于过去与未来都是唯一的宇宙整体之自我开展与发展。张世英认为，哲学正是教人超越主客体关系，在更高基础上回复到天人合一的整体，亦即从宇宙整体的内部体验到一种物我两忘之境界，这既是最高的审美意义和价值所在，又包含一种"民胞物与"的伦理道德的感情和意志。

两种不同的超越的目标，又决定了两种不同的超越路径——思维与想象 ①：思维以把握事物间的相同性（同一性、普遍性）为己任；想象则以不同事物间即在场的显现的事物与不在场的隐蔽的事物间的相通性为目标。从存在论上讲，世界万物乃一无穷无尽的相互关联之网；从认识论上讲，我们可以从任一当前在场的有限事物出发，通过想象使其与无穷多不

---

① 参见张世英：《哲学导论》，北京大学出版社 2002 年版，第 41—60 页。

在场的万事万物结为一体。在场与不在场、显与隐、过去与未来之间，只有靠想象才能由此及彼、融为一体。超越在场的想象空间之所以可能，在于过去、现在、未来都能超出自身而潜在地进入另一环节，即有超越在场和绽出自身的特性。想象空间是由过去东西在现在中的潜在出场和未来的筹划在现在中的尚未实现的到达而构成的"共时性"的统一体。旧形而上学的思维从感性具体超越到时间之外的抽象概念之"常在"中，而现代哲学的想象从在场到不在场的超越，最具体、深刻地呈现了现实时间的本质。想象的重要意义在于：超越到事物所"隐蔽"于其中的不可穷尽性之中，超越到"敞亮"与"隐蔽"的统一整体中，构成了最现实的、最完整、最具体生动的生活世界；想象使任一现实存在物成为天地人神的集合，集无限性于一身，既领悟了在场者的不在场的无限意蕴与内涵，又让在场者躲藏、隐蔽在不可穷尽性之中；想象使每一存在物以"神秘"为基础，显示了"隐蔽"和不在场对"敞亮"和在场的根据性。任一存在物之出场或显示，都是以无穷无尽的无底深渊为根底，或以"隐蔽"（"遮蔽"）为根底。想象让一个存在物得到"敞亮""澄明"，同时也把它放回到它所隐蔽其中的不可穷尽性之中，因而想象就是"敞亮"和"隐蔽"的同时发生。张世英又从思维与想象的区别出发，考察了黑格尔的"真无限"的整体与"坏无限"的整体。作为柏拉图主义者的黑格尔，其"真无限"是指有限者在抽象的思维、概念中实现和达到无限，而非在现实的感性具体中实现和达到无限，以抽象概念为万事万物的根源，这种"有底论"即是以"真无限"的概念为底。而张世英所讲的在场的有限事物植根于不在场的无穷无尽性之中的"无底论"是"坏无限"。"有底论"把有限者置于"真无限"的概念之底中，虽有底但抽象，"无底论"把有限者置于"坏无限"的无底深渊中，虽无底却现实。世界原本是现实的，是无穷无尽的。"有底论"的"真无限"作为一个整体，是抽象的、恒在的整体，而且是靠"纯思维"达到的抽象同一性，"无底论"的"坏无限"则不是靠思维而是靠想象达到的现实的相融通的一体性。想象可以把"坏无限"中任一有限的在场者与在它之外的无限多的不在场者综合为一个整体，这种以想象得来的整体，既是整体，又是无穷的进展和流变。张世英化用斯宾诺莎的说法，把这种无穷进展称为"想象的无限"或"动态的整体"以扬弃黑格尔的"思维的无限"或"恒在的整体"。

两种真理观。[①] 传统的符合说的真理观并未追问符合如何是内在地可能的。符合说属于认识论，讲认识与事物之间的符合，去蔽说为这种符合的可能性提供了决定性的存在论基础。从存在论上说，任何所谓客观事物，都是因呈现于人前而具有意义，人作为"自然之光"对与其关联的事物做出的陈述或判断，都是对事物意义或本来面目的揭示，以此事物从遮蔽状态达到去蔽状态而向人显现。符合是派生的，其基础在于陈述或判断之真乃是源于"此在"的揭示、展示，而人的生存正是要让存在者的本来面目"如所存而显之"。人的存在使事物去蔽而显其本来面目，是人使事物成其所是。而人又是如何"参与"到事物中去，让存在者如其所是地显现自身呢？人能"绽出"或"越出"存在者以与世界整体合一，这叫作"超越"。而"超越存在者，进入到世界中去"，"让人与存在者整体相关联"，即为"自由"。"自由"使人超越个别在场者，使其与不在场的"存在者整体"关联起来，把存在者带入到在场与不在场结合为一的去蔽状态，使存在者"如其所是"地显现本来面貌。真理的本质在于超越与自由。去蔽说的真理观把生活实践作为理论认识的基础与本原。只有生活实践才让人领悟到人与世界的融合为一的整体，理论认识是否揭示存在者的真面目，需要把它放回生活实践所领悟的世界整体中去"找到符合的标准"。符合的可能性，在于人与世界融合为一的存在论基础，而实践正是以人与世界万物的融合为前提，人与世界融合为一，构成了我们最现实的生活世界。以此，我们使主客关系式和认识论及与之相联系的符合说的真理观，从属于人与世界合一的整体观以及存在论和去蔽说的真理观。存在者整体本处于

①　参见张世英：《哲学导论》，北京大学出版社 2002 年版，第 61—67 页。

遮蔽状态中，只有通过人，其遮蔽状态才被去蔽而成为敞开状态。存在者整体原本处于其中的遮蔽状态，就是海德格尔所说的"神秘""非真理"。"非真理""神秘""比此一存在者或彼一存在者的任何敞开状态更古老"。这种本有的遮蔽由于人的"参与"或"让存在"而被去蔽和敞开。但人的"让存在"的"参与"活动，并非对存在者整体的把握，而是"在个别行为中让存在者存在""给存在者解蔽"，因而是以主客关系态度"遮蔽了存在者整体"，一方面本有的遮蔽状态中存在者整体—"神秘"—"被遗忘了"，可以说是一种"遮蔽的遮蔽"，另一方面，"人远离神秘"，执着于个别的在场者和"有效用、可控制的东西"，而变得贫乏。这种主客关系态度的迷误作为"此在的内在机制"，乃人生之必然。在主客关系中，神秘的整体虽被遗忘，但仍在起作用，仍掌握着人的一切行为。关键在于超越主客态度，能"绽出"或"越出"以达到"参与的敞开"，达到人与世界合一的整体之境，毕竟"此在不仅是执着的，而且是绽出的"。"绽出"就是超越在场者，以想象把在场与不在场结为一体，达到人与万物一体的高远境界，即达到真理。

自我与本我。①张世英通过比较康德和禅宗分析了自我与本我的区别。日常生活中的自我是主客二分的产物，是实体性自我，在自我意识中是被认识的对象。当我说"我意识到我"时，后面的那个"我"是被意识的对象和客体，前一个"我"则作为进行认识的主体，永远不是被认识的对象，因为一旦它被意识到，就仍有一个对它进行认识的主体在它后面，这个主体可以说"瞻之在前，忽焉在后"，我们永无可能把握它、认识它，这个永远在逃避我们的认识而又主持着我们认识活动的主体，即禅宗所谓"真我"。此"真我"，如临济义玄所说，"著即转远，不求还在目前，灵音属耳"。因而，"真我"根本不在主客关系中，更具自由本质，可谓之真正的"主体性"。"真我"是对主客关系中的实体性自我的超越，也是对自我与

---

① 参见张世英：《哲学导论》，北京大学出版社 2002 年版，第 78—89 页。

他人、他物之对立性与外在性的超越。宇宙万物都是一普遍联系之网，任一事物、现象都是网上纽结或交叉点，人作为交叉点能意识到"自我"并能超越"自我"。宇宙除了时空中的现实世界之外再无超时空的、超验的东西躲藏在现实世界背后。主体自我意识人为地割断了"自我"这一交叉点与其他交叉点的联系，把自我与对象都实体化了，构成了主体和客体的二分与对立。当人超越主客二分和自我意识时，便能领悟禅宗的"真我"（"本我"），悟到自己原不是独立不依的实体，而是"空"，不是与他者可须臾分离，而是有着千丝万缕的联系，以至于"本我"就是整个联系之网，是宇宙整体，囊括宇宙每一角落。宇宙间的联系瞬息万变，"本我"处于这个联系之网的整体中，也瞬息万变。"本我"即空，非实体，变动不居，因为整个宇宙是一个有无不断转化、不断流变的整体。"本我"在空间上无边无际，时间上无始无终，因而是无穷无尽的无底深渊。每一交叉点、每一"本我"虽都是同一宇宙之网的整体，但彼此各有个性与独特性。个体性融合在整体性之中，每个"本我"即是整体，整体又是每一个"本我"，这便是"本我"既有我性又超出我性而为宇宙整体的道理。以此，自他不二，又能保持各自的独立性与创造性和自由，这就是"天人合一""万物一体"。"本我"决定"自我"，主体自我的视听言动表面看来是出于自我决定，其实是作为整个宇宙的动态联系之网和"万物一体"之整体的"本我"在通过自我而活动和表现。"本我"作为真正的绝对，是有无不断转化、流变之整体，作为一切事物之根源，创造一切，推动一切。"万物一体"的"本我"是最有主动性与创造性的整体。超越自我悟见本我，就能真正超越分别、执着、妄想，达到清净、庄严、平等的真如境界。

5. 天人之际的终极关怀

余敦康的哲学体系，其《哲学原理》包括11讲：哲学是什么、轴心时代的突破、西方哲学（一）、西方哲学（二）、印度哲学（一）、印度哲学（二）、中国哲学（一）、中国哲学（二）、中国哲学（三）、中国哲学（四）、终极关怀。

余敦康的体系，从目录就显示得很清楚，首先追求什么是哲学，巡望古与今，游走东与西，每一文化，每一时代，每一哲学讲得甚有差异，没有一个标准。因此，哲学不能从定义出发，而要从实际出发，所谓实际，在余敦康那里，是哲学史的实际。余敦康通过雅斯贝尔斯、梁漱溟、金岳霖的论述，呈现了轴心时代（公元前 800—公元前 200 年）在西方（准确点说应是地中海）、中国、印度同时出现的"哲学突破"（即在人类思想史上第一次出现了哲学），并认为只有这三个地方才有哲学。人类的哲学基本上就来自于这三种文化。这样，哲学原理，只能在这三个文化中寻找。只要理解了这三个文化的哲学，也就理解了哲学原理。而这三个文化的哲学核心，前面讲过了，余敦康依照金岳霖之说，归之为：西方是逻各斯，印度的梵我一如，中国是道。从这三个核心，各自产生出了一套哲学体系，各自的哲学体系有自己的发展历程。在讲清楚了这三套哲学体系之后，最后对什么是哲学作一总结：虽然三大哲学系统不一样，但是都有共同性，这就是宇宙和人生的问题，可归结为天和人的问题。不管三种哲学系统区别如何，都可以归结为天和人的问题，宇宙和人生的问题。在这个问题上有很多种思维模式，通过哲学史的了解，我们知道有三种：（1）天人对立，也就是主体和客体的对立。把客体作为研究对象，主体要找出其中的普遍法则、结构。这是西方哲学的传统。（2）天人同一，天和人是无差别的一体，这个是印度哲学传统中梵我同一主旨的核心。（3）天人既对立又统一。这是中国哲学的传统，我们通常说中国哲学讲天人合一，其实这个讲法不确切。中国哲学采取的是对立统一的中道方式，从对立中寻求合一，在合一中看到对立。哲学家的终极关怀是什么？用西方哲学的话来说，说不清楚；用中国哲学的话来说，一点就明。哲学家的终极关怀，实际上可以归结为横渠四句。横渠是谁？宋代的一位理学家，叫张载，字横渠。他说过四句话："为天地立心，为生民立命，为往圣继绝学，为万世开太平。"这四句就是著名的横渠四句。它既说出了古往今来所有哲学家的终极关怀，也说出了他们的伟大抱负。没有这个抱负，你不要学哲学。

一个哲学家，一个小小的人，他居然可以为天地立心；天地有心没有？或者说宇宙有心没有？宇宙不是人，它能有心吗？因为它没有心，所以哲学家就要给它安一个心，这就是哲学家的功夫。生民就是人类，命可以说是人类的核心价值观；一般的人每天日子就这么过着，没有也不会去注意所谓安身立命的问题，但是哲学家要考虑，他要考虑人、人类的核心价值观，人类的命运。

为往圣继绝学，过去那些往圣先贤的学问，要继承，不能让它中断了；谁来继承，我，我就是这个中继站。火为什么能永远不灭？得继续往火里面添柴。每个哲学家就是把自己当作柴薪，奉献自己的一生，自己烧完了，还有后来的人继续，这叫薪尽而火传，哲学之火就是这样才能一直熊熊燃烧。这叫为往圣继绝学。目的是要干什么？要为万世开太平，为后来的人们缔造一个有秩序的世界。一句话，哲学就是关注天人关系的一种终极关怀。只是在这一终极关怀中，他显出了更偏爱中国哲学的天人既对立又统一的中道，而且用宋代哲学家张载的四句话作为哲学终极关怀的象征。余敦康的哲学体系讲起来很简单，先问哲学为何，然后把哲学展开为西方哲学、印度哲学、中国哲学，最后从三者中总结出共同的东西：哲学是一种对天人关系的终极关怀。①

孙正聿的《哲学通论》、叶秀山的《哲学要义》、张世英的《哲学导论》、余敦康的《哲学原理》开启的当代重新阐述哲学的四条进路，虽然所据的理论背景资源范围不同、侧重不同，但所思考所阐发的都是普遍性的哲学理念和原理，不是哲学史的汇编，而是史论结合，论从史出，分别构建了具有独立性与个性的哲学理论体系。这四本重新阐述哲学的理论著作，借助古今中外的不同观念审视与反思了我们自己的生命境遇与生存意义，把我们时代的人类性困境转换为哲学的问题意识与终极关怀，使这些古今中

---

① 余敦康的《哲学原理》尚未出版，关于余敦康的哲学体系，借用张法的论述。张法：《从四本哲学原理著作看中国当代哲学原理的演进》，《中国政法大学学报》2010 年第 5 期。

西的哲学观念转化为活的思想，从而以思辨哲学的无限性品格超越了古今中西之别，充分开显了哲学史就是哲学的当代性。这四本著作都是当代中国哲学家通过个人生存体验与生命领悟而进行的自由独立的思想探索的产物，凝结着哲学家强烈的个性，但作为我们时代的理论思维与形上追求，又一致而百虑，存放了当代中国哲学的消息。

第八章 | 马克思主义哲学研究的返本开新

一、马克思主义哲学基本原理研究

经过 80 年代的"教科书改革"的哲学探索，我国哲学界重新理解马克思主义哲学的精神实质，并以对马克思主义哲学革命的重新阐释为基础重新建构了马克思主义哲学原理教科书体系。从总体上看，对于构建马克思主义哲学体系，无论是现实的发展，还是思想的积累与文献的研究，都是准备不足的。毋宁说，重构哲学原理教科书体系，是一种重返马克思主义哲学根本精神的思想解放活动。进入 90 年代，马克思主义哲学的研究发生了"从体系到问题"的范式转换，构建体系不再是哲学研究的中心，回归马克思主义哲学的本性，开显哲学研究的新问题、新思想、新层次、新境界，成了更为切实有效的研究方式。以问题、文本与历史为中心的马克思主义哲学研究，更为具体、深入和专业化了。

就马克思哲学基本原理而言，研究对象主要包括哲学观、世界观、存在论、辩证法、认识论、历史唯物主义、价值论等问题，从内容上说，这些问题仍不出哲学教科书体系的四大块——唯物论、辩证法、认识论与历史观。80 年代"教科书改革"时期的"哲学观念变革"，已经在哲学原理四大板块基本确立了符合马克思主义精神实质的思想内容。90 年代的哲学原理研究，除了对一些原有的重点、难点问题进行了更为深入的讨论，并作出较为彻底的解决之外，还有四个方面的重要变化：一是，从中国改革开放的伟大实践中提出系列可以充实、发展哲学原理的重大理论问题，包括人的存在方式问题、发展问题、类哲学问题、社会主义的本质问题等，这些问题在与现代西方哲学的对话中，凸显了马克思主义哲学本有的存在论与价值论维度；二是弱化了马克思主义哲学原理的"原理"性质，即关于真理的绝对知识的性质，强化了马克思主义哲学原理的"导论"性质，即范导与引领、探索与开放的性质，开显了马克思主义哲学的超越性、批判性、反思性、创造性的精神旨趣；三是，从作为哲学原理的对象的知识内容反思出它的真实意义，把对象性的知识转化为具有整体意义的世界观、方法论与思维方式，可以说"化知识为方法""化理论为德性"；四是，从哲学的智慧本性出发，在更深刻的层次上实现了哲学原理四大板块的"一以贯之"，探索了"辩证法、认识论与逻辑学的三者一致"与马克思主义哲学的"存在论、真理论与价值论的统一"。

1. 哲学观问题

马克思主义的哲学观就是马克思对于哲学的根本观点，是由马克思开创的哲学道路与哲学理念。它并不属于马克思主义哲学原理的对象性内容，但却是马克思主义哲学原理研究的首要问题，因为它规定着马克思主义哲学的理论性质、思维性质、存在方式、工作方式，规定了哲学原理研究的整体品格与理论位置。

哲学观问题既是80年代"哲学观念变革"的结晶，又是90年代哲学"返本开新"的起点，具有承前启后的重大意义。对于马克思作为现代西方哲学的开创者与奠基者，开启了一场哲学革命，开辟了一条新的哲学道路，学界已经达成共识，但对于如何准确地理解马克思的哲学革命，如何全面深刻地把握马克思的哲学理念，并不是很容易的事情。对马克思主义哲学观的追问发现了，马克思的哲学理念并不是单纯的、线形的，而是有着深刻的复杂性和辩证性，其反思特征是立体的、多层次的，包含着巨大张力、反转与超越。马克思主义哲学不仅是对传统形而上学的超越，而且以独特的优势为其后的学院哲学难以企及。不可否认，伟大的哲学家无不有着博大的人文情怀，力图在最深刻的层面上思考社会问题与人生问题，为人类的解放提供一条道路。但阶级社会的精神上层建筑领域的观念生产者们，把现实把握为"思想"，陷入了马克思所指认的意识形态幻觉，无法超越思想对现实的想象关系。哲学对真理性知识的期许以及普遍理性的承诺，与哲学实际发挥的社会作用是不相符的，绝对主义的理论观念作为抽象的普遍性，沦为统治阶级的意识形态。马克思是批判哲学的，他把哲学指认为阶级社会中的分裂的、异化的活动，其独立性、决定性与必然性的外观不过是一种意识形态的幻觉，可以说，马克思开创的哲学是一种反哲学的哲学，也就是超越了理论哲学的实践哲学。传统形而上学家虽然求真务实，但难以超越先验理性主义的抽象观念性，达到具体的实际性，使哲学进驻现实的生活世界。其后的学院哲学家也无法摆脱单纯观念活动的局限性。马克思的意识形态批判消解了理论所承诺的终极意义，马克思开创的哲学道路是如何超越观念意识形态的呢？"哲学家只是用不同的方式解释世界，问题在于改变世界。"①"马克思之所以能够做出划时代的理论贡献，关键在于他找到理解现实世界的新视域，找到了突破传统哲学框架的新范畴、新语言和新的思维方式，这就是作为感性物质活动的'实践'"。②

高清海教授曾把马克思的哲学革命归结为"实践观点的思维方式"的创立。"实践观点的思维方式"不但超越了旧唯物主义对对象、现实、感性的"客体的或者直观的"理解方式，而且超越了唯心主义的"抽象的能动性"，把对象、现实、感性"当作感性的人的活动，当作实践去理解"。"实践观点"作为马克思主义哲学的核心观点与思维方式，也显示了马克思主义对哲学的根本观点。"改造世界"的实践哲学把理论当成了无产阶级的精神武器，也把无产阶级当成了哲学的物质力量。在《哲学的贫困》

---

① 《马克思恩格斯全集》（第 1 卷），人民出版社 1995 年版，第 57 页。

② 高清海、孙利天：《马克思的哲学观变革及其当代意义》，《天津社会科学》2001 年第 5 期。

中，马克思谈到社会主义从空想变成科学的现实条件时讲到，随着历史的演进以及无产阶级斗争的日益明显，"这个由历史运动产生并且充分自觉地参与历史运动的科学就不再是空论，而是革命的科学了"。① 马克思的哲学不再是追求绝对真理的理论知识，而其"全部问题都在于使现存世界革命化，实际地反对并改变现存的事物"②。马克思开创的新哲学已经成为改变世界的现实力量、参与历史运动的革命的科学，即理论的实践与实践的理论。"以改变世界为根本任务的马克思主义哲学不再是关于绝对真理、世界终极真理的遐想，它不再企求在某种意识的明证性、绝对的确定性基础上构造永恒真理的学说，因而它废弃了还原论、本体化的传统哲学思维方式。马克思主义哲学成为'了解无产阶级运动的条件、进程和一般结果'的理论学说，而理论学说的真理性和确定性只能在无产阶级革命实践中证明自己的现实性和力量。"③

马克思主义哲学观的独特性就在于，这种哲学具有理论与实践的一体性，马克思主义哲学是理论与实践相统一的人类解放的学说。理论并不具有最终的意义，它只是实践的精神武器与内在环节，理论是指向实践的关于活动的条件、进程与旨趣的学说，其是否具有客观真理性是一个实践的问题，实践能够超越理论的抽象的普遍性，达到具体的实际性，证成思想的现实性与力量。而理论也不是来自绝对真理与永恒正义的在先的原则，而是从现实生活的条件与实践中创造出来的，我们无法教条式地预料未来，只能"在批判旧世界中发现新世界"。从实践中来的理论又能以其主观能动性超越实践的现存时空限制，为实践活动敞开可能的逻辑空间，并且这种可能性空间实现于最近的将来。传统形而上学对绝对理性的承诺，其实是基于人的能动的超越性与创造性，但形而上学家把在历史中展开的人性的绝对性与无限性、思维的至上性，当成了每次自己思维的理性的无

---

① 《马克思恩格斯全集》（第 1 卷），人民出版社 1995 年版，第 155 页。

② 马克思、恩格斯：《德意志意识形态》（节选本），人民出版社 2003 年版，第 19 页。

③ 高清海、孙利天：《马克思的哲学观变革及其当代意义》，《天津社会科学》2001 年第 5 期。

限性。马克思的哲学观指认了有限理性，同时又以历史发展以及现实实践的创造性活动超越了理性的有限性。理论、概念是有限的，哲学是有限的，但"哲学"在马克思这里被扬弃了，"现实的人及其历史发展的科学"，"已经根本不再是哲学，而只是世界观"。

马克思哲学理念的深刻性、立体性、实际性与超越性，正在于"马克思首先是一个革命家"，实际地从事人类解放的事业。作为科学家与革命家相统一的马克思的哲学观，与学院中的文人学者的哲学观存在一个视差，马克思主义经典作家的生活方式与人生使命同我们有着很大距离，这造成了马克思主义哲学观的难以把握与不断被遗忘。从学者的理论静观的视角，马克思主义哲学是描述现实的独立的哲学，揭示了人类历史发展的无限的普遍规律；从革命家的实践活动的视角，马克思主义哲学是内在于无产阶级历史运动并参与这一历史运动的实践的环节，所把握的现实是历史生成的现实，而实践的理论者也是受历史条件制约、有特定历史目的的人，因而理论抽象也服务于有限的实践目的。而把马克思的哲学称作"实践观点的思维方式"，还是实践本体论或实践唯物主义，也正是由这一视差造成的。"我们不习惯于马克思作为实践活动者而非理论观察者的思维方式，或者说我们不习惯内在于实践活动中的理解方式，而习惯于外在于实践去描述实践的传统哲学家的立场、姿态和思考方式"，"以工人阶级和感性活动者的立场，内在于实践活动中去理解事物、现实、感性，我们就有了真正马克思的实践观点，就有了实践观点的思维方式和思维方法。从实践的观点理解世界，不是去描述实践活动，也不是去描述实践中展开和生成的现实世界，更不是追求现实世界的本原和物质基础，而是实践地改变世界。因此，理论和哲学的任务正是实践的可能性探索，它基于对现实的描述而实际地参与对现实的改造。"①

---

① 高清海、孙利天：《马克思的哲学观变革及其当代意义》，《天津社会科学》2001年第5期。

2.辩证法问题

辩证法问题是哲学原理研究的重大问题。马克思主义哲学冠以"辩证唯物主义"的称谓，但在传统哲学原理教科书中，辩证法与唯物主义的结合是朴素的、直接的，辩证法直接就是物质世界的普遍规律，即包括自然界、人类社会与人类思维在内的整个世界存在与发展的一般原理。其中，自然辩证法与社会历史的辩证法属于客观辩证法，而人类思维、认识的辩证法作为对客观辩证法的反映，则构成了主观辩证法。其实这种辩证法类同于前康德的法国唯物主义哲学水平，具有很强的朴素性与独断性，并不符合马克思主义辩证法的本性。80年代的哲学观念变革中，"实践观点"揭示了辩证法的存在论根基，并在此基础上实现了辩证法与唯物主义的统一。高清海在研究列宁的《哲学笔记》的过程中，深刻阐释了列宁关于"辩证法就是（黑格尔和）马克思的认识论"的著名论断，开启了对辩证法的存在形态与本性的重新理解。他的《论辩证法就是认识论》的论文也构成了哲学原理教科书体系改革的一个纲领。《论辩证法就是认识论》指出，教科书对辩证法就是认识论的理解，实际是把作为更高的普遍规律的辩证法应用于认识论，应用于一些具体的认识规律，但如果说列宁认为辩证法就是认识论，那么认识论就是辩证法，如果辩证法和认识论、逻辑学三者一致，那就是同一个东西，因而就不存在一个更高的辩证法对认识论的外在应用的事情。辩证法，特别是黑格尔和马克思意义的辩证法，并不直接是自在世界的规律，而是首先只能在认识论的层面上存在。辩证法是认识论的辩证法，可以说，认识论是辩证法的自然形态。高清海在文中指出，"辩证法的实质是思维反映存在运动规律的科学"。只有在思维以概念去自觉地把握存在运动的本质时，才会出现思维（概念）与存在（本质）的矛盾关系，才有辩证法存在的必要性与可能性，才会有辩证法与形而上学的分野。在感性经验的表象水平，只有思维作为表象与存在作为现象的一一对应与直接同一，而不会有辩证法与形而上学的真实区分。辩证法作为思维与存在矛盾运动的辩证法，便与哲学基本问题内在地关联起来，从而辩证法才是哲学世界观和理论思维方式。真正的辩证法并不发生于自在世界的自然运动与自发进展，而是思维自觉以概念反映存在本质的矛盾运动，孙正聿以"自在形态的辩证法"与"自为形态的辩证法"的区分代替"客观辩证法"与"主观辩证法"，阐发了辩证法的真实存在形态与本质。作为认识论的辩证法，才是反思层面的、自为自觉的概念辩证法。

在自为性的意义上，思维与存在为什么会发生矛盾呢？因为思维与存在的现存形态是异质性的，列宁说，"从来造成困难的总是思维，因为思维把一个对象的实际上联结在一起的各个环节彼此分隔来考察……如果不把不间断的东西割断，不使活生生的东西简单化、粗糙化，不加以割碎，不使之僵化，那么我们就不能想象、表达、测量、描述运动。思维对运动的描述总是粗糙化、僵化"①。当人们以概念所具有的"隔离性"和"僵化性"去理解和表述事物，并从而把概念的"隔离性"和"僵化性"对象化给概念所反映的事物，就会否认"对象本质自身中的矛盾"，否认对象的"自己运动""飞跃""渐进过程中的中断""向对立面的转化"和"自生的发展"，这就是作为哲学世界观的形而上学的思维方式。②而作为哲学世界观和理论思维方式的辩证法，如何提供理解一切现存事物的"自己运动"的钥匙，如何"提供理解'飞跃'、'渐进过程的中断'、'向对立面的转化'、旧东西的消灭与新东西的产生的钥匙"，如何理解"对象的本质自身中的矛盾"？要想超越知性范畴的抽象性、僵化性与观念性，达到理性概念的具体化、生动性与实际性，必须探索"概念的相互依赖""一切概念的毫无例外的相互依赖""一个概念向另一个概念的转化""一切概念的毫无例外的转化""概念之间对立的相对性""概念之间对立面的同一""每一个概念都处在和其余一切概念的一定关系中、一定联系中"。思维与存在的异质性是现存的事实，而思维与存在的统一性则作为超越性价值在更深刻的层次

---

① 《列宁全集》（第38卷），人民出版社1978年版，第285页。
② 孙正聿：《哲学通论》，复旦大学出版社2005年版，第227页。

上才能实现。自为性的概念辩证法是思维的超越性努力，这种努力的方法就是"建立在通晓思维的历史和成就的基础上"。"辩证法是思想史的概括"，因而必须把概念、范畴的发展和全部哲学史联系起来。孙正聿和孟宪忠在《列宁关于辩证法就是认识论的基本思想及其现实意义》中，从人类认识史发展的逻辑来论证辩证法就是认识论，得出，辩证法是以范畴的形式、理论形态的形式所概括的人类认识史，因而辩证法才是认识史的总计、总和、结论。辩证法只有通过并作为认识史的凝结，才能成就"内容自己运动的逻辑"，也就是黑格尔把认识辩证法进一步实体化为的存在自己开显、自我实现的思辨逻辑。这种总体性的辩证法曾被卢卡奇发挥为阐释马克思的本体论或存在论的辩证法（历史辩证法）。孙正聿又在《逻辑学》与《资本论》的双重语境下，进一步论证列宁《哲学笔记》的"三者一致的辩证法"。本体论、认识论、逻辑学的统一，或辩证法、认识论、逻辑学的三者一致，不仅使辩证法从观念形式实质化为"内涵逻辑""内容自身自己运动的形式的自觉"，而且使认识论从认识形式机制的研究转化为人类思想运动的逻辑与人类文明的概念批判史的广义认识论探索。探索作为辩证法(内涵逻辑、文明史思想史的凝结）的认识论，把人类认识的能动的"先验"部分还原为"历史"，从而把感性、知性、理性的三种认识形式实质化为作为历史文化的产物的思想与表象的矛盾运动。① 孙正聿在作为认识论的辩证法中又进一步探索了辩证法的批判本质，提出并论证了辩证法是理论思维的前提批判，这就把辩证法的内涵具体地普遍化了，使辩证法从哲学原理的内容对象推延活化为思想的前提批判活动。对辩证法的这一理解也构成了他的哲学观的原则基础。

认识论的辩证法揭示了辩证法的反思本性，是对哲学原理中作为哲学世界观与理论思维方式的辩证法的合乎逻辑的理解。这种作为理论思维方式的辩证法是理论范围内的辩证法，因而是针对理论范围之外的辩证法而

---

① 孙正聿：《哲学通论》，复旦大学出版社 2005 年版，第 239—245 页。

言的。前已述及，实践观点揭示了辩证法的存在论根基，虽不能直接断言自在世界的辩证本性，但人类实践活动无疑是辩证的。王南湜研究了马克思的实践论的辩证法，探索了实践活动的辩证结构，以及超越了理论辩证法的实践智慧的辩证法。这里的"实践"是指广义的活动，包括生产、交往与理论活动。针对许多现当代哲学家批评马克思以生产劳动压抑"行动"领域的经济活动决定论，王南湜指出，马克思对生产劳动的高度评价是为了破除思辨形而上学的独立性、决定性与必然性外观，使哲学从想象现实的意识形态走向对现实的真实把握，而生产劳动的基础地位是现代社会的实际情况，更为关键的是劳动与政治和理论等其他活动类型之间存在着内在的一致性。这种一致性或同构性源于这些活动的共同的承担者——现实的、有限的主体性。前已述及，作为思维方式的辩证法在本质上源于理论自身的有限性，而理论作为人的一种活动方式，显示了有限的主体与客体的对立，这也是人类各种活动的前提。生产活动是以工具为中介的人对自然的否定性统一活动，而工具既合乎人的目的，又作为物质客体与劳动对象互相作用，因而"工具能在目的支配下以其物质客体性与劳动对象互相作用，并将合目的性的形式赋予劳动对象"①。具有一定属性和功能形式的工具被使用时，"总是以属于其自身的那'一'种特性作用于所有对象，而这些对象就是所有可以承受这种作用的东西"。② 目的与对象的对立表现为工具作为普遍性的"一"与其所统摄的劳动对象的对立。统摄"多"的"一"是人的主体性的抽象性，而充当一般性的东西，不过是人的某些特殊视角而已。现代技术系统把各种工具及其功能转换连接起来，从而实现对简单工具的有限性的克服，但系统内的一般原则一跃而为无可抗拒的一般性，成为一种异己的力量。交往活动的主体的有限性表现在个人只能在达成某一目的的过程中充当特定角色或环节，分化使沟通与合作成为必要，而交

---

① 王南湜：《后主体性哲学的视域》，中国人民大学出版社 2004 年版，第 167 页。
② 王南湜：《后主体性哲学的视域》，中国人民大学出版社 2004 年版，第 168 页。

往正是通过社会合作（即活动的交换）超越单一个体或单一性群体的有限性，便必定受到特定形式的直接活动的制约而形成特定的亦即规范化、制度化的交换方式或交往关系。这种社会关系或社会制度与诸个体之间便呈现出一种"一"与"多"、抽象与具体的对立关系，这就是交往活动的辩证结构。理论活动是以概念为中介统摄、整合杂多的过程，"一"把"多"统摄为具有普遍必然性的整体。概念作为理论活动中的"一"，其作为整体就是主体"看"世界的一个视角，并且充当这一视角的必定是一个能够统摄所有其他概念的概念，辩证法首次表现为概念之间的关系，最高概念是"一"，而其下概念为"多"。作为"一"的最高概念也是一种主体视角，也是抽象的。生产活动中的工具，社会组织和阶层划分以及理论活动逻辑分类和范畴，都将这种统摄行为及其辩证性质展示出来，活动主体的"一"贯原则都是抽象能力的结果，要适应周围世界的复杂性，就必须在抽象的基础上超越它的抽象性，这一超越具有辩证性质。①

超越抽象的辩证努力，把哲学辩证法分为两个层次，理论范围内的辩证法与实践智慧。理论无法摆脱其抽象性，真正实现具体的普遍性。理论是对对象的透视，只能有单一视角，多视角与理论是矛盾的，具体的理论的更具包含力的视角仍是单一视角。理论哲学家试图把握大全的超然视角仍是内在于世界之中的，超然的透视并不可能。辩证法之发生在于试图突破某理论视角的有限性，这意味着辩证法发生在理论之间，以此，单一视角之外的内容才会被发现，超越原来的单一视角的更具包容性的视角引入一种"宽容原则"，但在理论范围内难以彻底实现宽容原则。追求具体的辩证法必然超越理论范围，而超越理论的结果只能是一种对世界的非理论的具体的把握方式，这就是长期以来被称为"实践智慧"的东西。实践的智慧允许多种视角并存，而且这些视角有可能被整合为一个整体，但这种整合并非将各视角统归为一，而是将之折中、权衡，将不同视角的合理因

---

① 参见王南湜：《后主体性哲学的视域》，中国人民大学出版社 2004 年版。

素包容在自身之内，但由于实践知识的境况性、具体性，并不因此失去确定性。实践智慧以对理论抽象性的超越实现了对人的本真状态的发现与复归。理论范围内的辩证法与实践智慧结合起来构成实践哲学的辩证法。①

3.历史唯物主义问题

唯物史观的研究主要分为两个部分：一是历史唯物主义的具体内容的研究，二是历史唯物主义的整体性质与理论定位的研究。

就历史唯物主义的具体内容研究主要有四个问题：人类创造历史与历史客观规律的关系问题（即能动性与客观性的关系问题），马克思的社会形态理论问题，唯物史观的内涵问题、历史唯物主义的规范性问题。

对于如何理解人类创造历史与历史规律的统一，主要有四种解释方式：（1）社会必然决定范围内的可能性空间。历史作为人的活动本身，是人所创造的，因而历史客观规律对人的活动就不可能是绝对决定了一切细节的支配作用，而是以某种趋势大体界定了人的活动的可能性空间。人在由历史趋势所界定的可能性空间中，能够自由地选择，发挥能动的创造作用。可能性空间所处的社会必然决定范围，是由"既定的生产力水平限定的最为抽象的可能性空间的基础上，进一步对主体的自由选择空间从生产关系、政治上层建筑到意识形态、文化传统逐层面作出具体化规定"②。（2）历史的前提与结果的辩证法。"历史不过是追求着自己的目的的人的活动而已"，历史规律不是超越于人的活动之外、之上并支配人的活动的规律，而是由人的活动的相互作用、相互限制而构成的内在地制约人的活动的规律。历史活动构成历史规律：从共时性上说，活动着的个体意志的相互冲突形成了一个不以人的意志为转移的历史合力，这个普遍性的历史合力消解了个体活动的主观性与偶然性；从历时性上说，"人作为人类历史的经常的前提，也是人类历史的经常的产物和结果，而人只有作为自己

---

① 参见王南湜：《后主体性哲学的视域》，中国人民大学出版社 2004 年版。

② 王南湜：《我们可以在何种意义上谈论历史规律与人的能动作用——一种实践哲学的视野》，《学术月刊》2006 年第 5 期。

本身的产物和结果才成为前提"，前人创造历史的结果成为后人创造历史的前提，即前人留下的生产力、资金、环境规定了后人活动的基础和性质，后人的活动改造了这个基础，便又形成了新的结果与前提的矛盾运动。①（3）以划界方式取消此问题。理论与实践是人类把握世界的两种不同方式。人的历史活动的能动的创造性，是人实践地把握世界中的事情，也是抽象理论的推论的必然性所无法把握的。人类把握世界的理论方式，才能把历史活动中的机遇、自由、偶然性与创造性等实质性的存在以整体的、抽象的综合统一能力消解掉，从而把纷繁复杂、不可预料的历史世界把握为具有普遍必然性的知识。因此，能动性与客观性的关系问题是把人类把握世界的两种不同方式的对象放到同一个领域中所造成的思想的混淆与误置，应把能动的创造性与客观必然性分别放在实践领域与理论领域，从而把这个假问题消解掉。②（4）以旁观者视角与行动者视角解释能动性与客观性的矛盾。人不仅是历史的剧作者与剧中人，还是历史的观照者。某个人可以既是历史的行动者，又是历史的旁观者。行动者的历史世界包含行动者的理想、目的、意志，充满着机遇、未知、可能性、偶然性，并焕发行动者以能动的超越性和历史的首创精神投入到历史实践中去，造就了历史的可作为性。旁观者的历史世界则是纯粹的理论静观的对象，这里没了渴望、激情、意志的参与，因而丧失了重要性的机遇与偶然性也在整体中被另一种机遇与偶然性所抵消与补偿，可能性被静观化为现实性，许多自由的创造性则在理论的综合统一性中构成为因果必然与决定性规律。人的两种视角造成了关于历史世界的两种不同看法。③

关于马克思的社会形态理论，以往国内学术界通行的是"五种社会形

---

① 参见孙正聿：《哲学通论》，复旦大学出版社2005年版，第191页。
② 参见王南湜：《我们可以在何种意义上谈论历史规律与人的能动作用——一种实践哲学的视野》，《学术月刊》2006年第5期。
③ 参见王南湜：《改变世界的哲学何以可能（下）——一个基于行动者与旁观者双重视角的构想》，《学术月刊》2012年第2期。

态理论"，另外马克思还从哲学上把人的社会存在方式概括为"三大社会形态"。对于"五形态说"与"三形态说"的关系，学界一般认为并无矛盾，只是把握的视角与层次有差异而已。段忠桥、韩立新等人通过重新研究《政治经济学批判（1857—1858 经济学手稿)》，对通行的理解提出质疑。五种社会形态依次演进的理论是根据《〈政治经济学批判〉序言》（写于 1859 年 1 月）中的一段可能产生歧义的论述，而《序言》又是马克思对1857—1858 年期间研究成果的总结，但是五形态依次演进的理解与《手稿》中的大量论述不一致。马克思为了理解资本主义生产方式，专门研究前资本主义生产方式，分别考察了世界历史中的亚细亚的、古代的和封建的（日耳曼的）生产方式。我们从《手稿》并不能发现，从亚细亚生产方式发展为古代的生产方式或古代的生产方式由亚细亚生产方式发展而来，以及从古代的生产方式发展为封建的生产方式或封建的生产方式由古代的生产方式发展而来的论述。相反，马克思认为，亚细亚的、古代的、封建的生产方式是在历史的长时段内共时态地存在着，只有从封建的生产方式才能自然地发展出资本主义的生产方式，而亚细亚的和古代的生产方式只有通过外力才能过渡到资本主义的生产方式。亚细亚的、古代的、封建的生产方式共同作为前资本主义的生产方式与资本主义的生产方式相并列，三者之间并不存在依次发展的演进关系。可与此相互印证的是，许多学者通过历史人类学与原始社会学的考察、研究，论证了有些民族并未存在过所谓的奴隶社会（古代的生产方式）或封建社会（封建的生产方式）。因而，社会形态的发展就不是五种社会形态的依次更替，而是表现为前资本主义社会、资本主义社会与社会主义社会这三大形态的依次更替。马克思在《手稿》中明确指出，人类历史表现为三大社会形态的依次演进："人的依赖关系（起初完全是自然发生的），是最初的社会形态，在这种形态下，人的生产能力只是在狭窄的范围内和孤立的地点上发展着。以物的依赖性为基础的人的独立性，是第二大形态，在这种形态下，才形成普遍的社会物质变换，全面的关系，多方面的需求以及全面的能力的体系。建立在个人全面发展和他们共同的社会生产能力成为他们的社会财富这一基础上的自由个性，是第三个阶段。第二个阶段为第三个阶段创造条件。"①"最初的社会形态"指包括亚细亚社会、古代社会和封建社会在内的前资本主义社会，第二大形态指资本主义社会，第三阶段指社会主义社会。三大社会形态的发展，既符合人类历史的演进次序，又符合人自身发展的内在逻辑。②

关于唯物史观的内涵问题，学界已经达成共识。历史唯物主义不同于旧唯物主义之根据在于，历史把自然纳入自身，构成了"历史的自然"与"自然的历史"的统一，这是在客观自然规律之上建筑的一种借助自然又不依赖于自然的"社会必然性"。历史的客观性不再还原于自然的物质性，而是由与之不同的社会关系的必然规定所构成。许多学者已经从社会关系的必然规定去理解历史唯物主义的"物"的内涵。我们一般把人类社会视为一个自然历史过程，所谓"自然的历史"不是指人类社会的物质基础，而是指社会历史自身的客观规律性，即历史的类自然性，虽然历史是追求着自己的目的的人的活动，但社会关系把个体意志的自为性与主观性交织为不以人的意志为转移的历史必然性。人的社会性才是他的自然性，人的自然性就是他的社会性。学界对历史唯物主义的理解已经达到了一种整体的眼光，不再把人的现实生活过程还原为物质自然与人的意识的相互作用，而是将其作为一种更高的存在层次，从整体上探求其内在规律。

历史唯物主义的规范性问题的探讨，是一种对历史唯物主义的具体内容进行修订和补充的尝试。这种修订自恩格斯的关于历史唯物主义的书信即已开始，恩格斯批判了对历史唯物主义的经济决定论的庸俗理解，并且也指出了造成这个误解的一个客观原因是，他和马克思当时的历史任务是破除思辨唯心主义的观念统治，所以过分强调了经济基础的决定作用。学界对这一问题有三种理解方式。一是从批判实证主义谈规范性。历史唯物

---

① 《马克思恩格斯全集》（第 46 卷上），人民出版社 1979 年版，第 104 页。
② 参见段忠桥：《质疑"五种社会形态理论"的一个主要依据——重释〈《政治经济学批判》序言〉的一段著名论述》，《南京大学学报》2005 年第 2 期。

主义不是描述的科学，而是革命的科学，因而历史唯物主义是革命的理论与实践的统一，唯物史观是实践的内在环节。历史唯物主义对现实生活过程的把握是一种批判的实证主义方式，社会主义人类解放的根本旨趣就是确立人的自主存在，实现每个人的自由个性的全面发展，马克思多次揭示了现实的物质生活与自主活动的分裂，同时也批判了意识形态作为"想象的现实"的抽象能动性。唯物史观的基本原理是对分裂的阶级社会的异化状况的概括，而这种现实异化正是有待革命的现存事物。二是重新理解社会有机体的动态结构。"物质生活的生产方式制约着整个社会生活，政治生活和精神生活的过程。"物质生活的生产过程从根本上的制约性并非一种严格的决定作用，否则将会消解被决定者的独立存在，从而社会有机体的三层结构将会变成单面性的存在。对机械决定与还原主义理解方式的超越，强调了上层建筑特别是意识形态的相对独立性与能动的反作用，从而造成社会发展的多元决定模式。许多学者已经把生产活动、交往活动（政治活动、伦理活动）、理论活动（文化创造活动）的关系，理解为相关性与同构性，而不是决定性与派生性，因为这三种活动都是人的自身本质的不同实现方式。经济基础、政治上层建筑与精神上层建筑也将在各自独立的良性互动中构成社会有机体的动态结构。三是重建历史唯物主义的理想基础。马克思以历史科学批判了思辨唯心主义，特别把历史科学所可精确把握的经济基础作为唯一的现实，历史科学是对现实的真实的把握，而意识形态作为对现实的想象的把握，是颠倒反映与倒立成像。为了超出思辨唯心主义的世界，特别把意识形态消极化为幻觉。但意识形态作为社会有机体的组成部分（精神上层建筑），是一种不同于规定性、有限性现实的另一种想象的真实，它不是对经济基础的歪曲反映，而是一种生产，生产着分裂的阶级社会的整全性。历史科学与意识形态的结合才构成了历史唯物主义的整体性，历史科学所把握的经济基础构成了社会的规定性、限定性的必然基础，而意识形态则成为社会的范导性的自由存在的部分，或者说，历史唯物主义的理想基础。四是以"新唯物主义"的真实内涵消解规范性问题。我们之所以会提出规范性问题，是因为我们仍从唯物与唯心、观念与现实、能动与受动、形式与质料、社会存在与社会意识、主观与客观的二元对立去理解历史唯物主义的具体内容，从而丧失了历史唯物主义作为新世界观与新思维方式的革命性意义。对历史唯物主义的经济决定论的庸俗理解中，还存在着旧哲学的两极对立的还原论思维方式，就是当我们从现存条件与社会关系去探索思想观念的存在性时，常常把物质生活条件与社会关系当作决定思想观念的对立的一极，从而通过把思想观念还原为完全不相容的对立一极消解了思想、观念、精神的真实性与独立性。如果超越旧的思维方式，把物质条件与现存关系当作观念形式的实质性存在，就不会在新唯物主义中只剩下一种被决定的必然性，而是把新唯物主义视为理想的实际性、现实的能动性，同时也超越了唯心主义抽象地发展了的主观能动性。

关于历史唯物主义的学科性质与理论定位问题，主要包括历史唯物主义与政治经济学批判的关系问题、历史唯物主义是马克思的世界观还是历史观的问题。

历史唯物主义与政治经济学批判的关系问题，始于恩格斯《在马克思墓前的讲话》中指出的马克思的"两大发现"："马克思发现了人类历史的发展规律……马克思还发现了现代资本主义生产方式和它所产生的资产阶级社会的特殊的运动规律"。① 通常的理解，历史唯物主义与政治经济学批判的关系是一般规律与特殊规律的关系。特殊规律是一般规律在特殊社会中的具体表现，那么政治经济学批判是否是唯物史观的一般原理在政治经济学研究中的具体运用？按照马克思著作历史看，对唯物史观进行一般论述的著作或手稿写于《资本论》及其手稿之前。但《资本论》及其手稿作为马克思的主要著作，居于中心地位，可以说，资本论构成了马克思主义哲学。就马克思的思想进路来说，人类社会发展的一般规律其实是由政

---

① 《马克思恩格斯全集》（第3卷），人民出版社1995年版，第776页。

治经济学的眼镜观照人类历史的结果，政治经济学的研究始于发现唯物史观之前，马克思所谓的"历史科学"决定性地受启发于政治经济学。马克思也说过，唯物史观的一般表述是从其政治经济学研究中得到，并一经得到就用于指导其研究工作的总的结果。"资产阶级社会是最发达的和最多样性的历史的生产组织。因此，那些表现它的各种关系的范畴以及对于它的结构的理解，同时也能使我们透视一切已经覆灭的社会形式的结构和生产关系。……人体解剖对于猴体解剖是一把钥匙。"①就马克思的理路而言，他所论述的"总的结果"人类历史的发展规律并不具有真正的独立性，唯物史观的一般表述只是政治经济学批判道路上的中介环节，《资本论》及其手稿构成了最具体、最深刻的历史唯物主义。

关于历史唯物主义与马克思主义哲学的关系问题的讨论，在国内学术界经历了三个阶段。1957 年，刘丹岩与高清海提出马克思主义哲学是辩证唯物主义，而历史唯物主义则是唯物辩证法的一般原理在社会历史领域中的运用，苏联模式教科书把辩证唯物主义与历史唯物主义并列共同构成马克思主义哲学的整体是不对的，历史唯物主义应该从马克思主义哲学中排除出来，作为普通社会学存在。②80 年代中期，学界则批判了把马克思主义哲学作为普遍规律的看法，提出了"实践观点的思维方式""实践唯物主义""实践本体论"等来重新理解马克思主义哲学的精神实质。1991 年，刘福森在关于马克思主义哲学的总体性质的研究上，提出了：马克思主义哲学的新唯物主义在本质上是历史唯物主义③，2001 年又进一步提出"历史生存论"概念，把历史唯物主义奠基于生存论的基础上，从而把我国"实践唯物主义"的讨论向前推进了一大步。2007 年，孙正聿提出了

---

① 《马克思恩格斯全集》（第 2 卷），人民出版社 1995 年版，第 23 页。
② 参见高清海、邹化政：《论辩证唯物主义与历史唯物主义的关系》，《东北人民大学人文科学学报》1957 年第 1 期。
③ 参见刘福森、张维久：《论马克思的哲学唯物主义的本质特征》，《人文杂志》1991 年第 5 期。

历史唯物主义就是马克思主义的新世界观，马克思主义哲学并不存在一种
在历史唯物主义之外的辩证唯物主义。他认为，在对"历史唯物主义"的
理解和阐释中，隐含着两条不同的解释路径和两种不同的解释原则：一是
把"历史"作为解释原则所构成的"历史"唯物主义的解释路径，二是把
"唯物主义"作为解释原则所构成的历史"唯物主义"的解释路径。"历史
唯物主义"是把"历史"作为解释原则而变革了唯物主义，从而实现了一
场"世界观"革命，而不是把"唯物主义"作为解释原则而变革了历史理论，
从而实现一场"历史观"革命。以"感性的人的活动"为立足点的"新世
界观"，就是马克思、恩格斯创建的"以现实的人及其历史发展"为内容
的"历史唯物主义"。① 对此，段忠桥提出了反驳，他认为"以现实的人
及其历史发展"为内容的"历史唯物主义"同马克思在《〈政治经济学批判〉
序言》中表达的历史唯物主义存在重大差别，因而还不是马克思、恩格斯
创建的历史唯物主义，历史唯物主义是把"历史"作为研究对象的"历史
观"，而不是以"历史"的解释原则构成的"世界观"。② 吴晓明则把历史
唯物主义作为历史科学的方法论加以阐述，并通过这种阐述来指证历史唯
物主义对当今史学研究的重大意义。然而长期以来，历史唯物主义被当作
形而上学的"强制结构"（固定模式、先验框架），或者又被看作完全无批
判的实证主义，这两极相通于"经济决定论"的粗陋的唯物主义之中，历
史唯物主义作为历史科学方法论的意义蔽而不明。正像当今一切执科学之
名的历史学，不能不深思其方法论的前提（或预设）一样，任何已为真正
历史原则所贯彻的哲学必须通过历史学的实践来考验其方法论，并通过与
史学的持续对话使其特有的哲学—方法论意义充分显示出来。吴晓明认为
历史唯物主义的方法论包括三个基本方面：社会现实的发现、总体性的观
点、具体化的路径与实行。这三个方面都首先以颠倒的形式较为完整地出

---

① 孙正聿：《历史唯物主义与马克思主义的新世界观》，《哲学研究》2007 年第 3 期。

② 参见段忠桥：《什么是马克思、恩格斯创建的历史唯物主义——与孙正聿教授商榷》，
《哲学研究》2008 年第 1 期。

现在黑格尔哲学中，这三方面的方法论特征是在与主观思想的对立中显示自身的，而思辨唯心主义最有特色之处正是它对主观思想的全面批判，历史唯物主义的方法论最终在对黑格尔哲学的批判的超越中确立了自身。①

二、马克思主义哲学经典著作研究

马克思主义哲学经典著作研究，在 20 世纪 90 年代发展为一种独立的马克思主义哲学研究范式。它不再是哲学原理研究的辅助和补充，经典著作的研究不是要从经典作家的文本中寻找为既有的哲学原理进行诠释的证据，而是要"返本开新"，通过消除传统框架对马克思文本的先在性强制，真正回到马克思的原初文本进行精深解读，与马克思的历史语境相交融，从而开显出新颖而深刻的马克思主义哲学思想。必须承认，80 年代的哲学观念变革除了扎根于中国改革开放的伟大实践，还生成于马克思的重要文本的重新阅读与阐述。90 年代以来，文本研究方式在马克思主义哲学研究中所占的比重越来越大，为马克思主义哲学的学术创新积累了丰富的文献，奠定了全新的思考起点。其中，将文本解读与思想生成较好地结合起来，为文本研究提供典范的有张一兵的《回到马克思：经济学语境中的哲学话语》，何中华的《重读马克思：一种哲学观的当代诠释》，孙伯鍨和张一兵的《走进马克思》等。

1."回归历史语境，发现历史原象"的"历史性文本学解读"

《回到马克思》不是追求一种原教旨主义，使人脱离现实，回到故纸堆中，而是要重建我们从未达及的全新的历史视域，以使我们真正有可能重构马克思思想的开放性和当代生成。历史语境之所以需要开新，是因为马克思不是可以现成据有的，马克思的思想无法毫无遮蔽地在一个平面上全盘展开，还有苏维埃模式教科书框架对马克思文本先在的结构性编码作用。"回到马克思"正是要摆脱教条体制合法性的预设，消除现成性的强制，

---

① 参见吴晓明：《论作为历史科学方法论的历史唯物主义》，《中国社会科学》2007 年第 7 期。

通过解读文本实现与马克思历史视域的重新整合，带着我们今天最新的方法和语境在一个开放的视域中面对马克思，以达到所谓的"返本开新"。

真正实现马克思哲学的当代性言说，绝不是在一种外在层面上使马克思思想与"当代人生活旨趣"的简单对话，而是切入到马克思思想逻辑的核心地带和根本问题上，造成一种"接着说"的学术创新关系。而要实现这一点就必须对马克思哲学文本进行精心解读，并做到对马克思思想发展脉络的科学的全面把握。

张一兵在《回到马克思》中发展了一种全新的文本解读方法，其基本的认知模型和方法与传统原著研究相去甚远。所谓"文本"，并非一个静止的同一的对象，文本的建构背负了一个极其复杂的历史语境，任何文本的生成都与作者的历史文化背景与生存境遇相关，作者本身的认知系统在创作文本的过程中随着思的动态语境而改变，文本自其诞生之日，作者即已消隐，我们所能对话的只能是历史性的文本而非作者本文。文本蕴含的思想不是在其字里行间的显性逻辑中线性呈现的，而是由读者的解读历史性地获得。传统原著研究以教科书的哲学原理对马克思的文本进行非历史的"格义"，马克思哲学文本被非历史地原理化了，变成了一种荒谬的"按图索骥"，不同时期文本的异质性也被同质化了。文本是作者在与其同时代人的思想碰撞中陆续形成的，因而文本解读必须建立于发生学基础上，从历史性中去评估其在理论建构中的真正价值。《回到马克思》正是借助历史性的"文本解读"把原理前见悬搁起来，以历史本身的时空结构，让马克思文本的原初语境呈现出来，获得一种全新的理解结果。

《回到马克思》在国内第一次基于《马克思恩格斯全集》历史考证第2版，第一次从马克思经济学研究的历史语境出发，力求真实地呈现马克思哲学话语深层转换的动态历史原相。青年马克思思想的第一次转变，从唯心主义转向一般唯物主义。从民主主义转向社会主义，始于《克罗茨纳赫笔记》，经过《黑格尔法哲学批判》和《论犹太人问题》，在《1844年经济学哲学手稿》中达到了制高点。作者通过马克思经济学研究的理论参照系确证了，马克思在赫斯经济异化批判理论的基础上提出了劳动异化理论，正是他自我指认的一种新的批判思路，不同于费尔巴哈的人学现象学，是一种"在全新逻辑建构中穿透资产阶级经济现象批判的人本主义社会现象学"。马克思的第二次转变即其第一个伟大发现——广义历史唯物主义的创立，在真正意义上构成了马克思的哲学革命。作者认为，这一转变的理论基础是马克思对政治经济学批判基点的形成，除去社会主义实践及其他哲学观念的作用，正是对古典经济学中社会历史观和社会唯物主义的认同，以及对资产阶级意识形态的批判性超越，才创立了历史唯物主义，这是在经济学话语之上建立的新的哲学话语，也是全新的现实的历史话语。第三次转变在作者看来，并非异质性的思想革命，而是哲学思想的进一步深化，即建立在狭义的历史唯物主义和历史认识论基础上的历史现象学的创立。资本主义经济社会形态自在发生的多重颠倒和客观异化需要非直观和非现成的批判性的历史现象学，马克思以狭义的历史唯物主义去透视这种颠倒，洞察资本主义生存方式的本质。作者认为，马克思在《1857—1858年经济学手稿》中，以历史现象学面对复杂的物、物象、外在关系、颠倒了的关系、物化关系、非主导性的关系，在科学抽象中发现原有关系，一步步再现今天真实的复杂关系和颠倒的社会结构。这是从单纯的感性直观和从虚幻的观念出发都无法看清的，只有通过重构式的反映才能穿透意识形态的迷雾，发现经济现实的本真性。这种历史现象学，不同于一般的"透过现象看本质"，因为它的前提是社会关系的客观颠倒，现实在本质上是颠倒的"假象"，这种颠倒的消除也就不可能在观念中实现，必须有物质变革完成。资产阶级政治经济学和它的社会唯物主义正是以这种"假象"作为肯定性前提的。由此作者提出，马克思的历史现象学正是他的政治经济学革命的内在逻辑前提，《1857—1858年经济学手稿》中这一最重要的哲学成果，构成了马克思哲学实现发展的最重要的理论制高点。[①]

---

① 参见张一兵：《"回到马克思"的原初理论语境》，《中国社会科学》2001年第3期。

广义的历史唯物主义与狭义的历史唯物主义充分印证了恩格斯所说的两大发现，也确定符合马克思思想发展的内在逻辑，政治经济学批判使马克思的哲学革命得到了进一步的深化与具体化，甚至可以说《资本论》及其手稿具体地构成了马克思主义哲学。但是，"历史现象学"指谓的其实是马克思、恩格斯所说的"理论思维""政治经济学的方法""批判的辩证法"，这一新称谓的深刻性与独特意义又是什么？"历史现象学"与黑格尔的"精神现象学"、胡塞尔的现象学是怎样的？

2."与马克思共同思考与对话"的"创造性重读"

何中华的《重读马克思：一种哲学观的当代诠释》，可以说与张一兵的《回到马克思：经济学语境中的哲学话语》针锋相对。"回到马克思"与"重读马克思"都成为了马克思主义哲学领域的响亮口号，代表着马克思主义哲学经典著作研究的两种典型范式，都取得了积极的、富有成效的研究成果。"重读马克思"正是针对学界中的"告别马克思"与"回到马克思"提出来的。何中华认为，这两种倾向在绝对意义上都是错误的，也是有害的："告别马克思"怀疑产生于 19 世纪的思想怎能指导 21 世纪的实践，这是出于无知或偏见，因为一种思想理论的生命力在于它能保持其对历史、对实践的批判性反思能力。这又在极大程度上取决于思想或理论的内在开放性，而马克思主义作为人类解放的学说，其追求的"哲学的世界化"与"世界的哲学化"即共产主义的实现，从而葆有对现代性的批判性超越；"回到马克思"虽然要清理哲学原理教科书范式对马克思思想的误读，对马克思的思想逻辑进行再认识，但彻底还原马克思的历史语境既无可能又不必要，而经院哲学式的烦琐考证、过度诠释与机械还原则会封闭马克思主义哲学的活的精神。因而，何中华的态度是重读马克思，即创造性地解读马克思。

"回到马克思"是要以严格的文本学研究方法呈现马克思本人的思想原象，"重读马克思"同样也是清算并重建对马克思哲学的解读方式本身，但这种创造性地重读已经不再算是文本学研究了，而是以文本为平台展开与马克思的对话,"回到马克思"是以"文本"为对象,"重读马克思"则是以"文本"为契机面向时代与面向自我,"重读"之后的"马克思"是与时俱进的,时代发展向马克思主义提出的"新挑战",信息时代对人的存在方式的重建中的"新问题""新矛盾""新情况",国际共运中的经验与教训,为我们创造性地解读马克思,从而丰富与发展马克思主义提供了难得的历史机遇。正是在此意义上,何中华认为,我们与历史上的马克思乃是一种"对话"关系,我们有马克思没有的历史坐标,因而对于马克思,我们不仅应该"照着讲"还应该"接着讲",这是马克思主义自身的内在需求。辩证法在本质上是批判的与革命的,马克思思想的突出特点,正是它能不断自我扬弃,自我超越,历久弥新,与时俱进,这也构成了马克思思想的内在开放性与伟大生命力。《重读马克思》可以说是作者近年来"重读马克思"的心得,它只是报道作者在重读过程中的所想所得。这种"重读"既是相对于以往传统解释模式的重新领会,又是作者对马克思不断深化的体认,同时在创造性的重读中又要做到力所能及地矫正以往存在着的误读成分,并清算马克思哲学的前提,给出其逻辑奠基的原初基础。

"重读马克思"是时代与逻辑的双重诉求,只有"创造性地重读"马克思,才可能真正地做到继承与发展的有机统一。那么,如何"重读"才能既体现时代精神的精华,又不违背马克思文本所展开的解释空间?作者确立了四条重读原则。第一,在"重读马克思"的过程中,应当如实地把马克思主义哲学把握为"活"的思想,即自己构成自己的有机整体并体现出整全性的个性生命,而非既成的"死"的观念。马克思哲学思想的生命个性,表现为它作为一个整体所具有的自身的内在逻辑与自足生命。重读马克思必须反对断章取义的肢解做法。把马克思哲学思想抽象化有两种表现:一是只看马克思思想的现成结论,而忽视运思的过程与结果,从而割断了马克思思想的生成过程和思想之间的内在关联。这样做的消极后果是,马克思主义哲学把握上的"史"与"论"的分裂。马克思主义哲学史变成了思想史事件的编排与堆砌,无法呈现马克思哲学思想发展的内在理路，思想史沦为了年谱或编年史。马克思主义哲学原理则成为丧失时间性的逻辑编排，几乎所有概念、范畴、原理都好像是从天上掉下来的"无源之水"和"无本之木"，不能表现为内容自身自己运动的必然展开，哲学原理知识化为固定结论与形式公式。"史"与"论"变成了相互外在，从而也都丧失了自身。重读马克思必须重视马克思哲学思想发生、演变、进展与成熟的内在理路，澄清每一概念、范畴、原理在思想发展史上的逻辑位置，使概念范畴作为思想史的凝结，保持住"作为生成的存在"，这样才能如实地使马克思哲学思想超越抽象性与僵化性，达到活生生的具体的普遍性。二是把马克思的某个概念、范畴、原理从马克思思想体系中剥离出来，加以抽象地发挥与演绎。国内哲学界关于马克思哲学思想的许多争论与冲突，都是由于争论者脱离了马克思论述的特定语境与马克思整个思想的总体坐标，仅仅从援引者自身的理论框架与思想偏好做出望文生义的抽象解释。总之，我们只有把对马克思哲学思想的整体概观与具体把握结合起来，才能整合马克思思想，使其呈现为历史与逻辑相统一、内容自身自己运动的辩证法，而不会陷于知性形而上学。第二，"重读马克思"不是对马克思哲学思想的"外在地旁观"，而是"与马克思一起思考"。"重读马克思"的目的不只是"照着讲"与"接着说"，更重要的是学会像马克思那样的"运思"。因而，马克思的"文本"与其说是"研究的对象"，不如说是"领悟的契机"。摒弃外在的看待方式，学会"与马克思一起思考"，才能超越对马克思哲学思想的知识论态度。传统教科书范式的素朴实在论的、知识化、实证化倾向，孕育并强化了以外在旁观方式寻找既定观念的解读方式。只有内在地"进入"哲学的"思的事情"，才能领悟哲学的真谛与境界。马克思强调自己的哲学不是理论而是方法，不是教条而是行动指南，不是解释世界而是改造世界，正是对哲学作为"爱智慧"的本性的回归。马克思哲学思想，不是经院化教条知识，而是活生生的创造性的"智慧"。因而，把马克思哲学当作已成之物，以旁观者的知识论态度对待它，永远无法进入马克思的哲学语境，把握马克思哲学的活的灵魂。第三，"重读马克思"必须把握"文本考证"与"学理阐发"之间的辩证关系。时过境迁，马克思思想原象难寻，考据派追求的"确解"与"达诂"直到最后，要解释一个词、一句话在马克思语境中的本来意思，必须联系"上下文"和"互文性"关系及所形成的解释学循环，去"猜测"其准确含义，这是考据派的限度。依考据派理想，真正的"确解"只有回到词典义项上去才可以，而究竟选择哪一个义项，则取决于整个文本的语境，而这种超越的、非加和性的文本意义，只能诉诸整体把握、宏观洞见、直觉领悟，这正是义理派工夫的不可替代之处。文本整体与部分的解释学循环，使得义理与考据都是必要的，只有在互补中的良性互动才能实现各自价值并克服自身固有弱点。义理无考据则"空"，考据无义理则"盲"，"重读马克思"是"学理阐发"对"文本考证"的综合。第四，"重读马克思"必须凸显马克思哲学思想的"历史感"，力求实现逻辑与历史的内在统一。这种统一，在马克思那里，是以历史为基础实现的，从而获得了坚实的前提。对于马克思思想，历史感具有充分而真实的意义，因而要求我们在领会、把握、阐释马克思的概念、范畴、观点、原理时，必须将其视为历史的规定，并揭示其历史内涵，重视其历史生成与消解。以往对马克思思想的误读的根本原因是抽去了思想的历史内涵，使其成为超历史的永恒规定。过去一谈到人与自然的关系，都是抽象地谈论主客体之间的对象性关系，仿佛与人的历史存在无关，抽去了人与自然关系的历史维度，从而使人的历史存在论问题被缩减为狭隘而抽象的认识论问题。历史的生成的人与自然的关系，经过认识论的主客体关系解读，抽象为超历史的永恒规定。人对自然的主客体关系，只是在资本占统治地位的现代社会生成的人对自然的抽象狭隘的关系。人对自然的抽象和人与人的异化，人对自身本质的抽象是一致的。人把自然从无限存在本质抽象为单纯的有用物，人把自身存在抽象为纯粹占用、拥有的感觉，人与人的关系则异化为基于私有财产的排他性关系。马克思在《1844年经济学哲学手稿》《机器、自然力和科学的应用》《资本论》等系列著作中，从社会的经济与技术层面，对人与自然之间对象性关系的历史生成作了具体的考察与揭示。历史的生成的关系也必将在历史中被克服与超越，人与自然的抽象狭隘的主客体关系将被历史地超越，实现人与自然矛盾的真正解决与最后完成。实践唯物主义就是通过实践使一切范畴、观念获得历史内涵，以此破解观念的意识形态秘密，在元哲学层面，概念的历史内涵反思具有一般方法论意义。总之，"重读马克思"要达到马克思思想所要求的境界，必须使"超越性之思"再次回到历史语境中。①

何中华的《重读马克思：一种哲学观的当代诠释》试图立足于当今时代，以马克思著作为依据，尝试创造性地诠释马克思，发掘其思想的隐秩序与潜结构，以便再现马克思对哲学所作的理解。首先从当代哲学精神的转变及马克思哲学与现时代关系，确立了"重读马克思"的必要性与研究范式；其次，通过马克思与意识形态、本体论、超验性的关系，显示了马克思所开创的独特的哲学道路；再次，从实践的本体论维度、实践范畴的原初性和实践本体论视野的独特意义，批判了"抽象的个人"，领会了"实践"作为"本体"的契机及超验性在实践本体论中的重建，并以实践本体探索了人的存在的"现象学"之建构及其独特运思方式；从理解、解释与实践的关系，探索了理解如何可能及其本体论意义；在马克思与恩格斯的思想比较中，从经验与超验、大写与小写、彼岸与此岸的关系分析了二者的思想差别，并尝试对其思想差别做出解释，凸显了马克思思想的特质与优点；探索了马克思关于人的存在的历史叙事，思考了人的自身本质和人与人关系的内在关联，论证了个体与类的矛盾的扬弃；梳理了马克思与浪漫主义的渊源及其超越，以及马克思哲学对现代性的批判与超越；最后思考了马克思在"哲学的终结"之后的"思的任务"。通过以上内容的叙述，比较全面而深入地展现马克思的独特哲学观。本书力求多层面地把握马克思的思想史资源，体现了被遮蔽的丰富性与多样性，在很大程度上改变了

_____

① 参见何中华：《我们应当如何"重读马克思"》，《哲学动态》2003 年第 12 期。

人们以往对于马克思哲学的传统阐释与理解。

3. 通过马克思"走进当代"的追求

孙伯鍨、张一兵的《走进马克思》的研究范式可以说介于《回到马克思》与《重读马克思》之间。这种独特的研究思路有着现实的针对性。与时俱进、实事求是、开拓创新是马克思主义哲学的本质特征，面对时代发展向马克思主义提出的新挑战、新问题、新矛盾、新经验，马克思主义者应当承担创新、发展马克思主义的使命。但国内学界对如何创新发展马克思主义存在着两种错误的倾向："一是一味追求语言个性化和思维的特异性，脱离社会历史发展实际，希望把马克思主义变成一种仅供少数人讨论的书斋学问；一是非批判地对待西方现代哲学，力图用西方时髦的哲学行话来补充和改装马克思主义哲学"。① 针对两种错误倾向，孙伯鍨提出，"走进马克思"，也就是"让马克思走入当代"，按照马克思主义的内在要求，在马克思主义的正确道路上发展马克思主义。因而，《走进马克思》既具有强烈的时代责任感、使命感，又坚持客观性的解释学立场。在中国改革开放的伟大实践中，只有深入现实社会历史发展的实际中，以马克思主义哲学的基本原则与方法来回答现实提出的重大问题，从现实的、历史的、具体的视角来分析社会生活，才是当代马克思主义哲学研究的重中之重。《走进马克思》导言中指出：作为时代精神的精华，马克思主义哲学是资本主义社会的自我批判意识，它的本质不是凝固不变的结论，而是科学的革命的方法论；从自由资本主义时代、垄断资本主义时代到晚期资本主义时代，资本主义已经发生了巨大变化，但其本质未变，因而马克思主义哲学的有效性与合法性未变；"走进马克思"是时代的呼声，它要求继承和坚持马克思主义哲学的鲜活的方法论本质，并用它去分析研究马克思主义、社会主义的历史与现状，并建构具有中国

---

① 张亮：《在继承和坚持中发展马克思主义哲学——〈走进马克思〉评析》，《教学与研究》2002 年第 10 期。

特色、面向 21 世纪的马克思主义哲学新形态的过程中，重塑人们的信念和信心。

为了能够按照马克思主义的内在要求，走在马克思主义的正确方向上，"走进马克思"坚持客观性的解释学立场，运用长期研究实践中发展起来的"文本学方法"，严格依照马克思哲学文本的原意，展现历史唯物主义的逻辑形成过程及理论体系诸方面的内容，以"实践""历史"与"社会"三个历史唯物主义的核心范畴与基本观点为主导逻辑框架，分三编展开对马克思主义哲学发展的历史与逻辑的解读。其中，"实践"是马克思哲学的逻辑起点，以此实现了新唯物主义对旧唯物主义的超越，"历史"是马克思哲学的终极的理论视野，奠基于物质生产基础上的历史概念，确立了历史辩证法的客体向度，历史的意义性与规律性的统一是社会生活基础上的主体向度与客体向度的统一，"社会"是马克思哲学的核心内容，作者区分了马克思的社会概念与费尔巴哈的类概念，探讨了个人发展与社会发展的辩证关系，作者特别强调，"本书用'走进马克思'这个名称，只是为了说明，本书的写作是依据马克思主义哲学经典文本的原意进行的，决不代表任何一种标新立异的'解读模式'"。这种客观性的解释学立场与"回到马克思"是一致的，而与"重读马克思"的创造性阐释和"与马克思一起思考"的立场，则是大相径庭，"回到马克思"致力于契入马克思思想发展的内在逻辑上，暂时放弃马克思思想与"当代人生活旨趣"的对话，"走进马克思"则是通过马克思走进当代，以"对马克思主义的根本性质的理解"观照社会现实，回应当代思潮，这构成了下卷的内容。下卷探讨了马克思主义哲学方法论的创立过程，以及它的思想史意义与当代价值。第一章，辨析了马克思主义哲学方法论与德国古典哲学方法论的根本区别：在哲学出发点上从神秘的自我意识与抽象的人类转向现实的人；在理论定位上，从思辨理性转向现实历史，把思辨辩证法转化为科学的理论思维；在哲学旨趣上，从"解释世界"引向"改变世界"。第二章，比较了《资本论》的方法与古典政治经济学方法的本质区别，论述了辩证法、逻辑学与认识论的唯物主义"三统一"，作为马克思主义哲学方法论的基本原则。第三、第四章比较了现代西方哲学中科学实证主义与人本主义两大思潮的哲学方法论及与马克思主义哲学方法论的根本区别，指出了实证主义和马克思主义哲学体现了形而上学方法与辩证法之间的根本区别，分野在于能否从社会历史的总体联系中理解社会历史问题、科学认识问题与人生问题，马克思主义哲学与现象学的存在论区别在于是"从个体的日常生活出发"还是"从社会历史现实深层逻辑出发"来回答社会和人生问题的哲学方法论对立。此外，本书还着眼于全球化资本主义的发展趋势和中国特色的社会主义建设实践，论证了马克思主义哲学的当代价值。①

《走进马克思》以深入追踪马克思主义哲学内在发生历史为理论基础，以回答反思当代社会重大现实问题为理论生长点，以批判与回答当代西方主流意识形态与社会思潮的挑战为制高点，生动展现了马克思主义哲学的科学批判品质与强大的时代生命力。但是本书的现实研究与理论研究比例失衡，对建设有中国特色的社会主义问题、全球化资本主义发展规律问题、社会主义市场经济问题等，尚未形成专门研究。其次是与当代思潮的对话薄弱，未能进行专题研究，回应力度不够。

马克思主义哲学经典原著研究从多个视角、多个层面，以多种富有个性的方式展开，并取得了丰硕的研究成果，其中《回到马克思》《重读马克思》《走进马克思》分别代表了三种典型范式。《回到马克思》与《重读马克思》分别以"回归历史语境，发现思想原象"的"历史性文本学解读"和"与马克思共同思考与对话"的"创造性重读"，各自构成了较为成熟的文本解释学范式，《走进马克思》通过马克思"走进当代"的追求，虽然最符合马克思哲学的基本命意，但却是尚在探索的途中。

---

① 参见刘怀玉:《深入经典的历史逻辑，塑造当代的理论形态——〈走进马克思〉一书述评》，《南京政治学院学报》2002 年第 5 期。

三、马克思主义哲学史研究

马克思主义哲学既有理论又有历史，马克思主义哲学史无非是马克思主义哲学的理论与实践创立与发展的过程。马克思主义哲学是马克思主义的创始人与继承者总结自然科学、社会科学和革命实践经验，长期进行理论探索和研究的结晶。如果不经历一个抽象到具体、从片面到全面的发展过程，不可能有科学的马克思主义哲学出现。可以说，"马克思主义哲学史就是马克思主义哲学原理，不过是以历史形态出现的原理，即处于形成过程中的原理；而马克思主义哲学的每一个范畴、原理，都包含着马克思主义哲学史，因为它们都不是一次形成的，而是经历了一个过程"①。反思当代中国的马克思主义哲学史研究，可以呈现马克思主义哲学原理探索的理路与根基。

1. 马克思主义哲学史学科的创建时期的探索：原理的格义

中国的马克思主义哲学史研究开始于 20 世纪 60 年代初的正统的马克思主义之争。在当时的"中苏论战"的背景下，为了从根本上弄清楚什么是真正的马克思主义与社会主义，中国学者正本清源，独立自主地去弄清楚马克思主义形成与发展的历史，是十分必要与重要的。中国学者开始建立马克思主义哲学史学科，以把握马克思主义哲学发展的历史规律，为社会主义建设中出现的问题与情况提供立场、观点和方法，作为自身学术研究的理论自觉与实践关怀。虽然中国马克思主义学者力图走自己的路，但在马克思主义哲学史学科建制的初创阶段，受苏联模式的影响是不可避免的。从马克思主义哲学史的学科性质与研究范式上，马克思主义哲学史并不是马克思主义哲学研究的独立方式，受原则在先的教条主义的影响，马克思主义哲学原理对为其服务的马克思主义哲学史具有格义的作用。因而

---

① 陈先达：《走向历史的深处——马克思历史观研究》，中国人民大学出版社 2010 年版，第 173 页。

马克思主义哲学就不会被当作不断发展的开放的整体，其历史的内涵与维度被遮蔽了，哲学原理与哲学史并不具有内在统一性。黑格尔曾经确立了"哲学就是哲学史""历史与逻辑的统一"的方法，马克思对他的超越就在于这个统一是在现实的历史发展的基础上实现的，很显然，苏联模式的教条主义影响让我国的马克思主义哲学史研究失落了马克思主义哲学的精神实质。从马克思主义哲学史的总体理路与书写方法上说，虽然我们已经有了毛泽东思想这一马克思主义中国化的伟大典范，但仍未能超越马克思主义哲学发展的"顶峰论"与"正统论"。"顶峰论"使我们无法在已取得的伟大成就上实现自我超越，丧失了自我批评这一马克思主义的方法论原则，封闭性地终结了马克思主义哲学史。"正统论"则不懂得马克思主义的继承者可以是复数的，马克思主义哲学的发展不是单线的，而是需要根据不同民族各自的具体实际进行创造性的发展。

中国马克思主义哲学史研究的传统范式在 60 年代初受到苏联模式的影响逐渐形成，一直持续到 80 年代末 90 年代初的范式转换，传统范式主要"继承了苏联模式的分期体系与基本观点体系"，但传统模式进一步完成了马克思主义中国化的历史分期，同时自觉抵制了苏联模式中的大国沙文主义，对有争议问题持论公正。另外，中国老一代马克思主义哲学史学者深受传统学术文化熏陶，"坚持在具体的历史语境和完整的思想语境中理解经典作家的哲学思想与方法，并通过对经典哲学文本的深入诠释与解读，完整、准确地领会、掌握经典作家的理论命意与精神实质"①，以此部分抵消了苏联模式的消极影响，赋予了传统范式以鲜明的中国特色。正是在传统范式中内在地对抗教条主义的力量，使得这一时期的马克思主义哲学史研究，取得了重要的突破性成果。黄楠森从 20 世纪 60 年代初期开始从事列宁《哲学笔记》的诠释和解读工作，其《〈哲学笔记〉与辩证法》

---

① 张亮：《当代中国马克思主义哲学研究范式：范式与前瞻》，《中国社会科学》2008 年第 4 期。

不论在文本释读的严格性上，还是在思想定位的准确性上，都超过了同期的苏联学者。孙伯鍨从 20 世纪 60 年代初开始创造性地用文本学方法研究马克思主义早期经典，在《探索者道路的探索——青年马克思恩格斯哲学思想研究》中提出并初步论证了马克思早期思想发展的两条逻辑，达到了同期西方国家的先进水平。陈先达的《走向历史的深处——马克思历史观研究》在真实完整的思想语境中，对马克思历史观的思想演进和内在逻辑进行深刻而周密的研究，呈现了唯物史观的理论魅力。

2. 马克思主义哲学史研究的独立性：历史与逻辑的统一

进入 20 世纪 80 年代，随着改革开放的伟大实践的进行，马克思主义哲学史研究参与了突破苏联模式哲学教科书体系的哲学观念变革，以理论方式表征与推进改革开放的伟大实践，造就了我国马克思主义哲学史研究的辉煌时代。可以说，马克思主义哲学史在 80 年代是一门有着重要的跨学科的学术影响和一定的社会影响的"显学"，马克思主义哲学不仅是我们的时代精神的精华，而且是我国社会主义建设的指导思想，马克思主义哲学原理研究、马克思主义哲学原著研究与马克思主义哲学史研究构成马克思主义哲学研究的"三位一体"。马克思主义哲学原理中的很多学术争论、从中国现实中提出的重大理论问题的解决都诉诸或者汇集到马克思主义哲学史的研究中，马克思仍是我们的同时代人，马克思主义哲学发展史上的问题与进展可能正是我们的重大现实问题的理论解决。现实、历史与理论的汇集使马克思主义哲学史学科不仅取得了独立性，而且成为"显学"。辩证唯物主义与历史唯物主义学科中的重要学术争论，不再局限于概念、范畴、原理的抽象逻辑关系，而是诉诸概念、范畴的历史内涵与发展演进，回到经典作家那里寻找解决问题的思路方法，即使是横断面上的概念关系问题也内蕴着历史的"流"，凝聚着马克思主义哲学历史发展的整体，哲学原理与哲学史实现了内在的结合。改革开放必须破除传统思想的束缚，克服意识形态的惯性力量，社会解放思想的许多争论都落实到重新理解马克思主义哲学的精神实质问题，从而回归到经典作家的哲学思想的真实意义的研讨，马克思主义哲学史研究承担起了推进社会的思想解放的历史使命。从 80 年代初期的异化与人道主义问题，80 年代中期的实践唯物主义的大讨论，80 年代末的社会主义本质问题、社会发展理论与东方道路问题、生产力标准问题，到 90 年代的市场经济与人的存在方式问题，这些重大的现实问题与理论问题的解决都借助了马克思主义哲学史的舞台。在此过程中，本学科的研究常促进新问题的产生与讨论的深化，并通过研究的深入而实现问题的解决。

国内学界关于《1844 年经济学哲学手稿》和《哲学笔记》的研究，不仅深化了对马克思与列宁的哲学思想发展的理解，而且直接推进了当代中国的思想解放。

关于列宁的《哲学笔记》，长期以来相当流行的两种倾向：认为《哲学笔记》中列宁的辩证法思想只是零零散散、毫无系统的，只是按照黑格尔的《逻辑学》的体系和线索来讲列宁思想，从《哲学笔记》中抽出某一片段、某一原理作为其主要贡献；或者过分夸大列宁这一笔记的成熟性、系统性、完整性，认为《哲学笔记》中存在现成的、完整的唯物辩证法体系。有学者超越了这两种倾向，认为《哲学笔记》中有着作为"列宁计划"的正在形成中的唯物辩证法体系。[①] 王东注重从整体上把握《哲学笔记》，从整个《哲学笔记》区分出列宁自己命名的八个《哲学笔记本》，再从八个笔记本中区分出最富于总结性的纲领，最后从这些纲要中提炼出列宁关于辩证法的整体构思的基本原则。因而对于《哲学笔记》的研究就从注重黑格尔思想的逻辑、按照黑格尔的体系来理解列宁的思想，转向注重列宁自己思想发展的独特逻辑，通过黑格尔思想的透视，梳理出列宁思想发展的脉络。王东把列宁为建立唯物辩证法体系而初步拟定的、粗线条的总体构思和简明纲要，称为"探索辩证法体系的列宁构想"。然而，"系统研究和叙述辩证法的列宁构想"并非已经拿出的系统计划，而是一个长期

---

① 参见王东：《辩证法科学体系的"列宁构想"》，中国社会科学出版社 1989 年版。

发展、逐步形成的、有内在联系的有机整体，由六个片段纲要总和而成：第一纲要——《辩证法》一节作为百科辞典的条目，是想以极其简练的形式、提纲挈领地把握唯物辩证法的研究对象和基本特征；第二纲要——《关于黑格尔逻辑学的真实意义的问题》，则指示着制定唯物辩证法系统理论的直接途径和黑格尔逻辑学的特殊意义；第三纲要——《辩证法的要素》则列举了辩证法的各种规律、范畴要素，从一个侧面粗粗地勾画出唯物辩证法理论体系的雏形；《黑格尔辩证法（逻辑学）的纲要》通过黑格尔逻辑学与马克思《资本论》这两个范畴体系的对比研究，探讨了辩证法的基本性质、总体结构和逻辑顺序；《应当从中形成认识论和辩证法的知识领域》的图表，指示着构成辩证法、认识论科学体系的根本途径和研究领域；《谈谈辩证法问题》深入探讨了辩证法的核心对立统一学说，并试图由此出发来发挥辩证法、认识论的丰富内容和简明纲要。这六个片段纲要包含着列宁建立唯物辩证法体系的八条基本原则：第一，辩证法、逻辑、认识论三者同一的原则；第二，逻辑与历史、辩证法理论与辩证法统一的原则；第三，以对立统一为核心的原则；第四，辩证法内容无限丰富性的原则；第五，思维与存在、主体与客体、认识与实践统一的原则；第六，一般与个别辩证统一的原则；第七，从抽象上升到具体的原则；第八，范畴逻辑顺序体现认识一般进程的原则。这八个片段相互贯通、相互补充、融为一体，构成了"探索唯物辩证法体系的列宁构想"。

高清海发表了《论辩证法就是认识论》一文，在其中深刻阐释了列宁《哲学笔记》中的著名论断，"辩证法也就是（黑格尔和）马克思主义的认识论"，"这不是问题的一个'方面'，而是问题的实质"，论证了辩证法和认识论、逻辑学是三者一致的同一个东西。该文构成了教科书改革的纲领，高清海以马克思主义哲学原理教科书改革的方式引领了中国哲学界的"认识论转向"，使中国哲学达到了概念反思的理论自觉，凸显了主体能动性与创造性的维度，彻底改变了传统哲学教科书"见物不见人"的问题。教科书体系改革使认识论从旧体系中的"问题的一个方面"成为了"问题的实质"，真正实现了列宁所说的辩证法、认识论与逻辑学三者一致的同一个东西，也实现了马克思主义哲学的世界观、认识论与方法论的统一，从而使中国化的马克思主义哲学成为一以贯之的理论体系。

所谓辩证法是认识论，不仅应从辩证法去理解认识论的内容，而且必须从认识论去理解辩证法的性质。辩证法要揭示出自然和历史运动的客观规律，是以解决客观世界的运动在概念的运动中的反映的问题为逻辑前提的。以解决思维反映存在的问题为内容的贯彻到底的辩证法，当然同时也就是认识论。关于辩证法的"认识论"和"普遍规律的科学"这两个提法，应该看作是相互补充的关系，后者指明了前者的内容和对象，前者揭示了后者的性质和作用。所谓贯穿一切领域的"普遍规律"，指的就是把思维的运动与外部世界的运动统一起来、使二者达到一致的规律。这种规律也就是思维正确反应存在的规律即认识的规律。只有贯穿于思维和存在两个运动系列的那种普遍规律，才能够成为认识的规律；同样地，也只有认识的规律才能够是真正的普遍规律。马克思主义辩证法学说是一个开放的体系，"是活生生的、多方面的（方面的数目永远增加着的）认识，其中包含着无数的各式各样观察现实、接近现实的成分……"①。只有从"认识论"与"普遍规律的科学"的统一中，才能把握马克思主义辩证法作为科学的世界观、认识论和方法论的实质。在哲学基础理论中，逻辑学、辩证法与唯物主义的认识论就是同一个东西。这一个东西同时具有三个方面的性质和内容：就理论内容说，是辩证法；就理论形式说，是逻辑；而就其理论性质说，又是认识论。②

《1844 年经济学哲学手稿》，不仅在西方哲学界激起了思想巨澜，构成了西方马克思主义的重要的理论基础，而且在中国哲学界也引发了巨大的思想争论，形成了关于马克思主义哲学的不同理解。可以说，关于《手

---

① 《列宁全集》（第 38 卷），人民出版社 1959 年版，第 411 页。
② 参见《高清海哲学文存》（第 6 卷），吉林人民出版社 1998 年版，第 126—134 页。

稿》的讨论及人道主义问题的提出，构成了中国马克思主义哲学发展的分界线。改革开放之前的中国马克思主义哲学过分突出了科学主义的一面，凸显了"社会存在决定社会意识""经济基础决定上层建筑"的基本原理，强调了与历史客观规律相应的社会阶级性的一面，远离了自主能动的鲜活个人；而改革开放之后，以真理标准的讨论、实践观点的引入以及关于人道主义的讨论为发端，开始凸显人道主义的一面，"实践观点"揭示了人与世界的否定性统一关系，唯物史观强调了人的历史创造性与主体能动性。对马克思主义哲学的人道主义理解，开启于关于《手稿》的讨论，逐步落实于认识论阐释与实践观点中的主体性问题、以及类哲学的探讨。

对于《手稿》的争论各方，都承认了手稿中的人道主义与科学主义的双重逻辑，但有的认为手稿虽有丰富思想，对唯物史观形成中有重大作用，但还带有旧哲学的痕迹，未达到唯物史观的成熟思想；有的认为手稿才是马克思的真正哲学的部分，马克思的人道主义是具体的深刻的，并构成了社会主义的哲学基础，政治经济学批判只是以科学语言诉说的具体人道主义，失去了人道主义维度，马克思不可能以理论思维的辩证法看出国民经济学所无法识别的实质性存在；有的认为马克思的哲学批判、政治经济学批判与空想社会主义批判是统一的，但是有一个逐步具体展开的发展过程。

《手稿》之所以成为争论的中心，在于《手稿》以异化劳动作为基本理论和方法，它的主题和对主题的哲学论证之间并不互相适应，从而给从各种不同观点来解释马克思主义留下了广阔的理论空间。陈先达深入到《手稿》的文本深处，在文本的跳跃、间断、矛盾之处寻求马克思哲学思想的内在统一性。[①]《手稿》是比较系统地阐述关于异化和人的类本质问题的著作，但其主题并非关于这两个问题的抽象思辨，而是关于无产阶级的阶级地位和人类解放道路的论述。《手稿》通过解剖市民社会，试图从经济中，以私有财产的运动及其积极扬弃中，探索无产阶级处于非人地位

[①]　参见陈先达：《走向历史的深处——马克思历史观研究》，中国人民大学出版社 2006 年版。

的原因及其解放途径，以解决"历史之谜"。所谓"人的异化"的实际内容是资本与劳动、资产者与无产者的对抗，而"人的解放"则是通过解决资本与劳动的对抗，对私有制的积极扬弃。寻求对共产主义进行科学论证的马克思既批判国民经济学的立场与方法，也批判各种空想社会主义学说，因而一方面，马克思求助经济学，从经济事实揭示资本主义私有制的本质及其矛盾，另一方面又求助哲学范畴，对经济事实进行批判性的哲学思考。

虽然马克思极为重视对私有制即货币制度的分析，要努力"弄清楚私有制，贪欲同劳动、资本、地产三者的分离之间的本质联系，以及交换和竞争之间、人的价值和人的贬值之间、垄断和竞争之间、异化和货币制度之间的本质联系"①，但由于马克思的唯物史观正在探索形成中，不懂得人和人的现实本质对生产关系的依赖性，相反以人的类本质作为判定经济关系合理性的依据，通过区分阶级的个人和社会的个人、阶级社会和人类社会、异化劳动和自由的类活动来批判国民经济学和资本主义私有制，表达他关于无产阶级解放，即对个人与社会的统一、类本质的实现、自由的类活动的理想的追求。马克思把共产主义看成是"私有财产即人的自我异化的积极的扬弃，因而是通过人并且为了人而对人的本质的真正占有"，"是人向自身、向社会的即合乎人性的人的复归"的论证尚未具体落实为科学的逻辑，但他关于扬弃私有制，以实现人的生命的整全性和自由个性的全面发展等思想是积极的、有价值的。马克思在唯物史观的基础上继续发挥了这些论点。"认为只有经济分析才是马克思主义，把马克思主义说成是反对任何意义上的人道主义，甚至是反人道主义的是错误的。"扬弃私有制的社会主义革命，保障绝大多数人民的最根本利益，采用一切措施来消灭和防止反人道的现象，追求每一个人的自由个性的全面发展，其人道性质远超过了资产阶级的人道主义水平。但是人道主义原则并非马克思主义的理论基础，而是刚好相反，从人的本质的异化和复归引出历史的目的和

---

①　马克思：《1844年经济学哲学手稿》，人民出版社2000年版，第51页。

革命的要求，是一种历史唯心主义，马克思把社会主义看成是私有财产的矛盾及其运动的结果，而不单是一种伦理要求。①

《手稿》的意义在于，它改变了由英国古典政治经济学、德国古典哲学和法国空想社会主义所表现的三者分离状态，试图把政治经济学、哲学、科学社会主义学说结合在一起，形成一个相互论证、相互补充的整体。当然这种结合开始是不完整的、不完善的，而且包含矛盾，但它预示了一个新的方向。因此，许多学者把《手稿》作为马克思主义哲学的秘密和发生地，认为马克思作为真正的人道主义者，反对抽象的人道主义，其具体的人道主义正是通过科学逻辑（批判的实证主义）确立自身。

这一时期的学术成果极为丰硕：论文数以千计，各种类型著作（通史、断代史、专题研究、人物研究等）超过百本，译著、论文集、资料汇编、原著解读、教材等则达数百本。这些研究成果基本覆盖了马克思主义哲学史的各个发展阶段和各个理论方面，但也呈现出一种发展不均衡的状况：在马克思和恩格斯的早期思想发展、《资本论》及其手稿、马克思晚年思想、列宁《哲学笔记》、毛泽东《实践论》和《矛盾论》等领域成果丰厚，而其他领域则相对薄弱，还有些领域如第二国际思想家研究则是少人问津。西方马克思主义的著作虽然开始被大量翻译与研究，但主要还是以正统马克思主义的立场对其持批判态度，而且在较长一段时间内并不把西方马克思主义作为马克思主义哲学的发展阶段收入马克思主义哲学史中。这一时期学界已经公认，马克思主义哲学有一个创立、发展、完善的过程，有一个随时代发展不断更新内容的过程。但这时对马克思主义哲学史的理解过多强调马克思主义哲学发展与国际共运、现实政治之间的关系，相对忽略马克思主义哲学发展的内在逻辑；过多强调了马克思主义哲学发展的单线性、连续性，而忽略了多样性、具体性、断裂性。这一时期的代表作有黄楠森的《〈哲学笔记〉与辩证法》、孙伯鍨的《探索者道路的探索——

---

① 参见陈先达：《走向历史的深处——马克思历史观研究》，中国人民大学出版社 2006 年版。

青年马克思恩格斯哲学思想研究》，陈先达与靳辉明的《马克思早期思想研究》、徐琳的《恩格斯哲学思想研究》、陈先达的《走向历史的深处——马克思历史观研究》、叶汝贤《唯物史观发展史》、冯景源的《马克思异化理论研究》、孙承叔与王东的《对〈资本论〉历史观的沉思——现代历史哲学构想》、张战生的《唯物史观基本范畴史纲》、王东的《辩证法科学体系的"列宁构想"》等。①

3. 马克思主义哲学史研究的当代性：哲学史就是哲学

进入 20 世纪 90 年代，苏东剧变引起了马克思主义哲学研究者的价值观念的震荡，同时也加速了马克思主义哲学史研究的传统范式的消解，"实践观点的思维方式"才真正落实到马克思主义哲学史的研究方法中。社会主义市场经济体制的建立从根本上改变了研究者的存在境遇与主体状况，促进了研究者自我意识的觉醒与个性化研究立场的建立。研究者在国际范围内寻找适合自己的学术资源，逐渐形成个性化的学术风格。学术研究的日益国际化，打破了传统范式的统一性格局，形成了不同研究范式相互竞争的局面。传统范式的式微，直接表现为马哲史研究的困境：马哲史学科地位和学术信誉的下降，研究队伍的萎缩，学术成果数量质量的下滑。

"这个困境"同时又蕴含着范式的转换与马哲史研究的新生。随着社会主义市场经济的发展，马哲史研究与时俱进，在反思批判传统范式的基础上，努力探索马哲史研究的新范式。马哲史研究者把社会主义市场经济提供的时代课题作为自己研究的出发点，通过本学科的学理研究，提出与探索市场经济的现实所蕴含的重大的理论问题，如人的存在方式问题、资本的逻辑问题、人的物化问题、全球化问题、自由个性问题等，发掘了经典著作中的启蒙的因素与现代性批判的因素。"实践观点的思维方式"与"改变世界"的马克思主义哲学观在马哲史研究中的落实，使其把马克思

---

① 参见张亮：《我国马克思主义哲学史学科的历史之路》，《学术研究》2009 年第 1 期；刘怀玉：《苏联化、西马化与中国化——我国马克思主义哲学史研究 30 年的简要回顾与反思》，《教学与研究》2010 年第 11 期。

主义哲学的批判的方法论当作理论研究与实践的对象，进而理解了马克思主义哲学发展的具体性与多元化特点，把国外马克思主义从其自身的内在逻辑纳入了马克思主义哲学的发展史，以开放宽容的态度对待不同的马克思主义哲学观与研究范式。在马克思主义哲学与现代西方哲学的对话中，呈现了马克思主义哲学本有的存在论与价值论维度，对国外马克思主义的研究中则提出并深入探索了所谓"两个马克思"的问题、马克思与恩格斯的关系问题、马克思主义哲学对德国古典哲学、英国古典政治经济学、法国空想社会主义思想的批判继承关系，而且启发研究者开启了马克思主义哲学研究的政治哲学思想史路径。马克思主义哲学史研究中所探讨的这些问题，不仅使我们对马克思主义哲学的复杂性、多元性、辩证性有了更为深刻的把握，而且使我们对马克思主义哲学所在的人类文明史大路有了更清晰的脉络，从而超越对其他西方学术思想的抽象方面的论断。这些新问题的研究使我们认识到，马克思主义哲学的创立不是一个简单的继承、发展关系，而是一个深刻的自我否定、自我超越的认识过程，是一个历史的发展与突破的过程。

马克思的社会发展理论是唯物史观的核心内容，而且是马克思主义哲学最具现实实践意义的部分。马克思的社会发展理论之所以受到学界的高度关注，根本原因就是由当代社会发展实践引起的。马克思的社会发展理论主要是就资本主义社会的本质及其发展规律而言的，而不是要对各种发展问题作出全面的解答。正由于其深刻地把握了资本主义生产方式的内在逻辑及其发展规律，所以它产生于 19 世纪中叶而又超越了这一特定的时代，对当代资本主义社会的分析仍具有重大的穿透力。有学者认为，马克思社会发展理论的当代意义不仅仅表现在上述基本方面，同时也体现在对有关具体问题的分析之中。① 马克思当时着力要驱除历史发展观的迷雾，

① 参见丰子义：《发展的反思与探索——马克思社会发展理论的当代阐释》，中国人民大学出版社 2006 年版。

揭示社会发展的本质及其内在联系，尤其是揭示资本主义社会的内在矛盾及其发展规律，为未来社会发展指明方向。马克思对社会发展宏观说明的同时，并没有轻视对社会发展的微观分析。马克思对资本主义社会发展的研究，实际上是交替运用宏观与微观两种分析方法，既注意对社会经济的宏观考察，又注意"显微镜下的解剖所要做的那种琐事"，因为整体和要素总是不可分割地联系在一起。

　　学界普遍认为，马克思主义哲学的当代性根源于其理论的特质和内在品格。马克思社会发展理论并不是关于社会发展的认知图式，也不是对于社会发展的具体设计，而是对社会发展的本质揭示和原则性说明，是随着社会生活实践发展而发展的科学。如马克思所说："在思辨终止的地方，在现实生活面前，正是描述人们实践活动和实际发展过程的真正的实证科学开始的地方。……对现实的描述会使独立的哲学失去生存环境，能够取而代之的充其量不过是从对人类历史发展的考察中抽象出来的最一般的结果的概括。这些抽象本身离开了现实的历史就没有任何价值。它们只能对整理历史资料提供某些方便，指出历史资料的各个层次的顺序。但是这些抽象与哲学不同，它们决不提供可以适用于各个历史时代的药方或公式。"① 正由于马克思的社会发展理论始终没有离开"现实的历史"，总是根据社会实践的发展不断研究新情况、新问题，并随时修正原有不合时宜的观点与结论，所以它才体现出鲜明的当代性或当代价值。马克思在给《祖国纪事》杂志编辑部的信中，就强烈批评米海洛夫斯基把他关于西欧资本主义起源的历史概述彻底变成一般历史道路的历史哲学的做法，认为这是对《资本论》的"错误的解释"。其实，马克思对未来社会的发展只是就其发展趋向做过比较深刻的揭示和论证，至于如何发展、发展的具体状况如何，从来没有作过描绘。正因为马克思社会发展理论是一种发展的学说、开放的学说，所以它没有封闭自己的道路，而是在不断的探索中求

---

① 《马克思恩格斯选集》(第 1 卷)，人民出版社 1995 年版，第 73—74 页。

得创新。①

丰子义认为，马克思的社会发展理论主要包括两大层次：一是社会发展的一般理论，即历史观意义上的社会发展理论，主要阐述社会历史发展的一些最基本的观点，如对社会历史的前提与基础、社会发展与人的活动、社会发展的主客体关系、社会发展的动力、社会发展的内在矛盾及其运动规律、社会形态的划分与演进等问题的基本看法，着重揭示的是社会发展的本质及其规律。二是具体的社会发展理论，即以特定社会为对象的发展理论，主要研究某种社会形态的起源、发展和未来走向，同时研究社会发展的前提、条件、环境、方法、途径、机制等问题，为分析社会发展提供具体性的意见。这又涵盖两方面内容：一是关于现代社会及资本主义社会发展问题的理论，另一个是关于非西方国家社会发展问题的理论。

虽说在马克思主义哲学研究中，社会历史哲学的研究进展最快，但不容否认，唯物史观的研究还存在许多薄弱环节。以往讨论社会历史发展时，过分强调社会发展的客观规律及其自然历史过程，而对人的发展不够重视，即使谈到人的发展，也只是理论体系中的一块内容，而非其中的一条根本线索。真正"回到马克思"后，发现人的解放是社会发展的根本旨趣，历史唯物主义是"关于现实的人及其历史发展的科学"，"历史什么事情也没有做……历史不过是追求着自己目的的人的活动而已"②。以往研究社会发展，过分突出生产实践这一能动改造活动的作用，而对交往的意义与作用阐述较少。在马克思的视野里，交往在社会发展中的作用非常重要，不光是实践活动的内在要素和前提条件，同时也是实践活动的一种重要形式。与交往实践直接相关，"世界历史"的问题也是过去研究中的一个薄弱环节，只是近年来才成为马克思主义哲学史研究的重点问题。马克思唯物史观的形成正是和他对世界历史的研究紧紧联系在一起的，没有世

① 参见丰子义：《发展的反思与探索——马克思社会发展理论的当代阐释》，中国人民大学出版社 2006 年版。

② 《马克思恩格斯全集》（第 2 卷），人民出版社 1957 年版，第 118—119 页。

界历史的眼光，就没有社会发展规律的概括，就没有关于共产主义理论的阐发，因而唯物史观研究必然凸显"世界历史"理论的探讨。

理论界长期以来偏重于对历史观意义上的社会发展理论的研究，近年来马克思主义哲学史研究才高度重视马克思有关社会发展具体问题的理论。① 就其对现代社会的发展研究来看，马克思主要以资本主义社会为对象，对现代社会的形成与发展作了详尽的考察，从中阐发了许多有关现代社会发展的重要思想。这些思想一方面表现在对现代社会发展的总体性或一般性研究中，如关于现代社会基本特点和运动规律的分析；关于现代社会的起因、动力及其发展过程，传统社会迈向现代社会的必由之路，现代资本主义社会发展的内在机制、资本主义现代化过程的不同道路和模式的考察；关于西方资本主义发展对非西方社会发展的影响、工业革命的发展进程及其所引起的世界性影响等的探析。另一方面表现在对现代社会发展所需的各种条件及其相互关系的具体研究之中，如关于内因外因关系、经济因素与非经济因素关系的分析；关于社会发展的经济问题、政治问题、文化问题以及其他社会学问题等的探讨。就其对非西方社会的发展研究来看，马克思主要以资本主义社会为参照系，对西方之外的大部分国家、地区的社会发展问题均作了程度不同的研究，提出了许多独特的思想和见解。如对东方社会一直比较关注，专门研究了东方社会长期发展迟滞的原因，对东方社会的经济结构、政治结构、文化与宗教结构、劳动组织、社会运行等作了详细的分析与评价，并指出该社会发展的出路与方向。在晚年又进一步扩展了东方社会的研究，对俄国公社的命运作了大量的实证研究，为揭开原始社会之谜作出了重要贡献。所有这些思想，共同构成了马克思的具体社会发展理论。

马克思的具体社会发展理论、特别是关于东方社会的发展理论，为中

---

① 参见丰子义：《发展的反思与探索——马克思社会发展理论的当代阐释》，中国人民大学出版社 2006 年版。

国社会发展道路的探索、特别是关于建设有中国特色的社会主义理论与实践提供了重要的思想启发和理论资源。国内的马克思主义哲学研究从中国特色社会主义实践中发展马克思主义哲学的根本问题，形成了较为自觉的本土意识。中国的马克思主义哲学真正地回到中国经验与中国问题，并从中国社会发展的反思中获得自身发展的问题与理论框架，从而实现了马克思主义哲学的具体化与当代性。①西方国家在几百年发展中产生出的问题，在中国以"时空压缩"的方式呈现出来，构成了当代中国历时态问题的同时性存在的复杂境遇。中国问题成为中国面临的世界性问题，同样中国的马克思主义哲学史研究也被自然置入了人类思想史的进程中，在思想史与社会历史的关联性研究中，在马克思主义哲学史研究与当代中国社会发展道路的探索乃至人类文明新形态的构建的交织中，开辟马克思主义哲学发展的理论空间。

作为一个跨世纪的工程，黄楠森、庄福龄、林利编的《马克思主义哲学史》（八卷本）最终在 1996 年出齐，这是迄今世界范围内最大篇幅的马克思主义哲学通史，也是作为一个集体，我国第一代马克思主义哲学史家所树立的学术丰碑。此外，陈先达的《被肢解的马克思》、孙伯鍨的《西方"马克思学"》、余其铨的《恩格斯哲学思想新探》、张翼星的《列宁哲学思想的历史命运》、张奎良的《马克思的哲学历程》、马泽民的《马克思主义哲学前史》、吴晓明的《历史唯物主义的主体概念》、俞吾金的《意识形态论》、侯才的《青年黑格尔与马克思早期思想的发展——对马克思哲学本质的一种历史透视》、张一兵的《马克思历史辩证法的主体向度》、丰子义的《现代化的理论基础——马克思现代社会发展理论研究》、段忠桥的《马克思的社会形态理论》等。②

---

① 参见仰海峰：《推进马克思主义哲学的原创性研究》，《中国社会科学报》2017 年 5 月 11 日。

② 参见张亮：《我国马克思主义哲学史学科的历史之路》，《学术研究》2009 年第 1 期。

四、国外马克思主义研究

20 世纪 80 年代以来，伴随着对马克思主义哲学诸多重要问题的研究，西方马克思主义逐渐进入国内学术界。其中，1981 年英国学者安德森《西方马克思主义探讨》的移译、1982 年国内第一部论述西方马克思主义的专著——《西方马克思主义》的出版，可视为标志性的事件。在逾 30 年的时间内，从前期的引进、译介，到新世纪研究范围的扩大和批评性反思，国内西方马克思主义研究取得了长足进展。从研究理路的表现上看，这种进展主要体现在从早期简单的宏观介绍和评价，到后来的从问题出发，对西方马克思主义的重要问题、重要人物展开深入的研究和学理探讨。这些变化的出现，一方面与我国学者的哲学立场、哲学观念的不断更新，哲学视野的不断扩展有关；另一方面与我国改革开放的不断深入和中国特色社会主义实践的展开密切相关。

1. 译著、研究专著陆续出版

自 80 年代以来，西方马克思主义的译介和研究逐步走向全面和深入化。一批新的重量级西方马克思主义者的著作移译出版。中国社会科学院哲学研究所徐崇温研究员主编了"国外马克思主义和社会主义研究丛书"，其中包括卢卡奇的《历史与阶级意识》，葛兰西的《实践哲学》，柯尔施的《马克思主义和哲学》，霍克海默的《批判理论》，阿多诺的《否定的辩证法》，霍克海默与阿多诺合著的《批判理论》，马尔库塞的《单向度的人》，以及胡克的《对卡尔·马克思的理解》等著作。这些著作的译介，一方面启发了学者对马克思主义哲学本身诸多理解侧面的探索；另一方面积淀了国内西方马克思主义研究的厚度，为学界进一步研究西方马克思主义哲学创造了条件。

随着我国学者对现代西方哲学理解的深入，一些以现代哲学技术和思路发展起来的西方马克思主义学说也逐步进入国内学界视野。1999 年，中国人民大学出版社出版了德里达的《马克思的幽灵》，这与我国对后现代主义哲学和马克思主义哲学的共同关注是分不开的。同样受到关注的还有后马克思主义代表人物拉克劳、墨菲等人的著作。1991年，慎之等翻译出版本·阿格尔的《西方马克思主义概论》，标志着学界对生态马克思主义的关注。其后，《自然的理由——生态马克思主义研究》（2003年）、《马克思的生态学：唯物主义与自然》（2006年）、《有机马克思主义：生态灾难与资本主义的替代选择》（2015年）等生态马克思主义著作相继出版。2008年由东方出版社、2009年由北京大学出版社出版了科亨的《自我所有、自由和平等》和《如果你是平等主义者，为何如此富有?》，体现了学界对分析的马克思主义一段时间以来的关注和研究。此外，马克思主义批评学派、马克思主义女性主义也进入人们的研究视野。

随着西方马克思主义原著的译介和出版，对这些著作的文本研究开始出现，并出版了一系列研究专著和论文。较早的研究论著包括俞吾金、陈学明合著的《国外马克思主义流派》（1990年），张一兵的《折断的理性翅膀》（1990年），陈学明的《西方马克思主义论》（1991年），余文烈的《"分析的马克思主义"概论》（1993年）、陈振明的《法兰克福学派与科学技术哲学》（1992年）、《当代西方马克思主义》（1995年），衣俊卿的《现代化与日常生活批判》（1994年）、李青宜的《当代法国"新马克思主义"》（1997年）、张一兵和胡大平合著的《西方马克思主义哲学的历史逻辑》（2003年）、鲁克俭的《国外马克思学研究的热点问题》（2006年）等。新世纪以来，对西方马克思主义哲学的研究展现出更为细致化、系统化的特点，其标志是以丛书的形式出版的很多专著，系统地研究介绍西方马克思主义的各个领域。例如，俞吾金主编、陈学明和吴晓明任副主编的"当代国外马克思主义研究丛书"，包括《"生态学马克思主义"研究》（2008年）、《女性主义的马克思主义》（2008年）、《用另一只眼睛观察当代资本主义》（2009年）、《世界体系的马克思主义研究》（2011年）等；王雨辰主编的"国外马克思主义哲学研究丛书"，包括《拉康与后马克思主义思潮》（2014年）、《大卫·哈维的历史—地理唯物主义理论研究》（2014年）、《生态学马克思主义与生态文明研究》（2015年）等。

国外马克思主义哲学研究作为一个独立的研究学科，得到越来越多研究机构的重视。中国社会科学院、中国人民大学、北京大学、复旦大学、武汉大学、南京大学、中南财经政法大学等院校均开始招收西方马克思主义哲学相关的研究生。一些专门研究西方马克思主义哲学的机构陆续成立，例如1999年12月，复旦大学当代国外马克思主义研究中心成立。该中心对当代国外马克思主义新进展进行跟踪研究，同时致力于向国外介绍中国的马克思主义研究成果。2000年7月，复旦大学当代马克思主义研究中心主办的《当代国外马克思主义评论》第一辑出版。该刊物主要刊载国内外马克思主义研究的最新成果。

2. 研究的主要内容和问题

随着西方马克思主义学说的引进和研究的展开，学者们首先面临的问题就是如何界定、看待西方马克思主义。徐崇温认为，西方马克思主义在哲学上具有两重性，但"它提出或重申了马克思主义发展过程中曾经遭到忽视或偏离的问题；考察了发达资本主义社会中出现的许多新情况和新问题"，能够为我们提供重要的思想资料。[1] 彭赟主张"一源多流说"，将西方马克思主义视为"马克思主义演进过程中多种流派共存的情况之一"[2]。张翼星主张，西方马克思主义包括众多派别，它们在一系列理论问题上是有重大分歧和差别的，因此我们在看待西方马克思主义时，"应作具体分析，不宜笼统定性。"[3] 从学理上看，对国外马克思主义进行界定，也就是研究国外马克思主义和马克思主义哲学之间的关系问题。第一种观点认为，应在国外马克思主义框架内并以马克思主义为评价尺度，对西方马克思主义进行分析。[4] 第二种观点认为，应废止"西方马克思主义"这个概念，而代以"现代国外马克思主义"；在评价尺度上认为必须克服先入

---

① 徐崇温：《应该怎样看待"西方马克思主义"?》，《求是》1993年第20期。

② 彭赟：《西方马克思主义研究的方法论再思考》，《南昌大学学报》1993年第2期。

③ 张翼星：《应该怎样研究西方马克思主义》，《马克思主义与现实》1993年第6期。

④ 参见徐崇温：《应该怎样看待"西方马克思主义"?》，《求是》1993年第20期。

为主、简单批判西方马克思主义学说的做法。① 第三种观点主张以"新马克思主义"为研究框架，并认为在评价尺度上以马克思主义为指导。②

具体内容方面，首先是对早期的著名西方马克思主义学者的重要著作、重要思想的深入研究。关注的文本主要有卢卡奇的《历史与阶级意识》《理性的毁灭》，葛兰西的《实践哲学》《狱中札记》，柯尔施的《马克思主义和哲学》，阿尔都塞的《保卫马克思》等。这些研究探讨了这些早期西方马克思主义代表人物与马克思主义哲学的关系。以卢卡奇《历史与阶级意识》为例，杜章智和徐崇温曾在1985年之后数年就该书中的哲学思想展开争论，探讨《历史与阶级意识》在总体上是否是马克思主义的、它对现时代的中国实践有无价值，等等。③ 这些研究还着重挖掘了这些文本中所蕴含的哲学思想。例如，张康之、王兰媛对实践一元论思想的研究④，曹文玉、余怀彦各自对"总体性"思想的研究⑤，余文烈对国外马克思主义"中间阶级理论"的探讨⑥，等等。另外，也有针对个别思想家进行的专门研究，例如对阿尔都塞的研究。王雨辰探讨了阿尔都塞对马克思主义哲学本质的看法，尤有价值的是强调其中马克思主义的科学性与人在社会发展中的主导地位和人的主观能动作用之间的关系⑦。徐崇温对阿尔都塞的"理论反人道主义""多元决定论"等观点作出了研究和评价。⑧

---

① 参见彭赟：《西方马克思主义研究的方法论再思考》，《南昌大学学报》1993年第2期；传奇、阳升：《开创当代马克思主义研究的新局面》，《人民日报》1993年6月14日。
② 参见陈振明：《评"新马克思主义"对历史唯物主义的重建》，《岭南学刊》1993年第3期。
③ 参见张亮：《国内卢卡奇研究七十年：一个批判性的回顾》，《现代哲学》2003年第4期。
④ 参见张康之：《西方马克思主义实践评述》，《教学与研究》1990年第2期；王兰媛：《西方马克思主义的"一元实践论"》，《高校社会科学》1990年第3期。
⑤ 参见曹文玉：《马克思主义与西方马克思主义在哲学上的对立》，《河北学刊》1990年第1期；余怀彦：《评西方马克思主义创始人的唯物史观》，《贵州师范大学学报》1990年第1期。
⑥ 参见余文烈：《西方马克思主义的中间阶级理论》，《政治学研究》1996年第2期。
⑦ 参见王雨辰：《评阿尔都塞对马克思主义哲学的理解》，《湖北社会科学》1996年第9期。
⑧ 参见徐崇温：《阿尔都塞的"理论反人道主义"和马克思主义》，《马克思主义研究》1997年第1期。

唐正东探讨了阿尔都塞对马克思哲学观的理解，认为阿尔都塞与卢卡奇共同的问题在于没有正确理解马克思在经济学领域所进行的哲学革命的真正意义，从而也没能认识到，马克思的实践唯物主义归根结底是一种彻底的历史唯物主义。① 这些早期的研究，主要侧重于对西方马克思主义进行整体性的概括或在总体上界定某个思想家的学说。后来的研究则注重深入重要著作，辨析和借鉴其主要哲学概念和论证思路。以葛兰西的研究为例，仰海峰探讨了其霸权概念，认为霸权不仅是指伦理—道德意义上的文化领导权，而且是经济与政治意义上的霸权，因而"葛兰西的霸权概念是一个具有总体性意蕴的概念"②。梁树发认为，应从"实践的一元论"视角来理解葛兰西的学说，主张"应以更为宽广的眼光去看待葛兰西的实践哲学，即在看到它的哲学和马克思主义观的意义的同时，把具有直接实践意义的领导权思想和'阵地战'的战略纳入实践哲学体系"③。再比如关于卢卡奇的研究，仰海峰分析了晚年卢卡奇的社会存在本体论，指出其论证不同于《历史与阶级意识》时期主张的特色，认为晚年卢卡奇的观点更接近马克思。夏莹挖掘了卢卡奇关于"资产阶级二律背反"的论证，并由此审视康德问题与当代西方马克思主义问题域的源起之间的关系。④

除了对西方马克思主义原有流派进行评介之外，学界又进一步展开了对新近的西方马克思主义流派的研究。例如，在 1995 年，国内已经有对新女权主义的马克思主义、"市场社会主义"、西方马克思主义的社会危机理论的评介。⑤

---

① 参见唐正东：《卢卡奇和阿尔都塞对马克思主义哲学观的解读》，《南京社会科学》1997 年第 8 期。

② 仰海峰：《葛兰西的霸权概念研究》，《山东社会科学》2005 年第 11 期。

③ 梁树发：《葛兰西的实践哲学体系》，《浙江学刊》2004 年第 6 期。

④ 参见夏莹：《康德问题与当代西方马克思主义问题域的源起》，《社会科学辑刊》2015 年第 3 期。

⑤ 参见王瑾：《新女权主义马克思主义》，《教学与研究》1995 年第 4 期；颜鹏飞：《论市场社会主义》，《安徽大学学报》1995 年第 1 期；陈振明：《技术、生态与人的需要》，《学术月刊》1995 年第 10 期。

1997年，张翼星的《理论视角的重大转移——"西方马克思主义"的辩证法观》出版，该书分别对西方马克思主义的早期代表人物、法兰克福学派、存在主义的马克思主义、弗洛伊德马克思主义、现象学马克思主义、东欧新马克思主义、新实证主义马克思主义和结构主义马克思主义的辩证法学说作了研究。

以生态马克思主义为例，最近十余年来，它随着资本主义社会矛盾的不断凸现、资本主义经济危机的连续爆发而愈加得到重视，相应地，国内的相应研究也在不断拓展和加深。刘仁胜系统总结了本·阿格尔以来北美生态马克思主义理论的重要进展，着重分析了莱易斯和阿格尔的生态危机理论、奥康纳的双重危机理论、克沃尔的生态社会主义革命和建设理论、福斯特和伯克特关于马克思的生态学理论。[1] 王雨辰的著作则除了更详细地分析了上述人物之外，还论述了英国的佩珀、休斯等人的生态马克思主义思想。例如，休斯所主张的在与西方绿色思潮的对话中理解历史唯物主义、他重新阐释的历史唯物主义核心概念的生态内涵，尤其是他从生态角度分析的生产力概念，等等。[2] 再以分析的马克思主义为例，分析的马克思主义自20世纪80年代中后期开始进入我国学界的视野，20多年来，逐渐为我国学界所熟悉和研究。从覆盖面来说，分析的马克思主义的主要人物柯亨、罗默、赖特、尼尔森等学界均有研究。余文烈《分析学派的马克思主义》、曹玉涛的《分析马克思主义的正义论研究》等都是关于分析的马克思主义的专书，以新近出版的后者为例，它不仅介绍了分析马克思主义的产生、特征，还论述了柯亨、赖特和埃尔南德斯对马克思主义学说的阐释。同时，该书还按照作者自己对马克思哲学尤其是马克思主义正义论的理解，对分析马克思主义的方法论、目标等做出评判。段忠桥的《当代国外社会思潮》、张一兵和胡大平的《西方马克思主义哲学的历史逻辑》、俞吾金和陈学明的《国

---

[1] 刘仁胜：《生态马克思主义发展概况》，《当代世界与社会主义》2006年第3期。

[2] 参见王雨辰：《生态学马克思主义与生态文明研究》，人民出版社2015年版。

外马克思主义哲学流派新编》等书也有专门的章节论及分析的马克思主义。

3. 国外马克思主义的理论进路与研究范式

无论是马克思所处的时代，还是现时代，都涌现出了一批又一批马克思主义哲学的信奉者、实践者以及越来越多的研究者。在一定意义上说，马克思主义哲学的世界性影响，不仅是通过马克思的理论和实践活动而实现的，而且是通过其后继者的理论和实践活动来实现的。在这个过程中，又往往因为对马克思主义哲学文本的不同解读而形成不同的理论倾向和思想流派、不同的马克思主义哲学形态。在当代，马克思主义哲学无疑已经成为一种"世界的哲学"，翻译的文本越来越多，研究的范围越来越广。袁贵仁与杨耕就研究主体和理论传统分属的国度和地区，把国外马克思主义哲学研究大致分为三种路向：①

第一种是西方马克思主义、西方马克思学，以及一些既不属于西方马克思主义，也不属于西方马克思学的当代西方哲学家。西方马克思主义是20 世纪初产生的一股思潮，其基本特征是把现代西方哲学中的各种学说同马克思主义结合起来，在淡薄马克思主义哲学实践本性的同时，将其理论努力指向文化批判，主要思潮有弗洛伊德的马克思主义、存在主义的马克思主义、结构主义的马克思主义、实证主义的马克思主义、分析主义的马克思主义、现象学的马克思主义以及法兰克福学派，等等。西方马克思学则立足文献考证，从事文本解读，强调要用严格的客观态度研究马克思的文献和思想，从而建立一门特殊的严密的科学，主要代表人物有法国的吕贝尔、德国的费切尔、英国的麦克莱伦、美国的胡克等人。除了西方马克思主义、马克思学，在西方还有一批哲学家如罗素、海德格尔等人，根据不同的理论需要，从不同的角度对马克思主义哲学进行过深刻阐述，这些哲学家结合马克思主义哲学提出的问题以及研究问题的方法和角度对于马克思主义哲学研究也有启发意义。例如，海德格尔认识到"马克思完成

---

① 参见袁贵仁、杨耕：《马克思与我们同行》，《光明日报》2008 年 4 月 15 日。

了对形而上学的颠倒"以及这一颠倒的深刻性、超前性和巨大的优越性，并在《关于人道主义的书信》中断言："马克思在体会到异化的时候深入到历史的本质性的一度中去了，所以马克思主义关于历史的观点比其余的历史学优越。但因为胡塞尔没有，据我看来萨特也没有在存在中认识到历史事物的本质性，所以现象学没有、存在主义也没有达到这样的一度中，在此一度中才有可能有资格和马克思主义交谈。"

第二种是苏联模式马克思主义哲学和东欧新马克思主义。苏联模式马克思主义哲学以宣扬整个世界的客观性、可知性的世界观为主要内容，以斯大林《辩证唯物主义和历史唯物主义》为蓝本，主要代表人物有尤金、米丁、康斯坦丁诺夫等。东欧新马克思主义是 20 世纪 50—60 年代在东欧非斯大林化过程中涌现出来的一种理论思潮，其基本立场或理论基点是马克思的实践哲学和异化理论，实践、生存、异化、人道主义、自由人的联合体在这一理论思潮中占有十分重要的地位。以彼得洛维奇、马尔科维奇等人为代表的南斯拉夫实践派，以赫勒、马尔库什等人为代表的匈牙利布达佩斯学派，科拉科夫斯基等人所代表的波兰意识形态批评流派，科西克等人所代表的捷克人本主义流派，在总体上都属于东欧新马克思主义。苏联和东欧国家的马克思主义哲学研究内容上存在着交叉性，但苏联模式马克思主义哲学主要表现为对斯大林哲学体系的弘扬和对马克思主义哲学的阐发，东欧新马克思主义则表现为对斯大林哲学体系的批判和对马克思主义哲学的重建，二者各有自己的理论内容和理论特征。

第三种是俄罗斯马克思主义哲学研究，即苏联解体以后俄罗斯哲学家对马克思主义哲学的反思和再认识。以 1991 年苏联解体为标志，俄罗斯社会发生了重大转折。重大的社会转折以及由此带来的巨大的心灵动荡，使俄罗斯哲学在短暂的"休克"之后表现出未曾有过的活力。马克思主义哲学所注重的世界观，对客观规律和科学认识的追求，逐渐退出了哲学舞台的中心。对苏联历史的反思，对俄罗斯发展道路的探索，对人类未来的关切，成为俄罗斯哲学关注的焦点。特别是在对马克思主义哲学和社会主义道路的反思，对西方工业文明的批判，对全球性问题的探讨等方面提出了一些深刻而富有新意的思想。随着苏联的渐行渐远，俄罗斯学者们已经逐渐改变了对马克思主义激情式的彻底否定态度，重新以客观的、理智的、冷静的心态研究马克思主义哲学。从中既可以看到以谢苗诺夫为代表的"正统"马克思主义哲学，也可以看到斯焦宾等人对马克思主义哲学的分析批评，并从社会生物学的角度对唯物史观进行了系统阐发。

　　这些社会思潮、理论模式和研究范式从不同层次、不同角度，对马克思主义哲学做了许多新的探索，为我们提供了一个多维视野中的马克思。其意义不仅表明在马克思主义哲学史上对马克思主义哲学的理解存在着不同的观点和流派，而且表明马克思主义哲学研究已突破单一的模式，呈现出解释的多元化格局；不仅为马克思主义哲学研究提供了更多的可能途径，而且为解读马克思主义哲学文本提供了更多的方法。例如，卢卡奇和柯尔施的总体性方法启示我们，要把马克思主义经典文本作为整体来把握，而不能简单地把它分割为哲学的、政治经济学的和科学社会主义的；阿尔都塞的症候式解读方法启示我们，阅读马克思主义哲学不能停留在字面上，而要努力追踪它的问题框架，发现表象背后隐秘的、被遮蔽的方面；吕贝尔、费切尔的文本解读方法启示我们，不仅要全面研究马克思哲学在各个领域的思想特征，而且要深入研究马克思著作中概念、范畴乃至思想的演变；德里达的解构式阅读方法则启示我们，即使在马克思主义哲学的同一文本中也存在着张力和冲突，要善于思考其间的断裂和缝隙；沙夫的"人的哲学"启示我们，关注人的存在、人的自由和人的困境是马克思主义哲学的重要内容，哲学研究应当探讨不同历史条件下人类所面临的重大现实问题和理论问题，并使现实中的问题上升到哲学中的问题；科普宁的"认识论主义"研究方法启示我们，认识不是盲目地跟随客体，而是创造性地反映客体，如此等等。①

----

① 参见袁贵仁、杨耕：《马克思与我们同行》，《光明日报》2008 年 4 月 15 日。

孙利天分析了东方、西方马克思主义形成的实践根源，揭示了马克思主义时代化、民族化的历史合理性与必然性。苏联和我国都是亚细亚生产方式的、经济社会发展比较落后的东方国家，进行无产阶级革命和社会主义建设要求给予那些基本没有任何理论准备的革命群众以坚定的解放承诺，否则我们就无法吸引文化比较落后的劳动群众参加无产阶级革命。从马克思主义立场出发，就需要把那个解放承诺变成一个规律的体系，诉诸规律的必然性。但是在无产阶级政党夺取政权建立社会主义制度以后，不可能长期依靠战争年代的革命理想主义热情支撑社会主义建设，一旦国民经济转向满足生活需要的生产体系，必然需要市场来配置资源，因而经济体制改革是必然的，与此相应，中国的教科书改革与哲学观念变革也是必然的。① 只有文化的先进性才能吸引人民群众参加无产阶级革命，所以西方的马克思主义更强调的不是客观规律体系，而是个人、阶级、文化思想观念的主体意识的自觉。无论中国的马克思主义，还是西方的马克思主义，都是马克思主义的基本原理与各国革命与建设的具体实际相结合的产物。"因为马克思主义的实质，即是实践的理论，理论的实践，无产阶级革命实践活动本身，就是活的马克思主义。所以从实践活动的历史需要，在东方、在西方出现不同形态、不同主导理念的马克思主义哲学理解，是正常的事情。"②

4.西方马克思主义哲学的历史逻辑

西方马克思主义哲学的产生，既是对西方发达资本主义现实的批判性回应，也是对马克思主义正统解释的反应。西方马克思主义者没有简单地回到马克思的文本，而是结合新的思想资源与新的历史实践对马克思的哲学思想进行了新的解读，以马克思哲学思想的当代性力量批判地面对当时的各种思潮。历史情境的变迁和思想逻辑的进展，使西方马克思主义哲学

---

① 参见孙利天：《高清海哲学思想讲座》，中国社会科学出版社 2014 年版，第 57 页。

② 孙利天：《高清海哲学思想讲座》，中国社会科学出版社 2014 年版，第 52 页。

在不同历史时期出现了不同的理论兴趣与问题意识。早期的西方马克思主义者关注的是无产阶级主体意识与革命问题；而在 20 世纪 30 年代之后，以法兰克福学派为主导的西方马克思主义，关注对法西斯主义与资本主义社会的批判，并将这种批判深入到西方文化的根基处；到了 20 世纪 60 年代后期，西方马克思主义的批判逻辑已经达到了极致，同时也开始了一种逻辑转换，即从西方马克思主义向后马克思主义的转变。简要描述这一逻辑演进过程，对于我们从总体上把握西方马克思主义哲学的发展进程，是非常必要的。具体说来，这一思潮的逻辑演进大致可分为三个阶段。①

第一阶段，从 20 世纪第一个十年后期到 30 年代，这是西方马克思主义哲学的发生时期，此时的马克思主义阐释范式可以称之为黑格尔主义的马克思主义。在这一历史时期，卢卡奇从新黑格尔主义开始转向马克思主义，一改传统研究中以费尔巴哈来注释马克思思想的倾向，重新强调黑格尔哲学及其辩证法对马克思思想发展的意义，以历史中的主体与客体的辩证关系重新解释马克思的思想，强调马克思哲学的总体性思想是对物化意识的超越，并认为这是无产阶级阶级意识的重要特征。在对马克思主义的态度上，他反对正统的解释，宣称真正的马克思主义需要继承马克思思想中的批判精神和科学的分析方法，在这个意义上，即使否定了马克思所有的结论，仍不妨碍成为马克思主义者。柯尔施重申马克思的哲学思想，强调马克思与黑格尔辩证法的内在关系，重新将马克思哲学理解为一种强调主体批判的革命的社会理论，并认为，只有以此为基础，才能把握马克思思想中哲学、政治经济学与科学社会主义的整体性。葛兰西重新定义了何为正统的马克思主义，强调马克思主义是理论与实践的统一，并从现代资本主义社会的转型和无产阶级的革命实践角度，对实践哲学的政治之维和无产阶级文化革命策略的建构，进行了创造性的探索。②

---

① 参见仰海峰：《西方马克思主义哲学的历史逻辑》，《学习时报》2009 年 5 月 5 日。
② 参见仰海峰：《西方马克思主义哲学的历史逻辑》，《学习时报》2009 年 5 月 5 日。

第二阶段，从 20 世纪 30 年代到 60 年代，这是西方马克思主义哲学的理论拓展与逻辑深化时期。与卢卡奇与柯尔施关注无产阶级革命意识不同，法兰克福学派的学者们关注的是如何批判资本主义。在 20 世纪 30 年代，他们将批判的焦点聚集于法西斯主义，从深度心理学、哲学、政治学等方面对法西斯主义展开批判。到 40 年代，随着战后资本主义的稳定发展，特别是在迁到美国并目睹了美国资本主义的兴起之后，他们将批判的锋芒指向了组织化的资本主义及其文化理念，并把大众文化的批判引申到对西方文化根源的批判，阿多诺与霍克海默合著的《启蒙的辩证法》是这个阶段的代表作。在这一时期，工具理性批判构成了他们的哲学主题。到 60 年代，随着马克思《1844 年经济学哲学手稿》被重新关注，一些学者在批判资本主义异化的同时，倡导一种"人"的解放的哲学。但与古典哲学从"类"出发的"人"的哲学不同，这一时期的人学理论是以个体的生存为核心的新人本主义。这一人本主义思潮受到了阿尔都塞的批判。在阿尔都塞看来，"人"是近代资本主义意识形态建构的产物，因此将马克思主义哲学重新人本主义化，正合乎资本主义意识形态的建构原则。阿尔都塞的批评，推动了人本主义逻辑的自我瓦解。①

第三阶段，从 20 世纪 60 年代到 70 年代，这是西方马克思主义哲学逻辑的内在冲突与向后马克思主义转变时期。20 世纪 60 年代后期，西方马克思主义的哲学逻辑发生了重大转向。以工具理性批判为核心的法兰克福学派，将批判的逻辑推到了极限，这促使一些学者开始追寻一种不同于现代社会的另一种文明模式，这正是阿多诺在《否定的辩证法》中所做的努力。当阿多诺以"星丛"理论来取代主体的形而上学时，一种异质性的哲学经验和一种后现代式的哲学理论模式开始产生，形成了法兰克福学派的重大逻辑转折。与此同时，阿尔都塞对"主体"的意识形态本质的揭示，进一步冲击着当时的西方马克思主义的主体性理论逻辑，并使结构主义与

---

① 参见仰海峰：《西方马克思主义哲学的历史逻辑》，《学习时报》2009 年 5 月 5 日。

语言学的研究方法成为重新解释马克思思想的一种方法。一些学者从这里出发，结合当代思想的总体转向，引申出一种后马克思主义的理论思考方式。①

西方马克思主义哲学逻辑的转变，也可以说是对现代资本主义社会形态转变的一种反应。西方马克思主义从其产生到发展，所面对的主要是组织化的资本主义，这也是从卢卡奇的物化理论、葛兰西的霸权理论到法兰克福学派的工具理性批判理论以及萨特等人所倡导的新人本主义理论所要批判的对象。从60年代后期开始，特别是到70年代之后，资本主义经历了从组织化资本主义到后组织化资本主义的转变，正是在这一转变中，产生了后现代思潮。一些后马克思主义者的策略就是针对这一社会转变展开的。另外在这一社会转变过程中，一些学者看到了20世纪40年代以来发达资本主义社会的一个重要特征，即消费社会的崛起。消费开始取代生产，占据了经济发展中的主导作用，而消费之所以能够深入人心，现代电子媒介起到了重要的作用。对消费社会的批判分析，一些学者开始从现代性批判转向了后现代性批判，这是列菲伏尔、德波、早年鲍德里亚的重要主题。到鲍德里亚70年代写作《符号政治经济学批判》和《生产之镜》时，他认为马克思的生产逻辑已经不再能够面对以符号为主导的消费社会，对生产逻辑的否定构成了他走向后马克思主义的理论过渡点。②

毋庸讳言，20世纪80年代以来，中国马克思主义哲学界关于人的价值和人道主义问题的研究，关于主体性和实践唯物主义的研究，关于交往和社会本体论的研究，以及文化哲学、生存哲学、生活世界理论等，从争论的议题到基本的依据，都既有中国现实的基础，又在一定程度上受到西方马克思主义、东欧新马克思主义的激发。90年代以后，中国学者"重读马克思""回到马克思""走近马克思""走进马克思"一类的研究进路，

---

① 参见仰海峰：《西方马克思主义哲学的历史逻辑》，《学习时报》2009年5月5日。
② 参见仰海峰：《西方马克思主义哲学的历史逻辑》，《学习时报》2009年5月5日。

都直接或间接地受到西方马克思主义、马克思学的影响。对于当代国外马克思主义、马克思学以及马克思主义哲学研究，我们不能采取简单拒斥的态度，而应在批判它们错误的同时，对它们提出的重要问题和具有启发性的思想进行反思，以扩大自己的理论视野。① 无论在哪一个时代，马克思主义如果忽视对同时代理论成果的批判考察和借鉴，把自己同整个时代的文化背景和社会思潮隔离开来，都会由于孤立而走向枯萎。

---

① 参见袁贵仁、杨耕：《马克思与我们同行》，《光明日报》2008 年 4 月 15 日。

第九章 | 中国哲学研究的返本开新

一、90 年代中国哲学研究的整体走向

"改革开放 30 年来中国哲学的发展主要表现为方法论的反思、态度的转换、资源的扩展、制度的强化、内在的理解以及主体的自觉这几个方面。"① 这个总结比较准确地概括了近三十年来中国哲学的发展范围。这些范围是以特点分布的方式空间性地展开的，符合中国哲学这一时期内的具体特征。然而在 30 年中的每一个十年都有其独特的时代精神，这种时代精神支配着中国哲学研究的内在实质。如果说 80 年代中国哲学的研究主要以反思和批判为主要特征，而 90 年代则是反思之后的冷却，开始呈现出回归哲学自身并在深入研究的基础上展开对话和讨论的新气象。所以，热点研究和各种思潮的更迭构成了 90 年代的总体景观。相对于 80 年代的反思和批判，90 年代则是更冷静的理性分析，更符合学术化研究的内在精神。这种纵向的学术研究精神和前述那些横向的学术特点统一在一起就是我们所理解的学术的整体走向。

由于 90 年代的学术精神是一种理性的、冷静的分析，那么这种精神就贯彻在中国哲学近三十年来的发展所表现出的各个特征之中。随着这些

---

① 参见陈来：《中国哲学研究三十年回顾》，《天津社会科学》2008 年第 1 期。

特征的进一步展开，这种精神也得到了落实。就方法论反思来说，90 年代更彻底。因为，人们除了对教条主义的方法进行反省、批判之外，还吸收了更多新的元素。这是在冷静的意识下进行的审视。我们知道，80 年代主要批判的乃是苏联教科书体系日丹诺夫对哲学史的定义，当时人们热情洋溢，但难免会使人的理智盲目，甚至还处于唯物唯心、阶级分析等教科书体系的束缚下而不自知。比如张岱年于上世纪 80 年代初撰写的《中国哲学史方法论发凡》一书，认为研究中国哲学史的正确方法，就是根据辩证唯物论和历史唯物论的基础原理来分析研究中国历史上每个哲学家的哲学思想，阐明哲学发展过程的客观规律。这仍然有较强的教科书体系的痕迹。

90 年代人们对教科书体系的反思和批判具有了更实事求是的态度。人们认为，研究中国哲学史采用的各种方法都必须坚持实事求是的原则，并主张将中国传统哲学的汉学的方法和宋学的方法、马克思主义哲学的历史方法与逻辑方法，以及语义分析方法、结构分析方法、解释学方法与比较方法等，加以整合或综合。这时所坚持的马克思主义也不是以往的教科书体系的马克思主义，而是面向事情本身的马克思主义，是学术化了的和原本的马克思哲学。实事求是意味着，学术研究不应该设定先行的方法和原则，研究的方法和原则必须从对对象的研究中生发出来，而不是以先行的某些原则去套当下的内容。另外，随着西方解释学的引入，解释学的方法日渐被人所接受，成为中国哲学研究比较切实可靠的方法。比如美国华裔学者傅伟勋就主张以解释学的方法来研究中国哲学，而汤一介等学者也认可这种研究方法，认为这种方法更符合中国哲学的内在气质。

这种方法论的转变，引起了学术态度的转变。人们基本不会再以以往的唯心唯物、阶级对立等具有强烈政治色彩的态度去分析和认识事物了，而是逐步趋向于面向事情本身。我们做学术研究很忌讳用一种与所要研究对象风马牛不相及的方法去规定对象，主张从认识对象出发，从中衍生出与其相适应的方法。那么，方法作为人们审视事物之观念的转变随之也具有了现实性的支撑，这主要表现为学术资源的扩展和学术制度的加强。从 80 年代开始，国内学者已经出现大量的国际交流活动，参与国际化的中国哲学研究，而传统意识形态在学术研究领域逐渐隐退。到了 90 年代，在学术领域已经很难再见到意识形态的身影了。这种学术研究领域的扩大带动了学术研究的进步，也使国内学者能够在更多的学术碰撞中转变视域，从而改变原先的认知和研究态度。因为国外的学术研究是比较纯正的，我国由于其原有的意识形态和政治氛围的影响，使学术研究被打上了政治的烙印。与更多的国外学术同仁交流能够起到非常大的"去政治化"的作用，能更好地从比较客观和符合事情本身的态度去看待中国哲学的研究。所以，学术资源的扩大有助于改善和纠正国内的学术态度，有助于它走向合理的学术研究之路。比如，我们在 90 年代以前出版的建立在意识形态区分基础上的大量研究中国哲学史的书籍在现时代都受到了重新的审视，而且再也不会以那种方式去写中国哲学史了。

　　另外，研究生和学位制度的确立，特别是博士学位制度的确立，大大促进了青年学人的成长，为学术界增添了新的力量。其最主要的体现就是，学术研究的大量成果都是青年学者的博士学位论文扩充而成的。由于博士学位论文注意搜集资料，注重新的研究课题，它们在学术领域成为了一股重要的力量。在国外，我们也能看到，一些大哲学家的第一本学术著作往往都是他们的博士学位论文。博士学位论文是他们学术研究的起点，而大量博士学位论文的出版说明了国内青年学术力量的崛起，但这些都依赖于博士学位制度的确立。由于青年学人崇尚新的学术思想，他们头脑敏锐，勇于接受新的事物，也比较容易消解掉旧有的学术桎梏，这些青年学人的大批量出现使学术传承根本上发生了转化，使新的学术方法彻底发生了变化。这些都是学术硬件的成果，这些硬件为学术研究方法的转向和学术态度的转变提供了物质上的保障。

　　在方法论和学术态度的转变下，再加上学术资源的扩大和学位制度的确立为其提供保障，学术研究本身也不断地深入，走向自身。所谓走向自身，就是说学术的研究更加纯正，它是由诸多最基本的学术问题所构成的。当学者能够面向学术问题本身，单纯地从学术问题激发出来的兴趣从事哲学研究，这种研究就摆脱了任何外在的不纯粹的目的，进一步走向了自身。由此，以往那种注重通史的研究早已不再是哲学研究的重心，它由概观性的通论转向了更为专题的研究。比如，先秦的礼学、两汉的经学、魏晋隋唐的道教解经学，以往都不受哲学史研究的重视，在这一时期都有了深入的研究。如匡亚明的《孔子评传》，钟肇鹏的《孔子研究》，张伟奇的《亚圣精蕴》，崔大华的《庄学新论》，周桂钿的《董学探微》，郑万耕的《扬雄及其太玄》，周桂钿研究王充的《虚实之变》，余敦康的《何晏王弼玄学新探》，张立文的《朱熹思想研究》，陈来的《朱熹哲学研究》等。①这些研究都是专题化的研究，要比 80 年代更丰富、范围更广。它突出两个特点：一、对具体人物的研究符合学者自由自在的学术精神，它不是规定下来的任务，也不是学术观念的桎梏；二、学术研究没有了主流意识的引导，以往不受重视的领域得到了较好的研究。这是哲学自身的内在深化，是学者面向事情本身直接带来的结果。另外，1998 年郭店楚简的发现推动了这场思潮，使学者们能够积极地投身于新型材料的发现，也得以在这一基础上进一步丰富了早期儒家思想的研究。

对宋明理学的研究则是最能体现哲学研究内在化的具体形式。以往对宋明理学的研究只注重本体论和认识论问题，比如关于朱熹的研究偏重理气、心性、格物等，但近三十年来，中和说、仁说、中庸说等问题的研究受到了重视；王阳明的哲学研究在以往只重视心与理、心与物，近二十年来，正心诚意、四句教、万物一体的问题更受重视。这种变化反映了哲学研究主题的深入，说明学者们越来越重视内在的问题和问题的实质，比如心性工夫和精神境界等。这些研究的兴起使人们对那些原来无人问津的领域也有了足够的重视。像有些学者指出的，"今天的学者已经不再受制于

---

① 参见周桂钿：《80 年来中国哲学研究之嬗变》，《北京师范大学学报》1999 年第 2 期。

西方哲学式的流行问题意识，而是随着研究的深入，更注重于中国哲学家思想的固有体系、固有问题和内在的了解"①。这种内在的了解只把目光集中于每一个哲学家的具体问题，从事情最内在的条理来剖析这一思想家的思想理路。它是学术专业化的体现，也是哲学研究深入的标志。

　　自然地，由这种专业化研究和哲学之内在理解的深入，进一步带来了对"中国哲学"整体的反思。这些问题包括：如何定位所谓的"中国哲学"？中国哲学和西方哲学有什么区别？二者的实现方式有何不同？在此基础上如何理解什么叫"中国哲学"，或到底有没有一个严格意义上的"中国哲学"？这些最根本的问题映入了学者们的眼帘。我们知道，"哲学"是西方所独有的，它源于古希腊的"爱智"之学，但古希腊所讲的智慧又有其独特的界定。如果按照这种严格的意义来看的话，中国传统文化的确不是"哲学"。但随着西方哲学在以后的发展，作为"爱智"之学的哲学也有所变化，其意义越来越宽泛，因为如若还按照原先对哲学的定义，那么现代西方哲学也无法称之为哲学了。这时候人们把理论化、系统化的思想表现形式都称为哲学。如此一来，中国的义理之学也就可以称为中国式的哲学。中国哲学与西方哲学却有着实质性的不同，但也有相通的地方。通过这种对比性研究，我们就可以对中国哲学有一个更实质性的理解和把握。

　　总体来说，90 年代中国哲学的研究思路呈现为一个正反合的过程：它首先在 90 年代的学术精神关照下进行学术研究，也就是一种理性的、冷静的反思精神，这是它的总体视域；在这一视域下，90 年代的学术特点才逐步得以展开，随着展开过程的进一步深入，中国哲学的研究也真正面向了事情本身，走向了主体化和内在化的视域中来；当然，经过这些具体的研究，理性的学术精神便化为对哲学本身的反思，也就是"中国哲学"之存在的合法性问题。这个总体的反思是中国哲学研究的最深刻的自我反省了。甚至可以说，中国哲学的研究在 90 年代已经恢复到了真正的学术独

---

① 　参见陈来：《中国哲学研究三十年回顾》，《天津社会科学》2008 年第 1 期。

立、直照自己内在问题的发展阶段了。这是为中国哲学研究进行"正名"的时刻，也促成了它的学术发展走向正轨。以上这些在整体时代精神下所展现的理论特征是 90 年代中国哲学研究所集中体现的。一方面，它表征了这一时期哲学的内在精神有什么特色，和 80 年代相比发生了何种变化；另一方面却也使人们通过对这一特色的反思来重新思考文化和哲学的新走向，以便为哲学的重建提供合理的借鉴。

二、新儒家哲学思想研究

90 年代中国哲学的研究更冷静，已经没有了 80 年代的那种狂热的心理。这种冷静的分析使中国哲学的研究更趋向于内在化、专题化，甚至对中国哲学本身之存在的合法性也进行了考察。冷静的分析使人在思想上稍显趋向于保守，这直接导致了学者的目光向古典的回归。所以，儒家再一次成为了人们集中探讨的对象。人们试图在儒家思想的深层结构中找到应对市场经济和全球化危机的办法，为中华民族的复兴寻找出路。于是，90 年代又兴起了一股"儒学热"。这股热潮的研究范围主要包括儒学与中国哲学、儒学与现代化、儒家与道家、儒家与宗教以及儒学与马克思主义哲学这些方面。概括言之，它主要体现在人们对新儒家哲学的研究以及新时期下儒家"道统"的反思。

就第一个问题来说，它表现为人们对儒家思想的定位以及对中国传统儒家思想的研究。"儒学热"的集中体现也在这些方面。徐远和在其《儒学与东方文化》一书中从四个方面探讨了儒家文化与东方文化的关系，并在这种比较中揭示儒家在整个文化传统以及外族文化的对比中的定位。洪修平在其《论儒学的人文精神及其现代意义》一文中探讨了儒学在 20 世纪大起大落的原因以及现代社会的意义和价值。郑家栋在 1992 年出版的《本体与方法》中对"五四"以后的新的儒学进行了细致的分析，着重阐发了熊十力、冯友兰和牟宗三三个有代表性的哲学体系。而启良则在其1995 年出版的《新儒学批判》一书中对新儒学进行了系统的分类和批判。

作者分出了十位具有代表性的新儒家学者，具体包括第一代梁漱溟的"新孔学"、张君劢的"新玄学"、熊十力的"新唯识学"；第二代冯友兰的"新理学"、贺麟的"新心学"、钱穆的"新儒家史学"、方东美的"生命精神学"和第三代唐君毅的"人文宗教学"、牟宗三的"道德形上学"、徐复观的人性"形而中学"。这些关于新儒学专题著作的出版明显加强了当下学术界对传统儒学的研究。儒学一时之间由"绝学"成为了"显学"。

　　与此同时，学者们也展开了对新儒学思想的研究，召开大量的学术会议来讨论这些新儒家的学术思想。最有代表性是武汉大学的郭齐勇，他分别出版了《熊十力思想研究》和《梁漱溟哲学思想》。前书对熊十力的哲学思想进行了系统的介绍，同时也将熊十力与冯友兰、金岳霖、贺麟、唐君毅、牟宗三以及徐复观等做了对比；后书则从思想渊源、文化哲学、中国文化观、儒家哲学观、乡村建设理论以及人生哲学等方面对梁漱溟哲学进行了详细的介绍，同时也和王阳明、泰州学派、柏格森、海德格尔和胡适等做了对比。同时，也有大量的学术会议：1995 年，由武汉大学和台湾东海大学联合举办的"徐复观思想与现代新儒学发展学术研讨会"在武汉大学举行；1997 年，由河南省社会科学院、中国哲学史学会和国际儒学联合会共同主办的"冯友兰与中国传统文化"学术研讨会在郑州和开封召开；1998 年，由澳门中国哲学学会主办、中国社会科学院哲学研究所协办的"张东荪与中西哲学比较"研讨会在澳门举行。这些学术研讨会促进了关于新儒学的研究，使新儒家的学术思想进一步扩展开来，成为了传统儒家的一贯的构成部分。

　　当然，"儒学热"的兴起同时也使人更多地反思"五四"新文化运动的缺陷，这有助于新儒学的发展。甚至可以说，新儒学正是人们对"五四"精神的反思下确立起来的。对"五四运动"和中国启蒙精神的反思与这股儒学文化的回归古典不谋而合，因为我们的启蒙、革命正是要清除以儒家为代表的"封建残余"。所以，在"德先生"与"赛先生"的口号下，中国学人坚决抵制传统文化对于我们追求自由民主所产生的阻碍，试图把孔子置于文化批判的矛头。现在，90年代的学术反思使人们重新认识到传统儒家哲学的魅力，这时候便有不少国学的支持者把矛头指向了近代的启蒙与革命运动。他们批评"五四"新文化运动对传统文化的激进态度导致了民族虚无主义的泛滥和日后中国社会生活的混乱。但也有不少学者重申了"五四"民主、科学精神对于我国现代化事业的伟大历史意义和现实意义。那么，随之出现的问题是：复兴传统儒学如何应对现代化的挑战？儒学能不能在现代化的发展中确立起自己的位置？不过引人注意的是，儒学复兴的终归意图并不是要一味地否定什么，还是要与中国现代化的发展结合起来，在现时代谋求自己的发展思路。我们经常看到一些学者在思考儒学在现代化发展中所面临的机遇与挑战，而且积极地寻求儒学与现时代的精神相结合的路径。这些研究是复兴儒学、回归古典一种做法，同时也是推动儒学积极发展的做法。由于新儒家的产生正是中国在走向现代化的过程中与传统儒家的碰撞确立起来的，那么对新儒家哲学的关注、研究也正是我们回应中国现代化的一种积极的方式。

"儒学热"推动了人们对儒学的定位，也促进了人们对儒家哲学的研究，这导致了新儒学以及对新儒学的研究。这是学者们90年代复古倾向所直接带来的结果。从此以后新儒家就成为了传统文化不可或缺的一部分了。除了这种关怀，对儒家的新反思还涉及对儒学样态的界定：儒家是否是21世纪唯一的哲学样态？它是不是一种宗教，即儒教呢？前一问题涉及儒家作为"文化主干说"所遭遇的挑战，后者则是对儒家宗教品性的反思。因为，一种哲学只有扩充为宗教的形式才能拥有更多的受众，也才能激起更广泛的群众基础。

1990年，陈鼓应在《哲学研究》上发表了《论道家在中国哲学史上的主干地位》一文，迅即在学术界引起了一场关于传统文化主干问题的大讨论。随后几年，《哲学研究》在"道家与传统文化研究"栏目下刊发了一组讨论文章。从1992年起，陈鼓应在他创办的《道家文化研究》上积极申说其观点，唱和者也不乏其人，道家主干说遂自成一系。陈鼓应认为，那种认为孔子是中国哲学创始人、儒家是中国哲学史主干的流行见解，乃是沿袭了近两千年封建经学习惯的似是而非之说。中国哲学史实际上是以道家为主干，道儒墨法诸家思想互补发展的历史。其主要理由如下：（1）老子是中国最早的哲学家，老学先于孔学；（2）中国哲学中的重要概念、范畴多出自道家，道家对中国哲学的每个重要阶段都有着深刻的影响；（3）自西方哲学观之，以政治伦理学为主干的儒家不能正当地担当起哲学之名，而道家思想则是处于与西方哲学同等且对立的层面上，被西方思想家视为真正的哲学，认作中国哲学的主干。① 随之，学界掀起了儒道孰为主干的争论。这一争论一方面直接推动了双方对各自学术文献的研究和挖掘，另一方面，道家的出现进一步丰富了传统文化中的多元维度。儒家只有在这种争论中才能真正确立起自己的地位，并在争论、对峙中发展，进一步承担起自己的历史使命。

儒教是否为一种宗教？关于这个问题有不同的看法。任继愈率先指出，儒教是宗教，孔子是教主。其弟子李申秉承师说，并大加发挥，出版了大部头著作《中国儒教史》，对"儒教是宗教"的观点进行了详细的阐明。他认为："第一，孔子虔诚地相信天命鬼神；第二，儒教有上帝和神灵崇拜；第三，儒家也建有自己的彼岸世界（上帝和神灵）；第四，儒教也有严密的组织和系统的祭祀仪式。"② 何光沪肯定这种观点，对这种观点持高度的评价。他认为儒家所尊奉的"天"不是自然之天，而是有意志的神。然而更多的是对这种观点的非议和批评，冯友兰认为，"天地君亲师"不是神；孔子也是人，没有什么神秘；儒学所尊奉的四书五经都不是出于神的启示，不能说是宗教的经典。③ 同时，张岱年也认为，以前我们所说的三教，是泛指教训而言，"理学不信仰有意志的上帝，不信灵魂不死，不信三世报应，没有宗教仪式，更不作祈祷，所以理学不是

---

① 参见罗传芳：《90 年代中国哲学史研究述评》，《哲学研究》2000 年第 11 期。

② 李申：《关于儒教的几个问题》，《世界宗教研究》1995 年第 2 期。

③ 参见冯友兰：《论宋明理学：宋明理学讨论会论文集》，浙江人民出版社 1983 年版。

宗教"。① 王文元也认为"儒学不是宗教"，陈咏明、王健、鞠曦则通过对《中国儒教史》的批判来反对把儒学宗教化的企图，鞠曦更是集文成书，名曰《〈中国儒教史〉批判》。

这是上述相互对立的两派观点。在此之外，有些学者综合上述不同的观点，认为儒学虽不是宗教，但是具有宗教的性格。牟钟鉴认为，要解决儒学是否是宗教这一问题，必须从三个方面有统一的认识：一是对宗教概念的理解要恰如其分，不能过宽或过窄；二是对儒家思想的核心和精神要有准确的认定，究竟它是以神为基点还是以人为基点，其余是枝节问题；三是对儒家和古代传统宗教的关系及对传统宗教的态度要有历史的考察。从考察的结果看，牟先生认为，儒学的核心成分不是宗教，它关注的重心在现实社会，但它也不敌视宗教，不是有些学者所说的是无神论，并且认为中国真正的大教除却儒学外概莫能当，而是本来就存在这样一个承传了几千年的"宗法性传统宗教"。② 郭齐勇认为，儒学是入世的、人文的，又具有宗教的性格，但不能归结为宗教。③ 蒙培元也认为：儒学自身就其特殊性而言，具有宗教性与世俗性这样一种二重性，二者之间既有某种张力，又有统一性一面。④ 张立文则认为，宗教有体制化的宗教和精神化的宗教。在目前的时代下，我们不一定需要体制化的宗教，但却急需精神化的宗教。儒家正是这种精神化的宗教。⑤

随着这股思潮推进的还有儒家哲学与马克思主义哲学的关系。两者之间的关系本来就是我们必须面对的，因为儒家是我国几千年传统所信奉的精神支柱，而当下我们国家推崇的则是马克思主义，那么儒家和马克思主义能不能结合就是一个至关重要的问题。自 90 年代后半期，国内学者召

---

① 张岱年：《论宋明理学的基本性质》，《哲学研究》1981 年第 9 期。
② 参见牟钟鉴：《儒学价值的新探索》，齐鲁书社 2003 年版，第 165 —167 页。
③ 参见郭齐勇：《入世的人文的又具有宗教性品格的精神形态》，《文史哲》1998 年第 3 期。
④ 参见蒙培元：《儒学是宗教吗?》，《孔子研究》2002 年第 2 期。
⑤ 参见张立文：《关于儒家与宗教的讨论》，《中国哲学史》2002 年第 2 期。

开了多次会议探讨马克思主义与传统儒家的关系。其中以 1995 年 12 月由中共中央党校科研部和中国孔子基金会联合召开的"马克思主义与儒学"研讨会最为引人注目，原因是双方这种正式的对话在新中国成立以来还是第一次。当然，在这种文化的交流与碰撞中也有不少有益的成果，比如张岱年以前提出，现在又一再重申的"综合创新说"，其主张可概括为"中、西、马"三位一体，原则是"今中为体，古洋为用"，被认为是突破了近代以来中西文化的体用模式。冯契的"智慧说三篇"在尝试将马克思主义与传统儒家的结合方面做出了突出的贡献。海外学者林毓生的"创造性转换说"和傅伟勋的"中国本位的中西互为体用论"在学术界也有较大影响。这些都是对传统儒家和马克思相结合的创造性思考。这为我们现在所处的时代进行新的哲学思考提供了十分重要的基础。

三、中、西哲学比较研究

改革开放以后西方哲学资源的大量引进，为中国哲学的研究提供了更多可借鉴的材料，再加上中国哲学自身的理论需要，即学术研究不断地走向深入，就要求与西方哲学的碰撞中展开自己的研究。只有在与西方哲学的对比、借鉴，相互融通下，才能真正实现自身的发展。所以，在 90 年代，一些学者就开始做这种比较工作了。这种比较并非以外在的方式对中西哲学以何种方式融通进行反思，而是积极投入到这种比较之中去。也就是说，他们试图在把握和疏通中西哲的基础上进行再创造，以期在中西的基础上开出新的哲学。当然，这是中西比较最高的理想，在比较的初始阶段肯定是材料的对比，但已经迈出了坚实的一步。

中西哲学比较首先开启出来的就是宏观整体的比较。张世英率先迈出了第一步，在 1992 年第 2 期的《学术月刊》上，他发表了《略论中西哲学思想的区别与结合》一文。在这篇文章中，张世英提出了中西哲学的根本区别就在于中国哲学是"天人合一"的，而西方哲学则是"主客二分"的。这是对中西哲学之不同表现形式进行的区分。这种区分现在虽然已成定论，但在当时却属中西比较研究的创造性观点。在这种视野之下，他在1991年第1期的《哲学研究》和1993年第4期的《学术月刊》上分别发表了《"天人合一"与"主客二分"》《"天人合一"与"主客二分"的结合——论精神发展的阶段》两篇有连续性的文章。前文通过海德格尔哲学中对人与世界之关系的思考，试图扬弃主客二元的模式，从而与中国传统哲学对堪，取得共鸣之处，也对中国哲学的内在特质进行有益的探索。后文则运用黑格尔的正反合的辩证法把精神的发展区分为原始的天人合一、主客二分和高级的天人合一三个发展阶段，从而在精神发展的平台上建立起"天人合一"和"主客二分"的发展层次，以便为寻找中西哲学的结合做准备。从这两篇文章能够看出，张世英在寻找"主客二分"和"天人合一"的融通，分别运用海德格尔和黑格尔的思想，试图用"天人合一"来包摄"主客二分"，以便把中西哲学立在一个共同的平台上进行探讨。而后，张世英又在1994年的《社会科学战线》上发表了《中国传统哲学与西方后现代哲学》一文，试图在西方后现代哲学中寻找与中国传统哲学的结合点。因为按照精神发展的那三个阶段，西方哲学中的高级的天人合一应该在后现代哲学中表现出来的。或者，即便如海德格尔的那种探讨方式，"主客二分"的消解也必然在"现代之后"。所以，"现代之后"的哲学反而更能与中国传统文化建立起关联。有人早就指出，中国文化是早熟的文化。它的内在精神气质和文化的深层结构都是西方文化发展到较高的阶段才会出现的，而中国文化在文化发展的初期就已经是这种形态了。所以，它和现代西方哲学存在着同构，具有可比性。这样一来，我们就可以在西方的后现代哲学与中国传统文化之间建立起一种可靠的对比。通过这种整体的探讨，张世英指出了中国哲学的内在特征，也指出了传统西方哲学的具体特点，同时也为中西的对比与通融寻找到了合理的突破口。虽然这种探讨是初步的，但却是一个好的开始。

田薇继承了张世英这个思路，在1994年发表在《中国人民大学学报》上的文章《中西哲学的分殊与通融》中，她也通过对中国哲学的"天人合一"和西方哲学的"主客二分"进行对比，试图为中西哲学的融通提供合理的实现方式。另外，成中英指出，要实现中国哲学的现代化和世界化，就必须将中国哲学和西方哲学的综合创造的特质结合起来。① 任继愈则指出，中国哲学要想建成新的体系就需要和西方哲学尤其是马克思哲学结合起来进行考察。② 与此同时，也有大量的学术会议陆续召开，比如 1989 年 7 月 24 日至 29 日，国际中国哲学第 6 届年会在美国夏威夷召开，会议的主题就是中西哲学中的"心、性、理"问题。

在此期间，中国哲学的发展出现了一个奇特的景象，那就是在学界看来一些所谓的"新新儒家"，包括牟宗三、唐君毅、徐复观、钱穆的弟子们，他们基本都有西学背景，有些甚至一直在国外生活、从事学术研究，也一直在反思中西哲学的融通问题。这些人具体包括杜维明、成中英、陈荣捷、余英时等。他们有深厚的中学功底，而且又生活于西方国家，对中西文化的对比，寻求中国文化发展的新的突破口非常关注，甚至成为了其一生学术事业的根本所向。他们做出的中西对比和文化反思往往更能切中西方文化的脉搏，从而在探讨中国儒家文化的具体走向中占得先机。

随着现代西方哲学的大量引入，国内有一些新的尝试逐步表现出来了。这些年轻的学者具有现代西方哲学的背景，可以直接从现代西方哲学入手与中国传统文化进行对比。张世英曾指出过，现代西方哲学，尤其是海德格尔和后现代哲学与中国传统文化有契合之处。现在出现了一些以现代西方哲学为直接背景的比较研究。其中，最突出的当属张祥龙所做的海德格尔与早期中国哲学的对比。张祥龙在 1993 年第 6 期的《中国社会科学》上发表了《胡塞尔、海德格尔与东方哲学》，在《场与有》第二辑上发表了《胡塞尔的"生活世界"学说的含义与问题》，在《中国现象学与哲学评论》第一期上发表了《现象学的构成与中国哲学》等。这些文章构

---

① 参见成中英：《中国哲学的综合创造与创造综合》，《新华文摘》1996 年第 8 期。

② 参见任继愈：《重中华民族文化看中国哲学的未来》，《哲学研究》1991 年第 11 期。

成张祥龙早期探讨中西比较的基础。正如他曾指出的："我能做的只是尝试着在西学中寻找那最可能帮助华夏古树发出新芽的东西，那不再从方法上就贬抑她、切割她、整死她，而是可以善待她、引动她，让她从容调整自己、更新自己、升华自己的一个视域。"①随后，他把这些中西比较相关的论文整理起来，集结成《从现象学到孔夫子》一书。这部著作主要关注两个问题：一、相比于西方传统哲学，现代西方哲学发生了何种变化？这种变化提供了什么样的方法论视野？二、这个视野对于我们重新理解中国古代的文化传统能起到什么样的作用？这是张祥龙积极寻求西方哲学的视角去拯救和发展中国哲学的最初动机。

1996 年，张祥龙在生活·读书·新知三联书店出版了其代表作《海德格尔思想与中国天道》。这部书系统地运用了海德格尔的形式显示的方法去促成华夏之树发出新芽，他以海德格尔独特的形式显示的方法与古印度哲学和中国古代哲学做了对比，指出中国古代文化中一开始就包含着那种浸身发生的、超出主客二元分裂的哲学形式。由于这种形式的缘构发生，它就与老子、孔子等先秦思想有着极为亲和的因缘关联，甚至中国文化的整体脉络都和海德格尔哲学的那种建立在因缘关联中的人的生存和发生的理路有着更为深层的联系。张祥龙的研究具有开创性的意义，在他之前，贺麟先生早就对朱熹的理学与黑格尔的理念论做出过对比，但这种对比并没有真正揭示不同文化间的亲和性。张祥龙的研究直指中华文化的内在实质，通过海德格尔哲学对中国哲学的精神实质作了耳目一新的阐述。这种做法当然也有不足之处，中国传统文化有其从古到今的发展理路，在文化发展的早期，文化的构成性与海德格尔非常相近，但在后来的发展中，文化思想形式也越来越系统化和体系化，这与海氏思想就越来越远了。比如宋明理学就不能像先秦儒家一样与海德格尔哲学进行对比。但不论如何，这已经在中国哲学的研究中奠立了一个令人欣慰的基础，开创了

---

① 张祥龙：《从现象学到孔夫子》，商务印书馆 2001 年版，第 9 页。

一个新的研究方向。

另外，王为理对海德格尔和禅宗思想进行了专门的比较，余日昌则对海德格尔与老庄的哲学范式进行了比较。还有学者对海德格尔与王阳明哲学、古典哲学的"直觉论"以及禅宗体验都进行了比较。当然，也有学者对西方的一些流派较有兴趣，试图把这些流派的方法引进中国哲学，去创造与中国哲学相适应的方法等。汤一介就试图从西方的解释学中借鉴有益的东西来创建中国的解释学，因为中国文化的特质就是特别注重诠释，对经典的解释，而西方的解释学则正好与中国文化的这一特征相呼应。1999年，由中国社会科学院哲学研究所、香港城市大学公共管理及社会政策比较研究中心与中英澳暑期哲学学院联合举办的全国首届"分析哲学与中国哲学"研讨会就探讨了用分析哲学的方法研究中国哲学的必要性、可能性和路径问题，还有就是西方的符号学能否用来把握中国传统儒家文化。这些都是有益的尝试。

其实，这一系列的对比研究也是学者们从根本上寻找中国文化的根基所在，从比较中为中国传统文化获得现代意蕴的"东方智慧"。哲学对话也在这种比较中获得了升华、具有了更丰富的意义，它使哲学的研究具有强烈的时代性，也使中国哲学在回应现代化的过程中具有了更丰富的生命力。所以，这种对比就绝对不是简单的概念对比，要转变视域，不能一味地从典籍出发，满足大而化之的概念判断，而应从天道性命转到日用人伦，从主义转向问题。① 因此，中西哲学的沟通和比较，是两种不同文化之间的碰撞，中西文化不能在对比中流入干瘪的同一，而应在对比中走向"共荣"和"共生"。当然，在这种对比中也能够对西方哲学发展的现代性危机提供一个合理的借鉴。

总体来看，90 年代的中西哲学对比主要表现为以下几个特点：一、尝试从西方传统哲学出发，总结出中西哲学的差异所在，寻找中西哲学比较

---

① 参见郑家栋：《从现实中谋求儒学的提升和转化》，《哲学动态》1996 年第 6 期。

的契合点。当然，这种契合点的寻找仍然在现代西方哲学。二、从纯正的现代西方哲学出发，寻找新的方法和视域，试图使中国传统文化"老树发新芽"，使原先的被文化表层所掩盖的内在生机迸发出来。这是把中国哲学与现代西方哲学直接照面进行的比较研究。三、精通中国哲学和文化传统的一群人，他们生活在海外，试图运用自己所体会到的、接触到的西方哲学形式来解释中国文化，为儒家或道家哲学寻找新的发展契机。四、从现代西方哲学的其他类型，比如分析哲学的视角来做中西对比，做出一些更多的尝试。不难看出，我们不论以何种方式做中西比较，比较的立足点似乎都在中国哲学与现代西方哲学处。也就是说，中西两种文化形式的契合和融通也只有在现代才能建立起来。所以，我们也希望，新的哲学形式能够从这种建立起的基础上进一步生长出来。

四、郭店楚简研究

90 年代中国哲学界非常突出的一个特色就是对郭店楚简的研究。在儒家哲学的研究中回归古典，思考儒家哲学的内在本性，这些都属于哲学研究的方法论反思或形式研究，它可以是自由而任意的，随个人研究兴趣和喜好而变化。但文献资料的发现却是需要人们扎扎实实认真考订的，湖北郭店楚简的研究整理就属于这一类。它是 1993 年 10 在湖北荆门出土的一批先秦文献，包括道家著作 2 种 4 篇和儒家著作 11 种 14 篇。1998 年竹简公布后，在海内外引起了极大轰动，考古、历史和哲学界学者纷纷加入竹简的研究工作。所以，郭店楚简的研究并不具有 90 年代的时代特征，而是一个偶然的发现所造成的具有深远影响的事件。但这一事件所造成的结果却远非它的发现那样具有偶然性，而足以改变中国哲学史的面貌。杜维明曾言："郭店楚简的出土，整个中国哲学史、中国学术史都需要重写。"[1] 这

---

[1] 杜维明：《郭店楚简与先秦儒道思想的定位》，《中国哲学》（第 20 辑），辽宁教育出版社 1999 年版，第 2 页。

一说法并非言过其实，它真实道出了郭店楚简的重要意义。随之，有大量的围绕郭店楚简的学术会议开始召开，也有数量巨大的学术著作和论文相继出版和发表。国内一些有影响的专业杂志如《孔子研究》《中国哲学史》等辟有专栏进行讨论，《中国哲学》和《道家文化研究》也都出版了楚简研究专辑。郭店先秦文献的出土，无疑为廓清学术史上一系列有争议的问题提供了不可多得的实证材料和重要线索。

由于楚简的文献材料主要涉及儒家和道家，学者讨论的重点也集中在儒家和道家两方面上。郭店楚简中与道家相关的文献为《老子》甲、乙、丙三篇和《太一生水》篇，涉及的问题主要有《老子》的成书年代以及楚简《老子》和今本《老子》的关系，《老子》一书的思想和先秦儒家之间的关系。就儒家来说，问题集中在儒学学派的归属问题以及对《性自命出》篇及楚简"仁义"思想的讨论。最重要的是，通过道家楚简的揭示，人们对儒道之间关系的看法随之发生改变了。

就《老子》的成书来说，老子其书其人，历史上向来不甚明确。只有《史记》中记载"或曰儋即老子，或曰非也，世莫知其然否"。在历史上已成悬案。今人郭沂则认定儋与老子（老聃）应为两人，郭店简本《老子》为春秋时与孔子同时的老聃所著，而今本（包括马王堆帛书本）则出自战国时的太史儋。如此一来，老子就不是我们普遍认可的出于战国晚期的人物，而似乎是中国最早的哲学家。那么，《老子》一书也并非出现于战国晚期，似乎与早期儒家有更多的思想上的重叠与交融。郭店楚简的出土使《老子》的成书以及老子其人都有了一个可靠的定论。有了这样一个史实的定论，哲学史上已经成型的学术思想似乎就要发生相应的改变了。

随之而来的问题是，既然现在已经出现了楚简《老子》，那么它和今本通行的《老子》有什么关系呢？在楚简《老子》与今本《老子》的关系上，张立文先生引证了布朗大学罗浩教授的说法，比较有代表性。他认为，罗浩根据西方文献批评学的方法，提出分析这一问题的三个模型：第一种模型是"逻辑型"，即简本是今本的摘抄；第二种模型是"来源型"，即简本是今本的前身；第三种模型是"并行文本型"，即两者是同时并行的文本。① 这三种分析方式从逻辑上穷尽了简本和今本之关系的所有可能性，那么很多学者的观点也都被包含在三种可能性之中了。比如，张立文认为，简本《老子》甲、乙、丙是根据不同版本而摘抄，并不意味着这三者就可以合并成一个完整的《老子》。② 崔仁义主张今本《老子》来源于简本《老子》，他的根据是简本《老子》的古朴性。③ 持同样观点的学者还有池田知久、李泽厚等。邢文则从逻辑的角度推测，郭店《老子》与今本《老子》不属一系，他认为以"一"论道与以"牝""母""婴儿"等喻道，是今本《老子》最富特色和代表性的内容，却为郭店《老子》所不见，这证明了二者的不同。④

按照以上的探讨，《老子》的成书并不在儒家之后，而是与早期儒家更接近，那么它与儒家的思想便不可避免地存在着交融。而今本《老子》与简本《老子》也有着一定渊源，那么通过《老子》书的发现，道家和儒家之间的交融存在于什么地方呢？郭店《老子》恰在关键性的话语上与今本《老子》有歧出，这为思想界重新解释儒道关系提供了新的资源。据考证，从简本《老子》的文本来看，它不但没有批判儒家的思想，而且对儒家的圣、仁、义、孝、慈、礼持肯定态度。任继愈认为，简本《老子》正确指出《老子》主旨在讲明"无为""贵柔"，而不反对仁义，道家和儒家相互敌对、势成水火，那是学派造成以后的事。⑤ 张立文认为儒道两家并非是针锋相对、势同水火的，而是互补互济的。简本《老子》甲本所说的"绝智弃辩""绝巧弃利"等本身就与儒家思想有相一致的一面，它不仅不

---

① 参见张立文、段海宝：《中国哲学三十年来的回顾与展望》，《社会科学战线》2008 年第 3 期。

② 参见张立文：《略论郭店楚简的"仁义"思想》，《孔子研究》1999 年第 1 期。

③ 参见崔仁义：《荆门楚墓出土的竹简〈老子〉初探》，《荆门社会科学》1995 年第 5 期。

④ 参见邢文：《论郭店〈老子〉与今本〈老子〉不属一系》，《中国哲学（第 20 辑）》，辽宁教育出版社 1999 年版。

⑤ 参见任继愈：《郭店楚简与楚文化》，《中国哲学史》2000 年第 1 期。

是对儒家思想的批判和否定，而且是对儒家思想从否定方面的补充。儒家采取正的思维路向即"应该这样"，而道家则采取的是负的思维路向即"不应该那样"才能"这样"。① 另外，《太一生水》篇所讲的宇宙创生模式与今本《老子》的"道生一，一生二，二生三，三生万物"这种单线的模式存在着不同，它是双轨的发展模式。据李学勤考证，"太一"的这种创生模式与《周易》的生成模式有相同之处。这说明《老子》与《周易》有较大的关联。总之，由于简本《老子》的成书年代发生了变化，那么与其相关联的一系列的学术研究都要发生变化。这种发现对于学术界能够以客观、实事求是的态度去定位思想，更切实可靠地把握学术作品意义是重大的。

郭店楚简除《老子》甲、乙、丙及《太一生水》篇外，其他都可以划归为儒家，但是这些可以归为儒家哪一学派，目前学界尚无定论。李学勤曾做过细致的归类和划分，把这些儒家简的学派归属问题进行了清理。总体来说，他把儒家简归为思孟学派。但也有人不同意这种看法，李泽厚、陈鼓应和向世陵就持不同意见，他们都反对把楚简归为思孟学派。李泽厚则更为明确地指出从思想上看应该接近《礼记》和《荀子》。向世陵认为，《五行》篇无"情"之一字，而且连"性"一并未提，其文风亦与《中庸》有别，进而认为，以《性自命出》等篇为代表的讨论性情的著作，很可能是出于公孙尼子或其他七十子之手，而不必像一些学者所认为那样近归于子思。王博也基于地域特点和内容分析，把楚简的儒学派别定为子张氏之儒，而李存山则推测是"仲良氏之儒"。② 虽然归属存在着不同意见，但学者们普遍认为，儒家简的发现至少有两个重要的意义。其一，确认了《论语》类文献的可信性并填补了孔子到孟子之间文献的空白。长期以来，人们对孔子的研究只能依靠《论语》，而对于那些大量记载孔子言行的文

---

① 参见张立文、段海宝：《中国哲学三十年来的回顾与展望》，《社会科学战线》2008 年第 3 期。

② 参见张立文、段海宝：《中国哲学三十年来的回顾与展望》，《社会科学战线》2008 年第 3 期。

本持怀疑态度。由于《论语》对孔子的记载并不能完整地呈现孔子的学术风貌，有一些其他的可靠材料以便补充《论语》的记载是非常有益的。这些材料也能对《论语》本身进行证实，表明我们以《论语》为最基本的研究孔子思想的材料是可靠的。比如这次郭店楚墓中记载孔子语的《礼记·缁衣》篇的出土，证明了在先秦典籍中除《论语》外，确实存在一批"《论语》类"文献，这便丰富了孔子研究的资料。另外，此次出土的大量孔子后学的文献进一步证明了思孟学派确实是存在的，比如一部分早已失传的《子思子》等。这些重要材料的发现使原先被认为孔孟之间存在的断裂有了一个更好的弥补，因为学术的传承从孔子到孟子确实存在着一个跳跃。没有材料作支撑，人们只能凭借思想进行推论，材料的出现使原先的推论有了一个可靠的基础。这就使从孔子到孟子的学术进展有了一个连贯的逻辑关联。

其二，从郭店楚简中能够看出传统儒家的思想倾向。过去一般认为，儒家思想重伦理政治，哲学思想则较为薄弱，以至于后人有把儒家理解为政治哲学家的。也就是说，儒家哲学缺少本体论的支撑。但这次出土的儒家简全为理论化的著作，讨论的都是天命情性等事关形而上的根本问题。这不得不使人对传统儒家的内在特性重新进行估量。即便不认为传统儒家以纯粹哲学为主，也会认为在哲学思想和伦理政治上是并驾齐驱的。而且，如果没有这些理论化的形上思想发展出来，后来的儒家，比如宋明理学所呈现出的义理之学、心性天等具有较强形上维度的哲学形态就缺乏理论根源。先秦儒家的这一发现不仅填补了自身偏政治化的倾向，也使后来的注重义理的儒家形而上学有了更好的理论支撑。

不难看出，郭店楚简的发现虽然是一个偶然的事件，但它却与90年代人们的冷静思索和回归古典的思潮不谋而合。这种机缘巧合使学术探讨和材料文献携手并进，推动着20世纪90年代中国哲学的发展。

第十章 | **外国哲学研究的返本开新**

一、Being 与西方哲学传统

进入 90 年代，西方哲学的研究迎来了繁荣的时期。90 年代的学术精神乃是一种冷静的反思和理性的思考。在中国哲学的研究中，它趋向于回归古典和传统，而在西方哲学的研究中就是进一步加大对西方典籍的理解和把握，研究更加深入。"在这一时期，西方哲学的著作翻译工作蓬勃展开，研究范围不断扩展，研究工作日益深入，对外交流日益广泛。"① 相比于 80 年代来说，大量的学术成果还是以哲学史为主，学术研究的性质主要是介绍、引进，专题研究相对薄弱；到了 90 年代，各专题研究和微观领域的关注越发多了起来，它从一种宏观的、总体化的关注转移到了具体细节和专题研究中了。这说明了对问题的关注从外在走向了内在，从表象过渡到了本质。所以，这一时期西方哲学的研究精神就是对哲学之具体问题和实质问题的把握。

对实质性问题的把握最重要的体现就是对西方哲学中 Being 的问题的探讨。学过西方哲学的人都知道，Being 乃是西方哲学最根本的问题。柏拉图、亚里士多德、托马斯·阿奎那、黑格尔、海德格尔等大哲学家

---

① 周晓亮：《我国西方哲学研究的回顾、现状、述评和展望》，《哲学研究》2007 年第 7 期。

无一不是以 Being（存在、是）为其哲学探讨的核心。从古希腊哲学开始，哲学就是与形而上学捆绑在一起的，而形而上学就是对 Being 的研究，所以，"哲学只研究一个问题，就是 Being（存在、是）"。但在西语中，Being 是动词 to be 的名词形式，也就是说，它既可以做动词，也可以做名词。而在中国的语言中则没有一个词汇能够表示上述两种形态的，当译为"是"，就失去了"存在"的意义；同样，当译为"存在"，就失去了"是"的意义。这就很难兼得。因为，我们毕竟是用中国的语言和思维方式来研究西方哲学中最根本的问题。翻译所带来不仅是语言的转换，同时还有思想本身的转换。"西文 Being 所对应的中文概念究竟是什么？这不仅仅是一个语言翻译的难题，更重要的是，它涉及中国人对西方哲学的理解，关系到中国人研究西方哲学的水平和质量。"① 所以，关于西方哲学中那个最根本的问题——Being 的问题——就成为了 90 年代中国哲学界所着力关注的重点。

据专家的考证，Being 在中国翻译中也有一个较悠久的历史。50 年代之前，国内学者根据日译普遍把 Being 译为"有"，而且《老子》一书的英文译本也是把"有""无"分别译成 being 和 non-being。20 世纪 50 年代之后，我国哲学界是马克思主义哲学占主导地位的时代，由于对恩格斯《反杜林论》中相关文句的翻译使人们对 Being 的翻译发生了转化。"有"的翻译变化为"存在"了。我们耳熟能详的恩格斯的经典话语"近代哲学的基本问题是思维和存在之间的关系问题"，就是把德语中的 Sein 译成"存在"的结果。译为"存在"的翻译来得突然，但被人们接受得又那么切实，以至于人们并没有什么异议。但到了 90 年代，这一问题又被重新摆上了案头，一方面可能在学术研究的深入过程中需要面对这一问题，另一方面也是因为它是学术传承的老问题。所以，这一问题在 90 年代被集中地激发了出来。首先对这一问题发难并提出不同意见的是陈康的

① 赵敦华：《BEING：当代中国哲学的一个基本问题》，《江海学刊》2004 年第 1 期。

学生汪子嵩和王太庆，他们二人主张，中国哲学中并没有与西文 Being 相对应的现成概念，必须用一个新造的中文词汇"是者"，才能准确地表达 Being 的意义。陈康在 40 年代已经提出过这一问题，他认为中文没有外延如此广泛的词与 Being 相当，译成"有"也只是 Being 的一个属性，并不是 Being 本身。他主张音译，不要意译。而汪子嵩和王太庆则主张把 to be 译成"是"，把 Being 译成"是者"。可以说，这是 90 年代一种新提法。另外，赵敦华先生也在此基础上提到了另一种解决方式，就是三者可以并存，视具体语境而论。① 于是，在 90 年代这个问题就集中爆发了出来，几种不同的译法都有人坚持，产生了不同译法之间的冲突。大致来说，各学者的观点可以分为以下几类：第一，主张把 Being 译为"存在"。韩林合、孙周兴、倪梁康等都持这种看法。孙周兴认为："近年来有不少学者主张把名词的 on，Sein，Being 译为'是'，把 Ontologie（我们译为'存在论'）译为'是论'。可谓用心良苦，但不待说，这种做法丝毫没有改变汉语本身的非语法特征，比如说，并不能使汉语具备词类的形式转换功能，因而对于增进义理的理解并无多少益处。"持这种观点的大都属于现代西方哲学所谓的现象学学派，因为"存在"的译法更能凸显 Being 的现象学意义。第二，主张把 Being 译为"有"，比如叶秀山、邓晓芒等。第三，Being 的一般意义是"是者"，持此观点者有王路、俞宣孟等。也有主张把 Being 在希腊哲学中的一般意义翻译为"是者"，对 Being 在全部哲学史中是否有一般意义存而不论。如汪子嵩、王太庆。第四，不论在任何地方，Being 都保持三种译法，视具体情境而定。它可以在某个哲学家那里译为"存在"，也可以在另一个哲学家那里译为"有"，同样也可以在别的哲学家处译为"是者"。这些全凭具体情境而论，没有固定的译法。赵敦华持最后一种看法。② 当然，这个争论一直持续到 21 世纪，今天仍

---

① 参见赵敦华：《BEING：当代中国哲学的一个基本问题》，《江海学刊》2004 年第 1 期。
② 参见赵敦华：《BEING：当代中国哲学的一个基本问题》，《江海学刊》2004 年第 1 期。

在继续。宋继杰甚至还就这一问题把几乎所有相关论文汇集成书，书名叫《BEING 与西方哲学传统》，河北大学出版社 2002 年版。这就是这场讨论的直接见证，也是它的积极成果。

这是关于 Being 在翻译问题上的争论，与此相关的还有关于 Being 的研究。这些研究就直接触及西方哲学问题的实质了。汪子嵩和王太庆在其合写的文章《关于"存在"和"是"》中指出，西方哲学从古希腊开始，一直到现代西方哲学，始终有一个核心的问题，就是希腊文的"on"，拉丁文的"ens"，英文的"being"。哲学最核心的内容就是关于"being"的学问，就是"ontology"。这是从西方哲学的总体路向上指出了"本体论"是西方哲学的中心问题。詹世友在《对巴门尼德的"存在"的一种解读》一文中指出，从巴门尼德提出"存在论"始，古希腊哲学从本原论转向了本体论，这是西方理性主义的开始，"存在"问题成为了知识的最高对象，也成了宇宙万物的本质、规律的探寻和对人生目的、意义的诘问的核心，它是人的安身立命之本。余纪元考察了亚里士多德"作为存在的存在"（being as being）之哲学对象的基础上系统地分析了亚里士多德对存在（on）的理解。① 王路则通过亚里士多德《形而上学》中几个术语的翻译来展示亚氏的"是"和"是其所是"的思想内涵。② 这是就 being 在古代时期的出场进行的探讨和研究。

除了对 Being 本身的研究，也有对 Ontology 的研究。这是"存在学"或"存在论"，是哲学家对 Being 的构造和理解所形成的一套理论系统，是 Being 的研究的拓展和延续，也是 Being 之研究的题中应有之义。赵汀阳在《本体论的困难及其出路》一文中详尽分析了"存在与存在的证明的一致；本体论存在的完满性；本体论提问的合法性；本体论关系的协调性；本体论困难的重新解释以及生活作为出发点"等问题。俞宣孟的大作《本

---

① 参见余纪元：《亚里士多德论 ON》，《哲学研究》1995 年第 4 期。
② 参见王路：《亚里士多德的"是"和"是其所是"》，《哲学译丛》2000 年第 2 期。

体论研究》除了考察本体论的缘起、发展以及终结的过程，还对本体论提供了一种系统的界定，也就是研究范畴以及范畴所确立的演化系统。这部著作还集中探讨了黑格尔、马克思等人的本体论思想及其批判，澄清了许多模糊的问题。有些学者则从形而上学的一贯思路出发，结合现代西方哲学的解决方式，提出一些自己的相关思考。

有很多学者把本体论问题和现代西方哲学结合起来，试图在现代西方哲学的发展中解决传统关于本体论问题的困境。这也是对本体论问题研究的具体体现。叶秀山是这一研究的先行者。他在 80 年代出版的《思·史·诗》一书中就从本体论的一些问题，比如"存在（有）""无"入手，审视了海德格尔对西方传统哲学危机的解决。叶秀山先生认为"有""无"问题是传统形而上学的基础。但传统形而上学只关注"有"，没有真正地关注过"无"，只有海德格尔哲学才真正思考了"无"的问题。这是形而上学思路的转变，同时也是"本体论"问题的进一步推进。[1] 同样，彭富春也认为，海德格尔的根本问题是关于"存在"的探讨，但他的"存在"既不是存在者，也不是存在者的存在，而是存在本身，如此理解的存在就是虚无。这一思路虽然没有提及海氏通过虚无对传统哲学有哪些具体的推进，但却充分指出了海氏哲学的实质问题。张祥龙在《海德格尔与中国天道》和《从现象学到孔夫子》两部著作中都涉及了本体论问题与现代西方哲学的内在关联，他主张立足于生活基础上的解释学方案是本体论问题的合理解决途径。

也有学者运用语言分析的操作平台，借助于分析哲学的一些思路和方法来寻找问题的解决途径。我们知道，在现代西方哲学的发展中，欧陆哲学和英美的分析哲学都在致力于对传统形而上学的批判，解决传统哲学出现的问题，只不过采取的方法不同而已。徐友渔在《"哥白尼式"的革命》一书中，通过奎因的本体论观点，卡尔纳普的语言架构等问题揭示了当代

---

① 参见叶秀山：《世间为何会"有""无"》，《中国社会科学》1998 年第 3 期。

西方哲学对"本体论问题"的解释。① 赵汀阳在《维特根斯坦的本体论：对 Can-be 的批判》一文中指出维特根斯坦的前后期转变是从语言的批判到生活的批判，从认识的本体论解决到本体论的认识论阐明，从表象到显现的转换。这种转换对于理解维特根斯坦哲学有较大的意义，对于理解和把握传统哲学的现代转向也有重要的意义。王路则把整个西方哲学的问题归结为"是"与"真"的问题，对这两个概念进行了细致的探讨，并指出了二者的天然关联，以自己的理路来梳理西方哲学的本体论研究。② 以上的这些探讨都是围绕 Being 与西方形而上学的传统进行的，并试图在传统西方哲学中揭示 Being 的起源，在现代西方哲学中寻找新的解决方式。的确，这是西方哲学的根基所在，也是支配着西方哲学发展的最深层的问题。传统哲学也曾给出过相关的解释方法，然而根据哲学发展的新要求，人们则更愿意在新的哲学视域下求得问题的最终解决，因为这和中国传统哲学也能建立起有效的关联。所以，我们审视西方哲学的发展，尤其是90 年代的发展，对 Being 的关注能够切入西方哲学的内在精神，也能够真正把握住我国 90 年代对西方哲学研究的问题的实质所在。

每一种文化都有其内在的精神实质，这是此种文化在几千年的传承中逐步积淀下来的。中国文化之内在深层的问题就是"天道""道路"等问题，西方则是 Being 的问题。在中西哲学的比较中，有人认为中国的"天道"或"天、地"概念应该服从于西方的 Being，认为天、地、人、神这些概念毕竟也是"存在"。这样，就把中国哲学的一些文化渊源的基础纳入到西方的架构中了。但也有人强烈反对这种做法，认为中国哲学中的"天道"或"道"本属中国传统文化中的纲领性概念，与西方哲学的 Being 不在一个层次，没什么可比较的地方。甚至有人认为，Being（存在）乃是天、地生出来的，试图把 Being 纳入中国哲学的"天、地生万物"的宇宙论系

---

① 参见徐友渔：《"哥白尼式"的革命》，上海三联书店 1994 年版。
② 王路：《"是""是着""此是"与"真"》，《哲学研究》1998 年第 6 期。

统进行理解。这些差别都表明，由于中西文化的差异，使我们把握西方哲学的 Being 时存在相应的障碍，尤其以不同的文化语言系统去转换它就更困难了。但不论如何，人们毕竟行走在 Being 之研究的"道路"上，并在这条披满荆棘的小道上越走越远。

二、走向繁荣的西方传统哲学

90 年代的学术热潮以对 Being 的探讨为核心和基础，以各个学术研究的领域和发展阶段为表现形式，有条不紊地展开了。就古希腊哲学来说，由于 Being 的问题直接就是从古希腊来的，所以对 Being 的问题的探讨首先事关古希腊哲学的研究。汪子嵩、王太庆、叶秀山和余纪元等学者都对这一问题进行过相关的探讨。除了对 Being 的研究，单就这一时期的学术本身来说，也有较大的进展。主要有三个相应的事件需要关注：第一是四卷本《希腊哲学史》的写作。这套书是汪子嵩负责主持，由汪子嵩、范明生、陈村富、姚介厚撰写，三代学人共同奋斗 28 载而成的皇皇巨著。其第一卷已于 1988 年出版，二、三卷的写作正值 90 年代这段时期。这是《希腊哲学史》的发力期，而且在 1993 年出版了第二卷，第三卷于 2002 年也出版了。这套断代学术著作主要论述了公元前六世纪到公元六世纪长达 1200 年的希腊哲学史，是迄今为止世界上第二部多卷本希腊哲学史著作，是中国学者以中国学术视野对古希腊哲学进行断代史研究的鸿篇巨制，体现了中国学者对古希腊哲学研究所做出的独特的理论贡献。

第二是苗力田主编的《亚里士多德全集》的出版。《亚里士多德全集》汉译十卷本系国家哲学社会科学基金"七五"科研项目重点课题，于 1985 年立项。该课题由苗力田教授主持编译，参加翻译工作的人员有徐开来、余纪元、秦典华、颜一、崔延强和李秋零等。在 80 年代，这套译著已经投入翻译，最终在 90 年代完成了整个的翻译过程，全书历经十载寒暑，于 1997 年 1 月完成交由中国人民大学出版社一次全部出齐。在此期间，为了满足读者的需要，全集中重要的几卷，如第一、二、三、七、

八、九卷已分别由中国人民大学出版社出版，在学术界引起了极大的反响，并先后再版。这是古希腊学界，当然也是整个西方哲学界的一件大事。十卷本的汉译本《亚里士多德全集》为汉语思想界研究亚里士多德的哲学思想提供了可靠的学术依据。在这十卷中，第七卷、第八卷具有极其重要的地位。因为，亚里士多德的基本哲学思想就反映在其中。在这里，亚里士多德不仅提出了许多本体论、认识论和伦理学上的重要问题，而且针对它们作了开创性的、细致而深入的探讨。

第三，王晓朝的《柏拉图全集》的翻译工作在 90 年代紧张地进行。柏拉图是古希腊伟大的哲学家，西方哲学的鼻祖，但其著作的中译本一直不全。王晓朝译的四卷本《柏拉图全集》，以希腊原文的洛布丛书中的《柏拉图文集》为基准，翻译文笔流畅，可读性强，而且在内容的编排上借鉴了国际公认的权威英译本——伊迪丝·汉密尔顿和亨廷顿·凯恩斯主编的《柏拉图对话全集》，采纳了这个版本中各篇对话前的短序，作为中译本各对话的提要，帮助读者正确地理解正文的内容。译者是古希腊和早期基督教哲学研究的专家，本次独立翻译柏拉图的全部作品，以希腊文原文本为基础，仔细考究了英译本和已有中译本的成就得失，在前人基础上把对柏拉图对话的翻译和研究推进了一大步。这套丛书虽然在 21 世纪出版，翻译工作却主要在 20 世纪 90 年代。

当然，除了这三件甚为紧要的学术工作，还有王宏文等的《柏拉图研究》，高清海的《哲学的憧憬——形而上学的沉思》，范明生的《晚期希腊哲学和基督教神学》，崔延强的《论存疑：希腊怀疑主义新探》，宋洁人的《亚里士多德与古希腊早期自然哲学》，靳希平的《亚里士多德传》，赖辉亮的《柏拉图传》，张传友的《西方智慧的源流》，崔延强等著《正义与逻各斯：希腊人的价值理想》，李咏吟的《原初智慧形态——希腊神学的两大话语系统及其历史转换》以及黄天海的《希腊化时期的犹太思想》等。这些学术著作丰富了古希腊哲学的研究，提供了更多的研究路向。

在中世纪哲学的研究上，80 年代还带有较多的传统观念的痕迹，我们看到车铭洲等人对基督教哲学的研究尚受传统观念的影响，但到了90年代则走向了更加学术化的道路。这些研究者往往都有国外的求学背景。我们知道，西方乃是基督教盛行的世界，在西方大学能够领略纯正的基督教哲学研究。所以，这些学人一般都能如实地反映基督教哲学的精神。总体来说，这一时期较有代表的当属赵敦华关于中世纪哲学的综合性研究，傅乐安关于托马斯·阿奎那哲学的研究。除此之外，还有孙尚扬的《基督教与明末儒学》，王晓朝的《基督教与帝国文化》。这些著作具有较强的文本研究的特色，都是这一领域的专项研究，是中世纪学术研究的重要体现。

赵敦华在国内属西方哲学的研究专家，他曾求学于比利时的卢汶大学。回国后，看到国内哲学对中世纪的基督教哲学研究甚少，且连一本像样的教科书也没有，遂决定着力在国内介绍中世纪哲学。但中世纪不仅是时间跨度的问题，而是一种文化形式，它是基督教哲学的兴盛时期。其哲学主要表现为教父哲学、经院哲学以及唯名论和唯实论等。"为了突出古代哲学被教父哲学所取代，教父哲学向经院哲学演化以及经院哲学向现代哲学过渡的历史连续性和内在的发展线索，作者决定把2世纪至16世纪的西方哲学，即作为基督教文化一部分的中世纪哲学从其诞生、发展到衰落1500年作为一个独立阶段进行研究和论述。"① 这本著作就叫作《基督教哲学1500年》。首先，它把中世纪的基督教哲学与古希腊哲学的关系做了系统的清理，指出了它们之间的连续性；其次，它以丰富的材料，详细阐述了这一时期的哲学派别，分析他们提出、发展以及解决问题的方式，评价了他们理论成果的优点和缺点。赵敦华的这部著作在国内影响甚大，填补了90年代国内中世纪基督教研究的空白。

傅乐安较早地研究中世纪哲学。改革开放之后，他访问了比利时的卢汶大学以及欧美的一些中世纪哲学研究中心。他搜集了大量的阿奎那研究

---

① 黄见德：《西方哲学东渐史（下）》，人民出版社2006年版，第1034—1035页。

材料，试图通过阿奎那这样一个个案的研究来揭示中世纪哲学的内在特征，写出了《托马斯·阿奎那基督教哲学》。在这本书中，傅乐安详细阐发了阿奎那的基督教哲学思想，主要体现在以下几点：一、突出强调了阿奎那在构建哲学体系时对亚里士多德哲学的吸收和借鉴，凸显了阿奎那在哲学发展史上的变革意义；二、比较全面、系统地研究托马斯·阿奎那的哲学思想，不仅从哲学与神学的关系、认识论、伦理学、形而上学、上帝存在的证明等方面对阿奎那哲学进行了阐述，而且对每一部分与整个哲学的关系也做了详加细致的阐发；三、比较细致地分析了阿奎那哲学对后来基督教哲学的影响，这个影响不仅指托马斯哲学的复兴，也指 60 年代以来基督教哲学的现代化运动。总之，这本著作在认识探究阿奎那哲学体系的基础上提出了一些颇具新颖的观点，是一本系统研究阿奎那思想的代表作。

在 80 年代，关于 16—18 世纪的经验论和唯理论哲学的研究已经全面起步，已有多部成果问世。学术研究从来都是一个可持续的发展过程，每一阶段虽然都有自己的特色，但这些研究成果的界限往往是很模糊的。就 16—18 世纪的哲学来说，80 年代的研究和 90 年代的研究并没有什么质的差别，但从量上来说，90 年代确实要比 80 年代丰富多了，用百花齐放来形容是不为过的。16—18 世纪的研究所呈现出的样态是，每一位哲学家都有相应的较为扎实的研究著作。在 80 年代有陈修斋为主导的对 16—18 世纪的综合性研究，余丽嫦对培根的研究，邹化政对洛克的人类理智的研究。除了这些还有大部分的哲学家没有体现出来，比如斯宾诺莎、莱布尼茨、贝克莱以及休谟等。到了 90 年代，这些相关的研究都弥补上了。其中，洪汉鼎的《斯宾诺莎哲学研究》把斯宾诺莎哲学把握为一个从中世纪神学和经院哲学向近代哲学过渡时期的产物，它的许多概念和术语无疑会打上时代的烙印，作者试图通过对斯宾诺莎哲学体系的一些主要概念作历史探讨和具体的解释，来寻找一条正确理解斯宾诺莎哲学思想的途径；周晓亮的《休谟哲学研究》根据历史的和辩证的观点对休谟哲学作具体的分析和评价，阐明它的意义和影响，特别注意对休谟哲学原著的考据和研究，力求在休谟的本来意义上准确理解和把握他的学说，从而做出比较全面的考察和评述；傅有德的《贝克莱哲学研究》不仅考察总结了国内的已有成果，而且更加系统全面地介绍了国外一个时期以来特别是最近的巴克莱哲学研究的状况，列举了许多著名的巴克莱研究专家和权威学者的名字和他们的代表作品，也扼要地介绍了他们的主要观点和突出成就，并对他们的得失作出了自己的评论，对巴克莱哲学的本质或主要倾向，提出了很新颖的见解，对这方面的传统观点提出了挑战。这些著作基本上都被人民出版社收入进"哲学史家文库"系列。这是对学界影响较大的一套丛书。

还有大量的研究是需要我们关注的。如徐瑞康的《欧洲近代经验论和唯理论哲学发展史》重新阐释了经验论和唯理论哲学的逻辑进程；黄振定的《理性的回归与迷惘——西方理性论评析》对理性主义哲学进行了再审视，其《通往人性途中——休谟人性论研究》则又细致探讨了休谟的人性思想；王义军出版了《培根传》，巴发中的《霍布斯及其哲学》非常系统地研究了霍布斯的整个哲学思想，陶德荣在《洛克意义理论研究》中对洛克的意义理论进行了探讨。其中，还有闫吉达的《休谟思想研究》，罗中枢的《人性的探索——休谟哲学述评》等，而张志林的《因果观念与休谟问题》又掀起新一轮的休谟哲学研究，把休谟哲学推向了高峰。这些著作合在一起构成了90年代关于16—18世纪哲学研究的丰富的组成部分，而90年代也是16—18世纪哲学研究的黄金时段，以后再没有这种时期了。与16—18世纪的经验论和唯理论研究相比，学者们对法国的唯物主义和启蒙运动的研究则相当薄弱，甚至可以忽略不计了。

对于德国古典哲学来说，正是人们的研究兴趣集中，情绪极度高涨的时期。这一时期出版了数量巨大的相关研究著作，是任何时期的研究成果无法企及的。改革开放之后，由于马克思哲学的缘故，国人率先接触德国古典哲学，到了90年代这些研究结果充分体现出来了。这一时期最具代表性的包括张世英对黑格尔的一系列研究，杨祖陶对德国古典哲学的关注、研究，梁志学对费希特哲学的翻译和研究，王树人对黑格尔的研究等。

张世英以研究黑格尔哲学著称，他在八九十年代陆续出版了《论黑格尔的〈逻辑学〉》《黑格尔〈小逻辑〉绎著》等。这是系统阐述黑格尔哲学本体论基础的部分，而后张世英深深感受到"哲学的中心课题应该是研究人"，又转入黑格尔精神哲学的研究。随后出版了《论黑格尔精神哲学》《自我实现的历程：解读黑格尔的精神现象学》。这两本著作着重关注了黑格尔对意识、自我意识、理性以及精神等问题的研究，实现了哲学应该研究人的思想构图。后来，随着张世英黑格尔研究视角的转换，他的研究也逐步转向了自己的哲学思考、创造属于自己的哲学思想。但其早年对黑格尔哲学的研究在国内的黑格尔研究领域做出了较大的贡献。杨祖陶是贺麟的学生，深受其老师的影响，力图研究、翻译德国古典哲学，尤其是黑格尔哲学的著作。先后出版《德国古典哲学的逻辑进程》《康德黑格尔哲学研究》《康德〈纯粹理性批判〉释义》等，译有黑格尔的《精神哲学》《耶拿逻辑》等。杨祖陶把德国古典哲学理解为一个必然的发展过程：它以主观能动性和客观制约性的矛盾为纲，辩证地体现了从康德到费尔巴哈的进程及其向马克思的实践的唯物论发展的内在必然性。梁志学关注的重点则是费希特哲学，他对费希特哲学的研究和翻译对国内后学贡献甚大。就费希特的研究来说，他的三卷本著作：《费希特青年时期的哲学创作》《费希特耶拿时期的思想体系》《费希特柏林时期的体系演变》是国内系统研究费希特的主要著作。这三部著作囊括了费希特一生的学术轨迹，把其知识学的内在演变过程进行了系统的梳理。梁志学又组织编译了五卷本的《费希特著作选集》，这套选集几乎囊括了德文版《费希特全集》中的主要著作，是研究费希特不可多得的文献。王树人对黑格尔的研究做出了较大的贡献，其出版的《思辨哲学新探》《历史的哲学反思——黑格尔"精神现象学"研究》从自己的视角综合各家观点对黑格尔一些具体问题进行了有创造力的研究，但后期王树人走向了中国哲学，注重"象思维"——即与黑格尔的

"具体概念"既具有差异又有着内在共通性的符号形式。

除了上述较有代表的，这一时期的著作数量仍然巨大，除了谢林的研究尚属少数，康德、费希特和黑格尔都有大量的探讨。如：杨一之的《康德黑格尔哲学讲稿》，陈嘉明的康德研究《建构与范导》，韩水法的《康德传》，范进的《康德文化哲学》，谢舜的《康德的宗教哲学及其现代影响》，邓晓芒的博士学位论文《冥河的摆渡：康德的〈判断力批判〉》，戴茂堂的《康德的美学现象学诠释》，程志民的《费希特的哲学》，谢地坤的《费希特的宗教哲学》，宋祖良的《青年黑格尔的哲学》，邓晓芒《思辨的张力——黑格尔辩证法新论》，舒远招的《黑格尔的历史理性研究》，赵林的《黑格尔的宗教哲学》，张慎的《黑格尔传》等。这些著作是 80 年代德国古典哲学的延续，很多都是年青一辈的学术成果，这是国内德国古典哲学研究的黄金时代。但不可否认的是，这些著作毕竟是国人研究康德、黑格尔等大哲的阶段性成果，也存在着诸多问题，还是需要进一步向前推进的。

三、现代西方哲学研究的新成果

80 年代是现代西方哲学的初创阶段，90 年代现代西方哲学则迎来了"繁荣时期"。因为现代西方哲学虽然没有像传统西方哲学那样分为若干历史阶段，但却有各种各样的学派，这些学派刺激了国人的神经。在 80 年代，我们已经迎来了萨特、尼采和弗洛伊德热，90 年代则随着这些热潮慢慢地扩展开来。大致来说，现代西方哲学可以分为英美哲学和欧陆哲学两大派系。欧陆哲学继承古希腊、中世纪以至德国古典哲学的思辨风格，而英美哲学则继承了唯名论、经验论以及康德的部分传统。这两大派哲学的研究在 90 年代都如火如荼地开展起来了。总体来说，90 年代现代西方哲学的研究特征正像现代西方哲学的具体特征一样注重差异，向多元化的空间展开，并获得自己的研究形态。因为，通过对比，我们会发现一个重要的区别：西方传统哲学注重统一性，所以几千年哲学的发展就像一个整体的自身运演、自身展开一样；现代西方哲学注重差别，消解同一性，哲学的发展就像高坡上的水流一样四散开来，并形成各个差异性的段落。所以，现代西方哲学主要以空间的方式展开；而传统西方哲学则主要以时间的方式展开。学术的研究与其相一致，它也像各个学术团体同时分散在各个不同的领域一样，从事着各自的研究；相反，传统哲学的研究都是在一个不同的时间段落讨论着相同的主题，只是随着时间的变迁，新的主题才会发生变化。

带着这种研究的思路，我国90年代的现代西方哲学就以这种空间化的拓展方式雨后春笋般地生长起来。就现象学来说，国内涌现了一大批现象学学者。1994年10月，在南京召开了"全国首届现象学研讨会暨现象学专业委员会成立会议"，这标志着中国现象学的研究走上了规范化的道路。而后，2001年，北京大学"现象学研究中心"成立，2002年，中山大学"现象学与哲学研究所"成立。这些硬件设施为现象学的研究提供了保障。从专业研究看，国内较具特色的主要有：倪梁康对现象学思潮的引进和推动，张祥龙对现象学的独特理解和创造性思考，张庆熊的现象学与唯识论的比较，孙周兴对海德格尔的翻译和阐释，靳希平对海德格尔的早期研究，张汝伦对解释学的具体阐发以及洪汉鼎对伽达默尔的翻译和研究。

倪梁康是国内较早关注和研究现象学的学者，他在1986年翻译出版了国内最早的胡塞尔著作《现象学的观念》。90年代最突出的贡献当属胡塞尔划时代的代表作《逻辑研究》的翻译出版。国内学人对胡塞尔的了解首先是通过这一大部头的著作进行的。1999年，倪梁康又翻译了胡塞尔的《哲学作为严格的科学》，编译了《胡塞尔选集》，而且还出版了自己对胡塞尔现象学及其影响的研究著作《现象学及其效应》。这本著作是倪梁康的代表作。此项研究是对现象学运动这个20世纪欧洲最重要的哲学思潮的一个批判性的回顾。这个研究课题没有限制在由胡塞尔随《逻辑研究》两卷本的发表而开创的哲学思潮本身之上，而是扩展到由现象学运动对本世纪西方精神生活所产生的强烈影响之上。这部著作概观地考察了胡塞尔的四部最主要的著作《逻辑研究》《纯粹现象学与现象学哲学的观念》《笛卡尔式的沉思》和《欧洲科学的危机与超越论的现象学》，并在对胡塞尔的研究基础上考察胡塞尔对海德格尔、伽达默尔、舍勒以及哈贝马斯所产生的影响。倪梁康还在 1995 年到 1997 年间，撰写了《胡塞尔现象学概念通释》，这本书对于查找、翻阅甚至研究胡塞尔的著作都有重要的作用。总之，在 90 年代国内现象学的引进、译介上，倪梁康做出了较大的贡献。

张祥龙在 90 年代的现象学思潮中以其独特的现象学研究而知名。这要归功于他把现象学与中国传统文化进行的对比研究。张祥龙在 90 年代连续发表了大量的现象学研究文章，比如 1993 年在《中国社会科学》上发表的《胡塞尔、海德格尔与东方哲学》，在《场与有》第二期发表的《胡塞尔的"生活世界"学说的含义与问题》，于《中国现象学与哲学评论》第一期发表的《现象学的构成与中国哲学》等。这些文章后来集结成书，命名为《从现象学到孔夫子》，由商务印书馆出版。虽然是一部文集，但充分体现出了张祥龙研究现象学的独特视角。与此同时，他出版了影响巨大的一本海德格尔与中国传统文化的比较著作《海德格尔思想与中国天道》。这部著作是前面论文的一贯思路，就是做中西对比研究，试图在终极视域上获得中西哲学的开启与融合。其实，张祥龙的一系列现象学研究并不仅在于对现象学本身的探讨，而有其更深沉的目的。他曾说："我最关心的是如何通过更合适的方法和视域来理解中国古学，找到那能使她重焕生机的路子，因而时时留心着任何有可能在这件事上起作用的东西。"①这就使张祥龙的现象学研究有了更多的担当，也使他的研究更有自己的特色。这种特色是属于哲学本身的，使张祥龙在国内的现象学研究中获得了属于自己本身的东西。除了张祥龙之外，做中西比较研究的还有复旦大学的张庆熊，他在 1995 年出版了《熊十力的新唯识论与胡塞尔的现象学》。这部著作是他的博士论文，其中的两部分曾以外文的形式在国外出版过。

---

① 张祥龙：《从现象学到孔夫子》，商务印书馆 2001 年版，序。

在这本书中，张庆熊对熊十力的唯识论和胡塞尔的现象学的意识结构进行了对比分析，找出他们的相通之处，开启了佛学与现象学内在意识比较的先河。就现在的学界来说，已经有越来越多的人关注这方面的研究，比如耿宁、倪梁康等，而张庆熊的研究却有其开创之功。

相比于上述学者来说，孙周兴的现象学研究主要体现在翻译以及通过翻译对汉语海德格尔译文的界定和定位。海德格尔的后期著作几乎都出自孙周兴之手，他在翻译过程中所塑造的汉语表述习惯已经成为了海德格尔学界的常用语。他在90年代译出了《在通向语言的途中》《林中路》《路标》这几本海德格尔较有代表性的著作，又在1996年编译了《海德格尔选集》。而且，他于1994年在上海三联书店出版了自己的博士学位论文《说不可说之神秘》。本书深入追踪海德格尔的思想道路，特别对海德格尔后期思想作了一种类似于"体系化"的清理和重构，借此来澄清海德格尔的思想主题——"语言与存在"，并揭示海氏超越西方形而上学传统的思想努力的深层意蕴。与孙周兴的后期研究相反，靳希平则对海德格尔前期的思想给予较多的关注。1995年，他在上海人民出版社出版了《海德格尔早期思想研究》。这本书搜集了大量的原始材料，集中对海德格尔早期发表的文章进行分析，试图寻找早期海德格尔思想形成的痕迹。这是依据原始材料对思想家的思想轨迹进行的研究，对国内后学的学习借鉴有重要的作用。

除了对胡塞尔、海德格尔的研究，也有解释学的研究。我们知道，伽达默尔使解释学成为了一门显学，但它却直接来源于海德格尔的存在论解释学，而且这门学问可以上溯到更早的圣经解释学。其间，施莱尔马赫和狄尔泰等人也对解释学做过很大贡献，但现代解释学的研究显然属于现象学的一个分支。90年代洪汉鼎译出伽达默尔的《真理与方法》，使解释学在我国逐渐兴盛起来，再加上它与中国哲学的天然的契合性，使相当一部人投身于解释学的研究。当时还译出了伽达默尔的其他一些著作，如《美的现实性》《伽达默尔论黑格尔》《哲学解释学》《伽达默尔论柏拉图》《科学时代的理性》等；而且还出版了相当一部分解释学的研究著作，如洪汉鼎的《诠释学——它的历史和当代发展》，郑涌的《批判哲学和解释哲学》，谢地坤的《走向精神哲学之路：狄尔泰哲学研究》，何卫平的《通向解释辩证之路——伽达默尔哲学研究》，严平的《走向解释学的真理——伽达默尔哲学述评》。但尤其需要提到的是张汝伦，他是中国解释学研究最早的传播者之一。从80年代开始，张汝伦就开始从事解释学的研究工作了，先后发表过《哲学释义学的发展——利科的哲学释义学》《伽达默尔哲学释义学》《哲学释义学还是意识形态批判——伽达默尔和哈贝马斯争论评述》《释义学的"实践哲学"》《释义学的语言哲学和语言实践哲学》等论文，同时也出版了《意义的探究——当代西方释义学》。这些研究在国内产生了极大的反响。总体来说，解释学在90年代已经蔚然成风了。

当欧陆的现象学在中国被如火如荼关注和研究时，英美的语言分析哲学也不遑多让。既然现代西方哲学的研究主要体现在欧陆哲学和英美哲学两方面，英美哲学当然也是我们着力研究的重点。但英美哲学的研究没有欧陆哲学来得热烈，而且问题比较集中，主要关涉"语言转向"的问题。我们知道，哲学史上曾发生过认识论的转向，人们认为现代哲学发生了语言学的转向，也就是说，任何哲学问题的探讨都必须在语言的基础上进行审视才能确定起来。于是，哲学家们就以语言为平台开始了对形而上学、本体论的清算，构成了对传统哲学的激烈批判。这种批判虽然和欧陆哲学不在一个操作平台，但却起到了异曲同工的作用。

90年代初期对语言哲学的研究主要关注点在对"语言转向"的分析。徐友渔在《评"哲学中的语言转向"》一文中揭示了语言转向的根据、后果及其前景。1994年，徐友渔出版了《"哥白尼式"的革命——哲学中的语言转向》，对当代西方哲学中的"语言的转向"的发展过程作了全面深入的论述。该书是国内对语言哲学系统介绍的第一本书。作者运用分析性的语言，尝试用比较严格的论证方式，对主流的理论提出批评，同时也揭示了现代西方哲学已经在经历着它的第二次根本性变革，这个变革所达到的结果就是：只有穿越语言之门才能对当代西方哲学登堂入室。1995年徐友渔等人合著的《语言与哲学——当代英美与德法传统比较研究》一书出版，这部著作在更广大的论域中坚持了上述观点，强调了语言在理解现代西方哲学中的重要意义。另外，涂纪亮在对现代英美哲学的研究中有一个突出的特点，就是特别注重语言的研究，试图在语言的平台上把握现代英美哲学。他在《语言哲学在现代西方哲学中的地位》一文清晰阐明了"语言转向"的社会历史背景及语言被当作哲学研究主要对象的原因，表达了自己不同于西方哲学家对语言哲学的看法，甚至提出了构建"马克思语言哲学"的设想。还有，王路在《论"语言转向"的性质和意义》一文中强调了语言的转向对当代西方哲学的变更所起到的革命性意义；江怡在其论文《世纪之交再话"语言的转向"》中指出，语言转向是西方哲学力图摆脱世纪末危机的最后结果，同时也是西方哲学发展的内在必然。这些具有代表性的著作和论文对这一问题的关注和研究已经表明了"语言转向"所具有的重要意义，以及国内学者对这一问题的认可和接受。

除了对"语言转向"的关注，90年代还有大批的语言分析哲学的研究著作。其中最突出的当属《维特根斯坦全集》的编译以及大量维特根斯坦思想的研究。涂纪亮是老一辈语言分析哲学的专家学者，他组织翻译了《维特根斯坦全集》。这套丛书虽然是2002年出版，但其翻译的主要活动时期仍在90年代。这套12卷本的《全集》在维特根斯坦逝世52周年之际出版，具有特殊的纪念意义。这是继苗力田的《亚里士多德全集》之后的第二套全集。由于维特根斯坦对20世纪西方哲学思想界影响巨大，因此《全集》的出版在哲学界是值得庆幸的一件大事，它对于促进中西学术文化交流，繁荣我国哲学社会科学，都将产生十分重要的影响。

这一时期对维特根斯坦的研究主要体现在其后期思想上。韩林合研究维特根斯坦的专著虽然没有在90年代出版，但其大量的文章却产生了影响。在《维特根斯坦的哲学观探析》一文中，韩林合对维特根斯坦的前后期的两种哲学观作了深入的分析。他认为，前期维特根斯坦是人生哲学，后期是语法哲学。江怡在《维特根斯坦》一书中对维氏的哲学转向给予了分析，认为有一个所谓的"转折期"，而且这一时期与前后期的思想都有区别，应该做单独的研究。① 王晓升在其专著《走出语言的迷宫》中全面介绍了后期维特根斯坦的思想。在论文《后期维特根斯坦的哲学观》一文中，他则分析了后期维特根斯坦的哲学问题的性质、解决方法和哲学目标等。陈嘉明在《维特根斯坦的"确定性"与"生活形式"》一文中，分析了维氏后期的"确定性"和"生活形式"等思想。韩林合则在《维特根斯坦论私人语言》中分析了维氏反对私人语言的两个论证等。而张之沧和韩东晖则从科学哲学以及和马克思等关联的视角审视了后期维特根斯坦的语言游戏和哲学转向。当然还有学术著作的出版，它们主要是：尚志英的《寻找家园——多维视野中的维特根斯坦语言哲学》、张志林的《本质主义与知识问题——维特根斯坦后期哲学扩展研究》、江怡的《维特根斯坦：一种后哲学文化》和《维特根斯坦传》、韩林合的《维特根斯坦哲学之路》、王晓升《走出语言的迷宫——后期维特根斯坦哲学概论》等。不难看出，90 年代的语言分析哲学主要集中在维特根斯坦的研究上，而且很大程度上在于他的后期思想。

　　不难看出，我国对于英美分析哲学的研究首先集中在维特根斯坦哲学，不论是80年代，还是90年代，维特根斯坦哲学都是我们关注的重点。这可能和维特根斯坦在世界哲学史上的地位相关，也可能和我国研究西方哲学的学术传统有关（比如张申府较早地翻译了维氏的《名理论》，即《逻辑哲学论》），总之，我们是以对维特根斯坦哲学的研究为先导，才逐步深入分析哲学的全貌。可能还有一个重要的原因，就是维氏哲学前后期有两个完全不同的哲学体系，这两个体系正是整个分析哲学学派的两大不同派别的具体体现。先对维特根斯坦的前后期思想有所掌握，而后也就对整个分析哲学学派的精神实质有了把握，这也是对分析哲学进行全面研究的一

---

① 参见江怡:《维特根斯坦》，湖南教育出版社 1999 年版。

个必然发展过程。

四、"后现代主义"与"当代形而上学"

在 80 年代，我国的后现代研究尚未起步，只是 80 年代末有一些零散的论著。只有到了 90 年代，后现代哲学的研究才进一步兴起。后现代兴起的一个标志性事件是 1994 年 5 月在陕西师范大学召开的"后现代主义与当代中国"的学术研讨会。这次会议探讨了以下几个问题：一、什么是后现代主义？有人从时代的范围进行界定，有人从对现代性进行反思的角度理解，也有从思维方式、文化形式角度理解，还有从认知范式理解。总之，"后现代"在当代学者的心目中并不是一个十分清晰的概念。二、后现代主义产生的背景。大部分学者都认为，后现代思潮是资本主义精神文明出现危机时人们对现实的一种反思。三、后现代主义的类型。有从研究对象和内容上进行区分，把后现代主义分为文学艺术上的后现代主义、社会文化上的后现代主义、哲学上的后现代主义等；也有从性质和态度上把后现代主义分为：（1）激进的否定性的后现代主义，以法国哲学家福柯、德里达和美国哲学家费耶阿本德等为代表；（2）渐进的建设性的后现代主义，以美国的罗蒂、霍伊和格里劳为主要代表；（3）庸俗的后现代主义，以美国的杰姆逊为主要代表。四、后现代主义与现代主义的关系。有人认为后现代主义是对现代哲学的反叛，也有人认为二者是有联系的，还有人认为二者的区别只是认知范式的转换。五、后现代主义与文化、艺术的关系。六、后现代哲学对当代中国社会的影响。大部分学者对后现代哲学是持保留态度，并非一味地吸收引进。① 这次会议为我国学者对后现代哲学的探讨奠定了基础。

1995 年的《中国社会科学》刊登了一篇《"后现代主义"与当代中国

---

① 参见杨文极、李育红：《"后现代主义与当代中国"学术研讨会综述》，《哲学研究》1994 年第 7 期。

文化笔谈》的文章。在这篇笔谈中，各位学者也是从后现代与传统哲学的关系、后现代是否适合中国状况、后现代的表现形态、后现代的缺陷等进行了探讨。在笔谈中，栾栋认为，后现代主义对西方文化的否定标志着这一文化的危机，值得我们去深思。它对中国文化形成了挑战，不一定适用于中国的状况。王治河认为，后现代哲学是一种新的思维方式，它反对任何假定的"基础"，从新的视角重新思考问题，这是对传统思维方式的一种突破。范进则对后现代哲学提出相应的批判。他认为，后现代主义哲学是一种没有"家"的哲学，它只是固执于摧毁，而没有重建。我们需要哲学的"家园"，需要重建而不是否弃。王岳川同样对后现代哲学保持谨慎态度，他认为后现代哲学并非人们的最终归宿，应该走出后现代，而不是沉醉于其间。所以，国人一开始对待后现代哲学并不是全盘接受的，而是有较强的保留态度。比如张世英的《中国传统哲学与西方后现代哲学》和刘放桐的《后现代主义与西方哲学的现当代走向》，他们在肯定后现代哲学在批判传统哲学的不足之处所起到的作用的同时，也认识到了它自身的缺陷所在。但无论如何，后现代在中国已经如火如荼地展开了。上述那篇笔谈正可以看作中国后现代研究的宣言，它把中国的后现代哲学研究推向了正轨。

　　鉴于此，我国的后现代哲学研究大致分为两个层面：一、对后现代哲学本身的反思，比如后现代哲学对传统哲学做出过哪些突破，后现代哲学自身的表现形式是什么等；二、对后现代哲学之结果的反思以及哲学应该走向何方，也就是，后现代哲学到底有没有积极的建构，这种建构体现在何处。

　　在国内，王岳川较早地开启了对后现代的研究，不过他的研究颇具有文化思潮和文学批判的色彩。在 90 年代，他先后出版了《后现代主义文化研究》和《中国后现代话语》。前书是一部系统研究后现代主义文化哲学和文艺美学的学术专著，后书则是对后现代主义文化思潮研究的文集，文章内容涉及对后现代主义哲学景观、后现代主义文化美学、后现代主义文艺形态的讨论。总体来说，王岳川关注的维度仍然是把后现代作为一个文化思潮的基本内涵进行理解。对后现代本身的哲学反思则来源于国内其他一些学者的论文。胡敏中在《河北学刊》1999年第3期的文章《后现代主义哲学认识论的理论判别》中，探讨了后现代哲学试图消解传统哲学的二元分裂，解构传统形而上学的确定性原则，反对本质主义、基础主义的做法。冯俊在《从现代主义到后现代主义的哲学转向》中指出，应从后现代与现代哲学的对比中把握后现代哲学的精神、基本特点和理论实质。欧阳谦认为，后现代是由现代社会所产生的一系列问题导致的，是反传统的一种极端表现形式。[1] 车铭洲则在《后现代精神演化》中指出，后现代主要有两种发展趋势：一、自我解构的；二、参与的，具有多元协调色彩。这些论述都是人们在初步接触后现代哲学时对这种思潮本身的思考，人们在这种思考中感受到了后现代哲学的力量，但这种力量具有什么样的穿透力，它会导致什么样的后果，还没有明确的把握。

与此同时，也有大量的后现代著作出版。这些著作很少涉及对后现代哲学家的研究，只是从整体上对后现代思潮本身的反思。其中，王治河的《扑朔迷离的游戏——后现代哲学思潮研究》一书从总体上把后现代哲学思潮概括为一种开放、多元的思维方式。在此背景下，对作为后现代哲学思潮重要组成部分的非哲学、非中心主义、反基础主义、非理性主义、后人道主义、解构主义、后现代解释学、多元主义方法论、后现代哲学史编纂学、后现代美学等进行了细致的分析和评价。盛宁的《人文困惑与反思——西方后现代主义思潮批判》一书是近年来国内学界有关后现代主义争论问题的一部专门评述。张国清的《中心与边缘》一书则从信息与权力、理性、话语、文本、主体、游戏、犯罪等各个论域深入揭示了现代性与后现代性作为中心与边缘的内在性格特征。杨大春的《文本的世界》主要从文体分析的角度来论述了结构主义和后结构主义。陈亚军的《哲学的改造》

---

[1]　参见欧阳谦：《后现代主义思潮的兴起》，《教学与研究》1996年第1期。

则从实用主义到新实用主义哲学的转变的视角对英美世界的后现代哲学进行了论述。河清的《现代与后现代》分别把现代和后现代概括为几个明显的特征进行对比，以揭示二者的同一和差别处。王宁的《后现代主义之后》是追踪研究当代西方最新文化理论思潮的开拓之作，对 90 年代以来国际学术界关于后现代主义问题的讨论做总结性的评论，并对后现代主义争鸣衰落之后西方文化学术界出现的新的格局进行概括，评述了赛义德、斯皮瓦克和巴巴等人的后殖民主义与第三世界批评理论，论述了西方和中国的女性文学和女权主义理论，也论述了目前正风行于西方的文化研究。这本书反映了作者一贯的著述风格：超越学科界限，跨东西与文化；将西方的理论改造后运用于中国文化和文学研究，最后达到与西方学术界进行对话的目的。另外，张国清着力对罗蒂的后哲学文化进行了专题的研究，他陆续翻译了罗蒂的大量著作，并于 1999 年出版了研究罗蒂哲学的著作：《无根基时代的精神状况——罗蒂哲学思想研究》，该书指出罗蒂哲学的基本框架包括后哲学文化、新实用主义、反本质主义、反表象论、教化哲学等。

对后现代的整体反思也促使人们对哲学新走向的思考，也就是，后现代到底建构了些什么。这就是当代形而上学的任务。我们在各种所谓的"后……"中浸润久了，毕竟也要认真地思考其中的积极意义在哪儿。所以，当代哲学在猛烈批判传统形而上学的同时并不能沉浸于自身的荣耀之中，也应该反思哲学的新走向。这就是当代形而上学的重建问题。这种重建需要后现代哲学的清理工作，只有在后现代哲学为人类扫除那些陈腐的哲学修饰时人们才能做这种重建工作。所以，后现代哲学的批判性研究和人们对当代形而上学的重建是不谋而合的。当然，有些学者已经提出过不少积极的意见。赵敦华在《20 世纪西方哲学的危机和出路》一文中把 20 世纪西方哲学理解为摆脱哲学危机进行的各种尝试。孙利天的《意义与无意义——人类理性的失落》一文也对"哲学终结论"进行了探讨，认为现代西方哲学宣告了传统哲学的终结。但这种终结应该走向何方呢？贺来认为，后现代哲学的根本特征在于对"公共性"的消解，超越后现代的关键在于在合理的基础上重塑哲学的"公共性"。①

在当代哲学的重建性思考中，叶秀山是比较突出的一位。在叶秀山的思路中，传统哲学固然是形而上学的集中体现，但所谓的"后现代哲学"绝非简单地对传统哲学的消解，他们通过空间区分的、边缘化的哲学视域构建了新的形而上学形式。这种"形而上学"是对本质之物消解掉之后重新确立的形上界域。这是法国哲学能为我们提供的真正积极的东西，它沿着传统哲学走不通的道路，开辟了新的思路。由此现代西方哲学，尤其是法国哲学就与传统哲学建立起一种内在的关联，而不像某些论断一样，一提到后现代哲学，就立即想到"反基础主义""反表象主义""反本质主义"等，似乎后现代哲学就是一群纯粹的造反派。叶秀山通过对后现代哲学家诸如福柯、德里达、利科等人的论述，把这些后现代哲学家与传统哲学的发展理路结合起来，充分探讨了这些哲学家中的积极的和建构性层面。这是一种积极的探讨方式，他看到了现代西方哲学的未来走向。在 80 年代末和 90 年代期间，叶秀山发表了《意义世界的埋葬——评隐晦哲学家德里达》《"哲学"要"化解""宗教"的问题》《论福柯的"知识考古学"》等阐发这些后现代哲学家的评论文章。这是国内较早地对后现代哲学进行超前研究的文章，它也较早地把后现代哲学的真实意义揭示出来了。叶秀山的研究真正激发了后现代研究的新的方向。这是需要我们借鉴的。

总之，国内学者对后现代哲学的接受是谨慎的、存疑的。在这种态度下，我们又开始对后现代本身进行反思。我们很欣赏这股思潮，它对传统哲学有了一个彻底的清算，但是如果"一切坚固的东西都烟消云散了"，我们自身还有什么呢？这是我们需要面对的问题，也是后现代本身的问题。叶秀山的研究给我们提供了一个思路。而且国内很多学者已经越来越向这个方向靠近。当然，到了 21 世纪，我们关于后现代的思考和研究已经彻底走上了正途，已经不存在这些困惑和反思了。

---

① 参见贺来：《走向公共性的丧失》，《吉林大学社会科学学报》1995 年第 1 期。

第十一章 | 20 世纪 90 年代的美学、伦理学、逻辑学、宗教学和科技哲学研究

一、美学研究的主要问题及其重要成果

综观 20 世纪 90 年代的中国哲学，可以发现，实践美学的批判与反思、中西美学的比较研究、审美文化的发展以及由此带来的中国当代美学的重建问题构成了这一时期的四个主要问题。围绕这些问题的研究，学者们以不同的方式推进了中国当代美学的发展。

1. 实践美学的批判与反思

20 世纪 80 年代美学获得重大发展，表现为实践美学建立了完整的理论体系，并成为当时美学的主流。以李泽厚为代表的实践美学把美和审美主体当作社会历史实践的产物，主张美是事物的客观社会属性，并提出"美是人的本质力量对象化"的命题。与实践美学相对立的是以蔡仪先生为代表的"自然派"美学，把美当作事物的客观自然属性，提出了"美是典型"的命题。实践美学以其明显的理论优势，无可争议地成为美学界的主流学派。以实践一元论在一定程度上突破了主客二元对立结构，实践作为主体对象化与对象主体化的双向运动，构成了人的尺度与物的尺度的和解、合规律性与合目的性的统一，从而为"按美的规律去构造"奠定了生存论基础。

对 80 年代提出的"实践美学"的批判与反思，构成这一时期的一个

热点。主要表现为：对实践美学的批判；在批判基础上提出新的美学体系；对实践美学批判的回应以及对实践美学本身的继续推进。

杨春时在《学术交流》1993 年第 2 期发表论文《超越实践美学》，他提出，实践美学的确立的确推动了中国美学的发展，但是，它存在着严重的缺陷。因此，90 年代美学必须打破苏联模式（包括蔡仪的反映论美学和李泽厚的实践美学），面向现代西方美学，构建"后实践美学"即"超越美学"。在《社会科学战线》1994 年第 1 期、《学术月刊》1994 年第 5 期，他又分别发表《超越实践美学，建立超越美学》《走向后实践美学》两篇文章，认为应该建立"超越美学"即"超越实践美学"，并强调这种美学的本体论基础是生存，而不是实践。

虽然实践为美奠定了客观社会性的基础，但客观社会性并不就是美的本质，实践观点对理解美的本质尚未登堂入室。这是因为人对世界的实践性统一，还是一种抽象的统一性，尚未达到审美中所实现的物我两忘、天人合一的更深层次的统一性，在实践活动及其结果中，仍然保持着物我二分、主客有别的状态。审美作为一种自由个性的心灵创造活动，无法由实践的客观性、物质性与社会性来解释。基于此，杨春时认为，超越美学的本体论基础不应是社会历史性的实践，而应是个体性的生存。生存虽有社会物质实践的基础，但其本质是精神性的和个体性的。生存要立足现实，但其本身是超越性的，指向未来，指向自由。审美作为最高的生存方式，充分体现了生存的精神性、个体性和超越性。生存也为美学找到了解释学的基础，生存的解释性是指它能动地创造自己的意义世界。解释在本质上又有着个性与超越性，总是指向总体性——对生存意义的把握和本体的领悟。审美活动作为对现实生存的超越，点化了实体性的自我与实体性的对象，进入了自由的审美时空，解放了人的有限理性，直接领悟了存在本身，呈现了存在的真理与人生真谛。①

---

① 参见杨春时：《超越实践美学 建立超越美学》，《社会科学战线》1994 年第 1 期。

　　杨春时的观点在学术界一时引起轩然大波。很多学者都发表了商榷的文章。张玉能认为，审美是物质性和精神性、社会性和个体性、现实性与超越性的统一，"超越美学"强调精神性、个体性、超理性和超现实性，这是不折不扣的唯心主义和唯我主义。① 朱立元则指出，实践只是审美基础，并非基本范畴和逻辑起点，由此指责杨春时对实践美学的批判带有"战风车的味道"。他还进一步提出，实践美学的哲学基础，就是实践本体论与实践认识论的统一。② 面对指责，杨春时作了辩护，并进一步阐述了自己的"超越美学"观点。

　　必须承认，"超越美学"对"实践美学"的批判是切中要害的，"超越美学"的论断或许有待于进一步完善，但其真知灼见冲破了实践美学的理论体系，开启了美学理论发展的新道路。对于"超越美学"所强调的精神性、个体性、超理性、超现实性，不是简单扣上一顶唯心主义和唯我主义的帽子就了事了，而是要看到"超越美学"所勇于确立的，正是紧紧抓住了活生生的现实审美活动本身。"理论是灰色的，生活之树常青"，理论的反思批判与创新，不过是活生生的现实生活本身的深入体验、觉解与澄明。

　　与杨春时不同，潘知常则从理论基础出发对实践美学提出了批判。他认为，实践美学实际上是西方理性主义传统的产物，是以西方传统的"审美目的论"和"人类中心论"为其内在根据的。因此，认为实践美学存在本体论的缺陷。③ 陶伯华则认为，实践本体论美学是在美的本质问题上的全新视角，它的基础正是马克思关于"人的本质力量对象化"和"自我确证"的理论。④

　　也有学者从总体上对实践美学和后实践美学的理论贡献和不足进行

---

① 参见张玉能：《评所谓"后实践美学"》，《云梦学刊》1995 年第 1 期。
② 参见朱立元：《实践美学哲学基础新论》，《人文杂志》1996 年第 2 期。
③ 参见潘知常：《实践美学的本体论之误》，《学术月刊》1994 年第 12 期。
④ 参见陶伯华：《美的本质研究的视角转换》，《江海学刊》1994 年第 6 期。

了分析。叶朗认为，实践美学确立了美的人类学基础，但并没抓住美的本质。美（或审美活动）的"最后根源"或"前提条件"和美（或审美活动）的本质虽有联系，但并不是一个概念。生产实践活动创造了社会生活的物质基础，构成了一切精神活动包括审美活动得以产生和存在的根本前提，但是仅抓住实践和所谓"自然的人化"，不但说不清楚审美活动的本质，而且也说不清楚审美活动的历史发生。实践美学把美当成了一种既定的、对象性的、实体性的物化存在，这种实体性的美意味着它在人化之后又成为外在于人的物化存在，美也就成了客观的社会物的属性。实践美学只是廓清了美（美感）得以存在的前提基础，抓住了美（美感）留卜的踪迹，却失落了美这一"活的形式"，未能进入美之为美的本质性地带。因而，实践美学的根本弊病在于，脱离活生生的现实的审美活动，去寻找所谓"美的普遍必然性本质"，寻求所谓"美本身"，其结果找到的只能是柏拉图式的美的理念。也就是说，美这一"活的形式"，作为生成的存在，并不能存留于活生生的现实审美活动之外，美的本质不能作为抽象的普遍性被概念范畴所把握，只能呈现于审美直觉活动中。20世纪50年代的美学大讨论中，高尔泰的"美的主观说"与朱光潜的"美的主客统一说"都是立足于活生生的审美经验，力图通过审美直觉（活的美感）去呈现美的本质。高尔泰所强调的"美和美感的同一性""超美感的美是不存在的"，就是反对实体化的抽象的美，而坚持把美保持为"活的形式"。

到90年代末，对实践美学和后实践美学的研究更趋于理性，在"解构"中趋向于"建构"，即在论争中反思实践美学的缺陷，推进中国美学的发展。同时，这一时期很多学者还基于对实践美学的批判，提出了"存在论美学""生命美学""人学的美学""语言美学""生态美学"等。从本质上说，他们都是试图在对原有美学思想反思的基础上，实现美学在当代的发展，并由此推进中国美学走向新世纪。

实践美学问题的讨论，本质上体现为美学研究走向多样化、多元化的趋势，这大大推动了我国美学研究的发展。

2. 中西美学比较

自 1991 年以来，中西美学比较研究逐步走向深入。中西美学的比较首先得益于西方文化，尤其是哲学思想的传入。其次，也得益于中国美学界对美学自身理论的反思。这种比较，大致包含以下几个方面：

宏观问题比较。如王效明基于对中西传统美学审美和艺术的思维方式的比较，对中国传统美学的"表现与再现"问题进行研究。① 成立对《周易》的象数美学和毕达哥拉斯学派的数理美学之间的异同及其对中西文化和美学的影响的比较；② 张峻菡对中西移情说的比较；③ 董强对中西方自然美观念的比较研究。④ 中西美学思维方式的比较、中西方美学的文化背景的比较以及中西方美学学说的比较都得到逐步的推进与发展。

微观问题的比较。借助于西方某些大哲学家的哲学、当代西方哲学流派的哲学思想对中国美学予以阐发和研究，如卢卡奇、海德格尔、胡塞尔、语言哲学、分析哲学、存在主义等。潘知常对海德格尔的"真理"与中国美学的"真"进行了详细的对比。⑤ 杜宁比较了宗白华与海德格尔的审美空间理论。⑥ 也有学者通过对中国美学尤其是传统儒家、道家、禅宗的美学思想的挖掘，去发现西方近现代美学中中国美学思想的痕迹以及西方思想家对中国思想的吸收、借鉴和融合。如曹俊峰、郭淑梅从语言哲学出发，展开对中西方"美学陈述"即美学语言的研究，并指出了中西美学在概念、命题等方面的异同。⑦ 还有学者对近现代一些受西方学者影响的美学家的思想做了比较分析。如张弘通过分析中西文化张力作用下王国维

---

① 参见王效明：《表现与再现》，《中州学刊》1991 年第 2 期。
② 参见成立：《象、数、形：比较美学札记》，《学术月刊》1996 年第 6 期。
③ 参见张峻菡：《中西移情说之比较》，《南京大学学报》1996 年第 3 期。
④ 参见董强：《中国自然美观念比较论纲》，《山东大学学报》1996 年第 1 期。
⑤ 参见潘知常：《海德格尔的"真理"与中国美学的"真"》，《天津社会科学》1991 年第 4 期。
⑥ 参见杜宁：《"道"与"存在"》，《漳州师范学院学报》1998 年第 1 期。
⑦ 参见曹俊峰、郭淑梅：《中西美学陈述的比较》，《学习与探索》1995 年第 2 期。

的美学思想，揭示了这一思想的内涵及其悖谬和潜在危机。①

在国内美学思想的比较研究中，也有学者对国外马克思主义美学进行了研究，并将其与中国马克思主义美学进行了比较研究。例如：关于卢卡奇美学思想的研究②、对萨特美学思想的研究③、对阿尔都塞美学思想的研究④、对阿多诺美学思想的研究⑤、对马尔库塞美学思想的研究⑥，等等。在对单个国外马克思主义学者的美学思想进行深入研究的基础上，也有学者从宏观的角度就其与中国美学的关系进行了研究。如张玉能在《西方马克思主义美学与中国当代美学》一文中，分析了国外马克思主义美学的实质，并把国外马克思主义美学分成两大流派。由此强调，要积极实现对国外马克思主义美学的批判与继承，从而推动中国马克思主义美学的发展。⑦

也有学者对中西美学比较的方法提出了独到的理解。如张法提出，具有现代精神的比较，就是引入一种新的参考体系；中西美学的研究范式不同；应该从文化精神的角度来研究中西美学的特色。⑧肖鹰指出，"道"和"理念"是中西文化的差异的核心，只有从中西文化——哲学的差异这一核心入手，才能真正揭示中西美学思想的本质性差异。⑨

3. 审美文化研究的兴起与发展

20世纪90年代，"文化热"的兴起，也带动了美学界"审美文化"研究的兴起。学界陆续推出《审美文化丛刊》和大量的学术著作，发表系

---

① 参见张弘：《中西文化张力下的王国维美学》，《江海学刊》1998年第4期。
② 参见顾胜：《卢卡奇：现实主义美学的历史主体性》，《吉林大学社会科学学报》1990年第5期。
③ 参见张德兴：《萨特存在主义美学述评》，《学术研究》1990年第5期。
④ 参见张来民：《文学艺术与意识形态》，《文学评论》1990年第5期。
⑤ 参见杨帆：《阿道诺美学思想论》，《北京社会科学》1990年第1期。
⑥ 参见谭好哲：《超越形式禁忌与形式崇拜》，《文史哲》1990年第3期。
⑦ 参见张玉能：《西方马克思主义美学与中国当代美学》，《华中师范大学学报》1992年第2期。
⑧ 参见张法：《对中西美学比较的几点思考》，《南京社会科学》1992年第5期。
⑨ 参见肖鹰：《论中西美学差异》，《文艺研究》1991年第1期。

列文章，把这一问题的研究不断推向深入。"审美文化"的概念首次出现于80年代末叶朗主编的《现代美学体系》。"审美文化"概念的产生是现代文化意识发展的结果，表现了审美艺术活动向日常生活的泛化。积极看来，"审美文化"是"审美"超越了艺术的狭隘领域向更为广大的现实生活的扩展与深化；消极看来，"审美文化"反映了艺术作为精英文化的失落和理想主义的衰退，市场经济和社会系统对文化与生活的殖民化。

　　审美问题的突出与审美文化的兴起，作为当代文化的特殊现象，有深刻的存在论上的理由。资本现代性瓦解了绝对性，破坏了作为人类生存的内在根基的文化整体性，作为神圣形象代表的哲学与宗教式微，艺术承担了构建整体性幻象的使命。丹尼尔·贝尔认为，代替哲学与宗教，"美学成为生活的唯一证明"。审美文化在当代的兴起是以哲学和宗教的衰微为代价的，同时也是艺术向生活的退落：艺术失去了自身的超越性而成为一种基本的生活形式——形象享乐。审美文化作为当代文化，是现代性产物，具有世界性。当代中国审美文化对当代性的自觉追求，不仅使当代审美文化超越传统面向未来，而且使它突破中西对立，面向整个世界。审美文化的现代化和世界性是统一的。对当代性的追求，也使当代审美文化成为一种重建性文化，既是它自身的重建，又是中国文化的重建，同时这种重建对历史与未来、东方与西方、文化与自然、个体与整体有着全方位的开放性。①

　　"审美文化"在美学界越来越受重视，反映了80年代与90年代之交审美活动的重大变化。在80年代的"审美"通常是指狭义的欣赏与创造美和艺术的活动，属于超然于政治、商业、伦理、日常生活等普通文化过程之外的、具有自身特殊本质和内涵的纯粹美。纯审美似乎被奉为那个时代人们关于真正人性生活的理想范型，80年代初期的"美学热"正与这种纯审美的冲动有关。90年代，审美从传统的纯审美圣地被播散到广泛

---

① 参见肖鹰：《当代审美文化的界定》，《上海社会科学院学术季刊》1994年第4期。

而普通的文化过程中，更趋于生活化、实用化、通俗化和商品化。① 审美文化既包括具有自由个性的超越性审美，也有广义的外在实用性审美。在现实中保持住形上超越的精神性审美能经得起时间的检验，而泛化的实用性审美往往与时尚相连，花样翻新。"审美文化"既是审美艺术向普通文化领域渗透弥漫的活动，又是普通文化向审美艺术靠近，有意无意地把审美规范作为自身的建构环节的努力。学界认为，"审美文化"本质上是审美的现实化与艺术的常识化，包括相互冲突、难分难解的两个维度。审美文化作为审美的普遍化，消解了审美艺术所具有的神圣形象，但审美到底是在现实生活中保持住形上超越的自由维度，从而扩大现实生活的理想空间，成就"审美的解放"，还是让生活的功利原则所支配，沦为资本增值的工具，陷入审美资本主义的"泛审美化的大众文化"？这构成了学界对审美文化的不同的认识和态度。

审美文化的生活化是当代审美文化的当代性的第二个特征。传统审美文化是一种观照性文化、超越性文化，是一种超常规的仪式。它的仪式性表现为对超越性的追求——理想化创造。当代审美文化表现出了对传统的超越性的消解倾向。当代审美文化的生活化把审美艺术活动转换为一种日常生活方式，文化的精神超越功能被转化为生活享受功能。与传统审美艺术所实现的超越境界不同，当代审美文化进行的是对现实生活的直接参与和对文化整体的直接构成，而不是观照。当代审美文化在生活化中，消除了文化的神圣性，同时又把生存本身神化，进入形象享乐的新偶像崇拜。生活化的审美文化有代替或置换其他文化形式（如哲学和宗教），而成为唯一的大众文化形式的趋势。当代文化整体审美化，使当代文化片面发展为审美文化。

技术化操作和商业主义意识的联合，是当代审美文化当代性的第三个特征。当代审美文化正在成为一种日常生活方式的同时，也进入了商品经

---

① 参见王一川：《审美文化概念简说》，《上海社会科学院学术季刊》1994 年第 4 期。

济运转的轨道。正是因为审美文化产品转为日常消费品，是一种生活需要，因此它是商品，是可以并应当标价销售的。审美文化的商品在市场经济的一体化运作中是一个不可避免的趋势。这个趋势导致审美文化在商业的实用主义的控制下奉行文化折中主义的价值原则。折中主义的操纵使当代审美文化在其丰富性和开放性的背面隐藏着自我的失落和意义的虚无。自我失落和意义虚无，为技术化操作提供了主体缺席的空间。商业运转正需要技术来代替主体实现它的商业目标。审美文化生产的技术化使艺术创造成为一种工业制作，审美文化成为文化工业。文化工业以机械复制和批量生产极大限度地丰富了文化市场，满足了大众文化消费的需要，同时造成主体的缺席，也就是自我的失落和意义的虚无成为难以逆反的事实。这无疑在根本上提出了进行文化批判的历史要求，以拯救主体，拯救自我，拯救意义。①

正是在现代性的困境下，许多学者指认了"审美文化"作为"泛审美化的大众文化"的消极性。大众审美文化具有通俗性、娱乐性、大众性的特点，追求瞬间的快感，具有庸俗化倾向，并不具有所谓的超越性。②学者们结合美学在现实社会的处境，就审美文化本身出现的问题进行了批判。进入 90 年代，在市场经济和西方后现代主义思潮的冲击、影响下，审美文化大众化已经使审美的形上超越的维度消解了，放弃了审美的解放功能和成就人格的完满性与生命的整全性的追求。"审美文化"弱化了审美的批判性、超越性，不是促进人的自由个性，而是点燃了人的占有拥有的利己主义欲望。审美文化中的符号泛滥现象和大众审美文化的复制性使得"审美"已经成为资本增值的强力杠杆和消费社会的永动机，"审美文化"在本质上已经沦落为"消费文化"。当代审美文化瓦解了人文精神，使人的自由个性肤浅化、形式化、抽象化，甚至漫画化。这种审美文化的人文

---

① 参见肖鹰：《当代审美文化的界定》，《上海社会科学院学术季刊》1994 年第 4 期。
② 参见张法：《大众审美文化的界定》，《中国人民大学学报》1994 年第 3 期。

意义的消解，导致了严重的后果：现实的失落、精神的失落、人的失落。

　　针对审美文化的现代性困境，学界展开了对美学本身、审美本身以及文化本身的反思。他们通过对中西美学发展史和马克思的审美观的研究，主张当代审美不应该放弃审美本身的形而上追求。同时开始逐步注重理论深度的挖掘并有意识地强调当代审美文化自身的建设。如，蒋孔阳撰文指出，审美文化包含着两层意义：一是文化应当与美结合；二是审美文化应当有多重价值。也有学者对审美文化持有非常乐观的态度。叶朗认为，"日常生活的审美化"是对大审美经济时代的一种描绘，在这样一个大审美经济时代，审美（体验）的要求越来越广泛地渗透到日常生活的各个方面，在这样一个大审美经济时代，文化产业越来越受到重视。大审美经济被叶朗称之为"体验经济"，其基础为现代技术创造的功能美，即产品的实用功能与审美的有机统一。功能美不仅要适应人的物质要求（即产品的使用价值），而且要适应人的精神需求（即产品的文化价值、审美价值），给人的愉悦是一种包括生理快感、美感、和某种精神快感的复合体。而且审美设计已经从工业产品扩展到整个人类的生存环境。随着社会经济的发展，商品的文化价值、审美价值逐渐成为主导价值，文化产业成为最有前途的产业之一，因而加强美育成了 21 世纪经济发展的迫切要求。① 但是，在审美与实用功利的有机统一中，是否能够保持住美及审美活动的本质内涵？"泛大众化的审美"是一种自由解放的超越性维度，还是资本打造的新的欲望锁链？作为现代文化的审美文化，受制于现代性的抽象建制，资本的同质性统治瓦解了文化和艺术、审美的深刻内涵，人（艺术、审美）的独立性与个性已经异化为资本的独立性与个性。在审美经济和消费文化中寻求人的自身本质的实现，确实过于乐观。

　　审美文化不应当是艺术向现实的退堕，而应当成为审美的普遍化，艺术点化生活的审美教育。顾名思义，审美文化就是审美的自由在现实世界

---

①　参见叶朗：《美学原理》，北京大学出版社 2009 年版，第 304—318 页。

中建立自己的王国，是审美的扩展与深化，而非在现实中丧失自身的肤浅化。因而，审美文化中的美绝不是刺激消费、充当资本增值的工具性符号，而是必须在现实生活中保持住审美活动的本质。审美文化作为把现实生活转化为自由王国的一种努力，成就了艺术点化生活的审美教育。审美教育应当成为审美文化的根本旨趣，这在学界正逐渐达成共识。美育作为审美文化的旨趣，符合社会主义现代化建设，特别是精神文明建设的内在要求。因为社会主义的现代化，不仅要实现人的独立性，而且要超越现代性的抽象建制，克服物的依赖性，实现人的自由个性的全面发展。

在此基础上，学者们还就中国当代审美文化的建设问题进行了讨论，进一步推进了审美文化研究在我国的蓬勃发展，为新世纪美学的发展做出了贡献。

4. 中国当代美学的重建问题

美学理论建设的真正进展，正是在"美学热"消退之后，即从80年代末一直到21世纪初。美学理论的发展有两条道路：一是从上而下的道路，即从哲学形而上学开显出美学，也就是哲学的基本思想和基本观点在审美领域的体现；二是从下而上的道路，即从各个艺术领域的活生生的审美直觉与审美创造的活动反思出美的哲学。不管哪条道路，都必须契入活生生的现实审美活动，才可能最深入切实地把握或呈现美的本质。80年代的"哲学观念变革"所达成的"实践观点的思维方式"在美学领域中的体现就是，不再从原则在先的抽象观念去演绎或剪裁审美领域，而是从活生生的现实审美活动去创造与发现美的思想。李泽厚先生的美学理论，其实是引用历史唯物主义的实践原则去解释美的本质，但对活生生的现实审美活动并没有深刻地契入，因而实践美学未能真正贯彻"实践观点的思维方式"，其理论体系尚处于美的核心思想的外围。

有相当多的美学研究者认识到，为了真正推进美学理论建设，必须跳出"主客二分"的认识论框架，必须突破50年代美学大讨论中形成的，在70年代末80年代初又进一步论证的把审美活动归结为生产实践活动的理论模式。在这个认识的基础上，很多人在美学基本原理的建构方面进行了各种新的探索和尝试，其中最引人注目的是张世英。张世英长期从事西方哲学研究，特别是德国古典哲学研究，改革开放以后，他转过来研究西方现当代哲学，并把西方现当代哲学和中国哲学加以沟通，在哲学和美学的基本理论方面提出一系列新的看法，先后出版了《天人之际》（1995）、《进入澄明之境》（1999）、《哲学导论》（2002）等著作。张世英的这些著作对于中西美学的沟通和融合，对于美学理论的建设都有很大的推动作用。

张世英综合了中西哲学史上种种对哲学的界定，把中国传统哲学的人与万物一体的思想和西方现当代关于人与世界融合为一的思想同西方近代的主客关系思想结合起来，认为哲学是追求人与万物一体的高远境界的智慧之学，而以主客关系的认识论方式追求普遍概念性本质的西方传统哲学，则是有待以深入地观察与体悟加以超越的环节。张世英把本体从永恒在场的概念性本质转变为在场的具体存在与不在场的具体存在相统一的无限存在本质，从而认识就从以主客关系模式追求具体现象之后的普遍概念的纵向超越的思维，转变为从具体的在场横向超越到同样具体的不在场的无限关联，并领悟到万物一体之高远境界的想象。超越主客关系的万物一体观以及对万物一体的领悟即诗意境界和民胞物与的精神，这是本真的存在、善之所向和美的境界。50 年代的美学大讨论把美学看作是主客关系式的认识论，其理论基础是西方旧的概念哲学，西方传统艺术哲学以典型说为核心，诗或艺术的审美意识就在于从特殊的感性事物中见出普遍性的本质概念。然而存在者的本质并非永恒在场的理念，而是其背后不在场的无限关联的存在。万事万物皆因缘和合而构成，事物皆与其境遇相互构成。这万物一体的境遇是一切事物之所以可能的本原或根源，任何个别存在者因此境遇而成其所是。人也首先是生活于此万物一体的"一体"之中，或天人合一之境域中，此乃人生家园。因而，美就不再是理念的感性显现了，艺术、审美必须要超越典型说，回复到人与万物一体之本然的显隐说。海德格尔强调，哲学是对"人与存在之契合"的领悟，而这种感悟就是聆听到了"存在"的呼唤，因而一切都是新奇的、"令人惊异的"，实乃回复到天人合一、万物一体的事物之本然，这种对事物之本然的聆听也是诗。以此，诗与哲学结合成一个整体。艺术品不再以写出具有普遍本质的典型为任务，而是要求通过在场的东西显现出不在场的东西，从显中看到隐。只有在显隐相互构成、人与世界相互构成的整个联系、作用、影响之网络中，才能看出一事物的真实性。诗引发、"反"回到作为本源意义的境域，美成为"无蔽的真理的一种现身方式"。隐蔽着的诗意乃是无穷尽的未看到的、未说出的东西对看到的、说到的东西的一种"许诺"或"预示"。这"许诺"或"显示"是无声之声，或者强名之曰"天听"，唯有"诗人坚定地聆听原始地、本能地发生的东西以及一般如其所'是'的东西。"诗人所聆听的就是在场与不在场之"集合"，是一即一切、一切即一，是敞亮着又同时隐蔽着的东西。艺术不是由精神的概念来规定的，而是由"真理的本质之规定中无底的差异"来规定的，"艺术乃是真理在其中发生的诸方式之一，虽然不是唯一的方式，并且，真理并不先于它的发生而存在。"美的定义于是由普遍概念在感性事物中的显现转向为不在场的事物在出场的事物中的显现，美"作为无蔽的真理的一种现身方式"，"属于真理的自行发生"。因而，哲学本身就是美学，美学不再是哲学的一个分支，而成为形而上学。①

叶朗在批判实践美学的基础上，重新回顾了朱光潜与宗白华的美学思想。朱光潜在《论美》的"开场白"明确指出：美感的世界纯粹是意象世界。在《诗论》中强调，"诗的境界"（意象）是直觉的产物："凝神观照之际，心中只有一个完整的孤立的意象，无比较，无分析，无旁涉，结果常致物我由两忘而同一，我的情趣与物的意态遂往复交流，不知不觉之中人情与物理互相渗透"，"诗的境界是情景的契合。……情景相生，所以诗的境界

---

① 参见张世英：《哲学导论》，北京大学出版社 2002 年版，第 103—201 页。

是由创造来的，生生不息的。"宗白华认为："美与美术的源泉是人类最深心灵与他的环境接触相感时的波动"，"艺术家以心灵映射万象，代山川而立言，他所表现的是主观的生命情调与客观的自然景象交融互渗，成就一个鸢飞鱼跃、活泼玲珑、渊然而深的灵境。"叶朗继承了朱光潜、宗白华的美学传统，认为既不存在一种实体化的外在于人的"美"，又不存在一种实体化的、纯粹主观的"美"，美在意象。① 审美意象是情景相生，契合无间，是对主观情感与客观物象的双重超越：一方面，审美意象以一种不可表达的情感性质概括和表达了世界的综合整体，情感的不可分割的整体性把有限物象引向作为其根基的不在场的无限存在的关联，以直觉统一性在有限物象中瞬间涵摄了万物一体的境界；情感的具象化悬搁了日常情感的利害关切的物质性重力，形式显现为纯粹观照的澄明恬淡，从而成为自由虚灵的情感，情感在所达到的本质性中涵摄了人类情感从最低音阶到最高音阶的广谱，再现了整个生命的运动和颤动。情与景的无限性在于亦情亦景、非情非景的意象，审美直觉以精神的无限速度对实体性的自我与实体性的对象进行穿梭、交织、巡视，把实体点化、超升为晶莹剔透、一即一切、一切即一、交融互摄、重重无尽的灵境。美作为活的形式，只能在天人合一、物我两忘、心物不二的直觉活动中存在。叶朗以朱光潜、宗白华、张世英的美学思想为基础，立足中国文化，以"意象"和"体验"为核心，力图融会中西美学的精华，回应 21 世纪时代的呼唤，最后归结到提升人生境界。

正是通过 90 年代学界对中国美学自身的反思、实践美学的反思以及中国美学的现状的反思，对中国古典美学、近现代美学思想的研究，中西美学的比较以及审美文化的研究，我国的美学研究迈上了一个新的台阶，"以问题研究带动体系建设、以体系建设带动问题研究"的格局正在逐步形成，这为 21 世纪中国美学的发展奠定了坚实的基础。

---

① 参见叶朗：《美学原理》，北京大学出版社 2009 年版，第 43—83 页。

二、伦理学研究的主要问题及其重要成果

20世纪90年代的伦理学发展和整个社会的大变迁紧密相连。在这一时期，伴随着市场经济的进一步推进，关于市场经济与道德建设的问题日益突出，伦理学研究也不再局限于纯理论的探讨，而转向对社会各个层面的问题的分析，应用伦理学(或者说部门伦理学)不断兴起，并蓬勃发展。与此同时，为了构建中国特色的道德体系，学者们也纷纷转向对中国传统伦理思想，尤其是儒家思想的研究，试图在"返本开新"中为新的道德体系的建立寻找理论资源。在全球化的进程中，建立普世伦理的呼声越来越强烈，学者们也做出了不俗的成就。

1.市场经济与道德建设

回首20世纪90年代，可以说市场经济的形成是中国社会最为重大的事件，这一事件对原有的传统道德体系构成了相当大的挑战。因此，市场经济与道德建设的问题呼之欲出。

在初期，学者们主要围绕市场经济与道德的关系问题、市场经济的价值导向问题以及市场经济与人生价值观问题进行了讨论。1992年11月，由中国伦理学会和上海市伦理学会联合组织的第六次全国伦理学讨论会在上海第二军医大学召开。与会学者一致认为，发展市场经济不仅要遵循经济自身的内在规律，还要有与之相适应的道德支持，市场经济越发达，越是需要规范，越需要伦理。学者们还就伦理学在市场经济建设中的发展问题做了讨论，学者们主张，道德建设要适应社会主义市场经济发展的需要。何中华以对话的形式研究了市场经济和道德的各自特点，并在此基础上提出了市场经济与道德的"互斥说"与"划界说"。

市场经济的利益驱动原则所对应的价值取向是功利主义的。但如马克思所说，"道德基础是人类精神的自律"，这意味着道德的超功利性，因为功利目的不过是来自外在规定的一种自觉形式，功利行为只能是一种他律性的非道德行为。而他律规定之所以不能纳入道德，在于无法说明道德与

法律的区别，无法合理说明道德的"慎独"境界。道德的自身目的性决定了无条件的直言律令才是其判断形式，这意味着道德的自主性与市场经济的"物的依赖性"、自律与他律，是互斥的原则，构成了二律背反的关系。这两个原则所统摄的事物尽管可以出现交叉重叠的情况，但在现存的层次与范围内，这两个原则不可能实现本质性的结合。① 市场经济的"非道德性"并非"反道德"，相反能为道德精神奠定形式合理性的基础。追求着自己目的的生产活动、等价交换的关系中介与自己承担选择后果的责任机制，为实质的德性存在确立了形式的自由、平等、独立。如果过分激进地追求市场经济与道德建设的本质性统一，则是违背了唯物史观所揭示的经济对道德的历史制约性，一方面扰乱了市场经济健康发展的自身机制，一方面打破了人类需要发展的层次性。市场经济的"以物的依赖性为基础的人的独立性"的存在方式，是工具理性的思维方式、民主法治的政治体制和功利主义的价值态度的三位一体。在社会有机体的整全性中，经济与道德具有某种对应性，"物的依赖性"的存在方式使人的道德形式化、抽象化与观念化了。所以说，许多学者提出的"划界"思想，不过是对现代性的抽象建制的批判性立场。

物质活动与自主活动的一致，必须超越市场经济的"以物的依赖性为基础的人的独立性"，达到"建立在个人全面发展和他们共同的社会生产能力成为他们的社会财富这一基础上的自由个性"。社会主义市场经济不仅需要以民主法制与功利主义的伦理观作为规范，而且要以社会主义精神文明的道德建设作为范导与调节。"人的解放"、人的自身本质的实现，是一个从简单到复杂、从形式到实质、从抽象到具体的发展过程。

关于市场经济的价值导向问题。发展社会主义市场经济应该有什么样的价值导向的问题，多数学者认为，在社会主义市场经济条件下，道德建设的一个重要的方面就是使价值取向的多元化与价值导向的一元性辩证地

---

① 参见何中华：《试谈市场经济与道德的关系问题》，《哲学研究》1994 年第 4 期。

统一起来。并主张应当将集体主义作为市场经济的价值导向。价值取向的多元性与价值导向的一元性的对立，取决于当代中国的现实状况，即历时态的共时性存在。一方面，我们要搞现代化建设，大力发展市场经济，把人从自然经济中的人的依附性的存在方式，转变为市场经济的"以物的依赖性为基础的人的独立性"的存在方式，塑造个体主体的独立性、自主性与创造性，但"物的依赖性"使人的独立、平等、自由形式化、抽象化了。另一方面，社会主义又要超越现代性的抽象建制，克服人对物的依赖性，实现人的真正的独立性与自由个性。市场经济的价值取向是在等价交换的抽象同一性之下的利益最大化的功利主义原则，从事经济活动的个人主体都有着相互冲突的个体意志。社会主义社会作为有社会理想的社会，是对市场经济的有限性的超越，市场经济无论作为资源配置的手段还是作为塑造个体主体的形式合理性机制，都不能僭越它起作用的范围与程度，都应当为社会主义追求每一个人的自由个性的全面发展的价值理想所范导。市场经济把个体主体从人的依附性的存在方式中解放出来，但陷入了抽象的物化存在，集体主义的价值导向则要超越对抗的社会关系与占有式的利己主义个人的无个性状态，形成自由个性的联合体。集体主义并非对个体的压抑与扼杀，而是自我的超越与具体的普遍性。社会主义力图超越人与人的对抗关系，其集体主义的社会原则绝不是排斥个人主义的，相反，社会主义正是要追求每一个人的自由个性的全面发展。社会主义的集体不是前现代的"人的依赖性"的"虚假共同体"，社会主义消灭阶级对立，进而超越了由阶级对抗所导致的个人与社会的对立，每一个人在一切人之中，一切人在每一个人之中，实现了个人与社会的同一性。社会主义的个人是真正意义上的"社会的人"，不是占有式的利己主义的异化的个人，而是追求自由个性实现自身本质的自主存在，社会主义的集体作为个人的自由自愿的联合，并不是在个人之上、之外压抑个人的异己力量，社会就包含在个人之中。集体主义的道德建设所要克服的是人的无个性的私有财产的存在方式，所要实现的正是人的真正的独立性与个性。

  学者们探讨了市场经济与集体主义原则、功利原则、公正原则以及拜金主义、雷锋精神等的关系。夏伟东提出，集体主义原则在中国道德社会中的主体地位始终没有动摇，集体主义仍然是中国社会道德的主旋律。①李奇提出，社会主义市场经济需要集体主义道德建设。②宋希仁在分析集体主义的历史与现实依据的基础上，主张要把集体主义原则同多方面、多层次的伦理关系要求协调起来，应正确看待奉献与自我牺牲。③朱贻庭、秦裕、余玉花在其合著的《当代中国道德价值导向》一书中提出，集体主义道德作为当今中国社会的价值导向，是历史的、实践的选择。④宋惠昌也提出，市场经济促成了一种新的集体主义的形成，它的特点和优点是对个体主义的平等、自由的高度重视，对人的个性追求的尊重，对人的价值取向多元化的维护。它真正实现了个性与共性、个人与整体等的真实统一。

  在问题研讨的基础上，关于社会主义精神文明、公民道德建设、社会主义道德体系的构建等问题被提上了议事日程。1996 年 8 月，由复旦大学哲学系主办的"市民社会与精神文明国际学术研讨会"在上海举行。会议围绕"市场经济、市民社会与精神文明建设的关系；精神文明建设的哲学、文化和社会基础；传统价值观念在现代社会的意义；现代社会市场经济条件下的商业伦理"等问题进行了广泛深入的讨论。焦国成、王易主张，就公民道德建设来说，一是要研究和制定出一整套符合社会主义市场经济要求和时代精神的有中国特色的公民道德规范，二是要建立健全保证社会主义公民道德规范实施的社会机制。⑤罗国杰主编的《道德建设论》是一部系统研究社会主义市场经济建设条件下道德建设问题的理论著作。书中

---

① 参见夏伟东：《市场经济与社会主义道德主旋律》，《教学与研究》1993 年第 2 期。

② 参见李奇：《关于道德建设的思考》，《道德与文明》1993 年第 5 期。

③ 参见宋希仁：《论社会主义道德的基本原则》，《求是》1990 年第 4 期。

④ 参见朱贻庭等：《当代中国道德价值导向》，华东师范大学出版社 1994 年版。

⑤ 参见焦国成、王易：《当前社会道德状况和公民道德建设》，《新视野》1996 年第 3 期。

阐述了现阶段中国道德建设的主要目标、内容、所面临的主要问题以及解决这些问题的主要途径等重要的理论问题和实践问题。[①]1998年4月，由中国伦理学会等主办的"第九次全国伦理学讨论会"在河南郑州举行，会议也围绕"社会主义道德建设的框架建构；社会主义市场经济条件下的道德建设；加强职业道德建设"等问题展开讨论。

理想道德建设是社会主义精神文明建设的核心。基于道德精神的自由本性，精神文明与道德建设不能像法律、法规等政治上层建筑一样，是规定性甚至强制性的，而是超越性与范导性的。精神上层建筑固然需要一定的规范性的社会机制，但是无法彻底地、严格地制度化的。作为规定的应然性道德观念，即使凭借意志的绝对命令的强制，诉诸道德行为，也仍然是抽象的、形式的主观性自由，因而可以说是未完成的。抽象的道德理性的进一步具体化，是理性观念教化感性、情感、欲望等内部自然生命的修身过程。在教化中，道德理性与内部自然生命所实现的内在统一，不是完成理性观念对内部自然生命的规定，而是在道德理性的范导下感性情感的自然生命的内部运动与自身统一。从应然性的道德观念（形式自由、观念性自由）到本然德性（实质自由、自然的自由）的具体化过程，不是观念规定自然的超越性统一，而是一个潜移默化、移情动性的自然生成的连续性过程。这个连续性过程是由概念图型或概念形象作为中介实现的。所谓道德建设的概念形象就是作为理想道德典型的伟大人格。道德建设不是凭借各种规定的严格落实，而是从根本上依赖伟大人格的鼓舞性力量，因此党的建设是社会主义精神文明与道德建设的关键一着。

2. 应用伦理学的蓬勃发展

应用伦理学的兴起是20世纪90年代伦理学走向现实生活的一个标志性事件，主要体现在：一批应用伦理学的研究机构相继成立，大量的相关学术著作出版，大量的学术会议举办，一些新的现实问题得到研

---

① 参见罗国杰：《道德建设论》，湖南人民出版社1997年版。

究。应用伦理学一时成为显学。1995 年 3 月，复旦大学哲学系"应用伦理学研究中心"在人文学院成立。该中心的成立不仅标志着中国应用伦理学研究进入系统的起步阶段，而且为人文科学、社会科学理论研究与现实应用的结合提供了有益尝试。中心下设企业伦理学、经济伦理学、环境伦理学、生命伦理学、政治伦理学、人生哲学等研究组并附设实践调研部。1996 年初，中国社会科学院成立了"应用伦理研究中心"。中心围绕经济伦理学、环境伦理学、生命伦理学以及家庭与性伦理学等展开研究。

应用伦理学凸显了伦理学作为实践理性的本性，实践理性必然要求伦理学从观念性、形式性进达实际性和具体性。对于应用伦理学的实践态度，学界进行了深入讨论，认为应用伦理学是伦理学的理论理念在各不同的具体现实领域应化为实践理念，而实践理念则构成了理论伦理学与现实生活中的伦理道德实践的具体中介。应用伦理学的具体的实践本性表现在，它决不是理论伦理学的普遍观念在各不同现实领域中的抽象运用，而是在伦理理念的范导下深入各具体领域的创造性发现。也就是说，应用伦理学决不是在现实生活世界之外凭空增添一套价值体系，让抽象的观念去剪裁生活，而是顺着生活世界的存在经验创造性地发现一个超越性的维度和原则，或者让伦理理念与现实存在经验相感通，开出生活世界的自身条理与脉络。

1997 年 11 月，廖申白、孙春晨主编的《伦理学新视点》一书由中国社会科学出版社出版。该书为中国社会科学院 1994 年首批招标课题"转型时期社会伦理道德建设的难点与对策"的最终成果。贯穿全书的一个基本观点是：考察转型中的中国社会的伦理与道德，需要把握两个重要的新视点，即中国社会的转型与社会生活个体的独立化与自由化。基于这两个视点，作者从社群性的伦理与个体性的道德水准，尝试勾勒转型中的中国社会在日常生活(家庭生活、交往生活)、公共生活(经济生活、政治生活、法律生活等)与个体生活等方面正在呈现的社会伦理与道德之面貌，并解读其中蕴含着的问题。①1998 年 12 月，龚群著的《当代中国社会伦理生活》由四川人民出版社出版，作者具体研究了家庭伦理、人际伦理、职业伦理、企业伦理、市场伦理、社会伦理、环境伦理等，并提出诸多新颖的观点。②

2000 年 6 月 9—11 日，由中国社会科学院应用伦理研究中心、东南大学哲学和科学系等单位主办的"第一届全国应用伦理学讨论会"在无锡市召开。与会者就"应用伦理学基本理论、经济伦理、环境伦理、科技伦理和生命伦理"等问题展开探讨。2000 年 10 月，由中国伦理学会和河北师范大学联合主办的全国伦理学会第十次学术研讨会在石家庄召开。与会者就"建立适应社会主义市场经济的社会主义道德体系""应用伦理学""思想道德建设与创新"等问题展开深入讨论。

与此同时，各门应用伦理学作为单独的学科相继成立，并展开对相关问题的研究。

生态伦理的研究。1994 年由中国伦理学会、国家环境保护总局等联合举办的"中国环境伦理学会成立暨全国首届环境伦理学研讨会"在北京举行，标志着这一学科的完全建立和获得认可。在这次会议上学者们围绕"环境伦理学的学科建设问题、环境污染及其解决的途径、环境价值观的教育"等问题做了深入的探讨。生态伦理学的兴起，既是现代性的生存困境向伦理学提出的重大的理论问题，又是伦理思想自身深化的结果。现代性所实现的空前的自然人化过程造成了日益严峻的"全球性问题"，现代化大生产所实现的人对世界的否定性统一，是思维对存在的抽象宰制。在科学技术的功能性过程中，观念的自为本性完全压抑了自然的本原存在，当人把自然抽象为"物质"或"有用性"时，自然存在的生命整全性完全被解构了，事物自身的价值性完全被遮蔽了。生态伦理学所要探究的人与

---

① 参见廖申白、孙春晨：《伦理学新视点》，中国社会科学出版社 1997 年版。
② 参见龚群：《当代中国社会伦理生活》，四川人民出版社 1998 年版。

自然的关系问题，也是人的理想价值是否能超越主体性或主观性范围，具有更大的存在性或达到更高的存在层次的问题，因而生态伦理学已经远远跨越了传统伦理学的界限，成为了基础存在论。生态伦理学问题的解决，只有在存在论、真理论与价值论的统一中才是可能的。刘湘荣认为，生态伦理学就是研究人与自然的道德关系的学科，它的主要任务就是确立和制定人类与自然交往的道德原则和道德规范。[1] 余谋昌提出，生态伦理学的基本原则是：爱护从而尊重生命与自然界；不应当伤害生命和自然界；应当保护和促进生命与自然界的发展。进而提出，生态伦理是新的全球伦理观。[2]

围绕生态伦理的问题，关于人类中心主义和非人类中心主义的辩论最为引人注目。有学者认为，现代人类中心主义是可持续发展的环境伦理学基础，应该区分三种形式的人类中心论——认识论、生物学、价值论，认为前两种人类中心论是不能反对或反对不了的；作为一种环境伦理学理论，价值论意义上的人类中心论是必要的，但又不充分。[3] 张世英认为，人类中心论是西方传统哲学、特别是近代哲学的主—客关系式和主体性哲学所持的观点：人是主体，物是客体，哲学的目标就是主体认识和征服客体。于是主体与客体、认识与实践、思维与存在等成了哲学唯一探究的范畴。人所生活于其中的世界不是绝对独立于人之外的抽象的"自在之物"，而是人与物相互交融的产物。人固然可以把天地万物单纯地当作供人使用、任人宰治的对象，但从深层来看，人与天地万物不是对立的，而是一气相通、融为一体的，人对万物应有同类感，应当以仁民爱物（"民胞物与"）的态度相待。由于万物一体，一人一物的存在才有了支撑。人之所

---

① 参见刘湘荣：《生态伦理论纲》，《江汉论坛》1991 年第 6 期；刘湘荣、李永青：《生态伦理学初探》，《求索》1991 年第 1 期。

② 参见余谋昌：《生态伦理学的基本原则》，《自然辩证法研究》1992 年第 4 期。

③ 参见杨通进：《人类中心论与环境伦理学》，《中国人民大学学报》1998 年第 6 期；《超越人类中心论》，《道德与文明》1998 年第 2 期。

以有权利以人为主体和中心而利用自然物，包括人以外的有生命之物，以维持自己的生存，乃是因为处于一体的万物合乎自然地有自我意识和无自我意识、道德主体和非道德主体的价值高低之分，这种区分是万物一体之内的区分，是"良知上自然的条理"。①

也有学者认为，提倡热爱生命、与大自然交朋友固然不错，但较为抽象。抽象地争论人类中心主义与非人类中心主义的问题并不能把生态伦理学引向深入。人类中心主义和非人类中心主义，都受制于单向度的主体性视角。若能超越这一有限理性的视角，以永恒的整体目光则不难发现人与世界的内在相关性。对象不过是对象化了的人的本质力量，对象与自我具有对称性。人与自然之间、人与人之间、人与自身本质之间，具有内在统一的一体性关系。人与自然的关系被超历史地抽象为主客体之间的对象性关系，这只是在资本占统治地位的现代社会生成的人对自然的抽象狭隘关系。人对自然的抽象和人与人的异化，人对自身本质的抽象是一致的。人把自然从无限存在本质抽象为单纯的有用物，人把自身本质抽象为私有财产的存在，人与人的关系则异化为基于私有财产的排他性关系。现代生产实践所实现的人对世界的否定性统一，只是一种抽象的统一性。思维对存在的抽象宰制的主客体关系到天人合一的类关系，可视作人与世界的统一关系从抽象到具体的发展，这种发展是与人对自身本质和个性生命的实现程度、个人与社会的统一程度相适应的。历史的生成的关系也必将在历史中被克服与超越，人与自然的抽象狭隘的主客体关系将被历史地超越，实现人与自然矛盾的真正解决与最后完成。因而生态伦理不是应然性观念的抽象建构，而是一个人类解放的问题，生态伦理学从根本上是历史唯物主义的一个分支。高清海认为，"走出人类中心主义"，从生态伦理的观点重新审视人与自然的关系问题，并不意味着"主体性的黄昏"与主体性的消解，而是要超越抽象的个体主体和自我意识的"假名我"，实现类主体的

---

① 张世英：《哲学导论》，北京大学出版社 2002 年版，第 236 页。

具体的普遍性存在。类存在作为具体的普遍性存在，在人与自然的关系中，表现为人作为宇宙生命的人格化身，把宇宙化为生命的活物即"类化的存在"的天人合一的类活动。①

与传统的理论伦理学不同，应用伦理学的兴起，充分实现了理论关注现实、理论反映现实的特性，这一事实告诉我们，只有把理论研究和现实的实践、时代的需要结合起来，伦理学才能获得更为长远的发展。

3. 返本开新——中国传统伦理思想的现代开显

市场经济需要我们构建中国特色的社会主义道德体系，而中国固有的传统伦理思想，尤其是儒家伦理思想是我们必须加以珍视的理论资源，如何合理有效地挖掘儒家思想中的伦理精神，并进行资源的整合，为构建新时期的伦理道德体系提供思想的源泉，也就成为这一时期诸多学者研究的主要问题。

学者们首先从宏观上展开了对儒家伦理思想的研究。尚志英基于对儒家伦理精神的谱系分析，分别探讨了儒家伦理的价值基础、价值意蕴等问题。章海山认为，儒家伦理精神的核心是仁爱，它既体现出时代的精神，又能从道德上内在地显示历史发展的趋势，主要追求人际关系与社会生活的和谐统一。弘扬儒家伦理精神有利于中国现代化的进程，可促进创立一个以爱换爱、以信任换取信任的社会生活大环境；促进人和自然关系核心的新发展观的创立。②张锡勤则认为，尚公、重礼、贵和是中国传统伦理道德的基本精神，它们蕴含了人类最基本的伦理原理，体现了人际关系的最基本原则，因而具有超越时代和阶级局限的普遍价值。由尚公精神所派生的国家、民族、公众利益高于个人利益的观念，以及重社会责任、克己奉公的观念，在中国历史上曾产生过持久深入的积极影响。由尚公精神又引出了对事公正无私、公平公道的态度和准则，以及利他精神。这些就凝

---

① 参见《高清海哲学文存》（第 2 卷），吉林人民出版社 1998 年版，第 350—362 页。

② 参见章海山：《中国儒家伦理精神与现代化》，《中山大学学报》1998 年第 4 期。

结为一股横贯古今的浩然之气，培育了无数代利济天下苍生，以济世安民为己任，维护社会正义的仁人志士。儒家重礼、重秩序的观念有利于社会的稳定、安宁，保证社会有序地正常运转。礼教向往一种不仅靠法律维系的文明秩序。礼所要求的恭敬、谦让、文明礼貌，对于协调人际关系、提高社会文明和道德水准，具有重大作用。贵和精神有利于调节人际关系，缓解社会矛盾，避免社会动荡。贵和所强调的"和而不同""和而不流"，既体现了对异己的认同、尊重，又反映了保持、维护个性的要求。①

成中英结合市场经济的时代背景，从私利与公利、情欲与道德理性、动机与效果、人心与道心、经济生活与道德生活五个层次深入探究义与利的现代意义，即个人应该具有独立的人格，应该保有或修持理想的道德人格，力求一个完整的善的概念及其实践，不应该只满足做一个经济人或政治人，要讲求理想的德性与责任，而不是理性的或功利的法律为道德的准绳。作者进而论证了"天人合一"的修持追求与人生理想是与义利之辨具有一种内在的关联：其一，天人合一就是要人参与天的创造生命的活动，要人发展自我的创造力，创造价值，实现生命的内在完美；其二，天人合一要人修持自我的道德品性与品行，掌握和秉持道德的规范合理性，做合乎理性、合乎道义的行为；其三，天人合一要人保持健康的形体，维护生活环境与自然大环境的生态自然，不但能畅通生机，调养万物，且能提升生活与生命的品质，充实精神的内涵，也为转化自我导向道义与本体的宇宙生命奠定形质的基础。天作为整体真实的本体宇宙生命是人的存在的根源，生命创化的动源，生活实用的基础，与人生实现完美（善）的理想典型与目标。故天人合一还有源头上的合一、过程上的合一、目的上的合一等三种实践意义，它们分别代表了人生应有的认识、应有的努力和应有的追求方向，因而也就代表了天和人生生不息的内在生命的永恒价值。②

---

① 　参见张锡勤：《尚公·重礼·贵和》，《道德与文明》1998 年第 4 期。

② 　参见成中英：《论以利之辨与天人合一》，《新华文摘》1998 年第 6 期。

　　唐凯麟在《20世纪中国伦理思潮问题》中，对20世纪中国伦理文化以及百年来伦理文化建设正反两方面的经验教训进行历史的反省和冷静的思索，并对新世纪的中国伦理文化体系进行超前性的构想。作者认为，新儒家伦理具有学脉传承上的尊孔崇儒，时代风格上的援西入儒，致思倾向上的推崇内省直觉，研究方法上的重视同情、敬意，思想格调上的保守主义等特征，其主张科学地吸收、继承人类伦理文化包括西方伦理文化的一切优秀成果，并给以创造性转化，具有积极意义，但它绝对肯定儒家道统、强调返本，对儒家伦理的清理、批判工作做得极为不够，造成其致命弱点；而自由主义伦理思潮的失足之处在于，它把世界化和现代化简单地归结为西方化，对传统伦理文化采取民族虚无主义态度，只重视外来伦理文化的移植和灌输，忽视民族自身伦理现代化的创造，忽视中国特有的伦理道德国情。新世纪的中国伦理文化的建设必须首先确立下列基本前提：坚持马克思主义的指导和主导地位，全面清理和发掘以儒家为主干的传统伦理文化，科学汲纳和借鉴近现代西方伦理文化，深入研究和总结当代中国道德变革的实践。新世纪中国伦理文化价值观将是一个以社会主义市场经济的建立和健全为历史坐标，坚持三个面向，以马克思主义伦理思想为指导，并重功利与道义的价值导向，兼顾效率与公平的伦理要求，坚持与发展集体主义的道德原则的有中国特色的社会主义的伦理文化价值体系。[①]

　　在微观层面，学者们研究了中国传统重要思想家的伦理思想及重要的范畴。比如，关于墨子的伦理思想，孙实明认为，墨家的伦理思想甚为丰富，其兼爱说、贵义说、道德教育和道德修养论以及义利统一、动机效果统一、感性理性统一的伦理观皆为中国传统文化中的宝贵精神财富，并与传统思想文化的主流——儒学在根本精神方面一致。[②]马永庆认为，儒家

---

① 参见唐凯麟：《20世纪中国伦理思潮问题》，湖南教育出版社1998年版。
② 参见孙实明：《论墨子的伦理观》，《求实学刊》1994年第5期。

传统修身观有其独特的风格，表现在：善恶争辩的人性基础；尽心至诚的理性自觉；"圣贤之域"的价值目标；克己内求的自控监察；修己安人的外在趋向。① 杨达荣认为，程朱道德修养有三个显著特点：一是强调道德实践的重要性；二是重视道德修养的自觉性和主动性；三是提倡反躬自省、严于律己。② 1996年4月，由武汉大学哲学系等主办的"海峡两岸面向21世纪的中国哲学与伦理学"研讨会在武汉举行，会议围绕"传统伦理道德与新伦理学建构；新伦理学的使命；伦理学有无恒常命题；伦理学建构的新视角；世纪之交中国哲学思维的转变"等问题展开了学术交流。唐凯麟在《伦理大思路》一书中也比较系统地回答了当代中国道德和伦理学发展中所面临的几个根本问题，为中国伦理道德体系的建构提供了新的视野和思路。③

社会主义精神文明建设超越市场经济的"物的依赖性"，批判现代性的形式伦理，追求自由个性的全面发展与自身本质的实现，因而汲取中国传统文化的自然伦理维度，致力于中国传统伦理思想的现代开显，必然是社会主义精神文明建设的题中应有之义。有学者认为，社会主义精神文化在更高层次上重复了前现代的绝对真理与神圣文化的超越性维度。近代哲学的"上帝人本化"所表征的现代化进程"消解人在神圣形象中的自我异化"，又造成了抽象的个体主体在非神圣形象中的自我异化。无论是传统文化的儒释道，还是基督教，作为精神上层建筑，除了与等级存在相应的社会整合功能与文化规范功能，还具有追求生命的整全性与人格的完满性（人的自性化）的绝对性维度。神圣形象的消解与绝对性的崩溃所导致的存在与价值的分裂、主观与客观的对立，表征了现代道德理性的观念性、形式性与抽象性。超越现代性抽象建制的社会主义必须在人的层面上重建绝对性，把应然性道德的形式伦理具体化为自然与自由相统一的本然

---

① 马永庆：《儒家传统修身观与现代人格完善》，《山东师范大学学报》1996年第3期。
② 杨达荣：《程朱的道德修养与当前道德建设》，《江西社会科学》1996年第1期。
③ 参见唐凯麟：《伦理大思路》，湖南人民出版社2000年版。

德性的实质伦理。中国传统哲学的性与天道的智慧在人自身的落实便是自由人格，而全面发展的自由个性与自主存在无非是生命的整全性与人格的完满化。中国古代圣贤、英雄的自由人格、理想人格，并非与平民生活格格不入，相反，圣贤的完满的自由人格不过是以牺牲大多数人的发展为基础更充分地发展了的人的内在本性而已。马克思主义的人类解放的旨趣把圣贤豪杰的完满的自由人格转变为平民化的自由人格，一方面以中国传统文化的智慧德性揭示（充实）了马克思主义的自由个性说的内容，另一方面以社会主义实践把中国圣贤的自由人格的抽象的超越性与神秘性转化为从抽象发展到具体的自然历史过程。这其中也包括现代化进程的中介。把极少数人的自由变成每一个人的自由，这是由西方近代哲学所确立的普遍人性原理(意识原理) 开端的，也是以西方近代哲学所开启的现代化进程为基础的。马克思主义哲学揭示了，现代的社会化大生产使每一人的自由成为可能，但资本现代性的抽象建制所确立的人的独立平等自由只是形式性的，因为现代的生产实践与道德实践所构成的观念与自然的否定性统一，只是一种抽象的统一性，其中的观念的自为本性压抑了自然的本原存在。然而，观念的、形式的、抽象的主观自由只有具体地落实为自然的自由，才成就为实质性的自由。与自然相统一的自由，本就存在于中国哲学的智慧德性中。

有学者分析比较了现代个体的道德意识与中国传统德性的本质区别，认为应然性道德观念应当通过修身具体化为本然的德性。张世英认为，现代个体主体的道德意识仍未脱离主客体关系的阶段，仍有主客的对立。道德意识总是表现为"应该如何如何"（"应然"）的意志要求，表现为主观性的内心的东西。道德意识并未真正达到人与天地万物一体的境界。① 应然性的道德观念与自觉意志只是确立了道德自主性的起点与形式框架，并未达到道德的实质与内核，无法真正完成人的自主存在与人格统一性。应然性恰恰只是设定了自然欲望的实然性，以及实然与应然、自然与自由、

---

① 参见张世英:《哲学导论》，北京大学出版社 2002 年版，第 210 页。

感性与理性、存在与价值的分裂与对立，因而应然性并非主体的本己的东西，如黑格尔所说，应然性就是常常做不到的意思。即使在自觉意志的内在强制下诉诸道德行为，也是理性观念对内部自然的抽象宰制，从而只是一种形式的存在。以理性观念教化内部自然生命、开发自性的过程，就是中国传统哲学的"修身""工夫"，以此应然性道德具体化、实质化为本然的德性，实现了感性与理性、自由与自然、存在与价值的统一。道德意识总是预悬着或向往着一种目的，它总是出于一种"应然"的态度，只构成了观念性自由的形式框架；而具体的德性直接就是现实，没有预悬的某种明确目的来限制自己，它是自然的自由。①应然性道德观念设定了主客之分、自他之别，道德意识是在区分自他基础上再求两者的统一，本然德性的天人合一则是非对象性的活生生的，自他融合、物我两忘。本然德性作为道德的完成，超越了道德的初始形态，成就了整全的个性生命与完满的自由人格，达到了天人合一的审美境界。这种天人合一、万物一体的境界虽然超越了道德的观念、律令、法则，却又是本然地合乎道德，也正是在超越了观念性的抽象自由的意义上，它才是本然的德性与实质性自由。一个真正成就本然德性的人，其为他人谋幸福的行为不仅是出于道德上的"应该"，而更主要的是其崇高人格的自然显现。

这一时期对中国传统伦理思想的研究，为社会主义市场经济条件下的道德文明建设提供了丰富的理论资源，大大推进了新时期伦理体系的构建。

4.世纪之交的普遍伦理问题

近年来，由于全球化进程的加快、全球跨文化对话的推动以及国际组织的联合推动（如1993年世界宗教议会及其宣言、1997年联合国教科文组织设立"普遍伦理"项目），普遍伦理问题在20世纪90年代末备受关注，并成为一个新的学术热点。

---

① 参见张世英：《哲学导论》，北京大学出版社2002年版，第211页。

首先，关于全球化时代的伦理文化状况是探讨普遍伦理必须理清的现实基础。今天在世界上那些似乎被"共同承认的"的伦理原则体系，就其基本精神而言都表达的是西方文化主流观念，其中非西方观念所得到的不成体统的、支离破碎的混乱表达事实上使得非西方观念不起作用。全球化过程也不能简单地看成是西方的单方面的经济—政治—文化侵略或殖民化过程，而应该同时看作是第三世界自己反复要求被殖民化又反复觉醒的艰难过程。那种"富国强兵"式的存在论觉醒是第一类觉醒，其实质是试图把自己变成西方，但代价是导致文化危机或自我认同危机。东方引进了许多西方的文化观念，但是却不可能引进这些文化观念的那些无法言表的深层意义，那些与西方的历史、心理感觉和生活经验浑然一体的"意会知识"无法剥离转让，因而这些引进的观念总是抽象的、脱离现实的。现代东方式的观念与生活经验的分离明显造成了思想观念方面的受压迫和生活经验表达方面的压抑，这两种不良的症状使得东方世界的文化和精神处于难以自立发展的境地。这种过分的压迫和压抑在某种程度上激发第三世界在价值论上的觉醒即意识到，自己的独特问题只有根据自己的历史背景和生活经验自己创造自己的思想文化，才能得到符合自己需要的真正解决。第三世界国家正在努力重新开发和理解自己的问题、传统资源和历史表达，开始逐步改变边缘文化与西方文化之间的关系。[1]

关于普遍伦理的可能性问题。有学者认为，世界市场、地球村的形成，各种价值观在全球化进程中的积极互动与相互融合，在文化本身的民族性和差异性基础上对普遍伦理的追求，都表明建立一种普遍伦理不仅必要，而且可能。[2] 从任何一种伦理的理论构想而言，总应该是普遍的，假定为无论在何时何地对何人都普遍有效的原理。但若缺乏实践的普遍支持，构造得再好的道德理论也不可能是普遍的。"全球伦理"的设想正是

---

① 参见赵汀阳：《我们和你们》，《哲学研究》2000 年第 2 期。

② 参见郭广银、赵华：《试析"普遍伦理"何以可能》，《江苏社会科学》1999 年第 4 期。

一种从实践着眼去谋求共同承认的努力，试图从各种文化中找出一些人们能够给予共同承认的规则，进而逐步达成全面的统一伦理，但"我们"的问题则是个实践上的关键难题。仅仅通过非常有限的一些共同伦理规则没有希望形成可以指称"人类所有人"的"我们"概念，而如果不能在存在论意义上形成具有普遍一致实质的"我们"，普遍伦理就变成空话。① 只有满足具体的绝对性、超越后现代、成为内在的"自生系统"、应用型、具有神圣与世俗结合的价值观、跨文化等"可能条件"，才能具有全球伦理范围的普适性。跨文化交流和对话，大概是当前讨论"普遍伦理"问题所能期待的最好结果。② 伦理所要处理的问题正好就是包括政治、经济等问题在内的各种社会生活问题。人们面临的社会问题不同，相应的伦理问题就不同。从寻找伦理的某些共同规则入手，这在学理上来说是个不合理的开篇，因为需要解决的生活问题显然在逻辑上优先于规则的设计。只有当人们的存在论条件——经济生活、政治权利、文化地位等——变得水平基本相似时，普适伦理或全球伦理的设计才成为可能。③

也有学者讨论了全球普遍伦理的性质和特征问题。有学者认为，全球道德的基本特征是道德上的超越性。在现阶段，它包含三个方面的内容：（1）同生态环境、人类自身生产等人类生存条件有关的道德规范与准则；（2）同协调社会自身的各种关系有关的道德规范与准则；（3）人道主义的伦理原则和道德规范。④ 针对把普遍伦理当作抽象的共同性，甚至归结为底线伦理，赵汀阳认为，在思想品性上试图制定作为所有事情的基础的最低限度，都是试图终结思想的思维方式，都表达着对问题的恐惧甚至对思想本身的恐惧。这种回避问题和疑问、回避完整故事的思想方式最终

---

① 参见赵汀阳：《我们和你们》，《哲学研究》2000 年第 2 期。

② 参见赵敦华：《关于普遍伦理的可能性条件的元伦理考察》，《北京大学学报》2000 年第 4 期。

③ 参见赵汀阳：《我们和你们》，《哲学研究》2000 年第 2 期。

④ 参见汪岳华、臧乐源：《关于全球道德的几个问题》，《齐鲁学刊》1998 年第 6 期。

将降低人类的思维水平和能力；关于最低伦理的理论是没有表达出问题的套话，缺乏思想价值。由此，他指出了普遍伦理探讨中的两个技术性错误：(1) 把共识误认为通用的根本性观念；(2) 把最低限度原则误当成决定性或核心观念。一种文化内部的观念有着明显的凝聚性，一套观念或一套问题总是有着内在的粘连性（adhesion），在不同文化体系中，不同的文化语法决定了似乎是共识的 a 有不同的观念粘连。各种文化语法的价值排序不同，使得某个共识 a 其实在不同文化中有着不同的价值地位，因而我们无法把共识 a 看作是普遍最重要、最根本的观念。正是由于存在着上述的观念间的特定粘连性和不同的价值排序，因此那种通过求某些共识而建立统一的普适伦理的思维是不成立的。① 这说明，普遍伦理的普遍性是一种具体的普遍性，超越了观念、法则的存在层次，因而我们不能在观念、法则的抽象存在层次寻求伦理的普遍性。只有深入到活生生的伦理生活的本质性一度，才能呈现出伦理的普世性。道德的光辉并不表现为把各种庸俗的事情做成纯洁的事情，而是表现为在庸俗的冲动之外创造出对美好事情的冲动，因此，道德不可能表现为那些能够普遍化的、成为常规的基本规则，而是属于美好的"例外"这个范畴里的事情。这也是为什么伦理学的核心问题不是规范而是卓越表现（美德）的一个理由。对于一个道德体系和价值体系来说，位于这个体系"顶层"的而不是位于"底线"的那些观念才是这个价值体系的核心或决定性部分，因为那些顶层观念是意味着各种美德和最高价值目标、各种实践追求的方向和生活的意义的动力性观念，由于道德或价值体系是针对行为的，因此只有动力性的观念才是带动行为走向更好表现和更好的可能生活的决定性观念。底线伦理只不过是社会秩序的一些最浅显的要求和条件，但生活的意义毕竟在于追求美好价值。

与前三个问题相比较，学者们更为关注普遍伦理的构建问题。何怀宏

---

① 参见赵汀阳：《我们和你们》，《哲学研究》2000 年第 2 期。

认为，能够作为普遍伦理的只能是"己所不欲勿施于人"和"四不可"的戒律。这应当引起人们的重视。① 汤一介从寻求伦理观念上"最低限度的共识"、从不同民族文化传统中吸取资源、关注当今人类社会存在的重大问题、"和而不同"等方面提出解救人类社会走出精神危机的途径。② 也有学者认为，建立全球伦理，主观上要更新伦理观念，在全球意识和世界眼光的观照下，以有利于人的本性和发展为原则，按照全球伦理的内在要求，确定善与恶、正义与非正义、应该与不应该的标准，制定一系列规范。而且，应该在各个方面为其创造条件。③ 构建普遍伦理的现实关要似乎应该是一种仅限于争取能够互相理解的交往性关系，比如说列维纳所谓的互相把对方尊称为'您'的"我与你"关系，只有当能够把他人看作是超越了我的统一支配方式的存在，才能够产生真正的互相理解。只有以他人观点为准的理解才能尊重他人存在的超越性，才能避免把他人的超越性消灭在我的主客统一的企图中，尊重他人存在的超越性就是尊重他人的那种不能被规划、不能被封闭起来的无限性。因而只有从他人观点出发才能演绎出真正公正的互相关系，即"面对面"的"我与你"关系。而从主体观点入手，心中始终以我为准，我把你贬低为我的知识和权力范围里的他人，你当然也把我当成他人，这种似乎平等的关系逻辑地导致了实际上的互相否定，一种在各自不平等的对待之间的互相拆台的所谓平等。列维纳的"他人为尊"思想确实是一针见血的根本性发现，据此我们似乎应该把金规则修改为"人所不欲勿施于人"。在"由己及人"的模式中，可能眼界只有一个，即"我"的眼界，而"由人至人"的模式则包含所有的可能眼界，我们所能够思考的价值问题范围和价值眼界自然变得宽阔丰富得多。④

---

① 参见何怀宏：《全球伦理与道德常识》，《中国合作新报》1999年9月9日。

② 参见汤一介：《寻求全球伦理的构想》，《中国艺术报》2000年第9期。

③ 参见漆玲、赵欣：《建立全球伦理的可能性》，《道德与文明》2000年第6期。

④ 参见赵汀阳：《我们和你们》，《哲学研究》2000年第2期。

可以说，20世纪90年代我国伦理学的发展是异军突起，市场经济的发展和西方理论资源的传入，为其提供了不可多得的发展契机。市场经济与道德建设、应用伦理学的兴起、对中国传统伦理思想的探索和挖掘以及对普遍伦理的探索，这些都表明，我国的伦理学研究迈上了一个新的台阶。

三、逻辑学研究的主要问题及其重要成果

20世纪90年代的逻辑学发展，主要表现为现代逻辑的兴起和发展，除数理逻辑和哲学逻辑外还有以下几个方面的发展：自然语言逻辑、符号逻辑、现代归纳逻辑等的蓬勃发展；[①]原有的辩证逻辑走向更为深层的研究，即辩证思维和辩证思维推理的研究；在西方科学主义和数理思潮的影响下，中国逻辑走向自我的反省和学说体系的重建。现代逻辑的各个分支，继续以不同的速度向前发展，旧的课题不断得到圆满解决，新的逻辑分支，特别是研究具体科学中的逻辑问题的应用逻辑正在不断涌现。

1. 语言逻辑、符号逻辑的发展

语言逻辑（The Logic of Language）又叫自然语言的逻辑（The Logic of Natural Language），是以自然语言中的逻辑问题为研究对象的一门新兴学科。有学者归纳指出，我国语言逻辑的形成与发展大体上可以分为三个时期：（1）开创时期（20世纪50—80年代）。周礼全是我国语言逻辑研究的开创者和奠基者，在他的倡导和影响下，一些学者开始系统介绍国外语言逻辑思想，讨论语言逻辑的研究对象和研究内容，这一时期的代表性作品是王维贤、李先焜、陈宗明合著的《语言逻辑引论》。在这部著作中，他们对语言逻辑的研究对象、研究内容、研究方法及研究语言逻辑的重大意义做了全面、系统的阐述。（2）形成时期（20世纪90年代—20世

---

① 参见张家龙等：《"面向二十一世纪，逻辑学发展前景"笔谈》，《社会科学战线》1996年第4期。

末）。这一时期的代表性成果有：周礼全主编的《逻辑——正确思维和有效交际的理论》、邹崇理的《一个运用蒙太格语法与广义量词方法分析汉语量化词组的部分语句系统》和蔡曙山的《言语行为和语用逻辑》。这三项成果标志着语言逻辑在中国已经形成。（3）发展时期（21 世纪初）。邹崇理 2002 年出版的《逻辑、语言和信息》一书可以看作新的起点。①

周礼全通过剖析自然语言的特性提出，形式逻辑应该向自然语言的逻辑发展。②1994 年由人民出版社出版的《正确思维和有效交际的理论》是周礼全关于语言逻辑研究的一项重要成果，他在这部著作中建立起以意义、语境、隐涵、预设为主要范畴的语言逻辑体系，与当时国际上发展水平大致相当。③ 蔡曙山的《言语行为和语用逻辑》一书主要介绍和探讨了语用逻辑的基础、命题型的语用逻辑、语用逻辑的量化方法、量化型的语用逻辑、模态型的语用逻辑、计算机科学与语用逻辑。④ 黄华新讨论了语义蕴含的问题。他认为语义蕴含是逻辑蕴涵理论应用于现代语言学产生的结果。语义蕴含不同于隐涵和蕴涵；蕴涵是逻辑概念，隐涵的分析主要依赖语境与合作原则，属于语用学；语义蕴含则取决于义素的分析，属于语义学，其作用在于分析自然语句的语义及其相互关系。⑤ 蔡曙山撰文就用语用逻辑在计算机语言和人工智能中的应用问题做了探讨。他提出，计算机程序语言是一种典型的语用语言，可运用语用逻辑去分析程序语言，以推动语用逻辑在人工智能领域的广泛应用。⑥

与此同时，符号逻辑也成为这一时期研究的热点。1996 年 10 月，由中国逻辑学会语言逻辑专业委员会和符号学专业委员会联合举办的学术年

---

① 陈道德：《20 世纪语言逻辑的发展：世界与中国》，《哲学研究》2005 年第 11 期。

② 周礼全：《形式逻辑和自然语言》，《哲学研究》1993 年第 12 期。

③ 参见周礼全：《逻辑：正确思维和有效交际的理论》，人民出版社 1994 年版。

④ 蔡曙山：《言语行为和语用逻辑》，中国社会科学出版社 1998 年版。

⑤ 黄华新：《略论语义蕴涵》，《浙江社会科学》2002 年第 2 期。

⑥ 蔡曙山：《语用逻辑及其在计算机语言和人工智能中的应用》，《中山大学学报》2000 年第 2 期。

会在江西上饶市召开，"语用问题和逻辑应用问题"构成了此次讨论的热点。1997 年 10 月，由中国社会科学院哲学研究所、中国逻辑学会符号学专业委员会、华东师范大学和日本大学共同发起第二届东亚符号学国际会议在上海举行。会议讨论了四个方面的问题：（1）关于当代符号学及东亚符号学的发展前景问题；（2）关于东亚文化中的符号资源和传统问题；（3）关于一般符号学理论问题；（4）关于符号学理论在各门学科中的应用问题。1998 年 10 月，由中国逻辑学会语言逻辑和符号学两个专业委员会联合召开的 1998 年学术年会在福建省福清市举行。这次年会以符号学的意义与方法、东方文化遗产的符号学资源发掘、语言逻辑的发展趋势、语用推埋与情感在推理中的作用，以及符号学的社会应用为讨论的主题。[①]

2. 辩证逻辑的发展

总体来讲，20 世纪 90 年代"从非形式化向形式化发展"是我国辩证逻辑发展的主要趋势。1989 年 5 月，"中国逻辑学会辩证逻辑研究会第 3 次代表大会暨第 6 次学术研讨会"在广州和深圳两地举行。会议围绕"辩证逻辑的研究途径和方法、辩证逻辑的应用问题、辩证逻辑能否形式化"等问题展开了深入的交流与讨论。卞敏认为，形式逻辑研究知性思维，其客观基础是事物最基本最普遍的关系，它以静态、抽象的方式研究思维形式。辩证逻辑则研究理性思维，其客观基础是事物的客观辩证法，它从思维内容上和认识发展的运动方面来研究思维形式及其规律。[②]1996 年 5 月，第六届全国辩证逻辑讨论会在浙江省奉化市溪口镇举行。与会学者讨论了"辩证思维方式及其应用；辩证逻辑的形式化问题；悖论、逻辑矛盾与辩证矛盾"等问题。[③] 全国第七届辩证逻辑学术研讨会于 1998 年 12 月 9 日至 11 日在华东师范大学召开。此次会议由华东师范大学哲学系、中国逻辑学会辩证逻辑专业委员会、上海中西哲学与文化比较研究会等联合主办，

---

① 参见邹崇理：《语言逻辑和符号学学术年会简介》，《哲学动态》1999 年第 2 期。

② 参见卞敏：《论辩证逻辑的性质和特点》，《学海》1991 年第 2 期。

③ 参见梁庆寅：《第六次全国辩证逻辑学术讨论会召开》，《哲学研究》1996 年第 8 期。

会议的主题是"冯契辩证逻辑思想研究"和"创新与辩证思维"。在这些学术会议召开的同时,一些相关的著作也陆续出版,如,柳昌清的《辩证逻辑新体系——渗透逻辑引论》(1991),苗启明的《辩证思维方式论——狭义辩证逻辑》(1990),黎祖交主编的《辩证逻辑与形式逻辑比较研究》(1992),李廉的《周易的思维与逻辑》(1994),赵总宽的《数理辩证逻辑导论》(1995),蔡灿津的《辩证逻辑史论纲》(1996),金顺福、王馥郁主编的《辩证思维论》(1996),且大有的《马克思的辩证逻辑思想研究》(1998),罗翊重的《东西方矛盾观的形式演算》(第一、第二卷)(1998)等。这些专题研究著作对于辩证逻辑的科学化发展和学科建设具有重要的促进作用。它们的问世表明,中国辩证逻辑的理论发展在20世纪后期已初步实现了从一般哲学形态的辩证逻辑,经过特殊哲学形态的辩证逻辑到逻辑科学形态的辩证逻辑的巨大变革或历史性跨越。① 在这一过程中,辩证逻辑思维的研究②、辩证思维推理的研究也都得以快速地发展。③

3.走向新世纪的中国逻辑史研究

在进行专门的逻辑研究的同时,学者们就中国传统逻辑思想作了深入的研究,主要是通过对《易经》《公孙龙子》《墨经》等的研究,阐发中国逻辑研究的对象、方法以及内涵的逻辑思想。

1990年,中国逻辑史第六次年会和易经逻辑方法讨论会在上海华东师范大学召开,会议就中国逻辑史的对象和《易经》中的逻辑方法等问题展开了热烈的讨论。(1)关于中国逻辑史的对象和范围,会上主要有三种观点。有学者认为,中国古代的逻辑不是形式逻辑,而只是着重于语词内涵分析的自然语言逻辑,它的对象、范围、内容仅属自然语言语义问题,

---

① 参见赵总宽:《辩证逻辑在二十世纪中国的发展》,《北京航空航天大学学报:社科版》1999年第4期。

② 参见张智光:《二分法和系统法相结合是辩证逻辑的重要方法》,《华南师范大学学报》1995年第1期。

③ 参见梁庆寅:《试论辩证思维的推理》,《哲学动态》1996年第8期;王经纶、李燕:《辩证推理模型初探》,《学术研究》1998年第7期。

所以中国逻辑学史的核心是以名实为内容的语义学说史；还有学者提出，中国古代逻辑史应当主要是中国的形式逻辑思想发展史，而不应是仅仅以名实问题为内容的语义学史，更不是古汉语语义学史。（按：1991 年 6 月至 1992 年 4 月在《哲学研究》陆续刊登的三篇文章——周云之的《再论中国逻辑史研究的对象和方法》、诸葛殷同的《关于中国逻辑史的几点看法》、曾祥云的《我看中国逻辑史研究的对象和方法》就上述观点分别作了阐述）（2）关于《易经》逻辑方法也有三种主要的观点。一种认为，《易经》就是中国古代的符号逻辑或数理逻辑；另一种认为，《易传》是中国古代最早的符号学著作；第三种观点认为，《易传》只初步接触到传统逻辑中的概念、命题和推理问题。（3）也有学者讨论了先秦易学中的辩证逻辑思想、《易经》与先秦逻辑的关系、《易经》与因明的比较研究、《易经》在西藏的影响以及其他有关中国古代逻辑的具体问题。

同时，学者们围绕《公孙龙子》中的逻辑思想、老子的逻辑思想、名辩派逻辑思想进行了深入的研究。潘明德从“名实”“坚白”“同异”三个方面，对名、墨两家的逻辑思想进行了比较分析。他认为，在名实观上，名、墨虽然都主张名实相符，但公孙龙子的“唯谓”说将名实关系绝对化了，具有明显的形而上学倾向。《墨经》则主张在一定条件下，名与实“彼此亦可”，包含一定的辩证思想；“坚白问题”集中表明了名、墨两家逻辑思想的尖锐对立，公孙龙子用感觉的分离来证明事物属性的分离，得出了“离坚白”的错误结论。《墨经》则主要通过诉诸常识，针锋相对地提出了“盈坚白”的观点；在同异观上，名、墨两家相訾为少，相应居多，区别只在于对划分同异标准等问题的看法。[1] 学者们还研究了沈有鼎、冯契、金岳霖等当代学者的逻辑思想。1998 年 12 月 8—12 日，由中国辩证法学会辩证逻辑专业委员会、上海市逻辑学会等单位主办的“第七届全国辩证逻辑学学术讨论会”在上海举行，会议讨论了“冯契的辩证逻辑思想；辩证思

---

[1]　参见潘明德：《试析名墨思想之异同》，《复旦大学学报》1997 年第 1 期。

维与创新思维"等问题。

综上所述，20世纪90年代的逻辑学发展可以说是我国逻辑学发展态势最好的时期，在这一时期，逻辑学各个分支的理论相互渗透和融合，同时也逐步和国际逻辑研究接轨。在继续研究逻辑学理论的同时，更注重将纯理论与实践的磨合，即：更注重将逻辑学研究中产生的新理论和新方法应用到数学、语言学、计算机科学和人工智能当中，应用逻辑逐步发展起来，并逐渐成为新的增长点。[①]

四、宗教学研究的主要问题及其重要成果

在20世纪80年代的"宗教热"冷却之后，90年代的宗教学研究开始深入发展。宗教学基础理论问题的探索通过宗教社会学、宗教人类学、宗教心理学、宗教哲学与宗教史学的研究向纵深发展，产生了关于宗教学原理的一大批译著与专著。一批新的宗教研究机构建立起来，许多大学和社会科学院相继成立了宗教学教研室、宗教学系与宗教研究所等机构，还有些研究所被评为教育部人文社会科学重点研究基地。各个大学相继开设了宗教学课程，编写了宗教学教材，宗教学正式成为哲学的一个二级学科。宗教文化研究蔚然成风，学者们深入思考了宗教的文化内涵，探索了各种宗教的系统结构、精神特质与伦理旨趣，出版了一大批宗教文化方面的著作和书籍。

1. 宗教学研究

从1976年到20世纪末，是中国宗教学的第三个发展阶段，这一阶段宗教学的发展突出地表现为：改革开放、思想解放与宗教学的复苏。[②] 在这一阶段，翻译出版了一系列的西方宗教学名著。如：吕大吉组织翻译的"西方学术译丛"中的宗教学系列（包括麦克斯·缪勒、约翰·麦奎利和

---

① 参见李娜：《我看21世纪的逻辑学》，《南开大学学报（哲学社会科学版）》2001年第1期。

② 参见何光沪：《中国宗教学百年》，《学术界》2003年第3期。

彼得·贝格尔等重要学者的著作）；何光沪主编的"宗教与世界"丛书已出版 20 种（包括阿诺德·汤因比、迪特里希·朋霍费尔和保罗·蒂利希等重要思想家的著作以及一些宗教社会学、宗教心理学、宗教与文学、宗教与政治、宗教与哲学、宗教与科学之关系等方面的著作）；张雅平译的《精神分析学派的宗教观》，王先睿译的《宗教与艺术》。在西方宗教学史方面，有吕大吉著的《西方宗教学说史》；在宗教哲学方面，有何光沪的《多元化的上帝观》出版；在宗教人类学方面，有金泽著的《中国民间信仰》和《英雄崇拜与文化形态》出版。[1] 国内学者撰写的一批专著也陆续出版，1990 年 6 月，任继愈主编的《中国道教史》由上海人民出版社出版；1991 年 7 月，任继愈主编的《道藏提要》由中国社会科学出版社出版，全书 1200 千字，是世界宗教研究所的重点项目之一，也是该所道教研究室集体研究的成果。1994 年 8 月，赵敦华著的《基督教哲学 1500 年》由人民出版社出版，1995 年 12 月，葛兆光著《中国禅宗思想史——从 6 世纪到 9 世纪》由北京大学出版社出版。1999 年 1 月，胡孚琛、吕锡琛著《道学通论》由社会科学文献出版社出版。另外，一批佛教研究的成果也陆续出版。[2]

在这一过程中，一批新的研究机构建立起来。北京大学率先成立了宗教系，上海社会科学院和四川大学创建了宗教研究所，另外还有新疆、甘肃、宁夏、云南、陕西等省区的社会科学院建立了宗教研究所，中国人民大学、复旦大学、武汉大学等高等院校相继建立了宗教研究方面的教研室、研究所或研究中心。其中最为突出的是，1994 年 1 月山东大学犹太文化研究所成立。（2003 年 4 月该所更名为山东大学犹太教与跨宗教研究中心。）成立于 1980 年的四川大学宗教学研究所于 1999 年被评为教育

---

① 参见吕大吉、何光沪：《宗教学原理研究拓荒十七年》，《世界宗教研究》1994 年第 4 期。

② 详见陈兵：《中国 20 世纪佛教研究成果》，《宗教学研究》1999 年第 3 期；方克立：《中国大陆佛教研究的回顾与展望》，《世界宗教研究》2001 年第 4 期；葛兆光：《中国（大陆）宗教史研究的百年回顾》，《中国宗教研究年鉴》，宗教文化出版社 2000 年版。

部人文社科重点研究基地后更名为"四川大学道教与宗教文化研究所"。1999 年 4 月，南京大学中国哲学与宗教文化研究所成立（该所于 2004 年被教育部评为全国人文社会科学重点研究基地），以"儒道佛文化研究"和"传统思想文化的现代化与世界化"为重点研究方向。2000 年 9 月，"中国人民大学佛教与宗教学理论研究所"被批准为教育部人文社会科学重点研究基地。

学术研讨会也陆续召开。1995 年 12 月，中国宗教学会"第四次会议暨宗教与中国现代化学术研讨会"在天津举行。1996 年 9 月"国际宗教学学术研讨会"在北京大学举行。2000 年 9 月，由中国社会科学院基督教宗教研究中心主办的"基督宗教与 21 世纪学术研讨会"在北京召开。各个大学也相继开设了宗教学课程，编著了若干宗教学教材，发表了一些宗教学论著。1996 年国家有关部门把宗教学正式列为哲学的一个分支学科。所有这一切都表明，在我国，宗教作为学术研究之一种对象的气候业已形成，宗教学研究业已启动，我国哲学研究的残缺状态开始有所补正。这不能不说是 20 世纪中国哲学发展史上的一件大事。①

2. 宗教文化研究

20 世纪 80 年代，伴随着思想的大解放和学术界"实事求是"的研究风气的兴起，宗教学的研究在"文化热"的带动下，逐步展开对"宗教就是鸦片""信仰就是迷信""宗教就是唯心主义"等问题的深层反思，这种反思的结果就是"宗教是文化"的口号的提出。在这一口号的激励下，学者们纷纷转向对宗教的文化内涵的揭示。一大批宗教文化方面的著作和书籍出版。如，"宗教文化通俗丛书"（包括《佛教文化面面观》《基督教文化面面观》《伊斯兰教文化面面观》等），王志远编的"宗教文化丛书"（包括各种宗教"文化百问"等），方立天的《中国佛教与传统文化》，葛兆光的《道教与中国文化》，丁光训、杨慧林等编的《基督教文

---

① 参见段德智：《21 世纪中国宗教学研究前瞻》，《江海学刊》1997 年第 4 期。

化百科全书》，何光沪编的"宗教与世界"丛书等。世界宗教研究所的《世界宗教资料》杂志于 1995 年改名为《世界宗教文化》，以及《基督教文化评论》《宗教文化》和《佛教文化》杂志的出现，也可算是这方面的鲜明表征。①

在问题的研究方面，宗教文化的研究最为引人注目。有学者认为，在整个人类文化系统中，宗教文化是完全独立于世俗文化的样态。其实，宗教本身是有着多层次的完整结构的文化系统。宗教文化主要包含三个层次：一是宗教文化的深层结构，包括宗教思想、宗教意识和宗教情感；二是宗教文化的中层结构，包括宗教的经典、仪式、制度等；三是宗教文化的表层结构，指一些为宗教思想和宗教情感所激励，与宗教有关联以及为宗教传播而服务的文化领域。② 有学者提出，学术界和佛教界研究佛教文化的前提是"认可佛教文化是中国传统文化的重要组成部分"，其研究的立场是佛教作为整体文化的一部分。③ 佛教传入中国后，因着中国儒道文化之机缘，大乘佛教在中土发扬光大，不仅为传统儒家提供了形上学与本体论的理体基础，对孔孟"圣而不可言之"的心性之学大加开显，而且在事相修持上较儒道更为具体深入，为传统哲学提供了工夫论的内容。佛教的"三世因果，六道轮回"的学说，为世人提供了不得不断恶修善、诚意正心的根据，比起执理废事的宋明理学有着更为强大的实践能力，为当代人超越形式自由与观念化的应然道德，达到实质的本然德性，提供了极为重要的文化资源。佛教是出世间法的修行，出世间法不但不妨碍世间善法，而且能更为彻底、深入地实现世间善法，大乘佛教对世间善法的超越，并不在世间善法之外。"取法乎上，仅得其中"，出世间法的修行层次制约着世间善法的实现程度。佛教在 21 世纪的发展，要有选择地继承与摒弃。需要继承的是佛教的超越精神、佛教的批判精神和佛教的利乐有情

① 参见何光沪：《中国宗教学百年》，《学术界》2003 年第 3 期。
② 参见魏承思：《佛教是一种特殊的文化样态》，《中国社会科学报》1990 年 6 月 14 日。
③ 参见孙昌武：《关于佛教文化的研究》，《佛学研究》1995 年第 1 期。

的献身精神。①

赵吉惠则就道教的文化特质作了分析，他提出，道教学说对中国文化的贡献大体有三个方面：第一，老子第一个明确提出了哲学本体论问题，使中国哲学有了自己的关于本体论的表述；第二，战国至汉代发展起来的黄老新道对中国文化的综合与融通，奠定了中国传统文化的整体格局；第三，中国文化虽然是多元互补结构，但其主体结构却是儒道两家。这也是道家文化在中国文化中的地位。② 陈鼓应提出了道家在中国哲学史上的主干地位，在学术界引起广泛争论，而且这种争论逐渐从哲学专业领域扩延到大的文化领域。在"道家主干说"中，陈鼓应提出两个有争议的观点：一、道家是哲学，儒家是伦理学（特别是社会伦理学）。中国哲学的主体是宇宙论和人生哲学，道家是形上学的主干，在人生哲学上尤推《庄子》。中国的哲学突破始于道家。二、"知识产权"问题。他认为中国哲学的"原创性思想"是道家创发的，"系统性理论"也以道家最完备。③ 道儒墨法互补为基础的道家主干说，是从哲学上说的。若从文治教化的观点来看文化的主要内涵，则中国文化史当以儒学为其首要地位。有不少学者认为：儒道两家代表着文化的表层结构与深层结构。陈鼓应认为，儒家虽在中国文化史上居于主导地位，但就中国传统哲学看，宇宙论和人生哲学为其主体，就宇宙论和辩证思维方法看，道家主干说当无疑义，至于人生哲学则孔孟思想之远逊于老庄。中国哲学固以道家为主体，至于文学史、美学史、艺术史，则道家思想更具灵魂性的重要地位。④

文化格局一当形成，在历史上它便成为一种相对稳定的文化结构，这个文化结构又决定着一定文化的内涵与特质，从而作用于社会的政治和经济、心理与生存方式，等等。但是文化结构又随着社会经济政治结构的变

---

① 参见麻天祥：《佛教与二十一世纪》，《佛学研究》1995 年第 1 期。
② 参见赵吉会：《重新确认道家在中国文化中的地位》，《哲学研究》1992 年第 7 期。
③ 参见陈鼓应：《道家在中国哲学史上的主干地位》，《哲学研究》1990 年第 1 期。
④ 参见陈鼓应：《道家在先秦哲学史上的主干地位》，《中国文化研究》1995 年第 2 期。

化而变化，随着文化思潮的起落、进退，文化氛围的变幻而重组或移位。自战国后期至西汉中期，道家居于显赫地位，从整体上影响了中国文化的走向。西汉中期之后，社会政治结构发生变化，儒学地位又突出出来，成为官方支持的统治思想，居于社会文化的主流，对社会各方面发生重大影响。魏晋清谈表明儒家虽然是社会的支配思想，但道家思想也还有相当的生命力，在文化形式上玄学说明儒道二家进一步合流。战国秦汉以来的中国文化格局，虽是多元的，但以儒道为主体结构。佛教从东汉传入中国，经过魏晋南北朝，直到隋唐大盛于天下，逐渐开始了儒释道三教的融合。宋明理学虽被视为新儒学，但是它的结构则是儒释道三家思想的通融形式。宋明理学实以先秦孔孟的心性、伦理学说为核心，批判地吸收了玄学和佛学的思辨哲学，批判地吸收了道家的哲学本体论或宇宙生成论，使自己在理论体系上更加完备。宋儒之学，其入门皆由于禅，没有隋唐佛学便不会有宋明理学。从隋唐到明清这一历史时期的中国文化虽呈现了儒释道三教合一的格局，但还是以儒家道统为主干的。①

禅宗与中国文化的研究。1994 年 11 月，由武汉大学、湖北省社会科学院以及中国佛教文化研究所、《禅学研究》等单位联合主办的"禅宗与中国文化"学术研讨会在禅宗发源地、弘忍大师的故乡湖北省黄梅县召开。会议主要讨论了四个问题。(1) 禅宗的形成与东山法门的定位。任继愈认为，禅宗的形成既是与中国佛学自身运动分不开的，同时又与中国的宗法制社会分不开，尤其是小农经济"求解脱要自己靠自己"的特点对禅宗的形成有较大影响；肖萐父认为，东山法门具有勇于破旧立新的改革精神、善于取精用宏的创造精神和敢于广开法门的宽容精神，这些精神都是我们传统文化中的积极因素。(2) 禅的本质和禅学的研究方法。方立天认为，中国禅宗的禅是一种文化理想，一种追求人生理想境界的独特修持方法，或者是一种生命哲学、生活艺术、心灵超越法；它的精神实质就是超

---

① 参见赵吉会：《重新确认道家在中国文化中的地位》，《哲学研究》1992 年第 7 期。

越精神。在禅悟的方式上，赖永海认为，顿与渐的关系在根本上是非辩证的，他们是禅悟的两种不同进路。吴立民认为，顿与渐是悟见佛性的不二法门，依人根器而定。(3) 禅宗的发展和中国文化的相互影响。(4) 禅的现代化和禅学生命的弘扬。石峻认为，要促进禅学研究，除在史的考辨上有重大进展外，最根本的是使禅现代化，即显扬禅学生命的问题。有学者认为，禅宗的超越精神可以调整人们的价值坐标，提升人的精神境界。郭齐勇把禅的超越精神与儒家的入世情怀统一起来，认为禅就是解脱，解脱是净化社会与人心的必由之路，但要使禅现代化，就必须使禅悟与社会参与两者统一起来，即"以出世的精神做入世的事情"。可以说，这次会议是对整个 20 世纪 90 年代禅学研究的总结和真实写照。

同时，宗教文化研究的一个突出现象是对宗教思想与其他学科意义的交叉研究，如对佛教、道教伦理思想的研究。

王月清探讨了中国佛教伦理与世俗伦理特别是儒家伦理的内在联系。① 他认为，以天台宗为重点的"性具善恶观"，有其印度之源、中土之流，但与儒家的性善性恶有别。佛教的善恶论，并不完全指道德意义上的善与恶，还具有抽象的本体论色彩。天台宗性具善恶之"性"，超出了人性佛性乃至众生性范围，具有"法性"（实相）的普遍意义。智者大师提出正因佛性、缘因佛性、了因佛性"三因互具"的理论，认为虽然正因无染净、无善恶，但缘、了二因具染净、有善恶的，而三因是众生之所本具，相即互融，所以性具善恶。湛然大师以"性德缘了本自有之"阐发了心性、心体之善恶本具，落实在修行实践上，强调"有性德恶"，认为"修由性发""修恶"乃是"性恶"的表现，在性修关系上以"修性不二"反对"修性悬隔"，对智者大师"贪欲即道"的修行观作了进一步的阐扬，从而也使天台"达妄即真""当体实相""贪欲即道"的修行观在中土佛教独树一帜，甚至直通禅门修行的"当下即是"。传灯大师在继承天台善恶观基础

---

① 参见王月清：《论中国佛教人性善恶观》，《南京大学学报》1999 年第 2 期。

上，进一步向"实修"偏移，主张性之善恶不过是"寄修""借事"而言的，离事修则无善恶，从而实现了台家贪欲即道与禅门任运自在的修行观的融通，显示出禅教交融的中国化特色，也显示了天台善恶理论的实践意义。"性具善恶"以"性"与"修"的关系，申明生佛平等，凡圣之别在于事修，这就把人们追求悟道解脱落实在修行实践中，把当下充满生死流转、贪欲恶道的红尘热恼地变成以毒攻毒、开悟了脱的菩提清凉场，显示出其善恶理论的现实品格。天台性具思想既以性善指出人们的修行悟道的理想目标，又以性恶论给人性以现实的审查分析：既基于人性现实、着眼人生的现实处境，又给人以迷途知返、贪欲即道的从善信心，给一切凡圣利钝、善人恶徒大开了切实修行的方便之门。性具善恶的背后，契合中土道德生活的实际这一动机是不言而喻的。天台宗以性恶说承认众生心性平等，承认阐提有成佛的可能，不断善性，又是一种性善论。这种性善论为天台、华严与禅宗等诸家共有，华严以"净心缘起"考察心性善恶，禅宗认为人人本有恒常清净的佛性、自在无污的善性，与天台的性具善恶迥然异趣，但在化世导俗的修行方面都共同走向了解脱向善的宗教伦理目标。

董群也以礼、孝、忠三个基本的中国传统伦理范畴为例，考察了禅宗伦理对儒家伦理思想的吸收、比较和再诠释，以图展示"禅宗伦理的基本特色"。[①] 丛林制度中对儒学伦理的吸收，内容之一是注意到儒学的等级秩序思想在社会管理中的作用，而将此种思想引入僧团管理中。佛教讲众生平等，没有高下之分，因而也不承认人的等级差别，这一点是和儒教"爱有差等论"有别的，但由于等级秩序观念在僧团管理中有其特殊的作用，禅宗实际上也常常是在管理技术上重视儒教等级思想的意义。内容之二是注意到儒学中以血统为核心的凝聚力的形式，提出法统的体系，也可以看出法统和儒家血统思想的联系。在儒学对佛教的伦理批评中，最核心的问题就是批评佛教违背了儒家的孝道，禅宗在进行佛教中国化的思考

---

① 　参见董群：《略论禅宗对于儒家伦理的会通》，《东南大学学报》2000 年第 3 期。

时，对孝的问题非常重视，出现两种重孝的倾向：一是明确佛教的立场，强调佛教的孝论要比儒学的孝论更完备，这以圭峰宗密为代表；二是更倾向于从儒学的立场来讨论佛教的孝，这以明教契嵩为代表。惠能没有明确系统地提出完整的孝的理论，但他的许多观点，都是涉及到孝的，居士佛教与人间佛教的看法，也都是要解决一个佛教之孝如何与儒家之孝在形式上不发生冲突的问题。儒学对佛教的批评，也包含了从忠的角度的批评，指责佛教入国破国，在经济上、政治上都影响到国家的秩序，禅宗对这种批评同样十分关注，在建构禅法体系的过程中，回应了这种批评，也纳入了忠的内容。从社会作用上讲，佛教和儒学的忠没有冲突，儒教阳助王化，佛教阴助王化，但由于形式表现不同而招致非议。

姜生认为，道教伦理从"贵生"的价值观出发，提出了从"积德"走向得道长生的回归自然的伦理思想。① 它的主体修养致知论和德福一致伦理观，对道教生命伦理的道德决定论具有重大的影响。中国文化自古就重视自我道德修养的传统，可谓是一种"自治的文化"，但这些传统修身思想的主要价值取向均在于齐家治国平天下，未把道德修养同个人生命的存在情状相联系；况且它主要作用于生命层次以上，诸如名誉、地位等方面，这必然使其社会作用的普遍性和纵深性受到局限，难以对社会各个层次发生普遍影响。当中国传统伦理同道教生命伦理学说相结合，生命过程被充分地予以道德化和神圣化，于是传统的修身思想获得了空前强大的社会控制力量。作者认为，道教发掘人类道德修养对于生命延续的重要价值，人的内在自我控制对生命过程存在着强大的制约力，这种自我控制在主体方面的要点，就在于一个"修"字。道教从人们好生恶死的天性出发，论证了修身养德同长生不死之间存在着必然的联系，从而在道德与养生之间建立起一种独特的内部联系，使道德成为长生不死的实践前提，构筑起一种可称之为"道德寿老学"的思想框架。道教中的"死而不亡者寿"超

① 参见姜生：《道德与寿老》，《学术月刊》1997 年第 2 期。

出了普通意义上的思想内涵，渗透着信仰的精神："不亡"所体现的，一是道教徒自我炼养的精神支柱，肉体之身可以死去，但内在的真我——永恒不坏之身，则将从此脱颖而出，故而"寿"；二是道教对于高尚道德理想的追求，上德之价值是永恒的，故上德之人虽死，其德不亡，则其人同于其德而不去，亦"寿"矣。生命价值的神圣化，生命过程的道德化，是道教生命伦理最重要的特点。道教把人自身放在生命伦理主体的地位，把以修善积德为核心的自我控制作为生命存在、维护和延续的决定因素，这种生命操作理论通过理性的生命养护手段、德福一致的思想—行为控制逻辑以及与此相应的超理性的生命神仙化改铸，终于整个地"把握"了人类生命。

20世纪90年代以来对宗教的文化研究大大推进了我国宗教研究事业，正如吕大吉所言：回顾1949年以来宗教学术研究走过的道路，大概可以这样说，没有一种理论或观念，像"宗教即反动政治"那样束缚宗教学者的思想；也没有任何一种理论或观念，像"宗教是文化"那样对宗教学者起了那么大的解放作用。[1]而伴随着宗教学作为一门科学走进高校、作为一种文化现象得到研究，我们有理由相信，中国的宗教学研究一定会走向繁荣。[2]

五、科技哲学研究的主要问题及其重要成果

科学技术哲学在我国作为一个正式的学科固定下来，是20世纪90年代的事。在1991年的中国哲学年鉴中，只有"自然辩证法"的栏目。在1992年的年鉴中，虽然增加了科学哲学的条目，但是它只是自然辩证法的下设条目。在1993年的年鉴中，"自然辩证法"的栏目被换成为"科学技术哲学"。这标志着科学技术哲学走出了"自然辩证法"，正式作为一门

---

① 参见吕大吉：《中国现代宗教学术研究一百年的回顾与展望》，《江苏社会科学》2002年第3期。

② 参见方立天、何光沪、赵敦华、卓新平：《中国宗教学研究的现状与未来：宗教研究四人谈》，《中国人民大学学报》2002年第4期。

学科确立起来。这样做，一方面得益于我国学者这一时期对自然辩证法自身研究的反思，另一方面，也是为了适应国际学科研究的实际情况。这一名称的变动，扩大了原有的研究范围，科学技术哲学在内容上被规定为科学哲学与技术哲学两个重要的组成部分（在年鉴中还包括自然哲学、生态哲学等的内容）。有鉴于此，我们对于20世纪90年代科技哲学的重大事件和理论创新的梳理，也就主要聚焦在这两个重要的组成部分上。

1. 实在论与反实在论的对峙与融合

20世纪90年代，伴随着"科学技术是第一生产力"的讨论以及西方科学主义思潮的不断传入，我国的科学哲学不再局限于单纯的自然辩证法的研究，也不再立足于对数学、物理学、化学、地学等的哲学反思，而进入整体反思科学本身的阶段。1990年、1991年中国社会科学院哲学研究所自然辩证法室陆续编辑出版两本题为"国外自然科学哲学问题"的著作，向广大科学哲学研究和爱好者系统翻译介绍了当前西方科学哲学发展的现状与动向。科学实在论的研究正是在这一背景下逐步发展起来的。1991年9月，郭贵春著的《当代科学实在论》一书由科学出版社出版。该书是国内第一部试图以若干专题性的视角去评介当代西方科学实在论的学术专著。全书共分六章，分别论述了科学实在论的产生和发展、科学研究与科学实在论、理性进步与科学实在论、认识论的"趋向"与科学实在论的"价值"、经验主义的"演变"与科学实在论的"弱化"、科学实在论与马克思主义等问题。同年11月，在北京召开了以"科学实在论"为主题的小型科学哲学会议。这些都标志着我国科学哲学研究的兴起和学界对于科学实在论问题的逐步重视。

1992年6月，由国际科学史和科学哲学联合会逻辑、方法论和科学哲学分会、中国科学技术协会、中国自然辩证法研究会等单位联合举办的"北京国际科学哲学学术会议"在北京召开。这次会议的主题是：科学中的实在论与反实在论。与此同时，学者们也纷纷撰文讨论科学实在论的相关问题。在讨论的形式上，既有一般讨论，也有个案分析；既有对他人的评价，也有自己的创新研究。张之沧在《科学实在论与反科学实在论之争》一文中，首先概略陈述了科学实在论的基本观点，然后分别论述了劳丹、范弗拉森、黑崎宏等人对科学实在论的反驳、责难与埃利斯、普特南、哈金、波义德等对科学实在论的捍卫，由此提出，科学实在论的争论仍在继续进行中。① 成素梅依据认识主体在认识中对客观实在的不同关系和把握方式，划分了科学认识中实在的三个层次，即作为科学认识潜在对象的自在实在、作为科学研究现实对象的对象性实在以及作为客体的理性建构的科学实在，分别论述了它们在科学认识中的作用、各自的特征、彼此间的关系，并强调了这种划分在本体论、认识论和方法论上的意义。② 胡新和从实在概念的辨析入手，区分并探讨了其规范性和描述性两种定义方式及各自的困难。③ 也有学者主张，应当把实体实在论引入对关系实在论的研究之中。因为，关系实在论和实体实在论是相容的。由此提出应恢复和精确建立辩证唯物主义的物质实体论。④ 吴向红在《建构实在论：文化及学科潮流下的当代科学哲学》一文中就"新维也纳学派"所提出的"新建构论"作出了自己的分析，并认为，这是一种在继承与批判基础上形成的正在发展的新兴科学哲学学说。这些论著的发表，把对科学实在论问题的研究推向了高潮。在 1995 年、1996 年第七、第八届全国科学技术哲学学术会议上，科学实在论一直作为不可或缺的一个议题而频频出现。

在后现代主义思潮下，很多学者结合后现代哲学，对科学实在论作出了新的反思。郭贵春通过对后现代主义思潮的若干特征和实质的分析，通过对当代实在论自身的"解释学转向"和"修辞学转向"的概述，试图揭示后现代主义趋势对科学哲学的影响，揭示后现代科学实在论表现出的

---

① 参见张之沧：《科学实在论与反科学实在论之争》，《自然辩证法研究》1992 年第 12 期。
② 参见成素梅：《科学认识中实在的三个层次》，《晋阳学刊》1993 年第 1 期。
③ 参见胡新和：《"实在"概念辨析与关系实在论》，《哲学研究》1995 年第 8 期。
④ 参见张华夏：《实体实在论》，《哲学研究》1995 年第 5 期。

"整体论的扩张"和"意义理论的深入"这两个基本特征及其"开放""弱化"和"建构"的趋向性，认为它并未放弃理性的旗帜。① 张之沧撰文概述了普特南在人本主义和后现代主义思潮的影响下和反实在论的争论中，如何在本体论、认识论和真理论等问题上从早先的科学实在论立场退却，转向一种弱的、内在的、具有人文主义倾向的实在论。②

2. 对技术的哲学反思

20 世纪初的科学技术革命大大推进了人类社会的发展，但是，随着技术在社会各个领域的应用，人们逐步开始质疑技术本身的正面效应。如，技术是否真正改善了我们的生活？科学技术是第一生产力么？技术在社会中的价值究竟在哪里？技术理性和工具理性究竟是如何影响人们的思维方式、价值观的？等等。技术哲学伴随着这些追问孕育而生。这种追问包含以下几个方面的内容：

（1）对技术的形而上学追问

所谓对技术的形而上学追问，实际上就是指对"技术是什么"的追问。刘文海在《论技术的本质特征》一文中，对 21 种有代表性的定义进行了讨论，并在此基础上给出了自己的定义。他认为，技术的定义应当包含三层基本含义：①技术是一种程序；②这种程序是合理的；③这种合理性程序是为了追求物质目标的。由此，他认为技术不是价值中立的，技术的自主性是相对的，而不自主性是绝对的。③ 肖峰认为，技术作为我们实践目的的手段，是把可能世界变为现实世界的主要方式。所以，技术可能世界的走向与人的终极价值是一致的、技术总是为人类造福的，这才是技术的本质。④ 也有学者立足于对技术哲学的演化史的研究，把技术哲学研究的领域划分为三个层面：技术本体论、技术价值论、技术认识论和方法

---

① 参见郭贵春：《后现代主义与科学实证主义》，《科学技术与辩证法》1996 年第 1 期。
② 参见张之沧：《论普特南的实在论的人本主义倾向》，《自然辩证法通讯》1996 年第 1 期。
③ 参见刘文海：《论技术的本质特征》，《自然辩证法研究》1994 年第 6 期。
④ 参见肖峰：《论技术可能世界》，《自然辩证法研究》1997 年第 12 期。

论。① 这样，就使对技术本身的追问进展到对技术哲学的学科体系的构建之中。到 20 世纪末，关于技术哲学的学科定位和性质、确立其研究的价值体系和行为规范以及技术伦理问题，都成为技术哲学最为关注的焦点。

（2）技术的价值论研究

与 20 世纪 80 年代高扬"科学技术是第一生产力"不同，哲学界逐步展开了对技术本身的价值问题的讨论。朱耀垠认为，20 世纪 50 年代前后的新科技革命的社会效应具有双重性。因此主张，在社会发展的过程中应正视技术的负面效应。② 高亮华从技术的本体论出发，分析了技术伦理和政治意涵，提出技术是负载价值的。③ 王海山运用近年来关于价值问题的研究成果，对技术的机制问题提出了自己的理解。在他看来，在技术文化的人工自然系统层面上，技术的价值在于它能满足人的一定需要的效能和它所具有的重要的直接生产力职能；在技术文化的社会子系统层面上，技术的机制体现为社会关系和社会体制的变革职能；在技术文化的观念子系统层面上，技术的价值体现为认识、导向、规范、调整和控制的职能。④ 与此同时，学者们还对技术与社会发展问题做了探讨。如，1995 年 1 月 5—7 日，由中国自然辩证法研究会青年委员会等联合主办的"科技进步与当代世界"理论研讨会在哈尔滨举行。会议围绕"文明的理论问题、后现代主义的科学观、发展科学技术的动力机制"等议题作了研讨。有学者针对网络技术对个人的社会化的影响以及网络社会中人的"数字化生存"等问题作了探讨。⑤ 这些都集中反映了学界对技术价值的关注。

---

① 参见赵建军：《技术哲学的历史演进及其在中国的发展》，《华侨大学学报》1998 年第 2 期。

② 参见朱耀垠：《新科技革命的社会效应与我们的对策》，《厦门大学学报》1993 年第 3 期。

③ 参见高亮华：《技术的伦理和政治意含》，《自然辩证法通讯》1994 年第 4 期。

④ 参见王海山：《技术价值论探析》，《自然辩证法研究》1994 年第 2 期。

⑤ 参见王晓春：《论网络技术对个人社会化的影响》，《自然辩证法研究》1999 年第 8 期；冯鹏志：《"数字化乐园"中的阴影》，《自然辩证法通讯》1999 年第 5 期。

3.对科学的人文主义理解

从自然哲学、自然辩证法到科学哲学的转变，不仅是称谓的变化，而且也是根本观点和方法的转换、自身定位的转变，科学哲学凸显了对科学的文化自觉。现代西方科学哲学的历史与逻辑，存在着一条得到哲学界普遍关注和认可的基本线索，这就是丛孔德的实证主义到罗素、维特根斯坦的逻辑原子主义，从卡尔纳普、赖欣巴哈、亨普尔的逻辑实证主义到波普尔的批判理性主义，从库恩、拉卡托斯、费耶阿本德的历史主义到劳丹、夏皮尔的新历史主义的基本线索。这条基本线索展现给人们的是不断演变着的科学哲学观：从把科学哲学视为对科学的逻辑结构研究转换为对科学命题的逻辑分析，又从对科学命题的逻辑分析转换为探索科学发现的逻辑，再从探索科学发现的逻辑转换为对科学发展模式的历史考察。这种演变有着历史的连续性，即都是把科学哲学归结为关于科学的哲学，拒斥形而上学从而把哲学归结为对科学问题的解释，否认哲学的世界观意义而把哲学限定为对科学自身的研究，从而割断了科学、科学哲学与人文科学和人类活动基础的联系。孙正聿指出，还有一种非主流的科学哲学思路，作为现代西方科学哲学主流的内在否定性，力图实现科学主义与人文主义的合流。瓦托夫斯基把科学哲学作为对科学的人文主义理解，构成了联结科学与人文之间的桥梁与中介。正是从这种基本认识出发，瓦托夫斯基系统考察了传统哲学的三个基本学科（形而上学、认识论和逻辑学），重新阐释了传统哲学的人文主义内涵及其与科学的连续性；以这种哲学观重新审度了科学的起源及其基本概念的人文主义基础，并从科学思想的起源及其方法的概念的基础、科学的结构功能特征、人类认识自然和认识自我的统一性三个方面探讨了科学活动与人类其他活动的连续性与间断性的对立统一；又以此为基础，把科学哲学具体化为理解科学思想的事业，并在三个层次的概念框架（常识概念框架、科学概念框架、哲学概念框架）的辩证统一中去探索科学思想的概念基础，从而实现对科学的人文主义理解。① 对科学的人文主义理解，不仅保持了科学与人文的连续性，奠定了科学的存在论基础，而且以批判的辩证法构成了科学思维的灵魂，体现了马克思主义哲学的存在论、真理论与价值论的统一，开辟了一条构建马克思主义的科学哲学的道路。以述评瓦托夫斯基的科学哲学观的方式，不仅倡导了一种富有生命力的科学哲学，提出了一条切实深刻的现代哲学的路径，而且呈现了作者独特的科学观与哲学观。

对科学的人文主义理解，集中表现在科学哲学界对科学文化的构建与理解。江晓原认为，科学史、科学哲学、科学社会学，构成了一个相关的学科群，而科学文化与这几个学科都有交集，这个学科群是科学技术通向社会公众的接口。"大众需要了解科学技术及其与社会文化之间的互动关系——科学技术是如何受社会影响、科学技术又能够对社会产生怎样的作用"②。刘兵主张："把各种相关学科或领域中有关科学的人文研究都包括在内。例如，科学史、科学哲学、科学社会学、科学伦理学、科学元勘、科学人类学、公众理解科学（科学传播）、科学与艺术等。"③ 吴国盛认为，"科学文化"这个术语可以指称科学史、科学哲学、科学社会学、科技政策与科研管理以及"科学与 X"等领域的学术研究，也可以指称这些领域的大众写作。他认为"科学文化"目前的实践内容，不是科学史、科学哲学和科学的社会学领域里的纯学术工作，而是通过媒体从事大众与科学之间的沟通工作，把传播的理念引入对科学的理解之中，用"多元、平等、开放、互动"的传播观念来理解科学、对待科学；让科学真实的、人性化的形象展现给公众。④ 孟建伟认为，"科学文化应该包括科学的价值观、制度、行为和成果（理论的、技术的和物化的东西）这四个层面，其中科

---

① 参见孙正聿：《对科学的人文主义理解——瓦托夫斯基的科学哲学观述评》，《中国社会科学》1990 年第 4 期。

② 江晓原：《科学文化：时代的呼唤》，《上海交通大学学报（哲学社会科学版）》2003 年第 5 期。

③ 刘兵：《科学文化研究与科学的形象》，《太原科技》2008 年第 1 期。

④ 参见吴国盛：《科学传播与科学文化再思考》，《中华读书报》2003 年 10 月 29 日。

学的精神、理念、理想和价值观是科学文化之'魂'，属于科学文化的形而上层面，而技术的、实证的、数学的或逻辑的东西是科学文化之'体'，属于科学文化的形而下层面。科学的制度、行为和成果都渗透着科学的精神、理念、理想和价值观，科学文化是形而下和形而上两个层面的有机统一"。他主张在"科学文化哲学"这一学科方向来从事科学文化研究。①

　　李醒民的科学文化研究贯穿于他30多年学术生涯的始终并取得了丰硕的成果。20世纪80年代中期到90年代初，李醒民主要研究科学精神和科学价值方面，其成果在论文集《科学的精神与价值》中得以体现。其后，李醒民出版了系列科学家研究专著和译著，包括《彭加勒》（1994）、《马赫》（1995）、《迪昂》（1996）、《爱因斯坦》（1998）、《皮尔逊》（1998）、皮尔逊的《科学的规范》、迪昂的《物理学理论的目的和结构》、马赫的《认识与谬误》、奥斯特瓦尔德的《自然哲学概论》等。1999年底转向科学论研究，于2007年出版《科学的文化意蕴——科学文化讲座》（高等教育出版社）一书。在该书中，作者就科学文化的含义及其特征、科学文化的未来发展趋势和进路、科学的功能、科学价值、科学语言、科学审美、科学精神、科学限度、科学的异化、科学主义与反科学主义、科学与反科学等问题分章节专题讨论，对每一问题的历史沿革、发展状况、不同观点等方面进行了详细而深入的讨论并给出自己的观点。李醒民是在翻译与研究近代重要科学家著作的过程中走向科学的文化研究的，他的研究独树一帜而富有成果，是这一研究领域最具代表性的人物之一。他不仅认识到科学文化研究在科学思想史和科学哲学中的重要价值，而且深刻地体会到科学文化及其建设在塑造人和建构理想社会中基础而核心的意义和作用。②

4. 对西方科学技术哲学思潮的评介

　　对整个西方科学技术哲学的评介首先主要表现在对一些科学哲学流派

---

① 参见孟建伟：《论科学文化》，《中国科学基金》2009年第2期。

② 参见王荣江：《国内科学文化研究二十年（1990—2009）述评》，《自然辩证法通讯》2011年第1期。

的评介。1989 年 4 月，洪谦著的《维也纳学派哲学》由商务印书馆出版。该书是中国第一部系统地介绍与评述维也纳学派的理论原则和思想方法的专著。该书详细介绍了石里克和逻辑实证论的基本思想，讨论了现代自然科学的几个基本问题，并分别评述了弗雷格、罗素、石里克、维特根斯坦和卡尔那普的思想和代表作。① 江天骥在《西方科学哲学的新趋向》一文中评述了西方科学哲学中从经验论到新经验论和反经验论的观点以及几十年来的发展变化情况。②

伴随着现代西方哲学思想的深入研究，学者们开始关注一些大哲学家的科学技术哲学思想。比如，对海德格尔科学哲学之思的研究。莫伟民认为，海德格尔否定现代科学的兴起与现代技术的崛起之间存在着历史的相互性这个普遍流行观点，而着眼于从"在之历史"去探索，从形而上学的漫长发展背景中考察现代技术的兴起。③ 刘敬鲁提出，海德格尔关于现代科学的特征在于其主体性对象性思维方式，现代技术的本质在于框架思想，抓住了现代科学技术的要害。同时，海德格尔关于现代技术的本质及其所再现出的主体性疯狂归根结底属于人类大行的命运的观点，表明了其科学技术之思的实质，试图论证现代人类的科技活动是被决定的。这是海德格尔这一思想的本体论意义。这也对今天我们处理人与自然的关系问题具有启发性意义。④

与此同时，法兰克福学派的科学技术批判思想在这一时期也引人瞩目。如姚大志对哈贝马斯的科学技术批判思想的研究⑤，高亮华对弗洛姆技术的非人道化问题的研究⑥，随着新世纪的到来，洪晓楠对后现代主义

---

① 参见洪谦：《维也纳学派哲学》，商务印书馆 1989 年版。
② 江天骥：《西方科学哲学的新趋向》，《自然辩证法通讯》2000 年第 4 期。
③ 莫伟民：《试析海德格尔的技术哲学》，《探索与争鸣》1992 年第 3 期。
④ 刘敬鲁：《论海德格尔的科学技术之思》，《中国人民大学学报》1998 年第 1 期。
⑤ 姚大志：《评哈贝马斯的科学技术批判》，《自然辩证法研究》1992 年第 2 期。
⑥ 高亮华：《希望的革命》，《自然辩证法研究》1997 年第 2 期。

科学哲学的研究。① 郭贵春通过对后现代科学哲学的现存性、趋向特征及其未来走向的分析和阐释，揭示了后现代科学哲学的历史地位、发展趋向和本质。②

　　综上所述，整个 20 世纪 90 年代，我国的科学技术哲学发生了翻天覆地的变化，从原来的自然辩证法到现在的科学技术哲学，不仅仅是名称的变化，它所带来的是整个学科与世界的接轨和整个学科的蓬勃发展，这种发展为新世纪中国科学哲学走向世界奠定了坚实的基础。

---

① 　参见洪晓楠:《后现代主义科学哲学及其启示》,《理论月刊》1999 年第 1—2 期。
② 　参见郭贵春:《科学哲学的后现代趋向》,《自然辩证法通讯》1998 年第 6 期。

下　篇　**共同的关切**

创建中华民族的思想自我与塑造引导新的

时代精神

引　言 | **21 世纪初的中国哲学**

　　哲学是思想中所把握到的时代。时代变革必然引发哲学观念变革。在人类文明史上，把"历史"变为"世界历史"的"现代性"，改变了人类的存在方式及其自我意识，并因此改变了作为理论形态的人类自我意识的哲学。当代中国的哲学观念，正在以"现代性"为标志的"世界历史"的进程中发生日益深刻的变革。本书试图通过对世界观、本体观、反思和表征等哲学基本观念的反省和解析，探讨当代中国哲学观念变革的思想内涵。

一、世界观：人生在世和人在途中的人的目光

　　按照通常解释，"哲学是理论化、系统化的世界观"。就此而言，对"哲学"的理解，直接地取决于对"世界观"的理解；哲学观念的变革，集中地体现在"世界观"的变革。

　　何谓世界观？通常的解释是："世界观就是人们关于整个世界的根本观点"。对此，我们应当追问的是：其一，这里所说的"人们"是历史性的还是超历史的存在？如果是历史性的存在，"人们"的"关于整个世界的根本观点"能否具有"毋庸置疑"的真理性？反之，如果是超历史的存在，"人们"的"关于整个世界的根本观点"是否还具有"时代内涵"？其二，这里所说的"关于整个世界的根本观点"，究竟是"人们"以"整个

世界"为对象而形成的关于"世界"的"根本观点"，还是"人们"反思"人与世界的关系"而形成的"理解和协调人与世界关系"的"根本观点"？如果是以"世界"为对象而形成的"关于整个世界的根本观点"，这种"世界观"同常识或科学所提供的"世界图景"有何区别？反之，如果是在反思中所构成的"关于人与世界关系"的"根本观点"，又应当怎样理解哲学的"世界观"？其三，就"世界观"本身说，这里的"世"是人生在世之世，还是与人无关的自然而然、无始无终的"世"？这里的"界"是人在途中之界，还是与人无关的自在天成、无边无际的"界"？这里的"观"是人生在世和人在途中的人的目光，还是无始无终和无边无际的、非人的或超人的"神"的目光？

值得深思的是，当着我们这样向"世界观"提问时，不仅已经直接地包含了对诸如"世界""历史""理性""真理"乃至"哲学"等基本观念的追问，而且已经深层地包含了时代性的"世界观"变革。这种世界观变革，如果借用美国"导师哲学家丛书"的概括，从中世纪的《信仰的时代》到20世纪的《分析的时代》，经历了17世纪的《理性的时代》、18世纪的《启蒙的时代》和19世纪的《思想体系的时代》的数百年历程。正是在世界观的时代性变革中，哲学不仅在"理性的法庭"中批判地反省构成思想的各种基本观念，而且深层地把"理性的批判"转化为对"理性"本身的批判，把"揭露人在神圣形象中的自我异化"（对"神"的批判）转化为"揭露人在非神圣形象中的自我异化"（对"理性"的批判）。正是在这种批判性反思的历史进程中，作为理论形态的人类自我意识，哲学已经从"狂妄的理性"变为"谦虚的理性"，从"无限的理性"变为"有限的理性"。因此，哲学的"理论化、系统化的世界观"，已经不再被视为关于"世界"的永恒真理，而被理解为"人生在世和人在途中的人的目光"。这就是由传统到现代的"世界观"革命。

哲学的世界观变革，源于人类文明的变革；直接地说，哲学的世界观变革，源于人类文明从"前现代性"到"现代性"的变革。马克思提出，"必须把'人类的历史'同工业和交换的历史联系起来研究和探讨"①。只有在"人们"从"地域性的存在"转变为"世界历史性"存在的过程中，也就是在"地域性的个人为世界历史性的、经验上普遍的个人所代替"②的过程中，"人们"的"世界观"以及"哲学"的"理论化、系统化的世界观"才会发生真正的革命。对于当代中国来说，只有在解放思想、改革开放的"现代化"进程中，在邓小平所倡导的"面向现代化，面向世界，面向未来"的观念变革中，才能超越以"自然经济"为根基的"世界观"而逐步地形成以"现代性"为根基的新的"世界观"。

在人类文明的历史长河中，工业文明以前的文明是以"自然经济"为基础的地域文明，工业文明以前的历史是以"民族国家"为基本时空的民族历史，工业文明以前的个人是以"人对人的依附性"为存在方式的狭隘个人。地域文明、民族历史和狭隘个人，构成了人类数千年的有限的"属人世界"。有限的"属人世界"造就了"无限理性"的人类自我意识——人的理性能够从有限的经验中构成对"世界"的终极解释。无论是西方哲人所期许的对"最高原因的基本原理"的寻求，还是中国先贤所向往的对"究天人之际，通古今之变"的寻求，都不仅仅是一种"期许"和"向往"，而且被这些哲人或先贤视为"可望而又可即"的"真理"——世界就是他们所理解和阐释的世界。这就是传统形而上学的"绝对之绝对"的世界观和哲学观。构成这种世界观的思维方式，就是真与假、善与恶、美与丑两极对立的形而上学的思维方式。这意味着，传统形而上学的世界图景、思维方式和价值观念是一致的，哲学意义上的存在论、真理观和价值观是一致的。超越传统形而上学的"世界观"，其根基在于人类文明实现了从"农业文明"到"工业文明"的转化，人类社会实现了从"前现代化"到"现代化"的转化。

---

① 《马克思恩格斯选集》（第1卷），人民出版社1995年版，第80页。
② 《马克思恩格斯选集》（第1卷），人民出版社1995年版，第86页。

现代化是世界性的历史过程，也就是马克思所说的"历史"变为"世界历史"的过程。在现代化的"世界历史"进程中，"过去那种地方的和民族的自给自足和闭关自守状态，被各民族的各方面的互相往来和各方面的互相依赖所代替了。物质的生产是如此，精神的生产也是如此。各民族的精神产品成了公共的财产。民族的片面性和局限性日益成为不可能，于是由许多种民族的和地方的文学形成了一种世界的文学"①（此处的"文学"泛指科学、艺术、哲学、政治等方面的著作）。19 世纪后半叶以来的中国哲学，在"西学东渐"的过程中，吸纳了以"理性的时代""启蒙的时代""思想体系的时代"乃至"分析的时代"的西方哲学，不断深入地反省了传统形而上学的"世界观"。特别是 20 世纪 80 年代以来，在对通行的哲学原理教科书的反思中，凸显了以实践观点的思维方式重新理解马克思主义哲学的"世界观"，更为鲜明地赋予"世界观"以时代性内涵。其中，最为重要的是把世界观理解为"关于人与世界关系"的哲学理论，并且从人的历史性去理解"人与世界的关系"，从而在一定意义上形成了对"世界观"的具有革命意义的新的理解：人生在世和人在途中的人的目光。

人生在世和人在途中的人的目光，既不是关于"绝对之绝对"的"终极真理"，也不是关于"绝对之相对"的"主观意见"，而是关于"相对之绝对"的"时代精神"。每个时代的世界观，既具有该时代的绝对性，又具有历史中的相对性。离开历史中的相对性而把时代性的绝对性予以夸大，就是世界观的绝对主义；离开时代性的绝对性而把历史中的相对性予以夸大，就是世界观的相对主义。以时代性的绝对性与历史性的相对性去看待世界观，才会形成"相对之绝对"的世界观，也就是把世界观理解为人生在世和人在途中的人的目光。

传统形而上学的世界观，在现代哲学的批判性反思中，暴露了其根深蒂固的"病根"——"不知其不可而为之"。在传统形而上学那里，虽然

---

① 《马克思恩格斯选集》（第 1 卷），人民出版社 1995 年版，第 276 页。

人的个体生命是有限的，但人的理性却可以对人的经验及其知识作出某种统一性的和终极性的解释；虽然历史事件是不断变换的，但"分久必合，合久必分"的历史经验是不断重复的，因此人的理性可以对历史作出某种统一性的和终极性的解释。对于传统形而上学来说，"相对"只是他人的"无知"，"绝对"则是自家的"真理"。"不知其不可而为之"，这是现代哲学家"拒斥形而上学"的依据，而决不是传统形而上学的自觉。然而，正如恩格斯所说："一旦对每一门科学都提出要求，要它们弄清它们自己在事物以及关于事物的知识的总联系中的地位，关于总联系的任何特殊科学就是多余的了"，因此，"不再需要任何凌驾于其他科学之上的哲学了"①。重新理解和阐释哲学的"理论化、系统化的世界观"，不能不是在当代变革哲学观念、推进哲学发展的首要前提。

二、本体：规范和评价人的思想和行为的根据和标准

世界观的变革与本体观的变革是密不可分的，或者可以更为明确地说，离开本体观变革，世界观的变革就是不真实的、不彻底的。

当着人们把"世界观"界说为"关于整个世界的根本观点"时，已经制约和规范了对"本体论"的理解和阐释，这就是具有权威性的《辞海》所说的"本体论是哲学中研究世界的本原或本性的问题的部分"。而在通行的哲学原理教科书中，则在关于"哲学基本问题"的论述中，更为明确地把"本体论"解说为关于"精神和物质谁为世界本原的问题"，并由此把关于"世界本原"问题的"本体论"规定为"世界观"的"首要问题"。

把"本体"解释为"本原"，进而把"本体论"解释为关于"世界本原"的哲学理论，这是把作为理论思维的"哲学"还原为经验思维的"常识"的集中体现。关于"本体"和"本体论"的这种理解和阐释，首先是与哲学史上所理解的"本体"和"本体论"大相径庭的。在反省古希腊早

---

① 《马克思恩格斯选集》（第 3 卷），人民出版社 1995 年版，第 364 页。

期哲人关于"万物所由来、万物所复归"的"始基""基质"等"万物本原"说的进程中，哲学所追究的"本体"并不是经验的"在者"而是超验之"在"，哲学所探究的"本体论"并不是"世界的本原论"而是"关于一般存在或存在本身的哲学学说"。因此，"本体"观念的变革，对"本体论"的批判性反思，其锋芒所向主要地并不是"世界本原论"，而是"关于一般存在或存在本身的哲学学说"。

在对这种"本体论"即"关于一般存在或存在本身的哲学学说"的批判性反思中，我国当代学者提出了一系列思想深刻、立论坚实的理论观点，其中，高清海先生的系统性论述是发人深省的。他提出："认为我们感官所观察到的事物并非存在本身，隐藏在它的后面、作为它的基础的那个超感官的对象，才是真正的存在，即所说的'本体'。经验存在与本体存在是一种决定论的演绎关系：经验现象中的一切都来源于本体的规定，所以只有从后者才能使前者得到理解和说明。相反地，本体却不受经验现象的规定，它本身是一个绝对自在的、具有终极始因的存在。把存在的事实和存在的本体分离开来、对立起来，是本体论思维的基本前提"。由此我们可以看到，把研究"在"或"本体"作为哲学的立足点和出发点的"本体论"有三个根本性的思想前提：其一，就其思想本质来说，是把存在本身同存在的现象割裂开来、对立起来，认为经验观察到的现象并非存在本身，存在本身是那种隐藏在经验现象背后的超验的存在；其二，就其思想原则来说，是把主观和客观、主体和客体对立起来，把哲学所追求和承诺的"本体"视为某种超出人类或高于人类的本质、与人类的历史状况无关的自我存在的实体，力图剥除全部主观性，归还存在的本来面目；其三，就其追求目标来说，是把绝对与相对分割开来，企图从某种直觉中把握了的最高确定性即作为支配宇宙的最普遍的原则或原理出发，使人类经验中的各种各样的事物得到最彻底的统一性解释，从而为人类提供一种终极的永恒真理。从这种思想前提可以看到，以本体论为解释原则或理论硬核的哲学模式，是由于把本质与现象分离开来、主观与客观割裂开来、相对与绝对对立起来而产生的。它的实质，是要求哲学为人类揭示出宇宙的绝对之真、至上之善和最高之美。这是传统哲学关于"存在本身"的"本体论"，也是传统哲学关于"绝对之绝对"的"世界观"。传统哲学的"本体论"是其"世界观"的本质和灵魂。

本体论的哲学模式既把哲学追求永恒真理、探寻终极原因、表述世界本体的渴望推向了极端，同时也就使本体论哲学走向了自我否定。离开存在的现象，人们如何认识存在本身？存在作为人类对象，它能否排斥认识的主观性？人类关于存在本身的认识，能否具有绝对的、至上的、终极的真理性质？当着哲学家从对"本体"的追究而转向对人类认识的反省时，哲学研究的理论硬核发生了变革。"没有认识论的本体论为无效"，这是近代哲学的立足点和出发点。由于近代哲学的发展，以探寻存在本身为理论硬核的本体论哲学模式，就被以反省人类认识为理论硬核的认识论哲学模式所取代；以追求纯粹客观性为目标、并把主观性与客观性绝对对立起来的形而上学的思维方式，就被探索思维与存在、主观与客观如何统一的辩证法理论所扬弃。独立存在的本体论哲学及其所代表的形而上学的思维方式，已经被德国古典哲学及其所代表的辩证法的思维方式所否定。这表明：本体论哲学作为一种世界观和理论思维方式，它本身只是人类思维在一定历史发展阶段上的产物，没有任何理由或根据把它当作永恒的解释原则或理论硬核去建构当代的哲学模式。对此，高清海先生发人深省地提出："本体论作为对象的解释原则完全是属于人的，它表现的是人从人的观点以理解和把握对象世界的一种方式。抛开可见的现存世界，去追求一个不可见的本体世界，这是只有人才会具有的特性。人是一种从不满足于既有存在，总是追求未来理想存在的一种存在。这通常被称作人的'形而上学'本性。本体论就是以探寻对象之外和之上的本真存在这种方式，来表达人的形而上学追求的"[①]。值得注意的是，高清海先生在这里已经把"形而上

[①] 《高清海哲学文存》（第1卷），吉林人民出版社1996年版，第141—142页。

学"与"形而上学追求""本体论"与"本体论追求"区别开来，既否定了传统形而上学和本体论的思维方式，又肯定了哲学的"形而上学追求"和"本体论追求"。这种区别，对于当代哲学的观念变革是至关重要的。

马克思主义认为，人类的社会实践活动，以及实践基础上的人类认识活动，是一个不断发展的历史过程。在这个历史过程中，人类所获得的全部认识成果，包括哲学层面的本体论追求，总是具有相对的性质；但同时，人类的实践和认识又永远不会停留在一个水平上，总是向着全体自由性的目标迈进。因此，马克思主义哲学否定传统本体论占有绝对真理的幻想，但并不拒绝基于人类实践本性和人类思维本性的本体论追求。在对哲学本体论的当代理解中，我们应当达到这样一种认识：本体论作为一种追根溯源式的意向性追求，作为一种对人和世界及其相互关系的终极关怀，它的可能达到的目标，并不是它所追求的"本"或"源"；它的真实的意义，也不在于它是否能够达到它所指向的终极存在、终极解释和极终极价值；本体论追求的合理性在于，人类总是悬设某种基于现实而又超越现实的理性目标，否定自己的现实存在，把现实变成更加理想的现实；本体论追求的真实意义就在于，它启发人类在理想与现实、终极的指向性与历史的确定性之间，既永远保持一种"必要的张力"，又不断打破这种"微妙的平衡"，从而使人类在自己的全部活动中始终保持生机勃勃的求真意识、向善意识和审美意识，永远敞开自我批判和自我超越的空间①。

恩格斯说，人的思维是"至上"与"非至上"的辩证统一，"按它的本性、使命、可能和历史的终极目的来说，是至上的和无限的；按它的个别实现情况和每次的现实来说，又是不至上的和有限的"②。哲学的本体论追求正是植根于人类思维的"本性、使命、可能和历史的终极目的"，即植根于人类思维的"至上"性。对此，当代美国哲学家瓦托夫斯基也指出："不

---

① 参见孙正聿：《终极存在、终极解释和终极价值——作为终极关怀的本体论》，《社会科学战线》1991年第4期。

② 《马克思恩格斯选集》（第3卷），人民出版社1995年版，第427页。

管是古典形式和现代形式的形而上学思想的推动力都是企图把各种事物综合成一个整体，提供出一种统一的图景或框架，在其中我们经验中的各式各样的事物能够在某些普遍原理的基础上得到解释，或可以被解释为某种普遍本质或过程的各种表现"①，而这种本体论的形而上学渴望之所以是不可"拒绝"的，是因为人类"存在一种系统感和对于我们思维的明晰性和统一性的要求——它们进入我们思维活动的根基，并完全可能进入到更深处——它们导源于我们所属的这个物种和我们赖以生存的这个世界"②。在这个意义上，哲学的本体论追求既是不可回避的，也是无法取消的。

在对哲学本体论的理解中，值得深思的问题是："本体"的寻求即是矛盾：其一，它指向对人及其思维与世界内在统一的"基本原理"的终极占有和终极解释，力图以这种"基本原理"为人类的存在和发展提供永恒的"最高支撑点"，而人类的历史发展却总是不断地向这种终极解释提出挑战，动摇它所提供的"最高支撑点"的权威性和有效性，这就是哲学本体论与人类历史发展的矛盾；其二，哲学本体论以自己所承诺的"本体"或"基本原理"作为判断、解释和评价一切的根据、标准和尺度，从而造成自身无法解脱的解释循环，因此，哲学家们总是在相互批判中揭露对方的本体论的内在矛盾，使本体论的解释循环跃迁到高一级层次，这又是哲学本体论的自我矛盾。

如何对待哲学本体论的内在矛盾，使哲学从原则上区分为"传统哲学"与"现代哲学"。"传统哲学"之所以"传统"，就在于全部的传统哲学总是力图获得一种绝对的、终极的"本体"。这样，它就把世界分裂为真与假、善与恶、美与丑的非此即彼、抽象对立、永恒不变的存在。这是一种统治人类几千年的非历史的、超历史的、僵化的本体论的思维方式。与此

---

① [美] M. W. 瓦托夫斯基：《科学思想的概念基础》，范岱年、吴忠、金吾伦、林夏水等译，求实出版社 1989 年版，第 14 页。

② [美] M. W. 瓦托夫斯基：《科学思想的概念基础》，范岱年、吴忠、金吾伦、林夏水等译，求实出版社 1989 年版，第 14 页。

相反，"现代哲学"之所以"现代"，就在于现代哲学从思维方式上实现了"从两极到中介"的变革，也就是从人类的历史发展出发去理解哲学所追寻的"本体"和哲学的本体论追求。这是以"现代性"为根基的"现代哲学"的"基本共识"，也是"后形而上学"的"深层一致"。

在"现代哲学"中，马克思主义哲学从"现实的人及其历史发展"出发去看待哲学，哲学的"本体论"就发生了真正的革命：人类在自身的历史发展中所形成的判断、解释和评价一切事物并规范自己思想和行为的"本体"观念，既是一种历史的进步性，又是一种历史的局限性，因而它孕育着新的历史可能性。就其历史的进步性而言，人们在自己的时代所承诺的"本体"，就是该时代的人类所达到的人与世界的统一性的最高理解，它成为规范和评价该时代人的全部思想和行为的根据和标准，即该时代人类全部活动的最高支撑点，因此具有绝对性；就其历史的局限性而言，人们在自己时代所承诺的"本体"，又只是特定历史时代的产物，它作为人类全部活动的最高支撑点，即作为规范和评价人的全部思想和行为的根据和标准，正是表现了人类作为历史的存在所无法挣脱的片面性，因而具有相对性；就其历史的可能性而言，人们在自己时代所承诺的"本体"，它作为规范和评价人的全部思想和行为的根据和标准，正是人类在其前进的发展中所建构的阶梯和支撑点，它为人类的继续发展提供现实的可能性。"本体"作为规范人的思想和行为的根据和标准，它永远是作为中介而自我扬弃的。这种"本体观"，与把"世界观"理解为"人生在世和人在途中的人的目光"的解释原则是一致的，与把"哲学"理解为关于"相对之绝对"的"时代精神的精华"是一致的。这就是现代哲学的辩证法的"世界观""本体论"和"哲学观"。

三、反思：批判和重构人的思想和行为的根据和标准

关于哲学的思维方式，人们经常用"反思"这个概念来表述它的特殊性。然而，正如人们对哲学所寻求的"本体"具有不同的理解，人们对哲

学的"反思"也具有不同的理解；进而言之，正是由于人们对哲学的特殊的活动方式——反思——具有不同的理解，则必然导致对哲学的特殊的寻求对象——本体——形成不同的理解。就此而言，"反思"，应当是最值得反思的哲学观念。

哲学所追究的"本体"并不是知识性的"关于世界的根本观点"，而是构成这种"根本观点"的根据和标准。但是，在人的思想过程中，作为思想的根据和标准的"本体"却是思想中的一只"看不见的手"。揭示和辨析这只"看不见的手"，也就是揭示和辨析构成思想的前提，并且进而批判和重构思想的前提，这就是哲学意义上的"反思"。哲学的反思的思维方式，与哲学的世界观、本体论的理论性质是密不可分的；哲学反思的对象和水平，与各个时代的世界观、本体论是融为一体的。

反思，在其最直接的意义上，就是思想以自身为对象反过来而思之，也就是黑格尔所说的"对思想的思想"。然而，作为传统哲学的集大成者和辩证法大师的黑格尔似乎早已洞悉理解"反思"的艰难，因此，他在提出哲学的反思的活动方式的同时，就自觉地考察和对比了"表象思维""形式思维"和"思辨思维"这三种不同的思维方式。黑格尔明确地提出：所谓"表象思维"，"可以称为一种物质的思维，一种偶然的意识，它完全沉浸在材料里，因而很难从物质里将它自身摆脱出来的同时还能独立存在"；所谓"形式思维"，"乃以脱离内容为自由，并以超出内容而骄傲"；所谓"思辨思维"，则是努力地把思想的"自由沉入于内容，让内容按照它自己的本性，即按照它自己的自身而自行运动，并从而考察这种运动"①。值得深思的是，在对哲学所寻求的"本体"的理解中，我们恰恰可以发现表象思维、形式思维和思辨思维这三种不同的思维方式。

把哲学所寻求的"本体"视为某种"经验"的存在，而不是"超验"（超越经验）的存在，这就是把经验的对象误作"反思"的对象，把"表象思

---

① 〔德〕黑格尔：《精神现象学（上）》，商务印书馆 1979 年版，第 40 页。

维"误作"反思"的思维。在这种误解中，不是把"反思"理解为"思想以自身为对象反过来而思之"，而是把"反思"当成关于经验对象的"思想"。这种误解的结果，混淆了作为经验对象的"在者"与作为哲学对象的"在"，也混淆了作为经验思维的"反映"与作为哲学思维的"反思"。特别令人深思的是，当着现代哲学家奎因以区分"何物存在"和"说何物存在"为标志而提出"本体论承诺"时，仍然是把"本体"理解为"物"，因而并没有真正超越"表象思维"，并没有真正理解哲学意义上的"本体"。哲学所寻求的"本体"，不是作为经验对象的"在者"，而是作为超验对象的"在"——规范人类的思想与行为的根据、标准和尺度。这种作为"本体"的根据、标准和尺度，蕴含于(隐藏于) 人们的思想之中，因此，只有"以思想自身为对象反过来而思之"，才能够"反思"到哲学所寻求的"本体"。

把哲学所寻求的"本体"视为某种关于经验对象的普遍性的"思想"(知识)，并把哲学的"反思"视为从特殊性的"思想"（知识）中概括出具有最大的普遍性和最大的普适性的"思想"（知识），这就是哲学研究中的知识论立场，也就是现代哲学研究中的科学主义思潮。这种哲学研究中的知识论立场或科学主义思潮，不是从哲学存在的人类性根据去追问哲学，而是简单化地从哲学与科学的二元关系中去界说哲学，从知识分类表的层级关系去解说哲学，因而把哲学与科学的关系解说为普遍与特殊、深层与表层的关系，从而把哲学的"本体"视为具有最大普遍性和最大普适性的亘古不变的"普遍原理"。在这种解释模式中，哲学只是科学的"延伸"或"变形"，只是具有最大普遍性的"科学"，而不是对科学的"超越"，即不是区别于"科学"的人类把握世界的另一种基本方式——哲学。

"思想"与"反思"的区别，意味人类的思维有两个相互区别的基本"维度"：一是"构成思想"的维度，也就是思维以人的认识活动为中介而实现"思维和存在"相统一的维度；二是"反思思想"的维度，也就是思维把"思维和存在"的关系当作"问题"而进行"反思"的维度。在"构成思想"的维度上，思想的任务是实现"思维和存在"的统一，而不是把

"思维和存在的关系"当作"问题";与此相反,在"反思思想"的维度上,思想的任务不是实现"思维和存在"的统一,而是把"思维和存在的关系"当作必须予以追究的"问题"。对此,恩格斯不仅明确地提出"思维和存在的关系问题"是哲学的"基本问题",而且明确地提出思维和存在服从同样的规律是"理论思维的不自觉的和无条件的前提"。因此,哲学"反思"的使命就是要寻求和揭示隐含在理论思维之中的这个"不自觉的"和"无条件"的"前提",并进而批判地重构规范人的思想和行为的根据和标准。

思想的"前提"并不是一般的思想"内容",而是思想构成自己的根据和原则,也就是思想构成自己的逻辑支撑点。思想的"前提"作为思想中的"一只看不见的手"和思想构成自己的"幕后操纵者",既具有规范思想的逻辑"强制性",又具有"看不见""摸不着"的"隐匿性"。思想的"前提"作为思想构成自己的根据和原则,它就是哲学所寻求的规范人的思想与行为的"本体";哲学的"反思"则是以思想自身为对象反过来而思之,揭示和"审讯"构成思想的"前提",即发现和批判哲学所寻求的"本体"。

哲学所寻求的"本体"最普遍地、最深层地制约、规范和引导人的全部生活活动,但它又是作为隐匿在思想中的"前提"——规范人的思想和行为的根据、标准和尺度——而隐含在人的全部生活活动之中,因此,寻找"本体"的哲学的活动方式只能是批判的反思。超越"表象思维"和"形式思维",超越哲学的知识论立场和科学主义思潮,对"假设"质疑,向"前提"挑战,这就是哲学的批判性反思的理论思维方式。"反思"的哲学就是揭示"人生在世和人在途中的人的目光",就是揭示"规范人的思想和行为的根据、标准和尺度",也就是实现哲学的"世界观"和"本体论"的自我批判和自我超越,为人类提供自己时代的"最高的支撑点"。达到"反思"的哲学自觉,才能实现变革"世界观"和"本体论"的理论自觉,才能使哲学成为"思想中所把握到的时代"。

四、表征：时代精神的精华和文明的活的灵魂

关于哲学，人们经常引证马克思的一句名言：任何真正的哲学都是"时代精神的精华"和"文明的活的灵魂"。然而，哲学究竟是以何种方式使自己成为"时代精神的精华"和"文明的活的灵魂"？它是以"表述"的方式而陈述时代的经验，是以"表达"的方式讲述对时代的意愿，还是以"表征"的方式体现时代精神的灵魂？这应当是当代哲学着力反思的重大问题，特别是当代马克思主义哲学应当给予深切阐发的重大问题。

在现代西方哲学的"语言转向"中，逻辑实证主义的重要代表人物卡尔纳普以区分语言的"表述"职能和"表达"职能为前提，为"拒斥形而上学"作出了具有逻辑说服力的论证：如果"哲学"既不能像"科学"那样"表述"经验世界，又不能像"艺术"那样"表达"情感意愿，也就是既不能走"拟科学"的道路，也不能走"拟文学"的道路，那么，"哲学"还有什么道路可走呢？面对卡尔纳普对"哲学"的挑战，当代哲学必须回答这样的问题：哲学是否具有既非"表述"、亦非"表达"的独特的存在方式？或者说，哲学是否具有既非"科学"、亦非"艺术"的独特的存在方式？

回应这个关乎哲学的存在方式及其"合法性"的重大问题，引发我们重新理解和阐发马克思关于哲学的"名言"：真正的哲学之所以是"时代精神的精华"和"文明的活的灵魂"，就在于它既不是像"科学"那样"表述"时代状况和人类文明的经验事实，也不是像"艺术"那样"表达"个人对时代状况和人类文明的情感意愿，而是以自己的独特的存在方式构成时代精神的"精华"和文明的活的"灵魂"。这个独特方式，就是区别于科学"表述"和艺术"表达"的哲学"表征"。

所谓"表征"，并不是与"表述"和"表达"相并列的另一种"语言职能"，而是透过"表述"和"表达"而"表征"着"时代精神的精华"和"文明的活的灵魂"。或者更为明确地说，虽然哲学总是在"表述"什么或"表达"什么，但哲学却既不是单纯的对经验事实的陈述，也不是单纯的对情感意

愿的传递，而是体现着存在论、真理论和价值论相统一的"表征"，也就是体现着真、善、美相统一的"表征"。哲学的"表征"，是以价值诉求为目的而展开的对存在的反思和对真理的追求，不是孤立的、单纯的存在论或真理论，而是融真、善、美于一体的存在方式。正是这种"统一"，构成了哲学的独特的"表征"的存在方式，并以"表征"的方式构成了时代精神的"精华"和文明的活的"灵魂"。

具体言之，哲学首先是直接地"表征"人类对"人与世界关系"的关切和回答。哲学从寻求"万物的统一性"到寻求"意识的统一性"再到寻求"人类的统一性"，从来不是单纯地"表述"关于世界的经验事物和"表达"对世界的情感意愿，而是"表征"了对"人与世界关系"的历史性、时代性的理解。古代哲学把"水""火"乃至"原子"作为万物所由来和万物所复归的"始基""基质"，并不是"表述"或"表达"了万物的统一性，而是"表征"了人类对生活意义的"最高支撑点"的渴望和寻求；近代哲学以"经验"或"理性"来论证或否定思想的客观性，并不是"表述"了人类意识的统一性，而是"表征"了人类力图把生活意义的"最高支撑点"奠基于"思维和存在的同一性"；现代哲学以"语言""文化"乃至"实践"来阐释"人与世界关系"，并不是"表述"或"表达"了人类的存在方式，而是"表征"了当代人类力图把生活意义的"最高支撑点"视为"相对之绝对"——时代性的绝对与历史性的相对的统一。哲学就是以这种"表征"的方式而构成了"时代精神的精华"和"文明的活的灵魂"。

哲学对"时代精神"的"表征"，是以派别冲突的方式实现的。这种实现方式，更加深刻地体现了哲学的存在方式。贯穿于整个哲学史的唯物主义与唯心主义、经验主义与逻辑主义、绝对主义与相对主义等等派别的冲突，并不是哲学派别之间的不同"表述"或不同"表达"之间的冲突，而是"表征"着对人类生活、人类文明、人类历史、人类未来的"悖论"性质的不同理解和不同期待。哲学的唯物主义与唯心主义"表征"着人类的自然性与超自然性的悖论，哲学的经验主义与逻辑主义，人类的感性存在与理性存在的悖论，哲学的绝对主义与相对主义"表征"着人类存在的时代性与超时代性的悖论，哲学的辩证法与形而上学"表征"着人类存在的确定性与非确定性的矛盾。在现代哲学中，本质主义与存在主义、理性主义与非理性主义、科学主义与人本主义、历史决定论与非历史决定论，更是以错综复杂的理论冲突方式"表征"着当代人类所面对"现代性的酸"所构成的"意义危机"。因此，应当从"表征"人类存在的矛盾性去看待哲学的派别冲突，而不是把这种派别冲突归结为哲学的自我冲突；应当以"表征"的理念去看待哲学的"理论形态的人类自我意识"，而不是把"理论形态的人类自我意识"当成对人类存在状况的"表述"或"表达"。

从深层上看，哲学是以"理论形态的人类自我意识"而"表征"着人类存在的历史形态及其自我意识的时代性变革。哲学的观念变革，直接地取决于人类关于自身存在的自我意识的历史性变革；而人类关于自身存在的自我意识的历史性变革，则取决于规范人类存在本身的历史性变革。马克思把人类存在的历史形态概括为"人的依赖关系""以物的依赖性为基础的人的独立性""以个人全面发展为基础的自由个性"这三大历史形态，并相应地把"哲学"的历史任务概括为"人在神圣形象中的自我异化""揭露人在神圣形象中的自我异化"和"揭露人在非神圣形象中的自我异化"。这不仅揭示了哲学的"表征"的存在方式，而且揭示了哲学的历史性的时代内涵。正是哲学以"表征"的方式所揭示的人类存在及其自我意识的时代内涵和历史变革，"真正的"哲学才不仅成为"时代精神的精华"，而且成为"文明的活的灵魂"。以理论形态"表征"当代人类在"现代性"中的存在方式及其自我意识，这是当代哲学的实质内容，也是当代中国哲学必须实现的观念变革。

第十二章 ┃ 马克思主义哲学的当代价值和当代课题

当代中国所面临的世界性问题，尤为需要改造世界的马克思主义哲学的思想智慧，而马克思主义哲学研究，也要与当代现实发生积极的相互作用：一方面，以马克思主义哲学的世界观与方法论观照现实，激活马克思主义哲学批判资本现代性的理论生命；另一方面，在建设中国特色社会主义与创造人类文明新形态的伟大实践中，提出与探索当代现实所蕴含的马克思主义哲学的重大的理论问题。在以思想切入现实，使现实趋向思想的过程中，发展马克思主义哲学，是推进马克思主义哲学的中国化、时代化与大众化，实现马克思主义哲学的当代性的重要途径。

一、"马克思哲学论坛"与马克思主义哲学当代价值研究

马克思主义哲学作为人类"文明的活的灵魂"，仍是我们"时代精神的精华"，我们在这个时代比以往更加需要马克思的智慧与精神。进入21世纪，随着社会主义市场经济体制的逐步建立与人的存在方式的现代性转化，我们的时代思潮发生了剧烈的变化，我们对马克思主义哲学的理解也必须与时俱进，只有在一种更深刻的层次上从事马克思主义哲学的理论实践，才能开显马克思主义哲学的当代价值，发挥它对我们的时代精神的引领作用。然而，马克思主义哲学研究如何认识新时期激烈剧变的现实，如何"实际地反对并改变现存的事物"？21世纪的马克思主义哲学应该具有

什么样的理论形态，应该以何种存在方式切实发挥作用？从 2001 年开始，我国哲学界组织了系列"马克思哲学论坛"，探讨马克思主义哲学的当代价值与当代意义，努力构建活在我们时代的马克思主义哲学。

1. 开显马克思主义哲学的当代价值的不同研究路径

马克思主义哲学的当代意义与价值，也就是我们的马克思主义哲学研究所要实现的目标，这要求我们在理论与实践的探索中发现或构建通向理想空间的可能性道路。2001 年 5 月，由《中国社会科学》杂志社和中山大学哲学系主办的第一届"马克思哲学论坛"在广州召开，此次论坛的主题就是"马克思主义哲学的当代价值"。在此次会议的推动下，马克思主义哲学的当代价值成为我国哲学界关切和研究的主要内容之一。

马克思主义哲学当代价值的阐释，绝不是在一种外在层面上使马克思主义经典著作的话语与当代社会现实、人生追求进行简单对接，而是要从马克思哲学思想的核心地带，开显出在当代从事理论实践的不同路径与方法，以此马克思主义哲学的当代价值才能得到澄明。马克思主义哲学经典著作并不能现成地发挥作用，所谓"澄明"与"发现"其实是通过我们的超越性创造实现的，马克思主义哲学的当代价值既是马克思哲学本身的，又是我们的。在第一届"马克思哲学论坛"的基础上，国内学者纷纷就如何在新时期深化马克思主义哲学的阐释路径加以探讨，概括起来主要形成了以下三个方面的认识。第一，从马克思主义哲学文本研究出发阐释马克思主义哲学的当代价值。张一兵提出的"回到马克思"的理论命题，为马克思哲学学术创新奠定了全新的思考起点。[①]"回到马克思"不是脱离现实的原教旨主义，而是为了消除传统解释框架对马克思文本的先在性强制与结构性编码作用，真正回到马克思的原初文本进行精深解读，重建我们从未达到的全新的历史视域，以使我们真正可能重构马克思思想的开放性

---

① 参见张一兵：《马克思哲学的当代阐释："回到马克思"的原初理论语境》，《中国社会科学》2001 年第 3 期。

与当代生成。聂锦芳提出，马克思哲学的文本仍在指导和参与对现实的
"塑造"，文本研究的意义在于寻求当代社会与马克思主义哲学的结合点，
使其当代性"呈现"出来。① 第二，从理论与实践的交汇点出发阐释马克
思主义哲学的当代价值。马克思主义哲学并不教条式地预料未来，只是在
批判旧世界中发现新世界。高清海与孙利天指出，"实践观点"是把"事物、
现实、感性""当作实践去理解"，内在于实践活动去理解。理论并不具有
最终的意义，它作为指向实践的关于活动的条件、进程和旨趣的学说，只
是实践的精神武器与内在环节，理论是否具有客观真理性是一个实践的问
题，实践能够超越理论的抽象的普遍性，达到具体的实际性。学界已经把
对马克思主义哲学作为基本原理的教条式理解，转化为"改造世界"的科
学的批判的方法论。衣俊卿认为，马克思思想的当代意义和生命力在于，
它作为一种关于人的生存的本质性文化精神，已内化到现实的历史进程
中，已经并将继续深刻影响人类的精神状况。② 第三，从马克思主义哲学
与西方哲学对话出发阐释马克思主义哲学的当代价值。每一时代的哲学都
具有广泛而深刻的一致性，马克思的"改造世界"的实践哲学穿透了传统
的观念论哲学的意识形态，达到具体的普遍性与理想的实际性，其后的现
代哲学在不同领域以不同方式进一步发挥了这一旨趣。高清海和孙利天认
为，马克思用实践观点的思维方式理解事物、现实和人本身。现代西方哲
学的诸多转变，并未超出马克思的理论视野，但为理解马克思哲学观的变
革提供了有益的思想启示。③ 另外，俞吾金认为，只有先行理解西方哲学
家的思想，才能正确地把握马克思的实践和自由概念，科学地认识马克思
哲学的本质。④

---

① 参见聂锦芳：《文本研究与对马克思思想的理解》，《中国社会科学》2001 年第 5 期。
② 参见衣俊卿：《马克思思想：人之存在的文化精神》，《中国社会科学》2001 年第 3 期。
③ 参见高清海、孙利天：《马克思的哲学观变革及其当代意义》，《天津社会科学》2001 年第 5 期。
④ 参见俞吾金：《论马克思对西方哲学传统的扬弃：兼论马克思的实践、自由概念与康德的关系》，《中国社会科学》2001 年第 3 期。

任何解释路径都是通向目标的道路，在这个意义上，我们要通向阐释马克思主义哲学当代价值的目标，同时也要站在时代的高度上，才能看清我们的道路和目标。所以，以上三条道路，根本的目标是要站在时代的高度，从研究对象中概括出满足时代需要的新的理论认识和思想资源，以时代性的眼光发掘和展现马克思主义哲学与时俱进的当代意义。马克思主义哲学既有"消解人在神圣形象中的自我异化"，表征资产阶级政治解放的环节部分，又有"消解人在非神圣形象中的自我异化"，超越物化的统治，追求自由个性的全面发展的人类解放的根本旨趣。我国社会主义市场经济正处于一种历时态的共时性存在，一方面以现代化的市场经济消解前现代的自然经济中"人的依附性"的存在方式，另一方面又要以社会主义精神文明超越现代市场经济中的"人对物的依赖性"，确立人的自主存在。马克思主义哲学对社会主义现代化的双重任务均具有根本性的指导意义。2001年第5期《中国社会科学》刊发的孙正聿和王南湜的文章，站在马克思主义哲学时代化的高度上，提出了马克思主义哲学的当代意义和价值问题。孙正聿认为，马克思主义哲学以实现人的全面发展这个历史大尺度，揭露并批判地超越资本的逻辑，克服物化的统治，把资本的独立性与个性变成人的独立性与个性，承担起了理论地塑造和引导新的时代精神的历史使命。① 王南湜认为，马克思哲学的当代性在于作为现代实践哲学范式，构成了现代哲学之典范；作为一种主体性哲学的现代实践哲学，能够起到一种使现代市场经济社会健康发展的作用；作为与中国传统哲学同属实践哲学的理路，则可能构成未来中国哲学重建的中介。②

2. 从马克思主义哲学本体论阐释透视马克思主义哲学的当代价值

马克思哲学与本体论的关系问题，是近年来我国哲学界讨论的热点问题之一。马克思主义哲学的当代意义阐释离不开对马克思具体思想的当代

---

① 参见孙正聿：《塑造和引导新的时代精神：面向新千年的马克思哲学》，《中国社会科学》2001年第5期。

② 参见王南湜：《马克思哲学当代性的三重意蕴》，中国社会科学出版社2001年版，第5页。

阐释。马克思主义哲学内在于实践理解人与世界的思维方式，终结了传统哲学先验主义的思维方式和绝对真理的诉求，使独立的哲学失去生存条件，彻底颠覆了传统形而上学。从西方哲学传统看，哲学是一种关于本体的学问，本体论形而上学可以说是"第一哲学"。马克思主义哲学作为一种哲学的思维方式是否具有本体论思想呢？如果具有，那么马克思主义哲学的本体论应该具有怎样的形态？带着这些问题，当代马克思主义哲学的意义研究进入对马克思主义哲学本体论的探讨之中。2002 年 5 月，由复旦大学哲学系、当代国外马克思主义研究中心和《中国社会科学》杂志社共同主办的第二届"马克思哲学论坛"在上海召开，这届论坛的主题就是"马克思的本体论思想及其当代意义"。与第一届"马克思哲学论坛"的主题相一致，两次论坛都非常关注马克思哲学的当代意义问题，这届论坛从本体论的角度引领学界对马克思哲学的本体论问题及其当代意义进行了深入的探讨和交流。学者们围绕着本体论思维方式的当代价值、马克思主义哲学对传统本体论的批判、马克思主义本体论的当代意义等问题展开了热烈的讨论，从不同角度提出了许多颇有价值的观点。

在马克思对传统本体论的批判方面。高清海认为，马克思对传统本体论哲学的批判，从根本上否定传统本体论所借以立论的那种"绝对化"和"先验论"基本思想原则和思维方式，使哲学找回具有双重生命本性的现实的人和由人参与开拓的现实生活世界，人也才由此找回了关注人的生存发展、现实命运的那种哲学。马克思放弃了传统本体论的先验主义与绝对主义的思维方式以及由此造成的抽象的同一性统治，但在人的双重本性中保留了本体性维度，即以有形进入无形，从有限追求无限的超越本性或形而上学本性。欧阳康、张明仓认为，马克思哲学对黑格尔"思辨哲学"的批判，也就是对传统本体论的批判，实现了本体论乃至整个哲学的实践转向。①

---

① 参见欧阳康、张明仓：《马克思价值论批判的价值取向及其当代意义》，《中国社会科学》2002 年第 6 期。

贺来认为，马克思哲学的"存在论"改变了理解"存在"问题的解释原则和思维方式，开辟了"存在论"的现代哲学范式。① 孙伯鍨、刘怀玉认为，马克思立足于当代社会实践，对人们的现实生活条件和历史发展进程进行科学的考察和反思批判，它是面向现实的批判精神和彻底改造社会的科学方法论。② 在马克思哲学本体论研究的当代意义方面，陈先达认为，要坚持马克思主义哲学，必须坚持马克思主义哲学的本体论，以承认世界的客观实在性为前提，才能正确处理人与世界的关系。③ 欧阳康、张明仓认为，重新理解马克思的本体论批判，有助于马克思主义哲学与现代西方哲学展开切实有效的对话。④ 张奎良认为，在理论上，马克思哲学本体论思想开创了当代哲学的基本格局；在实践中，马克思哲学本体论体现了马克思哲学"改变世界"的功能与使命。⑤ 邹诗鹏认为，马克思哲学所蕴含的实践生存论将深刻影响和主导当代哲学生存论转向的方向，并提供了一种克服当代人类生存困境的信念支撑。⑥ 孙正聿提出，马克思的本体论不是关于"世界何以可能"的本体论，而是关于"解放何以可能"的本体论，是存在论、真理论和价值论相统一的本体论。⑦

　　学界许多学者对马克思主义与本体论问题有不同的态度，但这些不同态度中还是包含着某种家族相似的重叠共识。学界一般地承认，马克思主义哲学是对传统本体论哲学的批判性超越，"实践观点的思维方式"变革了哲学的思维方式与存在方式，同时也就是改变了哲学对本体的态度。马

①　参见贺来：《马克思哲学与"存在论"范式的转换》，《中国社会科学》2002 年第 5 期。

②　参见孙伯鍨、刘怀玉：《"存在论转向"与方法论革命：关于马克思主义哲学本体论研究中的几个问题》，《中国社会科学》2002 年第 5 期。

③　参见陈先达：《论马克思主义哲学本体论及其当代价值》，《江海学刊》2002 年第 3 期。

④　参见欧阳康、张明仓：《马克思价值论批判的价值取向及其当代意义》，《中国社会科学》2002 年第 6 期。

⑤　参见张奎良：《马克思的本体论思想及其当代价值》，《现代哲学》2002 年第 2 期。

⑥　参见邹诗鹏：《当代哲学的本体论转换与马克思哲学的当代性》，《江海学刊》2001 年第 2 期。

⑦　参见孙正聿：《解放何以可能：马克思的本体论革命》，《学术月刊》2001 年第 9 期。

克思把传统形而上学对本体的理论态度转换为新哲学对本体的实践态度。康德曾区分了理性的理论运用与理性的实践运用，并指出理论的有限性不适合把握理性本体的绝对性与无限性，而实践的建构性与开创性更适合呈现理性本体。但康德执着于有限与无限的对立，其实践运用所达到的仍是抽象的普遍性。我们一般认为，马克思主义哲学否定了本体论形而上学，但保留了形而上学的维度。所谓形而上学的维度，就是形而上学对本体的实践态度，或者说本体的实践方式，马克思哲学要在人的现实生活活动中重建或呈现本体性。

实践超越了其理论环节的抽象性与观念性而达到了具体的普遍性与实际性。实践活动也绝不会非批判地满足于资本时代中人对自然及自身的抽象关系，即主体改造自然的对象性关系中，把自然从无限存在本质抽象为观念性本质（即纯粹的有用物），同时把自身本质异化为占有、拥有的利己主义特性，而是要瓦解资本的逻辑，克服物化的抽象统治，确立人的自主存在。在自由的类活动中，人与自身本质、人与自然、人与人将实现内在统一的一体性关系。这正是通过实践方式所呈现的本体的绝对性，即圆融无碍与具体的普遍性。

如果我们从人的存在方式的转变与马克思主义哲学的双重任务去透视马克思主义哲学对本体的态度，则不难理解这个问题中的内在张力。传统形而上学的本体论所代表的绝对真理与神圣形象，是与前现代社会的等级统治与压迫相适应的。马克思哲学已经指认了神圣形象所代表的"虚假共同体"，绝对真理的抽象普遍性，即作为"想象的现实"的意识形态幻觉。民主革命为了打破等级制，实现人的形式的平等，必须要瓦解等级存在方式在意识形态中的最后堡垒，即神圣文化与真理中的绝对性承诺，于是便有了近代哲学的"上帝的人本化"过程。这个过程中把洗澡水与孩子一起泼了出去。在作为近代哲学原则的主体思维那里，已经埋下了虚无主义的种子。主体与客体、思维与现实的对立把存在与价值分裂了，价值非存在化了，归入了主体的、主观性的一极，被有限化为主客体效用价值，从而瓦解了价值与绝对性的关联，必然走向虚无主义，这也表征了资本逻辑的物化统治。马克思哲学不但消解了"人在神圣形象中的自我异化"，批判资本逻辑的抽象统治，把"确立此岸世界的真理"作为哲学的历史任务。"此岸世界的真理"就是在人的现实生活中重建绝对性，即确立人的自主存在，实现人的自由个性的全面发展，在人与其自身本质的统一中同时完成人与自然、人与人的内在统一。马克思要在人的现实存在中呈现的本体、重建的绝对性，并不是超越人的并规定着人的异己的存在，而是人的类本质、类生命与类存在。类本质是对虚假的自我或自我异化的超越，在人的类生命与类存在中，将证得自身本质、自然、社会的真实性与自由关系。

3. 从马克思主义哲学唯物史观阐释透视马克思主义哲学的当代意义

对马克思主义哲学的传统理解，通常称之为辩证唯物主义和历史唯物主义，认为前者是马克思主义的世界观，后者则是前者在历史和社会领域中的运用。对于这种把马克思主义哲学二分为两个独立部分的观点，国内学者开始反思历史唯物主义的当代意义。2007 年 10 月，由《中国社会科学》杂志社与复旦大学哲学院、复旦大学当代国外马克思主义研究中心等单位共同举办的"哲学与史学的对话：唯物史观与历史评价"学术研讨会在复旦大学召开。与会者就唯物主义的科学品格、历史唯物主义与历史构境、历史事实与理论视角、客观规律与主观意志、历史意义与当代意义以及历史虚无主义批判等问题进行了深入交流，这次会议的召开对国内的唯物史观研究具有重要的推动作用。

在反思作为新世界观的历史唯物主义方面，孙正聿提出，"历史唯物主义"是作为理论原则和"理论硬核"的唯物主义，它不仅变革了唯心主义的世界观，而且变革了旧唯物主义的以客体的或直观的原则解释人与世界的关系的世界观，因此，历史唯物主义就是马克思的新世界观。① 在反思作为历史科学方法的唯物主义方面，吴晓明认为，历史唯物主义作为历

---

① 孙正聿：《历史的唯物主义与马克思主义的新世界观》，《哲学研究》2007 年第 5 期。

史科学方法论的根本要义在于：充分而彻底地把握住客观的社会现实，并在此基础上描述人类的历史运动，来理解各种各样的历史事实和历史现象，并内在地包含着具体化的实行。① 王德峰认为，当代史学基础的重建，要求正确地理解唯物史观的革命意义，因为唯物史观提出了新的历史解释原则，也开启了历史研究的新方法。② 在反思唯物史观的真实含义及其现实性方面。叶汝贤从文本解读出发，根据《德意志意识形态》叙述的逻辑，再现马克思所阐述的唯物史观。③ 冯天瑜通过考察唯物史观在中国的传播历史和在具体实践运用中两种偏颇之处，提出应努力达成对唯物史观及其社会形态学说的正确理解、合理运用与创造性发展。④

唯物史观在当代哲学研究中有众多的生长点，如历史唯物主义的地理学转向问题、语言学转向问题、历史唯物主义中的生态维度问题、女性主义问题、历史唯物主义中的规范性问题等。语言学转向凸显了历史唯物主义的话语问题，历史唯物主义的地理学转向凸显了马克思主义的空间问题，空间维度注重差异性与多样性，城乡分工与意识形态的空间发生、阶级的空间构成问题、都市空间的规模维度等地理学问题是马克思主义理论研究的重要生长点。历史唯物主义的规范性问题，其实伴随着历史唯物主义的始终，自恩格斯时代就以对历史唯物主义的修订的方式存在着，它力图切实理解或彻底解决能动性与客观性的关系问题，因而是重建历史唯物主义的整体性问题。这一问题深刻制约着许多问题的发生，包括西方马克思主义中的人本主义与结构主义之争、马克思主义是科学还是哲学的理论性质问题、中国马克思主义中的人性与阶级性的关系问题、人类创造历史与历史的客观规律问题、人道主义与科学主义的关系问题、社会主义的本

---

① 参见吴晓明：《作为历史科学方法论的历史唯物主义》，《中国社会科学》2008 年第 1 期。

② 参见王德峰：《唯物史观在史学研究中的祛蔽作用》，《中国社会科学》2008 年第 1 期。

③ 参见叶汝贤：《现实的人及其历史发展的科学：深入解读〈德意志意识形态〉所阐发的唯物史观》，《哲学研究》2008 年第 2 期。

④ 参见冯天瑜：《唯物史观在中国的早期传播及其遭遇》，《中国社会科学》2008 年第 1 期。

质问题、历史唯物主义的定位问题（历史唯物主义是马克思主义哲学的世界观还是历史观问题）等。其实，客观性与能动性的关系问题之所以不能在哲学中彻底解决，是因为它并不是一个理论问题，而是一个此岸世界的真理问题，即确立人的自主存在与实现自由个性的全面发展的问题。对历史唯物主义的理论态度把它知性化为一种普通社会学，丧失了历史唯物主义的能动的超越性。革命家的历史唯物主义作为人类解放的学说，是历史唯物主义的理论与实践统一的整体，这种理论的实践和实践的理论显示了历史唯物主义的整体性。

作为对实践唯物主义研究的推进，学界近年兴起了对历史唯物主义之总体性质的宏观讨论：世界观还是历史观，哲学还是实证科学，存在论（本体论）还是方法论，科学维度与价值维度的关系等。这些讨论进一步明确了历史唯物主义的超越的二重性，总体性反思的深入必然诉诸具体内容的研究。《资本论》及其手稿的研究，不仅指向资本逻辑的批判，还以之为参照系，开始了对社会主义市场经济的认识与中国现实的批判性把握，而且以其向哲学思想的自觉，重构着马克思主义的整体性。政治经济学批判的深入研究又返冲到对历史唯物主义的整体性质的反思。如果说，历史唯物主义是马克思主义的新世界观还是历史观的争论，确认了马克思主义哲学并不存在一种在历史唯物主义之外的一般的辩证唯物主义；那么政治经济学批判的深入研究，则提出了历史唯物主义是否存在广义与狭义之分，马克思的两大发现的关系是什么等问题。孙正聿认为，《资本论》及其手稿就是"关于现实的人及其历史发展的科学"，它不但构成了马克思主义哲学，而且是马克思的哲学批判、政治经济学批判与空想社会主义批判的统一，因而是作为"一整块钢铁"的马克思主义的集中体现。

4. 从马克思主义政治哲学研究透视马克思主义哲学的当代意义

随着整个世界哲学研究的"政治转向"，马克思主义政治哲学研究也成为近年来国内哲学界研究的重点问题。有学者指出，马克思主义哲学之所以真正属于当代，这个问题只有从思想上超越现时代的本质性维度去领会才能可能。马克思对哲学的贡献可以说是对政治哲学的贡献，历史唯物主义作为政治哲学澄清了那些解决人类社会生活的最为基本的问题。2006年8月，《中国社会科学》杂志社和南开大学社会哲学研究所共同主办了第六届"马克思哲学论坛"，其主题即"马克思主义政治哲学：阐释与创新"。会议围绕当代社会生活方式的变迁与政治哲学的复兴、马克思政治哲学及其当代意义、构建社会主义和谐社会等研究领域展开了讨论。

　　陈晏清根据马克思主义哲学的基本观念，分析了政治哲学兴起的原因，并在此基础上，探讨了构建一种适应于现实生活的马克思主义政治哲学的必要性和可能性。① 郁建兴认为，对黑格尔政治哲学的批判，是马克思政治思想乃至全部思想发展的转折点。从政治哲学与经济学的立体结构中论证人类解放的目标，探讨实现人类解放的手段与途径，是马克思政治思想也是他的全部思想的主题。② 衣俊卿分析了传统宏观政治哲学研究范式的局限性，探讨了微观政治哲学的研究范式的特点，认为自觉地开辟微观政治哲学的研究，是在新的历史条件下深化马克思的实践哲学的具体化研究范式，而马克思的实践哲学方法论则有助于建立微观视域与宏观视域相结合的社会历史理论。③ 孙正聿对上述三篇文章进行了点评，他既充分肯定了我国学者为建构马克思主义政治哲学所进行的基础性工作，认为无论是提出和探索建构马克思主义政治哲学的前提性问题，还是分析和阐释建构马克思主义政治哲学的理论资源，其理论价值都是毋庸置疑的。同时他也提出，中国的马克思主义政治哲学研究还处于"起步"阶段，正在进行的这些"基础性"工作，同样包括许多亟待深入思考和认真探讨的问题。④ 这些讨论无疑进一步推动了国内关于马克思主义政治哲学研究的进

---

① 参见陈晏清：《政治哲学的兴起与当代马克思主义政治哲学的建构》，《中国社会科学》2006年第6期。
② 参见郁建兴：《马克思的政治哲学遗产》，《中国社会科学》2006年第6期。
③ 参见衣俊卿：《论微观政治哲学的研究范式》，《中国社会科学》2006年第6期。
④ 参见孙正聿：《建构马克思主义政治哲学的前提性思考和理论资源分析》，《中国社会科学》2006年第6期。

程，也为在新世纪反思马克思主义哲学的当代意义问题提供了新的研究视角。

总之，马克思毕生都在为人类解放寻找理性之路，马克思主义哲学是时代性与人类性的统一，是哲学理性与人类理想的统一，它是文明的活的灵魂，而哲学只有成为文明的活的灵魂才能成为时代精神的精华。马克思主义哲学与一切旧哲学在表征、反映时代和发挥作用的方式上有本质的不同，马克思主义哲学的真正本质和精神是从批判旧世界中发现新世界，它是立足现实、开创未来的思想源泉，因而一切从实际出发，让事实来说话的境界是马克思主义哲学最具时代生命力之所在。在经济全球化和我国改革开放日益深入的今天，突出和弘扬马克思主义哲学的时代精神尤为重要。把握和弘扬马克思主义哲学的基本精神，指导我们的实践和生活，这只是实现马克思主义哲学当代意义的一个方面，另一个重要的方面是，必须立足当代社会实践，回答马克思主义哲学理论在当代面临的挑战，实现马克思主义哲学的理论创新，才能真正实现和阐发出马克思主义哲学的当代意义。

二、"反省现代性"与马克思主义哲学的当代课题

哲学研究的价值在于哲学对时代性问题的高度敏感，这种敏感性体现为对时代问题的诊断和批判。21世纪的中国将为中华民族的伟大复兴发起新一轮的冲刺，实现现代化已经成为我们全民族的梦想。但是，现代化所贯彻的现代性的逻辑，却不能加以非反思地全盘接受，因为现代性控制的社会，发展过程中的消极影响，早在马克思所处的资本主义时期就已显现出来。21世纪的中国发展只有以反思和诊断现代性的逻辑为前提，才不会重新落入现代性的陷阱之中。作为时代精神的精华的马克思主义哲学，理应在反思现代性逻辑中发挥作用，因此，马克思主义哲学与现代性的关系问题成为近年来国内哲学研究的一个热点问题。

从资本逻辑角度反思和批判现代性问题，成为21世纪马克思主义哲

学，也是中国哲学研究的一个重大理论问题。2004 年 8 月，由中共中央党校哲学部和《中国社会科学》杂志社联合主办的第四届"马克思哲学论坛"在四川绵阳召开，此次会议的主题是"马克思哲学与当代中国现代性建构"。与会者就现代性与马克思的社会发展、人的发展理论，现代性与后现代主义，科学发展观和当代中国现代性建构等问题展开热烈而深入的讨论。这次会议也拉开了国内马克思主义哲学界关于现代性问题热烈探讨的序幕。2008 年 4 月，由华东师范大学中国现代思想文化研究所、华东师范大学思勉人文高等研究院、法国里昂第三大学等单位主办的"多元现代性：文化、理论与症结——中国与欧洲有关现代性的思想"国际学术研讨会在华东师范大学举行，此次会议进一步推进了国内有关现代性问题的研究。

1. 现代性问题的实质

学界首先从马克思对人的存在方式的把握概观现代性问题。马克思在《政治经济学批判》中明确指出，人类历史表现为三大社会形态的历史演进："人的依赖关系（起初完全是自然发生的），是最初的社会形态，在这种形态下，人的生产能力只是在狭窄的范围内和孤立的地点上发展着。以物的依赖性为基础的人的独立性，是第二大形态，在这种形态下，才形成普遍的社会物质变换，全面的关系，多方面的需求以及全面的能力的体系。建立在个人全面发展和他们共同的社会生产能力成为他们的社会财富这一基础上的自由个性，是第三个阶段。第二个阶段为第三个阶段创造条件。"① 马克思揭示了现代化的历史合理性在于，超越了人的依赖关系与等级存在，实现了"以物的依赖性为基础的人的独立性"，使人的存在突破了自然发生的狭隘性与孤立性，创造出"普遍的社会物质交换，全面的关系，多方面的需求以及全面的能力的体系"。人的自由、平等的普遍性存在是通过资本逻辑支配下的劳动与交换实现的。现代性的问题在于，"人

① 《马克思恩格斯全集》（第 46 卷上），人民出版社 1979 年版，第 104 页。

的独立性"是"以物的依赖性为基础的"，或者说，人的自由平等的独立性是以物化的抽象形式存在的，人的自由与平等只是形式的、观念性的，而非实质性的。现代性的出路在于，超越物的依赖性，走向第三个阶段，即"建立在个人全面发展和他们的共同的社会生产能力成为他们的社会财富这一基础上的自由个性"。

对于现代性问题的更为深入细致的透视，学界一般从三个方面开展：一是资本运动的内在逻辑的现实维度，二是异化批判与人类解放的理想维度，三是现代性自身形成的历史维度。第二个阶段的"物的依赖性"其实就是资本逻辑的统治。马克思曾认为，"最现实的人类状况"就是"正在受抽象统治"，这个"抽象"就是资本。可见，资本的逻辑就是现代性的本质与基础，是我们现时代的最大的现实。马克思主义哲学作为理论的实践与实践的理论，在"批判旧世界中发现新世界"，是一种"批判的实证主义"，在对现实本质的揭示中就内含着理想价值的显现，因而所谓"现实维度"与"理想维度"又是内在地结合在一起的。马克思对资本逻辑的把握，揭示了资本运动的抽象性与虚幻性。马克思通过"政治经济学的方法"（批判的辩证法、理论思维）穿越了资本拜物教的意识形态幻象，不仅发现剩余价值的秘密（概念），揭示了资本运动所造成的社会的对抗关系（剥削），而且以资本逻辑的抽象方式说明了价值虚无主义的根源。

资本的生产方式是为了交换而进行的生产，追逐剩余价值（利润）是使用价值（财富）生产的目的，商品生产是货币自行增殖的手段。手段被目的规定为抽象的存在。从商品作为使用价值与交换价值的二重性存在来看，使用价值被交换价值所压抑，使用价值生产只有在交换价值的生产与实现的过程中才是可能的。商品作为用于交换的劳动产品，如果卖不出去，劳动产品便失去意义（消亡了），生产者的劳动也就不能作为社会劳动生成价值。社会劳动是劳动与交换的统一，而交换则是一种具有支配作用的抽象能力，它把生产者的具体劳动保留为有价值的抽象劳动，而商品的使用价值与价值的二重性存在则在外部固定化为商品与货币的对立，作为目的的货币冒险转化为商品生产只是为了在流动中生成更多的货币，资本循环的起点与终点都是货币，因而商品生产的实质性存在被抽象掉了，我们在形式化的循环公式中看到的只是价值交换与钱生钱，并不存在剥削。商品的二重化是劳动的二重化的结果，具体劳动生产使用价值是可以眼见的事实，但它在资本主义关系中存在的前提和基础则是通过《资本论》的抽象力发现的，"抽象劳动生产商品的价值"，在生产者那里完成的只是劳动产品，商品则是在市场上实现的。前者作为载体只是为了实现在市场中完成的抽象存在，否则便是"有之非有"，在资本主义生产关系中是无法被识别出来的。具体劳动的任何一个原子也无法进入商品价值之中，生产资料的实质性存在被抽象为不变资本，也就是生产这些生产资料所耗费的抽象劳动（购买生产资料所花费的货币），劳动者的生命力的实质性消耗则被抽象为可变资本，即再生产这些劳动力所耗费的生活资料的价值（即工人的工资），在这里观念的自为本性完全压抑了自然的本原存在，或者说在资本的价值增殖（生产与实现）中自然的本原存在、实质性活动被抽象掉了。生命力的实质性消耗本身与价值的抽象形式无关，资本无法根据这种实质性消耗本身估算劳动的价值，只能抽象化为劳动力的价值，而劳动力的使用价值（实质性的）则生产了超过可变资本的货币。剩余价值的秘密隐藏在抽象形式与实质性存在的分离之中，在资本逻辑的统治中货币把劳动者从人抽象为商品。

自身目的的货币所具有的观念化力量，不仅在抽象机制中生产出了经济剥削的对抗性社会关系，同时又把它隐藏在等价交换与货币自行增殖的外观之中，而且消解了人与世界的实质性存在，构筑了一个作为幻象的现实。资本逻辑的抽象统治是全方位的，不但消解了使用价值与具体劳动的实质性，而且把人的独立与自由的主体特质也形式化了。马克思的异化劳动批判揭示了，工人劳动创造的成果异化为统治自身的异己力量，自由的类活动被异化为作为谋生手段与资本增殖工具的"必要性与强迫性"的活动，生产劳动完全丧失了自主本性，活劳动不断被剥夺构成作为死劳动的积累的资本，而积累的死劳动从来不为人的自主活动服务。资本逻辑把人的自身本质抽象为占有、拥有的感觉与私有财产的排他性存在，把自然抽象为纯粹的有用物。在占有、拥有的感觉中残存的主体自我意识，也不过是市场体系生产出来的假名我。货币的观念化力量把商品抽象为符号，商品的使用价值在市场的商品符号系统中被抽象为具有意义区分功能的能指，而商品的所指则是消费者的购买欲。整个差异性的商品符号体系同时是一个意识形态的生产场所，由幻象构成的现实。需要与消费不再是实质性的，购买的需要不过是消费者对商品符号所指的接受与反映，对商品的占有与拥有则是商品符号意义的实现。资本逻辑的抽象统治把现实世界抽象化为观念符号形成的景观存在，现实是由意识形态幻象所构成，我们必须用马克思的"政治经济学的方法"即批判的辩证法，才能穿越幻象现实，发现资本逻辑的实相。这与一般的"透过现象看本质"是不同的，现代性的现实是由资本逻辑的抽象机制生产出来的表现幻象，任何对这种幻象现实非批判的接受都有被资本运作的抽象逻辑所同化的危险。

学界普遍承认，现代性的问题在于资本的同质性统治，资本逻辑的统治不仅在经济领域，而且其触角也伸入到政治与文化领域，大有使三层结构的社会有机体瓦解的风险。资本为了消灭等级制，实现形式平等，瓦解了价值的绝对性，消灭宗教、形而上学、艺术、神学等意识形态，在不能消灭他们的地方，就将其变成赤裸裸的谎言，同时以货币拜物教意识形态取而代之。资本消灭了一切职业的灵光，把诗人、学者变成了雇佣劳动者，精神创造的作品只能作为文化商品才是可能的，生命精神创造的内在的实质性价值被抽象为能在市场卖出的形式价值。市场不仅是劳动与交换的经济活动场所，也成了意识形态的生产场所，精神文化创造的意识形态领域与商品生产交换的经济领域合而为一了。精神文化只被功利主义的价值态度保留下工具理性的思维方式。货币也成了政治权力的终极形式，政治国家成了管理资产阶级公共事务的委员会，自由、独立、平等的主体只是理性人与经济人，这些价值都被资本逻辑的抽象机制形式化了。政治上层建筑与精神上层建筑中的价值，都成为资本所确立的唯一标准的价值，即形式价值。价值就其本性而言，只能是实质性存在，因而形式价值就是价值的虚无主义。

另外，国内外的一些有关现代性的专著、编著的出版和翻译，也推进了有关现代性问题的研究。如陈嘉明主编的《现代性与后现代性十五讲》、汪民安主编的《现代性基本读本》（上下册）、赵汀阳主编的《现代性与中国》、万俊人著的《现代性的伦理话语》、张志扬著的《现代性理论的检测与防御》、刘怀玉著的《现代性的平庸与神奇》、王晓朝著的《现代性与末世论》、漆思著的《现代性的命运》、佘碧平著的《现代性的意义与局限》、周宪著的《文化现代性与美学问题》、杜维明著的《东亚价值与多元现代性》、吉登斯著的《现代性的后果》、鲍曼著的《现代性与大屠杀》、哈贝马斯著的《现代性的哲学话语》、韦尔默著的《后形而上学现代性》、伯曼著的《一切坚固的东西都烟消云散了：现代性体验》、大卫·库尔柏著的《纯粹现代性批判》、刘小枫选编的《施米特与政治的现代性》等。

2.现代性的批判性重建

面临现代性的内在困境，国内学界很少有人采取拒斥现代性的保守主义立场，有一部分人认为在西方的启蒙与理性的现代性方案内部能够克服现代性的困境，大部分学者都接受了马克思主义哲学对现代性的批判性超越的立场。对现代性的批判性重建立场，主要存在两种观点，即反对立场与辩证立场。从反现代性即否定的立场看，张盾认为，马克思的理论是一种反资本主义的理论，其集中体现就是马克思的"反现代性论说"。马克思主义和保守主义一样彻底反对资本主义，但在以何种社会制度取代资本主义的问题上，却选择了与保守主义完全相反的"向前看"的立场，要求加快历史进程，超越资本主义，其最终目标指向一种全新的未来社会制度，也就是社会主义。①从反现代性的现代性即辩证的立场看，贺来认为，

---

① 参见张盾：《反现代性：马克思哲学革命的真实意义》，《长白学刊》2004 年第 1 期。

马克思的反现代性并不意味着他彻底否弃现代性，相反，他仍然坚持现代性关于人和社会的价值理想。① 丰子义也认为，必须明确马克思所肯定的是现代性所创造的文明成果，所否定的是现代文明所特有的社会形式和包含的社会对抗关系。明确这一点，对于正确把握马克思关于现代性的立场是非常重要的。②

从马克思对人的存在方式的历史性把握就可看出，所谓现代性，就是"以物的依赖性为基础的人的独立性"的人的存在的第二大形态，物的依赖关系即资本的关系把人从依赖性的等级存在与集群主体中解放出来，成为个体主体，并以劳动与等价交换的普遍联系，把人从地域共同体与血缘共同体的狭隘的自然存在发展为世界历史的普遍性存在，但是物的依赖性把人的独立性形式化了，个体主体无法建立真正的人格统一性，现代人的普遍性存在是抽象的普遍性。但第二个阶段形成的"普遍的社会物质交换，全面的关系，多方面的需求以及全面的能力体系"为第三个阶段创造条件。马克思对现代性的批判性超越即是，超越"以物的依赖性为基础的人的独立性"，实现"自由人的联合"与"人的自由个性的全面发展"。对于这一点，学界是达成共识的，但在对于如何超越上的否定立场与辩证立场的根本分歧在于，是否以革命实现对现代性的实质性超越。

马克思指出，作为现代性价值的自由、民主、平等是形式化的，而非实质性的，在资本逻辑的统治下实际发生的是彻底的异化、对抗性的社会关系与经济剥削。在政治经济学批判中，虽然没有从资本逻辑的分析中得出社会主义革命的必然性，但在资本运动中生产出的种种颠倒、异化与荒谬，则只有在瓦解资本逻辑的前提下才能消除。现代资本主义作为人类社会史前期的最后一种对抗性社会形式，意味着超越它的社会主义是一种人性革命的新纪元，社会主义不是出于一种外部的经济必然性的形式推理，

---

① 参见贺来:《"现代性"的反省与马克思哲学研究纵深推进的生长点》,《求实学刊》2005 年第 1 期。

② 参见丰子义:《马克思现代性思想的当代解读》,《中国社会科学》2005 年第 4 期。

而是一种人完成其自身本质的实质性要求，这是出自人的存在本质的必要性与超越性。马克思终结货币自行增殖的抽象统治的方案是，消灭资本主义私有制，由社会统一组织生产，按需分配，自由个性全面发展的理想把生产劳动从必要性与强迫性的异化状态转化为能动的超越性与自由的创造性的本质力量对象化的类活动，把资本的独立性与个性变成了人的独立性与个性。社会主义作为私有财产的积极扬弃，"是通过人并且为了人而对人的本质的真正占有"和"向自身向社会的即合乎个性的人的复归"；"作为完成了的自然主义＝人道主义，而作为完成了的人道主义＝自然主义，它是人和自然界之间、人和人之间的矛盾的真正解决，是存在和本质、对象化和自我确证、自由和必然、个体和类之间的斗争的真正解决"。① 人克服了占有、拥有的私有财产本性，实现了自身本质与生命、对象性的人和人的作品的感性占有，就是以一种全面的方式，作为一个总体的人占有自己的全面的本质。人与其自身本质的统一，也意味着，人与人之间也超越了等价交换的物化关系，实现了自由本质的联合，因而社会不再是自发形成的超人的异己力量，而是"人同自然界的完成了的本质的统一，是自然界的真正复活，是人的实现了的自然主义和自然界的实现了的人道主义"。② 对私有财产的积极扬弃，所成就的人的自主存在，是人与其自身本质之间、人与自然之间、人与人之间的内在统一的一体性关系。

对现代性的批判性重建，马克思给出的是实质性超越的道路，许多学者接受了这种彻底性的立场。还有其他学者采取了一种较为温和的辩证立场。他们认为，扬弃私有制由社会统一组织生产的计划经济有通向集权主义的危险，因而只能在私有财产的限度内对现代性问题进行治疗。这种辩证立场，又叫做反现代性的现代性立场，依然坚持现代性关于人和社会的价值理想。这种态度把自由市场与民主政治当成了"历史的终结"，认为

---

① 《马克思恩格斯全集》（第 3 卷），人民出版社 2002 年版，第 297 页。
② 《马克思恩格斯全集》（第 3 卷），人民出版社 2002 年版，第 301 页。

除此之外已经没有更好的可能性，社会主义对私有财产积极扬弃的理想是无法实现的。如果说，经济上的不平等与社会关系的对抗性还可以有限度加以克服的话，他们认为人的自由个性的全面发展与人的自身本质的实现，并不是一个社会可以追求的理想，形式化的自由与独立性之下的异化与不自主并不是一个迫切的问题。这种态度深信人性的有限性，对人性的发展与实现的可能性并不乐观，因而采取的是康德、韦伯、哈贝马斯的领域分离的立场。这种立场实际反对的是资本的同质化统治，工具理性与功利主义对生活世界的殖民化，拒斥经济领域对政治与文化的入侵，坚持经济上的自由主义（市场经济）、政治上的民主主义与文化上的保守主义。或者采取公共领域与私人领域分离的方式，以避免私人领域的个性与偶然性对公共领域的合理化运作的阻碍，同时也拒绝公共领域的抽象理性的形式统治对私人领域的入侵，以保持住个人的独立人格、自由创造、整全生命、自主个性等实质性维度。

从中国经验与中国问题思考对现代性的批判性重建，深受许多学者的关注。现代化是一个民族告别人的依赖性与狭隘性的古代社会，走向人的独立、自由、民主、理性的发展过程，因而现代化是世界历史的时代中每个民族自己的事情。尽管各民族有了普遍交往下的相互影响、相互借鉴与学习，但现代化只能是每个民族自身的发展与成长，没有一个通用的模式可以套用。关于中国现代性的起源、现代性观念的形成过程及其与西方的差异，以及中国本土资源所起的作用如何等问题，需要我们进一步的深思与持续的关注。① 陈嘉明提出，中国的现代性不能以理性化为目标，而应走"人性化"的道路。从哲学的角度上加以审视，中国现代性的形成在中国社会的特殊背景下，可以解释为一个人性回归的过程，人性化程度逐渐提高的过程，而不是西方的理性化的过程。我们应反思中国改革开放与现

---

① 参见付长珍：《"中西哲学视野中的现代性"学术研讨会综述》，《华东师范大学学报》2003 年第 2 期。

代化的经验，总结在这一人性回归的基础上所取得的经济上的成功，这有助于人们认识这一人性回归取向的巨大价值，同时也有助于我们思考中国现代化的目标取向。① 郭齐勇也提出，今天我们思考现代性的问题，不能只以西方近代以来的发展为唯一参照。东西方社会历史的发展，人类各族群的现代性或现代化，有共同的因素，但也有自身的特点。东方有东方的现代性，中国传统中有走向现代的可能性。中国社会内部有内在的自我更新能力，有自己内在的现代化根芽。②

更为重要的是，建设中国特色社会主义也是马克思主义中国化的伟大事业，是马克思主义的普遍真理与中国现代化建设实际相结合的创造性过程。中国的社会主义现代化建设既是以市场经济、民主政治、工具理性超越小农经济、宗法政治与神圣文化的现代化过程，又是以社会主义对现代性的超越过程，因而就是马克思主义哲学对现代性批判性重建的实践形态。因而，马克思主义中国化、建设中国特色社会主义，既是当代中国的最大现实，又是马克思主义哲学反思现代性问题的理论对象、目标与灵感源泉。许多中国学者研究社会主义市场经济体制，探索市场经济如何超越自然经济的"人的依赖性"存在方式，发挥人的主动性与创造性，造就独立性的个体主体，又如何以社会主义的公有制限制资本逻辑的抽象统治，以社会主义精神文明建设超越"物的依赖性"，追求自由个性的全面发展，造就社会主义新人。社会主义市场经济虽然允许一部分人通过勤劳与智慧先富起来，但要求先富带动后富，逐步实现共同富裕，并在这一过程中消灭剥削，消除两极分化，促进社会的公平与正义。社会主义精神文明建设，不像物质文明建设，无法通过具体的体制性规定与约束造就社会主义新人的精神与道德，因为社会主义新人作为此岸世界的真理，是自主存在，而不是规定性的被迫存在，社会主义精神与道德是实质性的自由存

① 参见丁成际：《多元现代性：文化、理论与症结》，《哲学动态》2008 年第 5 期。
② 参见郭齐勇：《中国传统与现代性：以近世哲学思想史为中心》，《武汉大学学报》2005年第 4 期。

在，无法通过纪律约束和形式性的伦理说教形成，只能通过范导性的教育与自我修养，即伟大人格的鼓舞、感化熏陶加上自身的精进，才可造就。因而，党的建设就成为社会主义精神文明建设的关键环节，这不仅是提高党的执政能力的问题，更为重要的是成就工人阶级先锋队的伟大人格典范，也就是确立此岸世界的真理的初始环节。社会主义"作为私有财产即人的自我异化的积极的扬弃，因而是通过人并且为了人而对人的本质的真正占有；因此，它是人向自身、向社会的即合乎人性的人的复归，这种复归是完全的，自觉的而且保存了以往发展的全部财富的"，社会主义致力于人的自身本质的实现，必然把资本现代性的抽象建制所确立的形式性的观念自由实质化为自然的自由，在每一个人的自由个性的全面发展中实现人与自然、人与人、人与自身本质的内在统一的一体性关系。

3. 现代性问题研究的当代意义

诞生于资本主义生产方式开端的马克思主义哲学，正是以反思资本的逻辑所统治的社会为基础，实现了自身的理论自觉。在新世纪反思现代性与资本逻辑的哲学内涵，构建人类和中国未来属人的现代化，必须以马克思主义哲学作为理论精神的引导者。所以，在当今全球化的背景下，结合我国建设有中国特色社会主义的现代化实践，阐释马克思主义哲学对现代性问题的揭示和解决，无疑具有重大的理论和现实意义。

从澄明马克思哲学的批判本质角度看，欧阳康认为，马克思主义既是在对现代性的深刻批判和时代性建构中得以产生和提升的，也是在这种批判中确立起自己的理论价值和实践地位的。[1] 李淑梅也认为，马克思以改造世界的新视野超越了启蒙运动以来的现代性的狭隘视域，阐明了西方现代社会的根本矛盾及其解决途径。[2] 从当代马克思哲学研究纵深推进的生

---

① 参见欧阳康：《马克思现代性理论的价值取向及其当代意义》，《江海学刊》2006 年第 1 期。
② 参见李淑梅：《马克思现代性批判的视野》，《天津社会科学》2005 年第 4 期。

长点的角度看，贺来认为，"现代性的反省"是马克思哲学和当代人类生存实践与整个现代哲学实现深层结合的一个关节点，从此出发，马克思哲学既可以与整个现代哲学实现创造性的深层对话，同时又可以使马克思哲学对现代社会特有的批判和解释力量得到最大限度的释放。① 从有利于当代中国的现代性建构的角度看，丰子义认为，马克思与我们处于"同时代"，或者说，都生活在"现代性"过程之中。所以，马克思有关现代性的基本立场和基本观点对于当代中国现代性建构有着重要的方法论意义。② 欧阳康也认为，对现代性问题的多维探讨不仅对于全面认识和理解现代化具有重要的理论意义，对于发展中国家选择和创造各自特色的现代化道路也具有重要的实践意义。③

　　总之，在当代各种社会思潮和各种学术观点的交汇和碰撞中，大概没有哪个问题像现代性这样引起人们的普遍关注。在实践层面上，由于发达国家的现代文化危机和后发展或欠发展国家在推进现代化进程中所遭遇的文化冲突，关于现代性的价值判断已经成为一个根本性的问题，关于现代性的研究，需要理论的、实践的、历史的、现实的、比较的和综合的等多维视角。同时，随着近年来国内马克思主义哲学研究日益凸显当代视域中的问题意识，马克思主义哲学有关现代性思想的研讨越来越引起学术界的关注，对马克思主义学说与现代性问题的内在关联，特别是马克思关于现代性问题的价值判断做全面的探讨，对当代中国无疑也是具有重大理论和现实意义的课题。同时，现代性问题的当代反思是否可以跳出西方现代性的视野，在中国哲学的现代性视野中构建属于中国自己的现代性理论也是学者们普遍关注的一个问题。

---

① 参见贺来：《"现代性"的反省与马克思哲学研究纵深推进的生长点》，《求实学刊》2005 年第 1 期。

② 参见丰子义：《马克思现代性思想的当代解读》，《中国社会科学》2005 年第 4 期。

③ 参见欧阳康：《哲学视野中的现代性问题》，《社会科学战线》2005 年第 3 期。

三、《资本论》与马克思主义哲学

马克思主义哲学是由马克思、恩格斯共同创建、并以马克思的名字命名的哲学，因此，研究和阐释马克思主义哲学，首先必须诉诸马克思"毕生研究"的"伟大成果"《资本论》。我们一般地承认，马克思的主要工作是以批判资本逻辑的抽象统治，追求人类解放为使命，《资本论》是马克思最伟大的著作，而且《资本论》及其手稿也构成了马克思著作的主体部分。从这一意义上，《资本论》与马克思主义哲学的关系应该是内在的，《资本论》的研究水平制约着马克思主义哲学的研究层次，甚至可以说，对《资本论》的理解与阐释构成了马克思主义哲学理论自觉的层次与境界。

自《资本论》问世以来，对其哲学思想的阐释，既是马克思主义者和理论界关切的重要方面，也是马克思主义者和理论界争论的重要问题。在对《资本论》哲学思想的阐释中，马克思主义者和理论界关切的主要内容有：（1）《资本论》的理论性质，即《资本论》作为"哲学"与作为"科学"的双重理论性质问题（柯尔施的《马克思主义与哲学》以及阿尔都塞的《读〈资本论〉》凸显了这个问题）；（2）《资本论》与历史唯物主义，中、外学者均对此表示首要的关切，并以探索人类历史发展规律为聚焦点而阐释马克思主义的历史唯物主义；（3）《资本论》与辩证法，中、外学者均以研究《资本论》的方法论为聚焦点而阐释《资本论》的抽象与具体、历史与逻辑的关系问题；（4）《资本论》的资本主义批判，中、外学者在探索马克思所揭示的资本主义运动规律的过程中，在当代的《资本论》研究中越来越凸显了对"资本的逻辑"的研究；（5）《资本论》及其"三大手稿"所论述的人的存在的历史形态的变革，以及这种变革所蕴含的人类解放和人的全面发展的价值诉求、社会理想和现实道路。从共同的理论关切和理论共识上看，各种解读模式都关切《资本论》的历史唯物主义、辩证法和资本主义批判，但在《资本论》的理论性质、历史唯物主义的真实内涵、马克思主义辩证法的真实意义以及《资本论》哲学思想的当代意义等重大理论问题上，则表现出不同程度的理论分歧。我们主要考察国内学者对《资本论》哲学思想的阐释。

改革开放以来，中国学者对《资本论》哲学思想的当代阐释取得了重要进展，特别是在下述方面取得了重要的研究成果：(1) 对《资本论》"三大手稿"的研究；(2) 对《资本论》的思想史研究；(3) 对"资本的逻辑"的研究；(4) 对《资本论》辩证法的研究；(5) 对《资本论》的历史唯物主义的研究；(6) 关于马克思的资本主义批判的研究；(7) 关于恩格斯、列宁对《资本论》哲学思想的研究；(8) 关于卢森堡、阿尔都塞等西方马克思主义重要人物对《资本论》哲学思想的研究；(9) 关于望月清司、柄谷行人等日本学者对《资本论》哲学思想的研究；(10) 对当代中国学者关于《资本论》哲学思想研究状况的综述和评论。这些阐释模式及其研究成果主要构成了关于《资本论》的哲学思想的三种不同的理解方式，并构成三种不同的阐释路径：一是在承认《资本论》是经济学巨著的前提下，肯定马克思是以辩证唯物主义和历史唯物主义为立场、观点和方法而构成《资本论》，因此力图"揭示"和"发掘"《资本论》的哲学思想；二是在承诺从不同学科视域阅读《资本论》的前提下，肯定从哲学的学科视域研究《资本论》，因此力图以"辩证唯物主义认识论""唯物辩证法"和"唯物史观"为主要内容而阐释《资本论》的哲学思想；三是在承诺《资本论》是作为"一整块钢铁"的马克思主义的集中体现的前提下，肯定马克思的哲学批判、政治经济学批判和空想社会主义批判的统一，因此力图在"三大批判"的统一中阐释《资本论》的哲学思想。

然而，在通常的理解和阐释中，都是以认定《资本论》是"马克思毕生研究政治经济学的伟大成果"为前提，认为"马克思在这部著作中运用辩证唯物主义和历史唯物主义的世界观和方法论"，从而"创立了马克思主义政治经济学"。正是由于认定《资本论》为"政治经济学"而不是"哲学"，认定《资本论》是"运用"而不是"构建"了马克思主义哲学，因此长期以来，或者离开《资本论》而阐释马克思主义哲学，或者把研究《资本论》

的哲学思想限定为《资本论》如何"运用"了马克思主义哲学。其直接后果，不只是影响到对《资本论》哲学思想的阐释，而且深刻地影响到对马克思主义哲学的理解。在改革开放之前，由于苏联模式的哲学原理教科书的支配性作用，《资本论》研究主要存在于马克思主义政治经济学领域，即使在哲学领域中也几乎清一色地探讨，《资本论》如何"运用"或进一步"证明"了唯物史观与辩证法。

"教科书改革时代"的哲学观念变革，提出"实践观点的思维方式""实践唯物主义""实践本体论"等去理解马克思主义哲学革命的精神实质，但这时所达到的理论境界还只是把《1844年经济学哲学手稿》《关于费尔巴哈的提纲》《德意志意识形态》作为马克思的哲学革命的著作，仍然把《资本论》及其手稿当作政治经济学的巨著。实践观点的提出，使有的学者开始逐渐摆脱"运用说"，尝试从哲学的观点与视角去研究《资本论》，力图以"辩证唯物主义认识论""唯物辩证法"和"唯物史观"为主要内容而阐释《资本论》的哲学思想，但仍不可能把《资本论》本身作为马克思的哲学。实践作为一种现实的客观物质活动，是哲学超越思辨唯心主义进入现实的切口，但学界对实践观点的理论讨论，再次把现实实践把握为抽象活动，并以实践活动对人与世界的历史生成去构造实践生存论、实践存在论或实践本体论，这似乎又落入了抽象人性论的窠臼。以感性实践活动为基础所构成的人的自我生成、自我否定、自我创造的存在论，不过是又一套新颖的笼统抽象的关于人的理论学说，无补于我们对现代人的最大的现实的把握。实践生存论、实践本体论之所以未能远离抽象人性论，是因为它并未实现对现实的人的具体、深入的把握。现代人的最大现实就是"正在被抽象统治"，而最现实的人的"抽象存在"就是"资本的逻辑"。

学界在90年代初，首先由刘福森提出，马克思主义哲学的新唯物主义在本质上是历史唯物主义，历史唯物主义就是马克思主义哲学的新世界观，马克思并没有一种历史唯物主义之外的一般的辩证唯物主义，从而把我国"实践唯物主义"的讨论向前推进了一大步。刘福森的观点把许多马克思主义学者吸引到历史唯物主义研究，俞吾金、张一兵等人开始把历史唯物主义区分为广义的历史唯物主义与狭义的历史唯物主义，并开始思考马克思的"两大发现"（历史唯物主义与政治经济学批判）的关系。张一兵在《回到马克思——经济学语境中的哲学话语》中，第一次从马克思经济学研究的历史语境出发，力求真实地呈现出马克思哲学话语深层转换的动态历史原相。他运用全新的解读方法确认了青年马克思的人本学社会现象学，以及建立在扬弃古典经济学社会唯物主义基础之上的广义历史唯物主义科学视域，特别是第一次指认出马克思在最后的经济学探索中所创立的历史现象学批判话语。张一兵把马克思的历史唯物主义，当作是在经济学话语之上建立的新的哲学话语，也是全新的现实的历史话语。《资本论》及其手稿中的第三次转变在他看来，并非异质性的思想革命，而是哲学思想的进一步深化，即建立在狭义的历史唯物主义和历史认识论基础上的历史现象学的创立。张一兵认为，马克思的历史现象学(理论思维的辩证法)正是他的政治经济学革命的内在逻辑前提，《1857—1858年经济学手稿》中这一最重要的哲学成果，构成了马克思哲学实现发展的最重要的理论制高点。《回到马克思——经济学语境中的哲学话语》不仅指认了马克思创立唯物史观的政治经济学的话语背景，而且把《资本论》及其手稿作为历史唯物主义的深化与发展，而不是唯物史观的"运用"。这无疑指向了哲学批判与政治经济学批判相统一的维度，但可能受阿尔都塞追求纯粹理论形态的唯物辩证法的影响，仍然不把《资本论》作为马克思的哲学。

唐正东也持此相近立场，认为《资本论》在马克思哲学思想史上的意义不仅体现为已经成熟的历史唯物主义方法论在经济逻辑体系中的运用，而且还应该把它理解为马克思新唯物主义哲学发展中的一个新的阶段。《关于费尔巴哈的提纲》用能动的实践概念界定了具体的社会生活过程的内容，《德意志意识形态》对这种具体的生活过程的本质作出了阐释，《1857—1858年经济学手稿》从客体向度与主体向度辩证统一的角度对上述社会生活过程的本质内涵进行了深层的解剖，而《资本论》，尤其是其中的第三卷则完成了在具体的生活过程的层面把其本质凸显出来的理论使命，可以说，《资本论》是马克思新唯物主义哲学发展的第四个阶段。①

还有学者继承了马克思哲学的"改造世界"的世界观和方法论，着力从《资本论》的"批判的实证主义"的视角去切入现实。卜祥记认为，对《资本论》当代性质的科学讨论，不能仅仅围绕《资本论》所蕴含的经济理论设计的严密性进行纯粹技术性的经济学论证，而必须深入到历史的本质性的维度中去，把《资本论》同时视为马克思唯物史观的哲学巨著，彰显其唯物史观品格。分析马克思思想发展的历程会发现，《资本论》的总问题起源于《1844年经济学哲学手稿》，聚焦于《德意志意识形态》，公开宣示于《哲学的贫困》和《共产党宣言》。《资本论》的唯物史观性质集中表现在对全面统治现代人类经济社会活动的资本逻辑的批判，因而，只要资本逻辑依然在人类的生活中发挥着作用，《资本论》的批判性立场及其科学性，就绝不会因其个别理论判断的局限性而有丝毫动摇。这启示我们，在当下的学术研究中，包括哲学研究在内的任何学科的学术理论创新都必须植根于对丰富多彩的生活现实的理论反思；中国经济学的理论创新必须坚守马克思唯物史观的基本理论立场；《资本论》的唯物史观精髓，依然是我们正确认识当代资本主义和中国特色社会主义市场经济的理论利器。② 王南湜认为，在以往对全球化的研究中，人们往往只从经济与政治的层面考虑问题，即只从市场逻辑或资本逻辑与政治逻辑或秩序逻辑的关系去探讨全球化的实质与可能的发展趋势，而完全忽略了普通民众所构成的生活世界的力量。这样考察所得出的结论不是过于乐观就是过于悲观，从而不是遮蔽了全球化的发展所带来的种种有可能产生严重后果的问题，就是遮蔽了人类其他可能的选择空间。但是，如果我们考虑到生活世界的生存逻辑的作用，那么结论便可能不是简单的乐观或悲观，而是有种种不

---

① 参见唐正东：《〈资本论〉：马克思新唯物主义哲学发展的第四个阶段》，《江苏行政学院学报》2005年第4期。

② 参见卜祥记：《〈资本论〉的理论空间与哲学性质》，《中国社会科学》2003年第10期。

同的可能。至于何种可能将会实现，则在相当程度上取决于生存逻辑与资本逻辑的博弈。考虑到现实生活的复杂性，资本逻辑或生存逻辑任何一方获胜的极端可能性的完全实现恐怕都并非易事，而是很有可能是两种逻辑之间长期的紧张状态，两种力量之间斗争的长期胶着状态。如果长时期处于这种胶着情况下，那么如何争取更有利于生存逻辑的发展，便成了我们不能不认真考虑的事情。①

还有学者深入研究《资本论》中的理论思维，力图呈现马克思破解资本逻辑的秘密的方法。王南湜认为，《资本论》中的辩证法与黑格尔的思辨逻辑有着根本的不同，是一种近于康德的"范畴对感性有效"的历史化的先验逻辑。它包含两方面的内容：一方面是通过基于历史性的生产方式的思维范畴对于感性经验的重构，是思维对于世界的一种独特的把握方式，其产物是一种类似于康德之现象界的存在领域，而绝非如黑格尔的"客观的思想"所标示的那样，是实在自身的自我产生、自我展开；另一方面则是通过一种类似于康德的幻相的逻辑而揭示出资本主义之永恒性乃是一种背离了科学逻辑的先验幻相，从而证明了资本主义乃是一种历史性存在。② 王福生则认为，马克思在《资本论》中从劳动的物质性质和价值关系两个方面对资本主义生产过程进行了科学分析，从而论证了资本主义生产方式由于自身内在的发展而被否定的必然性。这种事情本身的辩证法是通过抽象和内在联系的方法，也就是通过抽象与具体的辩证法而得出的，它们分属于马克思《资本论》中的辩证法的两个不同层次。《资本论》作为"大写的逻辑"是探讨马克思辩证法不可回避的重要文本。然而，很多研究者的论述并没有涉及文本对资本主义生产过程的科学分析这一内容自身，从而有一种使马克思辩证法形式化的危险。避免这一陷阱的唯一方式就是深入到文本的内部中去。③

---

① 参见王南湜：《全球化时代生存逻辑与资本逻辑的博弈》，《哲学研究》2009 年第 5 期。

② 参见王南湜：《〈资本论〉的辩证法：历史化的先验逻辑》，《社会科学辑刊》2016 年第 1 期。

③ 参见王福生：《马克思〈资本论〉中的辩证法》，《社会科学战线》2006 年第 4 期。

以上对《资本论》哲学思想的阐释方式已经超越了"运用说"，可以归结为在承诺从不同学科视域阅读《资本论》的前提下，肯定从哲学的观点与视角研究《资本论》，发掘《资本论》中的哲学思想。孙正聿再次重申了历史唯物主义是马克思主义的新世界观，并着重指出"实践"是抽象的活动，而"历史"是现实的文明，以此区分了"历史唯物主义"与"实践唯物主义"。在此基础上提出了"《资本论》的存在论"，认为由经济范畴构成的《资本论》，在人类思想史上史无前例地揭示了"物与物的关系"掩盖下的"人和人的关系"，从而揭示了"现实的历史"即"存在"的秘密，因而关于资本的"资本论"同时是关于现实的历史的马克思主义的"存在论"：商品的二重性体现的是人的自然性与社会性的二重性；货币的等价性构成的是"以物的依赖性为基础的人的独立性"；资本的逻辑是把每个人的独立性和个性变为资本的独立性和个性；解放的道路是把人从"对物的依赖性"中解放出来，把资本的独立性真正地变成人的独立性即人自身的全面发展。因而《资本论》构成了马克思主义哲学的整体性，实现了哲学批判、政治经济学批判与空想社会主义批判的三位一体。[1] 在现代性的资本逻辑统治下，《资本论》的存在论无疑比其他各种存在论、生存论更深刻地切入了人的现实存在。

孙承叔在把《资本论》作为"现实的人及其历史发展的科学"的意义上，也持此相近立场，认为《资本论》不是传统意义的经济学著作，也不是传统意义的哲学著作，而是马克思意义上的真正的"历史科学"，它通过资本与财富的运动与发展，全方位地揭示人与人之间关系的变化和发展，揭示现代社会的运动发展规律。它的真正的思想核心是马克思的现代史观。在马克思的现代史观与马克思的人类史观的关系问题上，我们必须把马克思的现代史观看作马克思人类史观的一个重要的组成部分，反对离开现代史观对人类历史作抽象研究。不仅如此，我们还必须把马克思的现代史观

---

[1]　参见孙正聿：《"现实的历史"：〈资本论〉的存在论》，《中国社会科学》2010 年第 2 期。

看作马克思人类史观的最高表现，是最真、最活的历史唯物主义，因为正是在这里才真正体现着马克思哲学的时代性和人民性。离开了现代史观，我们不能真正把握马克思的历史唯物主义，因而从一般唯物史观上升到马克思的现代史观，是历史唯物主义思维方法的革命，是实现马克思主义哲学革命化、大众化的必由之路。① 就他把《资本论》作为活在现代的具体的历史唯物主义，反对离开现代史观对人类历史作抽象研究，还必须把马克思的现代史观看作马克思人类史观的最高表现，是最真、最活的历史唯物主义而言，又与张一兵、孙承叔等一致认为《资本论》及其手稿是最具体、最深刻的历史唯物主义，从而改变了关于"两大发现"的关系的传统理解。这也印证了马克思所说的，"资产阶级社会是最发达的和最多样性的历史的生产组织。因此，那些表现它的各种关系的范畴以及对于它的结构的理解，同时也能使我们透视一切已经覆灭的社会形式的结构和生产关系。……人体解剖对于猴体解剖是一把钥匙。"② 也就是说，马克思并没有超越于《资本论》及其手稿的一般的历史唯物主义。

孙正聿深化了《"现实的历史"：〈资本论〉的存在论》中的思想，提出《资本论》的第三条阐释路径：在承诺《资本论》是作为"一整块钢铁"的马克思主义的集中体现的前提下，肯定马克思的哲学批判、政治经济学批判和空想社会主义批判的统一，因此力图在"三大批判"的统一中阐释《资本论》的哲学思想。并进一步形成了如下的总体认识：对《资本论》哲学思想的当代阐释，与重新理解和阐释马克思的哲学革命，是密不可分和相辅相成的。一是从"不再是哲学"的"世界观"去理解、把握和阐释《资本论》，也就是把《资本论》哲学思想当代阐释的实质内容定位为重新理解和阐释马克思主义哲学；二是从"关于现实的人及其历史发展的科学"去阐释"不再是哲学"的马克思主义的"世界观"，也就是突破把马克思

---

① 参见孙承叔：《〈资本论〉哲学思想与马克思的现代史观》，《学习与探索》2013年第1期。
② 《马克思恩格斯全集》（第2卷），人民出版社1995年版，第23页。

主义哲学割裂为世界观、认识论、辩证法和历史观的传统模式，在世界观与历史观、理论与方法的统一中展现《资本论》的"两大发现"所构成的"历史的内涵逻辑"；三是从"我们时代的理论思维"去论证《资本论》的时代特征和当代意义，探索如何以《资本论》所开辟的哲学道路发展马克思主义哲学。

因而，关于《资本论》与马克思主义哲学的关系，可以借用孙正聿的说法：《资本论》是由哲学批判、政治经济学批判和空想社会主义批判所构成的"关于现实的人及其历史发展的科学"，也就是"改变世界"的马克思的"世界观"。作为"世界观"，《资本论》就是马克思主义哲学；由这个"世界观"所展开的"政治经济学批判"，构成马克思主义的揭露"物和物的关系"掩盖下的"人和人的关系"的马克思主义政治经济学；由这个"世界观"所展开的"空想社会主义批判"，构成马克思主义的批判"不合理的现实"和争取人类解放的马克思主义的科学社会主义理论。因此，不是《资本论》"运用"了马克思主义哲学，而是《资本论》"构建"了以"改变世界"的"世界观"为"活的灵魂"的马克思主义。[①]

四、马克思主义哲学中国化研究

马克思主义哲学中国化，本质上是中国人关于民族命运、时代现实的自我意识与自我理解。研究马克思主义哲学中国化，其实就是要反思现代中国的发展道路，即在古今中西之争下，传统中国是如何转向现代中国的。晚清以来，为实现国家富强民族独立，志士仁人纷纷提出各种救亡启蒙的主张，如张之洞等人的中体西用论、康有为的变法维新，全盘西化论，孙中山的三民主义，毛泽东的新民主主义论，梁漱溟的乡村建设理论等。上述救国方案都在历史上掀起了一番波澜，但唯有中国共产党人实现了革命建国，开创了中国的现代道路。确切地说，唯有中国共产党人依靠

---

① 孙正聿：《〈资本论〉与马克思主义哲学》，《学习与探索》2014 年第 1 期。

中国化的马克思主义实现了传统中国向现代中国的转变，对近现代中国所面临的问题给予了一个完整的理论说明和实践解决。这一历史现象和思想现象，让人不禁要追问：其他诸多救国的理论为什么在实践中没有行得通，其失利的根本原因何在？马克思主义为什么能够被中国知识分子所接受，并将其付诸实践，最终实现革命建国和民族独立？

1. 马克思主义哲学中国化的革命范式 ①

从马克思主义哲学中国化的历程而言，经过中国人的创造性诠释，马克思主义哲学在中国具有了民族性、时代性。其中，毛泽东的哲学思想堪称中国化的典范。但这并不意味着马克思主义哲学中国化的完结。马克思主义哲学中国化仍是一项未竟的事业。

马克思主义哲学中国化的早期历程，表明在中国的马克思主义哲学基本上采用的是苏联马克思主义哲学的概念框架。应该说，当时人们所了解的马克思主义哲学还比较"浅显"，许多理论内容甚至没有达到马克思的思想水平。但当时中国的志士仁人并没有去追问这是不是真正的马克思主义哲学，而是立足于中国实践，靠自己的脑袋去思考和应用马克思主义哲学，在理论准备尚不充分的情况下用马克思主义哲学有效地指导了人们的行动，使马克思主义哲学在中国扎下了根。这集中体现在毛泽东的马克思主义哲学中国化。毛泽东围绕着革命实践、政治斗争创造性地解读马克思主义，不是对马克思主义仅作一种文字上、口头上的理解，而是将其理解融入到实践中。"毛泽东在中国革命中取得成功，正在于他把马克思的理论只当作调节性原理，而避免了李立三等人将之当作构成性原理。用他自己的话来说，就是视作行动的指南，而非教条。指南是调节性的，而教条则是构成性的。"② 构成性原理意味着把马克思主义理论视作绝对的、普遍

---

① 此部分内容较多借用了马军海《马克思主义哲学中国化的文化自觉》，东北师范大学2014 年博士论文。

② 王南湜：《理论与实践的多重关系或理论的多重用途析论》，《马克思主义与现实》2013年第 1 期。

的原理，犹如清晰的地图，可按图索骥；而调节性原理则意味着马克思主义理论并不能按图索骥，机械地照搬照抄。在王南湜看来，在毛泽东之前中国革命之失利，是因为没有很好地解决理论与实践关系的问题，而是将普遍原理直接置入特殊的实践。所以，毛泽东在马克思主义哲学中国化的问题上留给我们最大的"遗产"就是：理论与实践的统一。

但是在新中国成立后，马克思主义哲学中国化在一段时期内没有实质性的推进，还出现了许多令人担忧的问题。这一时期，相比于以往马克思主义中国化的历程，我们注意到这样一些值得深思的问题：（1）马克思主义哲学中国化一开始是反对教条主义、本本主义、经验主义，可后来马克思主义哲学中国化却陷入了教条化、经验化、庸俗化，为什么马克思主义哲学中国化从反教条走向了教条？（2）马克思主义中国化一开始和军事斗争、政治实践密不可分，但并没有完全政治化，甚至对政治保持一种批判的态度，为什么马克思主义哲学中国化的发展，越来越服从于政治的需要？此外，马克思主义哲学中国化在一段时期之所以如此顺利，一方面是因为中国人充分发挥了主体性、创造性，将马克思主义理论融入实践中；另一方面在于中国人所受的中国传统文化的熏陶与影响，能够基于中国传统文化的修养、积淀，灵活地消化马克思主义哲学，使带有决定论性质的马克思主义哲学具有了一种变通的色彩，可随着"破四旧"等激进反传统的延续，中国人的传统文化修养愈发浅薄，马克思主义哲学在中国逐渐变成了简单而僵化的哲学原理。深入马克思主义哲学中国化的历程，我们不难发现马克思主义哲学中国化的理论力量，但人们亦因此陷入到对理论的狂热、迷信之中，逐渐远离中国现实、中国实践。在此境况下，中国的社会主义建设实践遭遇了挫折。

在许多学者看来，这些问题的出现在很大程度上是因为马克思主义哲学中国化在进入新阶段之后，在中国的实际情况发生根本性改变，马克思主义哲学中国化的主体并没有从以往的思路和观念中超越出来。而一种思想、观念的活力就在于创新，而没有故步自封、一成不变的思想与观念。

新中国成立之前，马克思主义哲学中国化的观念，用一个词来概括就是"革命"，但是随着中国国情的变化，马克思主义哲学中国化并没有超越革命的思维与观念。

《易经》讲："天地革而四时成，汤武革命，顺乎天而应乎人，革之时义大矣。"在这里，革命意味着以"有道"伐"无道"，推翻丧失天道的旧王朝建立符合天道的新王朝。尽管革命古已有之，但在清末之前并不太常用，也不为中国人所普遍认同。后来，汤武革命的说法传入日本，日本人用革命翻译西方的 revolution，但把革命中改朝换代、暴力颠覆的意义排除，并将其等同于改良、渐进。可是"革命这一词从日本再传入中国时，又被明显赋予了改朝换代和以暴力推翻旧制等意义。更奇怪的是，从此以后革命成为中国人心目中永恒的终极道义；即使一个反动的（代表过时旧秩序）王朝（政权）被推翻之后，革命不仅仍然是新政治制度维系自己合法性并镇压不同意见的最后根据，他还是每个人生活的终极目标，甚至是一种约束自己行为的新人生观。"[1]中国人不仅把革命理解为以暴力推翻原有政治制度，而且还把革命视为终极价值、终极道义。在传统中国，儒家伦理承担着终极道义的功能，合乎儒家思想的才是有道的王朝，王朝之所以更替是因为没有奉行儒家思想。革命不只是一种手段、工具，还是目的。当人们把革命视作目的时，革命成为人们意义世界的价值支撑，成为最终、最普遍的价值，革命具有永恒的正当性。在革命年代，革命内化为一种烈士牺牲精神，鼓舞着人们改造旧中国，无可非议。但不可将这种革命观念普遍化、绝对化，特别是政权更替之后，革命如果仍然是终极道义、价值的承担者，就会在实践中造成悲剧。而且人们常对革命作庸俗化、简单化的理解，视之为你死我活的斗争。

当然，这也不能苛责于前人，特别是当时新中国的处境并不亚于革命的时代，国内反革命势力并没有销声匿迹，国外西方国家封锁新中国。新

---

① 金观涛、刘青峰：《中国现代思想的起源》，法律出版社 2011 年版，第 265—266 页。

中国成立之后即便中国国内虽渐趋安定，但国际环境依然严峻，冷战思维笼罩着整个世界，而冷战思维和革命思维同样都是彼此对立的斗争思维。同时，苏联所出现的修正主义，也让当时的中国领导人如毛泽东等在政权稳固上不敢懈怠，提出"不断革命"的主张。当时，毛泽东发动"文化大革命"就是出于防修反修的目的。在此形势下，新中国开始了艰难的社会主义实践。虽然中国共产党积极从"马上打天下"转向"治天下"，但"治天下"的思维却常常为"打天下"的思维所限制，倾向于以群众运动、阶级斗争的方式开展社会治理和秩序整顿。长此以往，阶级斗争扩大化，整个社会逐渐滑向"左"的思想深渊。

在革命思维、斗争哲学的影响下，中国人对中国传统文化的态度在很大程度上仍然是一种"批判"的态度，批判大于继承，以马克思主义哲学批判中国传统文化。新中国成立之后马克思主义哲学中国化的主要表现形态是斗争哲学，强调斗争的绝对性。冯友兰在《中国哲学史新编》第七册中有一章专门讲"《中国哲学史新编》总结"，其中谈到了马克思主义与中国古典哲学的区别。他说："照马克思主义的辩证法思想，矛盾斗争是绝对的，无条件的，'统一'是相对的，有条件的。这是把矛盾斗争放在第一位。中国古典哲学没有这样说，而是把统一放在第一位。理论上的这点差别，在实践上有重大的意义。"[1] 他认为，中国古典哲学讲"仇必和而解"，即"维持两个对立面所处的那个统一体"，而马克思主义讲"仇必仇到底"，毛泽东也主张"仇必仇到底"，即"破坏两个对立面所处的那个统一体"。[2] 前者强调统一，后者主张斗争。在冯友兰看来，任何革命都是要破坏两个对立面所共处的那个统一体，革命就是要"仇必仇到底"，但一旦从革命者转化为统治者，"作为新的统治者，他们的任务就不是要破坏什么统一体，而是要维护这个新的统一体，使之更加巩固，更加发

---

[1] 冯友兰：《中国现代哲学史》，广东人民出版社 1999 年版，第 250 页。

[2] 冯友兰：《中国现代哲学史》，广东人民出版社 1999 年版，第 251 页。

展。"①按照冯友兰的理解，中国从革命转向建设的同时，思想路线也要从"仇必仇到底"转向"仇必和而解"。马克思主义哲学中国化的革命范式，总体特征是应变有余，守常不足。所以，必然要有一个范式上的转换，理想的状态应该是在应变与守常上保持"中道"。

还有学者从理想维度理解革命范式。革命从事相上说，是为了权力与利益的重新分配而进行的你死我活的斗争，从理体上说，又有着真理与正义的理想性追求。革命的献身精神、牺牲精神是基于理想信念的本原性力量，以此又显现出历史首创精神、能动的超越性与创造性。革命不仅包括政治上层建筑的革命、经济基础的改造，还包括较为滞后、更为漫长也更为深刻的精神上层建筑的意识形态变革，即思想文化的革新、人性的改善等。政治上层建筑的新民主主义革命、经济基础的社会主义改造完成之后，社会主义革命主要发生在人民内部，因而你死我活的阶级斗争形式就转换为批评与教育、学习与成长的人性革命的形式。这从历史的大尺度而言，当然是没有问题的，可是实际的落实又必须结合社会的现实状况与人性的实际水平，不能急于求成，必须实事求是、随分随力、循序渐进，探求并尊重事物自身发展的规律。从人的发展规律的角度看，人的解放不是一蹴而就的，而是一个从简单到复杂、从抽象到具体、从低级到高级、从片面到全面的漫长过程，社会主义制度在培育社会主义新人之前，应该首先培植独立的个人主体。革命与生产、精神文明建设与物质文明建设各有其内在规律，使其处在各自的合理范围相得益彰地发展，甚为不易，有待长时期的探索。社会主义的道德诉求对经济建设只能是范导性与调节性的，而不能是规定性的，否则会干扰经济生产的规律，不利于调动群众的自发性与积极性。

社会主义计划经济体制作为一种以工业积累为目标的经济体制，对于迅速奠定民族工业化的基础是颇有成效的。但这种体制所要求的是人民群

---

① 冯友兰：《中国现代哲学史》，广东人民出版社1999年版，第252页。

众的革命理想主义的精神与热情，但这种精神与热情则是靠民族危亡、靠战争年代特有的险恶生存环境，人的潜能、热情才能激发出来，而长在和平年代，还能有那种革命理想主义的精神和热情，其实是难以持久的。另外，人们实际的物质文化需求是不可计划的，因为人们的需求是一个充满差异的偏好体系，一旦国民经济转向满足人们需要的生产体系，它就必须需要市场来配置资源。① 更为重要的是，社会主义所开启的人性革命，具有更为深刻的、内在的理想形式，批评与教育、学习与成长、自我超越、实现自身本质、成就人格与智慧。社会主义精神文明与道德建设，不能过分诉诸制度性规定，只能追求内在的自由生成，否则可能适得其反，解放成为枷锁、道德成为绑架。马克思主义哲学中国化的革命范式，本质上是理想主义的，它必须以人类解放的根本旨趣诉诸历史的小尺度，投射出关于"最近的将来"的必然的形式和有效的原则，注重环节的必然性与阶级性，继续发扬马克思主义的活的精髓"实事求是"，不断解放思想，一切从实际出发。

马克思主义中国化的革命范式是以革命运动的道路夺取"国家政权"并运用这一强大的政治力量来推动"社会主义改造"，以达到一个真正"人性"的社会，实现"每一个人的自由个性的全面发展"。有学者认为这条道路正是中国传统文化与社会主义的内在结合。而海外学者常常认为，中国共产党贯彻彻底的反传统路线，从而造成了儒家文化在中国大陆的彻底衰亡。其实，社会主义革命所批判的是学术层面的儒学文化，而非社会层面或行动层面的儒学文化，特别是儒家伦理。改革开放之前的社会主义所凸显的并非其在经济上取得的巨大成就，而是以"道德理想主义教育"来构成社会主义的本质。资本主义把人性指认为自然欲望的满足与合理利己主义，把私有财产认作自由的定在，以自由市场与民主政治建立了人的抽象的形式理性。社会主义则以德性的政治与社会主义教育，追求人的自由

---

① 参见孙利天：《高清海哲学思想讲座》，中国社会科学出版社 2014 年版，第 56、57 页。

个性的全面发展与自身本质的实现，以生命的整全性与人格的完满性成就人的实质德性。"首重经济成长的社会必然是以'工具理性'或'形式理性'为主导原则的社会，以道德理想为本的社会则正是以'价值合理性'或'实质合理性'为主导原则的社会。"① 中国社会主义与传统文化在正面价值上的连续性是道德理想主义，社会主义在更高层次上把传统儒释道的价值理想具体地普遍化与实际化了。社会主义的道德对传统文化的价值理想的批判在于：超越观念意识形态的抽象的普遍性，把统治阶级以牺牲大多数人的发展为代价而充分发展的人性本质扬弃为每一个人的自由个性的全面发展；社会主义的实质德性不是建立于血亲情理的自然共同体中，而是存在于自由个性的联合体中。"社会主义道德"和"社会主义理想"在实质层面恰恰"通过中国传统文化，特别是儒家文化早已凝聚的人生理想和道德规范作媒介，才能最快最直接最普遍地落实到整个社会，亦即完成其'社会化'和'内化'的过程。……社会主义与传统社会都是以'道德理想主义'（价值合理性）为本的，二者有着某种'内在亲和力'。而资本主义则不可能从传统文化获得这种直接的合法性根据。因为它所遵循的乃是与'道德理想主义'（价值理性）截然相反的'经济理性主义'（工具理性）原则，二者不但没有'内在亲和性'，而且直接抵牾。"②

此外，李大钊、瞿秋白、李达、艾思奇等人对马克思主义哲学所做的介绍和传播，尽管当时主要取法于日本、俄国，但始终是在以中国的方式接引马克思主义哲学。中国人对马克思主义哲学的接引本身，就蕴含着中国人对马克思主义哲学与中国传统文化关系的处理。对他们而言，这一处理方式是自在的，而非自为的。随着毛泽东哲学思想的形成和崛起，以毛泽东为代表的中国共产党人已经开始自觉地肯定"今天的中国"与"历史的中国"的连续性，并提出了一些会通马克思主义与中国传统文化的文化

---

① 甘阳：《古今中西之争》，生活·读书·新知三联书店 2006 年版，第 126 页。
② 甘阳：《古今中西之争》，生活·读书·新知三联书店 2006 年版，第 128 页。

主张，如毛泽东"古为今用、洋为中用"的批判继承文化观。这些都是马克思主义与中国传统文化会通的历史经验，但在更多的时候两者的融合会通处于一种自在状态，尚没有自觉地使马克思主义中国化与传统中国、传统文化保持一种历史的连续性，更没有深入梳理、明确马克思主义哲学与中国传统文化融合会通的真实逻辑与内在理路。今天，只有自觉地植根于中国传统文化，马克思主义哲学中国化才能在实践中持久而稳定地推进，创造出属于自己民族的哲学理论。

2."建设有中国特色的社会主义"范式

因为马克思主义哲学中国化本身并不是一个理论问题，所以探讨它的发展就不能将实践悬置起来，而是在实践中升华对马克思主义中国化的认识。换言之，马克思主义哲学中国化是实践倒逼出来的理论创新。在中国化的历程中，毛泽东哲学思想可以称之为第一次理论创新。中国化的第二次创新性发展则始于邓小平。随着邓小平的第三次复出，马克思主义哲学中国化进入了一个新的阶段——"建设有中国特色的社会主义"的新时期。[①]

马克思主义中国化的"革命范式"奠定了中国社会主义制度的政治理想基础。但"革命范式"的道德理想主义的悖论在于，如果没有政权力量的支持，道德理想难以成为整个社会普遍的人生理想和道德实践，但一旦得到政权力量的巨大支持，这种道德理想就会政治化、意识形态化为一种"宰制性力量"，异化为某种政治控制力。[②]道德理想的"去魅"意味着以"价值理性"立本的社会之合法性危机。改革开放则是重新寻找其"合法性根据"的过程，把一个以"价值理性"为基的社会改变为一个以"工具理性"为基的社会，把首重"道德理想主义"的社会改变为一个首重"经济增长"的社会。因而，改革开放把全国人民的工作重心从"以阶级斗争为纲""抓

---

① 参见马军海：《马克思主义哲学中国化的文化自觉》，东北师范大学 2014 年博士论文。

② 参见甘阳：《古今中西之争》，生活·读书·新知三联书店 2006 年版，第 129 页。

革命促生产"转移到"以经济建设为中心，坚持改革开放，坚持四项基本原则"。

邓小平虽没有专门的哲学著述，也没有在学理上专门阐发马克思主义哲学，但在马克思主义哲学中国化的历程中占有举足轻重的地位，他重新调整了理论与实践的关系。1978 年在党的十一届三中全会上，邓小平号召全党全国人民要解放思想，实事求是，团结一致向前看①，并充分肯定了当时关于实践标准问题的大讨论。关于实践标准问题的全国性大讨论，就是要破除教条主义的思想束缚，确立实践优先性的立场。正是经由这一大讨论，中国人开启了新一轮的思想解放与自我解放。②

与之相随的是，中国的建设与发展开始迈向坦途。改革开放 30 多年，中国发生了翻天覆地的变化。其中，邓小平可谓居功至伟。正是邓小平把马克思主义的普遍原理与中国社会主义现代化建设的具体实际相结合，提出了一系列关于改革开放的思想，特别是他关于社会主义本质、方向和道路的理解——贫穷不是社会主义，让一部分人先富起来，社会主义也可以有市场经济，中国处在社会主义的初级阶段等，这极大地解除了人们思想上的"紧箍咒"，激发了人们投身实践、创造历史的热情，推动了中国社会的快速发展。邓小平理论不是单纯由邓小平的头脑构想思辨出的，而是尊重实践，注重反思与总结群众的经验与创造的结果。邓小平的"解放思想""实事求是"，破除了由上而下、观念落实的大一统、从本本上来的社会主义模式，冲破教条主义的桎梏，放手发动群众的历史首创精神，让群众勇于在实践中开创与探索、闯出一条道路，然后对群众的创造与经验进行反思与总结、转化与提升，做出符合"三个有利于"的政治决策，再因地制宜地实行下去，逐渐构成了"建设有中国特色的社会主义"的理论体系。

---

① 参见《邓小平文选》(第二卷)，人民出版社 1994 年版，第 141 页。

② 参见马军海：《马克思主义哲学中国化的文化自觉》，东北师范大学 2014 年博士论文。

邓小平发明了"不争论""摸着石头过河"，对于新生事物不下断语，而是在其实践创造进程中不断反馈调整，等具有了更深刻的体验与思索之后才提升出理论判断，这无疑凸显了实践的基础性地位，但并没有否定理论的超越性作用。能够指导进一步的实践并使之更为自觉的理论，是内在于实践并实事求是的活的理论，不是教条主义的抽象规定。"实事求是"的精髓在于理论与实践的统一，从实践中来到实践中去，最终形成一个实践、理论、再实践、再理论的螺旋式上升的创造性发展过程。"实践的观点"其实就是一种群众的观点，"实事求是"首先就是要解放群众的积极性与能动的创造性，因为"实事"不过是人民群众改造世界的创造性实践，深刻体现了"人民创造历史"的唯物史观。从群众中来的、由下而上的经验与创造，经过反思、总结、转化与提升之后形成理论，再到群众中去，由上而下地实现党对改革开放的坚强领导。

可以说，邓小平所推进的马克思主义中国化，使中国化重新走上了理论与实践相统一的道路。高清海认为，邓小平对马克思主义的理解与把握"体现了马克思主义哲学不同于以往一切其他理论本性的要求，这就是理论与实践相统一，或者叫区别于'思辨哲学'的'实践哲学'本性。"[1]邓小平在马克思主义哲学中国化上最大的贡献就是重新实现了理论与实践的统一。马克思主义与中国实际的这一结合，也就意味着要按照中国自己的情况来办，要靠着自己的头脑作出自主选择，走自己的路。因而，我们只能在"建设有中国特色的社会主义"的伟大实践中，具体地呈现社会主义的本质，创造性地发现社会主义的发展规律。更为深刻的是，我们的实践作为社会主义现代化建设活动本身就是被社会主义的本质具体无形地范导着、反思性地引领着。邓小平的实践智慧的"具体的普遍性"在于，社会主义的本质与规律不能离开"建设有中国特色的社会主义"的伟大实践而抽象地存在，只能在改革开放的社会实践中去构成，"社会主义的本质"

---

[1] 《高清海哲学文存·续编（卷一）》，黑龙江教育出版社 2003 年版，第 80—81 页。

不是在抽象的理论观念中存在的规定性的判断，而是在具体的实践活动中呈现的反思性的价值创造。

按照传统的理论哲学模式或哲学原理教科书模式，邓小平理论并没有自己的哲学，但邓小平理论是一种与传统理论哲学不同的新哲学，而且深得马克思哲学革命的精神实质。传统理论哲学确立了观念性活动的优先地位，追求超历史的绝对观念作为规范人的思想与行为的根据与标准，这是一种抽象理性主义的先验思维方式。邓小平理论是一种不同于理论哲学的实践哲学，她不是以原则在先的抽象理论观念去"解释世界"或规定生活，而是在"改造世界"的实践活动中去创造性地发现生活的观念与世界的原则，这正是历史唯物主义的方法论与"实践观点的思维方式"。苏联模式的社会主义就是把社会主义当成了"应当确立的状况""现实应当与之相适应的理想"，不能从本国的实际情况即"现有的前提"出发，只是满足于"教条式的预料未来"并抽象地规定现实生活，结果使社会主义事业偏离了正确的方向。邓小平理论正是一种"在批判旧世界中发现新世界"的马克思主义的实践哲学。所谓"解放思想"，就是把思想从原则在先的教条主义框架与抽象理念的僵化规定中解放出来，让思想的自由沉入到现实的社会实践中去，一切从实际出发，开拓创新，锐意进取。所谓"实事求是"，就是不以马列主义本本上的非关社会主义本质的具体结论作为我们的社会主义模式，而是从社会主义现代化建设的实践中去探索社会主义的发展道路与规律。所谓"团结一致向前看"，就是搁置争论、包容矛盾、抓住根本、眼光远大，在向前发展的实践中超越对立、扬弃异化、解决问题。

邓小平不仅在马克思主义中国化中重新确立理论与实践的统一关系，而且还创造性地贡献了一种新思维、新观念，即和谐的思维与观念。[①] 李维武认为，邓小平的贡献在于"他提出并实践了一套独创性的思维方式，

---

① 参见马军海：《马克思主义哲学中国化的文化自觉》，东北师范大学 2014 年版。

以此来纵览全局，思考问题，解决矛盾，重构了中国共产党人的思维空间，深刻地影响了中国社会主义事业的发展和中华民族走向 21 世纪的历史进程"①。在李维武看来，邓小平的思维是一种"和而不同、以和解仇"的辩证思维，强调用谐和化解矛盾，而非用斗争解决矛盾。从中可以看到毛泽东与邓小平的辩证思维有所不同。毛泽东辩证思维的特点是：在矛盾双方的"相反相成"中，强调在斗争中促成矛盾双方的转化；邓小平辩证思维的特点是：在矛盾双方都"相反相成"中求得矛盾双方的谐和。② 这一思维的运用，最为明显的体现就是邓小平所提出的"让一部分人先富起来"的共同富裕、社会主义市场经济与"一国两制"的构想。而且，邓小平的这一思维，既受到马克思主义哲学的影响，又有来自中国传统文化的影响，特别是中国传统文化强调"和而不同"的辩证思维。邓小平"和而不同、以和解仇"的辩证思维奠定了马克思主义中国化第二阶段的思维格局。后来，中国共产党人很好地继承了这一思维，并将这一和谐思维具体化，提出了科学发展观、构建社会主义和谐社会。丁耘认为，和谐观念还是马克思主义中国化的最终哲学基础。"从中国化马克思主义的传统看来，'中道'概念更是将'斗争'与'和谐'作为两个环节统一在自身之中。这就是说，马克思主义中国化第三阶段的哲学最适合的基础就是中道。"③

3. 中国化的马克思主义哲学理论

通行于我国哲学界、理论界的马克思主义哲学原理教科书体系，开始形成于 20 世纪 30 年代李达的《社会学大纲》，之后经过艾思奇的《大众哲学》，定型于 1959 年艾思奇主编的《辩证唯物主义与历史唯物主义》。④

---

① 陶德麟、何萍主编：《马克思主义哲学中国化的理论与历史研究》，北京师范大学出版社 2011 年版，第 518 页。
② 参见陶德麟、何萍主编：《马克思主义哲学中国化的理论与历史研究》，北京师范大学出版社 2011 年版，第 520 页。
③ 丁耘：《儒学与启蒙：哲学会通视野下的当前中国思想》，生活·读书·新知三联书店 2011 年版，第 138 页。
④ 参见孙利天：《高清海哲学思想讲座》，中国社会科学出版社 2014 年版，第 38—49 页。

它的基本规范是从《联共（布）党史》的第四章第二节"辩证唯物主义和历史唯物主义"开始的，所以又被称为苏联模式的哲学原理教科书体系。其理论来源最重要的首先是恩格斯的《反杜林论》，恩格斯在其中为反驳杜林的体系，一定程度上比较系统地叙述了我们的哲学体系，基本奠定了后来教科书的理论框架，包括唯物论、辩证法、认识论与历史观等。《反杜林论》中辩证法的文本依据实际上是黑格尔的《逻辑学》，质量互变规律是从《逻辑学》的存在论中概括出来的，对立统一规律是从本质论中概括出来的，否定之否定规律则是从概念论中概括出来的，后来教科书讲的辩证法的五对范畴也是在《逻辑学》中充分讨论过的一些范畴。历史唯物论主要依据《德意志意识形态》及恩格斯晚年关于历史唯物主义的一些通信。现行的哲学原理教材虽与 1959 年的《辩证唯物主义与历史唯物主义》不完全相同，但总的理论框架没有根本变化。也想吸收这 30 年来中国哲学研究的积极成果，但整个体系框架未变，思维方式没有变化，仍是物质本体论的理论体系。与苏联的哲学教科书体系相比，我国哲学原理教材的中国特色在于凸显了认识论部分。这有两方面原因：（一）毛泽东在抗战时期创作的《实践论》构成了中国编写哲学原理教科书的一个理论基础；（二）马克思主义的基本原理与中国革命的具体实际相结合的毛泽东思想，凸显了马克思主义的活的精神，对马克思主义哲学有强烈的方法论自觉，让其成为无产阶级的伟大的认识工具，有中国特色的实践需要特殊强调了认识论的重要性。

　　孙利天通过分析哲学原理教科书体系形成的实践根源，揭示了这种中国化的马克思主义哲学理论的历史合理性与必然性。从学理上看，哲学原理教科书体系并未体现马克思哲学革命的精神实质，但却构成了苏联与中国的社会主义革命与建设的理论支持。为什么在国际共运发展史上存在"马克思哲学革命之后的形而上学补写"？其实践根源在于，苏联和我国都是亚细亚生产方式的、经济社会发展比较落后的东方国家，进行无产阶级革命和社会主义建设要求给予那些基本没有任何理论准备的革命群众以坚定的解放承诺，否则我们就无法吸引文化比较落后的劳动群众参加无产阶级革命。这个坚定的解放承诺一方面吸取了中国传统的农民起义的一些思想资源，另一方面从马克思主义立场出发，就需要把那个解放承诺变成一个规律的体系，诉诸规律的必然性。这就需要在理论上论证社会主义必然战胜资本主义，这个必然性要诉诸人类历史发展的客观规律，而历史发展的客观规律需要自然规律的自然前提，所以它必然形成一个以客观规律为本体的哲学体系，这是由我们无产阶级革命和建设的实践所要求的。"如果说从无产阶级革命实践的客观要求需要一种客观规律体系的哲学原理，那么在东方落后国家的无产阶级革命，客观上则要求一种高度集权的无产阶级政党的领导。这种集权要求毛泽东所说的五个统一：统一思想、统一行动、统一指挥等，总之就是要求一种高度的统一。"①

只有文化的先进性才能吸引人民群众参加无产阶级革命，所以西方的马克思主义更强调的不是客观规律体系，而是个人、阶级、文化思想观念的主体意识的自觉。无论中国的马克思主义，还是西方的马克思主义，都是马克思主义的基本原理与各国革命与建设的具体实际相结合的产物。"因为马克思主义的实质，即是实践的理论，理论的实践，无产阶级革命实践活动本身，就是活的马克思主义。所以从实践活动的历史需要，在东方、在西方出现不同形态、不同主导理念的马克思主义哲学理解，是正常的事情。"②

支撑中国革命与计划经济体制的传统哲学原理教科书和计划经济体制都有其历史的合理性与必然性，发挥了重大的历史意义。但是在无产阶级政党夺取政权建立社会主义制度以后，不可能长期依靠战争年代的革命理想主义热情支撑社会主义建设，经济建设必须不断满足人民日益增长的物质文化生活需要，而一旦国民经济转向满足生活需要的生产体系，必然需

---

① 孙利天：《高清海哲学思想讲座》，中国社会科学出版社 2014 年版，第 52 页。

② 孙利天：《高清海哲学思想讲座》，中国社会科学出版社 2014 年版，第 52 页。

要市场来配置资源，因而经济体制改革是必然的。①高清海在《主体呼唤的历史根据和时代内涵》中，根据马克思关于人的存在方式历史发展的三阶段说，从人的发展的"环节的必然性"，清晰地指出了以市场经济从大一统模式解放个人主体的必要性与必然性，从大一统的计划经济模式到差异化的市场经济模式，主体意识发生了历史变化，因而社会主义改革要适应并促进个体主体意识的成长。

20世纪70年代末80年代初开始的中国社会的思想解放，是首先由社会政治领域发起的，如实践标准的大讨论、人道主义问题的大讨论等，哲学理论界随之跟进讨论，但哲学观念的变革是延迟与滞后的。80年代初，肖前主编的哲学原理教科书《辩证唯物主义》中已经非常重视"实践唯物主义"的问题，但在总体思想上尚未完全脱离"两个主义"与"四大板块"的苏联模式。也就是说，实践观点只是旧体系中的一个非常重要的内容，但尚未重要到作为根本观点引起整个体系的共振与转换。只把实践观点作为对象性内容，使其原本具有的哲学革命的内涵在旧体系的座架下被消解了。框架体系并非内容的外在编排，而是内容的深层逻辑，是内容自身自己运动的形式的自觉，因而反映了理论的内在实质与基本精神。哲学原理教科书体系作为一种关于马克思主义哲学的根本观点，并未反映马克思哲学革命的精神实质，仍按照传统哲学观念去理解马克思的哲学思想，从而把马克思的哲学革命拉回了旧哲学的轨道，丧失了现时代的精神与内涵。哲学体系改革势在必行，只在旧体系中引入任何新的内容观点都无济于事。高清海认为，哲学原理教科书改革，绝不是对原有的范畴、规律、原理进行重新调整、增删、排列的工作，而是对一切范畴的内在联系与根本内涵的变革，是解释原则与思维方式的转变，是根本观点与理论体系的整体性转换与提升。

---

① 参见孙利天：《高清海哲学思想讲座》，中国社会科学出版社2014年版，第57页。

　　马克思主义哲学原理教科书体系的改革是马克思主义哲学中国化的重要事件，它既是作为中国人对马克思哲学革命的精神实质的首次理论自觉，构成了当代中国的哲学观念变革的支点与基础，又以理论的方式表征与推进了中国改革开放的伟大实践。传统哲学原理教科书在内容的结构上既把唯物主义同辩证法拆开了，无法呈现辩证法与唯物主义内在地、有机地统一起来的辩证唯物主义，又把辩证唯物主义与历史唯物主义分裂了，无法达到作为一整块钢铁的马克思主义哲学。传统教科书上的基本原理与范畴，与18世纪法国唯物主义并无二致。尤其是把历史唯物主义当成了作为普遍原理的唯物辩证法在社会历史领域中的推广运用，打破了马克思主义哲学的一整块钢铁。在旧体系的内容区分中，唯物论、辩证法、认识论与历史观成了各自独立的问题，无法表明马克思主义哲学的世界观、方法论与认识论的内在统一。教科书体系改革首先是从对辩证法的重新理解突破的。1983年，高清海发表了《论辩证法就是认识论》一文，在其中深刻阐释了列宁《哲学笔记》中的著名论断，"辩证法也就是（黑格尔和）马克思主义的认识论"，"这不是问题的一个'方面'，而是问题的实质"，论证了辩证法和认识论、逻辑学是三者一致的同一个东西。该文构成了教科书改革的纲领，高清海领衔编写的《马克思主义哲学基础》这部新的哲学原理教科书就是按认识论范式写的，高清海以马克思主义哲学原理教科书改革的方式引领了中国哲学界的"认识论转向"，使中国哲学达到了概念反思的理论自觉，凸显了主体能动性与创造性的维度，彻底改变了传统哲学教科书"见物不见人"的问题。教科书体系改革使认识论从旧体系中的"问题的一个方面"成为了"问题的实质"，真正实现了列宁所说的辩证法、认识论与逻辑学三者一致的同一个东西，也实现了马克思主义哲学的世界观、认识论与方法论的统一，从而使中国化的马克思主义哲学成为一以贯之的理论体系。

　　哲学原理教科书改革，迈出了当代中国哲学观念变革的第一步。在此基础上，高清海进而以"实践观点的思维方式"确认了马克思哲学革命的精神实质。"实践观点的思维方式"不是只把实践作为内容对象去研究实践的本质、结构、特征，而是把实践作为根本观点去理解人与世界的否定性统一关系，自觉地以实践作为观察和处理一切问题的出发点，从而引起思维方式的根本变革。这样，"实践"除了是认识论的首要的基本观点外，还成了世界观与方法论。"实践的世界观"作为人与世界的否定性统一关系，是一种观察世界的整全的内在方式，"当作实践去理解""实践地看"，是内在于实践去观察、理解人与世界及其关系的方式。实践观点之超越传统哲学的各种观点，在于其立足点是"人类社会"或"社会的人"，实践是人类社会的活动之总体，或者是"社会的人"的自由的类活动，而不是以往各种观点所对应的特定阶级的人的分裂的活动或分裂的人性，因而能真正克服人与世界、主观与客观的抽象对立，构成人与世界的具体的否定性统一。可以说，实践观点是一种人类解放的观点，变革了传统形而上学的原则在先的先验主义、绝对主义的本体论思维方式，使哲学契入改变世界的实践活动本身，引领了中国哲学界的"生活世界转向"，哲学不再以原则在先的抽象观念去"解释世界"和裁剪生活，而是在"改变世界"的实践活动中去创造与发现新观念。至此，哲学不再以构造完美的理论体系为鹄的，而是以人类解放的现实关怀为己任。"实践观点"使哲学自觉其为关于人自身的根本观点，揭示了"哲学的奥妙在于人自身"。哲学作为"理论形态的人类自我意识"，致力于在批判旧世界中发现新世界，确立此岸世界的真理，追求每一个人的自由个性的全面发展与自身本质的实现。

以这一哲学理念深入探索了塑造个体主体的市场经济，理论地表征了人的存在方式及其自我意识的转变。我国的社会主义现代化建立了市场经济体制，以其作为资源配置的工具解放了社会生产力，在更深的层次上也是解放了人的本质力量。从主观决策的命令性的计划经济转向以个人为本位的自主性的市场经济，也就把立足点从依靠少数人决策转移到依靠一切人的主动性即所谓"群众的首创精神"上来，从而使人的存在方式从"人的依赖性"转向"以物的依赖性为基础的人的独立性"。市场经济促进了"真正普遍的世界历史性"的"独立个人"的生成，但"物的依赖性"中的人与人的最普遍的相互依赖与最普遍的相互对抗关系，使人的独立自由平等只是形式的抽象存在。而社会主义则是要超越市场经济的物化统治，追求人的自由个性的全面发展与自身本质的实现。

面对市场经济和个体主体的现代性问题，高清海根据《1844年经济学哲学手稿》中的"类本质""类生命""类存在"的思想与《1857—1858年经济学手稿》中关于人类社会三形态划分的重要论断，融合中国哲学的"天人合一"思想，提出了超越现代性抽象建制，引导人的自由个性全面发展的"类哲学"，表征了"建设有中国特色的社会主义"的时代精神。"类"是人的完成了本质统一的存在状态，即那种人与人完成了本质的统一、人与外部世界完成了本质的统一、人与自身本质也完成了的本质的统一的存在状态。就本来的含义说，"类"关系体现就是一种人与人、人与自然、人与自身内在统一的一体性关系。不过，这种一体关系不是直接性的统一，而是人们自觉建立的、以差别和对立甚至否定为内容的统一，也就是一种既超越他物又超越自身，经过中介走向更高存在状态的"本质的统一性"和"否定性统一关系"。类存在是人的具体的普遍性存在，既内在于个体生命，又超越于人的个体生命之外，人与自然、人与人构成了一种相互包含、交融互摄、重重无尽的关系。因而，所谓类本质的实现，就是要全面地占有人的自身本质，人不再是分裂的阶级社会中某阶级的成员个人，而是"社会的个人"。原来由社会不同阶级的人分别承担的分裂的活动，都被整合到每一个人的本质力量的自由展现中。自由的类活动扬弃了分工所具有的异化性质，从本质上圆满涵摄人的一切自由活动。私有财产的积极扬弃克服了对抗的社会关系，使人与人之间完成了本质性统一，每一个人在一切人之中，一切人在每一个人之中，每一个人都是整个社会，从而实现了个人与社会的统一性，这就是自由个性的联合体。跨越了私有财产的抽象限制，自然就不再仅是私有制个人的有用物和抽象的物质，而人也不再异化为占有、拥有的感觉，人和自然超越了外部对立的抽象意义，实现为普遍的类存在，完成了本质性统一，人作为宇宙生命的人格化身，开显了宇宙生命的理想价值。自由劳动就从私有制条件下的人对自然抽象宰制的异化劳动转换为实现了人与自然的具体深刻的内在交流的天人合一的类活动。类哲学就是要超越资本物化的抽象统治，在人的现实世界重建实体性的东西，即真正实现人性的绝对性与无限性。

冯契的《智慧说三篇》是其对知识和智慧的关系问题的探索的结晶。三篇著作各具其相对独立性，又互相联系成一整体，《认识世界和认识自己》是其主干，而《逻辑思维的辩证法》和《人的自由和真善美》是其两翼：《认识世界和认识自己》主要探讨了基于实践的认识过程的辩证法，特别是如何通过"转识成智"的飞跃，获得关于性与天道的认识；《逻辑思维的辩证法》主旨讲化理论为方法，说明认识的辩证法如何通过逻辑思维的范畴，转化为方法论的一般原理；《人的自由和真善美》主旨讲化理论为德性，认识的辩证法贯彻于价值论领域表现为在使理想成为现实以创造真善美的活动中，培养了自由人格的德性。

《智慧说三篇》是中西马的会通融合、综合创新的重要成果。中国传统哲学与西方哲学都要求认识世界和认识自己，但西方哲学重在考察人和自然、我和世界的对立，而中国哲学重在讲两者的统一和交互作用，即天与人、存在与意识的交互作用。中国哲学在科学尚未分化的情况下，较多探讨了言意能否把握道、理想人格如何培养这样的问题，也就是说中国古代哲学着重考察了智慧的问题，伦理学上的自觉原则与工夫论、认识论上的辩证原则和美学上的意境论都是以天和人交互作用达到天人和谐为旨趣。对知识和智慧的关系的探索为西方哲学与中国哲学建立了一座桥梁，既使西方哲学的理论传统提升到了超越名言概念的智慧之域，又把高推圣境的中国哲学拉回到现实认识活动的发展过程之中。智慧的先验主义与神秘性被转化为性与天道、人与自然交互作用所构成的人类从无知到知、从知识到智慧的辩证发展过程。这个发展过程又是置身于马克思主义哲学的实践唯物主义基础上的。性与天道的智慧在人自身的落实便是自由人格，这是认识要达到的实践目标。中国古代圣贤、英雄的自由人格、理想人格，并非与平民生活格格不入，相反，圣贤的完满的自由人格不过是以牺牲大多数人的发展为基础更充分地发展了人的内在本性而已。冯契在马克思主义哲学的人类解放学说基础上把圣贤豪杰的完满的自由人格转变为平民化的自由人格，一方面以中国哲学的智慧德性揭示（充实）了马克思主义哲学的自由个性说的内容，另一方面以马克思主义哲学的社会实践把中国圣贤的自由人格抽象的超越性与神秘性转化为从抽象发展到具体的自然历史过程。这其中也包括了西方（近代）哲学的重要中介。把极少数人的自由变成每一个人的自由，这是由西方近代哲学所确立的普遍人性原理（意识原理）开端的，也是以西方近代哲学所开启的现代化进程为基础的。马克思主义哲学揭示了，现代的社会化大生产使每一个人的自由成为可能，但资本现代性的抽象建制所确立的人的自由独立平等只是形式性的，因为现代的生产实践与道德实践所构成的观念对自然的否定性统一，只是一种抽象的统一性，其中的观念的自为本性压抑了自然的本原存在。然而，观念的、形式的、抽象的主观自由只有具体地落实为自然的自由，才成就为实质性的自由。与自然相统一的自由，本就存在于中国哲学的智慧德性中，而且马克思批判资本逻辑的抽象统治，所要确立的"此岸世界的真理"正是："共产主义是对私有财产即人的自我异化的积极的扬弃，因而是通过人并且为了人而对人的本质的真正占有；因此，它是人向自身、也就是向社会的即合乎人性的人的复归，这种复归是完全的复归，是自觉实现并在以往发展的全部财富的范围内实现的复归。这种共产主义，作为完成了的自然主义，等于人道主义，而作为完成了的人道主义，等于自然主义，它是人和自然界之间、人和人之间的矛盾的真正解决，是存在和本质、对象化和自我确证、自由和必然、个体和类之间的斗争的真正解决。""社会是人同自然界的完成了的本质的统一，是自然界的真正复活，是人的实现了的自然主义和自然界的实现了的人道主义。"①中国哲学、西方哲学与马克思主义哲学都是关于人自身的学说，冯契的智慧说及其追求的平民化的自由人格是对中西马基于人的自身本性的内在结合，可视为中国特色的社会主义的精神建设的论纲，塑造和引导了新的时代精神。

世纪之交以来，随着中国社会发展的进程与中国力量的崛起，中华民族伟大复兴的自我意识以及人类精神越发自觉，弘扬中华优秀传统文化与推进马克思主义哲学中国化的文化自觉与理论自觉明显提升。在这样的背景下，马克思主义哲学中国化研究呈现出这样的诉求与趋势，即针对当代人类尤其是中华民族生存发展所面临的重大现实问题，特别是其中的文化与精神问题，植根中华优秀传统文化探寻哲学创新发展的文化根基，探索马克思主义哲学中国化的新思维、新范畴、新思想，创造属于中华民族自己的且能对人类有思想贡献的当代中国哲学。

---

① 《马克思恩格斯文集》（第 1 卷），人民出版社 2009 年版，第 185、187 页。

第十三章 | 哲学中的"中、西、马"对话

建设中国特色社会主义是当代中国的最大现实，这一现实正在不自觉地进行着西方近现代文化、中国传统文化与马克思主义的对峙与融合、会通与创新。哲学作为"思想中的时代"，必须要以对现实的觉解与表征，塑造并引领时代精神。因而，哲学中的"中、西、马"对话，就成为切入当代中国社会现实的最好的理论视角。"问题是时代的格言"，反思现实问题中所蕴含的重大的理论问题，对现代化的关键词"发展""人的问题"的募直研究与切实思考，就是中国传统哲学、西方近现代哲学与马克思主义哲学的实质性的对话、融合与创新。这种实质性对话与融合，在理论层面上必然表现为对"形而上学"的重构。古今中外的文化精神与思想理论在建设中国特色的社会主义的伟大实践中的碰撞与融合，使得当代中国的哲学创造，当之无愧地成为了"构建人类文明新形态"的思想实验室。

一、中西马哲学会通的理论现状

全球化是当代世界发展的趋势，在政治经济已然形成"世界共同体"的条件下，我们也必然要求思想和文化的交融。而且，在全球化的浪潮中，思想与文化的融合也是大势所趋。在这样的宏观背景下，我国的哲学研究必须具有一种全球性视野，必须打破传统哲学研究方式的封闭性和狭隘性，站在时代和全球的高度来探索未来中国哲学的发展道路。但依中国

哲学近百年来的发展格局，逐步形成中、西、马三大领域。这些领域对于中国哲学特定时期的发展都做出过巨大的贡献。所以，在新的时代背景下，中国哲学研究要想跟得上时代的步伐，就必须打破学术壁垒，寻求三者的融通，从而推动当代中国哲学的发展。

1. 从全球化语境看中、西、马哲学比较

在全球化语境下思考中、西、马哲学，需要面对一系列的重大问题：中、西、马三种哲学的不同特质是什么，在这些不同特质的哲学形态中如何寻找它们的共同点；我们又在什么样的操作平台上进行对比，会通之后哲学的样态是什么样子的。围绕这些问题，2003 年 9 月，由《中国社会科学》杂志社、广西师范大学等单位联合主办的"全球化语境中的文明冲突与哲学对话"学术会议在桂林召开。与会者主要针对的就是中、西、马哲学如何进行会通的问题，即如何在中国当前的语境下打破学科之间的壁垒和界限，以创建当代中国的新哲学。

与会学者分别发表了自己的看法。赵剑英从会通之应然性和必要性出发，认为面对当前的时代变换和世界状况，哲学要承担起改变世界的责任；要做到这一点，首先就须倡导和推动各哲学学科之间的交流对话，实现方法、视野的相互补充和激荡，从而实现思想的提升和创造。[①] 余治平从会通的现实基础出发，认为全球化是当今哲学对话的基本语境和现实基础。中西哲学的对话不仅仅是一个理论问题，更是一个实践问题。[②] 韩东晖从会通的前提条件出发，指出哲学会通必须回到自身的脉络中去，深入考察自身存在的问题，而后再去思考深层的对话基础；[③] 贾红莲也进行了会通的前提批判，他认为在全球化背景下，追求中、西、马哲学的对话和

---

① 参见赵剑英：《深刻变化的世界与当代马克思主义哲学的使命》，《中国社会科学》2004 年第 1 期。

② 参见余治平：《全球化与中西哲学对话之可能》，《江海学刊》2004 年第 1 期。

③ 参见韩东晖：《从西方哲学研究看中哲、西哲、马哲的学术范式对话》，《中国社会科学》2004 年第 1 期。

融通，只有以反思文化价值之间的可通约性和不可通约性为前提，才能使跨文化交涉和本土新文化建设获得一个稳定的理论支撑。① 彭永捷则提出比较全面的反思，他认为中、西、马哲学的对话，应抓住全球化语境下重建中国哲学主体性的新机遇，以建设新中国哲学为目标，以回应现实问题为切入点，以良好的对话机制和有序的学术生态为基本保障，以反思学科使命为前提，以哲学资源与哲学经验的互享为平台，以研究主体的自我敞开和自我超越为根本途径来进行。②

我们生活在全球化的时代，这一时代召唤不同的文化、理论形式能够互动、融通，在互动中投入一种新型的文化和哲学建构中去。我国学者已经切实地感受到了这一问题，也感受到了时代背景对当前的哲学探讨所起到的推进作用。上述反思都是在相同的境域下对这一问题的思考，它为人们的进一步探寻提供了理论上的可能性。

2. 从当代中国哲学研究的现状看中、西、马哲学的比较

要开展中、西、马哲学的对话必须有现实的理论基础和时代境遇。全球化的发展已为我们提供了时代的要求，就中国哲学的研究现状来说，它是否为这种对话做好了充分的准备呢？具体来说，应该从哪些方面展开这种对话呢？ 2007 年 12 月，深圳大学国学研究所与《中国社会科学》杂志社，在深圳举办了以"对话、融通与当代中国哲学的新发展"为主题的学术研讨会。全国各地从事西哲、中哲、马哲三大领域的 70 多位学者参加了会议。此次会议探讨了以下主题：反思当代中国哲学的研究现状以及未来走向，当代中国哲学如何回应时代的问题和现实的挑战，当代中国哲学如何进一步开展中、西、马哲学的对话等。

首先，就当代中国哲学的研究现状及趋向来说。赵敦华认为中国哲学已经取得了令人瞩目的成果：一是马克思主义哲学界突破了苏联的教科书

---

① 参见贾红莲：《哲学创新：可通约性的与不可通约性的》，《东岳论丛》2004 年第 6 期。
② 参见彭永捷：《中哲、西哲、马哲互动与建立中国新哲学》，《中国社会科学》2004 年第 1 期。

体系；二是中西哲学界突破了日丹诺夫对哲学史的唯心唯物界定。但犹有存在的问题是，中、西、马哲学鼎足而立、以邻为壑。所以，现阶段我们要突破这种学术壁垒，确立起中、西、马三大学术相互融通的"大哲学"。张汝伦对中国哲学的现状给予了反思，即如何确立当代中国自己的哲学。他总结了现代哲学史的意义，提出如何培养哲学的问题意识，如何看待中国的马克思主义哲学，以及可不可以有不同于西方哲学的中国哲学等。这些都是我们亟须认真对待的问题。贺来从"知识""方法""价值信念"等三个层面分析了中、西、马对话的可能性与必要性，指出中、西、马都要超越自身的视界，向"他者"敞开，在不同视域的开放性对话中，不断丰富和深化对于现实生活和人的生命存在的领会，寻求和开辟对人的生存发展有启发意义的可能性道路。①

其次，就当代中国哲学如何回应时代的问题和现实的挑战来看。赵林分析了中国当代两大思想传统和外来文化的现实挑战。两大传统指儒家思想和马克思主义，外来文化的挑战是指西方后现代文化和宗教信仰对中国思想界的影响。他认为要通过把马克思的批判精神转化为儒家思想自身批判的机能，实现其自我更新，树立起一种新信仰来应对任何外来文化的现实挑战。陈嘉明从语言哲学和知识论的角度出发，提出20世纪的语言学转向虽然丰富了人们对语言的理解，带来了积极的成果，但哲学如果要为人类文化和知识提供新的解释根据，就应当走出语言哲学的圈子，重寻新的立足点。杨国荣指出，马哲虽然隶属西方哲学，但在中国，它已不是主流的或正统的西方哲学。所以，我们可以把中哲、西哲和马哲都作为哲学比较的基本资源，从而提供更宽广的背景。余治平指出了哲学从诠释、判教走向对话、原创是一个必然的发展过程。在这一过程中，我们要重建儒家和现代生活的联系，以形而上学的方式应对现代性的各种挑战，传承文明传统，构成未来哲学创新的任务与

---

① 参见陈椰：《对话、融通与当代中国哲学的新开展》，《哲学动态》2008 年第 2 期。

路向。①

再次，从当代中国哲学如何进行对话的角度来说。孙承叔认为要以问题为中心，实现中、西、马三大资源的历史整合；陈亚军从实用主义的角度探讨了中、西、马对话的可能性；黎红雷认为，构建"和谐哲学"或许是中、西、马会通的基础。叶显明认为，形成中国特有的话语系统，形成以时代问题为中心的研究域，建立当代中国及其发展的价值取向，是构建当代中国哲学新形态的三个最重要的环节。江怡认为，中国哲学只有走出西方语境，才能得到西方哲学家对中国哲学更多的关注；李翔海认为，必须将"以中释中"取代"以西释中"成为中国哲学的基本理论范式才能形成中、西、马的对话、融通。2001 年 10 月，陈来出版了《现代中国哲学的追寻》一书。该书包括文化观、形而上学、心物论和哲学史四个部分，以当代中国文化的视野和中西哲学的融合前景为出发点，探索了 20 世纪现代中国哲学在发展具有中国化的哲学方面的经验。②

最后，就当代中国哲学如何参与全球文明，与时俱进来说。欧阳康认为关注与参与世界哲学大会是中国哲学走近世界哲学，以及在世界哲学对话中发展中国哲学的最重要途径之一。张志伟对比较哲学和哲学比较做了辨析，认为比较哲学关注的不仅仅是不同文化背景下哲学形态之间的同一与差异，真正应该关注的是哲学本身；以比较哲学为前提才能有"世界哲学"，有"世界哲学"才能开拓哲学的深厚土壤和丰富资源。景海峰指出，当今世界文明之间的会通与对话已经成为我们这个时代的一大主题。当代中国的新文化建设必须正视这个背景，融入这一大的世界潮流当中，只有在充分地和各种文明对话、交流、融会之后，才能真正谋求新的发展。③

3. 从对话的立足点看中、西、马哲学的比较研究

时代的全球化和中国哲学的研究现状为中、西、马哲学的比较提供了

---

① 参见陈椰：《对话、融通与当代中国哲学的新开展》，《哲学动态》2008 年第 2 期。

② 参见陈来：《现代中国哲学的追寻》，人民出版社 2001 年版。

③ 参见陈椰：《对话、融通与当代中国哲学的新开展》，《哲学动态》2008 年第 2 期。

现实和理论的基础。这些都是客观的要求。随之而来的问题是：如果这种比较可行的话，应该以什么为立足点进行比较呢？比较的操作平台又是什么呢？针对这一问题，国内学者纷纷从中、西、马哲学对话的立足点、生活世界基础、存在论基础、哲学的真实形态等角度进行探讨，进一步推进了问题的发展。

张曙光认为，由"个体、共同体、人类和大自然"构成的动态有机系统是中、西、马哲学对话融通的立足点，这个立足点既是对中、西、马各自哲学之基础的超越，又是对这些基础的整合与推进。哲学的发展无非是把这个立足点上升为理念，以推动人类文明的发展。① 孙利天认为，批判传统哲学关于人之神圣形象的异化，资本逻辑关于人之非神圣形象的异化，创造中华民族自己的哲学理论，是当代中国的西方哲学研究、中国传统哲学研究与马克思主义哲学研究的共同任务，也是三者会通的基础。② 孙利天还指出，中、西、马哲学会通的存在论基础应该在于三种哲学样态对自然生命和精神生命的辩证体悟，这是一切思想都要共同关注的永恒主题。③ 杨国荣从其一贯的哲学思路出发，认为中、西、马哲学会通的基础应该返回到其真实的形态，也就是作为智慧之思的本真形态，这是哲学会通的内在基础。④ 张廷国从西方哲学的视角对比了西方的"逻各斯"和中国的"道"，试图通过中西哲学之核心概念的对比探讨中西会通的可能性，并试图通过这种对比找到一条可靠的道路。⑤

---

① 参见张曙光:《论当代中国学术研究的思想立足点:从哲学界中西马的对话说起》,《哲学动态》2008 年第 3 期。

② 参见孙利天:《朴素地追问我们自己的问题和希望:中国哲学、西方哲学和马克思主义哲学会通的基础》,《吉林大学学报》2005 年第 5 期。

③ 参见孙利天:《生命领会和精神自觉:中西马哲学会通的辩证本体基础》,《社会科学战线》2008 年第 1 期。

④ 参见杨国荣:《哲学对话:走向内在的视域》,《光明日报》2004 年 1 月 6 日。

⑤ 参见张廷国:《"道"与"逻各斯":中西哲学对话的可能性》,《中国社会科学》2004 年第 1 期。

还有一些学者从哲学史、生态、道德建设等不同角度分析中、西、马哲学对话的深层基础和平台，拓展了对这一问题的研究视野。赵敦华从哲学史出发，认为哲学史的现代形式表明了，中西哲学史的差别是解释方式和表达方式的差别，通过对不同解释模式之间对应性和趋同性的阐发，可以发现中西哲学史在整体上的相似性和一致性。① 在此基础上，他还提出了"大哲学"的观念，即消除二级学科壁垒，破除现有学科体制获得的一种新哲学理念的构想。这种构思为打破中、西、马哲学的隔阂提供了有益的思路。② 白奚从生态伦理的角度对比了中西不同的生态伦理，指出了中西伦理的不同在于道义与利益的差别，如果要想展开与西方哲学的对话，只有揭示中国生态伦理的独特内容、价值才可。③ 陈家琪则从当前人类共同面对的问题，即道德重建和普世价值问题出发，为中、西、马哲学的对话指明了发展的方向。④

以上探讨都是对中、西、马对话会通之理论基础的思考，这个思考凸显了一个明确的特点，即这一基础一般都是人类共同关注的问题，具有普遍性的维度。众所周知，中、西、马本属不同的理论和思想形态，要找到对话的出发点和基础，就必须从人类共同关注的主题出发，以此为平台重构人类的新哲学。这些共同关注的主题不管有何种多样的形态，终归还是以人为核心的。

4. 从中国哲学的未来发展看中、西、马哲学的比较研究

中、西、马哲学的对话是以推进中国哲学的未来发展为目标，也是21世纪未来哲学发展的前提条件；只有深入推进不同哲学样态的对话、融通，才能为未来哲学的发展奠定坚实的理论基础。所以，中、西、马哲学

---

① 参见赵敦华：《哲学史的现代建构及其解释模式》，《中国社会科学》2004年第4期。

② 参见李登贵、刘景钊：《"大哲学"观与中国现代的哲学发展：赵敦华教授访谈录》，《晋阳学刊》2006年第3期。

③ 参见白奚：《中西方人类中心论的比较与对话》，《中国社会科学》2004年第1期。

④ 参见陈家琪：《什么是我们所面临的共同问题》，《开放时代》2008年第2期。

的对话和未来哲学的发展就构成了现实与理想之间的张力关系：未来哲学的发展需要中、西、马的对话，而这种对话也是为了推进未来哲学的发展。鉴于此，国内学者们纷纷从未来哲学的发展探讨中、西、马哲学的对话。

2007年6月，第十五届国际中国哲学大会在武汉大学召开。这次会议由国际中国哲学学会、中国哲学史学会、中华孔子学会、武汉大学哲学学院、中国传统文化研究中心、孔子与儒学研究中心等单位联合主办。出席会议的有来自美国、加拿大、德国、韩国、澳大利亚、英国、日本等国家和地区的200多位学者。这次会议的主题就是"21世纪中国哲学与全球文明对话"，是21世纪哲学的未来发展与哲学对话的集中体现。与会学者就如何发掘中国古代哲学的原创性贡献、如何对传统文化进行创造性转换以及如何发挥中国哲学在21世纪全球发展中的作用，进行了深入探讨。这些探讨共包含五个相互关联的方面：一、新世纪中国哲学的建设及走向；二、中西哲学比较与对话；三、现当代新儒家研究；四、中国哲学在当代的作用与意义；五、哲学专题研究。学者们回顾了20世纪儒学所经历的从经学到国学、从国学到文史哲、从书本走向生活等三次转折，展望了儒学的复兴之路。学者们有的从梁启超的政治思想审视东西方文化的融合问题；有的对先秦时期的儒家、道家与墨家的"和"观念进行分析，比较了同处于轴心期的古代中国与古希腊的"和"观念的异同；有的由分析中国的"和"入手，指出回归生活世界是走向后现代的中国哲学的思路，亦即以易经的天、地、人三极互动为架构，以感通为其核心理念，来建立他者世界的关系本体论，继而由此建造基督教神学的理念，从而带出一个上帝与人共舞人间的和谐境界。

还有一些学者从其他角度探讨了如何在中、西、马的对话中推动未来哲学的发展。贺来认为，探索和创造"当代中国哲学"这一主题，马克思主义哲学、中国传统哲学和西方哲学，三者之间从"功能"的角度来说存在着互补关系，可以以此为基础确立一个各得其所、相得益彰的互补和协作机制，创造一种和而不同、分工合作的良好关系。① 陈学明认为，要建设"当代中国哲学"的任务，必须实现中、西、马这三大思想资源的融合和互动，这是当代中国哲学的使命。② 不过，对待这一问题也有不同意见。林安梧认为，本质主义引起了方法学上的谬误和错置，未来中国哲学的建构以及中、西、马哲学的会话不能陷入本质主义的圈套。邓晓芒则持相反意见，他认为本质主义实际上是西方的理性精神，是一切对话的平台，中国文化历来缺少这一维度，中国哲学的未来发展和哲学对话必须以它为平台。欧阳康认为，自 1978 年之后，我国哲学界最大的进步就是哲学本性的恢复，走上了对话之路，未来哲学的发展还要沿着这条道路走下去。郭齐勇认为，哲学的本性就是它的终极关怀，只有立足于这一终极关怀，中西哲学才能有良好的对话平台。③

虽然从学科建制上来说，中、西、马哲学在 20 世纪初就处于对话与互动之中，但进入 21 世纪以来，这种对话已向更深入的方向发展了。既然存在着诸多文明形态以及由此生发出来的哲学样态，现如今时代使人类的生存方式产生了变化，人类的生活已逐步趋向于一体化，那么不同的思想样态也要随之凝结为一种新的哲学形式。所以，只有会通之后的新哲学才是中国乃至人类思想发展的最终归宿。虽然学术界当前并未在对话路径和平台方面达成广泛的共识，但我们应该推进这一进程，展开平等的对话，这对于中国哲学的当前和未来的发展都具有深远的意义。

二、关于"发展"的哲学研究

随着新世纪的来临，中国的社会综合面貌的变化可谓日新月异，中国

---

① 参见贺来：《马哲、中哲、西哲的"功能统一性"与当代中国哲学的探索》，《吉林大学学报》2004 年第 2 期。

② 参见陈学明：《中国新哲学的构建与马克思主义哲学的功能》，《中国社会科学》2004 年第 1 期。

③ 参见林安梧、欧阳康、邓晓芒、郭齐勇：《中国哲学的未来：中国哲学、西方哲学、马克思主义哲学的交流与互动》，《学术交流》2007 年第 4、5 期。

的社会、经济和文化的飞速发展已经越来越得到世界各国的瞩目和认可。对于中国自身而言，发展的标准与选择、发展的动力与方向、发展的价值与意义等一系列重大理论问题也逐步引起关注，我国的哲学工作者纷纷开始重新审视中国的发展问题，进而中国的社会发展理论也从"萌芽"逐步走向"成熟"。发展观念的自我反思即发展观问题也被提出并得到广泛探讨，与之相应的发展哲学作为一个独立的哲学学科和研究领域也逐步建立起来。这些研究成果将为我国在 21 世纪完成"又好又快"的发展目标提供坚实的理论支持。

1. 社会发展理论研究

社会发展理论研究应该说在中国已不是新兴的研究领域，但是随着中国现代化进程的不断深化和拓展，政治经济体制改革的变化，必然引起在社会发展过程中不断出现新的困境和问题。所以，在 21 世纪初探讨"发展和关于发展的哲学"，中国社会发展理论研究必然首先映入国内理论家的视野，也使得社会发展理论的研究成为近年来哲学反思的热点领域。

从人的现代化角度来看社会发展问题。"发展问题"是现代化思潮与反现代化思潮争论的焦点。20 世纪 90 年代，国内哲学界比较集中地讨论了发展的价值基础、合理性目标以及发展的代价等问题。有的论者提出，发展从来就不是客观的中性的纯粹的经济增长过程，也不仅仅是人们的物质生活状况的逐步改善过程，更重要的是各种文化价值在经济增长中起着根本性的作用，它决定增长作为一种目标的合理性。"代价"是发展过程中的一种被否定和牺牲的替代性价值，即主导价值趋向对其他价值形态的抑制、否定和牺牲。还有的论者提出，价值观的主导范式具有强烈的时间效应，价值观自身不能先验地确定自身的合理性，对于当代中国而言，首要的是立足现代化对前现代化价值观的反思，而不是立足后现代化对现代化价值观予以反思。关于"发展问题"的这种哲学思考，从理论上支持了当代中国对现代化目标和社会主义市场经济的选择。有学者认为，中国现代化所期待的文化转型任务落在实处应当是日常生活的批判重建，而日常生活的批判重建的核心是人自身的现代化，即人由传统农业文明的自在自发的日常主体转变为现代工业文明的自由自觉的非日常主体。[①] 有学者从社会价值论角度提出"价值人"理论，把人看作价值存在，把人的一切活动都归结为从自我需要出发的价值活动，应当自觉地以"价值人"为导向和理论基础，分析解决重大社会问题，制订社会改革方案。[②] 有学者认为，生活方式通过"人的生产"而生产，"生产"的作用可以形成一种"生活力"，在现代社会"生活力"是一种强大的"发展力"，对于实现人类社会的可持续发展具有重要意义。[③]

从可持续发展的角度看社会发展问题。学界普遍认为，可持续发展不能仅从量上来看，更要从质上来考察，发展的可持续性不是继续增长的恶无限，而是从抽象到具体、从低级到高级的本质性跃迁。从这个角度来看的社会发展问题，必然落实为人的存在方式的变革问题。鉴于资本现代性的抽象建制，并非较低层次的价值需要的满足，必然导致对更高的价值需要的追求，相反，只有理想价值的实际性确立和范导性调节，才会明了较低层次上的真实需要及其满足。因而人类解放的历史大尺度对现实社会关系规定的小尺度的范导，构成了发展的可持续性的本质要义。可持续发展的角度就是根本旨趣的角度，即人与自然的完成了的本质性统一、人与人的完成了的本质性统一、人与自身本质的完成了的本质性统一。在这一宗旨下，有学者认为，生态哲学将有助于我们走向可持续发展的道路，实现人类在地球上诗意般的生存，我们需要建立一种新的哲学范式即生态哲学，并阐述了可持续发展观赖以建立的五个基本意识，即：生态文明的意识，代内、代际平等的意识，自然—经济—社会协调发展的意识，以人为本的发展意识，全球家园意识。[④] 还有些学者考

---

① 参见衣俊卿：《关于现代化的文化哲学》，《北京大学学报》2001 年第 4 期。

② 参见庞井君：《当代社会发展的人性论基础论纲》，《天津社会科学》2001 年第 1 期。

③ 参见吴焕文：《生活力与发展力：现代生活方式在社会发展中的地位与作用》，《求实》2002 年第 3 期。

④ 参见余谋昌：《生态哲学：可持续发展的哲学诠释》，《中国人口·资源与环境》2001 年第 3 期；张铃枣：《可持续发展的五个基本意识》，《广西社会科学》2001 年第 1 期。

察了生活方式变革对于可持续发展的意义，提出"消费享乐型"生活方式是旧发展观的产物，只有构建文明、健康、科学的生活方式才能促进可持续发展。① 有学者具体分析了可持续发展中的代际关系问题，认为以代际公平涵盖代际关系是不确切的，并提出在可持续发展中正确处理代际关系的两个原则：代际继承原则和代际创造原则。② 有学者认为，可持续发展理论是对现代工业文明危机的理性反思和对传统发展观的扬弃，它需要实现伦理价值观的彻底转换，即从人与自然的分离和对立，转换为追求人与自然的和谐、协调；从人与人关系的差等和敌对，转换为追求人与人平等互利；从以经济和物质为目的的单向度的追求，转换为追求人的德性和能力的同步完善，人的全面发展。③

从科学和技术角度看社会发展问题。当今世界，以信息技术和生命科学为先导的科技革命的迅猛发展，深刻地改变了人类的生产方式、管理方式、生活方式和思维方式，推动了人类社会的加速发展。因此，深入探讨科学技术的发展逻辑，认真反思科学技术和社会发展的相互关系，成为国内有些学者关注的重点。他们分别从科学论、科学的批判品格与观念创新、现代科技革命与社会变革和 STS 研究的当代课题等角度探讨了当代科学哲学和技术哲学在引领时代观念和推动社会发展过程中所发挥的重要作用。④ 现代科学技术所实现的空前的自然人化过程，为人类的生存和发展创造了前所未有的物质财富，但同时又造成了包括人口膨胀、环境污染、生态失衡、粮食紧张、能源危机以及核战争威胁等在内的"全球问题"。现代科学技术的极高效率源于时空脱域化的抽象机制，也就是思维对存在的抽象宰制，其中观念的自为本性完全压抑了自然的本原存在。人

---

① 参见李卫国、杨吉华：《生活方式的变革与可持续发展》，《江汉论坛》2001 年第 3 期。

② 参见方玮：《可持续发展中的代际关系问题》，《求实》2001 年第 3 期。

③ 参见陈芬：《论"可持续发展"的伦理价值观转换》，《武汉大学学报》2002 年第 2 期。

④ 参见李醒民、胡新和、刘大椿、殷登祥：《"科学、技术与社会发展"笔谈》，《中国社会科学》2002 年第 1 期。

对自然的抽象与人对自身本质的抽象以及人与人的物化关系，是相对应的。社会交往的普遍化是以社会关系的形式性与抽象化为补充的。批判是科学的生命，人类把握世界的科学方式正在由抽象向具体发展。数学化的自然科学正在实现向自然哲学(人与自然的一种更为具体深刻的交往方式)的回归，数的操作性定义下所遮蔽的象征性意义开始显现出来，原来单纯作为"物学"的自然科学逐渐开出"心学"的维度，一种心物合一的直觉性象征性的语言正在被发展起来。超越科学与人文的抽象对立，统一人文科学的重整化，正是克服存在与价值之分裂的现代性批判的关键一招。现代科学革命作为人类把握世界的基本方式与人的存在方式的变革，构成了社会发展的火车头。

2. 发展观研究

随着社会发展理论研究的日趋成熟，国内发展和关于发展的哲学研究开始反思发展本身的哲学内涵，开始探讨发展观问题。2003年2月16日，由中共中央党校哲学部和《中国社会科学》杂志社联合主办的"当代发展观的哲学阐释"学术研讨会在北京召开。来自中国社会科学院、北京大学等科研单位的专家学者参加了此次会议。与会的许多学者都认为，旧的辩证发展观存在诸多问题，不适合指导当代社会发展实践。当代社会发展理论的研究必须有世界的眼光，关注影响人类命运和前途的全球化问题，同时必须立足于中国实际。此次会议掀起了我国学者对发展观哲学反思的热潮。2003年10月，在党的十六届三中全会通过的《中共中央关于完善社会主义市场经济体制若干问题的决定》中，中共中央提出"科学发展观"，进一步掀起了哲学界反思发展的标准和选择等重大理论问题，研究发展和关于发展的哲学问题的高潮。

在发展的概念阐释方面，孙正聿认为，"发展"并不只是对存在状态和存在过程的描述，而且是对存在状态和存在过程的评价。"发展"与"发展观"是密不可分的，"发展观"是基于对"发展"的评价标准而构成的在实践中做出顺序性选择与安排的关于发展的思想理论。①"发展"问题蕴含着一对根本性的矛盾，这就是发展的"标准"与"选择"问题。"以人为本"和"又好又快"的发展理念的理论意义和实践意义，在于它为发展确立了明确的标准，为发展中的思想和行为的选择提供了最根本的依据，即：我们的"发展"必须是以人为本的"又好又快"的发展，必须是"全面、协调、可持续"的发展。这个发展理念的实践意义是巨大的。人的实践活动，是把人的目的性要求变为现实的活动；目的性，是实践活动的灵魂。对人来说，发展并不是一个单纯的事实判断，而是某种目的、理想、价值的实现。发展是实现了的目的、理想和价值。正因如此，确立发展的标准，并依据发展的标准而确认实践中的价值排序和行为选择，就具有不容回避和不可忽视的巨大的实践意义。② 贺来认为，"发展"属于人特有的自我创造和自我生成的活动，是一个"合目的"的面向未来的、开放的创生过程，它属于人追求和创造自身价值的活动，"价值性"是发展的重要本性。人的发展属于价值追求的创造性活动，而"成为人"则是人的发展追求的最根本的目标。③ 在发展理论的方法论问题方面，还有学者提出，发展哲学并不是哲学的分支学科，而是一个以发展为主题的问题域，中国社会的发展问题研究是以现代化为核心的，由于始终面临富民强国的任务，因而注重的是发展研究的实证层面。当前发展问题研究虽然出现了多学科综合的趋势，但仍需要从人的本质及其生存方式出发，建立真正的发展哲学。④

在当代中国社会发展理论研究的困境方面。有学者从分析发展的困境入手，辨析了新旧两种发展理念的本质差异，并提出，为了走出现代性的困境，人类必须树立新的发展观，明确新的发展方向。发展必须包含着精神发展，精神发展的核心内容不是理智发展或科技进步，而是德性培养和

---

① 参见孙正聿：《发展的标准与选择》，《思想政治工作研究》2008 年第 2 期。

② 参见孙正聿：《解放思想与变革世界观——纪念改革开放 30 周年》，《中国社会科学》2008 年第 6 期。

③ 参见贺来：《"以人为本"的社会发展观的哲学前提》，《哲学研究》2005 年第 1 期。

④ 参见隽鸿飞：《作为一个问题域的发展哲学》，《唯实》2002 年第 3 期。

智慧提升。① 发展问题的严峻性在于，发展的过程具有正、负两面效应，具体言之，发展的过程表现为人自身的"人化"与"物化"的二重化过程。市场经济按照自己的要求去塑造全部社会生活，不仅塑造了人的"独立性"，而且塑造了人对"物"的依赖关系。人的"物化"，从根本上说，就是作为"人的本质"的丰富的"社会关系"，以及由丰富的"社会关系"所展现的丰富的"社会生活"，被"简化""抽象化"为纯粹的功利关系、金钱关系、交换关系。在这种被"简化"和"抽象化"的社会关系中，是"人对物的关系"决定"人对人的关系"，因此，"人的独立性"只能是"以物的依赖性"为基础。这就是马克思所说的市场经济条件下的"以物的依赖性为基础的人的独立性"。超越物化的抽象统治，追求每一个人的自由个性的全面发展与自身本质的实现，确立人的自主存在，是社会主义对现代性的根本超越。

在未来社会发展理论的开拓和创新的反思方面。有学者对社会发展过程的内在机制作了探析，提出了五种主要机制：提供动力与传输的驱动机制、规范多种趋向和力量的整合机制、把握多个领域与整体过程的协调机制、正视既定要求和设计轨道的控制机制、避免可能的偏离和问题的防护机制。② 还有些学者从科技哲学、工程哲学等角度反思发展观问题。提出从科学哲学角度看，科学发展观蕴含着系统哲学思想、体现了生态自然观思想；从技术哲学角度看，科学发展观体现了人与自然和谐共存的可持续发展道路。③ 李伯聪则从工程哲学的角度提出，发展必须设定一个目标，并谋划从初始条件到最终目标的路径，所以必须重视发展的约束条件、初始条件和边界条件。④

---

① 参见卢风：《发展的困境》，《学海》2001 年第 1 期。
② 参见贾高建：《社会发展过程中的五种主要机制探析》，《中共中央党校学报》2001 年第 3 期。
③ 参见秦书生：《科技哲学视阈中的科学发展观解析》，《理论探讨》2006 年第 3 期。
④ 参见李伯聪：《工程哲学与科学发展观》，《自然辩证法研究》2004 年第 10 期。

3. 发展哲学研究的兴起

随着我国社会发展理论研究的日渐成熟，关于发展的元理论研究的不断深入，我国的发展哲学研究也开始兴起，并且作为一个研究领域和学科逐渐形成。2000 年 8 月，刘森林著的《发展哲学引论》由广东人民出版社出版。该书是一部以发展哲学为专题的专著，全书从发展哲学的哲学特质问题入手，简要论述了有关发展哲学的一般性质问题。[①] 虽然没有把发展哲学作为一个独立的学科和研究领域进行系统介绍，但是《发展哲学引论》对发展哲学的基本问题的介绍，无疑为我国发展哲学的日后形成和逐渐成熟，奠定了基础。2001 年 8 月，邱耕田著的《发展哲学导论》由中国社会科学出版社出版。该书分为八章，分别为发展哲学概论、发展哲学是关于发展观的学问、社会发展是发展哲学的核心范畴、社会发展的九大趋势、发展主体与发展客体、发展哲学的规律体系、发展哲学的若干理论原则、发展哲学与中国的发展等问题。作者在经济社会发展实践和理论研究的基础上，从哲学的高度对发展问题进行了一系列的思考。全书重点探讨了发展观的理论形态、历史演变和新旧发展观的重大区别，系统地论述了社会发展的含义和特征、结构和功能等问题，从现实感性的角度分析了当今社会发展的九大趋势。作者还研究了发展主体与客体的相互关系，提出了发展哲学的若干理论原则，进而提出了构建发展哲学规律体系的设想。在深入地进行理论研究的基础上，作者以发展哲学的思想方式审视了中国社会发展的若干问题。[②]

一些重要的学术会议的召开，进一步推进了我国发展哲学的研究步伐。2001 年 5 月中旬，发展与发展哲学暨全国第九次应用哲学研讨会在安徽青阳举行。此次会议的主题是：以哲学视角和哲学语境，探讨新世纪时代和世界背景下的中国经济、政治、社会、文化发展及其蕴涵的世界

---

① 参见刘森林：《发展哲学引论》，广东人民出版社 2000 年版。
② 参见邱耕田：《发展哲学导论》，中国社会科学出版社 2001 年版。

观、价值观与方法论问题。与会学者围绕发展哲学有关问题进行了广泛和深入的探讨。与会者普遍认为，哲学关注发展，是哲学精神的内在要求，应当着力建构发展哲学，完善这一学科，并且深入探讨了发展哲学的研究对象、研究方法和作为应用哲学的发展哲学。

在发展哲学的研究对象方面。有学者认为，发展哲学是当前学术界研究的热点，但是在发展范畴、发展观、发展哲学的构建等方面存有不同的观点和争议，关于发展哲学的构建尚无定论，对此加以述评，以期推进发展哲学的进展。① 邱耕田、施敏则认为，发展哲学是一个具有众多分支内容和不同层次的学科群系，发展哲学的分支大致可分为两大层次：理论发展哲学、发展哲学性学科。发展哲学性学科主要指发展伦理学和发展美学，理论发展哲学主要研究发展真，发展伦理学和发展美学主要研究发展善和发展美。② 在发展哲学的研究方法方面。有学者指出，发展哲学的研究方法应凸显实践性特征，即在科学性基础上的预期性和调适性。发展哲学不但要有思辨的结果和客观的描述，还要有主客观相符的方法、模型与对策要求。有学者认为，研究部门哲学包括发展哲学，要坚持唯物主义世界观，从而形成一个丰富多彩的哲学家族，既要汲取当代西方哲学的精华，又要避免它的失误。③

在发展哲学的当代任务方面，有学者从应用哲学的视角对发展哲学加以关照，提出发展哲学作为应用哲学，它的应用首先要揭示时代的本质，紧握时代的脉搏，指出时代发展的趋势，为解决时代的复杂矛盾，构建新的秩序服务。④ 也有学者提出，发展哲学的当代任务是：提高自己的理论

---

① 参见闫顺利：《关于发展哲学的构建》，《学术交流》2002 年第 6 期。

② 参见邱耕田、施敏：《试论作为一门学科群系的发展哲学》，《广西大学学报》2004 年第 1 期。

③ 参见宋宏：《发展：哲学视野下的审视与研判——全国"发展与发展哲学"研讨会综述》，《学术界》2001 年第 4 期。

④ 参见宋宏：《发展：哲学视野下的审视与研判——全国"发展与发展哲学"研讨会综述》，《学术界》2001 年第 4 期。

化、系统化水平；在学科建设的同时，提高自己解释和解决中国发展基本问题的能力；进一步把握社会主义的本质。①

国内还有些学者从伦理学的角度反思发展问题，形成了国内发展伦理学研究的热潮。有学者提出，发展伦理学是以发展实践中所滋生的伦理道德问题为研究对象的一门应用伦理学的分支学科，它的创建，为我们全面准确地把握和认识社会发展提供了重要的理论平台和理论"窗口"。通过这扇窗口，我们可以对社会发展这一特有的运动形式获得更加全面和深刻的认识。② 也有学者提出，发展伦理学的发展观既克服了传统经济发展观对人的片面理解，又避免了生态伦理主义发展观对人的"非人"理解，是真正属于人的发展观。③ 还有学者提出，发展伦理学是在对当代社会出现的人类生存危机进行反思的基础上提出来的、以解决这些危机为目的的新伦理学，它是可持续发展的伦理支点。④

总之，我国哲学界在 21 世纪初有关发展的哲学研究，首先深化了以往的社会发展理论研究，在社会发展与人的可持续发展等方面的研究进一步得到拓展和深化，为我国新世纪的社会经济发展提供了重要的理论基础。其次，发展观研究的兴起，使得国内哲学界对发展问题的研究获得批判性的前提，这就是发展问题的研究首先是发展自身的问题的研究，只有弄清楚发展的内涵才能进一步研究发展作为一个研究领域的具体问题，从而为发展哲学的兴起奠定基础。最后，发展哲学研究的兴起，使得我国哲学界有关发展问题的研究形成一个独立的、具有自身研究对象、方法和框架的研究领域。应该说，这是我国发展问题研究取得的一项重要成果，为未来中国发展和关于发展的哲学研究打下坚实的理论基础。

---

① 参见袁玉立：《发展哲学的当代任务》，《学术界》2001 年第 4 期。

② 参见邱耕田、陈媛：《发展伦理学视域中的社会发展》，《自然辩证法研究》2006 年第 9 期。

③ 参见江海燕：《发展伦理学视域中的发展观》，《长春市委党校学报》2007 年第 5 期。

④ 参见刘福森：《论发展伦理学：可持续发展观的伦理支点》，《江海学刊》2002 年第 6 期。

三、"人"的问题的哲学研究

尽管苏格拉底把德尔菲神庙上的"认识你自己"作为自己终生哲学思考的使命，但是"认识自我"并不是在哲学史上自始至终的自觉任务。哲学对"人"的问题的研究有三种方式，或者说哲学与"人"的问题有三种关系，这三种方式或关系大体对应马克思所揭示的人类历史存在的三大形态，当代中国哲学也经历了这三种方式或三种关系。

1. 形而上学对人的理想表征

形而上学以本体、神、绝对、大全、无限为对象，所思的内容抽象深奥，离人的现实生活很远。可以说，形而上学并不直接研究人的问题，但是它又无法离开人的问题，只是它对人的问题的思考不是自觉的。古代哲学家把人在现实生活中无法实现的理想投射到超人的、超历史的绝对存在中去进行思索，而投射到本体中去的人类理想的内容与现实则反映了人的现存状况。形而上学本体论既是对人的存在状况的折射或反映，又是对人的现实存在的补充，使现存事物显得庄严。形而上学所追求的绝对真理、所塑造的神圣形象，表征了自然经济中的人的依附性的存在方式、等级关系以及禁锢在虚假共同体中的狭隘的自然活动。苏联模式的传统教科书就可以说是一种形而上学的本体论，它的对象是整个世界。对人的问题以自发外投与本体表征的方式进行思索的形而上学的思维模式在国内学界仍有一定的支配范围。

"教科书改革时代"的哲学观念变革，对哲学观、哲学思维方式的探讨达成了关于哲学的共识。高清海提出，哲学的奥秘在于人自身，哲学不过是理论形态的人的自我意识。哲学中的问题与逻辑常常是人自身的生存困境与内在矛盾的投射，哲学的统一性原理不过是现实冲突在想象中的解决方式，超人的绝对本体是对人的有限存在的补偿性反映。哲学世界观作为对人与世界的关系的反思，正是对人的自身本质的表现，因为人的对象以及与对象的关系也就是人的本质力量的显示，人与世界及其关系其实是人的存在层次与存在境界。高清海曾经通过分析比较德谟克利特的原子论与莱布尼茨的单子论，令人信服地指出，这两种哲学本体论恰好是这两位不同时代的哲学家对人的存在方式的表征。人总是从自己的立场出发去看世界，为了自己的目的去研究世界，所以人对世界的关照也是对自己的"反思"。因而，哲学世界观就是人关于自身的观点，当然人的自身本质必须表现在与世界的关系中。

形而上学把人的存在的理想与现实外投到超人的绝对本体上去研究，可以说是一种隐蔽的"内省"。在人类文化中，自始至终都有着外向方式与内向方式的相互伴随，这与人的对象性存在方式、哲学的反思本性是一致的。这种以外化的本体映射、内蕴人的问题的方式，只是一种隐喻的、模糊的、混沌整体的方式。为什么形而上学家不能直接以"人"的问题为思考对象，而只能以本体的投射与表征去隐喻"人"的问题？马克思认为，这其实是"世俗基础使自己从自身中分离出去，并在云霄中固定为一个独立王国，这只能用这个世俗基础的自我分裂和自我矛盾来说明"①，人的依赖关系与等级存在使人陷入"在神圣形象中的自我异化"，人只是群体，还不是独立的个体人格，人在虚假共同体中的异化现实使哲学只能以"想象的真实"去代替对现实的真实把握。正是在此意义上，我们批判形而上学，将其指认为一种意识形态的颠倒，形而上学对人的问题的投射与表征是一种异化的活动。

2.意识哲学对人性的抽象把握

邹化政把近代西方哲学概括为"上帝的人本化"，"上帝的人本化"要把异化给上帝的人性本质归还给人，表征了西方人告别中世纪走向现代化的启蒙历程。国内学界在 80 年代的"认识论转向"可以说重演了这一启蒙理性的过程。意识哲学虽然直接以"人"的问题为对象，但这个"人"却是脱离社会的、超历史的抽象的人性原理（机制）。"认识论转向"就是

---

① 《马克思恩格斯全集》（第 1 卷），人民出版社 1995 年版，第 59 页。

不再直接把世界断言为超人的本体，而是通过抽象的人性原理去反思人与世界的关系问题。当时马克思主义哲学研究中的"实践观点"也是被当作一种超历史的抽象活动机制去理解的。意识形态哲学对人之为人的本性原理的抽象把握，使人作为一种普遍性理念得以挺立，在"人"的普遍观念的基础上，人成为独立、平等、自由的存在。既然这种独立、平等、自由只是在人之为人的普遍理念上的确立，独立、平等、自由就只是形式的，而非实质性的。康德用以确立人的理性自主性的应然性的道德观念，就是以抽象理性形式确立人之为人的典范。这也印证了马克思所说的，近代哲学以抽象的方式把握了最现实的人类状况，人的现实正在受"抽象"统治，这种"抽象"就是资本。超越了"人的依赖性"的人的历史存在的第二大形态，只能是"以物的依赖性为基础的人的独立性"，"物的依赖性"正是人的独立性的抽象性与形式性。这说明人类解放不是根据人的自身本质一蹴而就的绝对实现，而是一个历史的过程，一个由抽象到具体、由形式到实质、由片面到全面的过程。资本的历史意义，就在于它以等价交换或者合理的利己主义形式抽象地确立起人的独立、平等与自由，尽管这是在实质性上的异化、剥削与不自主。抽象的人性原理无法构造出具体的活生生的整全的个性生命，因而也就把具体的生动的个性存在当作偶然的东西，意识哲学的普遍人性原理正是表征了资本的抽象统治。

反思普遍人性原理的意识哲学可以说是自觉的人学了，尽管还只是抽象的人学。自20世纪70年代末以来，中国的人学研究经历了"人性、异化和人道主义""人的现代化""人的主体性""人学学科体系建设以及人学理论的应用问题""社会主义市场经济与人"等数个阶段的讨论，在范畴界定、学科建设、现实研究、理论创新等方面取得了一系列成果，同时，在研究方法、研究范式、研究原则上也存在一些偏执与缺漏。人学研究的兴起，直接看来要归根于哲学的人性自觉的内在逻辑，深层看来，则是人的社会存在方式的历史演进的结果，我国在社会主义现代化的几十年中，要凝聚重演西方现代化几百年的历史进程。俞吾金从西方哲学史的角度，讨论了近代哲学向当代哲学转向过程中人的问题逐渐突出的必然性。他认为，人的问题之所以成为当代哲学探索的中心问题，从哲学演进的内在理路看，主要是由以下原因造成的：一是神学的衰弱和人类学的兴起；二是传统社会的身份制度、等级关系的衰微与人道主义、自由主义的兴起；三是理性主义的衰微和非理性主义的兴起；四是笛卡尔主义的衰微和当代一元论哲学的兴起。还有学者提出，大多数人学研究注重共时态的结构分析，缺乏对人的发展的历时态的宏观与透视。基于此，对马克思有关人的发展的三大历史形态的提出及其不同内涵进行的分析，目的是将人的发展问题与社会发展的问题结合起来，将人自身发展的历史置于人类社会大发展的背景下。有学者也提出了人的现代生成和社会结构变迁之间的关系，认为交往方式的变迁在人的现代生成，即思维方式的现代转型与道德观念的现代重建中具有决定性和优先性。人们之间从"人的依赖关系"向"物的依赖关系"的交往方式的历史性变迁，是我们理解人的现代生成的关键。

"人的现代化研究"与"人的主体性研究"，揭示了市场经济生成现代主体的抽象过程。高清海"从人的生成发展看市场经济"中得出，市场经济的根本意义在于促进普遍的独立个人的生成，社会的发展归根结底是人的发展，而人的发展归根结底就是个人的发展，而只有在市场经济的条件下，个人才能获得独立的人格，形成具有自主性的独立个人。市场经济是个人独立活动的社会化交往形式：它使人类原有的人身依赖关系变成对物的依赖关系，突破了血缘和地域纽带的历史局限性，在人们之间第一次建立起真正普遍的广泛社会联系；它打破了社会关系对人的先天束缚，赋予人以更大的主动性和能动性；它打破了人格从属的等级关系，把人置于对等地位，因而使人获得了彼此平等的权利。[①] 货币的等价性造成了现代性的"抽象同一的脱域机制"，使得不同性质的具体劳动能够相互交换，使

---

① 参见《高清海哲学文存》（第2卷），吉林人民出版社1998年版，第178页。

不同地域的人的能力与生产资料能在市场中自由流动、优化配置、重新组合，从而使人具有了整个社会的生产能力，这既使人获得对自然界的抽象同一性的统治力量，又使人摆脱了"一定狭隘人群的附属物"，成为具有独立性质的人。现代性的"抽象同一的脱域机制"在世界范围内链接出"普遍的社会物质交换，全面的关系，多方面的需求以及全面的能力体系"，造就了社会化大生产基础上的世界历史。但是"全面的关系、多方面的需求以及全面的能力体系"是由分裂的不同个人承担的，个人只是如同大机器上的一个零件承担一个抽象的功能，人的能力的培养与发展、人的需要与活动则是归根于货币自行增殖的要求。普遍性与全面性对个人而言，是抽象的、形式性的，人的实际存在则陷于固定的规定性与片面性。

意识哲学抽象地反思了普遍人性原理，人的现代化和主体性研究揭示了市场经济对人的独立性的抽象确定。但是马克思主义哲学作为人类解放的学说，并不只是要抽象地确认普遍人性，而是要通过解放的历史活动具体地实现人的自由个性。因而，人的问题的哲学研究最后集中于马克思主义哲学对现代人的抽象存在的批判。

3. 马克思主义哲学与人的未来

我们对马克思主义哲学的理解，经历了前康德的物质本体论阶段和德国古典哲学的抽象人性论阶段，最后才真正回归马克思主义哲学作为人类解放的学说的精神实质。对马克思主义哲学的理解水平，也体现着我们对人的问题的研究水平。

1991年起，我国人学理论研究开始集中到人学学科的创制与建设以及人学理论的应用问题。人学学科的创制与建设是对人的问题的意义的高度自觉，一切其他学科与文化形式无不是人类拓展其理想空间的可能道路与人性的不同表现，因而人学的意义超越了其在学科体系中的定位，人学的基础性与本质性是毋庸置疑的，人学就其精神实质而言，必然超越了纯粹理论探讨的范围，延伸到人学理论的实践上，可以说，人学是一门理论与实践相统一的学科。邹诗鹏提出，人学所彰显的意味正是当代哲学尚未充分意识到的，或者说是刚刚意识到的又被迅速消解掉的人的总体性与历史性。人学的创构和阐释与当代哲学的自我理解走着同一步道路。① 在 90 年代人学学科创制与建设的基础上，新世纪的中国人学也取得丰硕成果。出版的著作有：陈志尚著的《人学的理论与历史》和《人学原理》、尚明著的《中国近代人学与文化哲学史》、李大兴著的《超越：从思辨人学到实证人学》、邹诗鹏著的《人学的生存论基础》、王双桥著的《人学概论》、祁志祥著的《中国人学史》、李中华著的《中国人学思想史》、杨玉辉著的《道教人学研究》、刘黎明著的《先秦人学研究》、赵敦华著的《西方人学观念史》、孙鼎国著的《世界人学史》、欧阳谦著的《20 世纪西方人学思想导论》和《海德格尔人学思想研究》、刘友红著的《卡西尔人学思想研究》等。

我们一般笼统地把马克思开创的现代哲学称之为"实践转向""语言学转向"或"生活世界转向"，这标志着现代哲学已经开始以人的现实的历史性存在为中介反思思维与存在的关系问题，超越以往抽象的观念论哲学、形式性哲学，切入到具体的现实的生活世界，构成了实质性的改变世界的实践哲学。有学者从马克思主义哲学审视了人学研究的存在论基础，韩庆祥、邹诗鹏认为传统西方哲学，尤其是本体论哲学由于对人抽象和超越的以及知识论的片面理解，没有把人这一主题真正突显出来，也没有对人做出完整而科学的认识。为此，必须反叛传统哲学对人的抽象的超验的理解方式，重新寻求理解人的合理的立足点。这种反叛活动由马克思哲学开始，它使从事感性实践活动的人真正成为哲学的出发点和主题，排除了本体论的超验语境，因而也就把本体论直接还原成了感性实践生成论，把人本主义哲学变成实践人学。就此意义上，马克思的感性实践生成本体论也就是感性实践人学本体论。② 实践作为一种现实的客观物质活动，是哲

---

① 邹诗鹏：《人学及其生存论结构》，《人文杂志》2002 年第 1 期。

② 参见韩庆祥、邹诗鹏：《人学》，云南人民出版社 2001 年版。

学超越思辨唯心主义进入现实的切口，但学界对实践观点的理论讨论，再次把现实实践把握为抽象活动，并以实践活动对人与世界的历史生成去构造实践生存论、实践存在论或实践本体论，这似乎又落入了抽象人性论的窠臼。实践生存论、实践本体论之所以未能远离抽象人性论，是因为它并未实现对现实的人的具体、深入的把握。现代人的最大现实就是"正在被抽象统治"，而最现实的人的"抽象存在"就是"资本的逻辑"。因此，"资本论的存在论"才是对人的问题的批判性把握。

　　越来越多的马克思主义哲学研究者集中于《资本论》及其手稿的研究，他们发现，《资本论》及其手稿作为马克思经典著作的主体部分，并不只是哲学之外的政治经济学部分，不是运用了辩证法与唯物史观去研究资本运动的政治经济学成果，而是构成了马克思主义哲学，并且是马克思最深刻的现代存在论。马克思在研究资本逻辑时发现的"政治经济学的方法"，才是他的"大写字母的逻辑"，即批判本性的辩证法，马克思所揭示的资本运动的内在逻辑才是最具体、最深刻的历史唯物主义。马克思的政治经济学批判，并不从看似实在而具体的"人口"出发，因为那只是"一个混沌的整体的表象"，而是从抽象的商品出发，商品细胞中蕴含着现代人的存在的一切矛盾的胚芽。对人的问题的哲学研究，并不是集中于所谓活生生的直接现实的个人，那可能是最抽象的，马克思为了最深刻地把握现实的人，他研究了"物"，从物与物的关系中揭示了人与人的关系，因为现代人的现实存在正是物化的抽象存在。孙正聿认为《资本论》就是马克思所揭示的"现实的人及其历史发展的科学"，是哲学批判、政治经济学批判、空想社会主义批判的"一整块钢铁"。资本运动的逻辑揭示了，市场经济中的生产、交换、分配与消费如何把人抽象为人格化的资本与人格化的劳动。对资本逻辑的把握本身就是一种批判，唯有通过批判的科学的方法才能穿越意识形态的市场假象，因为资本运动的逻辑生产出了异化、颠倒的表现形式，这种表现形式呈现出自由、平等、独立的"绝对真理与永恒正义"。资本作为自行增殖的货币，是一种自为的观念化力量。资本的运动中，自为的观念化力量完全压倒了自然的本原存在，于是有了货币的等价性对劳动与商品的一系列抽象，实质性的存在与过程被悬搁掉了，如使用价值的独特质性、具体劳动中的生命力的实际消耗等。因而可以说，资本逻辑所造就的现实社会存在是观念形式构筑的想象的现实，作为幻象的现实，与意识形态合而为一的现实，对资本逻辑的揭示就是对它的批判。

批判资本逻辑的同质性统治，就是要超越物的依赖性的抽象形式，实现人的实质性的独立、自由、平等，追求人的个性的全面发展，以此解决资本条件下人对自身本质抽象所造成的"异化问题"、人对自然抽象所造成的"全球化问题"以及等价交换的抽象性所造成的人与人的异己对立问题。资本主义把人抽象化、形式化了，而社会主义作为"私有财产即人的自我异化的扬弃，因而是通过人并且为了人而对人的本质的真正占有；因此，这是人向自身、向社会的即合乎人性的人的复归"，"是人同自然界的完成了的本质的统一，是自然界的真正的复活，是人的实现了的自然主义和自然界的实现了的人道主义"。[①] 社会主义要实现人的类本质，确立人的类存在与类生命，即人与其自身本质、人与自然、人与人的内在统一的一体性关系。

社会主义的历史任务就是"确立此岸世界的真理"，实现人的自主存在，因而"人的自由个性的全面发展"作为马克思主义哲学人类解放的根本旨趣，也是社会主义的本质性要求。江泽民同志 2001 年在"七一"讲话中强调指出："我们建设有中国特色的社会主义各项事业，我们进行的一切工作，既要着眼于人们物质文化生活的需要，同时又要着眼于促进人民素质的提高，也就是要努力促进人的全面发展。"[②] 围绕这次讲话，国内掀起了一股关于人的全面发展的哲学研究的高潮。袁贵仁和韩庆祥认为，

---

① 马克思：《1844 年经济学哲学手稿》，人民出版社 2000 年版，第 81、83 页。
② 潘琦：《努力促进人的全面发展》，《光明日报》2001 年 9 月 11 日。

江泽民同志提出的"人的全面发展"问题有其深刻的背景，这是中国社会主义现代化建设实践提出的一个紧迫而重要的客题。[1] 人的全面发展思想具有重要的创新价值。[2] 何中华认为，在当代中国语境下讨论人的发展问题，必须重温马克思的有关思想，只有马克思才使得人的全面发展思想获得了真实的历史内涵，马克思深刻地揭示了人在现代化所塑造的生存格局和制度安排中日益陷入片面化和物化的命运。[3] 人的全面发展不是理论活动，而是历史解放活动，社会主义作为对私有财产的积极扬弃，不断消解使人异化的现存状况，为人的自由发展提供制度保障。我国的社会主义现代化建设既要完成现代化的任务，又要超越现代性的抽象建制，大力发展社会主义精神文明建设，超越市场经济的"物的依赖"。何萍认为，在马克思那里，人的全面而自由的发展是一场与制度的深刻变革相联系的伟大的历史运动。所以，人的全面而自由发展不仅是一个物质文明和精神文明建设的问题，更是制度文明建设的问题。[4] 当然人的自由个性的全面发展，除了是社会主义的物质文明、精神文明与制度文明的建设问题，还是社会主义新人在学习与成长中不断实现自我超越、自我否定、自我创造的过程。

随着中共中央提出"科学发展观"和"和谐社会"等一系列重大方针政策，国内学界也开始自觉地从科学发展观和和谐社会等角度出发，重新认识人的全面发展问题。有些学者提出，实现人的全面发展是社会发展追求的终极目标和最高原则。科学发展观是一个完整统一的整体，人本、全面、协调、可持续四个方面的内容既有区别，又密切联系。人的全面发展和科学发展观在内容上是一致的。实现人的全面发展，是科学发展观的终极价值取向。[5] 科学发展观包含全面发展的观点、协调发展的观点和可持

---

[1]　参见袁贵仁：《人的全面发展的新境界》，《教学与研究》2001 年第 10 期。

[2]　参见韩庆祥：《人的全面发展思想的新发展》，《学习时报》2001 年 9 月 24 日。

[3]　参见何中华：《人的全面发展的当代语境》，《学术月刊》2002 年第 1 期。

[4]　参见何萍：《人的全面而自由发展与市民社会》，《武汉大学学报》2002 年第 3 期。

[5]　参见张玉霞：《人的全面发展与科学发展观》，《理论探讨》2006 年第 1 期。

续发展的观点，分别从不同侧面强调了要以推进人的全面发展为目标，体现了坚持以人为本的原则。① 和谐社会促进人的全面发展的人文价值具有深厚的理论基础，并对其实现提出了树立与以人为本的科学发展观相一致的构建和谐社会的理念。② 此外，一些理论著作的出版也推进了关于人的全面发展的研究。例如，袁贵仁的《论人的全面发展》、韩庆祥的《马克思开辟的道路——人的全面发展研究》、陈卫平等著的《人的全面发展是建设新社会的本质要求》、胡大平著的《全面建设小康社会与人的全面发展》等。

　　21 世纪初中国哲学界关于人的问题的哲学研究的两大主题是"反思"和"开辟"。一方面，国内哲学界对人学研究的基础、起点和合法性等问题的探讨，正是在致力于反思总结为从研究范式、研究主题和立论前提三个层面展开。③ 另一方面，开辟当代中国人学研究的新道路，结合中国社会发展的现实整合当代中国人学研究的新成果，也成为当代中国人学研究关注的焦点问题。2006 年 11 月，全国"科学发展观与人学理论建设"学术研讨会在武汉大学召开。来自中国社会科学院、北京大学、中国人民大学、中共中央党校、北京师范大学、吉林大学、南京大学、武汉大学等30 多所大学、科研机构的 130 多名代表出席了会议。在"科学发展观与人学理论建设"这一主题下，与会代表围绕"科学发展观与人的问题""建设社会主义和谐社会与人的问题""人学基本理论与中外人学思想史"等三个议题展开讨论，希望在这次研讨会的推动下，中国的人学研究和关于人的哲学研究都能够在 21 世纪开创出新的局面。

四、回应"后形而上学"问题

　　哲学在传统意义上作为寻求最高原因的基本原理，就是超越形而下现

---

① 参见陈晓辉：《科学发展观视野中的人的全面发展》，《学习与探索》2007 年第 2 期。
② 参见吴敏英：《论和谐社会促进人的全面发展的人文价值》，《马克思主义与现实》2006年第 3 期。
③ 参见韩庆祥：《开辟当代中国人学研究的新道路》，《社会科学战线》2006 年第 5 期。

象，寻求形而上本体的学问，在这个意义上，哲学研究就是形而上学研究。作为哲学研究永恒的主题，形而上学的反思批判和理论求索成为21世纪的中国哲学研究的一个重要方面。具有时代性内涵的哲学研究决定，新世纪的形而上学研究必须摆脱传统哲学研究的理论羁绊，创造真正适合时代精神的形而上学，也就是在批判传统形而上学意义上的"真理—规律—客观性"的同时，也要回应后现代主义对形而上学思维方式的彻底颠覆，探索一种后形而上学视域中的"真理—规律—客观性"的合法形态。因此，21世纪初对形而上学问题的思考，必须承担起具有矛盾性的双重任务，即形而上学批判和形而上学建构的同时并举。一方面，传统形而上学在新世纪已经面临着内在的危机，必须加以反思和批判；另一方面，作为人类生命求知本能的形而上学又不能在批判中被完全抛弃，探索一种新时代的形而上学理论成为时代赋予哲学工作者的任务。2002年8月，由中华全国外国哲学史学会、中国现代外国哲学学会和云南大学联合主办的"形而上学与反形而上学"学术研讨会在云南大学召开，来自全国各地的70多位专家学者参加了会议。与会者主要就西方哲学史上的形而上学与反形而上学、后形而上学建构的意义等问题进行了深入而热烈的探讨。

1. 对传统形而上学的批判

在21世纪反思当代的形而上学问题，首先必须站在当代学术思想积累的基础上与新的时代精神的意义上，反思传统形而上学的内在危机，或者说我们必须跳出传统思维对形而上学及其危机的认识，对形而上学自身给予重新的清理与考查。学界对传统形而上学的批判主要还是追随了西方哲学的批判路径，从理论的有限性、绝对主义、观念论与实质性、先验主义几个方面展开。

大多数学者都接受了康德对传统形而上学的批判，并以此作为形而上学的反思与重建的理论前提。康德可以说是第一个从学理上对传统形而上学本体论进行批判的哲学家。尽管"形而上学"是由诸多单元观念组成的、具有丰富内涵和复杂内容的复合观念，包括关于存在之为存在的问题、关于终极实在即神的问题、关于时间和空间的问题、关于自由与人的问题，但就西方哲学传统主流而言，这些内容都聚集到或奠基于本体论中。本体论是形而上学对本体的理论态度，构成了知识形态的形而上学。康德认为，本体、物自体并不进入时间和空间中，不能形成经验直观，因而以知性范畴对理性概念（上帝、世界、心灵）的思考，会导致辩证幻相，无法达到确定的知识。康德从对人的理性能力的厘定得出，知识形态的形而上学即本体论是不可能的。但康德又在理性的实践运用与反思判断力中开启了新的形而上学的可能性。韩水法认为康德使形而上学认识论化，通过对康德批判的形而上学分析可以得出：在近代哲学的视野中，任何反形而上学的努力都承带着一个人们所制定出来的最终界限，因此都包含着新的形而上学的努力。这说明，界限即超越，限定与一片新大陆的开启并存。黑格尔又力图拯救本体论形而上学，批判康德把绝对与相对、有限与无限对立起来，让无限在有限中，把康德的反思判断力实体化为概念矛盾运动的辩证法，从而把理论理性与实践理性统一为绝对理性，构成了关于绝对的真理性知识。黑格尔的本体论形而上学既包含着传统形而上学的痼疾，又蕴藏着现代哲学开启形而上学的新道路。学界有的认为，从康德到黑格尔是一种倒退，有的认为，这是一次未达到预期目的但意义重大的冒险与创造，因为现代哲学大多是从对黑格尔的批判开始的。

还有学者认为，真正的形而上学批判是从现代哲学才开始的，现代西方哲学对形而上学的批判是从两个方向展开的：以实证主义为开端的反形而上学浪潮，是从外部来颠覆哲学的形而上学；以新康德主义、生命哲学、意志主义和存在主义为代表的非理性主义，则是从内部对哲学形而上学进行颠覆。[1] 这两个方向可以说都是从康德的形而上学批判开出来的。逻辑实证主义认为，语词的意义在于其指称的对象，而形而上学的概念，如绝对、大全、无限、上帝等，却没有所指的对象与确定的意义，对这些

---

[1] 参见常建：《哲学进入后形而上学时代》，《南开学报》2002 年第 1 期。

形上概念的思考与言说，会造成语言机器的空转，从而产生出无限深奥的思想幻象，却不能形成任何确定的知识。以此，逻辑实证主义拒斥形而上学，把哲学作为一场反对语言对理智的蛊惑的斗争，可以说是把康德消解本体论的认识论反思推进到了语言学反思。非理性主义者们达成了"有限理性"的共识，认为理论概念的有限性、对象性、抽象性、僵化性与本体论的绝对性、无限性、具体性、生动性是不适合的，必须改变形而上学对本体的理论态度，超越有限理性，寻求形而上学新的可能性，因而把在传统形而上学中处于边缘的生命、意志、直觉、感性、身体、实践、时间、历史等拉上了哲学的王座。非理性主义批判了传统形而上学的观念性、抽象性、形式性和僵化性，超越"理论运用"与知识形态，开启形而上学的新的可能性。

国内学界的马克思主义哲学研究整个是以马克思批判传统形而上学的哲学革命为基础的。从80年代的"哲学观念变革"开始，学界不断深化对超越了传统形而上学的马克思的新哲学的精神实质的把握。高清海、孙利天认为，马克思的"实践观点的思维方式"终结了传统形而上学的绝对主义和先验主义的思维模式，不再以原则在先的抽象观念去"解释世界"，剪裁生活，而是在"改变世界"的实践活动中创造性地发现新的观念与原则，内在于实践的理解方式构成了具有批判性、生成性与创造性的新世界观。[1] 孙正聿认为，虽然科学主义与人文主义两大思潮作为现代哲学超越了传统哲学的思维方式，但马克思主义哲学与两者具有原则性区别，马克思的人类解放的哲学指认了传统形而上学作为想象现实的观念意识形态和人的异化活动，致力于使从自身分裂出形而上学的独立王国的世俗基础革命化，消解人在"神圣形象"与"非神圣形象"中的自我异化，确立人的自主存在。[2] 张汝伦也认为，现代哲学主张"哲学的终结"却未能超越哲学。

---

① 高清海、孙利天：《马克思的哲学观变革及其当代意义》，《天津社会科学》2001年第5期。

② 参见孙正聿：《思想中的时代》，北京师范大学出版社2004年版。

马克思把哲学危机看作一定时代危机的表现，真正使哲学变成了社会改造实践的一部分。从这个意义上说，马克思真正实现了对哲学的超越。① 王晓升在分析了西方形而上学的命题困境和论证困难后指出，马克思从根本上改变了形而上学研究的思路，从"解释世界"走向"改变世界"，形而上学的问题也发生了根本性的变化。② 概言之，马克思的形而上学批判，已经深入到了对造成传统形而上学的分裂的社会现实的革命化，因而马克思主义哲学对传统形而上学的超越具有整体性和彻底性。

此外，一些有关"形而上学"和"形而上学批判"的著作的翻译和出版，也推进了国内的形而上学研究。例如国内学者著作包括：吴晓明著的《形而上学的没落》、陆杰荣著的《形而上学与境界》、仰海峰著的《形而上学批判》、韩林合著的《分析的形而上学》、周国平著的《尼采与形而上学》、汪堂家等著的《十七世纪形而上学》、韩东晖著的《天人之境：斯宾诺莎道德形而上学思想研究》、张文喜著的《颠覆形而上学：马克思和海德格尔之论》、杨国荣著的《形而上学引论：面向真实的存在》、王中江著的《道家形而上学》等。国外学者著作的翻译包括：亚里士多德著的《形而上学》（在原有吴寿彭翻译版本基础上，又新添了苗力田和李真两个翻译版本）、海德格尔著的《形而上学导论》、柏格森的《形而上学导言》、柯林伍德著的《形而上学论》、达米特著的《形而上学的逻辑基础》、别尔加耶夫著的《末世论的形而上学》、斯特劳森著的《个体：论描述的形而上学》等。

2. 后形而上学理论的提出与当代的形而上学追求

新世纪国内哲学界在反思形而上学的当代危机及其合法性的同时，也开始引入和探索当代形而上学的合法形态，后形而上学应该是其中引起较多关注的一个研究领域。随着德国当代哲学家哈贝马斯著的《后形而上学思想》中译本的出版，国内学界在形而上学反思的基础上，也开始介绍和

① 参见张汝伦：《马克思的哲学观和"哲学的终结"》，《中国社会科学》2003年第4期。
② 参见王晓升：《形而上学的命题困境和马克思在形而上学领域中的革命》，《哲学研究》2007年第11期。

探讨形而上学作为一种后形而上学的可能性，同时也开始自觉在一种后形而上学视域内研究和引介国外相关著作。例如，国内主要研究著作包括：杨国荣著的《存在之维——后形而上学时代的形上学》、颜翔林著的《后形而上学美学》、徐岱著的《基础诗学（后形而上学艺术原理）》、欧崇敬著的《中国的后形而上与境界层次哲学：二十一世纪中国存有学创造》等。已译介的国外学者相关著作包括：哈贝马斯著的《后形而上学思想》、罗蒂著的《后形而上学希望》、阿尔布莱特·韦尔默著的《后形而上学现代性》等。

学界的许多青年学者对后形而上学思想的追求，大体上认同了国外某些学术思潮对形而上学的消极态度。后形而上学是针对传统形而上学与反形而上学提出的。后形而上学的追求者大多认为形而上学是一种思想的不幸，甚至哲学的灾难，现代哲学在批判传统形而上学的基础上所开辟的新的哲学的可能性，又再次陷入了形而上学，因为反形而上学作为形而上学的对立面，尚在形而上学的规定与限制之内；而后形而上学作为对形而上学和反形而上学的双重超越，真正摆脱了形而上学的不幸，成就了一种切实合理的哲学形态。另外，有学者提出，作为形而上学的哲学的必要性应当予以历史的分析，在科学从哲学中独立出去之前，作为形而上学的哲学是必要的，随着科学从哲学中的独立和日臻成熟，它不再需要哲学为自己奠定形而上学基础。哲学的形而上学使命结束了，它不得不进入"后形而上学"阶段。① 后形而上学是在形而上学与反形而上学之间的辩证运动，在哲学的后形而上学时代，提供最终的形而上学根据已经不是哲学的主要功能，但解构各种形而上学根据的任务，却仍然非哲学莫属，它体现着人类思维的超越性。② 由此可见，后形而上学的追随者主要是把形而上学当作一种观念形态的真理性知识，这是传统形而上学的表观形式，知识形态

---

① 参见常建：《哲学进入后形而上学时代》，《南开大学》2002年第1期。

② 参见常建：《反形而上学还是后形而上学》，《文史哲》2002年第6期。

背后的真实意义并没有得到深入追究与澄明。随着科学的发展，形而上学作为关于绝对的知识已丧失其历史的合理性，合理形态的哲学主要是解构观念和现实中的各种形而上学的同一性统治，承担着批判抽象的任务，但未能再现出生机勃勃的创造性力量。在追求后形而上学思想之前，首先应清理的思想前提是，是否真正经受了形而上学，并因而洞察了形而上学的内在本性及其矛盾与限制，我们所追求的后形而上学思想是否真实地构成了我们时代富有成效的哲学活动？

　　形而上学表征了人的自我超越的本性，黑格尔曾把形而上学之于一个民族的重要性比作庙里的神。在 2500 年的历史中，形而上学在民族文化中发挥了灵魂的作用。后形而上学理论把形而上学当作思想的不幸与哲学应当摆脱的纯粹消极的东西，是一种历史虚无主义的态度。面对拒斥形而上学的虚无主义态度，孙正聿认为，哲学史不仅是"厮杀的战场"，还具有"花蕾、花朵和果实"的否定之否定的发展的统一性，对以往形而上学体系的否定与超越，又是在更深层次上回到了自己，形而上学理论原则的"绝对性"与究竟至上性被历史的发展消解掉了，但其本身作为环节又保存在哲学中，因而形而上学是"相对的绝对"。① 孙利天认为，尽管各派现代西方哲学家都在力图反对传统西方哲学中的基础主义，但是他们批判基础主义的过程中却不可避免地显露出新的"基础"，因而现代哲学的多元基础主义成为一个不争的事实。对于中国马克思主义哲学来说，最为根本的挑战在于，以既往的传统形而上学基础主义的思维模式切入世界这个混沌，我们容易陷入同一性的死亡哲学，而取消同一性的基础主义的哲学观听任多元、相对主义的哲学观实际上又容易使世界陷入混沌而使人无所适从，我们在此只能认一种多元基础主义的哲学观，即"文化的相对——哲学的绝对"的哲学观作为回应。② 有学者通过反思形而上学的真正意义，

---

① 参见孙正聿：《哲学通论》，复旦大学出版社 2005 年版，第 12、256、257 页。
② 参见孙利天、张岩磊：《多元基础主义的哲学观》，《社会科学实践》2012 年第 2 期。

发现后形而上学本来是形而上学题中应有之义，是形而上学的自我扬弃和自我超越。叶秀山认为，康德的善超出于认识论部分，超出于形式的时空，是理性的实践运用，至善作为幸福与德行的统一，神的王国是高出于现象界的领域，这条思路被列维纳斯推广，形而上学（meta-physics）作为"物理学之后"是超越物理学的意思，本身并不是存在论，还有更超越的东西，是伦理学、道德论。meta 是超越，physics 讲的是存在者，超越诸存在者的就是道德（ethics）的问题。形而上学作为第一哲学本身就是对传统本体论、存在论的超越。① 孙正聿受马克思主义哲学的启发，不再把传统形而上学当作一种孤立的知识形态去加以批判。形而上学作为精神上层建筑中的意识形态，是社会的世俗基础从自身分裂出来并固定下来的独立王国，以想象现实的方式生产着分裂的阶级社会的整全性，以此力图超越现实的社会存在的矛盾与冲突。孙正聿认为，虽然形而上学所承诺的关于绝对的真理性知识并未达成，但它却是在以表述或表达的方式实现了本体的表征，形而上学作为时代水平的最深层次的人与世界、思维与存在的统一性原理，表征了"时代精神的精华"，提供了时代水平的最高支撑点与安身立命之本。"表征"作为形而上学的存在方式，是形而上学在直接的知识形态（本体论、存在论）之后所发挥的真实的实践意义，因而构成了形而上学的自我超越，"表征"就是形而上学本体论之后的意思，成就了哲学的后形而上学的存在方式。如果我们能够以一种历史的、整体的眼光去看待形而上学，就会超越它直接呈现出的孤立的、僵化的、独断的知识形态，紧紧把握住其中的"文明的活的灵魂"，从而便可通达形而上学自身本有的种种自我超越之道。形而上学的"meta"作为"超越"或者"后"，具有一种不断指向自身的反思本性，因而构成了形而上学的自我超越的存在方式。

通过对西方形而上学建构史和反形而上学运动史的分析探究，"形而

---

① 参见叶秀山：《哲学要义》，世界图书出版公司 2010 年版，第 136 页。

上学与反形而上学"学术研讨会的与会学者基本认同"形而上学是人类哲学思维所无法摆脱的宿命"这一观点，也肯定了形而上学的当代意义。首先，形而上学作为一种不可缺少的信念力量，为科学研究提供了一种本体论和方法论基础。其次，形而上学解决了人生的有限性的问题、人的虚无问题，而科技的发展，并不能解决人的有限性问题。就人的存在方式本性来说，无论从何种角度，拒斥、消解形而上学都是不可能的。再次，形而上学在人类思维中具有不可或缺的功能。人的思维的根本特性是超越性，它总是要超出经验的界限，从总体上理解和把握整个世界，而这种理解必须借助于一种形而上学的支点，没有这个支点，人类的思维就无法展开。从这个意义上讲，形而上学在人类思维中具有不可或缺的功能。最后，形而上学是一个民族的精神特质。王树人等人认为，现代社会对物质和技术的崇拜和与自然界的较量，漠视了精神，使人性价值遭到毁灭的威胁，其原因与形而上学的失落有关，一个有文化的民族不能没有形而上学。邓晓芒也提出，任何一个想要拒斥形而上学的人都不得不拒斥哲学本身，任何一个还想进行哲学思考的人都不得不走上形而上学之路，形而上学是人类哲学思维所无法摆脱的"宿命"。①

3. 回应后形而上学与反形而上学的形上追求

面对形而上学研究的反形而上学与后形而上学两股潮流，在新世纪探讨形而上学问题，中国的哲学工作者必须做出应有的独立思考和理论判断。一方面传统形而上学理论所承诺的"绝对知识"只是一种抽象的普遍性，它以想象的现实的方式克服了分裂的阶级社会的矛盾与冲突，使得人的异化存在与异化活动显得光彩，形而上学对本体的理论态度以有限理性充当绝对性和无限性的方式表征了"人在神圣形象中的自我异化"。传统形而上学在自身发展的内在困难和现代哲学的激烈批判下暴露出了严重的

---

① 参见李兵、蒋红、吉凯：《"形而上学与反形而上学研讨会"综述》，《哲学动态》2002年第 11 期。

问题，出现了前所未有的危机，马克思主义哲学对传统形而上学的批判和颠覆也为我们的反形而上学研究开辟了新的理论领域。但另一方面，形而上学作为人自身超越有限性、对无限性的内在追求，具有它永恒的理论作用。后形而上学思考为我们思考一种新的形而上学提供了思的方向。面对当代形而上学研究的双重任务，如何在"反形而上学"的批判中坚守一种"形上追求"，成为新世纪我国哲学工作者必须回答的理论课题。

学界对现代西方哲学的"实践转向"与"生活世界转向"达成共识，认为现代哲学虽然反对传统形而上学，但在深层意义上并不拒斥形而上学，而是变革了形而上学的存在方式，把传统形而上学对本体的理论态度转变为实践态度，从而使形而上学发生了从形式性的观念论哲学转向实质性哲学的革命，开启了更符合形上超越本性的切实的哲学道路。形而上学作为超越诸存在者的学问，是人的自然倾向或内在本性。孙正聿认为，不知其不可而为之，这是形而上学的恐怖，知其不可而为之，这是形而上学的追求。这一说法大体概括了传统形而上学的现代转换，所谓"不可"是理论形态的形而上学之不可能，"而为之"则体现了形而上学从对本体的理论态度到实践态度的转变。现代哲学不再把绝对作为理论对象去构成关于绝对的知识，而是在哲学活动中体现绝对性和无限性，也就是把绝对性作为内在的活动方式。甘阳认为，现代哲学已经从"理性的批判"深入到"文化的批判"，不再追求人性本质的"实体的统一性"而是"功能的统一性"，我们寻求的不是结果的统一性，而是活动的统一性，不是产品的统一性而是创造过程的统一性，卡西尔的符号形式的哲学已经是一种内蕴于文化创造中的哲学活动，在生命精神的直觉创造过程中打开了拓展人类理想空间的可能性道路。① 李醒民通过比较哲人科学家与逻辑实证主义学派的关系认为，真正的科学绝不是实证的，构成科学体系之基础的基本概念与基本原理，并不能从经验中归纳出来，相反它们是创造性构想的产

---

① 参见甘阳：《古今中西之争》，生活·读书·新知三联书店 2006 年版，第 67—103 页。

物，是一种形而上学的假设，是经过经验实在的暗示"回忆"起的似乎原来保存在灵魂中的理念，这个创造性的概念又能使经验实在成为内在必然的知识，如同从经验深处涌现出来的。实证主义只能消灭有害的虫豸，并不能创造出富有生命力的思想体系。真正的科学思想、科学理论是一种内蕴的形而上学。① 孙利天从其"多元基础主义的哲学观"考察了形而上学与文化思想的关系，他认为，相对主义可能是一种健康的生活智慧和文化观点，但却不是一种好的哲学，因为从根本上说哲学就是形而上学，是绝对的真理和方法。形而上学是人的本性，这意味着对于绝对的思考、关于绝对真理的追寻将会伴随人类文明始终。正是在这样的意义上，我们把辩证法，把整个哲学看成是关于绝对的相对真理。这意味着哲学所指向的目标和对象，是形而上学的绝对，而每一个哲学家关于这个绝对所获得的理论认识作为一种历史的文化是相对的。这些所追求的绝对，从理论性质上是区别于经验科学的绝对真理，是非对象性的真理。我们把哲学看作对于绝对、对于使人类文明、使思想得以可能的那个绝对基础的探寻。任何一种哲学，总是与这个民族的文化传统、当下现实、时代精神相关联，因而是一种文化形式。不同时代、民族的哲学必然是多元的，但不同文化形式的哲学作为追根究底的思考的共同本性，又使不同文化形式的、民族的哲学同样作为关于绝对的相对真理具有可交流性、可对话性。在多元基础主义"文化的相对—哲学的绝对"的哲学观下，当代辩证法才真正开始进入一种对话辩证法的阶段。② 尚杰认为，柏格森与胡塞尔批判了传统形而上学的抽象概念模式，把传统哲学的抽象观念实际化为活生生的、具体的普遍性，在概念、本质、直观、时间、意识等一系列问题上还原出本真的精神生活。③ 胡塞尔的现象学虽然拒绝传统形而上学，但其构造的确实是超越诸存在者的严格科学，即形而上学（meta-physics）。即使是真正拒斥形

---

① 参见李醒民：《爱因斯坦》，商务印书馆 2005 年版。
② 参见孙利天、张岩磊：《多元基础主义的哲学观》，《社会科学实践》2012 年第 2 期。
③ 参见尚杰：《还原实际的精神生活——不朽的柏格森》，《江海学刊》2011 年第 6 期。

而上学的逻辑实证主义，后期转变为逻辑实用主义，由"世界图像说"转变为"语言游戏说"，由"本质主义"转换为"家族相似"，语词的意义从"指称对象"变成了"它的使用"，因而形而上学就不再在"世界图像说"的知识论立场上被判定为由语言机器空转所造成的无意义的深奥幻象，而是在"语言游戏说"立场上成为一种对生活有意义的语言使用方式，近年来则更有了分析哲学向黑格尔的回归，把形式逻辑转换为内容的逻辑。马克思主义研究者则普遍认同，马克思把传统形而上学作为想象现实的观念意识形态，指认为"人在神圣形象中的自我异化"，"以往的哲学家们只是用不同的方式解释世界，问题在于改变世界"①，现代哲学的历史任务则是使把形而上学与宗教分裂出来并固定下来的世俗基础革命化，实际地反对并改变现存的事物，确立此岸世界的真理，实现人的现实生活与自主活动的一致，因而马克思在人的自由个性的全面发展与自主的创造性活动中确立了人的"超越诸存在者"的形上存在。

孙正聿从辩证法与后形而上学的关系角度，探讨了辩证法如何在后形而上学视域中，给予自身以理论自觉。他提出，在"后形而上学"的视域中"澄明"黑格尔和马克思的辩证法，构建当代人类的实践的辩证法理论，既需要深化对"形而上学的恐怖"的批判，又需要深化对真理—规律—客观性的探索，坚守"反形而上学"的"形上追求"。② 陆杰荣则从形而上学的当代建构及其现实意义角度，提出正是在使命的履行和困境的应对中，形而上学本身既体现为形而上学对现实生活把握的方式，也体现为形而上学与现实生活关联的不同的特质。现代形态的形而上学的可能进路就在于从实质的维度提升人的现代生活品质，在肯定与否定现代生活的辩证态度中去指证现代生活的崇高价值，去勾勒现代形而上学对现代生活的追求境界，去把握现代人生活中所蕴含的形而上学旨趣。③ 孙利天从作为思

---

① 《马克思恩格斯选集》（第 1 卷），人民出版社 1995 年版，第 57 页。
② 参见孙正聿：《辩证法：黑格尔、马克思与后形而上学》，《中国社会科学》2008 年第 3 期。
③ 参见陆杰荣：《形而上学的当代建构及其现实意义》，《哲学研究》2007 年第 9 期。

想的形而上学角度提出，思想的本性即是人的形而上学本性，思想是形而上学的秘密。思想形而上学的界限，就是以思想的方式把握世界的界限，当代哲学超越形而上学的思想或后形而上学的思想，根本问题在于寻求一种"非规定性的思"，或使思想得以可能的"存在""无"或"他者"。①

另外，赵敦华从中西形而上学分流的角度考察了二者的起源及其区别，为当代中国哲学回应西方后形而上学理论提供了思考的前提。他提出，由于关注不同的问题，中西分别形成了"道德形而上学"与"自然形而上学"的传统，两者以系统化、理论化的形式表明了人类心理机制的这两种倾向。②杨国荣以西方形而上学的基本对象即"存在"为对象，考察了存在的价值之维、认识、存在与智慧、存在与方法、语言的形而上意蕴、美的本体论意义、道德与存在、日常存在与终极关切、形上视域中的自由问题，从而系统地探索和呈现了作为形而上学对象的"存在"所具有的多重维度和意蕴，扩展了我们的形而上学研究的理论视野。③

此外，还有一些学者分别从政治哲学、现代性批判等视角，回应了后形而上学对各个哲学研究领域的影响。陈晏清提出，传统形而上学向后形而上学的转向带来了政治思维方式的变更，从而也带来了政治理念的更新，使政治哲学走出了在传统形而上学语境中所陷入的理论困境，促成了政治哲学在当代的复兴。④还有学者提出，后形而上学的交往理性彻底摒弃了绝对主义，主张后形而上学的基础只能是在不断流动的、暂时的"共识"之中。建设性后现代主义完全走出了对这种"基础"的迷恋，试图建构新经典形而上学，以此克服现代性带来的两个主要难题：失乡与自然的工具化。⑤

---

① 参见孙利天：《作为思想的形而上学》，《学习与探索》2003 年第 6 期。
② 参见赵敦华：《中西形而上学"同源分流"论》，《社会科学战线》2005 年第 3 期。
③ 参见杨国荣：《存在之维：后形而上学时代的形上学》，人民出版社 2005 年版。
④ 参见陈晏清等：《后形而上学转向与政治思维方式的变更》，《天津社会科学》2006 年第 1 期。
⑤ 参见车玉玲：《现代性视域下的后形而上学》，《文史哲》2007 年第 3 期。

总之，在 21 世纪初回应"后形而上学"的研究过程中，中国哲学界的工作者们基本上在自觉地完成三个方面的工作。一是继续加强对传统形而上学的批判工作，只是各自选择的视角不同。有的从马克思主义哲学对传统形而上学的彻底颠覆出发，有的从中国哲学形而上学与西方哲学形而上学的根本差异出发，有的从西方哲学史发展的内在困境出发。二是开始自觉在后形而上学的视域中挖掘形而上学的新的价值和意义，从而为当代的伦理研究、政治哲学研究和科学研究提供了新的对话平台和理论基础。三是开始探索在超越反形而上学和后形而上学的意义上，中国哲学特有的形而上学研究思路，这方面的工作应该说还在摸索当中，但这种对形而上学问题的创新性摸索，无疑将成为我们创造一种能够塑造和引导中国新的时代精神的未来哲学的必要前提。

五、探索人类文明的新形态

人类正在走向未来。哲学作为"文明的活的灵魂"，同时是"时代精神的精华"，有着塑造引领时代精神的作用，构成了对社会现实的批判性超越。社会主义现代化建设的伟大实践就是中国最大现实。社会主义现代化的双重任务是，一方面以市场经济的"以物的依赖性为基础的人的独立性"的存在方式超越自然经济的"人的依附性"的存在方式，完成传统社会现代化的任务，另一方面则要以"社会主义"超越资本现代性的抽象建制，克服"物的依赖性"，实现"人的自由个性的全面发展"与"自由人的联合体"。可以说，中国现实是传统文化、资本现代性与社会主义的历时态的共时性存在，受中国的整个历史性实践的指派，中国传统哲学、西方近现代哲学以及马克思主义哲学构成当代中国哲学的三个本质重要的定向。在历史成为世界历史的今天，中国问题是中国所面对的世界性问题，而当今世界正在经受着现代性的危机，即资本主义文明的衰落。但中国的现代化并不是纯粹西方的资本主义现代化，而是在中国传统文化、西方近代文化与马克思主义冲突与融合中走向未来的"建设有中国特色的社会主义"。中国传统思想、西方近代思想与马克思主义在当代中国哲学中的对话、碰撞、争论以及联合与冲突，构成了一种积极的和强大的张力，表征着当代中国生机勃勃的实践本质，孕育着人类文明的新形态。

1. 当代中国发展的实际可能性

历史成为世界历史是由西方资本主义主导的，西方资本主义现代文明成为世界历史的中心，代表了普遍的世界精神。吴晓明认为，具有世界历史普遍意义的西方——资本主义文明，是一种特殊的、具体的文明，一个复杂的有机整体。这种文明是与基督教有联系的、"不平等的和家庭财产的文明"，一种由独特的价值体系、生活方式和生活态度而获得具体化的文明。其世界历史意义如马克思所说，它创造出巨大的生产力和史无前例的文明成就，它摧毁了一切封建的和宗法的关系并使整个社会生活得到革命性的改革，它彻底变革了传统的生产方式并使生产日益社会化……最后，它把社会历史转变为真正的"世界历史"：由于开拓了世界市场，它使一切国家的物质生产和精神生产都成为了世界性的了。西方资本主义现代性的世界历史意义是历史地获得并且历史地辉煌，也同样将历史地耗尽。中国的现代化部分地从属于西方——资本主义文明，在其发展过程中充分占有资本主义文明所创造的一切积极成果，分享现代文明所具有的世界历史意义，构成了当今中国由以发展的本质重要的一部分。但中国当下的快速发展驱迫现代文明迅速地、不可遏制地抵达其终结阶段，直接凸显了西方资本主义文明所创造的历史界限。因而当今发展的实际可能性，一方面依其部分地从属于现代文明，另一方面则由其完全进入此文明中去的不可能性而获得基本定向。除开中国之部分从属于现代文明的发展已经使这一文明的历史界限迅速临近之外，中国发展之所以不能完全进入西方资本主义文明中去，是由于这一文明本身在根基上的特殊性，即基督教世俗化所造成的原子个人。中国的发展并非以基督教教化的原子个人为前提，缺乏了西方资本主义整个现代建制的前提条件。中国的现代化部分地从属于西方资本主义，又有着与西方资本主义的历史前提不同的地基，使中国的未来要么仅仅作为从属的一支而一并进入到此解体状态，要么在自身发展的独立性中开启出新的文明类型。①

当代中国哲学的探索从根本上关涉到新文明类型的可能性，亦即关涉到新文明的积极开启，因为这意味着整个生活方式、生活态度、价值体系等变革与重铸，意味着哲学思想的"移居"，从一处迁移到另一处，也就是说，意味着哲学的新形态。正像当代中国哲学的发展从新文明类型的可能性中获取其基本走向一样，新文明的可能性则从对现代资本主义文明的批判中取得其最初的理论规定，而当今中国的发展道路本身即构成对该文明的实践批判。由此种批判引申出来的对新文明类型之可能性的理解线索或将如下：② 其一，这种文明类型不是以资本主义为原则的，不是以资本的逻辑为本质——根据的，换言之，它不是资本主义文明，而是具有特定性质与内容的社会主义文明。其二，它不仅仅以具有抽象人格的"原子个人"为原则来建立整个文明的决定性基础，换言之，它不仅仅以形式的意志和主观的自由来形成经济、政治、社会、文化等等的基本建制，所以它不仅将更多、而且将更为根本地把具有实体性内容的"集体"或"社会"整合到其全部建制的基础之中。其三，由于它积极地扬弃现代资本主义文明，所以它能够在占有这一文明之成果的同时，使自身从由资本逻辑而来的"进步强制"——生产强制与消费强制——中解放出来，并对现代形而上学的完成即整个现代技术的"庞大之物"采取自由态度。

中国的现代化必须充分占有现代资本主义文明的成果，而这一文明的精神——文化枢纽就集中地体现在近代西方哲学及其延续下来并发展出去的历史中。中国现代化任务和发展实践是在非常独特的文化传统中开展出来的，这一传统是包含着实体性内容的"活在今天的过去"，而它的思想理论表现则凝聚在中国传统哲学中。作为独特国情之本质重要的部分和文

---

① 参见吴晓明：《当代中国的精神建设及其思想资源》，《中国社会科学》2012 年第 5 期。

② 参见吴晓明：《当代中国的精神建设及其思想资源》，《中国社会科学》2012 年第 5 期。

化表现，传统同时应当被理解为一个积极的前提：正是在这一前提的基础上，才谈得上中国独特的发展实践和发展任务，才意味着中华民族之实体性生命复兴的可能性。中国的发展在现实历史的进程中形成独特的社会主义道路，而这一道路的基本取向则意味着与现代资本主义文明的批判性脱离，意味着新文明类型的可能性。正是这一主导取向从根本上决定了马克思主义哲学的本质重要性。所谓发展总意味着一种敞开的可能性，而社会现实的可能性总意味着趋向于某种"在其展开过程中表明为必然性的东西"。如果说，通过未来发展的现实可能性首先来自于它完全进入到西方——资本主义文明中去的不可能性，那么，马克思主义哲学的决定性意义就表现为：它从原则高度上把握住了这一文明本身的历史性，并由此而提出积极地通达于新文明类型的可能性。①

文化的冲突与对话、各种思想资源之间的碰撞与会通如果真正表现了一种自主的创造性融合，它们便会积极地指向新文明类型的可能性。在这里最关键的是在生活——实践的领域中形成一种社会文化的"可塑力"，即一种"明确地改变自身的力量，那种将过去的、陌生的东西与身边的、现在的东西融为一体的力量，那种治愈创伤、弥补损失、修补破碎模型的力量"。② 要言之，就是形成一种出自生活本身的自主的生命力。就像这种生命力只能生成于当今中国历史性实践之进一步的展开过程一样，在此基础上的文明重建将其理论的任务托付给哲学思想的综合创新了。③

2. 正在走向自觉的"人类命运共同体"

马克思揭示的人类社会的三种基本"形态"，是人类发展必经的几个历史阶段。最初的人类以族群为本位（"人的依赖关系"形态），只有经过个体本位阶段（"以物的依赖性为基础的人的独立性"形态），才能达到人的最高发展形态（"建立在个人全面发展和他们共同的社会生产能力成为

---

① 参见吴晓明：《当代中国的精神建设及其思想资源》，《中国社会科学》2012 年第 5 期。
② 尼采：《历史的用途与滥用》，上海人民出版社 2005 年版，第 4—5 页。
③ 参见吴晓明：《当代中国的精神建设及其思想资源》，《中国社会科学》2012 年第 5 期。

他们的社会财富这一基础上的自由个性"的形态）；反过来说，在人类经过了族群本位到个体本位的发展阶段之后，进一步也必然要走向"自由人联合体"的发展阶段。高清海认为，这是由人的"类"本性所决定不可避免的去向，"自由个性"的时代，就是人类进入了全面的占有并发挥自己的全面本质的时代，这才是真正属于"人"的时代。20 世纪把人类相继形成的社会或历史形态，也就是马克思所指出的人的三个基本形态，以特种方式汇聚在了同一时空域中，这意味着它使人们有可能从切身的观察和体验中，对这些不同的形态进行比较、鉴别，然后自觉地选择、组合和创造。从当今时代的本质特征说，人类已经走完了两个发展阶段。今天虽有广大地区与国家处于落后状态，个人主体尚未完全形成，群落、群体甚至族群在今天的世界事务中依然起了重要的作用；而就历史的主流则必须说：今日已是个体本位主导时代。蕴含于个体生命中的人的创造潜力开掘出来了，社会迅速进入高度发展的现代社会文明时代。但个体主体的社会格局在显示其强大的力量和优越性的同时，也显露出大量矛盾和弊病：概言之，人对自身本质抽象造成的"物化"问题，人对自然的抽象造成的"全球性"问题。这说明，今天人类面临的已是在充分发挥个人主体作用的基础上，如何从个体本位向以类为本位转变、如何把个人主体提高到类主体，即向更高的第三形态"类主体本位"方向发展的问题。今日存在的大量问题，已是只有从统一的类关系中才能找到彻底解决的问题。

"类"从其普泛意义说，只是表示自身同一性、自身统一体的意思，这是物质存在的普遍特性。但事物之间的同一或统一联系是由其固有本性所规定的一种自然性、天然性。它对事物只是作为外部无形力量起作用，既非事物活动的对象，也非事物活动的原则，所以事物没有类意识与类生活。而"人的类特性恰恰就是自由的、自觉的活动"，人不仅自身存在于类的联系中，而且能够自觉地把自身当作类来对待，以类为自身活动的内在规定，并在自己行为中自觉贯彻。用于物上的类对于物是一种限定性概念，而类对人则是突破限界的超越性概念。人是可以同化对象建立关系的世界性存在，"类"意味着人是溶解在普遍关系中的一种存在，世界是人的无机身体。人之为人的类本质在于，人不只是与一切其他之物相区别，更重要的是与一切其他之物还有着普遍同一和统一的一体性联系。人的类本质和类特性是在人作为人的生活中由人自己的活动创生的，人怎样去创造自己的生活，人也就有着怎样的本质和特征，人的类本质是随着人及其活动方式的变化而处于不断变化中的。

以类为本位和主体的自觉"类存在"状态，实际也就是那种人与人完成了的本质的统一，人与外部世界完成了的本质的统一，人与自身本质也变成了的本质的统一的存在状态。"类"关系是一种人与人、人与自然、人与自身本质的内在统一的一体性关系。这种一体关系不是直接的统一，而是人们自觉建立的以差别和对立甚至否定为内容的统一，它是一种既超越他物也超越自身，经过中介走向更高存在状态的"本质"的统一性和"否定性统一关系"。类关系必须经过彼此分化的过程，而后在更高的基础上才能形成。

从人与人的关系说。人类初期的群体本位，已说明人是类存在物，只能以类的力量求取生存。但这时的统一关系是自然形成的，体现的主要是自然的群落力量和群落本质。群体在凝聚个体力量的同时，又在限制和束缚个体创造能力的发挥和发展。所以群体本位必然让位于个体本位。个体独立的实质是个体的类化，个体的人化，每个人都具有了人的本质，获得了人格性。但个体主体的独立性是以物的依赖性为基础的，市场经济造成人的物化本性与物化关系，资本现代性的抽象建制确立的人的独立、平等、自由是形式的、抽象的。马克思指出，"第二个阶段为第三个阶段创造条件"。人类必然要从肯定、否定进一步走向更高的合题，即马克思所说的"自由个性"的联合体形态。这一阶段，人的类本质已经充分地展开和实现，在这样的基础上自觉形成的关系，使每个人都全面占有人的本质，并发挥人所具有的全面本质，实现人和人的最高本质的统一。所谓"类主体"是指，这时的每一个人都已自觉为人，把个人存在纳入他人本质，也把他人存在纳入自身的本质，每一个人在一切人之中，而一切人也在每一个人之中。"人"普遍存在于每一个体之中，又把一切个体统一为一整体的"类"存在，人人都是人格化的人，也都是人的人格化身，每个人既独立又普遍，都是小我与大我的统一体。

人与自然的关系同人与人的关系是完全相适应的。人必须依赖自然，本是自然的存在；人又必须从自然提升出来，人只有超越了自然存在的限制，才能成为人。群体本位的"人对人的依赖关系"状态，实质是人对自然存在、自然关系的依赖状态，那种状态的人可以说还只是处于自然状态的人。个体本位的人则从族群束缚解放出来，也从自然束缚中解放出来，这就加剧了人同自然的紧张对立关系。从类生命来解释人与自然的关系，人从自然中出来，还得回到自然去。人所以能同自然抗衡，凭借的仍是自然的力量。人把自己提升出来升华为主体，应看作只是为了走向与外部世界更深层次的融合，达到更充分发挥自然潜能，建立与自然更高统一关系的必要步骤和必需形式。在类的统一关系中，人的发展与自然的发展本质上是一回事。人即是世界，世界即是人，人天融汇一体，这就是"类存在"。

"在历史成为世界历史"的今天，由于市场、贸易、生产、消费、科技、信息的发展，一切地域、国家、民族都被紧密联结起来，现代世界成为一个一体化和整体行动的世界。世界市场使一切国家的物质生产与精神生产都成为世界性的了，每个人都只能在同人类整体的相互依赖中生存和发展，人类的共同命运、共同利益已成为每个人必须关注和考虑的切身利益和切身命运问题。现代资本主义适应生产的日益社会化，生产关系逐渐走向社会化，也就是沿着日益削弱资本主义私有制度、竞争制度和按资分配原则的"社会主义"方向发展转变。个体本位发展到极致，就会引向类本位；资本主义的高度发展，在自我扬弃中必然会转向社会主义。现代人逐渐从权力与金钱的异化中超越出来，确立自主存在，追求生存的意义和价值，精神生活的满足和充实。在个体普遍主体化之后，人们就会有感于小我的狭隘，去寻求大我的广阔天地。在充分实现个体本位的社会中，走向类化不再仅是理论理想的问题，而是已经变成生活现实的客观需求。①

3.哲学理念创新与文明形态变革

习近平同志在哲学社会科学工作座谈会上指出："人类社会每一次重大跃进，人类文明每一次重大发展，都离不开哲学社会科学的知识变革和思想先导"。哲学是理论形态的人类自我意识，其基本功能是对人类文明进行理论总结和思想升华，塑造新的时代精神。当代中国哲学应立时代之潮头、发思想之先声，以理念创新推动人类文明形态变革。

（1）当代中国哲学研究的使命和责任

作为"时代精神的精华"和"文明的活的灵魂"，哲学不仅要反映时代精神，更要塑造时代精神。就像马克思所说的那样："光是思想力求成为现实是不够的，现实本身应当力求趋向思想。"现实本身应当趋向的思想，最主要的是塑造新时代精神的哲学理念。

当代中国哲学以人类文明的时代性问题为重要研究对象。哲学是思想中的现实。任何重大哲学问题都源于重大现实问题，任何重大现实问题都蕴含着重大哲学问题。在人类文明史上，现代化进程不仅改变了人类的存在方式及自我意识，而且改变了作为理论形态的人类自我意识的哲学。从世界和时代的视野看，中国问题不只是中国自己的问题，而且是当代中国所面对的世界性、时代性问题；中国特色社会主义不仅仅是当代中国的发展主题，而且对于构建人类文明新形态具有积极意义和价值；研究中国问题和中国特色社会主义，既要坚定不移地立足中国实际，又要具有世界眼光。世界性的现代化进程，给人类带来了三个亟待解决的突出问题：其一，从人与自然的关系来说，要解决人类文明的可持续发展问题；其二，从人与社会的关系来说，要解决资本逻辑所造成的"以物的依赖性为基础的人的独立性"问题；其三，从人的身心关系来说，要解决历史虚无主义

---

① 参见《高清海哲学文存》（第2卷），吉林人民出版社1998年版。

与文化虚无主义所造成的文化危机和人的精神家园迷失问题。创建人类文明新形态，必须从根本上解决这些现代化给人类带来的突出问题。哲学的思想先导作用，一个重要表现就在于通过理念创新引导人类在解决这些突出问题中构建新的世界图景。

当代中国哲学的重要使命和责任是以理念创新推动人类文明形态变革。人类选择什么样的文明形态，各个国家选择什么样的发展道路，每个个体选择什么样的生活方式，是当今世界发展最为根本的课题。将以理念创新推动人类文明形态变革作为当代中国哲学的重要使命和责任，其意义在于：一是明确提出哲学的实质内容是对人类文明进行理论总结和升华，哲学的主要功能是为人类文明形态变革提供塑造新时代精神的哲学理念，并以此推进当代中国哲学研究；二是有利于以人类文明形态变革的哲学理念创新为导向，把对现代性的反思升华为对人类文明新形态的哲学探索，为当代中国哲学研究确立时代主题；三是有利于把改革开放以来我国哲学界"回到马克思""重读马克思""走进马克思"的哲学研究升华为深入探讨马克思主义哲学革命所实现的哲学理念创新，深入探讨马克思主义哲学对人类文明形态变革的指导意义；四是有利于以探析人类文明的时代性问题为出发点，把20世纪90年代以来我国哲学界的马、中、西对话聚焦于人类文明新形态的哲学理念创新，以继承性、民族性为基础，以原创性、时代性为目标，以系统性、专业性为导向，构建以哲学理念创新为聚焦点的当代中国哲学话语体系，凸显当代中国哲学的思想力，增强当代中国文化软实力，为人类文明形态的历史性变革贡献中国智慧。

通过融通中西推动当代中国哲学理念创新。当代中国马克思主义哲学研究以反思现代性和探索中国特色社会主义建设规律为主要内容，以马克思主义经典著作和我们党的文献为主要理论依据，以中华优秀传统文化和人类文明精华为重要理论来源，以实现马克思主义中国化、时代化和大众化为主要目标，对创建人类文明新形态进行了深入探索。以反思现代性为聚焦点的当代西方哲学，也从经济、政治、文化、科技等方面对人类文明的问题和出路进行多角度反思，形成了以后现代主义、后形而上学为标志的哲学理论。与此同时，当代西方经济学、政治学、社会学、法学等人文社会科学也以反思现代性为重要内容，为当代西方哲学理念创新提供了丰富理论资源。这表明：聚焦于对现代性的反思，推动中西哲学对话与融通，有助于创建人类文明新形态。党的十八届五中全会提出的创新、协调、绿色、开放、共享的新发展理念，深刻体现了创建人类文明新形态的哲学理念创新，为当代中国哲学理念创新指明了方向，并提出了根本性研究课题。

（2）以马克思主义为指导推进当代中国哲学理念创新

在人类文明史尤其是哲学发展史上，马克思主义经典作家不仅以新的哲学理念反映自己时代的精神，而且以新的哲学理念塑造了新的时代精神。马克思主义经典作家发起的哲学革命、开辟的哲学道路，为当代中国哲学理念创新提供了典范和指引。

从哲学理念创新的视角理解和阐释马克思主义经典作家发起的哲学革命。对人类来说，最为重大和艰巨的理论问题莫过于探寻人类社会发展规律；对人类文明的重大变革来说，最为重大和艰巨的理论问题莫过于以新的哲学理念塑造新的时代精神。马克思主义经典作家发起的哲学革命，为把握人类历史发展规律和人类文明形态变革的实质提供了科学世界观，为认识"现实的历史"即资本主义社会的发展规律提供了最重要的理论资源，为反思现代性和创建人类文明新形态提供了基本哲学理念。以《共产党宣言》《资本论》等马克思主义经典著作为范本，从哲学理念创新的视角理解和阐释马克思主义经典作家发起的哲学革命，重点探讨从"人对人的依附性"到"以物的依赖性为基础的人的独立性"再到"人的自由而全面发展"的人类存在形态、文明形态变革，以及表征人类存在形态和文明形态变革的哲学理念创新，是当代中国哲学立时代之潮头、发思想之先声的理论基础。

当代中国马克思主义哲学理念创新取得重要进展。改革开放以来，我国马克思主义哲学研究经历了从教科书改革到探索重大时代问题的范式转换，赋予哲学观、世界观、本体观以及实践、真理、价值等基本哲学范畴以新的时代内涵，构成了哲学研究新的"阶梯"和"支点"。在深化马克思主义经典著作研究和反思现代性等时代问题的过程中，当代中国马克思主义哲学集中探讨了人与世界的关系，深刻改变了以素朴实在论为代表的直观反映论的思维方式，改变了以机械决定论为代表的线性因果论的思维方式，改变了以抽象实体论为代表的本质还原论的思维方式，形成了一系列关于人类文明形态变革的哲学理念。其中，关于人类历史发展规律的研究、关于中国特色社会主义理论与实践的研究、关于共产主义和人的全面发展的研究、关于西方马克思主义特别是其社会批判理论的研究等，都集中探索了如何以新的哲学理念塑造新的时代精神。

当代中国哲学理念创新需要着重解决的时代课题。在上述探索中，当代中国马克思主义哲学研究提出了一系列重大课题：以当代人类实践活动为基础的人与世界关系是怎样的？以当代科学技术为中介的世界图景是怎样的？以当代人类文明为背景的当代人的思维方式、价值观念和审美意识是怎样的？如何看待和总结中国特色社会主义的世界意义和时代意义？怎样解决现代性问题和实现人类文明形态变革？等等。当代中国马克思主义哲学的理论探索，是当代中国哲学理念创新的重要载体和手段。

（3）为人类文明形态变革贡献中国哲学智慧

习近平同志指出："只有聆听时代的声音，回应时代的呼唤，认真研究解决重大而紧迫的问题，才能真正把握住历史脉络、找到发展规律，推动理论创新。"世界性的现代化进程全面而深刻地改变了人与世界的关系，从而改变了人类文明形态。构建人类文明新形态，需要当代中国哲学紧紧围绕推动当代中国与当代世界现代化进程，不断贡献真知灼见。

深入研究人类文明形态变革与哲学理念创新的互动机理。深入研究人类文明的界定、人类文明形态及其变革的内涵，系统阐发人类文明形态变革与哲学理念创新的关系，具体揭示和论证哲学理念创新的时代内涵及其实践意义；深入研究马克思主义哲学革命怎样实现哲学理念创新、实现了哪些哲学理念创新及其对当代中国哲学理念创新的指导意义；深入研究当代中国马克思主义哲学如何在对现代性的反思和对中国特色社会主义的探索中实现哲学理念创新，如何以哲学理念创新推动人类文明形态变革；等等。此外，还应深入研究马克思主义哲学关于"现实的历史"即人类文明当代形态及其问题的主要观点；从哲学层面阐发中国特色社会主义与人类文明新形态的关系，特别是中国特色社会主义的世界意义；深入研究如何以马克思主义关于人的全面发展的哲学理念和党的十八届五中全会提出的创新、协调、绿色、开放、共享的新发展理念为指导，形成创建人类文明新形态的哲学理念。

深刻揭示人类文明新形态中真理力量与道义力量、科学精神与人文精神、制度文明与精神文明的有机统一。人类文明新形态是人类历史发展的结晶，是人类追求美好社会理想的产物，体现了人类历史发展规律的真理力量，也体现了未来社会美好理想的道义力量。表征人类文明新形态的哲学理念创新，熔铸真理力量与道义力量为一体。实现这种一体化，既需要以科学精神探讨创建人类文明新形态的物质基础、技术手段、制度安排以及政策举措的可操作性和可控制性，又需要以人文精神反思和规避拜金主义、享乐主义、极端个人主义等与人类文明新形态相背离的理念与行为。人们的思想内容和思维方式、行为内容和行为方式、利益关系和价值诉求，既以特定时代的制度文明和精神文明为基础，又是特定时代制度文明、精神文明变革的源泉。以哲学理念创新推动人类文明形态变革，既应深刻揭示当代制度文明创新的理想追求，又应深刻揭示当代精神文明建设的理想追求，并将二者有机统一起来。

深度探析增进中国人民与世界人民福祉的新哲学理念。习近平同志指出，我国哲学社会科学要有所作为，就必须坚持以人民为中心的研究导向，脱离了人民，哲学社会科学就不会有吸引力、感染力、影响力、生命力。这启示我们：哲学理念创新的源头活水在人民，因为"人民最精致、最珍贵和看不见的精髓都集中在哲学思想里"；哲学理念创新的实践力量，在于它真正成为人民普遍接受的、规范自己思想和行为的世界观、人生观和价值观。人类文明形态变革，从根本上说，就是创建增进中国人民与世界人民福祉的新文明形态；以哲学理念创新推动人类文明形态变革，从根本上说，就是要确立增进中国人民与世界人民福祉的新哲学理念。例如，习近平同志提出的"人类利益共同体""人类命运共同体"理念，就是着眼于增进中国人民与世界人民福祉，着眼于维护世界和平与促进共同发展的新哲学理念，体现了民族性与世界性、国家利益与人类利益、中国梦与世界梦的有机统一。

第十四章 | 哲学学科建设与哲学教育改革

改革开放的伟大实践塑造了当代中国社会全新的经济生活、政治生活与文化生活，深刻地变革了当代中国人的存在方式。哲学作为"理论形态的人类自我意识"，不仅在思想内容上，而且在外部形态上都发生了深刻的转变。80 年代"哲学的思想解放"以教科书改革的方式实现了"哲学观念变革"，90 年代"哲学的返本开新"以回归哲学本身的方式开始了具有独立个性的问题研究与思想探索。经过 20 多年的中西马哲学研究的学术思想积累，形成了一系列符合哲学本性、达到时代水平的深刻的理论成果。哲学的范式、体制、形态是哲学活动内容的深层逻辑与精神风格，内容自身的深刻运动必然显现为外部形态的转变，即哲学在研究范式、学科体制、教育方式与存在形态上的创造进化。当代中国哲学在内容与形式上的双重变革，又将为 21 世纪"创建中华民族的思想自我"做出思想上与体制上的准备。

一、哲学范式转换与哲学理论创新

哲学作为"时代精神的精华"，以时代性的内容、民族性的形式和个体性的风格去求索人类性的问题。21 世纪的中国哲学研究必然要反映 21 世纪中国的时代性内容、中华民族的民族性特征，同时也在哲学研究者的个体性探索中，去求索整个人类在新世纪面临的理论问题。21 世纪将是中华民族实现伟大复兴的世纪，中国哲学所面对的时代性、民族性、个体性和人类性都将随着新时代的来临而发生根本的变化，旧的中国哲学的研究范式也必然无法适应新世纪的现实要求。反思哲学自身的研究范式、推动哲学研究的范式转换和理论创新成为21世纪初中国哲学界研究的一个重大课题。这一课题研究关系到中国哲学新世纪研究的理论视野、基本性质和精神的自我阐释，更关系到中国哲学的未来发展方向和发展动力。可见，在21世纪，反思哲学研究范式的基本样式变革、思维方式转变和未来基本趋向，对新世纪中国哲学理论的创新具有极为重要的意义。

1. 马克思主义哲学的研究范式转换和理论创新

2007年10月，第七届"马克思哲学论坛"在苏州大学召开。会议的主题是"马克思主义哲学研究范式：转换与创新"，具体议题主要包括马克思主义哲学范式转换的历史背景与时代要求、马克思主义哲学范式转换的路径和方法、马克思主义哲学范式转换的方向与主题等。学者们认为，随着中国改革开放以及与此相伴随的中国日益深入地卷入全球化的进程，马克思主义哲学研究需要对中国社会发展的历史经验、现实生活以及当代人类实践活动和生存状态的特点进行理论反思和概括，为此就需要转换旧的哲学范式并探求新的哲学范式。学者们提出，哲学范式的转换与创新是一个综合的、需要多方面努力的理论任务，需要多种工作方式和理论路径的相互协作和配合。既需要对中国历史和现实实践活动以及人类生存状态的深度把握，也需要对马克思哲学文本的深入解读以及在此基础上的"返本开新"，同时也需要与包括中国传统哲学、西方哲学和西方马克思主义哲学以及其他学术思潮深入广泛的对话与融合。哲学范式转换与创新最为根本的目标和方向是建构中华民族的当代中国哲学形态。

在传统马克思主义哲学研究范式的内在困境方面，孙正聿认为，深入研究作为"范式"的哲学教科书，从而揭示其深层的理论困难，是目前马克思主义哲学研究中一个尚未完成的重大理论任务，需要透过哲学教科书的叙述体系，对其内在的研究范式做出系统的检讨与反思。①衣俊卿认为，新时期马克思主义哲学研究的阐释结构，存在着"弘扬马克思学说当代价值"与"开展历史文本解读"之间的脱节、"中国问题"和"世界问题"的脱节。②王南湜提出，马克思哲学研究中的黑格尔主义阐释模式构成了中国马克思哲学进一步发展的障碍，因而必须突破黑格尔主义的束缚，走向对马克思哲学更为准确的把握。③

　　在马克思主义哲学研究范式的当代探索方面，孙正聿将"理论思维的前提批判"视为哲学思想的"研究范式"和"解释原则"。他认为，哲学在思想的前提批判中不仅反映和表征时代精神，而且塑造和引领新的时代精神。④衣俊卿则坚持把马克思主义哲学研究范式理解为一种基于实践哲学和文化哲学的批判和开放视野的实践哲学范式。⑤汪信砚则认为，以马克思主义哲学中国化作为研究范式开展中国马克思主义哲学研究，是马克思主义哲学自身的本质要求和当代中国社会发展的客观需要，也是当代中国马克思主义哲学研究健康发展的重要保证。⑥任平认为，对当代资本空间生产的批判性反思，应该成为中国化马克思主义的出场路径。⑦韩庆祥、张艳涛则主张，范式转换的核心是实现马克思主义哲学从"革命的哲学"向"建设的哲学"的转换。⑧王东则从对马克思哲学的解读模式入手，反

---

① 参见孙正聿：《对作为"范式"的哲学教科书的检讨与反思》，《河北学刊》2008 年第 2 期。

② 参见衣俊卿：《新时期我国马克思主义哲学研究的阐释结构：从"马克思哲学论坛"说起》，《哲学研究》2007 年第 11 期。

③ 参见王南湜：《马克思哲学阐释中的黑格尔主义传统及其超越》，《学习与探索》2007 年第 6 期。

④ 参见孙正聿：《前提批判的哲学理论：一种哲学研究范式的自我阐释》，《社会科学辑刊》2008 年第 1 期。

⑤ 参见衣俊卿：《新时期我国马克思主义哲学研究的阐释结构：从"马克思哲学论坛"说起》，《哲学研究》2007 年第 11 期。

⑥ 参见汪信砚：《当代中国马克思主义哲学的研究范式》，《中国社会科学》2008 年第 2 期。

⑦ 参见任平：《论空间生产与马克思主义哲学的出场路径》，《江海学刊》2007 年第 2 期。

⑧ 参见韩庆祥、张艳涛：《时代变迁与哲学范式的转换：从革命的哲学到建设的哲学》，《北方论丛》2007 年第 1 期。

思我国马克思主义哲学研究范式的转换过程，提出"以马解马"的创立当代马克思学的新的马克思主义哲学研究范式。①

2. 中国哲学的研究范式转换和理论创新

21 世纪的中国哲学，逐渐从讨论"中国哲学的合法性"问题，转变为对"中国哲学"学科范式的反思。原因在于，大多数学者自觉到"合法性"问题的实质不在于一般地争论"中国哲学"之有无或"中国哲学"的自我"辩护"，而在于谋求"中国哲学"学科发展的总体突破，创立新的学科范式，并以此为前提重新书写"中国哲学史"，只有这样才有可能成就中国哲学的原创性叙事，促进中国哲学走向世界。2004 年 3 月，由中国人民大学哲学系、中国人民大学孔子研究院、《中国社会科学》杂志社和《中国人民大学学报》四家单位联合举办的"重写哲学史与中国哲学学科范式创新"学术研讨会在中国人民大学召开。来自中国哲学、西方哲学、马克思主义哲学等多个专业领域的专家学者 40 余人出席会议。学者们从不同的视角，对中国哲学的"合法性"反思、中国哲学学科范式的创新以及重写中国哲学史的前提和方法等问题进行了相当深入而有成效的探讨。

首先，郑家栋认为，现存的"中国哲学史"模式及其体例已经大大落后于中国哲学具体问题的研究，范式的转换落后于具体问题的积累与突破。"重写哲学史"的真正意义在于范式转换而不在于增加一个版本或者是在某些具体资料与观点上的修修补补。② 郭齐勇从方法论角度提出，建构中国哲学与中国哲学史，首要的是方法论问题，而方法论问题最为重要的是理解的历史性与诠释的相应性、中国哲学学科的主体性与中西哲学的对话性、中国哲学的特殊性与丰富性。③ 李维武同样从方法论的角度对

① 参见王东：《马克思学的新奠基：马克思哲学新解读的方法论导言》，北京大学出版社 2006 年版。
② 郑家栋：《"中国哲学史"写作与中国思想传统的现代困境》，《中国人民大学学报》 2004 年第 3 期。
③ 郭齐勇：《建构中国哲学的方法论反思》，《学术月刊》2007 年第 3 期。

中国哲学研究进行反思，他认为，要把思想史维度蕴含在中国哲学史研究中，从而使"思"与"史"、哲学创作和历史文化内在地统一在一起。① 景海峰则认为，除了方法论层面的自觉反思之外，对于中国哲学的反思，还应把制度建构和体制保障方面的问题纳入考虑之内。② 赵敦华也认为，中国哲学史的建构模式应更加开放，重视以问题为中心的分析论证、以理性的普遍性为追求目标等。③ 张汝伦从未来中国哲学发展的角度提出，重写中国哲学史必须从哲学的一般意义和中国哲学的特殊性出发，积极开发中国哲学特有的问题域，建构中国哲学自己的概念体系也是未来中国哲学史研究的题中应有之义。④ 余治平认为，中国哲学的创新及其学科范式的确立是一个自然发生与客观选择的过程，具有生成性和历史性，不能被人为设定。人为确立哲学学科范式，实际上是把哲学等同于科学，是一种形而上学。过早确立哲学学科范式反倒不利于哲学创新，应该在哲学发展中解决哲学学科范式创新的问题。中国哲学及其学科范式的创新是一个认识论问题，更是一个实践论、存在论问题，它必然受制于现实的社会存在之体，其成熟与完备必须依赖于现代化在中国的成功和中国国家力量的真正崛起。⑤

3. 西方哲学的研究范式转换和理论创新

关于马克思主义哲学和中国哲学研究范式问题的讨论，影响到其他哲学学科。西方哲学领域的一些学者试图通过回顾西方哲学学科的历史发展，总结经验，发现问题，以期获得更好的发展。周晓亮在《我国西方哲学的回顾、现状、述评与展望》中对此作了清晰而系统的清理。他认为，30 年来，西方哲学研究事业取得了巨大发展，但我国西方哲学研究的不

① 参见李维武：《蕴含思想史维度的哲学史研究：对 19—20 世纪中国哲学研究的方法论思考》，《哲学研究》2007 年第 1 期。
② 参见景海峰：《以制度化为背景的中国哲学建构》，《学术月刊》2007 年第 3 期。
③ 参见赵敦华：《哲学史的现代建构及其解释模式》，《中国社会科学》2004 年第 4 期。
④ 参见张汝伦：《中国哲学的自主与自觉：论重写中国哲学史》，《中国社会科学》2004 年第 5 期。
⑤ 参见余治平：《哲学的中国方式：追寻、反思与心态分析——中国哲学及其学科范式创新的生成性分析》，《东方论坛》2004 年第 3 期。

同领域的发展是不平衡的。面向未来的西方哲学研究应该在翻译、资料积累、研究体系、人才培养和中西哲学比较方面更加努力。① 涂纪亮在《近三十年的西方哲学研究》中，首先把我国 30 年来的西方哲学研究分为两个阶段，即复苏阶段（1978—1987）和繁荣阶段（1988—2008）。前一阶段的首要任务是恢复和整顿西方哲学的科研教学机构，开展科研教学工作，后一阶段则侧重于从微观角度对西方哲学的各个历史阶段的哲学思潮、流派以及哲学家进行深入细致的研究。然后提出了未来西方哲学研究的四个重点方向。② 刘放桐则着重分析了改革开放 30 年来现代西方哲学的研究状况，他提出，为了更好地推进现代西方哲学研究，需要重新认识它们的社会基础，克服将后者简化的倾向。还需要正确看待和处理现代西方哲学与马克思主义哲学的关系，必须了解发展着的马克思主义，适应中国的现实环境的需要，促进中国社会的变革。③

4.科学哲学、伦理学、美学、逻辑学和宗教学的研究范式转换和理论创新

在科学哲学方面，郭贵春从语境研究的角度探讨了科学哲学未来发展的方向。他提出，随着逻辑经验主义的衰落，科学哲学经历了许多根本性的变化，研究者必须面对当代科学哲学发展现状、困境和趋势，应该从"语境"的隐喻特质、"语境"平台的构造、"语境"研究纲领的意义等角度回答科学哲学未来发展的理论基地问题。④ 还有学者提出，科学文化哲学是一种新型的科学哲学。从科学哲学到科学文化哲学的转变，是科学哲学研究的根本性的范式转换。科学文化哲学的开辟，不仅是使科学哲学中国化的一个契机，而且是中国哲学走向世界的一个契机。⑤

---

① 参见周晓亮：《我国西方哲学的回顾、现状、述评与展望》，《哲学研究》2007 年第 7 期。
② 参见涂纪亮：《近三十年的西方哲学研究》，《社会科学战线》2008 年第 2 期。
③ 参见刘放桐：《现代西方哲学研究三十年的反思与展望》，《天津社会科学》2008 年第 3 期。
④ 参见郭贵春：《"语境"研究纲领与科学哲学的发展》，《中国社会科学》2006 年第 5 期。
⑤ 参见孟建伟：《科学哲学的范式转变：科学文化哲学论纲》，《社会科学战线》2007 年第 1 期。

在伦理学方面，甘绍平认为，在一个解魔化、世俗化的时代，伦理道德已经成为为人类理性所确立、理解和把握的东西。只有对人权关系作出明确的界定，只有对道德共同体或人权共同体作出精准的把握，才能为理性成人的人权保护奠定更为坚实的理论依托。① 有学者认为，现行的伦理学研究范式是一种带有抽象性、应然性（理想性）和追求普遍性的研究范式。这种伦理学的研究范式有其合理性，同时也有脱离现实和非实用性的短处。因此，伦理学的研究应该从现行的理论研究走向对伦理生活的研究。② 有学者还提出了发展伦理学研究的"理想范式""问题范式"和"规律范式"，认为发展伦理学的真正繁荣需要这三大范式的协调与统一。③ 还有学者分析了应用伦理学的研究路径，并以历史分析视角和经验分析视角对应用伦理学研究的基本问题及其范式加以探讨。④

在美学方面，张法认为，中国美学原理在 20 世纪的演化是西方美学原理基础上的演化，中国资源只是被作为例证和理证去证明西方美学原理的普适性。如何在原理的层面突出中国特性，成为中国美学原理建构在新世纪的挑战，同时中西美学原理在全球化时代又都面临着多元文化的挑战。⑤ 彭立勋则探讨了后现代主义美学的范式转换。他认为后现代主义以反"逻各斯中心主义"为思想核心，对传统美学的理论命题和概念体系进行消解，取消了审美与非审美、艺术与非艺术的界限，起到了推动美学转型的作用。⑥2007 年第 12 期的《江西社会科学》刊发了三篇文章，分别从不同的角度对新世纪美学研究困境与转型问题进行了分析和思考，并对如何走出困境、实现突围与创新提出了各自的

---

① 参见甘绍平：《当代伦理学前沿探索中的人权边界》，《中国社会科学》2006 年第 5 期。
② 参见郭清香：《伦理生活研究：伦理学研究范式的转换》，《江海学刊》2006 年第 3 期。
③ 参见陈忠：《发展伦理学的范式研究》，《中国社会科学》2006 年第 4 期。
④ 参见宣兆凯：《应用伦理学研究的基本问题及其范式整合》，《哲学动态》2008 年第 3 期。
⑤ 参见张法：《中西美学原理体系在新世纪面临的挑战》，《四川外语学院学报》2007 年第 4 期。
⑥ 参见彭立勋：《后现代主义与美学的范式转换》，《文艺研究》2001 年第 5 期。

看法。① 滕守尧从审美意识角度，分析了新世纪审美文化的变化。他提出，20世纪的审美文化和审美意识倾向于针对工业化对人的"感受力"的剥夺和损害。进入新世纪，这种新的审美方式和审美意识更为凸显，并作为一种审美文化改变人的思维方式、生活方式、伦理道德方式和教育方式。②

在宗教学方面，吕大吉对近百年来中国现代宗教学术研究的进程作了历史回顾，对中国宗教学的特点作了概要的分析研究，提出以一种学术开放精神来对待宗教学的各种理论与方法，是推动中国宗教学进一步发展的重要条件。③ 另外有些学者还从宗教社会学方面研究了范式转换问题。2006年第6期《中国人民大学学报》刊发了一组题为"宗教社会学范式：探索与发展"的文章。美国社会学家斯蒂芬·沃讷，美国普度大学社会学与人类学系杨凤岗副教授和魏德东博士分别以"宗教社会学范式及理论的新进展""中国宗教的三色市场""宗教社会科学：内涵与价值"为题发表了各自的看法。④

在逻辑学方面，鞠实儿认为，逻辑学概念作为一个家族相似，利用家族相似性引入的新逻辑类型将扩充逻辑学家族的成员并改变"逻辑学"一词的内涵，在逻辑学的内涵与外延具有开放性的条件下，我们可界定所谓的逻辑学转向。是否可能存在一种真正跨文明说理的规则或跨文明论辩的逻辑？它们是什么？这将是逻辑学未来要面临的研究课题。⑤

总之，21世纪初的中国哲学各学科通过对自身研究范式的自觉反省和大胆创新，把哲学解释原则在新世纪的变革与自身研究范式的自觉结

---

① 参见谭好哲、杨守森、陈正勇：《美学研究：困境与突围（笔谈）》，《江西社会科学》2007年第12期。
② 参见滕守尧：《新世纪与新的审美意识》，《学海》2011年第1期。
③ 参见吕大吉：《中国现代宗教学研究一百年的回顾与展望》，《江苏社会科学》2002年第3期。
④ 参见斯蒂芬·沃讷、杨凤岗、魏德东：《宗教社会学范式：探索与发展》，《中国人民大学学报》2006年第6期。
⑤ 参见鞠实儿：《逻辑学的问题与未来》，《中国社会科学》2006年第6期。

合，使得各个学科一方面摆脱了传统研究范式和解释原则的束缚，完成了
研究范式和研究方法的多元化转换，从而为新世纪中国哲学研究在研究领
域和研究方法上的多元化发展奠定了基础。另一方面，各学科哲学研究范
式的转换和创新使得各哲学部门可以打破自身研究视野的狭隘性和封闭
性，能够以一种更加广博和宽容的研究态度会通其他学科的研究，从而为
哲学研究综合各门学科的最新研究成果，创新中华民族自己的哲学理论和
精神家园提供了理论前提。

二、哲学学科建设的重要进展

学科是学术的专门化与体制化，哲学学术思想的变革与发展必然外化
为哲学的学科建设与体制创新。改革开放以来，我国的哲学学科建设取得
了丰硕成果，无论是哲学的学科建设与体制创新，还是教材体系建设与师
资队伍建设，都为学术研究和教育教学以合乎哲学本性的方式存在提供了
制度保障，巩固和总结了哲学研究与哲学教育所达到的成就，为哲学研究
和哲学教育的深入发展注入了生机与活力。

1.当代哲学发展中的哲学学科建设

当代中国哲学理论地表征了改革开放的伟大进程，哲学学术思想的变
革与发展制度化为哲学学科建设的成果，同时哲学学科建设取得的丰硕成
果，也为哲学学术思想的发展与创新提供了坚实的体制保障。

20世纪80年代，中国哲学界不仅以讨论"真理标准"的方式推进了
当代中国的解放思想的进程，并且以改革通行的哲学原理教科书为聚焦点
推进了哲学自身的思想解放，形成了关于世界观、认识论、历史观和价值
论讨论的一个又一个的热点问题和焦点问题，在当代中国哲学史上形成了
繁荣和发展马克思主义哲学的理论热潮。与此同时，中国哲学和外国哲学
研究突破简单化的研究模式，展开了中、外哲学史的断代史、国别史、流
派史以及各种哲学思潮的具体研究；自然辩证法研究，在现代科学和现代
西方科学主义思潮的背景下，展开了对现代科学技术以及现代西方科学哲

学的研究，形成了我国科学技术哲学的雏形；伦理学、逻辑学、美学和宗教学提出并研究了一系列对学科建设具有重大意义的新问题和新课题。20世纪80年代的哲学改革，从根本的指向性上看，是以新的教科书体系取代旧的教科书体系，也就是重构教科书体系。传统教科书哲学改革的深化，体现为从哲学观念变革升华为哲学研究方式的变革，即改变"原理加实例"的注释方式，从教条主义的研究方式当中解放出来。

这种改革的集中表现，就是20世纪90年代中国哲学界所实现的从"体系意识"到"问题意识"的重大转换，"问题"成为哲学研究的最重要的出发点。真理与价值、理性与非理性、公平与效率、发展与代价、传统与现代、科学精神与人文精神，这些源于现实生活的哲学问题理论地表征了当代中国在建设社会主义市场经济中的人的存在方式的变革，以及当代中国人在深刻的社会转型中的思维方式和价值观念变革。90年代的哲学"所有问题"的"一个问题"，是对哲学自身的理解即"哲学观"问题。它引发了关于哲学基础理论的两个方面的深切反思：一是对哲学的理论性质、研究对象、思维方式、生活基础、派别冲突及发展趋向的反思；二是对哲学的本体论、认识论、历史观、真理观、价值观、发展观和人生观的反思。关于哲学基础理论的反思，又引发了对"两大思潮"即科学主义思潮与人本主义思潮、"两种文化"即中国文化与西方文化的比较研究，并进而打破了长期以来的哲学各二级学科壁垒森严、相互割裂的状况，推进了哲学研究的整体水平。哲学研究的丰硕成果，构成了推动哲学学科建设的实质性内容。

进入21世纪，我国的哲学学科建设和哲学教育改革获得了新的体制性支持。一批高校的哲学学科被确定为国家重点学科，一批高校的哲学研究机构被确定为教育部人文社会科学重点研究基地，一批高校的哲学研究基地被确定为"985工程"国家哲学社会科学创新基地，一批高校哲学院系的研究课题被确定为国家社科基金和教育部社科基金的重大或重点项目。尤为重要的是，中央实施马克思主义理论研究和建设工程，把编写马克思主义哲学教材列为首批重点建设项目，并先后把马克思主义哲学史、中国哲学史、西方哲学史、伦理学、宗教学等教材列为重点建设项目。编写组制定编写纲要和编写要点，多次召开研讨会，聚集全国高校及党校、社科院等各方面专家研讨马克思主义哲学的理论创新与当代中国哲学的理论建设，为编写新世纪的马克思主义哲学与当代中国的哲学教材奠定广泛的理论基础。自 2001 年至 2008 年，连续八届的"马克思哲学论坛"，深入地探索了马克思主义哲学的当代价值、马克思的本体论、当代西方的马克思主义哲学研究、马克思主义哲学与现代化的反思、构建当代形态的马克思主义哲学体系、马克思主义政治哲学的阐释与创新、马克思主义哲学研究范式的创新与转换、马克思主义哲学中国化与当代中国哲学建设等重大问题。关于马克思主义哲学的学术研讨，又延伸为中国哲学、西方哲学与马克思主义哲学的"对话"，特别是凝聚为马克思主义哲学中国化问题，把构建具有中国特色、气派和风格的马克思主义哲学作为中国哲学界的共同使命。

哲学研究的成果，不仅为哲学学科建设提供了丰富的、坚实的思想内容，而且为哲学学科建设提供了深刻的、明确的指导思想。作为世界观理论的哲学，它是理解和协调人与世界之间关系的理论，它为人们提供理解和协调人与自然、人与社会、人与历史、人与他人、人与自我的相互关系的"大智慧"和"大聪明"。在哲学思想中熔铸着人类的智慧、理想、信念和教养，特别是在马克思主义哲学中，更是熔铸着马克思和恩格斯及其后继者的崇高理想、坚定信念、高尚情操和深厚教养，因而具有气势恢宏、博大精深、睿智通达的理论境界，从而为人们提供了一种最能"以理服人"的世界观和人生观。我们只有充分理解哲学、特别是马克思主义哲学的理论性质和社会功能，并把这种理解诉诸于哲学学科建设之中，才能为哲学学科的体制改革奠定明确的出发点和坚实的立足点。

2. 教材体系建设与教学内容改革

哲学从本质上说，就是"使人作为人而成为人"的哲学教育。教材是教学的"文本"；哲学学科建设，需要以教材建设为本。

长期以来，哲学教育中的突出问题，在于哲学教材和哲学教学脱离生活、脱离现实、脱离学生，把教材当成"现成结论"和"标准答案"，把教学当成"讲解条文"和"空洞说教"，教师照本宣科，学生死记硬背。究其原因，最重要的是作为教学内容的教材缺乏哲学应有的深厚的历史感、强烈的现实性和巨大的逻辑感，使哲学教学失去了它的丰富性、生动性和深刻性，没有实现哲学的"以理服人"。改革哲学教学内容，必须从改革教材内容入手。

哲学教材建设，首要的是马克思主义哲学教材建设。马克思主义哲学教材建设，首要的是"四个充分体现"：一是充分体现邓小平理论和"三个代表"重要思想在哲学领域的基本观点；二是充分体现当代中国马克思主义最新成果所贯穿的立场、观点和方法；三是充分体现当代中国马克思主义最新成果所关注的当今世界的重大问题；四是充分体现当代中国马克思主义最新成果所具有的中国特色、中国风格和中国气派①。马克思主义哲学教材建设，还应注重在阐述基本观点中的"五个分清"：马克思主义哲学的哪些观点已经成为常识性观点，哪些基本观点以往的教材没有涉及或未加重视；哪些观点本来不是马克思主义哲学的基本观点，但当代实践和科学的发展又日益凸显这些问题；哪些观点是马克思主义的后继者依据马克思主义哲学的方法论分析、研究变化中的实际而提出的新观点；哪些观点已在科学分化中成为其他学科的重要内容②。马克思主义哲学教材建设，还应特别注重以理服人。马克思说："理论只要说服人，就能掌握群众；而理论只要彻底，就能说服人"。理论课的生命力在于以理服人，以理服人的前提是理论本身的彻底性，因而要以马克思主义哲学所具有的历史性、时代性、逻辑性和开放性来实现马克思主义哲学的理论说服力，真

---

① 参见袁贵仁：《充分体现当代中国马克思主义的最新成果》，《人民日报》2004 年 7 月 22 日。

② 参见杨耕：《深入阐释马克思主义的基本观点》，《人民日报》2004 年 7 月 22 日。

正体现马克思主义哲学与时俱进的本质特性①。

哲学教材改革，不能是无源之水、无本之木，它的"源"和"本"是哲学研究的丰硕成果。任何一门学科的存在与发展，都离不开"论坛"与"讲坛"这两种方式。"讲坛"的丰富性和深刻性来源于"论坛"的研究成果，"论坛"的研究成果转化为"讲坛"的教学内容才能得以广泛传播和逐步完善。20多年来的改革开放，为繁荣和发展当代中国的马克思主义哲学提出了不可胜数的新问题，"哲学论坛"对这些新问题进行了广泛的讨论，并在这种讨论中拓宽和深化了马克思主义哲学的基础理论，为"哲学讲坛"提供了具有强烈的时代感的教学内容。20世纪80年代以来的"哲学论坛"比较集中地探讨了认识论的反映论与选择论的关系，辩证法的本体论与认识论的关系，价值论的理想主义与功利主义的关系，历史观的决定论与非决定论的关系，真理观的事实判断与价值判断的关系，唯物论的物质论与实践论的关系等一系列重大的理论问题。这种讨论，深刻地变革了以素朴实在论为代表的直观反映论的思维方式，变革了以机械决定论为代表的线性因果论的思维方式，变革了以抽象实体论为代表的本质还原论的思维方式，形成了具有丰富理论内容的当代中国马克思主义哲学的世界观、历史观、人生观和价值观。在人类迈进21世纪的时候，哲学界正在对20世纪的哲学历程进行深切的回顾与反思，这为梳理和概括"哲学论坛"的理论成果，进而把"论坛"的成果转化为"讲坛"的内容，创造了难得的大好时机。我们应当以严肃认真而又积极主动的态度去实现"论坛"成果向"讲坛"内容的转化，创建一大批真正是"面向21世纪"的哲学教材，为新世纪的哲学学科建设与教育改革提供坚实的基础。

哲学教材建设，应当着眼于马克思主义的中国化。2004年先后辞世的张岱年先生和高清海先生，均对此作出不懈的努力。张岱年先生是我国哲学界和思想文化界德高望重的著名学者。他的哲学思想学宗辩证唯物

---

① 参见孙正聿：《努力展现马克思主义哲学的理论魅力》，《人民日报》2004年7月22日。

论，兼采西方哲学的分析方法，对中国哲学史研究有着极高的造诣和广泛的建树。他的著作对中国传统哲学的概念范畴、思想体系、源流发展及其基本倾向等作了全面系统的阐释。他的研究重视阐扬中国传统哲学固有的唯物论和辩证法思想，重视对中国传统道德论和价值论思想的理论分析。高清海先生在他辞世前发表的《中华民族的未来发展需要有自己的哲学理论》一文，提出"哲学"是民族之魂。"哲学标志着一个民族对它自身自觉意识所达到的高度和深度，体现着它的心智发育和成熟的水准。当今中国社会正处在社会转型的关键时期，它内在地要求人们从理性的高度来判断中国社会的历史方位，澄明社会发展的价值前提，反思未来发展的可能道路，也即是说，创建当代中国哲学理论，乃是中国人反思自己的生命历程、理解自己的生存境域、寻找自己未来发展道路的内在要求和迫切需要"。以中国特色、中国风格和中国气派的理论自觉构建马克思主义中国化的哲学教材，这是哲学教材建设的根本使命。

3. 师资队伍建设与教学方式改革

哲学是一种反思的智慧、批判的智慧、创新的智慧，它以时代性的内容，民族性的特色和个体性的风格去求索人类性问题，它要激发人的想象力、批判力和创造力，它要弘扬人的主体意识、反思态度和探索精神，它要增强人的理论思维能力和提升人的人生境界，因此，它要求哲学教师不仅具有坚实的理论功底、广博的知识背景和灵活的教学艺术，而且要求哲学教师具有融理想、信念、情操和教养于一身的强烈的人格力量。一个对国家、民族、人类漠不关心的人，一个对是非、善恶、美丑、荣辱莫衷一是的人，如何能够讲好解放全人类、创建新世界的马克思主义哲学？哲学的特殊性向哲学教师提出了特殊要求；对哲学教师的特殊要求，表明哲学学科师资队伍建设在哲学教育改革中具有突出的重大作用。

哲学的力量，是思想的力量，理论的力量。"讲理"，这是哲学教师的基本功。"讲理"的前提则是"有理"。这就要求哲学教师不仅要掌握哲学"知识"，而且必须搞清哲学"道理"。恩格斯说，哲学是一种"建立在通晓思维的历史和成就的基础上的理论思维"。哲学是历史性的思想，哲学史则是思想性的历史，哲学与哲学史是密不可分的。一个合格的哲学教师，不仅需要研究"哲学理论"，而且需要通晓"哲学史"，并且能够熟悉诸如伦理学、逻辑学、宗教学、美学等领域。在这个意义上，把"哲学"分为若干二级学科，也许并不合理。对于哲学学科的师资队伍建设，这种划分显然应当弱化。

哲学的力量，不仅源于"哲学中的问题"，更是源于"问题中的哲学"，即现实生活中所蕴含的哲学问题。因此，"讲理"的哲学，不仅要讲深、讲透哲学中的"形上"问题，而且要讲深、讲透现实向哲学提出的"形下"问题。在"新科技革命""经济全球化""信息社会""知识经济时代""社会主义市场经济"中所体现的人的存在方式、思维方式、价值观念的变革，以及在这场变革中所蕴含的人与自然、人与社会、人与他人、人与自我、理想与现实、标准与选择等哲学问题，不正是青年学生和社会公众所关切的重大的理论问题和实践问题吗？把"问题中的哲学"上升为"哲学中的问题"，把理论的"外部困难"即理论与经验的矛盾升华为理论的"内部困难"即理论内部的矛盾，从而以哲学的方式关切现实并对现实进行哲学层面的反思，这不正是哲学工作者的"用武之地"吗？哲学学科的师资队伍建设，从根本上说，就是要建设一大批"有理""讲理"的哲学工作者。

哲学是一门最具有理论魅力的学科。在教学实践中体会到，哲学教学中的"讲理"，应当注重"激发学生的理论兴趣，拓宽学生的理论视野，撞击学生的理论思维和提升学生的理论境界"，其中，最重要的是"撞击学生的理论思维"。哲学，它要激发而不是抑制人们的想象力、创造力和批判力，它要冲击而不是强化人类思维中的惰性、保守性和凝固性，它要推进而不是遏制人们的主体意识、反思态度和创造精神。正因如此，哲学才能锻炼和提高人们的理论思维能力，才能培养和强化人们的创造性的综合素质，也只有这样，哲学教学才能贴近生活、贴近现实、贴近学生，成就其实现人的自身本质的使命。

4.哲学学科建设与体制创新

进入新时期以来，哲学研究的各个二级学科、各个层次、各个方面的研究都取得了长足的进步。但是，在此过程中，也存在一个具有普遍性的现象，那就是各二级学科之间，一般理论研究与哲学史研究、基础理论研究与现实研究等之间的学者们缺乏足够的互相交流和相互理解，甚至还存在着一种"学术上的本位主义"现象，即以自己所从事的研究领域为尺度，忽视其他领域研究的价值和重要性。毫无疑问，学术上的分化与分工是学术发展的必然趋势之一。但正因为这种分化和分工，也就要求学者们对其他分工领域的学者的工作给予必要的尊重，正像社会与市场分工要求每个行业对其他行业的重要性给予必要的尊重一样。而且，正因为这种分工还内在地要求各个分工领域相互依赖，相互补充，通过分工合作，共同促进学术的发展与繁荣。由于种种原因，我们的哲学研究还缺乏对此充分的自觉意识，相互排斥、老死不相往来的现象仍然比较严重，自设壁垒、拒绝对话的倾向也并不少见。这种现象不利于建立和形成健康的"学术生态"，不利于学术积累和学术创造。如何改变这种现状，让各个领域的学者之间在一种"和而不同"的气氛中形成中国哲学发展的"合力"，从而推动汉语哲学进一步走向繁荣，这是我们必须认真面对的一个重大课题。

哲学的各二级学科及各研究方向间的相互理解与"分工合作"的必要性，还蕴含着哲学学科建设的更为重大的问题，即学术分工的合理性的界限问题。作为一个一级学科的哲学分化为八个二级学科，在各个具体的特殊领域中进行专业化和职业化的深入研究和探索，为哲学走出空洞、抽象和简单化积累了丰富的内容，是哲学发展的必由途径。但哲学的专业化和职业化的过度发展又窒息了哲学创新的生命本性，哲学各二级学科的壁垒成为哲学自身进展的瓶颈。过度专业化所造成的局部效率的升高，导致了哲学的生命整体效率的下降，甚至偏离了哲学创新的生命本性。超越哲学各二级学科的隔阂，以根本性的哲学问题为中心来从事哲学思考、研究和创作，是哲学发展所需认真对待的一个重要问题。

　　学科的分化是现代性意识形态在学科建构上的表现，它对于学科的发展曾经起过重大推动作用，但同时过分的学科分化也给学科发展带来许多弊端和负面影响。我们国家的哲学教学和研究长期沿用苏联的学科划分方法，把哲学一级学科界划为八个二级学科。这种学科划分方式的弊端在今天已经变得越来越突出。其一，这种划分方式在很大程度违背了哲学的本性。哲学在根本上是一种以哲学问题为中心的反思批判工作，这一工作的进行，是一个调动各种思想资源、知识背景和概念工具的综合的创造性过程，它无法简单地用"二级学科"之类的划分予以框定。哲学史上的伟大著作，都鲜明体现出了哲学的这一本性，如果按照现在的八个二级学科的分类方法，它们都将无法找到其"应有的"位置。其二，这种划分也与国际通行的学科划分难以接轨。国际通行的做法是按照领域、问题或者国别和民族来对哲学教学与研究的范围作一种相对的区分，固执于我国二级学科的人为分割，必然使我们与国际学术界的交流与对话遭遇重大的困难。其三，长期以来它已经对我国哲学教学与研究造成了不良影响，它既制约了学者的理论视野与知识结构，也延宕和耽搁对真正重要的哲学问题的捕捉、关注与创造性解决，同时在教学过程中也对学生健全的哲学感觉、合理的知识结构、正确的哲学思考与理解方式的形成等产生了严重后果。

　　对此问题，近年来我国有不少学者不断发出呼声，希望能有所改变。但这种学科格局的形成有其长期的社会历史根源。要改变它，除了学者们的努力，还需要在学术制度等方面予以配合。展望未来，认真面对这一问题，并积极寻求解决的途径，对于中国哲学的发展来说是一个重大的课题。哲学学科建设的体制，只有作为哲学内容自身自己运动的形式的觉解，才能敞开哲学发展的空间，而不致陷入空无内容的形式主义。哲学学科建设的体制，应当从人为的主观规划与建构中摆脱出来，按照哲学创新的生命本性进行创新，达到符合哲学自身本性的实在性。

　　当代学界的许多学者痛感偏狭的专业化弊病已经危及哲学这门创造性学问的本性，提出要立足哲学本性，坚实专业基础，在大哲学的视野中，努力实现中、西、马等各二级学科的贯通融合，甚至要达到文史哲的会通，以实现哲学的综合创新。在这一思想的指导下，许多高校的哲学系积极开出了许多通识教育的课程，极大地拓宽了学生的思想视野，发展了学生精神世界的丰富性，增强了学生对异质性新事物的敏感性，激发了学生的求知欲望与创新精神。但这种探索和努力的艰难，在于它必须沉入哲学自身的本性中，按哲学自己的要求形成合乎实际的学术体制，否则极易陷入人为规划的主观主义中，造成大而无当的形式主义。对于专与博的关系，不应当只从量上去理解，而必须从质上去把握，在各种专业知识中保持住、守护住哲学创新的生命本性。同样，对于专业研究也必须按创造论的哲学观进行符合哲学本性的研究，专业中的异质性元素的生长、聚集、渗透、融合、变异和创造进化便敞开了一专业贯通哲学的其他不同专业的窗口。专与博的合题就是"通"，也就是变异和横向创造。正是通过对哲学的生命力与创造力的保持、守护与培育，哲学就会按照其内容自身自己运动的形式展开哲学学科的建设，不断生成新的体制。

三、哲学教育改革的主要成果

哲学教育在我国高等教育中具有特殊意义，并占有特殊地位。哲学作为理论形态的世界观，哲学教育的特殊意义和特殊地位，在于它不仅是培养哲学专业人才的专业教育，而且是培养全体学生的哲学修养的世界观和人生观教育。推进哲学教育改革，提高全体大学生乃至整个中华民族的哲学修养，激发中华民族的思想力和创造力，这是我国高校哲学教育的神圣使命与根本任务。

1."哲学"与"哲学教育"：关于哲学教育改革的出发点和立足点

哲学教育，当然应当是对受教育者进行"哲学"教育，即按照哲学的特性进行教育，并使受教育者掌握人类把握世界的一种独特的基本方式——哲学方式；然而，哲学教育长期以来存在的根本问题，却恰恰在于以非哲学的方式进行所谓的"哲学"教育，以致受教育者从来没有思考和体验过哲学方式的独特性质和特殊价值。因此，哲学教育改革的出发点和立足点，既不是课程体系和教学内容的改革，也不是教学方式和教学手段的改革，而必须是对"哲学"和"哲学教育"的"反思"与"定位"。

作为"世界观理论"的哲学，它是理解和协调人与世界之间关系的理论，它为人们提供理解和协调人与自然、人与社会、人与历史、人与他人、人与自我"相互关系"的"大智慧"和"大聪明"。哲学的"大智慧"和"大聪明"，既不是枯燥的条文，也不是现成的结论，而是"向上的兼容性""时代的容涵性"和"逻辑的展开性"的统一。首先，哲学具有"向上的兼容性"，是人类认识史的积淀、结晶和升华，是一种"建立在通晓思维的历史和成就的基础上的理论思维"。这就是说，哲学是历史性的思想，哲学史则是思想性的历史，哲学与哲学史是密不可分的，离开"思维的历史和成就"，哲学就会失去它的丰富的理论内容，就会失去它的至为重要的"历史感"。其次，哲学具有"时代的容涵性"，是思想中所把握到的时代，是"自己时代精神的精华"。哲学理论的力量，在于它以理论的方式去把握现实，使人们超越感觉的杂多性、表象的流变性、情感的狭隘性和意愿的主观性，达到对现实的全面反映、深层透视、理性解释、批判性反思和理想性引导。再次，哲学具有"逻辑的展开性"，表现为哲学范畴的逻辑体系。用列宁的话说，概念、范畴是人类认识的"阶梯"和"支撑点"。哲学理论的深厚的历史感和强烈的现实感，都只能是实现在它的逻辑化的概念展开过程之中。从一定意义上说，哲学理论的力量，就在于这是一种理论的逻辑力量、理论的说服力量、理论的征服力量。

正是哲学自身具有的"向上的兼容性""时代的容涵性"和"逻辑的展开性"，使得哲学理论既具有了丰富性、生动性和深刻性，又显示了深厚的历史感、强烈的现实感和巨大的逻辑感。我们只有在哲学教育中充分体现哲学本身的特性，才能切实有效地搞好哲学教育。问题在于，无论是哲学教学，还是哲学教材，长期以来存在着下述背离哲学本性的问题：一是把哲学当成现成的结论、枯燥的条文和空洞的说教，既没有深厚的历史感，也没有强烈的现实感，又没有巨大的逻辑感，因而不能在哲学教学中做到"以理服人"；二是以所谓"原理加实例"的方式去编写修修补补、拼拼凑凑、毫无创意、千篇一面的教材，把教材变成可以死记硬背的"标准答案"。这样的教学和教材，使哲学失去了它的丰富性、生动性和深刻性，丢弃了它的历史感、现实感和逻辑感，学生怎么能够愿意接受这种现成的结论、枯燥的条文和空洞的说教呢？尤为重要的是，哲学的特性表明，哲学从来不是一种冷冰冰的逻辑，而是熔铸着人类的理想、信念、情操和教养。在马克思主义哲学中，则熔铸着它的创始人及其后继者的崇高理想、坚定信念、高尚情操和深厚教养，因而具有一种气势恢宏、博大精深、睿智通达的理论境界，为人们提供了一种最能"以理服人"的世界观、历史观、人生观和价值观。我们只有充分理解哲学特别是马克思主义哲学的理论性质，才能奠定哲学教育改革的明确的出发点和坚实的立足点。

2."专著"与"教材"：关于哲学教材的改革与建设

哲学教育中的问题，主要是表现在哲学教学与哲学教材这两个方面；因而，哲学教育的改革，也必须落实到哲学教学改革和哲学教材改革这两个方面。尤其值得深思的是，哲学的教学改革与教材改革是相互依存、相辅相成的：教学改革只有诉诸教材建设，才能使教改成果获得相当稳定和广泛传播的方式；反之，教材建设只有源于教学改革，才能使教材适应和推进教学改革。厘清教学改革与教材建设的这种辩证关系，有助于我们澄清教学改革和教材建设中的一些重要问题。

首先是"教材"与"专著"的关系。长期以来，哲学教材中的突出问题，是把"教材"与"专著"对立起来，认为"专著"只是作者个人的见解，不具有"客观性""一致性"或"普遍性"，而"教材"则是不"掺杂"个人见解的"客观真理"。我认为，这种理解是陷入了关于"专著"和"教材"的"双重误区"，既阻碍了"专著"的发展，也误导了"教材"建设。正是这种双重的"误区"，造成我国高等教育长期以来存在的一个奇怪的现象，这就是把"教材"视为人皆可以"编写"的产品，并因此把"教材"

当作难登大雅之堂的等而下之的东西。这种情况，尤为严重地表现为哲学教材的"编写"。试问一下，有谁能搞清楚究竟"编写"了多少种"千部一面"的"哲学原理"这种教材？如此"编写"出来的"哲学教材"究竟在哲学教育中会起怎样的作用？

我们都知道，人类文明主要是以"教育"为中介而实现其社会遗传，而"教材"则是作为各门学科的"本文"而实现人类文明的传承与发展。每一代人首先都是通过各门学科的"教材"而了解和掌握人类文明的成果。这表明，"教材"应当而且必须是人类文明在自己的时代水平的集中体现。就是说，每个时代的"教材"不仅必须是人类文明的最重要的"本文"，而且还必须是在自己时代的水平上展现人类文明的成果。因此，"教材"不仅应当是名副其实的"专著"（关于某个学科的人类文明成果的专门性著作），而且必须是最具权威性和前沿性的"专著"（关于某个学科的当代水平的专门性著作）。

对于哲学来说，它的"教材"尤其需要具有"专著"的性质。哲学是以时代性的内容、民族性的特色和个体性的风格去求索人类性问题，任何一种真正的哲学都只能是经由哲学家的头脑而把握和展现的时代精神。离开哲学家个人的系统研究、独立思索、深切体悟和忘我求索，怎么能够形成以严谨的概念体系去表述文明积淀与时代精神相统一的哲学"教材"呢？翻开哲学史，我们会发现，每个时代的真诚探索的哲学家，总会形成广泛的深刻而又一致的哲学思想。或者说，谁思考得越深刻，谁就会获得时代水平的深层的一致性；反之，谁拒绝深刻地思考，谁就会在浅层的共同性中隐含着无法解决的矛盾。哲学教材需要的是时代水平的深层的一致性，而不是某种抄来抄去的浅层的共同性。

实行"教材"改革，前提是变革"教育"理念。"教育"，并不是以"教材"的方式向受教育者灌输某种亘古不变的"绝对真理"，而是通过"教材"启发受教育者思考本门学科的各种问题，并进而创造性地提出问题和解决问题。如果把"教育"定位为灌输"绝对真理"，就会把"教材"定位为

"标准答案"，这哪里会有"专著性"的教材呢？这哪里会有"面向21世纪"的课程与教材呢？这哪里会培养出"创造性"的"人才"呢？变革"教育"理念，理所当然地就会变革"教材"理念。"教育"是培养创造性人才，教材就不可能是"教条化"的"标准答案"，而必须是最具权威性和前沿性的"专著"。教育部组织的"面向21世纪课程教材"，中国人民大学出版社策划出版的"21世纪哲学系列教材"，都把高等教育的教材建设定位为"面向21世纪"。这并不是一个时髦的口号，而是以新的教育理念和教材理念为出发点，实行教材改革的切实的努力。

教材建设中的另一个问题，是所谓"讲坛"与"论坛"的关系。这是"教材"与"专著"关系的另一种表现形式。

任何一门学科的存在与发展都离不开"讲坛"与"论坛"这两种方式。"讲坛"的内容，从根本上说，只能是源于"论坛"的成果；"论坛"的成果也需要转化为"讲坛"的内容，才能得以广泛传播和逐步完善。但是，"论坛"与"讲坛"的状况往往是不同步的，"论坛"的成果总是超越"讲坛"的内容，而"讲坛"的内容则总是滞后于"论坛"的成果。不仅如此，"论坛"总是"百家争鸣"，各抒己见，"讲坛"则需要相对统一，取得某种共识。

正是由于"讲坛"与"论坛"的这种矛盾关系，在哲学的"讲坛"上一直存在两种倾向：一种是不负责任地把"讲坛"变成"论坛"，致使"讲坛"失去了应有的严肃性、规范性和权威性；另一种则是把"讲坛"与"论坛"割裂开来，并因此把"讲坛"变成现成的结论、枯燥的条文和空洞的说教。应当承认，后一种情况是哲学教育中的普遍情况，因而也应当是哲学教育改革面对的主要问题。

如果"拒斥""哲学论坛"所探讨的理论问题及其所形成的理论成果，"哲学讲坛"怎么能够实现教学内容的改革呢？在人类迈进21世纪的时候，哲学界正在对20世纪的哲学历程进行深切的回顾与反思，这为梳理和概括"哲学论坛"的理论成果，进而把"论坛"的成果转化为"讲坛"的内容，创造了难得的大好时机。我们应当以严肃认真而又积极主动的态度去实现

"论坛"成果向"讲坛"内容的转化，创建一大批真正是"面向21世纪"的"专著性"的哲学教材，为新世纪的哲学教育改革提供坚实的基础。

3."有理"与"讲理"：关于哲学教学改革

教改的问题，主要是教员问题。这句话对哲学教学改革来说尤为真切。

哲学是"爱智"，这意味着，哲学不是枯燥的条文、现成的结论和空洞的说教，而是一种反思的智慧、批判的智慧、变革的智慧，它要激发人们的想象力、批判力和创造力，它要弘扬人们的主体意识、反思态度和探索精神，它要培养人们的哲学的生活方式和哲学的思维方式，即追求理想的生活方式和辩证智慧的思维方式。这就要求哲学教师不仅具有坚实的理论功底、广博的知识背景和灵活的教学艺术，而且具有融理念、信念、情操和教养于一身的强烈的人格力量。试想一下，一个心胸狭隘的人，如何能够讲好"究天人之际，通古今之变""判天地之美，析万物之理"的中国哲学？一个对国家、民族、人类漠不关心的人，又如何能够讲好"解放全人类"的马克思主义哲学？就此而言，哲学师资队伍的建设和哲学教学的改革，不可能是一蹴而就的。

哲学的力量，首先是理论的力量。马克思说："理论只要说服人，就能掌握群众；而理论只要彻底，就能说服人。"哲学教学，说到底就是两个字："讲理"；"讲理"的前提，则必须是"有理"。这就要求哲学教师不仅要掌握"知识"，而且必须要搞清"道理"，在自己的思想中达到"向上的兼容性""时代的容涵性"和"逻辑的展开性"的统一。哲学是最具有理论魅力的学科。讲出"理论"的魅力，哲学课就会最受欢迎；反之，哲学课就会最受冷落。因此，哲学教师不仅要"有理"，还必须会"讲理"。

如果说教学是一种艺术，那么哲学教学就更应当是一种高超的"讲理"的艺术。我感到，在哲学教学中，总体线索的勾勒，微观细节的阐述，逻辑分析的独白，讲解视角的转换，背景知识的引用，典型事例的穿插，恰到好处的板书，思想感情的交流，疑难问题的提示，理论想象的激发，人格力量的感染，理论境界的升华，应当是成竹在胸，水乳交融，挥洒自如，引人入胜。具体地说，我认为哲学的"讲理"，应当注重"激发理论兴趣、拓宽理论视野、撞击理论思维和提升理论境界"这四方面。

激发学生的理论兴趣，这是搞好哲学教学的基本前提。兴趣是最好的老师。一个对哲学毫无兴趣的人，怎么能够接受哲学理论呢？激发学生的理论兴趣，既不能靠抽象的空洞的说教，也不能靠聪明智巧的卖弄，更不能靠奇闻轶事的罗列，而只能靠教师的坚实的理论功底和灵活的教学艺术，在教学中把理论本身讲活、讲深、讲透，讲出哲学的丰富性、生动性和深刻性，讲出哲学的历史感、现实感和逻辑感。

学生的理论兴趣，是同学生的理论视野成正比的。哲学教学必须注重拓宽学生的理论视野。我感到，在哲学教学中，应当特别注重五种对话：一是与哲学史对话，使讲授的每个问题都具有一种深厚的历史感；二是与现代哲学对话，特别是与影响广泛的科学主义思潮、人本主义思潮以及"后现代主义"思潮对话；三是与现代的自然科学、社会科学、人文科学和思维科学对话；四是与当代中国和当代世界对话，以哲学的方式去反思当今的时代精神；五是与当代中国哲学界讨论的热点问题对话，使学生缩短与理论的距离，对理论产生应有的亲切感。

撞击学生的理论思维，这应当是哲学教育改革的核心环节。哲学，它要激发而不是抑制人们的想象力、创造力和批判力，它要冲击而不是强化人类思维中的惰性、保守性和凝固性，它要推进而不是遏制人们的主体意识、反思态度和创造精神。正因如此，哲学才能锻炼和提高人们的理论思维能力，才能培养和强化人们的创造性的综合素质。爱因斯坦说，"想象比知识更重要"，"提出一个问题比解决一个问题更重要"。在哲学教学中，应当引导学生寻找理论资源，发现理论困难，创新理论思路，真正弄清道理。只有学生在撞击理论思维的过程中弄清道理，才有可能把马克思主义哲学内化为自己的世界观、历史观、人生观和价值观。

激发理论兴趣，拓宽理论视野，撞击理论思维，其目的与结果都是要提升理论境界。哲学是理论化的世界观、历史观、人生观和价值观，它决定人们的世界图景、思维方式、价值理想、审美情趣和终极关怀，也就是从根本上决定人们想什么和不想什么、怎么想和不怎么想、做什么和不做什么、怎么做和不怎么做。这意味着，哲学是每个人的"终生大事"。人们学习和探讨哲学的过程，是使人们进入哲学的理论境界的过程。

4."上得去"与"下得来"：关于哲学专业培养模式的改革

在我看来，我国高等教育改革的根本问题，是要培养"上得去"的理论研究型人才和"下得来"的应用操作型人才，改变那种既"上不去"又"下不来"的"知识储存型"的培养模式。这也应当是哲学专业培养模式改革的重要思路。

长期以来，哲学专业教育存在的主要问题，是形成了一种"知识储存型"的培养模式。近些年来，在建设社会主义市场经济的过程中，则形成了又一种值得注意的严重倾向，这就是用"下得来"的培养模式去弱化乃至代替"上得去"的培养目标，也就是从"市场需求"出发，千方百计地培养"应用操作型"人才，认为"上得去"的培养模式只是极少数哲学专业系的事情。这集中地表现在课程体系和教学内容的"改革"中，即：试图通过增设"市场需求"的经济学、管理学、法学、行政学乃至"营销""税收""外贸"等方面的课程，来强化学生的"应用性"或"实用性"。

这种把哲学专业教育定位为"下得来"的培养模式，是又陷入了一种"双重误区"：其一，哲学专业究竟培养什么样的人才？是所谓"实用性"的还是"理论型"的？其二，哲学专业培养"理论型"人才是否背离"市场需求"？

哲学专业的毕业生（包括本科生和研究生）当然可以从事各种不同的职业，但是，就"哲学"自身的特性和"哲学专业"的设置说，它应当培养的是"上得去"的理论研究型人才。这里，我们应当区分一般的哲学教育与哲学的专业教育。高等学校中的哲学教育作为最根本的和最重要的"素质教育"即世界观、历史观、人生观和价值观教育，它应当是面向全体学生的（包括所有专业的专科生、本科生和研究生），但这种哲学教育并不是"哲学专业"教育。"哲学专业教育"是特指哲学系对哲学专门人才的培养。因此，从理论上说，哲学专业的培养模式，应当是培养"上得去"的理论研究型人才。

人们提出的问题是，在现实中，如果哲学专业系把自己的培养模式定位为"上得去"，就必须解决下述问题：其一，面对"市场需求"，多数学生不愿意"上得去"而希望"下得来"；其二，即使有些学生希望"上得去"，但结果既"上不去"又"下不来"；其三，即使有些学生"上得去"，但又"无处可去"。

我们所培养的哲学专业学生，究竟是"上得去"的多了，还是少了？显而易见，不仅是少了，而且是太少了。我国的整个哲学教育，都急需一批"有理""讲理"即"上得去"的哲学教师，这是推进哲学教育改革的根基之所在。同时，我们还必须看到，在高等教育的"素质教育"中，不仅仅是"哲学原理"，也不仅仅是"中国哲学""外国哲学"，而且是"伦理学""逻辑学""美学""宗教学"乃至"科学哲学""技术哲学""文化哲学""管理哲学"等，正在成为"素质教育"中的"显学"。同样，我国的学术研究、理论宣传、新闻出版乃至政府部门和企业集团，都急需一批又一批真正"上得去"的哲学专门人才。就此而言，我们的哲学专业教育不是需要培养一大批"上得去"的哲学专门人才吗？我们的哲学专业教育的主要问题不正是需要提高哲学教学质量和拓宽哲学专业领域吗？真正"上得去"的哲学专业人才，怎么能够"无处可去"呢？许多大学已经认识到，解决前两个问题的出路，不是把哲学专业教育定位为"下得来"，而是让不同的专业和不同的学生"各就其位"。其一，哲学专业就位"哲学"，其他专业的课程则就位于各自专业，学生可以通过"双学位"或"辅修"等方式而获得其他专业知识；其二，通过哲学教育改革（首先是教学质量的提高）而吸引本专业学生，并吸引其他专业学生攻读哲学学位，从而培养真正"上得去"的哲学专门人才。

5. 普及哲学教育与提高中华民族的哲学修养

21世纪的高等教育应当自觉地承担起双重使命：既要承担起把受教育者培养成"某种人"的"专业教育"的使命，又要承担起把受教育者培养成"人"的"人文教育"的使命。在高等教育中，哲学教育不仅是面向哲学专业的专业教育，同时又是面向全体学生的人文教育，哲学教育的特殊意义和特殊地位就在这里。

培养"人"的"人文教育"，与培养"某种人"的"专业教育"，二者既是相互渗透、相辅相成的，又是相互区别、不可或缺的。然而，对新世纪的高等教育的最大误解，却莫过于仅仅把高等教育当作培养"某种人"的"专业教育"，而模糊或者是弱化高等教育培养"人"的"人文教育"，以至于用传授经验、技能和知识的方式去充当整个的高等教育，从而丢掉高等教育培养"人"的崇高的人文理想和深刻的人文内涵。

"人"是必须"培养"的。这是因为，人并不是生物意义上的自然的存在，而是社会学意义上的历史的存在。社会文明的历史发展，构成了人之为人的历史性内涵。由于人对历史文化的占有主要是通过"教育"而实现的，因此，教育始终承担着"使人作为人能够成为人"的"人文教育"的使命。由于现代化已经和正在使现代社会的文化内涵发生急剧的、广泛的、深刻的变化，因此，培养现代人的现代高等教育，就更加凸显了它的培养"人"的人文教育的历史使命。

特别需要指出的是，每个时代都不仅以教育的方式使个人掌握前人的经验、常识以及各种特殊的知识与技能，而且以教育的方式使个人掌握该时代的价值观念、道德规范和各种行为准则，以教育的方式使个体丰富自己的情感、陶冶自己的情趣和开发自己的潜能，以教育的方式使个人树立人生的信念与理想，形成健全的人格。教育是个体向历史、社会和时代认同的基础，又是历史、社会和时代对个体认可的前提。哲学教育的意义就在于，它激发个体的求知欲望，拓宽个体的生活视野，撞击个体的理论思维，催化个体的生命体验，升华个体的人生境界。它激励个体变革既定的世界图景、思维方式、价值观念和审美意识，从而创建人的新的生存状态。因此，在新世纪的高等教育中，哲学学科的基础理论和哲学史，以及伦理学、逻辑学、宗教学、美学和科学技术哲学，都应当成为大学生的重要的"选修课"或"通识课"。哲学学科在高等教育中的作用将引起更为广泛的关注。

在高等教育大众化的进程中，培养"人"的哲学教育不仅直接提升大学生的人文教养，而且间接地提升了全体公民的人文教养、整个中华民族的人文教养。近年来，我国哲学工作者以撰写和出版哲学普及读物等方式，直接地向社会公众宣讲哲学。2004 年北京大学出版社出版的"名家通识讲座"丛书，先后出版了《西方哲学十五讲》《现代西方哲学十五讲》《哲学修养十五讲》《文化哲学十五讲》《美学十五讲》《宗教学基础十五讲》《道教文化十五讲》《周易哲学与易文化十五讲》等著作，并成为 2004 年度畅销书，对普及哲学知识和推进人文素质教育发挥了重要作用。

推进哲学教育改革，提高中华民族的哲学修养，任重而道远，当代中国的哲学工作者大有可为。

四、哲学的特性及其当代形态

哲学的理论形态直接地取决于它的理论特性。构建哲学的当代形态，首先需要思考哲学的理论特性，进而反省哲学的特性与其当代形态的关系。本书主要是从哲学理论的时代性与超时代性、哲学范畴的民族性与超民族性、哲学故事的个体性与超个体性、哲学思想的学科性与超学科性、哲学功能的学术性与超学术性这五个方面，探讨哲学的当代形态。

1. 哲学理论的时代性与超时代性：塑造和引导新的时代精神

哲学是人类把握世界的一种基本方式。它之所以区别于人类把握世界的宗教的、艺术的、科学的等基本方式，就在于它是理论形态的人类自我意识，即以理论方式所构成的人对自己的理解。

作为理论形态的人类自我意识，哲学的首要特性是以时代性内容求索人类性问题。因此，任何真正的哲学，总是具有时代性与超时代性的双重内涵。就其问题而言，哲学是人类性的，因而具有超时代性；就其对问题的理解而言，哲学又是历史性的，因而具有时代性。然而，在对哲学的理解和阐释中，却往往是或者以哲学的历史性而否认其超时代性，或者以哲学的人类性而排斥其时代性。正是由于把哲学的时代性与超时代性割裂开来甚至对立起来，因而在对哲学当代形态的探索中，或者弱化了人类性问题的哲学自觉，或者弱化了时代性内涵的哲学自觉。

关于"真正的哲学"，马克思的著名论断是"时代精神的精华"和"文明的活的灵魂"。在这一论断中，前者凸显的是哲学的时代性，后者凸显的则是哲学的超时代性。但是，在引证和阐述马克思的哲学观时，却往往是以功利主义或实用主义的态度，孤立地解说哲学何以是"时代精神的精华"，而有意或无意地"忽略"了哲学何以是"文明的活的灵魂"。由此所造成的直接后果，就是弱化了人类性问题的哲学自觉，并因而弱化了哲学的凝重和厚重的当代性。

在《〈黑格尔法哲学批判〉导言》中，马克思曾对哲学的历史形态及其历史使命作出这样的概括：确立"人的自我异化的神圣形象"；揭露"人在神圣形象中的自我异化"；揭露"人在非神圣形象中的自我异化"。这是三种不同的哲学形态，它们承担着不同的历史使命。这意味着，人类性的哲学问题，从来不是以抽象的"人的问题"而存在，恰恰相反，人类性的哲学问题总是表现为具有特殊内涵的时代性课题，哲学理论总是成为"思想中所把握到的时代"。这就是哲学的不可逃避的时代性。然而，无论是确立"神圣形象"还是揭露"神圣形象"和"非神圣形象"，都蕴含着共同的关于"人"的哲学思考，即为人自身的存在寻求根据的哲学思考，因而都是理论形态的人类自我意识。对于当代哲学来说，之所以具有需要继承的"传统"，之所以蕴含着可资借鉴的"当代意义"，就在于传统哲学作为理论形态的人类自我意识，对"人"自身进行了睿智的求索。这表明，正是哲学问题的人类性，"真正的哲学"才既是"时代精神的精华"，又是

"文明的活的灵魂"，才具有"超时代"的"当代性"。

人是社会的、文化的、历史的存在，而不是非历史的或超历史的存在。哲学的"人类性"就蕴含于哲学的"时代性"之中，哲学的"时代性"就是对"人类性"问题的历史性回答。作为时代精神之"精华"和文明的活的"灵魂"的真正的哲学，它绝不仅仅是"反映"和"表达"时代精神，而且更为重要的是"塑造"和"引导"新的时代精神。这就是哲学理论的"时代性"与"超时代性"的双重内涵。构建哲学的当代形态，就需要从哲学的人类性与历史性、超时代性与时代性的双重内涵去反省哲学：越是具有深刻的时代性的哲学，就越是具有超时代的人类性价值；越是具有深刻的人类性的哲学，就越是具有超时代的当代性。哲学的当代形态，从根本上说，就是对人类性的哲学问题作出时代性的理论回答，从而为创建人类文明的新形态提供塑造和引导新的时代精神的哲学理论。

2. 哲学范畴的民族性与超民族性：构建人类文明的"支撑点"

作为理论形态的人类自我意识，古今中外的真正的哲学都是"人性的最高表现"，都是"提高人类精神生活的努力"，都是"整个哲学的一支"，都"应该把它们视为人类的公共精神产业"①。这就是哲学的人类性问题所具有的超民族性。与此同时，人类性的哲学问题又总是以具有民族特征的思维方式予以求索，总是展现在具有民族特征的哲学范畴之中。因此，构建哲学的当代形态，不仅需要深化对哲学的时代性与超时代性的理解，而且需要深化对哲学的民族性与超民族性的理解。由于哲学理论总是表现为以哲学范畴为核心的哲学概念体系，哲学理论的民族性总是集中地体现为哲学范畴的民族特色和民族特征，因此，构建中国哲学的当代形态，还应当着重地探讨哲学范畴的民族性与超民族性。

首先，哲学范畴的民族性是与哲学旨趣的民族性密切相关的。以"究

---

① 参见贺麟：《哲学与哲学史论文集》，商务印书馆1990年版，第127页。

天人之际，通古今之变"，"为天地立心，为生民立命"为己任的中国传统哲学，它致力于达到"天人合一"的"天地境界"，因此，它的哲学范畴总是表现为在对应性和辩证性中实现融合与和谐。自先秦以降，中国传统哲学多以天、地、道、德、性、命、礼、义、体、用、理、气、知、行为思考对象，而又以天地、道德、性命、礼义、体用、理气、知行之平衡、互补、融合为出发点与归宿。与中国传统哲学不同，以寻求"最高原因的基本原理"为己任的西方传统哲学，则总是把解释一切的最终的根据与被解释的各种各样的对象区别开来，对立起来，把二者推向对立的两极，由此构成本体与变体、共相与个别、实体与属性、思维与存在、主体与客体、感性与理性等的二元对立的范畴体系。然而，范畴体系各不相同的中西哲学，又都是以理解和协调人与世界的关系为其核心理念，以真、善、美的统一为其根本的价值诉求，因而又共同地构成了人类理解和协调人与世界关系的理论的"支撑点"。

其次，哲学范畴的民族性是同哲学思维的民族性息息相关的。实际上，在哲学旨趣的民族性中，已经蕴含着哲学思维的民族特性。以"天人合一""知行合一"为旨趣的中国传统哲学，在其致思取向上，表现出了显著的辩证性。把宇宙、历史和人生均视为生生不已的过程，并以这样的辩证智慧构成内外、物我、人己、义利、仁智、道器、理欲等"对立统一"的哲学范畴，就把人与自然、人与社会、人与自我的一切矛盾提升为和谐化的辩证法思想，既使"心灵和宇宙净化"，又使"心灵和宇宙深化"，从而"使人在超脱的胸襟里体味到宇宙的深境"①。在这个意义上，中国传统哲学的思维方式，正是以化解矛盾的哲学范畴而形成的提升人的境界的辩证智慧。与中国传统哲学不同，注重思维与存在、主体与客体、现象与本质、自由与必然二分的西方传统哲学，其哲学范畴总是以主与从、真与假、是与非的对立方式，去寻求作为"最高原因的基本原

---

① 参见宗白华：《美学散步》，上海人民出版社 1981 年版，第 72 页。

理"深层根据。如果可以把中国传统哲学称作"和谐化"的辩证法，那么就可以在对比的意义上把西方传统哲学称作"冲突化"的辩证法。这种"冲突化"的辩证法，是通过消解内在的逻辑矛盾而达到对"最高原因的基本原理"的探究。就此而言，中西哲学的致思取向及其范畴体系是具有互补性的。

再次，哲学范畴的民族性是同哲学的历史任务不可分割的。西方近代哲学的根本任务是把哲学从神学中解放出来，把异化给"上帝"的人的本质归还给人本身，在实现消解"神圣形象"这一历史任务的过程中，西方近代哲学凸显了实体与属性、思维与存在、主体与客体等的关系问题，并形成了具有西方哲学特色的哲学范畴体系。在现代西方哲学揭露"非神圣形象"的过程中，又凸现了"消解""治疗""拒斥"这样一些颇具刺激性的哲学范畴。而在所谓的"后现代主义哲学"中，则更为明确地把消解认识的主体与客体的二元对立、逻辑的现象与本质的二元对立、历史的本源与派生的二元对立、文化的深层与表层的二元对立作为自己的历史任务，从而使"摧毁""解构""断裂"这些更具刺激性的哲学范畴占据哲学思考的核心位置。就此而言，当代中国哲学自觉地吸纳和广泛地使用近现代以来的西方哲学范畴，是同"揭露人在非神圣形象中的自我异化"的历史任务直接相关的，而绝不仅仅是对西方哲学的盲目崇拜和简单"移植"。因此，在对中国哲学的当代形态的思考中，不应当仅仅纠缠于是否"吸纳"和"使用"近现代西方哲学的概念和范畴，而应当从新的时代精神与新的历史任务出发，重构哲学的范畴体系。

作为理论形态的人类自我意识，哲学的范畴体系不仅包含着哲学家个人的思辨和体验，而且深层地蕴含着整个民族的理性思辨和生存体验。"中华民族的生命历程、生存命运和生存境遇具有我们的特殊性，我们的苦难和希望、伤痛和追求、挫折和梦想只有我们自己体会得最深，它是西方人难以领会的"，因此我们"应该把哲学研究的主要精力转移到创建属于中国自己的当代中国哲学理论方面上来"①。然而，值得认真思考的是，这种"转移"，并不是简单地以中国传统哲学的范畴体系"置换"西方哲学的范畴体系，而是以中华民族的体验与思辨去寻求创建人类文明新形态的哲学理念，为人类文明形态的变革提供坚实的理论"支撑点"。从哲学范畴的民族性与超民族性的矛盾关系中去创建当代哲学的范畴体系，这是构建中国哲学当代形态的艰巨的历史任务。

3.哲学故事的个体性与超个体性：创建"有我"哲学

哲学作为理论形态的人类自我意识，它的范畴体系是人类文明史的总结、积淀和升华。在这个意义上，哲学就是以理论的方式讲述"人类的故事"。然而，对"人类故事"的理解和讲解，又离不开哲学家个人的体悟和思辨。人类的思想和文明与哲学家的体悟和思辨，熔铸于哲学家所创建的哲学范畴体系之中。因此，作为理论形态的人类自我意识的哲学，既是哲学家以个人的名义讲述人类的故事，又是哲学家以人类的名义讲述个人的故事。这就是"哲学故事"的个体性与超个体性的辩证统一。自觉到这个辩证统一，对于构建哲学的当代形态是至关重要的。

每个时代的人类都有该时代的特定的人类历程和理论资源，由此构成该时代的哲学家的共有的人生历程和理论资源，并因而构成该时代哲学的"广泛而深刻的一致性"。然而，时代性的人类历程又总是表现为哲学家的特殊的人生历程以及哲学家对人类历程和人生历程的独特的生命体验；时代性的理论资源又总是表现为哲学家对特定的理论资源的占有以及哲学家由其所占有的理论资源所形成的特殊的理想想象。特殊的人生历程和独特的生命体验，特殊的理论资源和独特的理论想象，二者的水乳交融构成了个性化的哲学理论。因此，我在《哲学通论》中提出：哲学是以时代性的内容、民族性的形式和个体性的风格去求索人类性问题。在这个意义上，

---

① 高清海：《中华民族的未来发展需要有自己的哲学理论》，《吉林大学社会科学学报》2004年第2期。

哲学总是以"我"的名义讲述"我们"的故事，并由此形成哲学的个体性与超个体性的辩证统一。

以"我"的名义讲述"我们"的故事，这个"故事"就形成于"我"的"思辨"和"体验"的"理论想象"之中。所谓"思辨"，就是辨析思想或思想辨析，也就是思想以自身为对象反过来而思之的"反思"；所谓"体验"，就是体悟经验或经验体悟，也就是经验以自身为对象反过来而悟之的"领悟"。在哲学的"理论想象"中，思辨与体验，或者说反思与领悟，不仅是不可或缺的，而且必须是融为一体的。没有体验的思辨，或没有思辨的体验，都不会产生"真实的想象"和"想象的真实"。长期以来，哲学界有一种流行的说法：西方哲学重思辨，中国哲学重体验。如果这种说法的含义仅为"重在"，或许是言之有据的；如果这种说法的含义是指"特征"，则不仅夸大了中西哲学的"差异"，而且是误解了哲学的"本性"，并会因此窒息哲学的"想象"。

诉诸哲学史，我们会看到，哲学发展的基本形式是派别之间的相互批判。然而，值得深思的是，哲学的派别冲突不仅植根于现实生活，而且与哲学家对人类文明和时代精神的生命体验和理性思辨密切相关。贯穿于哲学史的唯物主义与唯心主义、辩证法与形而上学、经验主义与逻辑主义、绝对主义与相对主义等的派别冲突，无不熔铸着哲学家的生命体验和理性思辨。哲学的唯物主义与唯心主义，深层地蕴含着哲学家对人类的自然性与超自然性的生命体验和理性思辨；哲学的辩证法和形而上学，深层地蕴含着哲学家对人类存在的过程性与确定性的生命体验和理性思辨；哲学的经验主义与逻辑主义，深层地蕴含着哲学家对人类认识的感性与理性的矛盾的生命体验和理性思辨；哲学的相对主义与绝对主义，深层地蕴含着哲学家对人类文明的时代性与超时代性的生命体验和理性思辨。在现代哲学中，本质主义与存在主义、理性主义与非理性主义、科学主义与人本主义乃至"同一"与"差异""分析"与"解释""结构"与"解构"，更是以错综复杂的派别冲突的方式，深层地蕴含着哲学家对"现代性的酸"所构成的"意义危机"的生命体验和理性思辨。正是这种深沉的生命体验和顽强的理性思辨，激发了哲学家的独特的"理论想象"，形成了各具特色的哲学理论，从而既以人类的名义讲述了个人的故事，又以个人的名义讲述了人类的故事。

在人类哲学史上，任何一种"真正的"哲学都不是"无我的"哲学，而是经过哲学家思维着的头脑所创建的"有我的"哲学。它凝聚着哲学家所捕捉到的自己时代的人类自我意识，它熔铸着哲学家用以观照人与世界关系的解释原则，它贯穿着哲学家对人类命运和人类理想的价值诉求，它体现着哲学家对人类文明的时代性问题的理论自觉。因此，构建哲学的当代形态，既要体现当代哲学家个人的独特的生命体验和理论想象，又要体现这种体验和想象中所蕴含的人类性的和时代性的"广泛而深刻的一致性"。

4. 哲学思想的学科性与超学科性："哲学基本问题"的真实意义

在现代学科分类的意义上，构建哲学的当代形态，必须探讨和明确哲学的学科性质，其中最为重要的是探讨和明确"哲学"与"科学"的关系。

哲学和科学是人类理论思维的两种基本方式，二者的根本区别，并不是二者把握规律的"普遍性"程度的区别，而是二者对"思维和存在的关系问题"的"原则立场"的区别。这个"原则立场"的区别，就在于哲学不是把"思维和存在的同一性"作为人类活动的"不自觉和无条件的前提"，而予以"承诺"，而是把这个"前提"作为"问题"进行批判性反思，从而不断地变革人们对"思维和存在的关系"的理解。这表明，哲学之于科学的真实意义，并不是凌驾于科学之上的"科学的科学"，而是揭示、反思和批判科学所隐含的"思维和存在的关系问题"。明确哲学与科学的"原则立场"的区别，才能明确哲学自身的学科性质。

哲学以"思维和存在的关系问题"作为自己的"重大的基本问题"，从学科分类上看，具有双重意义：其一，这个"基本问题"是哲学的学科意义上的"专业"。哲学专业的学科性，就在于它把科学不作为问题的"思维和存在的关系问题"作为自己的"重大的基本问题"，为人类提供理解和协调人与世界关系的理论形态的世界观、人生观、价值观；其二，这个"基本问题"又不是哲学的学科意义上的"专利"。哲学的独特的社会功能，就在于它把人的全部活动中的"思维和存在的关系问题"作为批判性反思的对象，引导包括科学在内的人类把握世界的其他基本方式不断变革对"思维和存在""人和世界"的关系的理解。

哲学的"基本问题"是哲学的"专业"而不是哲学的"专利"，哲学对其"基本问题"的批判性反思是哲学的"使命"而不是哲学的"领地"，这对于理解哲学的学科性与超学科性，对于构建哲学的当代形态，具有实质性意义。正因为作为哲学的"重大的基本问题"的"思维和存在的关系问题"是哲学的"专业"而不是它的"专利"，是哲学研究的"使命"而不是它的"领地"，因此哲学既要坚守自己的"专业"和"使命"，又要突破自己的"专利"和"领地"，把哲学思想渗透于包括科学在内的人类把握世界的各种基本方式之中，从而历史地变革人类的世界图景、思维方式和价值追求。这就是哲学思想的学科性与超学科性的辩证统一。

构建哲学的当代形态，从哲学思想的学科性与超学科性的辩证统一出发，就要有坚守自己的"专业"和冲破自己的"领地"的双重的理论自觉，还要有把握哲学的"基本问题"和洞悉哲学的"时代主题"的双重的理论自觉。哲学的"基本问题"决定哲学的理论性质，即哲学是思想以自身为对象反过来而思之的"反思"，因而是一种以批判精神为实质的"爱智"；哲学的"时代主题"则是哲学所反思的思想的时代内涵，即哲学的"反思"是对时代性思想的前提批判。在对哲学的"基本问题"与"时代主题"的理解中，以哲学的"时代主题"代替哲学的"基本问题"，就会模糊乃至阉割哲学的独特性质和特殊功能；以哲学的"基本问题"代替哲学的"时代主题"，则会把哲学变成失去生机和活力的"抽象的思想"。以哲学的基本问题的理论自觉而寻求哲学的时代主题，又以哲学的时代主题的理论自觉而反思哲学的基本问题，从而在哲学的"基本问题"与"时代主题"的统一中展开哲学对思想的前提批判，才能使哲学真正成为"时代精神的精华"和"文明的活的灵魂"。这是哲学思想的生命力之所以，也是中国哲学的当代形态的生命力之所在。

5. 哲学功能的学术性与超学术性："学说""学术"和"学养"

哲学作为一个"专业"和一个"学科"，它的基本特性在于它的"学术性"。古今中外的"真正的哲学"，首先是作为人类文明的伟大的"学术"成果而存在的。哲学的"学术"成果，是古今中外的哲学家们以其独特的生命体验和理论想象，在理论与现实的多种可能的某种交错点上，为人类揭示可供选择的新的理想和理念，因而又是作为各异其是的"学说"而存在的。以"学说"的方式构成的"学术"，是哲学的"专业性"的存在方式。然而，无论是从哲学的"源头活水"上看，还是从哲学的"社会功能"上看，"学术性"的哲学又总是具有其不可或缺的"超学术性"。哲学的"超学术性"，就在于它不仅仅是一种"学术"和"学说"，而且是一种植根于人民而又回归于人民的"学养"。哲学的"学术"与"学养"的统一，就是哲学的学术性与超学术性的统一。构建哲学的当代形态，离不开对哲学的"学术"与"学养""学术性与超学术性"的反思。

哲学之所以是"时代精神的精华"和"文明的活的灵魂"，首先是因为"人民最精致、最珍贵和看不见的精髓都集中在哲学思想里"①。人们之所以经常把哲学当作恩格斯所批评的"不过是可以用来在缺乏思想和实证知识的时候及时搪塞一下的词汇语录"②，则首先是因为人们"忽略"了哲学思想所蕴含的"人民最精致、最珍贵和看不见的精髓"。人类文明是人民创造的积极成果，哲学的实质内容是对人民创造的文明的总结、积淀和升华，哲学的价值诉求是对人民的"苦难和希望、伤痛和追求、挫折和梦想"的理论总结、积淀和升华，哲学的理论力量是以"理论的彻底性"去

---

① 《马克思恩格斯全集》（第 1 卷），人民出版社 1956 年版，第 120 页。
② 《马克思恩格斯选集》（第 2 卷），人民出版社 1995 年版，第 40 页。

"掌握群众"。哲学的"学术性"源于人民所创造的文明的超学术性。

源于人民的哲学，它的最重要的功能是把自己变为人民的"学养"。我国哲学家贺麟先生曾说，"哲学是一种学养。哲学的探究是一种以学术培养品格，以真理指导行为的努力"①。任何一种哲学理论，只有当它成为人的精神生活的真实内容的时候，也就是只有它成为规范人们的思想和行为的"学养"的时候，它才能真正成为人民的世界观、人生观和价值观。对此，需要认真思考的是，马克思主义哲学的"大众化"，是把哲学常识化，而不是把常识哲学化，也就是把作为"学说"和"学术"的哲学转化为人民的"学养"，而不是把哲学的"学说"和"学术"变成"原理"加"实例"的"说教"。因此，只有把哲学的理论形态从"枯燥的条文、现成的结论和空洞的说教"转化为"反思的智慧、批判的智慧和创新的智慧"，才能构成"有理讲理"和"掌握群众"的哲学。马克思说："理论只要说服人，就能掌握群众；而理论只要彻底，就能说服人"。把人民所创造的文明升华为具有理论"彻底性"的哲学思想，这应当是构建中国哲学当代形态的最为重要的立足点和出发点。

---

① 贺麟：《哲学与哲学史论文集》，商务印书馆1990年版，第120页。

第十五章 | 当代中国哲学的历史使命和未来展望

　　进入 21 世纪，以科学发展观为指导的构建社会主义和谐社会与中华民族伟大复兴的问题成为哲学研究的新的聚焦点。"以人为本"的哲学理念，构建和谐社会的公平正义与整体进步问题，超越"物的依赖性"，实现"人的自由个性的全面发展"的问题，社会主义核心价值体系与人的精神家园建设等问题，特别是建设有中国特色、气派和风格的马克思主义哲学问题，成为 21 世纪初我国哲学研究中的主要问题。建设有中国特色社会主义是中国的最大现实，这一现实是传统文化、资本现代性与社会主义的历时态的同时性存在，受中国的整个历史性实践的指派，中国传统哲学、西方近现代哲学以及马克思主义哲学构成当代中国哲学的三个本质重要的定向。无论是"反省现代性"和《资本论》的研究，还是关于"发展""人"的问题的哲学研究以及对"后形而上学"问题的回应等，都在"中西马"的会通融合中呈现着哲学的当代性，这构成了当代中国哲学的发展道路。在创造中华民族的思想自我的历程中，较有代表性的成果有高清海的"类哲学"与冯契的"智慧说"。以马克思主义哲学中国化为旨归的中西马哲学的对话与会通，其宏伟目标是在当代中国创建属于中华民族自己的哲学理论，构建中华民族共有的精神家园，并在世界文明的交流与互鉴中为人类文明的新形态提供新的理念和新的思想，塑造和引导新的时代精神。

一、构建中华民族共有的精神家园

2007 年 10 月，胡锦涛同志在党的十七大报告中明确提出要"弘扬中华文化，建设中华民族共有精神家园"。胡锦涛指出，当今时代，文化越来越成为民族凝聚力和创造力的重要源泉、越来越成为综合国力竞争的重要因素，丰富精神文化生活越来越成为我国人民的热切愿望。要坚持社会主义先进文化前进方向，兴起社会主义文化建设新高潮，激发全民族文化创造活力，提高国家文化软实力，使人民基本文化权益得到更好保障，使社会主义文化生活更加丰富多彩，使人民基本精神风貌更加昂扬向上。中华文化是中华民族生生不息、团结奋进的不竭动力。要全面认识祖国传统文化，取其精华去其糟粕，使之与当代社会相适应、与现代文明相协调，保持民族性，体现时代性。

哲学作为思想中所把握到的时代，应该在建设中华民族共有的精神家园中发挥作用，这不仅是时代赋予哲学的外在使命，也是哲学自身发展的内在必然逻辑，只有塑造引领时代精神的哲学才是真正时代精神的精华，也才是真正的哲学。

首先，21 世纪中国要建构中华民族共有的精神家园，在哲学理论创新上首要的任务是创造中华民族自己的思想。思想的认同是一切精神家园的核心支撑，而创造中华民族自己的思想，也就是要创造中华民族自己的哲学理论和"思想自我"，真正的民族哲学就是民族的思想自我认同。其次，马克思主义哲学作为时代精神的精华，在中华民族构建自身共有的精神家园中，理应发挥特殊的作用，可以说，在 21 世纪探讨构建中华民族共有的精神家园，就是要去探讨在 21 世纪能够塑造和引导中华民族新的时代精神的、能够构建中华民族精神家园的面向新千年的马克思主义哲学。最后，构建中华民族的精神家园离不开中国传统文化和西方先进文化等理论资源，所以我们必须在更加广博的理论视域中探讨马克思主义哲学、中国传统文化和西方先进文化三者的整合问题，这也是我们在新世纪构建中华民族共有的精神家园的一个前提。

1. 中华民族的"思想自我"与构建中华民族的精神家园

精神家园是一个民族在文化认同基础上产生的文化寄托和精神归属，是一个民族经过长期的历史积淀所形成的特有的传统、风俗、习惯、精神、心理、情感等。民族文化和民族精神是一个民族精神家园的存在基础，是一个民族的精神支柱。民族精神是在民族文化基础上形成的主体意识。① 所以，我们在新时期构建中华民族的精神家园，在一定意义上，就是在构建新世纪的中华民族精神，也就是在构建和寻求新世纪的中华民族的民族"主体意识"即民族"自我意识"。高清海教授是国内鲜明地提出要构建中华民族自己的哲学理论，创造中华民族的哲学"自我意识"的哲学家之一。他认为，"哲学"是民族之魂。哲学标志着一个民族对它自身自觉意识所达到的高度和深度，体现着它的心智发育和成熟的水准。从这一意义上，创造"当代中国哲学"，实质上就是要创造中华民族的"思想自我"。当今中国社会正处于社会转型的关键时期，它内在地要求人们从理性高度来判断中国社会的历史方位，澄清社会发展的价值前提，反思未来发展的可能道路，也就是说，创建当代中国的哲学理论，乃是中国人反思自己的生命历程、理解自己的生存境遇、寻找自己未来发展道路的内在要求和迫切需要。②

创造中华民族的"思想自我"是当代中国哲学的历史使命。高清海从哲学与人的自身本质及其关系指出了创造中华民族自己的哲学理论的必要性与必然性。他认为，就本源意义而言，哲学代表的是一种人所特有的对自身生存根基和生命意义的永不停息的反思和探究性活动，通过这种反思和探索，不断提升人的自我意识和生存自觉，是哲学的根本使命。创造性

---

① 参见陈记、高永久：《中华民族共有精神家园的内涵和价值核心》，《科学社会主义》2008 年第 2 期。

② 参见高清海：《中华民族的未来发展需要有自己的哲学理论》，《吉林大学社会科学学报》2004 年第 2 期。

本属于人的个体生命活动，哲学通过哲学家个人的生存体验和生命体悟，凝聚着哲学家强烈的个性特征，成就了哲学的整全的个性生命。近代以来，我们一直在向西方学习，但别人的理论终究无法替代我们自己的哲学思考，学习西方先进的哲学理论，最终目的还是为了创建属于我们自己的当代中国哲学。中华民族的生命历程、生存命运和生存境遇具有我们的特殊性，我们的苦难和希望、伤痛和追求、挫折和梦想只有我们自己体会得最深。我们以马克思主义的哲学为指导，对于这类具体问题也仍然需要有我们自己的理论去回答和解决。① 吴晓明则从当代人类文明的困境与中国现实发展的需要阐述了当代中国精神建设的紧迫性。他认为，目前我们所面临的最紧迫、最重大的思想任务之一，是当代中国的精神建设。之所以这么说，一方面是因为中国近期以来在经济方面的快速增长，以及伴随着这一举世瞩目的"经济奇迹"而来的物质财富的巨大扩展，另一方面则是因为在这一发展过程中精神领域面临的日益尖锐的挑战——这种情形可以被描述为精神的"普遍困境"：它正在成为一种能够被明显感觉到的普遍而深刻的精神缺失。这种缺失意味着：以往的或既定的精神样式已不再具有普遍的约束力了；虽说某些部分或片段依然在起作用，但缺少一种已然成熟的定型的完备的精神形态，一种足以掌握并协调日以巨大的物质力量并使之获得自由表现的精神形态。正是这种普遍缺失的困境将精神建设的任务提到思想面前，当代中国之精神建设的主题完全是在当下历史性实践的基础上并通过这种实践而被揭示出来的。②

当代中国的思想与现实定位了构建当代中国哲学的可能道路。孙利天认为，经过了改革开放以来二十多年的学术积累，我国的学院化哲学、论坛哲学突破了传统教科书哲学的束缚，学术水平有了很大提高，对马克思主义哲学、中国传统哲学和西方哲学的学理、道理及其政治含义有了更充

---

① 参见高清海：《中华民族的未来发展需要有自己的哲学理论》，《吉林大学社会科学学报》2004 年第 2 期。

② 参见吴晓明：《当代中国的精神建设及其思想资源》，《中国社会科学》2012 年第 5 期。

分的理解，我们可以更有信心地选择各派哲学的积极成果，尝试创造我们中华民族自己的哲学理论。中国哲学、西方哲学和马克思主义哲学的互动、交流和融会贯通，需要生活世界的基础。朴素地追问我们自己的问题和希望，为了我们自己的平凡、真实、快乐的生活，考察和选择既有的哲学理论资源，我们发现，批判传统哲学的虚假崇高，批判资本逻辑的统治和支配，创造有中国特色的中华民族自己的哲学理论，是当代中国的西方哲学研究、中国传统哲学研究和马克思主义哲学研究的共同任务，是三者会通的基础。① 高清海认为，"当代中国哲学"首先意味着它是"中国的"哲学，它在生活基础、思想主题、问题意识、致思思路、表述风格等方面，都应该反映出自己鲜明的"民族个性"；其次，它是"当代的"中国哲学，它必须充分吸收中国传统哲学丰富的文化资源，并立足于中国的当代现实，它的理论具有鲜明的时代特征；再次，哲学的"民族性"和"时代性"只能通过哲学家个体生命的理论活动去体现，因此"当代中国哲学"作为中国哲学家通过个人生存体验和生命领悟而进行的自由独立的思想探索的产物，必然凝聚着哲学家的强烈个性；最后，"当代中国哲学"必须以人类文化已有的全部历史成果为基础，并广泛吸纳别国一切有价值的先进思想，因而具有了世界性和人类性。总之，"当代中国哲学"就是这样一种由中国哲学家探索、创造的主要反映我们自身的境遇和问题的"民族性""时代性"和"人类性"内在统一的哲学样式。②

2. 面向新千年的马克思主义哲学与构建中华民族的精神家园

近些年伴随着各种现代西方学术思想成为显学，中国传统文化与古典哲学的研究也日益深厚，马克思主义哲学的学术地位和学术声望受到质疑与挑战。孙利天通过哲学的本性论证了马克思主义哲学之于当代世界与中

---

① 参见孙利天：《朴素地追问我们自己的问题和希望——中国哲学、西方哲学和马克思主义哲学会通的基础》，《吉林大学社会科学学报》2005 年第 3 期。

② 参见高清海：《中华民族的未来发展需要有自己的哲学理论》，《吉林大学社会科学学报》2004 年第 2 期。

国现实的最高的本真性与深刻性。他认为哲学终究是人关于其自身的学说，理论的彻底性取决于对于人本身的问题提出与解决的程度。在学术积累与文献研究的基础上创造出好哲学、政治上正确的哲学的首要条件，就是对自己时代人民生活根本关切的理论洞察。马克思的哲学是学院外的世界观哲学，与康德、黑格尔、胡塞尔、海德格尔等职业哲学家相比，马克思在哲学研究的专门化方面必然大为不及。但首先是革命家的马克思的思想逻辑，显示了学院化体制哲学的缺陷：它或者只是解释世界的哲学，而问题在于改变世界；或者它已是受到资本逻辑的规定和驱使，从而失去了对资本逻辑的批判能力；或者它在观念上陷入了意识形态幻觉，远离了真实的生活世界，所以不得不一再提出回到事情本身的号召，等等。①

　　如果说构建中华民族新世纪的精神家园就是构建中华民族的哲学"自我意识"和创造属于中华民族自己的哲学理论，那么作为新中国成立和改革开放新时期指导思想的马克思主义哲学理应在这一伟大任务中扮演应有的角色，这就是，我们在新时期探讨建构中华民族共有的精神家园，不能逃避甚至抛弃马克思主义哲学在中国思想家园建设中的核心作用，也不能因循守旧地把中国传统哲学中早已脱离时代的哲学思想用来独断地"创新"和"建构"，更不能照抄照搬西方哲学的所谓"先进文化"来"弥补"中国文化的"不足"。必须强调马克思主义哲学在建构中华民族精神家园与引领和塑造中国新时代精神中的核心作用，这不是外在的意识形态需要，而是在时代变迁中，哲学与马克思主义哲学赋予自身的神圣使命。中国当今最大的时代性是"异时代问题"需要"同时代解决"，而回归传统与效仿西方，都无法自觉更无法解决这一中国新世纪所面临的重大思想课题。

　　通过比较分析 20 世纪上半叶中国学界关于哲学观的争论，孙正聿提出，探索当代中国的哲学发展道路，从根本上说是探索当代中国的马克思

---

① 　参见孙利天：《朴素地追问我们自己的问题和希望——中国哲学、西方哲学和马克思主义哲学会通的基础》，《吉林大学社会科学学报》2005 年第 3 期。

主义哲学的发展道路，作为人类解放和人的全面发展学说的马克思主义哲学，不仅仅是作为一种"学说"或"学术"而存在，而且是作为人民愈益普及的"学养"而存在。① 哲学作为"时代精神"之"精华"与"文明"之"活的灵魂"的统一，不仅仅是"反应和表达"自己时代的"时代精神"，而且尤为重要的是"塑造和引导"新的"时代精神"。面向新千年的马克思主义哲学，其根本使命与价值就是用"文明的活的灵魂"塑造和引导新世纪乃至新千年的时代精神。马克思哲学以实现人的全面发展这个历史的大尺度，为当代哲学确认了消解物的依赖性的历史任务。马克思的"批判的武器"自觉承担起把人从抽象的普遍理性中解放出来的使命，承担起了把资本的独立性与个性变成人的独立性与个性的使命，正是这一哲学使命理论的塑造和引导了新的时代精神。也有学者认为，马克思主义哲学这种科学的世界观与方法论，能开拓、发展人的精神世界，发挥其本体论承诺的价值目标、提升真善美的人生境界、为人类寻求精神家园的作用。② 有学者提出，摆脱哲学研究中的"情感依恋"，凸显思想主体，是我们保持民族自性、构建中华民族自己的哲学话语的关键。中国对马克思及其哲学的选择是一种理性的选择，它的意义在于丰富和发展我们的传统，使我们的"家园"更具有时代性。③ 还有学者从马克思的人生观角度，提出马克思的人生价值观中并不缺乏浪漫主义、理想主义色彩，这种浪漫主义和理想主义色彩，通过对现代性社会中的西方精神危机的批判和解决，彰显的是马克思主义哲学作为人类精神家园的当代意义。④

孙利天在理论、现实与历史的交汇点上，论证了马克思主义哲学的中国化应当成为当代中国哲学的主流。他认为，这是中国人平凡、真实和快

① 参见孙正聿：《20 世纪上半叶哲学观论争与当代中国哲学发展道路》，《吉林大学社会科学学报》2005 年第 1 期。

② 参见卞敏：《论马克思主义哲学的终极关怀功能》，《江苏社会科学》2006 年第 5 期。

③ 参见侯小丰：《精神家园、情感依恋与马克思主义哲学中国化》，《学术研究》2007 年第9 期。

④ 参见李文阁：《精神家园：马克思主义哲学的当代意义》，《哲学动态》2005 年第 10 期。

乐生活的最优理论。马克思哲学的伟大洞见：一是看到了哲学现实化、世界化、人民化的历史条件，即工业革命的巨大生产力使每个人的全面发展成为可能；二是看到了改造资本逻辑使巨大生产力造福于所有人，使人人都能"从事批判"的现实性。马克思的资本批判是"元逻辑""元问题"的根本批判，在资本逻辑的有效性终止之前，马克思哲学从根本上不可超越。帝国主义侵略把古老中国带入世界历史，带入资本逻辑的起点，此后每个中国人想要平凡、真实、快乐地生活，就必须在反抗与屈从资本逻辑之间做出抉择，必须认真对待马克思批判资本的学说。但中国的历史与现实不允许中国的现代化走全盘西化的道路，必须选择自己的道路，建设有中国特色的社会主义，这决定了中国化马克思主义哲学应该是中国人反思和解决自己生活问题的最优哲学理论。①

3."综合创新论"的当代阐释与构建中华民族的精神家园

张岱年先生上个世纪提出的综合创新论思想，为我们思考构建新世纪中华民族共有精神家园提供了重要的思想资源。其基本内容为：抛弃中西对立、体用二元的僵固思维模式，排除盲目的华夏中心论与欧洲中心论的干扰，以开放的胸襟、宽容的态度，对古今中西文化系统的组成要素和结构形式进行科学的分析与审慎的筛选，根据中国社会主义现代化建设的实际需要，发扬民族的主体意识，经过辩证的综合，创造出一种既有民族特色又充分体现时代精神的高度发达的社会主义新中国文化。② 迄今为止，"综合创新论"已经有了三个发展阶段：20 世纪 30 年代就提出"创造的综合"论；80 年代继续发展为"综合创新论"，经过包括方克立先生在内的诸多学者的阐述和论证，"综合创新论"逐渐成为当代中国文化思潮的重要流派之一；进入 21 世纪，方克立先生高度

---

① 参见孙利天：《朴素地追问我们自己的问题和希望——中国哲学、西方哲学和马克思主义哲学会通的基础》，《吉林大学社会科学学报》2005 年第 3 期。

② 参见张岱年、程宜山：《中国文化与文化论争》，中国人民大学出版社 1990 年版，第390—391 页。

评价了张岱年先生学术思想的当代价值，赋予其崇高的历史地位，并在
2006 年提出"马魂、中体、西用"论，把"综合创新论"发展到一个崭
新阶段。①

方克立从文化继承的目的、对象、方法以及继承和创新的关系等方
面，提出了"综合创新论"的四个要点，即开放性、主体性、辩证性与创
新性。要让"综合创新"文化观成为一系列学说，实现历史与逻辑相统一
的现实的方法论意义，就必须超越"理想化"认识阶段，努力从理论、历
史和方法等不同层面去深化对"综合创新"文化观的研究。他认为，第一，
要研究"综合创新"的文化观产生的历史必然性。系统清理这四百年来的
文化争论，对"夷夏之防""会通以求超胜""西法中源""中体西用""全
盘西化""融会中西，兼容并包"等各种不同的文化主张及相互关系作具
体的历史的考查，使"综合创新论"在对前人合理思想的批判继承与总结
中确保与历史前进方向的内在一致性。第二，要从理论上对"综合创新"
文化观进行深入分析与论证。"综合创新论"建立在文化系统的可解析性
和可重构性、文化要素之间的可离性和可相容性这两个理论前提上，如何
回应文化整全论者对可分性的质疑。要从理论和方法上研究文化的分析与
综合、解构与重构的关系，特别是要深刻阐明辩证法的综合与创造、创新
之间的关系，因为"综合"并非一定是"创新"。第三，要从文化发展史
中的文化创新的资料，说明"综合创新"是文化发展的规律。从道理上说
明学术文化是在百家争鸣、多种思潮和学派交互碰撞中，以一种思想为主
而兼容其他各家思想的部分内容，在更高层次上扬弃了各种思想文化的冲
突，在对立统一中实现了创新发展。第四，要研究和探索综合创新的方
法，力求具有可操作性并考虑到方法论的多样性。既然综合创新是文化发
展的规律，通过对中外文化史的总结，可以得到许多具体的"综合创新"

---

① 参见杜运辉、周德丰：《从张岱年的"创造的综合"论到方克立的"马魂、中体、西用"
论》，《现代哲学》2008 年第 2 期。

的方法论启示。① 方克立在《综合创新之路的探索与前瞻》中，结合新世纪中国的思想和时代状况，提出了"马魂、中体、西用"论，把马克思主义的指导地位与中国文化的主体地位统一起来，深入探讨了综合创新与中国哲学的"合法性"问题，综合创新中的"一元主导"与"多元兼容"问题、中国特色社会主义理论体系中的文化综合创新问题、综合创新与科学发展观等问题，赋予这一思想新的生命力的理论总结。

蒙培元也认为，张岱年先生著名的"综合创新论"是在中西哲学比较中提出的，他不是抽象地肯定中西哲学之"同"或"异"，而是在具体分析、比较的基础上提出"综合创新论"，作为中国哲学现代化的一条可行之路。蒙培元特别探讨了张岱年"综合创新论"中强调的方法论与价值论意义，通过重思"综合创新"的主要内容，论证了"综合创新"何以可能。所谓"创造的综合"就是"唯物论、理想主义、解析哲学之一种综合"；其中"唯物论"作为"辩证唯物论"已是一创造的综合，它继承了客观实在即物的观念，但是抛弃了以物质为实体的观念，接受了生机主义的过程哲学，吸收了中国哲学的"大化流行"观念，构成了从"物"到"生"到"心"与社会创造进化的序列；"理想主义"则是继承了中国哲学的自然论与理想论之合一的倾向，可以说是"新唯物论"的题中应有之意，成就了理想的唯物论，或唯物的理想论，以人生论中的"动的天人合一"作为"人类生活之最高境界"；"解析"作为"辩意谓，析事实"，是综合创新构成"好的形而上学"的基础，"以分析为方法，以综合为内容"，辩证法是分析与综合的统一。分析与综合的统一所实现的真理内容是人生价值与宇宙本源的统一，"道德理想与宇宙本源属于不同层次"，但并非无关，可"充生以达理"，充实存在意义上的生命力，又克服生命理解中的矛盾，以达到理想境实现人生价值。蒙培元特别以张岱年的《谭理》为个案，显示

---

① 参见方克立：《深化对"综合创新"文化观的研究——访方克立教授》，《哲学动态》2002 年第 4 期。

了方法与价值的内在统一。对中国哲学的"理"进行分析,可得五项意谓:形式、规律、秩序、所以、当然。作为总名的"理"是五项意谓的有机整体,须经分析之后的综合才能把握,这种综合既非先验的,又不是单纯经验的,而是"直觉"的,其中又包含理性分析的内容。"直觉"保持了"所以然"与"当然"的连续性,反映了道德价值之"当然"与自然界之"所以然"在创造进化的生命整体中的有机统一性。①

另外,国内学者还纷纷对方克立在张岱年"综合创新论"基础上提出的"马魂、中体、西用"思想进行了深入探讨。李毅、寇清杰认为,"马魂、中体、西用"的思想,是对近代中国体用之争进行历史反思的新成果,是运用张岱年综合创新论考察当代中国文化建设实际的新收获。张允熠认为,"马魂、中体、西用"论是直接对张岱年"马学为体,西学为用"的文化观的一种细化和发展,也是对张岱年"文化的综合创新"论在时代高度上的一次重新解读和提升。刘仲林认为,中国哲学的创新,不仅要厘清马、中、西的价值定位,还要关注哲学创新所需具备的要素。张岱年关于文化的综合创新论可称为"文化创造主义",阐明了融汇中西、激励精神、创发原则、应用科学四个要素。陈卫平认为,"马魂、中体、西用"作为对"综合创新"论的继承和发展,深得"对理法"真髓,不仅提出了三者在当代中国新文化建设中各自的价值定位,也有见于三者既有长短又能互补的辩证关系。②

4. 构建中华民族的精神家园中的"百家争鸣"

除了上述三种构建中华民族精神家园的思想潮流外,中国人民大学张立文教授提出了"和合学"思想。他指出,所谓和合的"和",是指和谐、和平、祥和;"合"是结合、合作、融合。"和合"是指自然、社会、人际、

---

① 参见蒙培元:《张岱年的中西方哲学观及其"综合创新论"》,《北京大学学报》2004 年第 5 期。

② 参见李毅等:《综合创新论与"马魂、中体、西用"》,《上海师范大学学报》2007 年第 6 期。

心灵、文明中诸多元素、要素相互冲突、融合，与在冲突、融合的动态过程中各元素、要素和合为新结构方式、新事物、新生命的总和。"和合"是宇宙间的普遍现象，而被"和合学"作为研究对象。建立在"和合文化"基础上的"和合学"，是以"和合"的义理为依托，既涵摄又超越冲突、融合的学问。"和合学"是时代精神的召唤，是中国文化人文精神的精髓和中国文化的生命智慧，能创造性地解决中西文化的价值"和合"，以及传统文化的现代转型，使中国文化以崭新的面貌走向世界。[①] 还有学者从信仰的角度探讨了宗教研究在构建中华民族精神家园中的重要作用。有学者提出，信仰是人类最基本、最深刻的精神活动和精神现象。作为人类的精神支柱，信仰支配着人的精神生活和社会活动；作为文化的灵魂，信仰决定着一个时代的精神风貌，并构成该时代文化成就的本质特征。当今时代，世界范围内的信仰危机造成了人类精神生活的荒芜，要求我们通过反思信仰问题，为人类构筑确定的精神家园。[②] 还有学者从信仰的内在张力角度提出，信仰体现着人们对人生和社会的价值理想的建构或最高价值的承诺，融系着人对精神家园和终极关怀的寻觅，因而它在根本上影响人的精神生活和社会活动。[③]

有学者根据荣格的深度心理学，并会同马克思、尼采、柏格森的创造论指出，文化创造融合的主体是民族的历史的此在，而不是思想家的观念活动，"综合创造"的原初主体是观念之外的集体无意识，思想家学者的"创造性综合"不过是文化创造的最后一环，即是对集体无意识的创造或现实中已经进行的创造活动的命名与认识而已。在这个意义上，人民群众是历史的创造者，学者思想家是对创新的认识者，单凭思想家个体的意愿对文化的综合创新活动，具有抽象性和主观性。正是在这个意义上，孙利天指出创造有中国特色、中国风格和中国气派的哲学理论，构建中华民族

---

① 参见张立文：《儒家和合文化人文精神与 21 世纪》，《理论参考》2007 年第 2 期。

② 参见冯天策：《论信仰的几个基本问题》，《中州学刊》2001 年第 1 期。

③ 参见魏长领：《简论信仰的张力》，《中共长春市委党校学报》2005 年第 2 期。

的精神家园，必须回到生活世界的意向性构造，面向事情本身，即中国哲学必须面向我们自己的问题，表达中国人自己的体验与希望。面向事情本身需要文本的悬搁，让我们放下手中的巨著，在自己的日常生活中追问：什么是我们的痛苦与忧伤？什么是我们的光荣与梦想？我们真实地希望怎样的生活？这些来自胡塞尔的所谓生活世界的问题，隐含着更为原始的意向性构造，隐含着更深层次的意识奥秘、语言奥秘和哲学奥秘。准确地把握住我们的真实问题，中西马有了共同的关切，对话、互动和会通才有了现实的基础。[①] 从生活世界的基础上，我们可以作出判断，当下的中国传统哲学研究是当代的中国哲学，中国学者的西方哲学研究也是当代的中国哲学，马克思主义的中国化研究同样是当代的中国哲学。当然，这样的当代中国哲学是以内在的、实践的方式存在的，构建中华民族的精神家园要求我们反思与创造出中华民族自己的哲学理论。吴晓明认为，构建中华民族的精神家园，就是使思想植根于当今中国生气勃勃的历史性实践，并使之获得自由表现的精神形态，即一种已然成熟的定型的完备的精神形态。对于当代中国的精神重建来说，中西马思想资源之共属一体的活动具有根本重要的积极意义：一方面，我们既面对自己的原有文化，又面对西方的外来文化，正是通过文化结合的全部锻炼，才产生其"现实的和正当的活力"，开辟出中华民族的精神家园的胜利与繁荣；另一方面，只有在不同思想资源的共同活动中，才能产生一种以开新为定向的、有机的并且是独立的精神——文化统一体。这意味着需要一种真正具有自主立场的"综合创新"，用中国先哲的话说，叫作"收拾精神，自作主宰"。[②]

　　总之，无论是中华民族在新世纪的伟大复兴，还是哲学自身发展的内在逻辑，都需要21世纪的中国哲学工作者去勇于探索一条构建中华民族共有的精神家园的道路，探索的路径可以具有差异性、个体性，但是都必

----

① 参见孙利天：《朴素地追问我们自己的问题和希望——中国哲学、西方哲学和马克思主义哲学会通的基础》，《吉林大学社会科学学报》2005年第3期。

② 参见吴晓明：《当代中国的精神建设及其思想资源》，《中国社会科学》2012年第5期。

须正视以上三方面的理论主题，即中华民族共有的精神家园，就是要建立中华民族自己的"思想自我"和自己的哲学理论；就是要以马克思主义哲学作为塑造和引导新千年的中华民族的时代精神为核心；就是要综合创新马克思主义哲学文化、中国传统哲学文化和西方先进哲学文化，开创属于中华民族自己的文化精神。

二、探索当代中国哲学的发展道路

中国哲学界自改革开放以来经过 30 年的发展，目前正处于一个转折性的关键时期。进入 21 世纪，当代中国社会的深刻变革正在呼唤"当代中国哲学"的创生，探索和创造真正具有中国气质并能自立于世界哲坛的当代中国哲学形态，已成为今日我国哲学工作者充分自觉的使命和责任。2005 年 7 月 24 日至 26 日，由《中国社会科学》杂志社，吉林大学哲学社会学院和吉林大学哲学基础理论研究中心联合主办的第五届"马克思哲学论坛"在长春召开。此次论坛的主题是"马克思哲学与中国化的马克思主义"。来自全国的马克思主义哲学专家学者，包括 19 个马克思哲学博士点的学科带头人和青年学术骨干共 100 余人出席了此次论坛，提交正式论文 71 篇。会议就新时期中国马克思主义哲学研究的历史与逻辑、马克思的哲学观与马克思开辟的哲学道路、"中西马"对话与建构中国化的马克思主义哲学形态、高清海与当代中国哲学等论题展开了热烈而深入的研讨。在这次会议的推动下，探索中国哲学的未来发展之路，特别是中国化的马克思主义哲学的发展之路，成为学界普遍关注的焦点。

1. 马克思主义哲学与探索当代中国哲学的发展道路

哲学作为思想中的现实，表征着时代精神，因而当代中国哲学的发展道路，应当是当代中国的社会现实发展的理论映照。但现实与哲学的作用并不是直接的、简单的，而是通过当代中国哲学的思想资源之间互动发生的。中国哲学、西方哲学、马克思主义哲学的对话互动构成了当下中国哲学的思想格局。多数学者认为，三者的良性互动、会通融合应该有一个主

题，这就是"多元兼容"与"一元主导"的辩证关系。中国的社会现实正
发生着从"人的依赖性"的自然经济向"以物的依赖性为基础的人的独立
性"的市场经济历史性转变的现代化过程，中国的历史和现实不容许中国
走西方资本主义的现代化之路，而是同时以社会主义超越现代化的抽象本
性，克服市场经济的"物的依赖"，实现人的自由个性的全面发展，因而
社会主义现代化承受着从人类社会历史的第一大形态到第二大形态与第二
大形态向第三大形态转型的双重任务。马克思主义哲学不但消解"人在神
圣形象中的自我异化"，而且消解"人在非神圣形象中的自我异化"，因而
具有对异时代问题的同时解决的全局性、整体性与彻底性，这是马克思主
义成为中国人民的历史选择的合理性与现实性。习近平总书记指出，"我
国哲学社会科学坚持以马克思主义为指导，是近代以来我国发展历程赋予
的规定性和必然性。在我国，不坚持以马克思主义为指导，哲学社会科学
就会失去灵魂、迷失方向，最终也不能发挥应有作用。正所谓'夫道不欲
杂，杂则多，多则扰，扰则忧，忧而不救'"[①]。古今中西之争曾是冯契哲
学研究的背景，他把所面对的科学主义与人文主义、实证论与非理性主
义、科学与人生观的对立、知识论与元学的关系等问题，概括为"知识与
智慧的关系问题"，他认为既不能单纯地以中国传统哲学为基础，也不能
单纯地以西方哲学为基础解决这个问题。怎样使中国哲学既发扬中国的民
族特色，又可以会通中西，使它成为世界哲学的组成部分？中西哲学的交
流和会通能否提供一种新的视角，来解决知识和智慧的关系问题？古今中
西之争的问题，已经由中国的现实做出了回答，这就是古今中西的冲突与
斗争所达到的总的结果，即作为马克思主义的中国化的重大成果的毛泽东
的《新民主主义论》作了总结。这使冯契相信，可以通过实践唯物主义的
辩证法来解决知识和智慧的关系问题，但这在马克思主义的著作中找不到
答案。于是冯契认为，沿着实践唯物主义的辩证法的道路前进，吸取各种

---

① 习近平：《在哲学社会科学工作座谈会上的讲话》，人民出版社 2016 年版，第 9 页。

哲学派别包括非马克思主义学派的一些合理因素，是能够阐明从无知到知、由知识到智慧的认识过程的。处理好马克思主义和非马克思主义之间的关系，并进而会通中西，解决科学主义和人文主义的对立，便应能达到新的哲学意境。① 马克思主义哲学应该在当代中国的哲学发展道路探索中发挥核心和引领作用，对此，学者们就马克思主义哲学在当代中国哲学发展中的道路和地位问题展开深入探讨。陈学明提出，马克思主义哲学在进行这种会通与互动的过程中必须发挥引领作用，这种特殊地位是由其特有的品格所决定的。马克思主义哲学在构建中国新哲学的过程中有着特殊的地位和功能，可以把这种特殊性与轴心联系在一起。这种特殊地位和轴心是指马克思主义哲学应当承担起主动联盟、主动开放、主动吸收的主导和引领作用。② 李德顺也提出，坚持和发展马克思主义哲学不要只当作谋求一种话语的生存，而要看作阐发新的时代精神，建设我们国家民族乃至人类走向未来的思想文化和理论基础的大工程，下决心开出新路。③

哲学是文化的"普照光"。从中国文化的历史看，古今中西之争的总的结果是"民主的、科学的、大众的文化"，即反帝反封建的新民主主义文化，在现实中随着社会主义革命的继续，发展为塑造社会主义新人的社会主义文化。中国社会现实斗争的总的结果就是马克思主义中国化，也可以说，马克思主义的中国化塑造了中国的现实。"马克思主义进入中国，既引发了中华文明深刻变革，也走过了一个逐步中国化的过程。在革命、建设、改革各个历史时期，我们党坚持马克思主义基本原理同中国具体实际相结合，运用马克思主义立场、观点、方法研究解决各种重大理论和实践问题，不断推进马克思主义中国化，产生了毛泽东思想、邓小平理论、'三个代表'重要思想、科学发展观等重大成果，指导党和人民取得了新

---

① 参见冯契：《认识世界和认识自己》，上海人民出版社 2011 年版，第 2—19 页。

② 陈学明：《中国新哲学的构建与马克思主义哲学的功能》，《中国社会科学》2004 年第 1 期。

③ 李德顺：《马克思主义哲学研究的学科自觉和理论志气》，《吉林大学社会科学学报》2004 年第 2 期。

民主主义革命、社会主义革命和社会主义建设、改革开放的伟大成就。"①
国内很多学者以马克思主义哲学中国化为视角,探索当代中国哲学发展道
路,认为当代中国哲学的发展应当以推进和深化马克思主义哲学的中国化
为主体。在第五届"马克思哲学论坛"上,与会者就"中国化的马克思主
义哲学"展开了深入的探讨。韩庆祥认为这种新形态的建构必须注意几大
要素,即马克思哲学的思想价值、时代精神、现代西方哲学、当代马克思
哲学、中国共产党人的理论成果和中国问题。欧阳康认为,这种新形态的
构建必须考虑实践基础问题、世界资源问题和马克思主义的理论形态与实
践形态的关系问题。何萍认为,哲学研究必须有勇气面对政治,要有对民
族、政治的责任心,远离政治必然造成哲学的边缘化。张奎良提出,党中
央提出的以人为本、构建和谐社会的理论为当代中国化的马克思哲学新形
态的建构提供了新契机和新取向。张曙光认为,这种新形态的构建必须注
意中国社会的悖论性质,如现代与传统、民主与法制、新生与死亡的彼此
纠缠和相互转化。与会者一致认为,这种新形态的构建必须紧紧围绕我们
共同关注的问题,如全球化问题、现代性问题、民族命运问题等展开。②

马克思主义哲学不是抽象的普遍性,而是"改变世界"的世界观与方
法论,按其实践哲学的本质要求,马克思主义哲学在不同的时代、不同的
民族的发展应当构成具体化的、活生生的马克思主义哲学。马克思主义哲
学在西方、俄国与东欧的发展以及作为马克思主义中国化的成功典范的毛
泽东思想与邓小平理论,都是马克思主义的普遍原理与中国革命和建设的
具体实际相结合的产物。因而反思马克思主义具体化、现实化、民族化与
时代化的成功典范,学习与总结其经验与教训,为进一步推进与深化马克
思主义哲学中国化,构建当代中国哲学的发展道路提炼出方法论启示。杨
耕探讨了马克思以后马克思主义哲学演变的四条线索,为中国化的马克

① 习近平:《在哲学社会科学工作座谈会上的讲话》,人民出版社 2016 年版,第 9 页。
② 王福生:《范式转换与中国化的马克思主义哲学新形态的建构》,《吉林大学社会科学学报》2005 年第 5 期。

思主义哲学新形态构建提供了必要的理论参照。第一种是西方马克思主义、西方马克思学，以及一些根据不同的理论需要从不同角度对马克思主义哲学进行深刻阐述的当代西方哲学家，第二种是苏联模式马克思主义哲学和东欧新马克思主义，第三种是俄罗斯哲学家对马克思主义的反思与再认识，第四种则是中国的马克思主义哲学在 20 世纪八九十年代的发展。①汪信砚认为，以马克思主义哲学中国化为范式开展当代中国马克思主义哲学研究，是马克思主义哲学自身的本质要求，马克思主义哲学中国化是马克思主义哲学民族化的重要表现形式之一。②有学者提出，马克思主义哲学的中国化，就是把马克思主义哲学改变为既体现世界的时代之精华的过程，又体现中国的时代之精华的过程。③有学者则运用哲学解释学的方法，认为只有在不同的理解和解释中，在多重的视域融合中，马克思主义哲学的意义才能呈现出来。④还有学者提出，马克思主义哲学的中国化要立足于当代中国社会实践活动的特点与人们的生存状态，"创建"出全新的中国特色、中国气派、中国风格的马克思主义哲学形态。⑤

2. 中西马哲学对话与探索当代中国哲学的发展道路

不管是以马克思主义哲学作为引领的中国未来哲学建构，还是以中国化的马克思主义形式建构的中国未来哲学，都无法回避一个理论事实，这就是中国当前的中西马哲学三足鼎立的局面，或者说未来的中国哲学理论建构必须正视中西马哲学的对话与融通问题，否则三者各自为政，作为一个整体的未来中国哲学理论也就无从谈起了。

马克思主义哲学的"一元主导"是以中国哲学、西方哲学与马克思主义哲学的对话互动为条件的，是中西马会通融合、多元兼容中的"一元主

---

① 参见袁贵仁、杨耕：《马克思与我们同行》，《中国社会科学报》2010 年 12 月 29 日。

② 参见汪信砚：《倡导和发展马克思主义哲学中国化研究范式》，《河北学刊》2007 年第 6 期。

③ 参见袁吉富：《马克思主义哲学中国化的若干基本问题》，《哲学研究》2007 年第 4 期。

④ 参见詹小美：《"视域交融"与马克思主义哲学的中国化》，《哲学研究》2007 年第 6 期。

⑤ 参见孙伟平：《马克思主义哲学中国化的路径选择》，《哲学动态》2007 年第 4 期。

导"。马克思主义哲学中国化要求马克思主义的普遍原理与中国现实与思想的具体实际相结合，而中国哲学、西方哲学与马克思主义哲学是在当代中国并立的三种思想资源，马克思主义中国化内在地包含着马克思主义哲学对中国哲学、西方哲学的批判的综合的扬弃。吴晓明认为，三种思想资源是在中国近代以来的整个历史性实践中受到指派，并得到解释和证明的，中国近代思想史无可辩驳地表明：中国传统思想、西方近代思想以及马克思主义不仅构成整个思想领域的三个本质重要的定向，而且形成一个各种思想在其中展开和演化的基本结构。在不同的时代条件下，三者在哲学上不断展开着对话、碰撞和争论，采取各种形式的联合与冲突；虽说期间总是存在着各自力量的消长取舍，但却始终保持着一种积极的和强大的张力。这种情形既植根于中国近代以来的现实的历史，又与当今中国生气勃勃的实践本质相关，从而构成了一种引导前进的矛盾，一种产生积极成果的酝酿。[①]

2003 年 9 月，由《中国社会科学》杂志社、广西师范大学、苏州大学政治与公共管理学院等单位主办的"全球化语境中的文明冲突与哲学对话"学术研讨会在广西桂林召开。与会者围绕全球化语境下中国哲学、西方哲学、马克思主义哲学三大学科之间，如何打破学科壁垒，开展哲学对话，以创建当代形态的中国新哲学这一主题展开探讨。此次会议以马克思主义哲学为指导，在借鉴和吸收西方哲学成果的同时，依据中国哲学经验和哲学资源，面对中国自身的问题和全球性问题，通过跨学科的哲学对话和思想交流，形成哲学研究的视域融合。催生一种富有时代品格和民族气派的当代中国新哲学，是这次会议发起的宗旨和目的。[②]

高清海认为，要创造有自己特色的当代中国哲学，必须首先弄清楚西方哲学的特点和缺陷。经过近百年现代西方哲学对传统哲学的批判，西方哲学的弊端被看得较为清楚了，它实质是用范畴把握世界，用范畴关系推

---

① 参见吴晓明：《当代中国的精神建设及其思想资源》，《中国社会科学》2012 年第 5 期。

② 参见魏长宝：《学科对话、视域融合与当代中国哲学创新》，《哲学研究》2004 年第 1 期。

演世界，这样它就把范畴无法把握的亦即界限与尺度之外的多样性、差异性、不规则性遗漏了。后现代哲学无法跳出西方哲学根深蒂固的理论传统，无法找到新的哲学表达方式。在这样的理论背景下，思考中国传统哲学的特点及其当代价值就有了重大的意义。中国传统哲学的"天人合一"的自然感受方式，四海一家、世界大同的全球感受方式，会为中国化的马克思主义哲学思考提供新的启发和理论资源。①

哲学是思想中的现实，一方面社会现实构成了哲学思想的世俗基础，另一方面，哲学思想在现实中有所开展。吴晓明探讨了中西马哲学分立及对话综合的现实根据。中国的现代化任务使中国必须向西方学习，消化、吸收并积极占有现代资本主义文明的成果；而这一文明的精神—文化枢纽就集中体现在近代西方哲学及其延续下来并展开出去的历史中。中国的现代化实践是从非常独特的文化传统中开展出来的，这一传统是包含着实体性内容的"活在今天的过去"，而它的思想理论表现则凝聚在中国传统哲学中。只有在中国文化传统的基础上，才谈得上中国独特的发展实践和发展任务，才意味着中华民族之实体性生命复兴的可能性。中国的发展在现实历史的进程中形成独特的社会主义道路，而这一道路的基本取向则意味着与现代资本主义文明的批判性脱离，意味着新文明类型的可能性。正是这一主导取向从根本上决定了马克思主义哲学的本质重要性。中西马融合的真正基础已经先行体现在中国社会发展的历史性实践中，体现在由此实践所发出来的各种"中国问题"和"中国经验"中。当今中国的现实发展本身就是一种实践的"融合"，是现代文明被批判地、积极地占有，并因而实际地构成中西马融合的现实基础。② 许全兴、李存山、欧阳康等教授分别以冯契先生、张岱年先生、高清海先生的哲学思想为例提出，在中西马哲学对话中实质性地构建中国化的马克思主义哲学形态已经是一个事

---

① 参见孙利天：《高清海哲学思想讲座》，中国社会科学出版社 2014 年版，第 240 页。
② 参见吴晓明：《当代中国的精神建设及其思想资源》，《中国社会科学》2012 年第 5 期。

实，而不仅仅是一种可能性的前景。①

　　孙利天从生命领会与精神自觉探讨了中西马哲学会通的辩证本体基础，认为哲学始于对人的意识能动性的自觉和反思，亦即对自身生命的领会和精神自觉。中西哲学在对人的精神生命的领会中，共同经历了主观精神对生活和世界精神化的主观性环节、精神对象化的客观性环节和主客统一的精神生命自我完成的环节这个辩证运动过程。但由于中西传统哲学都存在着漠视甚至敌视人的自然欲望的倾向，都存在自然生命与精神生命的知性区分，必然在今天的物质主义时代、消费主义时代被拒斥和终结。马克思哲学革命的重要意义在于真正辩证地解决了人的自然生命和精神生命的统一，开启了晚期海德格尔苦苦追求的超越主体形而上学的存在视域。对自然生命和精神生命的辩证体悟，可以打通中西马哲学存在论基础的思想通道。②叶秀山也从中国精神的特征出发提出，在中西哲学对话过程中，应该对中国哲学有信心，中国哲学的精神在面对西方冲击时，会更加坚定和成熟，中国近百年的"西学东渐"已经说明了中国哲学精神的博大和通达。赵林从建构当代中国哲学所要面对的文化传统和挑战的角度提出，确立起一种具有自我批判意识的马克思主义和儒家思想，合理应对外来后现代主义和基督教文化的现实挑战，是建构一种既适应时代要求，又符合中国国情的哲学新形态的关键所在。③贺来则认为，从"功能思维"的角度来重新考虑中西马哲学对话，则中西马哲学三者之间可以形成一种各得其所、相得益彰的互补和协作机制，创造一种和而不同、分工合作的良性关系。④陈学明认为，

---

① 参见王福生：《范式转换与中国化的马克思主义哲学新形态的建构》，《吉林大学社会科学学报》2005 年第 5 期。

② 参见孙利天：《生命领会和精神自觉——中西马会通的辩证本体基础》，《社会科学战线》2008 年第 1 期。

③ 参见赵林：《建构当代中国哲学所面对的文化传统与外来挑战》，《深圳大学学报》2008 年第 1 期。

④ 参见贺来：《马哲、中哲、西哲的"功能统一性"与当代中国哲学的探索》，《吉林大学社会科学学报》2004 年第 2 期。

中国新哲学的诞生有赖于中国哲学工作者对现有的哲学资源的整合、挖掘和利用，也就是要让"马、中、西"三个学术群体去研究共同的现实课题，让他们各自为解决共同的现实课题挖掘和利用自己所拥有的哲学资源。①

3. 创造属于中华民族自己的哲学理论与探索当代中国哲学的发展道路

胡锦涛同志在十七届中央政治局第十三次集体学习时强调："中国哲学社会科学的繁荣发展既立足当代又继承传统，既立足本国又学习外国，大力推进学术观点创新、学科体系创新和科研方法创新，努力建设具有中国特色、中国风格、中国气派的哲学社会科学。"这一精辟论述无疑为建构我们中华民族自己的哲学理论形态指明了方向。②

新世纪国内学界掀起会通中西马哲学，探索和建构当代中国哲学新形态的讨论热潮。这一中国哲学发展趋势的实质是：在全球化背景下，中国现代化进程中民族意识、民族精神的觉醒及其自觉建构。创造中华民族自己的哲学理论一直是中国哲学家们的矢志追求。张岱年早在 1935 年就在《关于中国本位的文化建设》中主张"兼东西两方之长，发扬中国固有的卓越文化遗产，同时采纳西洋的有价值的精良的贡献，融合为一，而创成一种新的文化"③。高清海也认为，"哲学"是民族之魂，创造"当代中国哲学"，实质就是要创造中华民族的"思想自我"。创建当代中国哲学理论，是中国人自己反思自己的生命历程、理解自己的生存境遇、寻找自己未来发展道路的内在要求和迫切需要。④ 在 2004 年 5 月北京大学哲学系 90 周

---

① 参见陈学明：《中国新哲学的建构与马克思主义哲学的功能》，《中国社会科学》2004 年第 1 期。

② 参见赵剑英：《论中国化马克思主义哲学形态的当代构建》；赵剑英、孙正聿：《中国化马克思主义哲学新形态：马克思哲学论坛文丛第 5 卷》，社会科学文献出版社 2006 年版，第 36—37 页。

③ 方克立：《张岱年与二十世纪中国哲学》，《中国社会科学》2005 年第 1 期。

④ 参见高清海：《中华民族的未来发展需要有自己的哲学理论》，《吉林大学社会科学学报》2004 年第 2 期。

年纪念大会上，北大哲学系主任赵敦华教授代表北大"哲学人"表达了这样的心声：在中华民族走向伟大复兴的时代，作为中国哲学家摇篮的北京大学哲学系，决心用反映我们时代精神的哲学，铸造中华民族得以屹立于世界民族之林的文化灵魂！① 这道出了当代中国哲学工作者的强烈愿望。

孙利天从思想起点的角度探讨了中国哲学未来发展的前提条件。他认为，从建立自立于世界哲学之林的当代中国哲学的目标来说，我们得回到某个思想的起点。当代中国哲学的建设不能固守中国传统的思的视域和方向，而只能在与西方哲学的视界融合中选择我们的思想起点。② 张一兵、张亮则认为，制约当代中国哲学发展的最大问题是现行之单兵作战、独行侠式的研究方式。对于21世纪中国哲学的发展与创新来说，当务之急就是进行学术流派的本土建构。③

中国哲学的发展道路必须立足于中国现实，而立足于中国现实的哲学理论必须以反思和创新具有中国特色的社会主义理论为前提，进入21世纪，我国哲学家对于邓小平理论、"三个代表"重要思想和科学发展观的研究不断深入，并对探索一种适合建设具有中国特色社会主义的中国哲学起到了非常重要的作用。例如吴仕民和袁贵仁著的《邓小平理论与"三个代表"重要思想概论》、李君如著的《"三个代表"思想教程》、冷溶著的《从邓小平理论到"三个代表"重要思想》、俞可平著的《马克思主义与科学发展观》、庞元正著的《当代中国科学发展观》和张雷声著的《马克思的发展理论和科学发展观》等著作，立足中国现实情况，结合马克思主义哲学的根本精神，站在时代的高度推进了具有中国特色的社会主义理论研究。

总之，探索中国哲学的未来发展道路，构建属于中华民族自己的哲学

---

① 参见赵敦华：《为中华民族的哲学腾飞》，http://www.pku.edu.cn/news/xiao_kan/，2004—05—10.

② 参见孙利天：《试论当代中国哲学的思想起点》，《吉林大学社会科学学报》2004年第2期。

③ 参见张一兵、张亮：《学术流派的本土建构：新世纪中国哲学发展的一项重要使命》，《吉林大学社会科学学报》2004年第2期。

理论，实现马克思主义哲学的中国化、本土化等思想潮流在新世纪已经得到哲学理论界的普遍关注和认可。以上介绍的国内哲学界的探索无疑为我们接下来的工作奠定了坚实的理论基础，但我们同时也应该大胆地突破已有的研究成果，不断开辟新的研究方向和研究领域，探索的道路永远没有尽头，中国哲学的未来发展需要中国的哲学工作者不断地前赴后继、继往开来。这是时代赋予我们的责任，更是作为中国哲学研究者义不容辞的神圣使命。

三、塑造和引导新的时代精神

马克思曾经把"任何真正的哲学"比喻为"时代精神的精华"和"文明的活的灵魂"。这个比喻精辟地显示了哲学的人类性与时代性的不可割裂的统一性；哲学作为"文明的活的灵魂"，它总是结晶为"时代精神的精华"；哲学作为"时代精神的精华"，则总是凝聚为"文明的活的灵魂"；而哲学作为时代精神之"精华"与文明之"活的灵魂"的统一，则不仅仅是反映和表达自己时代的"时代精神"，而尤为重要的是塑造和引导新的"时代精神"。当代中国哲学的根本使命与价值，就是用"文明的活的灵魂"塑造和引导新世纪乃至新千年的"时代精神"。

在"历史成为世界历史"的今天，"中国问题"已经是当代中国所面临的世界性问题，当代中国哲学对"中国问题"与"中国经验"的反思和创造所要构成的已经不仅是中华民族自己的哲学理论，而且同时也要实现对新的人类文明的探索与创建。当今世界资本主义全球化的现代性文化困境与危局，已经把各个文明的民族拖入其中，面对共同的现代性问题，当代中国哲学的立足点是人类命运的共同体。中国现实早已被世界历史规划进入全球性的现代化进程，但现实的可能性与中国的社会历史文化传统使中国的现代化不可能是西方资本主义的现代化，而作为现代性批判的实质性力量的马克思主义在中国大地上扎根，则使中国走出了一条建设有中国特色的社会主义道路。现代性的悖论已经证伪了所谓西方资本主义文明作为"历史的终结"的论断，而资本主义的不可能性也预示了"西方的没落"。

中国现实作为历时态文化的同时性存在，已经构成了文明的冲突与融合的发生地，因而世界各国的哲学都能成为在中国的哲学，当代中国哲学也就成了世界哲学的竞技场与哲学创新的实验室。吴晓明认为，随着资本主义的不可能性，作为资本主义现代文化之主角的西方文明将完成其世界历史的使命而走向没落，中国精神所孕育的希望将可能使其成为新的世界精神的诞生地与世界历史的中心。①

1. 时代精神的变革与哲学使命的跃迁

早在 19 世纪 40 年代中期，马克思就对时代的变革与哲学的使命及其相互关系作出这样的论述："真理的彼岸世界消逝以后，历史的任务就是确立此岸世界的真理。人的自我异化的神圣形象被揭穿以后，揭露具有非神圣形象的自我异化，就成了为历史服务的哲学的迫切任务。于是，对天国的批判变成对尘世的批判，对宗教的批判变成对法的批判，对神学的批判变成对政治的批判。"②

"中国自近代以来始终面临着持续不断的现代化任务。因此必须向先进的西方学习，消化、吸收并积极地占有现代资本主义文明的成果；而这一文明的精神—文化枢纽就集中地体现在近代西方哲学及其延续下来并展开出去的历史中。……近代以来延续至今的中国的发展进程首先是由这一现代化任务所开启并制订方向的。"③中国的现代化部分地从属于西方资本主义现代文明所主导的世界历史进程。

近代以来的西方历史，从经济形态上说，是以市场经济取代自然经济的过程；从人的存在形态上说，是人从人对人的"依附性"存在转化为"以物的依赖性为基础的人的独立性"的过程；而从文化形态上说，则是从"神学文化"转化为"哲学—科学文化"的过程。这个历史过程所构成的时代精神的变革，是哲学使命的历史性转换的最重要的生活基础。

① 参见吴晓明：《当代中国的精神建设及其思想资源》，《中国社会科学》2012 年第 5 期。
② 《马克思恩格斯选集》（第 1 卷），人民出版社 1995 年版，第 2 页。
③ 吴晓明：《当代中国的精神建设及其思想资源》，《中国社会科学》2012 年第 5 期。

如果说前市场经济的自然经济所要求的是经济生活的禁欲主义、精神生活的蒙昧主义和政治生活的专制主义，并从而造成"人的依附性"存在，即造成人在"神圣形象"中的"自我异化"，那么，取代自然经济的市场经济则是反对经济生活的禁欲主义而要求人的现实幸福、反对精神生活的蒙昧主义而要求人的理性自由、反对政治生活的专制主义而要求人的天赋人权，从而形成了市场经济的三个基本取向的统一，即功利主义的价值取向、工具理性的思维取向和民主法治的政治取向的统一。市场经济的这种价值取向、思维取向和政治取向的统一，实现了马克思所说的"以物的依赖性为基础的人的独立性"，即"消解"了人在"神圣形象"中的"自我异化"，把人的存在方式从人对人的"依附性"存在转换成人对物的"依赖性"存在。这是人类从自然经济中的生存状态跃迁为市场经济中的生存状态所实现的历史性的飞跃，同时也是人类的自我意识从"依附性"的存在跃迁为"以物的依赖性为基础的人的独立性"的存在所实现的"时代精神"的飞跃。

人类存在的历史性飞跃以及由此形成的时代精神的飞跃，以理论的形态而构成哲学理念的飞跃，这就是从中世纪的"信仰的时代"的哲学跃迁为近代的"理性的时代"的哲学。自文艺复兴以来的西方近代哲学，它的根本使命就是"消解"人在"神圣形象"中的"自我异化"，把人的本质"归还"给人本身，由此便构成了贯穿整个西方近代哲学的"上帝"的自然化、物质化、精神化和人本化的过程，即"上帝"的"人化"过程。另一方面，近代哲学又使人在"理性"中造成了新的"自我异化"，即以"理性"构成了人在"非神圣形象"中的"自我异化"，把"理性"变成了凌驾于人之上的"本质主义的肆虐"。近代哲学的"无人身的理性"是以"最抽象"的形式表达了人类"最现实"的生存状况——"个人现在受抽象统治，而他们以前是互相依赖的。但是，抽象或观念，无非是那些统治个人的物质关系的理论表现"[①]。由此我们可以看到，把人的本质"归还"给"理性"

---

① 《马克思恩格斯全集》（第46卷上），人民出版社1979年版，第111页。

的近代哲学，其实质是以理论的方式表达了正在受"抽象"统治的近代以来的人类生存状况，也就是人的"独立性"建立在对"物的依赖性"的基础之上的生存状况。

现代哲学的历史任务则是"消解"人在"非神圣形象"中的自我异化，即把异化给"理性"的人的本质归还给作为个体的个人。因此，如果我们把整个近代哲学所表征的时代精神称之为"理性的时代"，那么，我们可以把超越近代哲学的现代哲学概括为"理性的批判"，而把现代哲学所表征的时代精神称之为"反省理性的时代"。

"中国的发展在现实历史的进程中形成独特的社会主义道路，而这一道路的基本取向则意味着与现代资本主义文明的批判性脱离，意味着新文明类型的可能性。正是这一主导取向从根本上决定了马克思主义哲学的本质重要性。"① 以"实践转向"为标志的马克思主义哲学，从"现实的人及其历史发展"出发，以实践观点的思维方式去揭示思维与存在、人与世界之间的无限丰富的矛盾关系，用"现实的理性"（实践）去批判"抽象的理性"（绝对精神），从而达到对思维与存在、人与世界之间的否定性统一的辩证理解，真正地扬弃了近代哲学所造成的人在"理性"这个"非神圣形象"中的"自我异化"；从人对世界的实践关系出发，不是把"哲学"视为凌驾于科学之上的"解释世界"的"普遍理性"，而是把"哲学"视为"改变世界"的"世界观"，即从总体上理解和协调人与世界的相互关系的理论，因此从根本上"消解"了人在以"哲学"为化身的"普遍理性"中的"自我异化"，并从而把人的"本质""归还"给人类以自身的实践活动及其历史发展所实现的人类自身的解放——"以个人全面发展为基础的自由个性"②。

---

① 吴晓明：《当代中国的精神建设及其思想资源》，《中国社会科学》2012 年第 5 期。

② 《马克思恩格斯全集》（第 46 卷上），人民出版社 1979 年版，第 104 页。

2. 类哲学与人类未来

近代哲学开启了人类社会的现代化进程，现代哲学则力图批判性地超越现代文明的困境，塑造新的人类文明形态。近代哲学主要通过观念论抽象地确立了普遍人性原理，使个人在形式上能够按照普遍理性去实现自己，现代哲学则批判了近代哲学的抽象性、观念性与形式性，力图以现实性、具体性与差异性进达实质界。按照马克思对人类社会的三大形态的划分，全球化的现代人类社会正处于"以物的依赖性为基础的人的独立性"的第二大形态、在这种形态下，才形成了普遍的社会物质交换、全面的关系、多方面的需求以及全面的能力体系。与近代哲学相对应，资本现代性的抽象建制所塑造的也是人的形式的存在。所谓"物的依赖性"就是在往返运动中构成了人与世界的关系的"货币等价性"，货币"自行增殖的本性"是一种自为的观念本性，货币的自行增殖的观念化力量把人和世界按资本的需要抽象化了。资本关系所构成的现代人的自由平等独立是形式性的自由平等独立，实质上则是人的深重异化、剥削与不自主性，市场经济不仅使商品的交换价值压抑了使用价值，而且使人的劳动中的观念意志的自为本性压抑了自然的本原存在。因而，现代化大生产所造成的人与自然的否定性统一关系不过是一种思维宰制存在的抽象的统一性，现代文明的形式理性无法使关于人自身本质的观念与感性情感的自然生命统一起来以实现人格的统一性与生命的整合性，等价交换的市场原则入侵生活世界，瓦解了人与人的关系的本质性的一度。人对自然的抽象构成了严重的"全球性问题"，人对自身本质的抽象则造成了"人的物化问题"。而"建立在个人全面发展和他们共同的社会生产能力成为他们的社会财富这一基础上的自由个性，是第三个阶段。第二个阶段为第三个阶段创造条件"。

面对个体主体的现代性问题，高清海根据《1844年经济学哲学手稿》中的"类本质""类生命""类存在"的思想与《1857—1858年经济学手稿》中关于人类社会三形态划分的重要论断，融合中国哲学的"天人合一"思想，提出了超越现代性抽象建制，引导人的自由个性全面发展的"类哲学"。从"类哲学"看来，马克思关于三形态的理论，不只是历史的概括和描述，更重要的是，这里还体现了人的按其类本性所展开的发展逻辑。如果群体本性是人的类本性的肯定阶段，个体本性是他的否定阶段，那么作为最后的肯定，必然会走向第三个形态即否定之否定的阶段。个体本位的社会并非至极的，它不过是为进入自觉的类主体形态准备条件的一个过渡阶段。返回现实，从当今时代的本质特征说，应该认为人类已经基本走完了两个发展阶段，完成了两个发展形态。现在世界上虽然还存有群体和群落，群界依然起着很大的作用，但群体主体支配一切的那种时代已经成为过去。今日世界的大多数国家普遍确立了个人的主体地位，随着现代化进程中个体主体的自我异化，已经显示出其存在的界限，今天人所面临的是如何从个人主体本位向自觉的类主体本位转变的问题。

类哲学所引导的是人类从分裂、对立走向本质性统一的发展趋势。人作为社会性存在，天生就是合群的，但人和人又必须经过分离、独立而后才能从外在结合走向内在的统一；人与自然的关系同样如此，人虽来自于自然，如果不经过与自然相互对立的发展阶段，也不可能真正实现"天人合一"。现在，分离、对立的阶段已经完成了，因而也就具备了实现类本质的统一的现实条件。

"类"是人的完成了本质统一的存在状态，即那种人与人完成了本质的统一、人与外部世界完成了本质的统一、人与自身本质也完成了的本质的统一的存在状态。就本来的含义说，"类"关系体现的就是一种人与人、人与自然、人与自身内在统一的一体性关系。不过，这种一体关系不是直接性的统一，而是人们自觉建立的、以差别和对立甚至否定为内容的统一，也就是一种既超越他物又超越自身，经过中介走向更高存在状态的"本质的统一性"和"否定性统一关系"。类存在是人的具体的普遍性存在，既内在于个体生命，又超越于人的个体生命之外，人与自然、人与人构成了一种相互包含、交融互摄、重重无尽的关系。类哲学超越"实践观点"之处在于，人与自然、他人、自我所实现的否定性统一是一种具体的实质性统一，这种统一的具体性与实质性就是超越了自觉、自为的主观性，呈现了"自然性"与"连续性"的本有状态，克服了中心与边缘的对立，类本质是为人与自然、他人的整体所共有的理想价值。类活动在人与自然、自我、他人的分离与对立中，揭示出更深层次的连续性，这种连续性是超越了应然观念的本然性，作为对立面的超越性统一，构成了更高的存在层次与存在境界。类本质，就其内在地融通、贯穿了界限和差异而言，是一种无限存在本质，就其扬弃对立与分离而言，则在人的存在中重建了绝对性。

在人与自然的关系中实现的类存在，超越了人对自身本质的疏离及人对自然的抽象规定，达到了人与自然的无限存在本质。人与自然不但进行物质、能量和信息的交换，还必须同对象进行"本质交换"，通过本质交换以实现意义交换和价值交换。人与对象的关系中，人必须先进行自觉目的性的本质交换，在此基础上才能实现其他的交换。通过人与对象的本质交换，人性被"对象化"，对象亦被"人性化"，二者达到了内在本质的融合。通过人的生命活动，实现整个存在的一体化，发挥存在本身蕴含的内在潜能，进而赋予自然存在以生活意义，把宇宙渐渐变成生命的活物即类化的存在。人的生命面向整个存在，人的最终归宿是要使生命去融化宇宙，也要把生命融化于宇宙，自然的潜在能量通过人的生命活动就成了现实的力量，这也意味着人通过自己的生命活动把宇宙变成生命的活物，也就是赋予了自然存在以生命意义。可以说，"人就是宇宙生命的人格化身"。

人的自身本质的实现离不开人与自然、人与人的交往活动。就人的学习与成长而言，经历了一个从"化性起伪"到"明心见性"的过程。类本质虽然是在人的活动中生成的、创造的，但又有着内在本有的特点。所谓"内在本有"，是讲类本质必须是"自性"，并非"外铄"或"内化"，与他者的所谓"交换"其实只是种机缘。也就是说，类本质的实现不只是自觉自愿的，还必须具有一种自然、自得之感。人的理性形式与道德观念必须与人的感性、情感的自然生命结合，才能成就为具体的、实质性的德性人格。这是一个自由去影响自然、自主理性去教化感性生命的过程，也就是普遍性的具体化与充实化的过程。成为自然的自由才是实质性的自由，才是真正的"自由个性"。人的自身本质的实现，其实就是把开始的"学知力行"转化为"生知安行"，把应然性观念的抽象的普遍性转化为本然德性的具体的普遍性，把能动超越的间断性与形式性转变为自然自得的连续性与实际性。

人与人的类关系其实就是"自由个性"的联合体状态。在这种存在状态中，"人"已不再是超越个体之上、存在个人之外的那种实体大我，同样也不再是彼此孤立、相互分裂的单子式存在的小我，而是普遍地存在于每一个体之中，又把一切个体从本质统一为整体的"类"存在。人人都是人格化的人，也都是人的人格代表，每个人既是独立的人，也是普遍的人，即都是小我和大我的统一体；人与人之间不再有"人"的分别，而只有个性的不同，也就是说他们在人格上是完全平等的，个性上是充分自由的。类本质是对个体自我的超越，使人达到了具体的普遍性存在，在人的层面上实现了绝对性与无限性。不同的自由个性之间虽有差异，但并不相互外在，每个人在他者那里都是自在的，差异的个性之间是相互包含的。每个人在一切人之中，一切人在每一个人之中，"联合"是自由人的题中应有之义。

类哲学以人的自身本质的完成为它的意义和价值，其主要功能在于，使人达到人的自觉，在对待和处理一切事物中能够充分发挥人的态度、人的观点、人的作用，并进而不断提高自己作为人的思想境界，升华自己的人性品格，使自己成为真正自由和自觉的人。①

3.元学智慧（性与天道的智慧）与平民化的自由人格

冯契的《智慧说三篇》是其对知识和智慧的关系问题的探索的结晶。

---

① 参见《高清海哲学文存续编（卷二）》，黑龙江人民出版社 2004 年版。

三篇著作各具其相对独立性，又互相联系成一整体，《认识世界和认识自己》是其主干，而《逻辑思维的辩证法》和《人的自由和真善美》是其两翼：《认识世界和认识自己》主要探讨了基于实践的认识过程的辩证法，特别是如何通过"转识成智"的飞跃，获得关于性与天道的认识；《逻辑思维的辩证法》主旨讲化理论为方法，说明认识的辩证法如何通过逻辑思维的范畴，转化为方法论的一般原理；《人的自由和真善美》主旨讲化理论为德性，认识的辩证法贯彻于价值论领域表现为在使理想成为现实以创造真善美的活动中，培养了自由人格的德性。

　　《智慧说三篇》是中西马的会通融合、综合创新的重要成果。中国传统哲学与西方哲学都要求认识世界和认识自己，但西方哲学重在考察人和自然、我和世界的对立，而中国哲学重在讲两者的统一和交互作用，即天与人、存在与意识的交互作用。中国哲学在科学尚未分化的情况下，较多探讨了言意能否把握道、理想人格如何培养这样的问题，也就是说中国古代哲学着重考察了智慧的问题，伦理学上的自觉原则与工夫论、认识论上的辩证原则和美学上的意境论都是以天和人交互作用达到天人和谐为旨趣。对知识和智慧的关系的探索为西方哲学与中国哲学建立了一座桥梁，既使西方哲学的理论传统提升到了超越名言概念的智慧之域，又把高推圣境的中国哲学拉回到现实认识活动的发展过程之中。智慧的先验主义与神秘性被转化为性与天道、人与自然交互作用所构成的人类从无知到知、从知识到智慧的辩证发展过程。这个发展过程又是置身于马克思主义哲学的实践唯物主义基础上的。性与天道的智慧在人自身的落实便是自由人格，这是认识要达到的实践目标。中国古代圣贤、英雄的自由人格、理想人格，并非与平民生活格格不入，相反，圣贤的完满的自由人格不过是以牺牲大多数人的发展为基础更充分地发展了人的内在本性而已。冯契在马克思主义哲学的人类解放学说基础上把圣贤豪杰的完满的自由人格转变为平民化的自由人格，一方面以中国哲学的智慧德性揭示（充实）了马克思主义哲学的自由个性说的内容，另一方面以马克思主义哲学的社会实践把中国圣贤的自由人格抽象的超越性与神秘性转化为从抽象发展到具体的自然历史过程。这其中也包括了西方（近代）哲学的重要中介。把极少数人的自由变成每一个人的自由，这是由西方近代哲学所确立的普遍人性原理（意识原理）开端的，也是以西方近代哲学所开启的现代化进程为基础的。马克思主义哲学揭示了，现代的社会化大生产使每一个人的自由成为可能，但资本现代性的抽象建制所确立的人的自由独立平等只是形式性的，因为现代的生产实践与道德实践所构成的观念与自然的否定性统一，只是一种抽象的统一性，其中的观念的自为本性压抑了自然的本原存在。然而，观念的、形式的、抽象的主观自由只有具体地落实为自然的自由，才成就为实质性的自由。与自然相统一的自由，本就存在于中国哲学的智慧德性中，而且马克思批判资本逻辑的抽象统治，所要确立的"此岸世界的真理"正是："共产主义是对私有财产即人的自我异化的积极的扬弃，因而是通过人并且为了人而对人的本质的真正占有；因此，它是人向自身、也就是向社会的即合乎人性的人的复归，这种复归是完全复归，是自觉实现并在以往发展的全部财富的范围内实现的复归。这种共产主义，作为完成了的自然主义，等于人道主义，而作为完成了的人道主义，等于自然主义，它是人和自然界之间、人和人之间的矛盾的真正解决，是存在和本质、对象化和自我确证、自由和必然、个体和类之间的斗争的真正解决。""社会是人同自然界的完成了的本质的统一，是自然界的真正复活，是人的实现了的自然主义和自然界的实现了的人道主义。"①中国哲学、西方哲学与马克思主义哲学都是关于人自身的学说，冯契的智慧说及其追求的平民化的自由人格是对中西马基于人的自身本性的内在结合，可视为中国特色社会主义的精神建设的论纲，塑造和引导了新的时代精神。

冯契在肯定实践给予客观实在性的基础上来论述认识过程的规律性：感性与理性的辩证统一；同归而殊途，一致而百虑；在认识世界和认识自

---

① 《马克思恩格斯文集》（第1卷），人民出版社2009年版，第185、187页。

己的交互作用中获得智慧和自由。在实践基础上认识世界和认识自己的反复，即天与人、性与天道的交互作用，一方面客观现实事物的声色等感性性质授予我以"道"（客观规律与当然之则），我根据性之所近、习之所惯加以接受，使我的性得到培育而"日生日成"；转过来，我通过实践活动而使性得以显现，具有色声等感性性质的客观事物各以其道（不同的途径和规律）而使人的"性"对象化，亦即成为人化的自然。在性与道的交互作用中，人的德性发展起来，这是一个凝道而成德、显性以弘道的日新不已的过程。从价值原则来说，心灵所掌握的"规矩"就是自然原则和人道原则的统一，而认识世界和认识自己的交互作用的过程同时也是一致而百虑、感性与理性反复的运动。在价值的创造中，这种认识运动与人性的要求结合起来：与一致而百虑相联系，主体具有综观，能以全面观点克服片面性，那么其社会意识一定是群体原则与个体原则的统一；与理性以得自经验者还治经验的规律性相联系，主体意识以理性为主导，要求知情意、真善美的全面发展。

冯契在实践所构成的凝道成德、显性弘道的基础上，探讨了知识向智慧的转化。知识重分析、抽象，智慧重综合，以把握整体。由知识到智慧的飞跃亦即由名言之域到超名言之域的飞跃。人的认识活动是从无意识到有意识，从无知到知和由知识到智慧的辩证发展过程。人本属于自然界，无所谓天人、主客、能所的区别；从无知到知，就有了这些区别和对立；而由知识到智慧，就要求达到天人合一的境界，即"天地与我并生，万物与我为一"的境界。冯契从理解的直觉、辩证的综合、德性的自证三个方面来谈转识成智的飞跃。

精神活动的各个领域，无论是艺术、科学、德行、宗教经验，都大量存在着理性的直觉。理性的直觉是感性和理性的统一，一下子把握到主客的统一，给人以顿悟、豁然贯通之感。哲学要求把握会通天人、物我无不通也、无不由也的道，培养与天道合一的自由德性。哲学与科学都是以理论思维方式把握世界，但科学是在分别地求真、求真实的事实和规律，而哲学是综合的求穷通，求大写的"真理"与真善美统一的自由境界。在探索中，通过转识成智的飞跃，哲学的理性直觉具体地、生动地把握了相对中的绝对、有限中的无限、有条件中的无条件中的东西。哲学上的理性直觉总是与思辨的方式、德性的培养结合在一起的。领悟到有限中的无限、相对中的绝对，是思辨与德性培养中转识成智的飞跃。无限的、绝对的天道以及与道合一的自由德性，不是可望而不可即的，而是在无限前进运动中逐步展开的，是人的理性直觉把握住的。理性的直觉就是体现了性与天道交互作用中的直觉活动，直接把握了实践给予的客观实在感，于是感性呈现不只是作为知识经验的材料，供抽象之用，而且更是呈现为现实之流，呈现为物我两忘，天人合一之境界。破除知识经验的种种对待，超越名言之域，客观实在感就是对超对待的现实之流的直觉，这种理性直觉所把握的就是世界的统一原理和发展原理，就是天道以及与天道合一的自由的德性。

理性直觉所得就是超名言之域，超出知识经验的领域，不可思议与言说。在名言之域中，言必有所言，知则有所待，离不开物我、能所的对待。冯契认为，二者可以通过辩证的综合以通达。达名所表示的哲学范畴可运用于天地万物，如物、性、时、空、类、故、理等，其外延是天地万物的同一范围，但含义有所区别和联系。达名所表示的是最高的类，即在达名、类名、私名的系列中与类名、私名有限定概括的逻辑关系。总名所表示的是元学的理念、宇宙整体。概念是抽象的、理念是具体的。达名是名言之域之名，名言之域有限定概括的逻辑关系；而总名虽称之为名，其实是说不得的"强为之名"。但我们可以用总名去称谓不可说者而名有其义。这是对达名的辩证综合实现的，用达名所表示的范畴之间的辩证综合来表示元学的理念，以表述超名言之域，这就名有其义了。理念作为关于总体的具体范畴，要用理性直觉来把握，用范畴的辩证综合来表达。

对于从事哲学和追求哲理境界的人来说，从真诚出发，拒斥异化和虚伪，加以解蔽、去私的修养，在心口如一、言行一致的活动中自证其德性的真诚与坚定，也就是凝道成德、显性弘道的过程。真正能够凝道成德、显性弘道，便有了德性之智，就能在德性的自证中体认了道(天道、人道、认识过程之道)，这种自证是精神的"自明、自主、自得"(即主体在返观中自证其明觉的理性、自主而坚定的意志，而且还因情感的升华而有自得的情操)。这样便有了知、情、意等本质力量的全面发展，在一定程度上达到了真善美的统一，这就是自由的德性。而有了自由的德性，就意识到我和天道为一，意识到我具有一种"足乎己无待于外"的真诚的充实感，我就在相对、有限之中体认到了绝对、无限的东西。①

四、当代中国哲学的理论自觉

1945 年第二次世界大战结束以来，人类社会发生了空前的重大跃迁，人类文明实现了空前的重大发展，人类自身也面对空前的重大挑战。这一重大跃迁、重大发展和重大挑战的实质，是"历史"转变为"世界历史"的重大飞跃，从而构成了具有特定内涵的"我们的时代"。以人类文明的时代性问题作为哲学研究的"聚焦点"和"生长点"，洞悉"我们时代"的时代精神，反思"我们时代"的时代问题，形成"我们时代"的哲学理念，引领"我们时代"的创新实践，应当是 21 世纪中国马克思主义哲学研究的最具根本性的理论自觉。

1. 历史转变为世界历史的"我们的时代"

1845 年至 1846 年，"二战"结束的一百年前，马克思、恩格斯就在其合著的《德意志意识形态》中极富洞察力地提出，"我们的时代"的根本特征和基本标志，是"历史向世界历史的转变"。这深刻地表现在，"单个人随着自己的活动扩大为世界性的活动"，越来越受到"日益扩大的、归根结底表现为世界市场的力量的支配"；"每一个单个人的解放的程度是与历史完全转变为世界历史的程度一致的"②。这提示我们从历史转变为世

---

① 参见冯契：《认识世界和认识自己》，上海人民出版社 2011 年版。
② 《马克思恩格斯选集》(第 1 卷)，人民出版社 1995 年版，第 89 页。

界历史的"程度"来把握"我们的时代"。

1848 年，马克思、恩格斯在其合著的《共产党宣言》中，对"历史向世界历史的转变"的"资产阶级时代"，作出了具体的、深刻的描述和阐释：其一，"资产阶级在它的不到一百年的阶级统治中所创造的生产力，比过去一切世代创造的全部生产力还要多，还要大"；其二，"由于开拓了世界市场，使一切国家的生产和消费都成为世界性的了"，"过去那种地方的和民族的自给自足和闭关自守状态，被各民族的各方面的互相往来和各方面的相互依赖所代替了"；其三，"物质的生产是如此，精神的生产也是如此。各民族的精神产品成了公共的财产。民族的片面性和局限性日益成为不可能"；其四，资产阶级"迫使一切民族""采用资产阶级生产方式"，从而"按照它自己的面貌为自己创造出一个世界"；其五，资产阶级不仅"使农村从属于城市"，而且"使未开化和半开化的国家从属于文明的国家，使农民的民族从属于资产阶级的民族，使东方从属于西方"；其六，资产阶级"日甚一日地消灭生产资料、财产和人口的分散状态"，"由此必然产生的结果就是政治的集中"；其七，"生产的不断变革，一切社会状况不停的动荡，永远的不安定和变动，这就是资产阶级时代不同于过去一切时代的地方"；其八，"一切固定的僵化的关系以及与之相适应的素被尊崇的观念和见解都被消除了，一切新形成的关系等不到固定下来就陈旧了。一切等级的和固定的东西都烟消云散了，一切神圣的东西都被亵渎了"①。马克思、恩格斯所阐述的历史向世界历史"转变"的"资产阶级时代"，从根本上改变了人类存在的历史形态，即从"人对人的依附性"存在转变为"以物的依赖性为基础的人的独立性"的存在。因此，"资产阶级时代"就是马克思所揭示的人在"非神圣形象"（资本）中"自我异化"的时代。

与马克思、恩格斯所阐述的"历史向世界历史的转变"的"资产阶级时代"相比，"二战"结束以来的"我们的时代"实现了空前的"历史向

---

① 《马克思恩格斯选集》（第 1 卷），人民出版社 1995 年版，第 275—277 页。

世界历史的转变"。这种"转变"不仅表现为普遍化的"量的扩张"，而且表现为时代性的"质的飞跃"。这种新的历史性内涵，构成了人类文明史上的"我们的时代"。

第一，历史转变为世界历史的"信息化"时代。

按照马克思的观点，"各种经济时代的区别"，"不在于生产什么，而在于怎样生产，用什么劳动资料生产。劳动资料不仅是人类劳动力发展的测量器，而且是劳动借以进行的社会关系的指示器"①。正是以劳动资料的历史性变革为"测量器"和"指示器"，通常是把人类的文明形态区分为"农业文明""工业文明"和"后工业文明"。作为"后工业文明"的"我们的时代"，其主要标志就在于"用什么劳动资料生产"发生了质的飞跃。从总体上看，20世纪中叶以来人类的科学发现和技术发明，已经超过此前的科学发现和技术发明的总和。具有标志意义的是，20世纪40年代中期人类就进入了利用核能的新时代，50年代后期人类开始向外层空间进军，70年代人类又以重组DNA为标志而进入可以控制遗传和生命过程的新阶段，80年代以微机处理机的大量生产为标志而进入信息时代，90年代则以软件开发及其大规模产业化为标志而进入信息革命的新纪元②。这表明，科学技术已经不仅成为"我们的时代"的名副其实的"第一生产力"，而且极为深刻地改变了人与自然、人与社会、人与自我的关系，即全面地改变了人与世界的关系。信息传播的速度（即时性）和规模（全球性）、信息传播的多样性和多元性、信息传播的方式和规则、信息传播的深度和效应，使得"信息化"不仅成为劳动力发展的"测量器"，而且成为社会关系的"指示器"。"信息化"已经成为历史向世界历史转变的"加速器"。

第二，历史转变为世界历史的"经济全球化"时代。

人类在进入"信息时代"的同时，进入了以"市场经济"为基本内容

---

① 《马克思恩格斯全集》（第23卷），人民出版社1972年版，第204页。
② 参见宋健：《现代科学技术基础知识》，科学出版社1994年版，第41—42页。

的"经济全球化"时代。经济全球化是人类经济活动超越国家、民族的界限而使全球经济活动融为一体的发展进程，主要包括贸易全球化、生产全球化、金融全球化三个阶段，并在这个过程中把市场经济的运行机制延伸为世界市场，从而实现全球范围内的资源配置。以自然资源差异为基础的传统的国际分工，日益让位于以现代新科技、新工艺为基础的新型国际分工。进入21世纪以来，作为经济活动的三要素的人、财、物，国际贸易、国际投资和跨国劳动力这三者不仅呈现显著的增长，而且其规模均达到历史未曾有过的水平。生产国际化促进了贸易国际化和金融国际化，国家之间的经济联系空前加强。在经济全球化的进程中，信息技术革命、信息传播全球化的发展和国际互联网的普及，不仅成为"经济全球化"的技术支撑，而且深刻地变革了国际关系和人的存在方式。

第三，历史转变为世界历史的"政治多极化"时代。

"二战"之后的历史转变为世界历史的质的飞跃，深刻地体现在国际关系的重大变革。20世纪40年代中期以后的"两大阵营"的对峙，在政治上标志着"我们的时代"已经从"资产阶级时代"转变为社会主义与资本主义"两大阵营"对抗的时代，即两种意识形态和两种社会制度对抗的时代。20世纪50年代以来的"国家要独立，民族要解放，人民要革命"的时代潮流，使得帝国主义的"让东方从属于西方"的殖民时代转变为"第三世界"形成的"后殖民时代"。20世纪80年代末90年代初的"苏东剧变"及其后的"颜色革命"，既改变了"两大阵营"对抗的基本格局，又在国际关系多极化的变迁中形成了既斗争又合作的大国博弈，新型的大国关系以及政治多极化深刻地改变了国际政治格局，并制约着世界的"和平与发展"。改革开放以来，中国作为和平崛起的新型大国，以"人类命运共同体"的基本观念，开拓了历史转变为世界历史的新的世界图景。

第四，历史转变为世界历史的"个体社会化"时代。

世界性的"现代化"进程，深刻地改变了人类自身的存在方式和发展方式，现实的人作为"一切社会关系的总和"获得了新的时代内涵。其一，从人类自身生产说，控制其生产方式和生产规模的技术手段发生了革命性变革，提高其成活率和人均寿命的物质基础、技术手段和社会条件发生了革命性变革，提高其识字率和受教育水平的社会条件和思想观念发生了革命性变革，尊重和保障人权的"理念"取得了相当程度的现实性。其二，从人类自身存在说，现代化所造成的日常经验科学化、日常消遣文化化、日常交往社交化、日常行为法治化和农村生活城市化，使得人的社会关系已从传统的"熟人社会"转变为现代的"陌生人社会"，人的精神家园已从"精英文化"的陶铸转变为"时尚文化"的引领，人的学习方式已从个体性的"经验积累"和"知识积累"转变为"获取信息"的网络时代，"你的脑袋在云端"已经成为世界性的时代潮流。对于经历过 30 多年改革开放的当代中国人来说，不仅从"吃粗粮、穿布衣、住平房、骑自行车"变为"吃细粮、穿时尚、住楼房、开私家车"，而且生活于"银行、保险、股票、税务、传媒、执照"等所构成的"社会关系"之中。我国人口的人均寿命达到 76.43 岁，人口"老龄化"已成为中国社会的一大景观，而与"老龄化"相伴生的"广场舞"则成为中国人生活方式的又一大景观。"国家富强，民族振兴，人民幸福"的"中国梦"，不仅是历史向世界历史转变中的我们的价值诉求，而且以占世界四分之一人口的中国人的生活状况的历史性巨变显示了"我们的时代"的历史性巨变。

"我们的时代"所实现的"信息化""经济全球化""政治多极化"和"个体社会化"，以空前的规模和速度、空前的普遍性和深刻性，改变了"东方从属于西方"的"资产阶级时代"，把"历史向世界历史转变"的"程度"极大地提升了。这不仅促进了人类文明的重大发展，也带来了人类文明的重大挑战。把握这种重大发展的时代性内涵和洞悉这种重大挑战的时代性问题，是实现 21 世纪中国马克思主义哲学研究的"时代精神主题化"的基本前提。

2. 历史转变为世界历史的"我们时代"的时代性问题

1859 年，在马克思写作其《〈政治经济学批判〉序言》的同年，英国文学家狄更斯的《双城记》出版。在这部小说的一开头，狄更斯写下了一句被后人广为流传的名言："这是一个最好的时代，这是一个最坏的时代"。然而，与今天的"我们的时代"相比，狄更斯在一个半世纪之前所写下的这句名言，也许只不过是一种夸张的修辞而已：马克思和狄更斯所生活的"我们的时代"既不是"最好"的也不是"最坏"的，因为那个时代的人类既没有能力真正地"拯救"自己，也没有能力真正地"毁灭"自己。今天的"我们的时代"，则可以并无夸张地称之为"最好"的时代和"最坏"的时代：人类自身的"能力"已发展到如此程度，既可以"毁灭"自己，也可以"拯救"自己。这就是"我们的时代"所达到的历史转变为世界历史的"程度"，也是"我们的时代"所面对的最具挑战性的时代性问题。

　　对于"我们的时代"所达到的历史转变为世界历史的"程度"，可以从不同的角度予以概括、描述和阐释，但我想用一个特殊的句式来表达这个"程度"——"让……存在"：让人类赖以生存的"水"和"空气"存在，让与人类相伴的"植物"和"动物"存在，让人类创造的"物质财富"和"精神财富"存在，让人类文明的"传统"和"多样性"存在，让人类自身存在。这就是说，人类自身的存在，人类家园的存在，已经达到只能是"让其存在"的"程度"。这是人类文明得以空前发展的时代，也是人类文明遭遇最严重挑战的时代，因而是人类文明的真实的"最好"的和"最坏"的时代。

　　"让其存在"的"让"，就是"容许"其存在、"保护"其存在。因此，"让其存在"具有不可或缺的双重内涵：其一是达到了"让其存在"的"程度"，也就是达到了只有"让其存在"方能存在、"不让其存在"就不能存在的"程度"；其二是形成了"让其存在"的"自觉"，也就是形成了必须"让其存在"才能存在、"不让其存在"就会毁灭的自觉。马克思、恩格斯指出："意识在任何时候都只能是被意识到了的存在，而人们的存在就是他们的现实生活过程"①。正是"让其存在"的"现实生活过程"，才形成了对"让

---

① 《马克思恩格斯选集》（第 1 卷），人民出版社 1995 年版，第 72 页。

其存在"的"自觉"；而后者"自觉"到什么程度，则首先是取决于前者"达到"什么程度。因此，真正地达到对"让其存在"的"自觉"，首先必须深刻地把握"让其存在"的"程度"。

在以实现"现代化"为主要标志的"历史向世界历史的转变"进程中，人类愈来愈强烈地形成了以科技进步和科技革命而无限地扩大改变自然、征服自然的能力的信念，并由此形成了"大量生产、大量消费、大量废弃"的"现代化"的生产方式、消费方式和生活方式，甚至"陶醉于我们人类对自然界的胜利"。然而，正如恩格斯早就警告的那样，"对于每一次这样的胜利，自然界都对我们进行报复。每一次胜利，起初确实取得了我们预期的结果，但是往后和再往后却发生完全不同的、出乎预料的影响，常常把最初的结果又消除了"[1]。进入 21 世纪的人类正在强烈地感受到，科学技术的进步已发展到是一把既能"造福"人类又可以"毁灭"人类的"双刃剑"："一方面，我们知道科学是理性和人类文化的最高成就，另一方面我们同时又害怕业已变成一种发展得超出人类的控制的不道德和无人性的工具，一架吞噬它面前的一切的没有灵魂的凶残机器"[2]。只有"让其存在"，人类赖以生存和发展的"家园"才能存在，这是"我们的时代"人类所面对的最具挑战性的时代性问题。

如果说现代科技革命的后果之一是"让人类家园存在"的问题，那么，经济全球化的直接后果则是"让人类自身存在"的问题。经济全球化的实质内容是全球市场化，并由此构成了"全球化"的人在"市场经济"中的存在方式，也就是"以物的依赖性为基础的人的独立性"的存在方式。这种存在方式的实质在于，"每个个人行使支配别人的活动或支配社会财富的权力，就在于他是交换价值的或货币的所有者。他在衣袋里装着自己的社会权力和自己同社会的联系"[3]。人对"物"的依赖，"它使人和人之间

---

① 《马克思恩格斯选集》（第 4 卷），人民出版社 1995 年版，第 383 页。

② ［美］瓦托夫斯基：《科学思想的概念基础》，求实出版社 1982 年版，第 3 页。

③ 《马克思恩格斯全集》（第 30 卷），人民出版社 1995 年版，第 106 页。

除了赤裸裸的利害关系，除了冷酷无情的'现金交易'，就再也没有任何别的联系了"，从而把人的存在"淹没在利己主义打算的冰水之中"①。这就是"全球化"的人在马克思所指认的"非神圣形象"（资本）中的"自我异化"。

历史转变为世界历史的"现代化"过程，在体制的意义上是全球"市场化"过程，在文化的意义上则是空前的"价值观"剧烈震荡的过程。"农业文明"是在文化意义上确立"神圣形象"的过程，也就是以某种"神圣形象"作为价值标准而规范人们的思想和行为；"工业文明"则是在文化意义上消解"神圣形象"的过程，也就是以"非神圣形象"取代"神圣形象"作为价值标准而规范人们的思想和行为；所谓的"后工业文明"，则是在确立"非神圣形象"与消解"非神圣形象"的矛盾冲突过程中，从"没有选择的标准的生命中不堪忍受之重的本质主义的肆虐"转变为"弱化标准的选择的生命中不能承受之轻的存在主义的焦虑"。两极对立模式的消解，英雄主义时代的隐退，高层精英文化的失落，理性主义权威的弱化，人类精神家园的困惑，成为"我们时代"的社会思潮。重构"我们时代"的"精神家园"，已经成为人类面对的最为严峻的时代性课题。

3. 历史转变为世界历史的"我们时代"的哲学理念创新

对于"我们的时代"的哲学反应，最大的问题是以"非历史"的或"超历史"的两极对立、非此即彼的思维方式和价值判断去看待"最好的时代"与"最坏的时代"：要么以"最好的时代"为依据而"歌舞升平"，要么以"最坏的时代"为依据而"杞人忧天"。超越这种非此即彼的思维方式和价值判断，并不是以"好"与"坏"的"一方面"与"另一方面"的"辩证词句"去解说人类文明的现实与未来，而是以马克思主义的历史唯物主义的观点去洞察"我们的时代"，以哲学理念创新去引领人类文明形态的变革。

马克思提出："光是思想力求成为现实是不够的，现实本身应当力求

---

① 《马克思恩格斯选集》（第1卷），人民出版社1995年版，第275页。

趋向思想"①。现实应当趋向的"思想"，不是"极端"的思想，也不是"调和"的思想，而是源于现实而又引领现实的思想，也就是源于现实而又超越现实的作为"理想"的思想。作为"理想"的思想要取得现实性，就必须变革"让其存在"的现实，而达到"使其存在"的现实——以创造性的理念和创造性的实践"使理想存在"。

这种塑造和引导新的时代精神的"思想"的典范，首先就是马克思主义哲学。马克思主义哲学的出发点不是"抽象的人"和"抽象的存在"，而是"现实的人"和"现实的历史"；马克思主义哲学的研究对象不是"抽象的人性"和"与人无关的自然"，而是"物和物的关系"掩盖下的"人和人的关系"；马克思主义哲学的理论使命不是追究"世界何以可能"，而是探究"解放何以可能"，因而是"对现存的一切进行无情的批判"；马克思主义哲学的"无情的批判"不是痛斥"现实的不合理"，而是要改变"不合理的现实"。正是这种哲学诉求，使得马克思主义哲学实现了哲学理念的创新，为创建人类文明新形态提供了新的哲学理念。

以探究"解放何以可能"为自己的理论使命，马克思主义哲学实现了人类文明史及其哲学史上的伟大革命，把哲学研究"聚集"于"人的存在""人的历史"和"人的解放"。人的存在的根本矛盾是人的实践活动的"合目的性与合规律性"问题，人的历史的根本问题是"历史活动与历史规律"问题，人的解放的根本问题是"解放的旨趣与解放的道路"问题。以人的存在、人的历史和人的解放为根本问题的马克思主义哲学，是"历史"的"唯物论"，也是"历史"的"辩证法"，因而是作为"新世界观"的"历史唯物主义"。这个"新世界观"应当是反省"我们的时代"的根本性的哲学理念。

在历史转变为世界历史的"让其存在"的"我们的时代"，"倒逼"我们向自己追问：人类最难认识的是什么？人类最难控制的是什么？人类最

---

① 《马克思恩格斯选集》（第1卷），人民出版社1995年版，第11页。

难战胜的是什么？给人类带来最大危害的是什么？人类在"我们的时代"面对的最大的难题是什么？早在 20 世纪 50 年代，我国学者梁漱溟先生就曾感慨万千地指出："科学发达至于今日，既穷极原子、电子种种之幽渺，复能以腾游天际，且即攀登星月，其有所认识于物，从而控制利用乎物者，不可谓无术矣。顾大地之上人祸方亟，竟自无术以弥之。是盖：以言主宰乎物，似若能之；以言人之自主于行止进退之间，殆未能也"①。在这里，梁先生不只是明确地提出人类的最大难题是能否"自主于行止进退之间"，而且是深刻地提示我们以"自主于行止进退之间"作为人类文明的最根本的哲学理念。在我看来，"我们的时代"的"人之自主于行止进退之间"，需要以马克思主义的历史唯物主义为指导思想，着力地探讨四个最为重要的哲学理念：一是"趋利避害"的哲学理念；二是"美美与共"的哲学理念；三是"创新实践"的哲学理念；四是文化自信的哲学理念。

一是形成"我们时代"的"趋利避害"的哲学理念。

趋利避害是一切生物的本能，也是一切生物存在的基础，因此是作为生物的"人"的本能和存在的基础。然而，人之外的其他生物，它们所趋之利和所避之害，并不是"有意识"的选择，而是"无意识"的反应，也就是"本能"地趋其利而避其害。这正如马克思所说："动物和自己的生命活动是直接同一的。动物不把自己同自己的生命活动区别开来。它就是自己的生命活动。人则使自己的生命活动本身变成自己意志的和自己意识的对象。他具有有意识的生命活动。……有意识的生命活动把人同动物的生命活动直接区别开来。"②人的"有意识"的生命活动，不仅构成了人类特有的"趋利避害"的实践的活动方式，而且使"趋利避害"成为人类活动的最为严峻的"难题"：对于人类来说，究竟何者为"利"、何者为"害"？人的实践活动的"合目的性"与"合规律性"能否和如何达到统一？人如

---

①　梁漱溟：《人心与人生》，学林出版社 1984 年版，第 1 页。

②　马克思：《1844 年经济学哲学手稿》，人民出版社 2000 年版，第 57 页。

何在当代的实践活动中解决整体的、长远的、根本的"利"与局部的、暂时的、非根本的"利"之间的关系？人如何在当代的实践活动中忍受局部的、暂时的、非根本的"害"而避免整体的、长远的、根本的"害"？"权衡利弊"，不仅是人类哲学思想的根本问题，而且是当代哲学的最为根本的时代性课题。

二是形成"我们时代"的"美美与共"的哲学理念。

在历史向世界历史转变的"我们的时代"，无论是称之为信息时代、经济全球化时代，还是称之为政治多极化时代、个体社会化时代，都向人类提出一个共同问题：人类如何实现自己的可持续发展？对于这个问题的最简捷、最朴实的回答，就是必须形成趋人类之利而避人类之害的"人类意识"。这种人类意识，借用费孝通先生的说法，就是各个国家、各个民族不仅要"各美其美"，而且要"美人之美"，从而达到"美美与共"。摒弃冷战思维，避免零和博弈，承诺文明多样，追求合作共赢，以"人类命运共同体"的新的哲学理念创建人类文明的新形态，是我们时代的最为重要的哲学自觉。

三是形成"我们时代"的"创新实践"的哲学理念。

"趋利避害"和"美美与共"，都需要人类的创新实践。"让其存在"的根基是"使其存在"——使趋利避害和美美与共的理想变成现实的存在。对于"我们的时代"而言，创新实践既包括物质文明和制度文明的创新实践，又包括生态文明和精神文明的创新实践，因而是从总体上变革人类文明形态的创新实践。对于当代中国而言，"中国问题"并不只是"中国的问题"，而是当代中国所面对的世界性和时代性问题，把中国的事情办好，就有更强的能力解决世界性和时代性问题；"中国经验"并不只是"中国的经验"，而且是中国在解决世界性和时代性问题中所构成的探索人类文明新形态的经验，因而能够为解决世界性和时代性问题提供思路和办法。"创新、协调、绿色、开放、共享"的新发展理念，不仅为当代中国的创新实践提供了战略思想，而且为创建人类文明新形态提供具有世界意义的新的哲学理念。

四是形成"我们时代"的文化自信的哲学理念。

文化自信是对真理的力量和道义的力量的自信，因而首先是对我们所坚守的马克思主义作为"时代精神的精华"和"文明的活的灵魂"的自信。以马克思的"两大发现"为实质内容的马克思主义，不仅使人类自觉到自身的发展规律，而且使人类自觉到"现实的历史"即资本主义的发展规律，从而不仅为创建人类文明新形态提供了伟大的社会理想，而且为创建人类文明新形态揭示了现实的发展道路。离开对人类历史、特别是对资本主义发展规律的认识，当代人类就无法形成真实的社会理想和合理的价值诉求，就无法选择正确的发展道路和创造人类文明的新形态，就会失去聚集共识和走向未来的理论支撑，就难以真正地趋人类之利而避人类之害，就无法引领实现"美美与共"的创新实践。当代中国马克思主义哲学研究的"时代精神主题化"，从根本上说，就是以马克思主义的新世界观去洞悉我们时代的时代精神，反思我们时代的时代问题，为创建人类文明新形态而凝练我们时代的哲学理念。

参 考 文 献

一、主要参考文献：

《马克思恩格斯选集》（4 卷），人民出版社 2009 年版。

《马克思恩格斯文集》（10 卷），人民出版社 2009 年版。

《列宁专题文集》（5 卷），人民出版社 2009 年版。

《毛泽东选集》（4 卷），人民出版社 1991 年版。

《毛泽东文集》（8 卷），人民出版社 1999 年版。

《邓小平文选》（3 卷），人民出版社 1993 年版。

《江泽民文选》（3 卷），人民出版社 2006 年版。

胡锦涛：《在庆祝中国共产党成立 90 周年大会上的讲话》，人民出版社 2011 年版。

《中国共产党中央委员会关于建国以来党的若干历史问题的决议》，人民出版社 1981 年版。

中共中央党史研究室：《中国共产党历史第二卷（1949—1978）（全二册）》，中共党史出版社 2011 年版。

胡适：《中国哲学史大纲》，岳麓书社 2010 年版。

冯友兰：《中国哲学史》，生活·读书·新知三联书店 2009 年版。

冯友兰：《中国现代哲学史》，生活·读书·新知三联书店 2009 年版。

贺麟：《五十年来的中国哲学》，商务印书馆 2002 年版。

张岱年：《中国哲学大纲》，中国社会科学出版社 1982 年版。

钟泰：《中国哲学史》，东方出版社 2008 年版。

张岱年：《中国哲学史》，中国大百科全书出版社 2010 年版。

李泽厚：《中国现代思想史论》，生活·读书·新知三联书店 2008 年版。

任继愈：《中国哲学史》（全四册），人民出版社 2010 年版。

劳思光：《新编中国哲学史》（全 4 册），广西师范大学出版社 2005 年版。

郭齐勇：《中国哲学史》，高等教育出版社 2006 年版。

邢贲思：《中国哲学五十年》，辽海出版社 1999 年版。

杨春贵：《中国哲学四十年（1949—1989）》，中共中央党校出版社 1989 年版。

任俊明：《安起民：中国当代哲学史》（上、下），社会科学文献出版社 1999 年版。

李维武：《中国哲学的现代转型》，中华书局 2008 年版。

张锡勤:《中国近代思想史》,黑龙江人民出版社 1988 年版。

陈庆坤:《中国近代启蒙哲学》,吉林大学出版社 1988 年版。

韦政通:《中国思想史》(上、下),上海书店出版社 2003 年版。

张永谦:《当代中国哲学记事:1949 ~ 1988》,中共中央党校出版社 1989 年版。

刘梦义、陶德荣:《当代中国哲学史稿(1949—1966)》,四川人民出版社 1989 年版。

艾众、李唤:《建国以来哲学问题讨论综述》,吉林人民出版社 1983 年版。

尹继佐、高瑞泉:《二十世纪中国社会科学·哲学卷》,上海人民出版社 2006 年版。

卜祥记:《哲海探航——20 世纪中国哲学的艰辛开拓》,西苑出版社 2000 年版。

丁祖豪等:《20 世纪中国哲学的历程》,中国社会科学出版社 2006 年版。

李军、曹跃明:《中国现代哲学新论》,齐鲁书社 2007 年版。

李景源:《中国哲学 30 年(1978—2008)》,中国社会科学出版社 2008 年版。

李景源等:《新中国哲学研究 50 年(上中下三册)——中国社会科学院哲学研究所 50 周年学术文集》,人民出版社 2005 年版。

李振霞:《中国当代哲学四十年》,华夏出版社 1997 年版。

许全兴:《毛泽东与中国二十世纪哲学革命》,当代中国出版社 1998 年版。

二、研究资料:

袁贵仁、杨耕:《当代学者视野中的马克思主义哲学(中国学者卷)》,北京师范大学出版社 2008 年版。

任平、陈忠:《当代视野中的马克思主义哲学》,人民出版社 2010 年版。

杨信礼等:《二十世纪中国学术论辩书系(哲学卷):当代社会发展的哲学研究与论辩》,百花洲文艺出版社 2007 年版。

胡海涛:《二十世纪中国学术论辩书系(哲学卷):建国初期对唯心主义的四次批判》,百花洲文艺出版社 2006 年版。

韩震等:《二十世纪中国学术论辩书系(哲学卷):新时期中西哲学大论辩》,百花洲文艺出版社 2006 年版。

谢龙:《二十世纪中国学术论辩书系(哲学卷):建国初期唯物史观的论辩》,百花洲文艺出版社 2006 年版。

徐素华、贾洪莲、黄玉顺等:《二十世纪中国学术论辩书系(哲学卷):三大思潮鼎立格局的形成·五四后期的思想文化论战》,百花洲文艺出版社 2008 年版。

黎德化:《二十世纪中国学术论辩书系(哲学卷):新时期人与文化的反思》,百花洲文艺出版社 2006 年版。

贺金瑞:《二十世纪中国学术论辩书系(哲学卷):新时期马克思主义哲学创新发展》,百花洲文艺出版社 2007 年版。

郭双林:《20 世纪辩论:80 年代以来的文化论争》,百花洲文艺出版社 2004 年版。

俞吾金：《二十世纪哲学经典文本·中国哲学卷》，复旦大学出版社 1999 年版。

景海峰：《新儒学与二十世纪中国思想》，中州古籍出版社 2005 年版。

郭建宁：《艰辛探索的哲学轨迹——1956 至 1966 年毛泽东的哲学思想研究》，北京大学出版社 1993 年版。

郭建宁：《当代中国哲学》，北京大学出版社 1997 年版。

郭建宁：《中国现代哲学》，北京大学出版社 2001 年版。

张岱年等：《回读百年：20 世纪中国社会人文论争（全五卷十册）》，河南教育出版社 2009 年版。

宋志明：《中国现代哲学通论》，中国人民大学出版社 2008 年版。

启良：《20 世纪中国思想史》，花城出版社 2009 年版。

秦英君：《当代中国哲学思想史》，河南大学出版社 1999 年版。

王炯华：《五十年中国哲学风云》，湖北人民出版社 1999 年版。

李明山：《左玉河：当代中国学术思想史》，河南大学出版社 1999 年版。

余三定：《学术的自觉与学者的自立：当代学者研究》，华中师范大学出版社 1998 年版。

李振霞：《中国当代哲学 40 年》，华夏出版社 1997 年版。

王守常：《20 世纪的中国：学术与社会》（哲学卷），山东人民出版社 2001 年版。

邵汉明：《中国文化研究二十年》，人民出版社 2003 年版。

杨向奎等：《百年学案》（上、下册），辽宁人民出版社 2003 年版。

夏中义：《新潮学案——新时期文论重估》，上海三联书店 1996 年版。

高增德等：《世纪学人自述》（6 卷本），北京十月文艺出版社 2000 年版。

方朝晖：《"中学"与"西学"——重新解读现代中国学术史》，河北大学出版社 2002 年版。

奚洁人、余源培：《二十世纪中国社会科学·马克思主义卷》，上海人民出版社 2005 年版。

郭建宁：《20 世纪中国马克思主义哲学》，北京大学出版社 2005 年版。

舒远招：《马克思主义哲学在当代中国的新发展》，湖南人民出版社 2003 年版。

任俊明、李立新、普元：《新中国马克思主义哲学 50 年》，人民出版社 2006 年版。

赵德志：《王本浩：中国马克思主义哲学七十年》，辽宁大学出版社 1991 年版。

郭建宁：《当代中国马克思主义哲学新探》，高等教育出版社 2002 年版。

侯惠勤等：《马克思主义中国化理论创新 30 年（1978—2008）》，中国社会科学出版社 2008 年版。

陶德麟、何萍：《马克思主义哲学中国化的理论与历史研究》，北京师范大学出版社 2011 年版。

陶德麟、何萍：《马克思主义哲学中国化：历史与反思》，北京师范大学出版社

2007 年版。

石仲泉：《中国共产党与马克思主义中国化》，中国人民大学出版社 2011 年版。

刘俊哲等：《理论的弘扬与创新——中国化马克思主义哲学发展研究》（上下册），巴蜀书社 2008 年版。

毕国明、许鲁洲：《中国哲学与马克思主义哲学中国化》，人民出版社 2010 年版。

郑永廷等：《中国化马克思主义发展概论》，中国人民大学出版社 2007 年版。

庄福龄等：《毛泽东哲学思想史》，中国人民大学出版社 2011 年版。

汤一介等：《20 世纪西方哲学东渐史（丛书）》，首都师范大学出版社 2011 年版。

黄见德：《西方哲学东渐史》（上下），人民出版社 2006 年版。

汝信、王德胜：《美学的历史——20 世纪中国美学学术进程》，安徽教育出版社 2000 年版。

章启群：《百年中国美学史略》，北京大学出版社 2005 年版。

杨存昌：《中国美学三十年》，济南出版社 2009 年版。

张贤根：《20 世纪的中国美学》，武汉大学出版社 2009 年版。

王德胜：《20 世纪中国美学：问题与个案》，北京大学出版社 2009 年版。

戴阿宝、李世涛：《问题与立场：20 世纪中国美学论争辩》，首都师范大学出版社 2006 年版。

袁济喜：《承续与超越：20 世纪中国美学与传统》，首都师范大学出版社 2006 年版。

聂振斌：《思辨的想象：20 世纪中国美学主题史》，云南大学出版社 2003 年版。

赵总宽：《逻辑学百年》，北京出版社 1999 年版。

张晴：《20 世纪的中国逻辑史研究》，中国社会科学出版社 2007 年版。

宋文坚：《逻辑学的传入与研究/20 世纪中国人文学科学术研究史丛书》，福建人民出版社 2005 年版。

王小锡等：《中国伦理学 60 年》，上海人民出版社 2009 年版。

王泽应：《道莫盛于趋时——新中国伦理学研究 50 年的回溯与前瞻》，光明日报出版社 2003 年版。

王泽应：《20 世纪中国马克思主义伦理思想研究》，人民出版社 2008 年版。

谭忠诚、陈少峰：《伦理学研究/20 世纪中国人文学科学术研究史丛书》，福建人民出版社 2006 年版。

晏可佳：《中国宗教和宗教学》，上海人民出版社 2010 年版。

卓新平：《中国宗教学 30 年 1978～2008》，中国社会科学出版社 2008 年版。

中国社会科学院世界宗教研究所：《宗教研究四十年》（上下），宗教文化出版社 2004 年版。

卓新平：《20 世纪中国社会科学》（宗教学卷），广东教育出版社 2009 年版。

王雷泉等：《二十世纪中国社会科学》（宗教学卷），上海人民出版社 2005 年版。

三、主要外文参考文献和研究资料：

H. G. Creel, *Chinese Thought from Confucius to Mao Tse-tung* [M] . Chicago: University of Chicago Press, 1953.

Clarence Burton Day, *The Philosophers of China: Classical and Contemporary* [M] . New York: Philosophical Library, 1962.

David L. Hall and Roger T. Ames, *Anticipating China: Thinking through the Narratives of Chinese and Western Culture* [M] . Albany: State University of New York Press, 1995.

Rana Mitter. *Modern China* [M] . Oxford university press, 2008.

Wing-tsit Chan. *A Source Book in Chinese Philosophy* [M] .Princeton:Princeton University Press,1969

Zhongying Cheng, Nicholas Bunnin. *Contemporary Chinese Philosophy* [M] . Blackwell Publishers Ltd.2002

Knight, Nick. *Li Da and Marxist philosophy in China* [M] . Westview Press. 1996.

Meissner, Werner. *Western Philosophy in China 1993-1997* [M] . International Academic Publishers, 2001.

T Weiming. *Chinese Philosophy: a Synoptic View* [A] . *A Companion to World Philosophies* [C] .Blackwell Publishers Ltd.2002.

Chad Hansen. *Chinese Language*, Chinese Philosophy, and "Truth" [J] . *The Journal of Asian Studies*.Vol. 44, No. 3, May, 1985.

Carine Defoort. Is There Such a Thing as Chinese Philosophy? Arguments of an Implicit Debate [J] . *Philosophy East and West*. Vol. 51, No. 3, Jul., 2001.

Robin R. Wang. *Chinese Philosophy in an Era of Globalization* [M] .State University of New York,2004

Leeuw, Karel van der.The Study of Chinese Philosophy in the West: A Bibliographic Introduction [J] . *China Review International*.Volume 6, Number 2, Fall 1999.

J Ree Philosophy in China [J] . *Radical Philosophy*. Summer, 1976.

Charles Wei-hsun Fu. Marxism-Leninism-Maosim as an Ethical Theory [J] . *Journal of Chinese Philosophy*. Volume 5, Issue 4, December 1978.

Charles Wei-hsun Fu.Confucianism, Marxism-leninism and Mao: A Critical Study [J] . *Journal of Chinese Philosophy*. Volume 1, Issue3- 4, June 1974.

Leonard Swidler. A "Just," A Human Society: A Christian-Marxist-Confucian Dialogue [J] . *Journal of Chinese Philosophy*. Volume 19, Issue 4, December 1992.

Howard L. Parsons. Remarks On Charles Wei-hsun Fu, 'Confucianism, Marxism-leninism and Mao: A Critical Study ' [J] . *Journal of Chinese Philosophy*. Volume 2, Issue 4,

September 1975.

Martin Muller.Aspects Of The Chinese Reception of Kant [J] . *Journal of Chinese Philosophy*. Volume33, Issue 1, March 2006.

Yang Disheng. Mourning professor Feng Youlan: 'Method of Abstract Inheriting' Should Not Be Denied. *Journal of Chinese Philosophy*. Volume21, Issue3-4, September 1994.

Julia Ching. China's Responses to Dewey. *Journal of Chinese Philosophy*. Volume12, Issue3, September 1985.

Stephen C. Angle. New Confucianism: A Critical Examination [J] . *Journal of Chinese Philosophy*. Volume31, Issue4, December 2004.

Tang Yijie. Constructing 'Chinese Philosophy' in Sino-European Cultural Exchange [J] . *Journal of Chinese Philosophy*. Volume34, Issue Supplements1, December 2007.

Diane B.Obenchacm. Continuity –Guo Xiang, Chan ,Cheng-Zhu Lixue,New Realism ,Marxism-Feng Youlants Discernment of the Way [J] . *Journal of Chinese Philosophy*. Volume21, Issue 3-4, September 1994.

James C. Hstung. Confucian 'Harmony', Maoist 'Struggle' and Their Western Counterparts:A Dialectical Comparison [J] . *Journal of Chinese Philosophy*. Volume 4, Issue 3, October 1977.

Lauren F. Pfister. Philosophical Explorations of the Transformative Dimension in Chinese Culture [J] . *Journal of Chinese Philosophy*. Volume 35, Issue 4, December 2008.

Maurice Meisner. Harmony and Conflict in the Maoist Utopian vision [J] . *Journal of Chinese Philosophy*. Volume 4, Issue 3, October 1977.

Vincent. Some Thoughts on Intercultural Philosophy and Chinese Philosophy [J] . *Journal of Chinese Philosophy*. Volume30, Issue 3-4, September 2003.

Lauren Pfister. 20th Century Contributions in Chinese Philosophy of Religion (s) : From Deconstructive Contradiction to Constructive Reconsideration [J] . *Journal of Chinese Philosophy*. Volume30, Issue 3-4, September 2003.

Nicholas Bunnin. Contemporary Chinese Philosophy and Philosophical Analysis [J] . *Journal of Chinese Philosophy*. Volume30, Issue 3-4, September 2003

后 记

　　哲学是在思想中把握到的时代。今年是中国改革开放 40 周年，仅以这部《改革开放以来的当代中国哲学史（1978—2009）》，作为"思想性的历史"来回顾和反思当代中国观念变革的思想历程，总结和阐述当代中国哲学所实现的哲学理念变革，并为构建具有主体性、原创性的新时代中国哲学提供具有时代内涵的"阶梯"和"支撑点"。

　　作为国家社科基金重点项目的研究成果，本书由项目负责人孙正聿设计研究思路和总体框架，全书由孙正聿、杨晓和丁宁三人合著，并由孙正聿最终完稿。在课题研究和书稿撰写的过程中，我们深感在资料的搜集与梳理、内容的选择与安排、理论的把握与阐述等方面的艰难，许多疏漏与偏颇之处，期待在以后的改写中予以订正。

　　最后，向为本项目最终成果提供宝贵意见的专家和出版此书的人民出版社，表示诚挚的感谢！

孙正聿

2018 年 5 月 20 日

责任编辑：刘敬文
责任校对：吕　飞
封面设计：汪　莹

图书在版编目（CIP）数据

改革开放以来的当代中国哲学史.1978—2009 / 孙正聿，杨晓，丁宁 著 . —北京：
　人民出版社，2019.1

ISBN 978 - 7 - 01 - 020320 - 1

I.①改… Ⅱ.①孙…②杨…③丁… Ⅲ.①哲学史 - 中国 - 1978—2009 Ⅳ.① B261

中国版本图书馆 CIP 数据核字（2019）第 006085 号

改革开放以来的当代中国哲学史（1978—2009）
GAIGE KAIFANG YILAI DE DANGDAI ZHONGGUO ZHEXUESHI（1978–2009）

孙正聿　杨 晓　丁 宁 著

人民出版社 出版发行
（100706　北京市东城区隆福寺街 99 号）

北京汇林印务有限公司印刷　新华书店经销

2019 年 1 月第 1 版　2019 年 1 月北京第 1 次印刷
开本：710 毫米 × 1000 毫米 1/16　印张：45
字数：600 千字

ISBN 978 - 7 - 01 - 020320 - 1　定价：118.00 元

邮购地址 100706　北京市东城区隆福寺街 99 号
人民东方图书销售中心　电话（010）65250042　65289539